台資銀行中國大陸
債權確保實務
法院判例 111-140

台資銀行大陸從業人員交流協會◎著

富拉凱資本股份有限公司◎編

導讀

　　面對現今不確定的世界經濟局勢，銀行除了要從宏觀總體經濟角度判斷授信風險外，更需要總結過去的案例經驗，才能從中找尋銀行降低業務風險的手段，而這也正是富拉凱在過去幾年裡，堅持為台資銀行整理出版大陸法院有關債權確保判例的緣由，期望透過真實的債權確保案例，達到為台資銀行降低大陸授信業務風險的目的。

　　本書依然延續過去傳統，在借款合同、擔保合同、跨境擔保、票據糾紛、保函糾紛、信用證糾紛、保理合同、債權人撤銷權、破產撤銷糾紛、債權轉讓糾紛、侵權糾紛、訴訟程序、執行程序、銀行卡糾紛到其他糾紛的十五篇中，精挑出三十個最值得台資銀行參考與研究的大陸法院判例，相信能為已派駐大陸，或人在台灣、但從事與中國大陸有關的台資銀行從業人員，提供更多更實務的大陸授信經驗，為日後控管中國大陸授信風險打下紮實的基礎。

富拉凱投資銀行董事長

劉芳榮

目次

第一篇

借款合同

【案例111】被告僅須承擔原告為實現債權已實際支付的律師費

交通銀行與萬寶貿易公司等金融借款合同糾紛案評析

案號：最高人民法院（2018）最高法民終206號

【摘要】

被告僅須承擔原告為實現債權已實際支付的律師費，而無須承擔原告不確定必然支付而尚未支付的約定律師費；二審增加的訴訟請求，在同時符合程序無瑕疵和充分實體依據要求的情形下可獲得法院支持。

【基本案情】

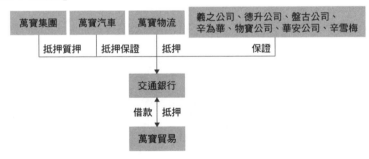

2014年12月12日，交通銀行股份有限公司日照分行（以下簡稱「交通銀行」）與山東萬寶貿易有限公司（以下簡稱「萬寶貿易」）簽訂《借款合同》，約定交通銀行向萬寶貿易提供授信額度，萬寶貿易未依約償還貸款本息的，應承擔交通銀行為實現債權而支付的律師費等相應費用。合同簽訂後，萬寶貿易分別向交通銀行提交了兩份《額度使用申請書》，載明貸款金額分別為3.2億元和4,700萬元。交

通銀行依約發放了相應貸款。

同日，交通銀行與山東萬寶集團有限公司（以下簡稱「萬寶集團」）簽訂《股權質押合同》，約定萬寶集團為萬寶貿易提供股權質押擔保，擔保最高債權額為貸款本金3.67億元。交通銀行依法辦理了股權質押登記。2014年12月16日，交通銀行分別與萬寶貿易、山東萬寶汽車銷售服務有限公司（以下簡稱「萬寶汽車」）、山東萬寶物流有限公司（以下簡稱「萬寶物流」）和萬寶集團簽訂《抵押合同》，約定上述擔保人為萬寶貿易提供房產抵押擔保，擔保最高債權額為貸款本金3.67億元。同日，交通銀行依法辦理了房產抵押登記。同日，交通銀行分別與臨沂羲之企業有限公司（以下簡稱「羲之公司」）、日照德升新型建材有限公司（以下簡稱「德升公司」）、萬寶汽車、山東物寶再生資源有限公司（以下簡稱「物寶公司」）、日照華安酒店有限公司（以下簡稱「華安公司」）、山東盤古能源有限公司（以下簡稱「盤古公司」）、辛為華和辛雪梅簽訂《保證合同》，均約定上述擔保人為萬寶貿易提供連帶保證，保證範圍為案涉兩份《借款合同》項下主債權本金、利息和實現債權費用等。保證人羲之公司、德升公司、萬寶汽車、物寶公司、華安公司分別向交通銀行出具了股東會決議和聲明，載明擔保本金餘額分別不超過1.55億元、1.55億元、4,500萬元、300萬元、400萬元。盤古公司出具的聲明載明，擔保本金餘額3.2億。

前述兩筆貸款到期後，萬寶貿易未依約償還。交通銀行遂訴至法院，請求判令萬寶貿易償還貸款本金363,729,730元及相應利息、律師費30萬元；羲之公司、德升公司、萬寶汽車、物寶公司、華安公司、盤古公司、辛為華和辛雪梅對萬寶貿易的上述債務承擔連帶責任；交通銀行對萬寶貿易、萬寶汽車、萬寶物流和萬寶集團提供的房產，對萬寶集團提供的股權分別在擔保最高債權額3.67億元範圍內優先受償。

交通銀行為本案訴訟與山東某律所簽訂《委託代理合同》，約定代理律師費30萬元，交通銀行應於合同簽訂3日內支付20萬元、首次開庭前支付5萬元、終結本次執行3日內支付5萬元，在一審訴訟中已實際支付20萬元。

【法院判決】

山東市高級人民法院經審理認為，本案的爭議焦點為：交通銀行訴請的律師費30萬元應否支持；羲之公司、德升公司、萬寶汽車、物寶公司、華安公司和盤古公司應承擔的保證責任範圍。萬寶貿易未依約還款付息，故應依約承擔交通銀行已實際支付的律師費20萬元。羲之公司、德升公司、萬寶汽車、物寶公司、華安公司已分別向交通銀行出具股東會決議和聲明、盤古公司出具聲明，載明各自保證擔保限額，而案涉《保證合同》約定的保證範圍超出了上述限額，交通銀行對此應屬明知。因此，案涉《保證合同》約定超出股東會決議和聲明載明保證限額的部分不產生法律效力，保證範圍應以股東會決議和聲明載明的保證限額為準。綜上，判決萬寶貿易償還交通銀行貸款本金363,729,730元及相應利息、律師費20萬元；交通銀行對萬寶貿易、萬寶汽車、萬寶物流和萬寶集團提供的房產，對萬寶集團提供的股權分別在最高債權額3.67億元範圍內享有優先受償權；羲之公司、德升公司、萬寶汽車、物寶公司、華安公司和盤古公司對萬寶貿易的上述債務，分別在最高本金餘額1.55億元、1.55億元、4,500萬元、300萬元、400萬元和3.2億元範圍內承擔連帶責任；辛為華、辛雪梅對萬寶貿易的上述債務承擔連帶責任。交通銀行於2017年11月24日簽收一審判決。

宣判後，交通銀行不服一審判決，提起上訴，並於2018年4月18日提交增加訴訟請求申請書，增加了「盤古公司在最高本金餘額4.1億元及相應利息等費用範圍內承擔連帶責任」的訴訟請求，並提交了

盤古公司的股東會決議和《保證核保書》。最高人民法院經審理認
為，本案爭議的焦點為：交通銀行剩餘10萬元律師費應否支持；交
通銀行增加的上訴請求應否支持。交通銀行在一審結束後再次支付律
師費5萬元並提交了支付憑證，應視為二審新證據，該5萬元是實際
支付費用，應予支持。終結執行後交通銀行應付的5萬元律師費不能
確定必然發生，不予支持。交通銀行增加了盤古公司擔保範圍是最高
本金餘額4.1億元的上訴請求，已超過了法定上訴期間。同時，盤古
公司股東會決議記載「具體業務品種、金額及期限以合同為準」，表
明盤古公司擔保債權本金餘額上限為4.1億元，但應以其與交通銀行
簽訂的《保證合同》確定保證範圍，但該合同並未約定擔保債權本金
數額。另外，盤古公司向交通銀行提交的聲明與《保證核保書》，均
載明主合同債權本金為3.2億元，能夠相互印證。交通銀行對盤古公
司的上訴請求，既沒有合同依據，也與案涉貸款數額不一致，故對該
項請求不予支持。綜上，改判萬寶貿易向交通銀行支付律師費25萬
元。

【法律評析】

　　本案的爭議焦點為：原告為實現案涉債權已經實際支付和約定
將會支付的律師費用，是否全部應由被告承擔；在二審增加的訴訟請
求，在何種情形下可獲得法院支持。

一、律師費的承擔範圍

　　《中華人民共和國民法總則》第一百五十八條規定：「民事法
律行為可以附條件，但是按照其性質不得附條件的除外。附生效條件
的民事法律行為，自條件成就時生效。附解除條件的民事法律行為，
自條件成就時失效。」分析可知，附生效條件的民事法律行為，條件
未成就時不生效、條件成就時生效。

　　結合本案，根據案涉《委託代理合同》約定，交通銀行為本案訴訟應分3次支付代理律師費30萬元，並在一審訴訟中已實際支付20萬元、一審訴訟結束後又實際支付5萬元（均有支付憑證為據），剩餘5萬元律師費將在終結本案執行程序後支付。如果法院審理結束後，萬寶貿易自願履行了生效判決中確定的給付義務，本案訴訟不必然會進入執行程序，終結本案執行程序也不必然會發生，即關於「終結本次執行3日內支付5萬元」的約定，屬於附生效條件的民事法律行為，在「終結本案執行」條件成就前不生效。因此，約定終結本案執行程序後交通銀行將會支付而尚未實際支付的剩餘5萬元律師費，屬於不能確定必然發生的費用，不應由萬寶貿易承擔。但是，交通銀行已經實際支付的25萬元律師費，萬寶貿易應依約承擔。因此，二審法院改判萬寶貿易僅依約承擔交通銀行已實際支付的25萬元律師費。

　　綜上所述，原告為實現案涉債權已經實際支付的律師費應由被告依約承擔，但被告無須承擔原告不確定必然支付而尚未支付的約定律師費。即，律師費的承擔範圍，是原告為實現債權已經實際支付的律師費部分。值得注意的是，最高人民法院在（2016）最高法民終613號民事判決書中認為：「（原告）吳某某為實現債權提起本案訴訟而與江西某律師事務所簽訂《委託代理合同》，約定吳某某須支付律師費20萬元，該20萬元為吳某某依約必須負擔的成本，且已部分履行、實際支付10萬元。故一審判決（被告）李某、楊某承擔20萬元律師費有事實及法律依據……」該案關於律師費的承擔範圍爭議與本案類似，其中未約定支付剩餘律師費的生效條件是與本案的明顯不同之處，故法院最終支持了原告要求被告承擔原告為實現債權已經支付和將會支付的全部律師費的訴訟請求。由此可知，原被告關於律師費承擔範圍的約定不具體明確，可能會出現法官基於案件具體情況做出不同判決的情況。

二、二審新增訴訟請求是否可獲法院支持

　　《中華人民共和國民事訴訟法》（以下簡稱《民事訴訟法》）第一百六十四條第一款規定：「當事人不服地方人民法院第一審判決的，有權在判決書送達之日起十五日內向上一級人民法院提起上訴。」分析可知，當事人不服一審判決、提起二審訴訟請求，必須在判決書送達後十五日內的法定上訴期間。結合本案可知，交通銀行2017年11月24日簽收一審判決，並於2018年4月18日向二審法院提交增加訴訟請求申請書。顯然，交通銀行在二審中新增訴訟請求的時間，遠遠超過了判決書送達後的十五日法定上訴期間。

　　《民事訴訟法》第一百六十八條規定：「第二審人民法院應當對上訴請求的有關事實和適用法律進行審查。」分析可知，二審法院的審理範圍為當事人上訴請求的事實和法律問題。結合本案，交通銀行在二審中新增了「盤古公司在最高本金餘額4.1億元及相應利息等費用範圍內承擔連帶責任」的訴訟請求。雖然交通銀行提交了載明「盤古公司承擔擔保責任債權上限為4.1億元」的股東會決議，但結合本案其他相關證據，該新增訴訟請求既沒有盤古公司與交通銀行的《保證合同》相應依據，又與案涉貸款數額3.2億元不一致，缺乏事實依據予以佐證。

　　綜上所述，交通銀行在二審中增加的訴訟請求，既不符合法定上訴期間的程序性要求，又缺乏充分事實依據的實體性要求，故無法獲得法院支持。

三、股東會決議與合同約定不一致時的處理

　　保證人羲之公司、德升公司、萬寶汽車、物寶公司、華安公司分別向交通銀行出具了股東會決議和聲明，載明擔保本金餘額分別不超過1.55億元、1.55億元、4,500萬元、300萬元、400萬元。盤古公

司出具的聲明載明，擔保本金餘額3.2億。但保證人簽訂的《保證合同》約定的擔保金額超過了股東會決議和聲明的保證限額。

根據《中華人民共和國合同法》第二十條規定：「法人或者其他組織的法定代表人、負責人超越許可權訂立的合同，除相對人知道或者應當知道其超越許可權的以外，該代表行為有效。」分析法條可知，相對人若明知法定代表人行使的是超越許可權訂立合同的行為，則該代表行為無效。

本案中交通銀行因紙質檔案材料未裝訂、聲稱電子檔案系統升級已無法查詢等原因無法提供相反證據，故法院採信了保證人提交的聲明、股東會決議等證據。法院認為，交通銀行對保證人之法定代表人超越許可權簽訂保證合同的事實係明知狀態，《保證合同》中超過股東會決議載明的超額保證部分，對保證人不產生效力。

四、銀行風險啟示

本案對銀行的風險啟示在於：

1. 為避免因律師費的承擔範圍、擔保人的債權擔保範圍等問題發生爭議，銀行在簽訂借款合同及擔保合同時，應與借款人和擔保人就相關條款做出明確約定，如要求借款人應承擔因其違約行為導致貸款人為實現債權而已實際支付和約定將會支付的全部律師費用，公司對外擔保而出具的股東會決議、聲明、核保書和擔保合同等擔保檔中關於擔保範圍的約定應具體明確且一致。

2. 銀行在二審上訴中增加訴訟請求，必須嚴格符合《民事訴訟法》規定的期限、條件等程序性要求，並且提供能夠足以證明訴請具有充分事實依據的實體性證據，方可獲得法院支持。

附：法律文書

交通銀行股份有限公司日照分行與山東萬寶貿易有限公司金融借款合同

糾紛案

最高人民法院民事判決書　（2018）最高法民終206號

廣州市中級人民法院民事判決書（2016）粵01民初310號

上訴人（一審原告）：交通銀行股份有限公司日照分行。

負責人：牟典華，該行行長。

委託訴訟代理人：齊姣，山東舜翔律師事務所律師。

委託訴訟代理人：李洪持，山東舜翔律師事務所律師。

被上訴人（一審被告）：山東萬寶貿易有限公司。

法定代表人：辛為華，該公司董事長。

被上訴人（一審被告）：臨沂羲之企業有限公司。

法定代表人：孔德明，該公司總經理。

被上訴人（一審被告）：日照德升新型建材有限公司。

法定代表人：辛為華，該公司總經理。

被上訴人（一審被告）：山東萬寶汽車銷售服務有限公司。

法定代表人：辛為華，該公司總經理。

被上訴人（一審被告）：山東物寶再生資源有限公司。

法定代表人：胡宗滿，該公司總經理。

被上訴人（一審被告）：日照華安酒店有限公司。

法定代表人：孔祥忠，該公司總經理。

被上訴人（一審被告）：山東盤古能源有限公司。

法定代表人：苗雷，該公司總經理。

被上訴人（一審被告）：山東萬寶物流有限公司。

法定代表人：辛為華，該公司總經理。

被上訴人（一審被告）：山東萬寶集團有限公司。

法定代表人：辛為華，該公司總經理。

被上訴人（一審被告）：辛為華。

被上訴人（一審被告）：陳耘。

被上訴人（一審被告）：辛雪梅。

被上訴人（一審被告）：焦自理。

以上十三位被上訴人的共同委託訴訟代理人：焦衛華，山東澎湃律師事務所律師。

上訴人交通銀行股份有限公司日照分行（以下簡稱交行日照分行）與被上訴人山東萬寶貿易有限公司（以下簡稱萬寶貿易公司）、臨沂羲之企業有限公司（以下簡稱羲之公司）、日照德升新型建材有限公司（以下簡稱德升公司）、山東萬寶汽車銷售服務有限公司（以下簡稱萬寶汽車公司）、山東物寶再生資源有限公司（以下簡稱物寶公司）、日照華安酒店有限公司（以下簡稱華安公司）、山東盤古能源有限公司（以下簡稱盤古公司）、山東萬寶物流有限公司（以下簡稱萬寶物流公司）、山東萬寶集團有限公司（以下簡稱萬寶集團公司）、辛為華、陳耘、辛雪梅、焦自理（以下簡稱十三位被上訴人）金融借款合同糾紛一案，不服山東市高級人民法院（2017）魯民初27號民事判決（以下簡稱一審判決），向本院提起上訴。本院受理後，依法組成合議庭公開開庭審理本案，交行日照分行委託訴訟代理人齊姣、李洪持，十三位被上訴人共同委託訴訟代理人焦衛華經合法傳喚未到庭參加訴訟。本案現已審理終結。

交行日照分行上訴請求，一、撤銷一審判決主文第三項，依法改判萬寶貿易公司承擔律師費30萬元；二、本案上訴費由十三位被上訴人承擔。二審期間，交行日照分行於2018年4月11日向法庭提交增加上訴請求申請書，請求改判一審判決主文第六項為，盤古公司在最高本金餘額4.1億元及相應的利息、複利、罰息、實現債權的費用範圍內承擔連帶清償責任。事實及理由：（一）案涉《委託代理合同》明確約定律師費為30萬元，合同訂立後交行日照分行實際支付20萬元，山東舜翔律師事務所向交行日照分行開具了25萬元發票。雖然30萬元律師費未支付完畢，但根據上述合同約定是確定要支付的，一審判決僅支持了20萬元適用法律是錯誤的，並且最高人民法院已有類似判決（2016）最高法民終613號民事判決可作參照。（二）一審結束後，交行日照分行在借貸業務檔案材料中發現，盤古公司於2014年12月16日做出的股東會決議原件記載「擔保債權之本金餘額不超過人民幣4億1,000萬元整」，交行日照分行以該份股東會決議作為二審新證據，認為一審判決主文

第六項認定的保證責任範圍是錯誤的。

十三位被上訴人書面辯稱，交行日照分行在一審庭審前提交的律師費流水為20萬元，一審判決認定有事實依據和法律依據。交行日照分行在庭審後再分批支付律師費用10萬元，應當另行起訴。對於盤古公司的股東會決議，十三位被上訴人未發表質證意見。綜上，請求駁回交行日照分行的上訴請求。

交行日照分行向一審法院提起訴訟請求：1.萬寶貿易公司償還交行日照分行借款本金363,729,730元，並按《流動資金借款合同》約定利率向交行日照分行支付利息、逾期罰息共59,212,769.72元（截止到2017年3月31日）以及至還清之日的利息和罰息；2.義之公司、德升公司、萬寶汽車公司、物寶公司、華安公司、盤古公司、辛為華、陳耘、辛雪梅、焦自理對上述訴訟請求承擔連帶保證責任；3.萬寶貿易公司、萬寶汽車公司、萬寶物流公司、萬寶集團公司在抵押物價值範圍內承擔抵押擔保責任，並由交行日照分行對抵押物享有優先受償權；4.萬寶集團公司在質押股權價值範圍內承擔質押擔保責任，並由交行日照分行對質押股權享有優先受償權；5.本案訴訟費、保全費、律師費由十三位被上訴人共同承擔。

萬寶貿易公司辯稱，該借款屬實，該借款屬於萬寶貿易公司因進口需要，開具信用證後拖欠交行日照分行進口押匯款，經與交行日照分行協商用新的流動資金借款償還進口押匯款。該借款用於授信重組，是萬寶貿易公司與交行日照分行協商一致進行的，該借款已全部歸還進口押匯款，萬寶貿易公司不存在騙貸行為。

義之公司、德升公司、萬寶汽車公司、華安公司、盤古公司、萬寶物流公司、萬寶集團公司辯稱，萬寶貿易公司流動資金借款屬實，但該借款是用於償還萬寶貿易公司之前的進口押匯款，之前的信用證進口押匯款與義之公司、德升公司、萬寶汽車公司、華安公司、盤古公司、萬寶物流公司、萬寶集團公司等擔保人無關，擔保人沒有進行過擔保。在流動資金借款時，明確用於授信重組業務，現該借款已經歸還進口押匯款，借款已經達到交行日照分行的目的，擔保人的擔保責任已經完成，不應再承擔擔保責任。並且各擔保人的擔保責任都有明確的擔保額度，各擔保人均根據交行日照分行的要求召開股東會形成股東會決議，並按照交行日照分行的規定出具聲明書，該股

東會決議和聲明均在交行日照分行處存檔，各擔保人即使擔責也只應在擔保金額範圍內承擔擔保責任。

物寶公司辯稱，物寶公司根據交行日照分行與萬寶貿易公司達成的口頭協定，為萬寶貿易公司的流動資金借款提供300萬元的擔保，用於償還進口押匯款，物寶公司根據公司法和公司章程規定，於2014年12月16日召開股東會通過決議，擔保金額為300萬元，並將股東會決議原件及擔保300萬元的聲明同時交付給交行日照分行，完成這一法定手續後，交行日照分行同日完成借款審批。根據《中華人民共和國合同法》第五十條以及《最高人民法院關於適用〈中華人民共和國擔保法〉若干問題的解釋》第十一條規定，作為相對人的交行日照分行，明知物寶公司的股東會決議擔保金額為300萬元，物寶公司的法定代表人或負責人超越許可權簽訂擔保金額大於300萬元的保證合同，應為無效。何況雙方簽訂的保證合同沒有擔保數額，物寶公司應以300萬元的擔保金額為限承擔擔保責任。再者，在流動資金借款時，明確用於授信重組業務，現該借款已歸還進口押匯款，借款已達到交行日照分行的目的，物寶公司的擔保責任已經完成，不應再承擔擔保責任。

辛為華、陳耘辯稱，交行日照分行沒有將相關借款合同及擔保合同副本交付予辛為華、陳耘，辛為華、陳耘不記得具體內容，是否應承擔擔保責任需法院查明事實，依法處理。

辛雪梅、焦自理既未到庭參加訴訟，也未提交書面答辯意見。

一審法院根據當事人無異議的證據，認定如下事實：

（一）借款合同的簽訂及發放情況

2014年12月12日，交行日照分行與萬寶貿易公司簽訂4060012014MR00001200號《流動資金借款合同》，約定：借款人需要使用額度時，應至少提前五個銀行工作日向貸款人提出申請，申請時應填寫《額度使用申請書》，經貸款人審查同意後方可使用；貸款經審查後同意向借款人發放貸款的，在《額度使用申請書》上簽章，每筆貸款的幣種、金額、用途、利率、期限、放款日、還款日以雙方簽署的《額度使用申請書》為準；逾期貸款的罰息利率按合同約定利率上浮50%；借款人未按時足額償還貸款本金、支付利息或未按合同約定用途使用貸款的，貸款人按逾期貸款的罰息利率或挪用貸款的罰息利率計收利息並對應付未付利息計收複利；借款人未

按時足額償還貸款本金、支付利息的，應當承擔貸款人為實現債權而支付的催收費、訴訟費、保全費、公告費、執行費、律師費、差旅費及其他費用；額度用途為借款人授信重組業務；授信期限自2014年12月16日至2015年12月16日。

2014年12月12日，萬寶貿易公司向交行日照分行提交《額度使用申請書》，交行日照分行蓋章同意，該申請書載明：貸款3.2億元，貸款期限自2014年12月17日至2015年12月11日；貸款利率為固定利率年利率5.6%；貸款每季末月的20日結息，貸款最後到期時利隨本清。2015年1月14日，萬寶貿易公司再次向交行日照分行提交《額度使用申請書》，交行日照分行亦蓋章同意，該申請書載明：貸款4,700萬元，貸款期限自2015年1月14日至2015年12月11日；貸款利率和結息方式同2014年12月12日的《額度使用申請書》。交行日照分行於2014年12月17日向萬寶貿易公司發放貸款3.2億元，2015年1月14日發放4,700萬元。

（二）質押、抵押合同簽訂及質權、抵押權設立情況

2014年12月12日，交行日照分行與萬寶集團公司簽訂《股權質押合同》為萬寶貿易公司4060012014MR00001200號《流動資金借款合同》提供擔保，擔保的主債權為主合同項下的本金3.67億元，其他具體內容按主合同的約定。交行日照分行與萬寶集團公司到相關部門辦理了以上股權的出質登記。

2014年12月16日，交行日照分行分別與萬寶貿易公司、萬寶汽車公司、萬寶物流公司、萬寶集團公司簽訂《抵押合同》為4060012014MR00001200號《流動資金借款合同》提供擔保，抵押擔保的最高債權額為3.67億元。同日，交行日照分行分別與萬寶貿易公司、萬寶汽車公司、萬寶物流公司、萬寶集團公司在日照市房地產管理局辦理了抵押登記，交行日照分行依此取得了房他證市字第2014121XX某某號、2014121XXXX號、2014121XXXX號、2014121XXXX號他項權利證書。

（三）保證合同的簽訂情況

2014年12月16日，交行日照分行分別與羲之公司、德升公司、萬寶汽車公司、物寶公司、華安公司、盤古公司、辛為華、辛雪梅簽訂《保證合同》，合同均約定：為萬寶貿易公司提供擔保，擔保的主合同為

4060012014MR00001200號《流動資金借款合同》。保證方式為連帶責任保
證。保證範圍為主合同項下的主債權本金及利息、複利、罰息、違約金、損
害賠償金和實現債權的費用。主合同同時有債務人或第三人提供的保證、抵
押或質押擔保的，債權人有權自行決定擔保權利的行使，包括但不限於：債
權人有權要求保證人立即支付債務人的全部到期應付款項而無須先行使擔保
物權或向其他擔保人主張權利，有權不分先後順序地分別或同時向包括保證
人在內的一個或多個擔保人主張部分或全部擔保權利；債權人放棄或變更對
其他擔保人的擔保權利、放棄或變更擔保物權的權利順位的，保證人仍應按
本合同承擔保證責任而不免除任何責任。

（四）借款償還情況

針對第一筆《額度使用申請書》項下的3.2億元貸款，截至借款期限到
期日2015年12月11日，萬寶貿易公司尚欠交行日照分行借款期限內的利息
13,191,111.11元。2015年12月16日，萬寶貿易公司償還交行日照分行借款本
金30萬元，萬寶貿易公司尚欠交行日照分行借款本金3億1,970萬元。

針對第二筆《額度使用申請書》項下的4,700萬元貸款，截至借款期限
到期日2015年12月11日，萬寶貿易公司尚欠交行日照分行借款期限內的利息
1,937,444.44元。山東華海船業有限公司也係本案借款的保證人之一，在其
破產清算過程中，交行日照分行向其破產管理人申報債權，2016年12月30日
就本案債權交行日照分行獲得清償2,970,270元，交行日照分行認可係償還的
本金。2017年4月27日萬寶貿易公司償還借款本金600.39元。萬寶貿易公司
尚欠交行日照分行借款本金44,029,129.61元。

（五）律師費的支付情況

交行日照分行為本案訴訟，與山東舜翔律師事務所簽訂了《委託代理
合同》，山東舜翔律師事務所向交行日照分行開具了25萬元的律師費專用發
票，交行日照分行已向山東舜翔律師事務所支付律師費20萬元。

一審法院對雙方當事人有爭議的事實認證情況是：

雙方當事人對羲之公司、德升公司、萬寶汽車公司、物寶公司、華安公
司、盤古公司是否向交行日照分行提交了聲明、股東會決議等材料有異議，
交行日照分行主張未提交上述材料，羲之公司、德升公司、萬寶汽車公司、
物寶公司、華安公司、盤古公司應按相應擔保合同約定的擔保數額和範圍承

擔擔保責任；義之公司、德升公司、萬寶汽車公司、物寶公司、華安公司、盤古公司主張提交了上述材料，其應按聲明、股東會決議中載明的數額承擔擔保責任。

　　義之公司、德升公司、萬寶汽車公司、物寶公司、華安公司、盤古公司為證明其主張提交了如下證據：證據1.辛公俊證人證言的公證書。證明辛公俊是萬寶貿易公司的金融部部長，專門辦理萬寶貿易公司與銀行間的貸款業務，萬寶貿易公司及提供保證擔保的公司均向交行日照分行提交了授信業務保證核保書、聲明、股東會決議，對擔保都有額度。證據2.宋劍向辛公俊所發郵件的公證書。證明萬寶貿易公司欲申請繼續貸款，交行日照分行信貸員宋劍向辛公俊發送了本案貸款義之公司出具的聲明格式、萬寶集團公司股東會決議及股權質押合同等材料，交行日照分行貸款流程要求擔保單位必須按照公司法的規定提交股東會決議。證據3.義之公司、德升公司、萬寶汽車公司、物寶公司、華安公司、盤古公司及山東華海船業有限公司的授信業務保證核保書、聲明，以及物寶公司的股東會決議。證明為給萬寶貿易公司提供擔保，各擔保單位都經過股東會決議，並出具聲明，對擔保數額有限定，該擔保經過交行日照分行核保通過，義之公司的保證金額為1.55億元，德升公司的保證金額為1.55億元，萬寶汽車公司的保證金額為4,500萬元，物寶公司的保證金額為300萬元，華安公司的保證金額為400萬元，盤古公司的保證金額為3.2億元，山東華海船業有限公司的保證金額為6,750萬元。證據4.物寶公司為盤古公司向交行日照分行的另案借款提供保證的核保書、聲明、股東會決議。證明2014年12月29日物寶公司為盤古公司貸款提供保證的相關手續，本案物寶公司提供保證亦向交行日照分行出具了同樣手續，該手續應存在本案交行日照分行與萬寶貿易公司借款合同檔案內。證據5.交行日照分行與盤古公司、物寶公司等另外借款合同糾紛案件的再審庭審筆錄。證明該案審理中法院從交行日照分行處調取了物寶公司向交行日照分行提供的股東會決議、聲明等，交行日照分行在開庭筆錄中認可物寶公司提供股東會決議等為銀行內部管理需要，證明交行日照分行承認辦理同類業務時需要出具核保書、聲明、股東會決議並在交行日照分行處存檔。

　　交行日照分行質證認為：不認可證據1證人證言的真實性，證人與萬寶貿易公司有利害關係，且證人應當出庭作證。不認可證據2的真實性及證明

目的，公證書沒有核實郵件發送人的身分，無法證明發送人是宋劍且為交行日照分行員工；發送郵件的原因、目的與用途不明；公證書沒有涉及郵件附件是原件掃描件還是影本掃描件問題，對郵件附件的真實性不認可。證據3均為影本，不認可其真實性及證明內容，無法證明在簽訂擔保合同時向交行日照分行提供過，且是單方聲明，不構成對擔保範圍及數額的變更。證據4係影本，對真實性不認可，且與本案不具有關聯性。認可證據5的真實性，但不認可證明目的，該證據涉及的是盤古公司的另案借款，與本案無關聯性，不能因該案中有股東會決議，就推斷本案也有股東會決議，並且股東會決議是擔保人單方出具，交行日照分行並不同意其在一定限額內提供擔保，雙方對擔保金額的確認應以雙方簽訂的擔保合同為準。

為查明辦理本案所涉貸款業務時羲之公司、德升公司、萬寶汽車公司、物寶公司、華安公司、盤古公司是否向交行日照分行提交了聲明、股東會決議等材料，一審法院委託日照市中級人民法院對存放於交行日照分行處的借款檔案資料進行調查。經查，本案所涉貸款的紙質檔案材料未裝訂，且材料中沒有羲之公司、德升公司、萬寶汽車公司、物寶公司、華安公司、盤古公司出具的聲明、股東會決議，對於該筆借款的電子檔案，交行日照分行稱系統升級後已無法查詢。

一審法院認證認為，對羲之公司、德升公司、萬寶汽車公司、物寶公司、華安公司、盤古公司提供的證據，交行日照分行雖提出異議，但其相關紙質檔案材料未進行裝訂，電子檔案亦無法查詢，上述情形有違通常的檔案管理要求，交行日照分行對此亦未做出合理解釋，應當承擔相應不利後果。並且該組證據之間能夠相互印證，證實本案羲之公司、德升公司、萬寶汽車公司、物寶公司、華安公司、盤古公司提供保證時向交行日照分行出具了股東會決議和聲明，這與交行日照分行的貸款流程要求相符，也與交行日照分行同期另外貸款業務的做法相一致。對上述證據，該院予以採信。

根據以上證據，該院認定以下事實：2014年12月16日，在辦理本案貸款業務時，物寶公司作為保證人向交行日照分行出具了股東會決議和聲明。股東會決議載明：物寶公司的全體股東一致同意為萬寶貿易公司在交行日照分行處辦理的重組授信（包含新增貸款償還到期押匯等業務和以上業務償還後辦理的新業務）提供連帶責任擔保，擔保債權之本金餘額不超過300萬

元，本金所發生的利息、違約金、損害賠償金、實現債權的費用、因債務人違約而給債權人造成的損失和其他所應付費用等，也屬於被擔保債權。聲明載明：2014年12月16日物寶公司簽署的擔保合同（對應的主合同編號為4060012014MR00001200）擔保金額300萬元，用於交行日照分行對萬寶貿易公司進行業務重組，物寶公司簽訂擔保合同前，已知曉上述擔保的款項及用途。羲之公司、德升公司、萬寶汽車公司、華安公司、盤古公司作為保證人亦向交行日照分行出具了相同的股東會決議和聲明，載明的保證擔保的本金餘額分別不超過1.55億元、1.55億元、4,500萬元、400萬元、3.2億元。

一審法院審理認為，本案各方當事人簽訂的《流動資金借款合同》、《額度使用申請書》、《股權質押合同》、《抵押合同》以及交行日照分行與辛為華、辛雪梅簽訂的《保證合同》等均係當事人的真實意思表示，內容不違反法律、行政法規的禁止性規定，合法有效。交行日照分行已按照上述合同約定向萬寶貿易公司發放借款3.67億元。2015年12月11日借款到期後，萬寶貿易公司未能按照協議約定的時間償還借款本息，構成違約，應承擔償還所欠借款本息的違約責任。本案訴爭的焦點是：一、交行日照分行所訴請的本金、利息、複利、罰息以及律師費是否應予支持；二、各擔保人能否以借新還舊為由主張免責；三、交行日照分行主張的抵押權和質權應否支持；四、羲之公司、德升公司、萬寶汽車公司、物寶公司、華安公司、盤古公司應承擔保證責任的範圍；五、辛為華、陳耘、辛雪梅、焦自理應否承擔連帶保證責任。

一、關於交行日照分行所訴請的本金、利息、複利、罰息以及律師費是否應予支持的問題

交行日照分行起訴要求萬寶貿易公司償還借款本金363,729,730元，差額600.39元係萬寶貿易公司於交行日照分行起訴後的2017年4月27日償還，該600.39元應從萬寶貿易公司欠款本金中扣除，故萬寶貿易公司應償還交行日照分行借款本金共計363,729,129.61元。交行日照分行主張按年利率5.6%計算借款期限內的利息，按合同利率上浮50%即8.4%計算逾期之後的罰息和複利，符合合同約定，該院予以支持。依據案涉《流動資金借款合同》約定，借款人未按時足額償還貸款本金、支付利息的，應當承擔貸款人為實現債權而支付的催收費、訴訟費、保全費、公告費、執行費、律師費、差旅費及其

他費用。所以交行日照分行主張律師費有合同依據。本案交行日照分行已實際支付律師費20萬元，對此該院予以支持。

二、關於各擔保人能否以借新還舊為由主張免責的問題

交行日照分行與萬寶貿易公司簽訂的《流動資金借款合同》明確約定，額度用途為承接萬寶貿易公司授信重組業務，也即用新貸款償還舊債務，羲之公司、德升公司、萬寶汽車公司、物寶公司、華安公司、盤古公司、萬寶物流公司、萬寶集團公司作為擔保人，為萬寶貿易公司上述借款合同項下的借款提供擔保，其應當知道本案的借款用途為借新還舊，所以其以借新還舊為由主張免責於法無據，該院不予支援。

三、關於交行日照分行主張的抵押權和質權應否支持的問題

萬寶貿易公司、萬寶汽車公司、萬寶物流公司、萬寶集團公司分別與交行日照分行簽訂了《抵押合同》，約定萬寶貿易公司、萬寶汽車公司、萬寶物流公司、萬寶集團公司以其房產為本案貸款提供抵押擔保，且已辦理了抵押登記，所以本案抵押有效，抵押權已設立。各《抵押合同》均明確約定抵押擔保的最高債權額為3.67億元，交行日照分行有權就抵押房產在最高限額3.67億元範圍內享有優先受償權。

萬寶集團公司與交行日照分行簽訂的《股權質押合同》明確約定萬寶集團公司以其持有的三個公司的股權為本案貸款提供質押擔保，且已辦理了出質登記，所以本案質權有效，質權已設立。《股權質押合同》明確約定擔保的主債權為主合同項下的本金3.67億元，擔保範圍為全部主合同項下本金及利息、複利、罰息、違約金、損害賠償金、質權人保管質物或和實現債權及質權的費用，所以對本案全部債權，交行日照分行有權就萬寶集團公司的質押股權享有優先受償權。

四、關於羲之公司、德升公司、萬寶汽車公司、物寶公司、華安公司、盤古公司應承擔保證責任範圍的問題

本案中，羲之公司、德升公司、萬寶汽車公司、物寶公司、華安公司、盤古公司應在各自的保證範圍內對本案債務承擔連帶清償責任。但對於羲之公司、德升公司、萬寶汽車公司、物寶公司、華安公司、盤古公司各自應承擔保證責任的範圍，因羲之公司、德升公司、萬寶汽車公司、物寶公司、華安公司、盤古公司已分別做出了股東會決議和聲明，明確載明了各自保證擔

保的限額，而其法定代表人或負責人與交行日照分行所簽《保證合同》約定的保證數額超出了股東會決議和聲明中載明的保證限額，其法定代表人或負責人的行為超越了股東會決議和聲明的許可權範圍。且相關股東會決議和聲明已向交行日照分行出具，交行日照分行對羲之公司、德升公司、萬寶汽車公司、物寶公司、華安公司、盤古公司股東會決議和聲明的內容，以及其法定代表人或負責人超越許可權簽訂保證合同的事實是明知的。根據上述法律規定，《保證合同》中超出股東會決議和聲明載明的保證限額的部分，對羲之公司、德升公司、萬寶汽車公司、物寶公司、華安公司、盤古公司不產生效力，羲之公司、德升公司、萬寶汽車公司、物寶公司、華安公司、盤古公司對此部分不應承擔保證責任。根據股東會決議和聲明所載明的保證限額，以及《保證合同》保證範圍的約定，羲之公司、德升公司、萬寶汽車公司、物寶公司、華安公司、盤古公司分別應在最高本金餘額1.55億元、1.55億元、4,500萬元、300萬元、400萬元、3.2億元及相應的利息、複利、罰息、實現債權的費用範圍內承擔連帶清償責任。

　　五、關於辛為華、陳耘、辛雪梅、焦自理應否承擔連帶保證責任的問題

　　交行日照分行要求辛為華、辛雪梅對本案債務承擔連帶清償責任，於法有據，應予支持。而陳耘、焦自理分別作為辛為華、辛雪梅的配偶，其在《保證合同》後附的共有人聲明條款處簽字，僅表明其知悉其配偶作為保證人為本案債務提供保證，同意以夫妻共同財產予以清償，但其並無為本案債務提供保證的意思表示，交行日照分行要求陳耘、焦自理對本案債務承擔連帶保證責任，沒有依據，該院不予支持。另外，辛雪梅、焦自理經本院合法傳喚，無正當理由未到庭參加訴訟，應視為對自己訴訟權利的放棄。

　　綜上，依據《中華人民共和國合同法》第一百零七條、第二百零七條，《中華人民共和國擔保法》第十二條、第三十一條、第五十三條，《中華人民共和國物權法》第一百七十六條，《中華人民共和國民事訴訟法》第一百四十四條規定，判決如下：一、萬寶貿易公司於本判決生效之日起十日內償還交行日照分行第一筆《額度使用申請書》項下的借款本金31,970萬元及利息（具體計算方法參見一審判決第一項）。二、萬寶貿易公司於本判決生效之日起十日內償還交行日照分行第二筆《額度使用申請書》項下的借款本金44,029,129.61元及利息（具體計算方法參見一審判決第二項）。三、萬

寶貿易公司於本判決生效之日起十日內支付交行日照分行律師費20萬元。四、對上述第一、二、三項確定的債權，交行日照分行對萬寶貿易公司、萬寶汽車公司、萬寶物流公司、萬寶集團公司提供的房產（權證內容參見一審判決第四項），在最高債權額3.67億元範圍內享有優先受償權。五、對上述第一、二、三項確定的債權，交行日照分行對萬寶集團公司持有的天津世紀萬寶國際貿易有限公司股權2,400萬元、山東魯爾船舶貿易有限公司股權2,000萬元、華安公司股權500萬元享有優先受償權。六、羲之公司、德升公司、萬寶汽車公司、物寶公司、華安公司、盤古公司對上述第一、二、三項債務分別在最高本金餘額1.55億元、1.55億元、4,500萬元、300萬元、400萬元、3.2億元及相應的利息、複利、罰息、實現債權的費用範圍內承擔連帶清償責任。羲之公司、德升公司、萬寶汽車公司、物寶公司、華安公司、盤古公司承擔保證責任後，有權向萬寶貿易公司追償。七、辛為華、辛雪梅以其個人及夫妻共同財產對上述第一、二、三項債務承擔連帶清償責任。辛為華、辛雪梅承擔保證責任後，有權向萬寶貿易公司追償。八、駁回交行日照分行的其他訴訟請求。

　　本院對一審法院查明的事實予以確認。

　　本院二審另查明：

　　案涉《委託代理合同》第五條第二款約定，交行日照分行應於本合同簽訂之日起三日內向山東舜翔律師事務所支付律師代理費人民幣20萬元；於本案首次開庭前另行支付律師代理費人民幣5萬元；於本案終結本次執行裁定送達交行日照分行之日起三日內再行向山東舜翔律師事務所支付律師代理費人民幣5萬元。在本案一審庭審中，確認交行日照分行實際支付20萬元。一審庭審結束後，交行日照分行再次支付5萬元，但其並未向一審法院提交相關支付憑證。二審期間，交行日照分行以新證據形式向法庭提交5萬元支付憑證。因十三位被上訴人經合法傳喚未到庭參加訴訟，視為對自身訴訟權利的放棄。交行日照分行提交的上述5萬元支付憑證視為二審新證據，本院予以採信。上述代理合同約定的本案終結本次執行裁定送交交行日照分行應支付的5萬元，尚未實際支付。

　　盤古公司於2014年12月16日做出股東會決議，內容是：「同意公司為山東萬寶貿易有限公司在交通銀行股份有限公司日照分行辦理的重組授信（包

含新增貸款償還到期押匯等業務和以上業務償還後辦理的新業務）提供連帶責任擔保，擔保債權之本金餘額不超過人民幣4億1,000萬元整，本金所發生的利息、違約金、損害賠償金、實現債權的費用、因債務人違約而給債權人造成的損失和其他所有應付費用等，也屬於被擔保債權，具體業務品種、金額及期限以合同為準。」

　　本案一審判決做出的時間是2017年11月17日，一審卷宗記載的交行日照分行簽收一審判決的時間為2017年11月24日，交行日照分行向本院提交增加訴訟請求申請書的時間為2018年4月18日。

　　本院審理認為，本案爭議焦點是：一、關於十三位被上訴人是否應當償還剩餘10萬元律師費問題；二、關於交行日照分行增加的上訴請求能否得到支持問題。

　　一、關於十三位被上訴人是否應當償還剩餘10萬元律師費問題

　　交行日照分行的請求權基礎是案涉《流動資金借款合同》第10.2條的約定。依據合同法原理，違約造成的損失包括直接損失和可得利益損失，貸款人為實現債權支出費用會造成貸款人現有財產的減少，貸款人有權要求債務人予以賠償。直接損失的賠償範圍不僅包括實際支付的費用，還包括合理、必要及確定發生但尚未實際支付的費用。因為實際支付是以合同守約方有能力墊付為前提，但這一前提不應成為合同守約方採取補救措施的障礙，並且將合理、必要及確定發生的費用納入直接損失範圍，也有利於節約司法資源。本案中，對於一審判決支持的已經實際支付的20萬元律師費，本院予以維持。交行日照分行在一審庭審結束後支付的5萬元，是實際支付的費用，交行日照分行的該部分上訴請求，本院予以支持。對於本案終結本次執行裁定送交交行日照分行應支付的5萬元，屬於不能確定必然發生的費用，本院不予支持。《最高人民法院關於民事經濟審判方式改革問題的若干規定》第三十八條規定，第二審人民法院根據當事人提出的新證據對審件改判或者發回重審的，應當在判決書或者裁定書中寫明對新證據的確認，不應當認為是第一審裁判錯誤。本院依據交行日照分行提交的二審新證據改判了一審判決支持的律師費數額。故本院依法支持該5萬元律師費，並非是第一審裁判錯誤。

　　二、關於交行日照分行增加的上訴請求能否得到支持問題

該問題實質為盤古公司擔保範圍內的最高本金餘額是4.1億元抑或3.2億元，盤古公司股東會決議是否足以推翻一審判決的結果。本院認為，交行日照分行增加該上訴請求的時間超過法定上訴期間，存在程序瑕疵，並且該上訴請求沒有合同依據，盤古公司股東會決議不能推翻一審判決認定的盤古公司在3.2億元擔保債權的範圍內承擔保證責任的基本事實。對該項上訴請求，本院不予支持。理由如下：

首先，一審法院注意到案涉各保證人提交的確認擔保債權範圍的聲明、股東會決議等證據材料是影本，遂委託日照市中級人民法院調查存放於交行日照分行處的借款檔案資料。但由於交行日照分行紙質檔案材料未裝訂，交行日照分行稱電子檔案系統升級已無法查詢，導致未能查詢到各保證人參與案涉借貸擔保業務的完整資料。在此情形下，一審法院結合關聯事實證據、交行日照分行的貸款流程要求以及交行日照分行同期另外貸款業務的做法，採信案涉各保證人提交的聲明、股東會決議的影本，並不違反民事訴訟證據認定標準。並且，交行日照分行在一審中辯稱，各保證人並無證據證明向其出具過股東會決議，但交行日照分行卻在二審上訴時以盤古公司股東會決議作為新證據，交行日照分行的訴訟行為有違誠信。

其次，盤古公司股東會決議中記載「具體業務品種、金額及期限以合同為準」，這表明盤古公司承擔擔保責任的債權本金餘額上限不超過4.1億元，但具體擔保債權範圍內的債權本金數額可由具體的合同規定。進一步而言，盤古公司與交行日照分行簽訂的《保證合同》是確定保證責任範圍的合同依據，但該合同文本第十條只是約定了擔保的主合同編號、名稱，並未約定具體擔保責任範圍內的債權本金數額。綜上，交行日照分行提出盤古公司承擔保證責任範圍內的最高本金餘額是4.1億元，既沒有保證合同作為依據，也與案涉《流動資金借款合同》約定的貸款數額不一致。

第三，案涉各保證人在一審中均向法庭提交了《交通銀行授權業務保證核保書》影本，盤古公司也出具過類似核保書。該核保書送交對象為交行日照分行，頁面下方有經辦人、支行行長簽字，雖然交行日照分行抗辯稱係影本，但其並未否認該行經辦人或支行行長簽字的真實性。盤古公司提交的《交通銀行授權業務保證核保書》與盤古公司出具的聲明中記載的主合同債權本金均為3.2億元，能夠相互印證，體現了保證人盤古公司與債權人交行日

照分行的合意。故一審判決認定盤古公司在最高本金餘額3.2億元及相應的利息、複利、罰息、實現債權的費用範圍內承擔連帶清償責任，並不缺乏事實依據。

　　綜上，交行日照分行上訴主張十三位被上訴人尚須償付律師費10萬元的訴請，部分成立。交行日照分行上訴請求盤古公司在4.1億元擔保債權的範圍內承擔保證責任，沒有事實依據，本院不予支持。本院根據《中華人民共和國民事訴訟法》第一百七十條第一款第（二）項之規定，判決如下：

　　一、維持山東省高級人民法院（2017）魯民初27號民事判決第一項、第二項、第四項、第五項、第六項、第七項（但第四項、第五項、第六項、第七項中表述的「對上述第一、二、三項債務」中的第三項債務數額應依據本判決主文第二項認定）。

　　二、改判山東省高級人民法院（2017）魯民初27號民事判決第三項為「山東萬寶貿易有限公司於本判決生效之日起十日內支付交通銀行股份有限公司日照分行律師費25萬元」。

　　三、駁回交通銀行股份有限公司日照分行其他訴訟請求。

　　一審案件受理費2,161,513元，由山東萬寶貿易有限公司、臨沂羲之企業有限公司、日照德升新型建材有限公司、山東萬寶汽車銷售服務有限公司、山東物寶再生資源有限公司、日照華安酒店有限公司、山東盤古能源有限公司、山東萬寶物流有限公司、山東萬寶集團有限公司、辛為華、辛雪梅共同負擔。二審案件受理費262,748元，由交通銀行股份有限公司日照分行負擔261,598元，由山東萬寶貿易有限公司、臨沂羲之企業有限公司、日照德升新型建材有限公司、山東萬寶汽車銷售服務有限公司、山東物寶再生資源有限公司、日照華安酒店有限公司、山東盤古能源有限公司、山東萬寶物流有限公司、山東萬寶集團有限公司、辛為華、陳耘、辛雪梅、焦自理共同負擔1,150元。

　　審判長　張雪楳
　　審判員　杜　軍
　　審判員　丁俊峰
　　二〇一八年六月二十五日

法官助理　陸　昱

書記員　　宋亞東

【案例112】廠商銀業務模式中銀行的權利義務及管理重點

廣發銀行與永盛公司等金融借款合同糾紛案評析

案號：江蘇省南京市中級人民法院（2018）蘇01民終2005號

【摘要】

銀行應嚴格依約履行廠商銀業務模式中的交付、通知、承兌、付款等義務，並從現金流和物資流角度加強對廠商銀業務的流程控制和管理，以減少爭議和糾紛，切實降低銀行債權風險。

【基本案情】

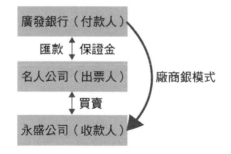

2013年7月16日，廣發銀行股份有限公司南京江寧支行（以下簡稱「廣發銀行」）與南京名人輪胎銷售有限公司（以下簡稱「名人公司」）、山東永盛橡膠集團有限公司（以下簡稱「永盛公司」）簽訂《廠商銀協定》，約定由廣發銀行向名人公司提供2,500萬元授信額度，用於向永盛公司購買輪胎，具體為：廣發銀行承兌名人公司簽發的以永盛公司為收款人的銀行承兌匯票（以下簡稱「案涉匯票」），並通過EMS特快專遞送達永盛公司；廣發銀行依約支付匯票款項

後，向永盛公司發送《商業匯票／款項支付通知書》；廣發銀行審核名人公司提交的《提貨申請書》後，簽發《提貨通知書》；名人公司憑必要且唯一憑證《提貨通知書》向永盛公司提貨；名人公司每次提貨時，應提前交存相應保證金；名人公司未按約完成對應金額的提貨或永盛公司未經廣發銀行許可而違反貿易合同時，永盛公司須承擔餘額退款責任，每次退款金額為當次支付金額扣除相應提貨金額；永盛公司應履行餘額退款責任時，廣發銀行有權向永盛公司發送《退款通知書》；永盛公司未依約退款的，須按對應金額的日萬分之五支付違約金。……該《廠商銀協議》加蓋了三方公章，並有廣發銀行負責人蔣超簽字。

同日，廣發銀行與名人公司簽訂《授信額度合同》，約定廣發銀行向名人公司提供2,500萬元授信額度，並簽訂兩份金額合計為2,500萬元的《保證金質押合同》作為擔保。廣發銀行將八張金額合計為5,000萬元的案涉匯票，交由名人公司工作人員轉交給永盛公司。永盛公司在廣發銀行《收到商業匯票／款項確認函》上蓋章確認，並將收到的部分案涉匯票背書交付給名人公司使用。名人公司在授信期內未向永盛公司提貨。案涉匯票到期後，廣發銀行全部兌付，並扣劃名人公司2,500萬元保證金，尚有2,500萬元未獲清償。廣發銀行遂訴至法院，請求判決永盛公司退還餘款2,500萬元及相應利息、違約金。

另，2014年3月11日，名人公司法定代表人高凱因涉嫌犯合同詐騙罪被提起公訴，山東省東營市中級人民法院做出（2017）魯05刑初10號生效刑事判決，改判高凱無罪。2016年12月17日，在案涉《廠商銀協議》簽訂期間的廣發銀行負責人蔣超，因涉嫌違規出具金融票證罪被立案偵查。

【法院判決】

　　江蘇省南京市江寧區人民法院經審理認為，已生效的（2017）魯05刑初10號刑事判決確認名人公司法定代表人高凱無罪，足以認定名人公司與廣發銀行、永盛公司簽訂《廠商銀協定》的行為不構成欺詐，廣發銀行工作人員蔣超雖涉嫌違規開具金融票證被立案偵查，但係針對蔣超個人行為，該案的刑事處理結果並不影響廣發銀行依據《廠商銀協議》向永盛公司主張民事權利，《廠商銀協議》係三方當事人真實意思表示，當屬合法有效。廣發銀行已依約開具了收款人為永盛公司的總計5,000萬元的案涉匯票，名人公司未依約完成對應金額提貨，故永盛公司應依約承擔餘額退款責任，扣除名人公司2,500萬元保證金後，應向廣發銀行退還2,500萬元及相應利息、違約金。綜上，判決永盛公司退還廣發銀行2,500萬元並支付相應利息、違約金。

　　宣判後，永盛公司不服一審判決，提起上訴，認為廣發銀行並未依約通過EMS將案涉匯票送達永盛公司、沒有向永盛公司發送《商業匯票／款項支付通知書》、在發生餘額退款情形時亦未依約向永盛公司發送《退款通知書》，主張案涉《廠商銀協議》並未實際履行、永盛公司不應承擔餘額退款責任。江蘇省南京市中級人民法院經審理認為，本案的爭議焦點為：永盛公司應否承擔《廠商銀協議》項下的餘額退款責任。廣發銀行承兌了名人公司開出的收款人為永盛公司的案涉匯票，已履行了《廠商銀協議》項下主要義務。雖然廣發銀行存在永盛公司提出的上述疏忽行為，但永盛公司實際收到了案涉匯票，不僅未將收到的匯票款作為向名人公司發貨的預付款，而且將部分匯票背書後交給名人公司將款項挪作他用，導致廣發銀行未能收回。廣發銀行的上述疏忽行為，並不影響其有權依約要求永盛公司承擔餘額退款責任。一審關於永盛公司應向廣發銀行退還2,500萬元及相應利息、違約金的認定正確，應予確認。綜上，判決駁回上訴、維持原判。

【法律評析】

本案的爭議焦點為廣發銀行在案涉廠商銀業務模式中的具體權利義務。

一、銀行在廠商銀業務模式中的權利義務

廠商銀業務模式,是指賣方(生產商)、買方(貿易商)與銀行等金融機構之間達成的一種新類型供應鏈預付款融資業務模式。基本模式是:賣方、買方和銀行三方簽訂合作協定;買方向銀行繳存相應保證金,並向銀行申請承兌買方開出的商業匯票,定向用於向賣方購買商品;買方用貨物或者貨物倉單提供質押,銀行控制貨物或倉單提貨權;銀行根據買方繳納的保證金數額,指示賣方或倉儲物流方向買方發貨;賣方或倉儲物流方按照銀行發貨指令,向買方發貨;在匯票到期後,如果買方繳納的保證金低於匯票金額,銀行承兌匯票的墊款部分即自動轉為買方的逾期貸款,賣方須回購貨物,將差額部分退還給銀行;如果買方向賣方的提貨金額少於銀行支付的當期貨款金額,賣方須將當期貨款金額扣除提貨金額的餘款退還給銀行。根據具體流程不同,廠商銀模式可以分為保兌倉、先票後貨和先票後單三種形式。

根據上述分析,在廠商銀業務模式中,銀行的權利為:

1. 嚴格審查買賣雙方的業務內容、經營信用狀況、履約償債及回購擔保能力等,綜合決定是否開展廠商銀業務。

2. 廠商銀業務模式中,生產商、銀行、倉儲公司簽訂質押監管協定,將貨物質押銀行;買方向銀行繳納一定比例的保證金以作為銀行向倉儲公司出具提貨證明的前提條件,若生產商與買方終止買賣關係,或生產商實際發貨數量少於合同約定,生產商有義務退還餘款,若買方存在不依合同約定提貨情形,生產商承擔貨物回購義務,因此這種模式具有保證金、倉單質押、貨物回購和餘款退還等多重償債擔

保，最大限度降低銀行債權風險。

　　3. 通過控制貨物或質押倉單項下的提貨權，嚴密控制買賣雙方的交易履行狀況，便於及時採取相應措施維護銀行合法債權。

　　4. 可以吸收保證金存款及派生存款，獲得逾期貸款利息、票據承兌貼現手續費等，增加銀行業務收入。

　　銀行的義務為：

　　1. 依約開具並向賣方交付相應的銀行承兌匯票。

　　2. 依約向賣方發出匯票付款通知書，告知賣方銀行已支付當期貨款，並確保得到其收款確認。

　　3. 嚴格審核買方提交的《提貨申請書》，根據買方繳納的保證金數額簽發相應的《提貨通知書》，並及時通知賣方發貨，這是廠商銀模式中銀行的基本和核心義務。

　　4. 對到期匯票進行無條件承兌，並就保證金不足的差額部分墊付票款。

　　5. 依約向賣方發出餘額退款通知書，及時要求賣方履行退款義務。

　　結合本案可知，廣發銀行依約承兌了案涉匯票，但是並未通過約定的EMS郵寄方式，而是由買方名人公司工作人員將案涉匯票轉交給賣方永盛公司。廣發銀行雖然收到了永盛公司在《收到商業匯票／款項確認函》上的蓋章確認，但並未依約先向永盛公司發送《商業匯票／款項支付通知書》。同時，在發生餘額退款情形時，廣發銀行亦未依約向永盛公司發送《退款通知書》，而是直接訴至法院。顯然，廣發銀行在履行廠商銀義務時存在疏忽。永盛公司以廣發銀行的上述疏忽為由，提出案涉《廠商銀協議》並未實際履行、永盛公司不承擔貨物餘額退款責任的抗辯。法院最終認定永盛公司實際收到了案涉匯票，造成廣發銀行票款無法回籠的主要過錯在於永盛公司，廣發銀行的疏忽行為並不影響其有權要求永盛公司承擔餘額退款責任。但

是，廣發銀行的瑕疵履行行為，引起了不必要的爭議、增加了維權成本。因此，在廠商銀業務中，銀行應嚴格按照合同的明確約定行使權利、履行義務，以避免因履行不當引發糾紛、降低交易維權成本、最大限度維護銀行合法債權。

二、銀行在廠商銀業務模式中的管理重點

廠商銀業務模式的主要風險體現在操作層面，即流程控制是否嚴格、管理是否到位。基於嚴格加強審查商品交易真實性的「用途限定、封閉運作」原則，下文主要從現金流和物資流兩個角度，分析銀行在廠商銀業務模式中的管理重點：

（一）現金流管理

1. 銀行承兌匯票必須指定用於向賣方購買商品，票據收款人必須為賣方；票據須按合作協定約定方式交付給賣方，不得通過買方交付給賣方。

2. 賣方收到銀行支付的貨款後，應向銀行出具書面確認函予以確認。

3. 買方繳存的提貨款必須用於追加保證金，並存入銀行指定的保證金帳戶。

4. 買方未繳存相應保證金提貨，由賣方退還差額貨款時，相應的退款應存入指定的保證金帳戶用於償還墊付的到期票款。

5. 定期對帳制度，包括銀行與買方、賣方和倉儲公司關於實物、帳面及實物與帳面之間的對帳。銀行應與買方、賣方定期對帳核查，做到帳帳相符、帳實相符，對帳方式包括但不限於實地、電話、傳真和電子郵件等；銀行與倉儲方的對帳，應通過核對倉儲方提交的收貨清單、存貨清單等和對監管過程的實地檢查等來完成。

（二）物資流管理

物資流管理涉及商品交接、入庫、入庫後監管等一系列問題，

對流程控制要求非常嚴格。

1. 訂貨階段。買方在向銀行申請匯票承兌時，將擬向賣方購買貨物的情況，以《訂貨清單》或購銷合同形式通知銀行。

2. 發貨階段。賣方收到銀行承兌匯票後在規定期限內發貨，銀行經辦人應督促賣方按時發貨，瞭解發貨的時間、數量、運輸和保險情況等，並要求買方將運輸保險第一受益人確定為銀行。

3. 貨物交接階段。商品異地交接、本地監管的，銀行、買方和倉儲公司三方共同前往異地清點驗收，銀行在商品交付後應立即委託倉儲公司監管，存貨質押監管合同同時生效。

4. 貨物的入庫。貨物清點入庫後，倉儲公司將貨物驗收情況通過《收貨清單》回饋至賣方，銀行、賣方和買方按照《收貨清單》上記載的貨物情況進行實際結算。

5. 貨物的監管。銀行通常通過倉儲公司監管貨物的數量、品質，為避免倉儲公司自身的管理漏洞導致提供給銀行滯後或失真的資訊風險，存貨質押監管合同中應明確約定：（1）倉儲公司定期出具存貨清單明細提交給銀行審核確認，以便於銀行及時瞭解存貨的動態情況；（2）在依銀行指令向買方每次發貨後，倉儲公司應向銀行提交《發貨清單》及《存貨清單》，確保貨物的數量、種類和價值等未發生異常變化；（3）銀行應定期派人前去查看，確保存貨情況與倉儲公司提供的清單一致。如倉儲公司有能力提供倉儲資訊共用系統，對實現貨物庫存、流向的即時監控更有積極意義。

附：法律文書

廣發銀行股份有限公司南京江寧支行與山東永盛橡膠集團有限公司
金融借款合同糾紛案

江蘇省南京市中級人民法院民事判決書（2018）蘇01民終2005號

上訴人（原審被告）：山東永盛橡膠集團有限公司。

　住所地：山東省廣饒縣經濟開發區廣凱路南側。

法定代表人：李江華，該公司執行董事。

委託訴訟代理人：洪道德，北京市雙利律師事務所律師。

委託訴訟代理人：孫瑩，北京市雙利律師事務所律師。

被上訴人（原審原告）：廣發銀行股份有限公司南京江寧支行。

　住所地：江蘇省南京市江寧區新亭東路81號。

主要負責人：李寒吟，該支行行長。

委託訴訟代理人：尹東明，江蘇天哲律師事務所律師。

委託訴訟代理人：寧鮮鮮，江蘇天哲律師事務所律師。

　　上訴人山東永盛橡膠集團有限公司（以下簡稱永盛公司）因與被上訴人廣發銀行股份有限公司南京江寧支行（以下簡稱廣發銀行江寧支行）合同糾紛一案，不服南京市江寧區人民法院（2017）蘇0115民初208號民事判決，向本院提起上訴。本院於2018年2月27日立案受理後，依法組成合議庭，公開開庭進行了審理。上訴人永盛公司的委託訴訟代理人洪道德、孫瑩，被上訴人廣發銀行江寧支行的委託訴訟代理人尹東明、寧鮮鮮到庭參加訴訟。本案現已審理終結。

　　永盛公司上訴請求：1.撤銷一審判決，發回重審或改判駁回廣發銀行江寧支行全部訴訟請求；2.一、二審訴訟費用由被上訴人承擔。事實與理由：一審判決認定事實錯誤，適用法律錯誤，程序嚴重違法。1.一審法院嚴重違反法定程序，未准予永盛公司對確認函進行鑒定的申請。廣發銀行江寧支行提交的確認函未經查證屬實，不能作為認定事實的依據。永盛公司一審中申請對確認函上印章與列印內容、手寫內容的形成時間先後順序及簽字筆跡進行鑒定。若兩份確認函上永盛公司印章形成於列印內容或手寫文字之前，則證明永盛公司係在空白確認函上蓋章，廣發銀行江寧支行事後填寫，事後填寫的內容未經永盛公司確認，不能約束永盛公司。因為南京名人輪胎銷售有限公司（以下簡稱名人公司）與永盛公司之間存在輪胎買賣關係，名人公司與廣發銀行江寧支行之間存在銀行授信關係和擔保關係，三方之間又簽訂過廠商銀協定，故永盛公司收到名人公司交付的銀行承兌匯票是履行三方的廠

商銀協定還是雙方的買賣合同，是本案的爭議焦點之一。永盛公司於2009年就開始與名人公司進行輪胎買賣，雙方貨款結算方式主要是銀行承兌匯票，永盛公司收到的匯票係由名人公司直接交付，而非廣發銀行江寧支行交付，永盛公司認為名人公司交付匯票係履行雙方之間的買賣合同，廠商銀協議的主要條款沒有實際履行。2.一審判決關於永盛公司承擔餘額退款責任金額的計算，明顯違背廠商銀協定內容。名人公司、廣發銀行江寧支行、永盛公司三方簽訂的廠商銀協定第八條約定，永盛公司向廣發銀行江寧支行承擔餘額退款責任的計算方式是：退款金額＝《商業匯票／款項支付通知書》金額－《提貨通知書》金額。本案中，既無商業匯票／款項支付通知書，亦無提貨通知書，一審判決永盛公司承擔餘額退款責任的金額，缺乏依據。3.一審判決混淆了廠商銀協議與三方主體兩兩之間獨立的合同關係。名人公司與永盛公司之間存在獨立的買賣合同關係，名人公司與廣發銀行江寧支行之間存在獨立的授信合同關係和擔保關係。三方主體兩兩之間獨立的法律關係始終存在，從未解除。永盛公司收到名人公司交來的匯票，係收取貨款，履行與名人公司之間的買賣合同，不應對廣發銀行江寧支行承擔廠商銀協議下的餘額退款責任。4.三方的廠商銀協議並未實際履行，一審判決永盛公司承擔餘額退款責任，缺乏事實依據。廠商銀協議約定的四個主要環節及權利義務均未實際履行。第一個環節出票寄票環節，按照廠商銀協議的約定，銀行出票後，必須由廣發銀行江寧支行通過EMS特快專遞寄給永盛公司。本案中，廣發銀行江寧支行並未按此履行，匯票是由名人公司從銀行領取後交給永盛公司，對永盛公司而言，其收到的匯票係名人公司交付買賣合同項下的貨款。第二個環節提貨發貨環節，按照廠商銀協議，該環節包括申請、審核、通知提貨、發貨，即名人公司向廣發銀行江寧支行提交提貨申請書，廣發銀行江寧支行審核後，向名人公司簽發提貨通知書，名人公司持提貨通知書向永盛公司提貨，提貨通知書是名人公司向永盛公司提貨的必要且唯一憑證。本案中，名人公司未向廣發銀行江寧支行提交提貨申請書，廣發銀行江寧支行也未進行審核，未向名人公司簽發提貨通知書，名人公司也未持提貨通知書向永盛公司提貨。對永盛公司而言，名人公司給永盛公司發提貨計畫傳真從永盛公司提貨，係履行雙方買賣合同。第三個環節對帳環節，按照廠商銀協議，三方應建立對帳制度，對帳方式是郵寄。本案中，三方既未建立對帳制

度，也從未通過郵寄方式進行過任何對帳。第四個環節退款通知環節，按照廠商銀協議，匯票到期時若名人公司未完成提貨，廣發銀行江寧支行應向永盛公司發送退款通知書，要求永盛公司退票或退款。本案中，廣發銀行江寧支行從未向永盛公司發送過退款通知書。5.廠商銀協議一式三份，廣發銀行江寧支行持兩份，名人公司持一份，永盛公司對協定內容特別是餘額退款責任不知情，不具備履行廠商銀協議的基礎。廠商銀協定是銀行的格式合同，專業性極強，簽訂合同時，永盛公司在格式合同及空白附件上簽章，但合同文本沒有給永盛公司一份，致使永盛公司在不瞭解合同內容的情況下簽章。永盛公司成立多年，從未為其他公司提供擔保或承擔連帶責任，本案金額高達數千萬元，無任何抵押質押，永盛公司不可能同意承擔餘額退款責任。6.一審判決認定廠商銀協議合法有效的直接依據是山東省東營市中級人民法院（以下簡稱東營中院）認定名人公司高凱無罪的刑事判決，屬於適用法律錯誤。一審判決認為「已生效的刑事判決已確認名人公司法定代表人高凱無罪，足以認定名人公司與原、被告簽訂廠商銀協定的行為並不構成欺詐」，東營中院認定高凱無罪的刑事判決依據是刑事訴訟法第一百九十五條第三項、刑事訴訟法司法解釋第二百四十一條。一審法院依據高凱的刑事判決認定廠商銀協議有效，本質是依據刑事法律規定認定民事合同效力，而刑事案件與民事案件性質完全不同，適用法律也不同，一審法院適用法律嚴重錯誤。7.東營中院刑事判決的核心事實與本案一審判決認定的核心事實相互衝突，相互矛盾。東營中院刑事判決認定「涉案銀行、高凱公司、永盛公司三方均操作不規範，敞口責任是否由永盛公司承擔尚不明確。故被告人高凱不構成合同詐騙罪、詐騙罪」。本案一審判決認定「廠商銀協議係廣發銀行江寧支行、名人公司、永盛公司三方共同簽署，協定內容均係三方當事人真實意思表示，當屬合法有效；永盛公司應當承擔餘額退款責任」。刑事判決認為永盛公司尚未承擔2,500萬元餘額退款責任，所以高凱無罪。而本案一審法院依據刑事判決認定廠商銀協議有效，永盛公司應當承擔餘額退款責任，退還廣發銀行江寧支行2,500萬元，與刑事判決顯然矛盾。8.名人公司高凱與廣發銀行江寧支行蔣超惡意串通構成刑事犯罪。本案起因是名人公司的高凱與廣發銀行江寧支行的蔣超等人惡意串通，先合謀實施了違規開具金融票證罪，係共同犯罪，此後高凱具有侵占未交納承兌匯票保證金部分風險敞口

2,500萬元款項的故意，虛構事實，導致永盛公司承擔餘額退款責任，係其個人實施的侵占罪、詐騙罪，應當根據高凱與蔣超各自參加及實施的行為所涉嫌的罪名立案偵查，不能因東營中院認定高凱不構成詐騙罪而認為高凱沒有實施和參加其他犯罪。9.廠商銀合同是以合法形式掩蓋非法目的，應屬無效。案涉廠商銀協議是以輪胎預付款為基礎的三方協議，形式是合法的，但實際上並不存在輪胎預付款的交易模式，永盛公司與名人公司之間一直採取款到發貨的模式，根本不存在簽訂廠商銀協定的客觀需要，該協定的目的和用途是虛構的。10.一審判決未依據各方有無過錯、過錯程度以及過錯與損失之間的因果關係認定各方責任，屬於認定事實不清。永盛公司在簽訂廠商銀協定時確存在疏忽和管理責任，但這種過錯並不當然導致永盛公司承擔餘額退款責任。過錯與責任相適應、權利義務相對等是民法的重要原則，一審法院沒有依據民事法律規定審查廠商銀協議三方各自的過錯。東營中院的刑事判決提到銀行、名人公司、永盛公司三方均操作不規範，由此導致的損害結果如何承擔，應當是本案審理的重點，但一審法院未對此進行審理。11.依據廣發銀行江寧支行與名人公司之間的授信合同關係，還款責任主體應是名人公司。名人公司與廣發銀行江寧支行的授信合同第二十五條約定，名人公司未能足額交存票款，致使廣發銀行江寧支行墊付資金時，墊付款項轉為廣發銀行江寧支行對名人公司的貸款。案涉承兌匯票出票人為名人公司，由名人公司從廣發銀行江寧支行領取，係履行雙方之間的授信合同，故未償還的匯票金額應由名人公司承擔還款責任。

　　廣發銀行江寧支行辯稱：一審法院認定事實清楚，適用法律正確，請求二審法院依法駁回上訴，維持原判。廣發銀行江寧支行提交的確認函沒有鑒定的必要，永盛公司一審中提出了鑒定申請，一審法院亦經審查認定沒有必要鑒定。

　　廣發銀行江寧支行向一審法院起訴請求：1.永盛公司退還廣發銀行江寧支行款項2,500萬元及違約金8,967,500元（上述違約金按日萬分之五的標準暫計算至2016年1月15日，最終計算至永盛公司全部清償之日止）；2.本案訴訟費等為實現債權產生的費用由永盛公司承擔。

　　一審法院認定事實：2013年7月16日，廣發銀行江寧支行（甲方，授信銀行）與名人公司（乙方，買方）、永盛公司（丙方、賣方）簽訂廠商銀

協定一份,約定:由甲方向乙方提供授信額度敞口最高限額(不含保證金)為2,500萬元的授信額度,用於向乙方購買輪胎,該授信額度的有效期限自2013年7月16日至2014年1月15日止,在此期限內該額度可迴圈。協議第二條約定:本協議各方一致同意甲方採用甲方承兌乙方簽發的以丙方為收款人的銀行承兌匯票,並送達丙方。若為紙質銀行承兌匯票,每筆承兌的匯票期限不得超過六個月。送達方式為通過特快專遞寄給丙方,約定特快專遞公司為EMS。根據本條約定支付款項的,甲方應在款項支付當天或支付之後三個工作日內向丙方發送《商業匯票/款項支付通知書》(附件1)。第四條約定:乙方向甲方申請承兌銀行承兌匯票或辦理商業承兌匯票(可)貼現的,以及乙方按照本協議第五條約定向甲方申請提貨的,須按甲方要求交存保證金,保證金悉數存放在甲方指定的保證金帳戶中,乙方未經甲方書面同意不得支取保證金。第五條約定:提貨是指在符合本協議及相關貿易合同的情況下,按照本協定規定的條件和流程由丙方將貿易合同項下貨物移交給乙方的行為。乙方每次提貨時,應提前三個工作日向甲方提交提貨申請書(附件3),並向乙方在甲方開立的保證金帳戶交存相應的保證金或提供甲方認可的存單等有價證券作為質押擔保,當次可提貨的金額≦初始保證金總金額+追加/補充保證金總額+甲方認可的有價證券票面總金額×甲方核定的有價證券質押率-累計已提貨金額。甲方審核乙方提交的《提貨申請書》及核實乙方提供的相關擔保無誤後,向乙方簽發《提貨通知書》(附件4)。乙方憑甲方簽發的《提貨通知書》向丙方提貨。甲、乙、丙三方特此確認,甲方簽發的《提貨通知書》是乙方向丙方提貨的必要且唯一憑證,無論何方以何種形式出具的任何其他檔均不得替代《提貨通知書》,也不得構成對《提貨通知書》的否定、限制、變更或補充,乙丙雙方之間任何其他合同、丙方規定或行業慣例均不得對抗《提貨通知書》。第六條約定:丙方審核《提貨通知書》無誤後,按約定向乙方發貨。丙方保證,憑且僅憑甲方簽發的《提貨通知書》給予乙方辦理提貨,否則,構成丙方在本協議項下的違約。甲方對提貨有異議的,須立即傳真並電話通知乙、丙雙方暫停提貨/發貨。乙丙雙方須遵照甲方指令暫停提貨/發貨,並承諾待三方協商一致後由甲方做出相應安排。甲方不參與後續的收發貨過程,對貨物數量、品質、運輸及交付等不承擔責任,由乙丙雙方按照合同法及相關法律法規承擔相應的義務和責

任。第七條約定：每份《商業匯票／款項支付通知書》所載明的任何一筆授信到期日前三個工作日內，乙方須足額償還相應的授信本息，或將授信本息的等額資金足額存入甲方指定的保證金帳戶。第八條約定：符合下列情形之一時，丙方須承擔餘額退款責任（每次退款金額＝《商業匯票／款項支付通知書》所載明的當次支付金額－相對應的《提貨通知書》所載貨物金額）：1.本協議項下任何一筆授信到期前一個工作日內，乙方未能按照本協議第五條的約定完成對應金額的提貨。2.丙方未經甲方許可而中止／終止履行本協定項下的貿易合同。3.丙方違反本協定或本協定項下的貿易合同。當出現丙方應履行餘額退款責任的情形時，甲方有權向丙方發送《退款通知書》（附件5-1），丙方須在收到《退款通知書》後一個工作日內向甲方《退款通知書回執》（附件5-2），並按《退款通知書》要求將應退金額直接退至甲方或甲方指定的乙方帳戶。若為紙質銀行承兌匯票且未背書、未質押／已解除質押，丙方可將原銀行承兌匯票原件父還甲方，由乙方申請辦埋退票手續；若銀行承兌匯票被質押、背書轉讓，丙方須將應退款項直接退至甲方或甲方指定帳戶。第十一條約定：本協定有關的任何通知（包括業務往來檔、函件、報表、單證等）原件送達。若為遞交，則以被通知方的任何工作人員或收件代理人收到之日為送達之日。若為掛號郵件、快遞，則以郵件發出之日起的第三個工作日為送達日期。但是，前述規定的送達日期與被通知方實際收到或正式簽收的日期不一致的，則以各日期中最早的日期為送達日期。第十二條約定：乙方違反本協議的，甲方有權宣布融資提前到期，立即要求乙方清償全部已發放的融資本息，並有權終止／中止已核定的授信。丙方違反本協議第八條規定的退款責任的，須按對應金額的日萬分之五向甲方支付違約金且須繼續履行未履行完的義務。第十四條約定：本協議自各方簽章之日起生效，至協議各方履行完各自的權利義務和責任止。本協議一式三份，甲方執二份，乙方執一份。第十六條約定：協定附件是本協定不可分割的一部分，具有同等法律效力，本協定附件包括但不限於：1.商業匯票／款項支付通知書；2.收到商業匯票／款項確認函；3.提貨申請書；4.提貨通知書；5-1.退款通知書；5-2.退款通知書回執……。協議中，對甲乙丙三方的其他權利、義務亦做出約定。上述協議加蓋甲乙丙三方公章，甲方負責人處由蔣超簽字。

　　同日，廣發銀行江寧支行與名人公司簽訂編號為13616113綜授017的授信額度合同，約定該行向名人公司提供授信額度敞口最高限額（不含保證金）為人民幣2,500萬元的授信額度，該授信額度的有效期限自2013年7月16日至2014年1月15日止。並於2013年7月19日、8月5日，分兩次簽訂兩份保證金質押合同，金額分別為1,500萬元、1,000萬元，由名人公司將上述金額的保證金作為履行編號為13616113綜授017的授信額度合同的擔保。

　　上述系列協定簽訂後，廣發銀行江寧支行按約履行廠商銀協議，將8張合計總金額為5,000萬元的承兌匯票（出票人為名人公司，收款人為永盛公司，付款人為廣發銀行江寧支行）交付永盛公司，其中3,000萬元的承兌匯票到期日為2014年1月19日，2,000萬元的承兌匯票到期日為2014年2月7日。永盛公司在廣發銀行江寧支行出具的收到商業匯票／款項確認函上蓋章確認。後名人公司未在授信期限內向永盛公司提貨，涉案承兌匯票到期後，廣發銀行江寧支行全部兌付。廣發銀行江寧支行扣劃名人公司2,500萬元保證金，剩餘2,500萬元名人公司未向廣發銀行江寧支行償還。

　　一審法院另查明：廣發銀行江寧支行於2014年2月20日向南京市中級人民法院提起訴訟，要求永盛公司根據廠商銀協定的約定承擔餘額還款責任，案號為（2014）寧商初字第37號。2014年3月11日，名人公司法定代表人高凱因涉嫌犯合同詐騙罪被山東省廣饒縣公安局刑事拘留，同年4月17日被逮捕。後南京市中級人民法院將（2014）寧商初字第37號案件移送公安機關處理。後山東省東營市人民檢察院指控高凱犯合同詐騙罪、詐騙罪向山東省東營市中級人民法院提起公訴，該院於2016年9月22日做出（2015）東刑二初字第5號刑事判決，判決：高凱犯騙取票據承兌罪，判處有期徒刑四年，並處罰金200萬元。宣判後，高凱不服，提出上訴，山東省高級人民法院經審理後裁定撤銷原判，發回山東省東營市中級人民法院重新審判，該院另行組成合議庭審理後，於2017年8月2日做出判決：被告人高凱無罪。該判決已生效。

　　一審法院再查明：2016年12月17日，山東省廣饒縣公安局對廣發銀行江寧支行在涉案廠商銀協議簽訂期間的負責人蔣超以涉嫌違規出具金融票證罪立案偵查。2017年11月9日，廣饒縣公安局經濟犯罪偵查大隊向永盛公司委託代理人洪道德出具復函：一、蔣超涉嫌違規出具金融票證罪案件現仍處

於偵查階段，由我大隊負責偵查。二、犯罪嫌疑人蔣超尚未歸案，我局已依法對其網上追逃。三、依刑法規定，違規出具金融票證罪有獨立犯罪構成要件，我局對該案單獨立案偵查。

　　一審法院認為，依法成立的合同應當予以保護。關於廠商銀協議的效力問題，已生效的刑事判決已確認名人公司法定代表人高凱無罪，足以認定名人公司與廣發銀行江寧支行、永盛公司簽訂廠商銀協定的行為並不構成欺詐，廣發銀行江寧支行的工作人員蔣超雖涉嫌違規開具金融票證被公安機關立案偵查，但該罪侵犯的客體是國家的金融管理秩序以及金融機構的財產所有權，係針對蔣超個人行為進行犯罪偵查，該案的刑事處理結果並不影響廣發銀行江寧支行依據平等主體之間簽訂的廠商銀協定向永盛公司主張民事權利，故永盛公司關於涉案廠商銀協定屬無效協定的理由依據不足，不予採納，一審法院認為，廠商銀協議係廣發銀行江寧支行、名人公司、永盛公司三方共同簽署，協定內容均係三方當事人真實意思表示，內容亦不違反法律、行政法規的強制性規定，當屬合法有效。廠商銀協議簽訂後，廣發銀行江寧支行已依約開具了收款人為永盛公司的總計5,000萬元的銀行承兌匯票，履行了合同義務，名人公司在授信到期前一個工作日內未完成對應金額的提貨，永盛公司應當依照廠商銀協議的約定承擔餘額退款責任，扣除名人公司2,500萬元保證金後，剩餘2,500萬元餘額永盛公司應當償還，對廣發銀行江寧支行要求永盛公司退還2,500萬元款項的訴訟請求，一審法院予以支持。關於廣發銀行江寧支行主張的違約金，永盛公司雖認為標準過高，但未提交其他證據加以證明，對其主張一審法院不予採納，因廣發銀行江寧支行未能舉證證明其何時向永盛公司出具退款通知書，故一審法院將廣發銀行江寧支行第一次向南京市中級人民法院提起訴訟的時間作為違約金的起算點，對廣發銀行江寧支行主張的違約金，一審法院部分予以支援。綜上，依照《中華人民共和國合同》第六十條、第一百九十六條、第一百零七條、第一百一十四條，《最高人民法院關於在審理經濟糾紛案件中涉及經濟犯罪嫌疑若干問題的規定》第十條、第十二條之規定，一審法院判決：一、永盛公司於判決發生法律效力之日起十日內退還廣發銀行江寧支行2,500萬元並支付利息（自2014年2月20日起以2,500萬元為基數按照日萬分之五的標準計算至實際給付之日止）；二、駁回廣發銀行江寧支行的其他訴訟請求。如果未按照判決指

定的期限履行給付金錢義務,應當依照《中華人民共和國民事訴訟法》第二百五十三條之規定,加倍支付延遲履行期間的債務利息。一審案件受理費211,687元,保全費5,000元,合計216,687元,由永盛公司負擔。

一審查明的事實,有相應證據在卷佐證,本院予以確認。

二審中,永盛公司未提交新證據,廣發銀行江寧支行圍繞其主張提交廣發銀行股份有限公司南京白馬支行與永盛公司、江蘇慶泰橡膠有限公司(以下簡稱慶泰公司)於2012年5月8日簽訂的《廠商銀授信合作協定》一份,證明廣發銀行、高凱的公司、永盛公司先後簽訂過數份廠商銀協定,主要內容相同,一直按同一模式操作。永盛公司認可該協議的真實性,但認為該協議加蓋了騎縫章,而案涉協議沒有加蓋騎縫章,同時認為《廠商銀授信合作協定》敞口高達4,000萬元,實際是廣發銀行江寧支行配合高凱套取資金。

鑒於永盛公司對廣發銀行江寧支行提交的上述證據的真實性不持異議,本院對上述證據的真實性直接予以確認,該證據可以證明永盛公司、慶泰公司與廣發銀行股份有限公司南京白馬支行於2012年5月8日簽訂過廠商銀協議。

本院另查明,案涉2013年7月16日《廠商銀預付款融資三方合作協定》第一條約定:本協定項下貿易合同的標的物為輪胎。貿易合同包括但不限於乙丙雙方(名人公司、永盛公司)簽訂的年度供貨協定、長期代理協定、單筆貿易合同、訂貨單等一切能夠表明雙方買賣協定關係的法律檔。第十三條約定:丙方(永盛公司)或丙方授權收款人所收到的本協議項下的預付款不得與乙方(名人公司)所欠丙方或丙方授權收款人的其他合同項下的任何款項進行沖減或抵銷。未經甲方(廣發銀行江寧支行)書面同意,乙方和丙方不得修改、中止、解除貿易合同或轉讓本協定項下的權利和義務。若因貿易合同被提前解除或中止而使主合同項下甲方的債權滅失,乙方須無條件清償融資本息及相關費用。但是,甲方對貿易合同被提前解除/中止之前丙方應退款項保留追索權利。

2017年8月2日,東營中院針對山東省東營市人民檢察院指控高凱犯合同詐騙罪、詐騙罪一案做出(2017)魯05刑初10號刑事判決書,該判決查明事實包括:2012年11月30日永盛公司、慶泰公司、廣發銀行股份有限公司南京白馬支行簽訂廠商銀授信合作協定,2013年7月16日,永盛公司、名人公

司、廣發銀行江寧支行簽訂廠商銀預付款融資三方合作協定，2012年9月13
日、2013年4月9日永盛公司、詩樂伯公司、南京銀行股份有限公司熱河支行
簽訂保兌倉業務合作協定。2013年3月1日之後，詩樂伯公司、慶泰公司及名
人公司在履行上述四份廠商銀協定（保兌倉協定）過程中，將其通過廠商銀
協議開具以永盛公司為收款人、作為預付款使用的銀行承兌匯票9,955萬元中
的5,430萬元作為貨款支付給永盛公司，其餘的4,525萬元由永盛公司背書後
取回使用。

二審中，永盛公司當庭陳述：案涉八張匯票都收到了，是名人公司工作
人員送來的，名人公司沒有用於買貨的部分，要求永盛公司背書退給其，永
盛公司就按其要求背書了。名人公司將票拿到永盛公司一個原因是要買貨，
還有一個原因是讓永盛公司幫忙出個名義從銀行開出來，永盛公司不知道八
張承兌匯票是三方協議下的，否則不可能給其背書。

上述事實，有當事人一審提交的《廠商銀預付款融資三方合作協定》、
（2017）魯05刑初10號刑事判決書、二審庭審筆錄在卷為證。

二審爭議焦點為：1.永盛公司應否承擔廠商銀協議項下的餘額退款責
任：（1）廠商銀協議是否是三方的真實意思表示；（2）廣發銀行江寧支行
交付案涉承兌匯票是否係履行廠商銀協議；（3）一審法院對餘額退款金額
的計算是否正確。2.一審是否存在嚴重違反法定程序的情形。

本院認為，廠商銀協定是指廠家（生產商）、貿易商與銀行等金融機構
之間達成的一種貿易融資協定，基本模式為：貿易商向銀行交存一定比例保
證金，銀行承兌貿易商開出的收款人為廠家的匯票，定向用於貿易商向廠家
購買商品，並由廠家承諾承擔一定的責任。本案中，廣發銀行江寧支行與名
人公司、永盛公司簽訂的《廠商銀預付款融資三方合作協定》正是包含上述
主要內容的廠商銀協定。

關於爭議焦點一，本院認為，永盛公司依約應當承擔案涉廠商銀協議
項下的餘額退款責任，理由如下：首先，永盛公司認可其在廠商銀協議上簽
字、蓋章，卻以其不持有合同文本、不瞭解合同內容為由否認簽署協定是其
真實意思表示，但永盛公司作為一個從事經濟活動的商主體，對於簽訂合同
的法律後果理應知曉，且此前永盛公司曾與貿易商及廣發銀行簽訂過廠商銀
協定，對該融資交易模式下廠家所負的義務亦應知曉。故永盛公司以其對案

涉協議中約定的餘額退款責任毫不清楚為由，主張不承擔責任，缺乏事實和法律依據，本院不予採納。永盛公司主張名人公司高凱與廣發銀行江寧支行蔣超惡意串通、以合法形式掩蓋非法目的簽訂案涉合同，缺乏證據證明，本院亦不予採納。案涉廠商銀協議是各方當事人的真實意思表示，未違反法律、行政法規的強制性規定，合法有效，各方當事人均應恪守合同義務。其次，永盛公司認為案涉八張銀行承兌匯票並非按照廠商銀協議約定由廣發銀行江寧支行通過EMS方式郵寄給其，而是由名人公司業務員直接交付給其，故其認為收到的匯票是名人公司支付與其之間的買賣合同項下貨款，廣發銀行江寧支行承兌匯票是基於其與名人公司之間的授信合同，並非履行廠商銀協議。對此，廣發銀行江寧支行陳述，名人公司與永盛公司在廠商銀協定約定期間的買賣交易已全部納入協定項下，其承兌匯票是基於三方之間的廠商銀協議的約定，用於名人公司向永盛公司支付貨款，協議履行中，其出於簡便及安全考慮，確實沒有通過EMS郵寄匯票，而是請名人公司的業務員送至永盛公司，不影響永盛公司的權利，而永盛公司收到承兌匯款後未向名人供貨，而是將匯票背書後交給名人公司，違反合同約定，應當承擔餘額退款責任。本院認為，廣發銀行江寧支行承兌了名人公司開出的收款人為永盛公司的商業匯票，已經履行了廠商銀協議項下的主要義務，該匯票款項係定向提供給名人公司向永盛公司購買輪胎使用，雖然廣發銀行江寧支行沒有採用約定的方式交付匯票，但事實上永盛公司收到了案涉八張匯票，引發糾紛的原因在於永盛公司拿到銀行承兌匯票之後未將其作為向名人公司發貨的預付款，而是將部分匯票背書後交給名人公司，名人公司由此得以將款項挪作他用並導致廣發銀行江寧支行未能收回款項，故廣發銀行江寧支行有權依據合同約定要求永盛公司承擔餘額退款責任。永盛公司主張八張匯票是名人公司向其支付廠商銀協定之外的交易項下的貨款，與廠商銀協議的約定有違，也與其將匯票背書後交給名人公司的行為相矛盾，本院不予採信。永盛公司主張廣發銀行江寧支行對名人公司套取款項存在過錯，應當分擔損失，缺乏事實和法律依據，本院不予採納。再次，廠商銀協議明確約定永盛公司須承擔的餘額退款責任為當次支付金額減去名人公司提貨金額，案涉八張匯票金額共計5,000萬元，該筆款項未實際用於購買輪胎，提貨金額為0，由於案涉合同履行期已經屆滿，廣發銀行江寧支行扣除名人公司交納的2,500萬元保證金

後，要求永盛公司承擔剩餘部分的餘額退款責任並承擔利息，有相應合同依據，一審法院予以支持，並無不當。

　　關於爭議焦點二，永盛公司申請對廣發銀行江寧支行提交的《收到商業匯票／款項確認函》中永盛公司公章與文字內容形成的先後順序及「高文寧」簽名進行鑒定，主張其是在空白確認函上蓋章，但廣發銀行江寧支行基於廠商銀協定承兌案涉八張匯票、永盛公司實際收到案涉八張匯票的事實已經查明，其申請鑒定的事項已無必要性，一審法院對其鑒定申請未予准許，於法有據，並無不當。永盛公司主張一審法院嚴重違反法定程序，不能成立。

　　綜上，永盛公司的上訴請求不能成立，應予駁回；一審判決處理結果並無不當，應予維持。依照《中華人民共和國民事訴訟法》第一百七十條第一款第一項規定，判決如下：

　　駁回上訴，維持原判。

　　二審案件受理費211,687元，由上訴人永盛公司負擔。

　　本判決為終審判決。

　　審判長　　張　　慶

　　審判員　　李　　劍

　　審判員　　張殿美

　　二○一八年五月十四日

　　書記員　　王　　慧

【案例113】夫妻一方借款認定為夫妻共同債務的條件

曾淑芬與平安銀行廈門分行金融借款合同糾紛案評析

案號：福建省廈門市中級人民法院（2018）閩02民終3663號

【摘要】

婚姻關係存續期間，夫妻一方以個人名義借款但並未用於夫妻共同生活或共同經營的，在認定夫妻共同債務時以共同意思表示作為判斷標準。在簽訂借款合同時，銀行應要求借款合同盡可能由夫妻雙方共同簽字，即「共債共簽」。「共債共簽」可以削減銀行對夫妻共同債務的舉證責任，為銀行追回借款提供保障，同時可以減少法律爭議、降低訴訟成本。

【基本案情】

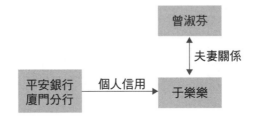

于樂樂與曾淑芬於2012年12月12日登記結婚，於2016年3月11日登記離婚。

2014年8月27日，經于樂樂申請，平安銀行股份有限公司廈門分行（以下簡稱「平安銀行廈門分行」）與于樂樂簽訂一份《個人信用貸款合同》，約定：于樂樂向平安銀行廈門分行借款30萬元，貸款用途為購車，貸款期限為36個月，貸款執行固定月利率1.89%，還款方

式為按月等額還本付息法；並手寫如下內容：「本人已完全理解告知的內容及合同約定的權利、義務，並對所申請貸款的真實性負責。」

2014年8月28日，平安銀行廈門分行依約向于樂樂放款30萬元，到期日為2017年8月28日。貸款發放後，于樂樂自2016年1月29日起未再依約按時足額還款，平安銀行廈門分行遂於2016年8月25日訴至法院，並申請法院裁定查封、凍結于樂樂、曾淑芬價值202,866.98元的存款或等值財產。平安銀行廈門分行請求法院判決：于樂樂和曾淑芬共同向平安銀行償還貸款本金等各項費用。

【法院判決】

福建省廈門市中級人民法院經審理認為，平安銀行廈門分行和于樂樂簽訂的《個人信用貸款合同》中僅有于樂樂一人簽名，係于樂樂以個人名義向平安銀行廈門分行借款30萬元，且借款金額明顯超出本市居民家庭日常生活所需，被上訴人主張該筆借款屬於夫妻共同債務的，應對該筆借款用於夫妻共同生活、共同生產經營或基於夫妻雙方共同意思表示承擔舉證責任。從在案證據看，該筆借款實際並未用於購車，也沒有證據證明該筆借款用於夫妻共同生活或生產經營。但是，2014年8月27日當天，曾淑芬也以購車為由，向平安銀行廈門分行申請借款50萬元，且向平安銀行廈門分行提交的《二手車購車協議》和于樂樂向該行提交的《二手車購車協議》中賣方均為周如萍，兩筆借款所借款項係均轉往同一人帳戶，兩份協議落款日期分別為2014年8月26日和2014年8月25日。于樂樂和曾淑芬在2016年3月11日簽署的《離婚協議書》中約定，女方於2014年8月向平安銀行所借50萬元交由男方使用，由男方負責清償。綜合上述事實，曾淑芬對于樂樂在同一天向平安銀行廈門分行借款30萬的事實應是知情的，上述兩筆借款應為雙方的共同意思表示，曾淑芬依法應對訟爭借款承擔共同還款責任。

綜上所述，上訴人曾淑芬的上訴請求及理由不能成立，本院不予支持，原審判決應予維持。

【法律評析】

本案的爭議焦點為：婚姻關係存續期間夫妻一方向銀行借款且並未用於夫妻共同生活，但另一方知情的，是否屬於夫妻共同債務。

一、夫妻共同債務的認定

《最高人民法院關於審理涉及夫妻債務糾紛案件適用法律有關問題的解釋》（2018年1月18日起施行，以下簡稱《解釋》）第三條規定，夫妻一方在婚姻關係存續期間以個人名義超出家庭日常生活需要所負的債務，債權人以屬於夫妻共同債務為由主張權利的，人民法院不予支持，但債權人能夠證明該債務用於夫妻共同生活、共同生產經營或者基於夫妻雙方共同意思表示的除外。分析法條可知，對於婚姻關係存續期間夫妻一方以個人名義借款，但並未用於夫妻共同生活的，不能認定為夫妻共同債務。但是，債權人能夠證明該債務基於夫妻雙方共同意思表示的，可以認定為夫妻共同債務。

共同意思表示應當理解為夫妻雙方具有共同舉債的意思表示，即夫妻一方舉債時應與另一方取得一致意見。如果僅表現為夫妻一方知道另一方的舉債行為，不能簡單認定為具有共同意思表示。「共同意思表示」旨在保護夫妻另一方的知情權和同意權。如果僅以「知情」作為認定夫妻共同債務的條件，在保護夫妻另一方知情權的基礎上無法兼顧其同意權，容易造成「被負債」等亂象的滋生。「共同意思表示」的法理基礎是意思自治原則，因此，對於婚姻關係存續期間夫妻一方向銀行借款且並未用於夫妻共同生活的，如果該借款具有夫妻雙方共同意思表示，則屬於夫妻共同債務。

台灣地區《民法典》第一千零二十三條規定：「夫妻各自對其

債務負清償之責。」可見在台灣地區也有類似規定，婚姻關係存續期間夫妻一方所負並未用於夫妻共同生活的債務，屬於夫妻一方自己的債務，應當以自己的財產承擔清償責任。

二、結合本案分析

就本案而言，于樂樂以購車為由和平安銀行廈門分行簽訂的《個人信用貸款合同》中，僅有于樂樂一人簽名，且該貸款數額明顯超出夫妻共同生活所需。但是，曾淑芬在于樂樂簽訂貸款合同的當天也以購車為由和平安銀行廈門分行簽訂貸款合同，且提交的《二手車購車協議》中的賣方與于樂樂提供的一致，兩筆借款所借款項係均轉往同一人帳戶。平安銀行廈門分行作為債權人，提供的上述證據足以證明曾淑芬對於該貸款是知情的，且于樂樂和曾淑芬具有共同向平安銀行廈門分行貸款的意思表示。因此，該貸款應當認定為夫妻共同債務。

三、銀行風險啟示

本案中，平安銀行廈門分行和于樂樂的借款合同僅有于樂樂一人的簽名，因此在後續的訴訟過程中銀行需要對該貸款屬於夫妻共同債務承擔舉證責任。如果借款合同上有夫妻二人的簽名，則銀行無須承擔上述舉證責任即可要求曾淑芬對該筆貸款承擔責任，避免了因為舉證不能而導致貸款無法追回的情形。

因此，對於個人向銀行申請的貸款，銀行在進行申請人資格審核時應考察其是否締結婚姻。對於已經締結婚姻的借款人，應充分詢問夫妻關係的另一方對借款是否知情，雙方是否有共同借款的意思表示，借款合同應當盡可能由夫妻雙方共同簽字，即「共債共簽」。雖然「共債共簽」在債權債務關係形成時削減了交易效率，增加了交易成本，但是為銀行追回借款提供了保障。

附：法律文書

曾淑芬與平安銀行股份有限公司廈門分行金融借款合同糾紛案

福建省廈門市中級人民法院民事判決書（2018）閩02民終3663號

上訴人（原審被告）：曾淑芬，女，1985年8月11日出生，漢族，住廈
門市湖里區。

委託訴訟代理人：盧玉瓊，福建盈科（廈門）律師事務所律師。

委託訴訟代理人：陳香凝，福建盈科（廈門）律師事務所實習律師。

被上訴人（原審原告）：平安銀行股份有限公司廈門分行。

住所地：廈門市思明區展鴻路蓮前街道82號1層、3層、30層、33-35
層、37-38層。

主要負責人：王波，行長。

委託訴訟代理人：劉元慶，福建思中律師事務所律師。

委託訴訟代理人：吳澤華，福建思中律師事務所律師。

原審被告：于樂樂，男，1984年3月16日出生，漢族，住廈門市湖里
區。

　　上訴人曾淑芬因與被上訴人平安銀行股份有限公司廈門分行（以下簡稱
平安銀行廈門分行）、原審被告于樂樂金融借款合同糾紛一案，不服福建省
廈門市思明區人民法院（2016）閩0203民初13869號民事判決，向本院提起
上訴。本院於2018年7月5日立案後，依法組成合議庭，公開開庭進行了審
理，上訴人曾淑芬的委託訴訟代理人盧玉瓊、陳香凝，被上訴人平安銀行廈
門分行的委託訴訟代理人吳澤華到庭參加訴訟。原審被告于樂樂經本院合法
傳喚，無正當理由拒不到庭參加審理，本院依法對其缺席審理。本案現已審
理終結。

　　上訴人曾淑芬上訴請求：1.撤銷原審法院做出的（2016）閩0203民初
13869號判決，依法改判駁回被上訴人對上訴人的訴訟請求，即改判上訴人
不承擔本案的還款責任。2.上訴人不承擔本案的一審、二審訴訟費用。事實
與理由：一、上訴人對于樂樂向被上訴人借款30萬事宜完全不知情。上訴

人沒有在貸款申請表上簽字，也沒有在貸款合同上簽字。被上訴人作為專業的金融機構，本來就借款事宜完全可以要求借款人的配偶共同簽字共同承擔責任，但被上訴人卻怠於履行這樣的程序，被上訴人之意應是擔心借款人的配偶反對借款人借款，致使未能出借款項，失去收益機會。但在借款人無法還款的情況下，卻讓不知情的配偶承擔還款責任，有違公平。二、于樂樂向被上訴人所借30萬元沒有用於夫妻共同生活，而是用於支付賭債，該筆借款不屬於夫妻共同債務，上訴人不應對此承擔還款責任。于樂樂以購買車輛為由向被上訴人借款，但實際款項並未用於購買車輛，而是轉給了案外人蔡亦河，用於支付賭博所欠款項。因此于樂樂並未將這筆款項用於家庭日常開支、履行撫養義務等家庭共同生活。三、根據《最高人民法院關於審理涉及夫妻債務糾紛案件適用法律有關問題的解釋》（下稱《解釋》）第三條的規定，本案被上訴人未能證明于樂樂所借款項用於夫妻共同生活、共同生產經營或者基於夫妻雙方共同意思表示，所以應判決上訴人對本案借款不承擔還款責任。《解釋》第三條：「夫妻一方在婚姻關係存續期間以個人名義超出家庭日常生活需要所負的債務，債權人以屬於夫妻共同債務為由主張權利的，人民法院不予支持，但債權人能夠證明該債務用於夫妻共同生活、共同生產經營或者基於夫妻雙方共同意思表示的除外。」本案借款金額高達30萬元，已超出家庭日常生活需要。綜上，上訴人對於樂樂借款30萬元事宜完全不知情，也未簽字，被上訴人也不能證明該款項用於夫妻共同生活或共同經營，不應判決上訴人承擔還款責任，請求依法改判。

被上訴人平安銀行廈門分行答辯稱：一、案涉貸款發生於上訴人與原審被告夫妻關係存續期間，且原審被告以購車所需申請貸款，故本案訟爭債務係夫妻共同債務。具體事證如下：1.原審認定事實：原審被告于樂樂與上訴人曾淑芬於2012年12月12日登記結婚，於2016年3月11日登記離婚。2014年8月27日，原審被告于樂樂向答辯人申請貸款，借款本金30萬元，貸款用途為購車，貸款期限為36個月，貸款執行固定月利率1.89%。本案貸款關係形成時間顯然發生於夫妻關係存續期間。2.上訴人稱對原審被告向答辯人申請貸款的事實完全不知情，明顯與事實不符，上訴人知曉訟爭借款，並為此提供了申貸材料。因為申請貸款需要提供資產證明，上訴人於2014年8月27日至房產局查詢名下房產情況，並將查詢證明提供給答辯人，並於當日

於答辯人簽署貸款合同。答辯人提供的證據《廈門市城鎮房屋權屬登記查詢結果表》，該證據係廈門市國土房產測繪檔案管理中心出具，當中明確顯示2014年8月27日上訴人曾淑芬申請查詢其名下的房產情況。並且，證據顯示查詢結果上訴人名下擁有新景華府D#樓16層01單元和新景華府地下室-1層135號車位兩處房產，答辯人亦是據此信任原審被告與上訴人具備良好的經濟基礎，從而審核通過並發放貸款。3.原審被告因購車所需向答辯人申請貸款，並提供相應的購車材料，且購車款直接發放至指定的協力廠商帳戶。答辯人補充提供《二手車購車協議》、《付款授權書》、《特種轉帳憑證》等證據，顯示原審被告購買奧迪牌汽車，車牌號閩DXXXXX，總價款70萬元整。上述證據進一步證明原審被告的購車事實，答辯人亦據此事由向原審被告發放貸款。二、退一步來講，原審被告承認將部分借款用於投資經營公司，那麼用於經營的部分借款應當屬於夫妻共同債務，上訴人應當承擔相應的還款責任。根據《中華人民共和國婚姻法》第十七條的規定：「夫妻在婚姻關係存續期間所得的下列財產，歸夫妻共同所有：（一）工資、獎金；（二）生產、經營的收益；（三）智慧財產權的收益；（四）繼承或贈與所得的財產，但本法第十八條第三項規定的除外；（五）其他應當歸共同所有的財產。夫妻對共同所有的財產，有平等的處理權。」原審被告所經營的廈門樂邦財富商貿有限公司，雖然是婚前開設的，但是婚後經營的收益屬於夫妻共同財產。因此，用於經營該公司的借款屬於夫妻共同生產經營，上訴人應當承擔相應的還款責任。三、上訴人稱原審被告以購車為由借款，但實際借款未用於購車，而是用於支付賭債，並未將借款用於家庭生活，上訴人對上述事實並沒有提供任何證據予以證明，明顯缺乏事實依據。退一步來說，若上訴人能夠舉證證明上述事實，那麼原審被告向答辯人申請貸款所提供的購車合同等資料係虛假合同，並且上訴人亦協助提供了重要的申貸材料。依據《中華人民共和國刑法》第一百九十三條規定：「有下列情形之一，以非法占有為目的，詐騙銀行或者其他金融機構的貸款，數額較大的，處五年以下有期徒刑或者拘役，並處二萬元以上二十萬元以下罰金；數額巨大或者有其他嚴重情節的，處五年以上十年以下有期徒刑，並處五萬元以上五十萬元以下罰金；數額特別巨大或者有其他特別嚴重情節的，處十年以上有期徒刑或者無期徒刑，並處五萬元以上五十萬元以下罰金或者沒收財產：（一）編

造引進資金、項目等虛假理由的；（二）使用虛假的經濟合同的……。」原
審被告與上訴人具備了以非法占有為目的，使用虛假的經濟合同的方法，詐
騙答辯人的貸款，並且數額較大，依法可以構成貸款詐騙罪。綜上所述，上
訴人所稱事實明顯存在虛假、於法無據，原審法院的判決認定的事實清楚，
適用的法律合法有據，應駁回上訴人的上訴請求。

　　平安銀行廈門分行向一審法院起訴請求：1.于樂樂、曾淑芬立即向平安
銀行廈門分行償還貸款本金183,141.87元及利息、罰息、複利（暫計至2016
年7月11日的利息及罰息為18,500.23元、複利為1,224.88元，此後利息按合
同約定月利率1.89%上浮30%計收，罰息、複利按合同約定利率上浮50%計
算，均計至實際還款之日止）；2.本案的案件受理費、財產保全費1,534元及
律師費1萬元全部由于樂樂、曾淑芬承擔。

　　一審法院認定事實：于樂樂與曾淑芬於2012年12月12日登記結婚，於
2016年3月11日登記離婚。2014年8月27日，經于樂樂申請，平安銀行廈門分
行與于樂樂簽訂一份《個人信用貸款合同》，約定：于樂樂向平安銀行廈門
分行借款30萬元，貸款用途為購車，貸款期限為36個月，貸款執行固定月利
率1.89%，還款方式為按月等額還本付息法；于樂樂未按雙方約定的用途使
用貸款或拖欠本金或利息、費用的，則構成違約，平安銀行廈門分行有權要
求于樂樂提前歸還已發放的全部貸款本金並結清利息，立即將本合同項下貸
款利率調整為按合同約定利率上浮30%執行；于樂樂任何一期未及時足額歸
還借款本息即視為逾期，從逾期之日起，對逾期金額按照本合同約定的利率
加50%計收罰息，因此被宣告提前到期的，平安銀行廈門分行對本合同項下
未歸還的全部借款本金計收罰息，對不能按時支付的利息按逾期罰息利率計
收複利；于樂樂承擔平安銀行廈門分行為實現債權所發生的費用（包括但不
限於公證費、訴訟費、律師費、差旅費）；本合同項下的出帳確認書、個人
貸款出帳憑證及經雙方確認的借款申請書等相關檔、資料為本合同不可分割
的組成部分，具同等法律效力。同日，于樂樂向平安銀行廈門分行簽具一份
《平安銀行零售信貸面談面簽聲明及貸款用途承諾書》，承諾貸款將用於購
車，並手寫如下內容：「本人已完全理解告知的內容及合同約定的權利、義
務，並對所申請貸款的真實性負責。」

　　2014年8月28日，平安銀行廈門分行依約向于樂樂放款30萬元，到期日

為2017年8月28日。貸款發放後，于樂樂自2016年1月29日起未再依約按時足額還款，截至2016年7月11日尚欠平安銀行廈門分行借款本金183,141.87元，利息、罰息合計18,500.23元，複利1,224.88元。平安銀行廈門分行遂於2016年8月25日訴至本院。平安銀行廈門分行為此支付了律師代理費1萬元。

2016年10月14日，根據平安銀行廈門分行的申請，思明法院依法做出（2016）閩0203民初13869號財產保全民事裁定，裁定查封、凍結于樂樂、曾淑芬價值202,866.98元的存款或等值財產。平安銀行廈門分行為此支付財產保全費1,534元。

審理中，于樂樂陳述稱：訟爭貸款與曾淑芬無關，係于樂樂的個人行為；于樂樂將本案所借款項部分用於廈門樂邦財富商貿有限公司的經濟周轉，部分款項自己花銷掉；其係該公司的股東、法定代表人，該公司係其婚前開設的，2015年11月停止經營。

一審法院認為：平安銀行廈門分行與于樂樂之間簽訂的《個人信用貸款合同》係雙方當事人真實意思表示，內容不違反法律、行政法規的強制性規定，應為合法有效。平安銀行廈門分行已依約提供貸款，但于樂樂未按期還款，其行為已構成違約，理應承擔相應的違約責任。故平安銀行廈門分行有權依約要求于樂樂提前償還尚欠的全部借款本金183,141.87元及相應利息、罰息、複利。同時，于樂樂還應償付平安銀行廈門分行為實現債權而支出的律師代理費、財產保全費。于樂樂、曾淑芬辯稱曾淑芬不清楚本案訟爭借款、訟爭借款未用於共同生活。但是，訟爭借款發生於于樂樂、曾淑芬夫妻關係存續期間，于樂樂在借款時向平安銀行廈門分行出具《平安銀行零售信貸面談面簽聲明及貸款用途承諾書》承諾貸款將用於購車，于樂樂亦稱部分借款用於夫妻關係存續期間其投資經營的公司。在于樂樂、曾淑芬未能舉證證明于樂樂與平安銀行廈門分行在借款時將訟爭借款明確約定為個人債務，未能舉證證明平安銀行廈門分行明知于樂樂與曾淑芬曾就婚姻存續期間所得的財產做出歸各自所有約定的情況下，本院認定本案訟爭債務係夫妻共同債務，曾淑芬應對于樂樂的上述債務承擔共同還款責任。綜上所述，平安銀行廈門分行的訴訟請求，有相應的事實和法律依據，本院予以支持。于樂樂、曾淑芬的相關辯解，依據不足，本院不予採納。據此，依照《中華人民共和國合同法》第一百零七條、第二百零六條、第二百零七條，《最高人民法院

關於適用〈中華人民共和國婚姻法〉若干問題的解釋（二）》第二十四條，《中華人民共和國民事訴訟法》第六十四條第一款規定，判決：于樂樂、曾淑芬應於本判決生效之日起十日內共同償還原告平安銀行股份有限公司廈門分行借款本金183,141.87元及相應的利息、罰息、複利（暫計至2016年7月11日的利息、罰息為18,500.23元，複利為1,224.88元，此後的利息利率按月利率1.89%上浮30%計算，罰息和複利的利率均按月利率1.89%上浮50%計算，均計至實際還款之日止），同時支付律師代理費1萬元、財產保全費1,534元。

本院審理中，雙方當事人對一審法院查明的事實均無異議。原審被告于樂樂未到庭陳述對一審法院查明事實的異議，亦未提交書面意見。本院依法對一審法院查明的事實予以確認。

本院二審期間，上訴人曾淑芬提交了以下證據：證據1.曾淑芬收入證明（2012年－2015年），證據2.勞動合同（2011年－2017年），證據3.中國銀行存款歷史交易清單（2012年－2015年），上述證據擬證明曾淑芬於2011年11月至今在廈門航空有限公司工作，有穩定的工作和收入，年均收入在10萬元以上，足以維持家庭正常生活所需，于樂樂向被上訴人所借30萬元款項沒有用於家庭生活。補充證據1.《個人信用貸款合同》，補充證據2.《個人貸款出帳憑證》，上述證據擬證明曾淑芬所貸50萬元的貸款合同簽署日和款項發放日都是2014年8月27日，該日期與平安銀行廈門分行提交的《廈門市城鎮房屋權屬登記查詢結果表》上的時間一致，證明《廈門市城鎮房屋權屬登記查詢結果表》是曾淑芬為了該筆50萬貸款所提交的。

平安銀行廈門分行對上述證據的質證意見為：對證據1、2、3的合法性、真實性無異議，認為該三組證據與原審被告于樂樂申請貸款沒有關聯。家庭生活所需除了正常的生活所需，亦包括共同生產經營所需。對補充證據1、2真實性、合法性沒有異議，對關聯性有異議，認為曾淑芬稱所查詢的《廈門市城鎮房屋權屬登記查詢結果表》是用於其申請50萬貸款與事實不符，曾淑芬名下個人徵信報告中有其個人住房貸款紀錄，無須再另行提供房產查詢證明。

被上訴人平安銀行廈門分行提交了以下證據：證據1.《廈門市城鎮房屋權屬登記查詢結果表》，擬證明上訴人曾淑芬於2014年8月27日至房產局查

詢名下房產情況，並將查詢結果提供給被上訴人平安銀行廈門分行，並於當日與被上訴人簽署貸款合同。平安銀行廈門分行亦是據此信任原審被告于樂樂與上訴人曾淑芬具備良好的經濟基礎，從而審核通過並發放貸款。證明上訴人曾淑芬對訟爭貸款是知曉的。證據2.《二手車購車協議》，證據3.《付款授權書》，證據4.《特種轉帳貸方傳票》，上述證據擬證明原審被告于樂樂的購車事實，被上訴人亦據此事由向原審被告于樂樂發放貸款。證據5.《離婚協議書》，擬證明上訴人分別於2014年8月向平安銀行借款50萬元，2015年7月向興業銀行借款20萬元，並將款項交由原審被告使用，上訴人與原審被告不只訟爭借款一筆大額貸款，如此大額的借款明顯超出正常生活所需，由此證明係用於家庭經營所需。補充證據1.《個人信用貸款申請表》，補充證據2.《個人信用貸款合同》，補充證據3.《二手車購車協議（曾淑芬）》，補充證據4.《出帳憑證》，上述證據擬證明2014年8月27日，上訴人曾淑芬以購車為由向被上訴人申請貸款50萬元，被上訴人審核通過上訴人提交的申貸材料，依約向上訴人發放貸款。上訴人也是在2014年8月26日與周如萍簽訂購車協定，與訟爭合同一致，可以證明上訴人是知曉訟爭貸款的事實，並與原審被告同時向被上訴人申請貸款。補充證據5.《平安銀行個人徵信授權書》，補充證據6.《平安銀行專用個人信用報告》，上述證據擬證明根據上訴人的徵信報告第三項信貸交易資訊明細中，上訴人名下有188萬元的個人住房貸款紀錄，證明上訴人名下有房產，具備良好的經濟基礎，無須再另行提供房產查詢證明。補充證據7.《閩DXXXXX號車輛過戶情況》，補充證據8.《發動機號CJB006063車輛過戶情況》，上述證據擬證明原審被告並未至廈門市車輛管理所辦理車牌號為閩DXXXXX，發動機號CJB0060XX，車架號碼WAVSHB4E6AN0094XX的車輛變更過戶手續。

上訴人曾淑芬對上述證據的質證意見為：對證據1的真實性無異議，但是認為該份證據不是上訴人曾淑芬提交給被上訴人的，不能支持被上訴人的證明對象，2014年8月上訴人向平安銀行貸款50萬元，當時是為了將于樂樂父母名下的房產過戶到上訴人和于樂樂名下，所以向銀行貸款，但是最後沒有完成過戶的相關情況，這個查詢結果表如果真的是上訴人提供的，也是為前一個貸款而提供的。另外因為上訴人曾向被上訴人貸款，被上訴人是瞭解上訴人與于樂樂的配偶關係的，但是在本案的貸款中被上訴人並沒有要求上

訴人簽字，上訴人對此完全不知情。對證據2的真實性無法確認，因為上訴人沒有參與，而且實際上並沒有向周如萍購買車輛。對證據3和證據4真實性沒有異議，但是不能證明所借款項用於夫妻共同生活。對證據5真實性無異議，但是雙方名下並沒有向周如萍購買的車輛，也沒有提到本案的債務，不能證明所借款項用於夫妻共同生活。對補充證據1、2、3、4的真實性無異議，對證明對象有異議，補充證據1、2、4都體現日期為2014年8月27日，和房產查詢結果表上的查詢日期一致，證明是曾淑芬為自己50萬元貸款向銀行提供的資料。二手車的購車協議上的車款總共價格是105萬，購車協議所購車輛和品牌都和于樂樂向銀行提交購車合同不一致，如于樂樂在本案所貸30萬是用於購車所需，完全不需要另行簽署一份購車合同。因為曾淑芬所貸50萬不足以支付這份購車合同的價款。對補充證據5、6真實性無異議，但平安銀行的《平安銀行專用個人信用報告》是銀行自行生成的，不能因此推理出銀行不需要曾淑芬提供房產查詢情況表，恰恰是《平安銀行專用個人信用報告》涉及到曾淑芬名下有大額的個人按揭貸款，所以銀行要求曾淑芬提供相應的房產證明。信用報告查詢時間是上午十點多，下午兩點多曾淑芬按銀行要求做了房產查詢。對補充證據7、8的真實性無異議，認為恰恰證明于樂樂所貸款項沒有用於家庭生活，不屬於夫妻共同債務。

　　原審被告于樂樂經本院合法傳喚未到庭參加訴訟，視為放棄答辯和質證的權利。

　　本院認證如下：被上訴人提交的證據2有原件核對，本院對其真實性予以確認。對雙方提交的其他證據，因雙方均對真實性無異議，本院對真實性予以確認。對於證據的關聯性，將在本院認為部分予以綜合評判。

　　本院認為，本案爭議焦點為訟爭借款是否屬於夫妻共同債務，上訴人曾淑芬是否應承擔共同還款責任。根據《最高人民法院關於審理涉及夫妻債務糾紛案件適用法律有關問題的解釋》第三條規定，夫妻一方在婚姻關係存續期間以個人名義超出家庭日常生活需要所負的債務，債權人以屬於夫妻共同債務為由主張權利的，人民法院不予支持，但債權人能夠證明該債務用於夫妻共同生活、共同生產經營或者基於夫妻雙方共同意思表示的除外。本案中，平安銀行廈門分行和于樂樂簽訂的《個人信用貸款合同》中僅有于樂樂一人簽名，係于樂樂以個人名義向平安銀行廈門分行借款30萬元，且借款金

額明顯超出本市居民家庭日常生活所需，被上訴人主張該筆借款屬於夫妻共同債務的，應對該筆借款用於夫妻共同生活、共同生產經營或基於夫妻雙方共同意思表示承擔舉證責任。從在案證據看，該筆借款實際並未用於購車，也沒有證據證明該筆借款用於夫妻共同生活或生產經營。但是，2014年8月27日當天，曾淑芬也以購車為由，向平安銀行廈門分行申請借款50萬元，且向平安銀行廈門分行提交的《二手車購車協議》和于樂樂向該行提交的《二手車購車協議》中賣方均為周如萍，兩筆借款所借款項係均轉往同一人帳戶，兩份協議落款日期分別為2014年8月26日和2014年8月25日。于樂樂和曾淑芬在2016年3月11日簽署的《離婚協議書》中約定，女方於2014年8月向平安銀行所借50萬元交由男方使用，由男方負責清償。綜合上述事實，曾淑芬對于樂樂在同一天向平安銀行廈門分行借款30萬的事實應是知情的，上述兩筆借款應為雙方的共同意思表示，曾淑芬依法應對訟爭借款承擔共同還款責任。綜上所述，上訴人曾淑芬的上訴請求及理由不能成立，本院不予支持，原審判決應予維持。依據《最高人民法院關於審理涉及夫妻債務糾紛案件適用法律有關問題的解釋》第三條、《中華人民共和國民事訴訟法》第一百七十條第一款第（一）項之規定，判決如下：

駁回上訴，維持原判。

本案二審案件受理費4,516元，由上訴人曾淑芬負擔。

本判決為終審判決。

審判長　葉炳坤

審判員　陳　傑

審判員　胡　欣

二〇一八年七月三十日

法官助理　孟　娟

代書記員　蘇燕鵬

【案例114】連帶責任保證中向部分保證人主張權利效力及於其他保證人

恒豐銀行與鑫天溢裝飾公司等金融借款合同糾紛案評析

案號：四川省成都市中級人民法院（2018）川01民終11127號

【摘要】

在連帶共同保證中，債權人在保證期間內向連帶保證人中的任意一方主張保證責任，其效力及於其他連帶保證人，產生向其他連帶保證人主張權利的法律效果，其他連帶保證人不能以債權人未在保證期限內向其主張權利而免除保證責任。

【基本案情】

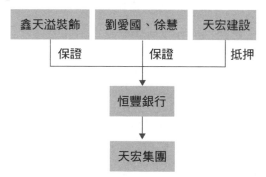

2014年1月26日，恒豐銀行股份有限公司成都分行（以下簡稱「恒豐銀行」）與四川天宏實業集團有限公司（以下簡稱「天宏集團」）簽訂《綜合授信額度合同》，約定天宏集團可向恒豐銀行申請授信額度3,000萬元。同日，恒豐銀行與四川省鑫天溢塗飾工程有限公司（後更名為四川省鑫天溢裝飾工程有限公司，以下簡稱「鑫天

溢裝飾公司」）簽訂《最高額保證合同》，約定鑫天溢裝飾公司為天宏集團授信業務項下債權提供連帶保證，擔保最高債權本金餘額為3,000萬元；保證期間為自該主合同約定的債務履行期限屆滿之日起，至最後到期的主合同約定的債務履行期限屆滿之日後兩年止；鑫天溢裝飾公司「法定（戶籍）地址」為：成都武侯區二環路南四段66號2單元504、505、506室，「通訊位址」同「法定（戶籍）地址」（後工商註冊地址變更為成都市金牛區XX金府國際1幢1單元22層2203號，以下簡稱「金府國際」）。同日，恒豐銀行分別與劉愛國和徐慧簽訂《最高額保證擔保》，與貴州天宏城市建設投資有限公司（以下簡稱「天宏建設公司」）簽訂《最高額抵押合同》，擔保主債權最高額均為3,000萬元，並辦理了抵押登記。

2014年1月28日，恒豐銀行與天宏集團簽訂《流動資金借款合同》，約定借款金額2,000萬元，借款期限自2014年2月7日至2015年2月6日，恒豐銀行有權對天宏集團的逾期借款按照約定罰息利率計收罰息，對不能按時支付的利息按罰息利率計收複利。2014年7月14日，恒豐銀行與天宏集團簽訂《流動資金借款合同》，約定借款金額1,000萬元，借款期限為2014年8月8日到2015年2月7日。兩筆借款到期後，天宏集團均未按約還本付息。

2015年2月22日、2015年8月6日，恒豐銀行員工分別填寫郵單，向鑫天溢裝飾公司寄送《催收通知書（回執）》，收件地址為「金府國際機電城1棟22樓5號」。該兩份郵單均未加蓋郵戳。2016年2月15日，恒豐銀行員工寄出《催收通知書》，收件地址為「成都市交大立交金府路金府國際機電城」。2016年2月15日，恒豐銀行向劉愛國發出《催收通知書》，要求其承擔為天弘集團3,000萬元債務的最高額擔保責任。同日，劉愛國在《催收通知書》回執上簽字。2016年2月25日，恒豐銀行通過公證處以特快專遞方式寄出《催收通知書》，收件地址為「成都市交大立交金府路金府國際機電城」。

　　恒豐銀行對天宏集團的2,000萬元借款經多次催討未果，遂於2017年2月28日訴至法院，請求判令天宏集團歸還貸款本息合計24,397,786.89元；鑫天溢裝飾公司承擔連帶擔保責任。

【法院判決】

　　四川省成都市高新技術產業開發區人民法院經審理認為，本案的爭議焦點為：恒豐銀行主張的罰息、複利是否符合合同約定；恒豐銀行對鑫天溢裝飾公司主張權利是否超過保證期間，保證責任應否承擔。根據案涉借款合同約定，恒豐銀行有權對逾期借款按照罰息利率計收罰息，複利的計收物件為「不能按時支付的利息」，並不包括逾期以後的罰息，故對罰息計收複利的請求不予支援。《綜合授信額度合同》項下塊有兩筆貸款，到期日分別為2015年2月6日和2015年2月7日。根據《最高額保證合同》約定，案涉2,000萬元貸款的保證期間自2015年2月6日計至1,000萬元貸款到期即2015年2月7日後兩年。該保證期間約定具體明確，且實際未超過主債務訴訟時效，故認定保證期間至2017年2月6日屆滿。恒豐銀行於2015年2月22日、2015年8月6日填寫的郵單上均未加蓋郵戳，不能證明兩份郵件實際寄出。2016年2月15日以及2016年2月25日恒豐銀行寄出的郵件，收件地址均為「成都市交大立交金府路金府國際機電城」，與鑫天溢裝飾公司工商登記位址「金府國際」並不同一，混同了「金府機電城」與「金府國際」。因此，恒豐銀行郵寄位址具有混淆性且缺少具體門牌號和樓棟號，不能產生該郵件應當收到的合理信賴。並且，恒豐銀行作為專業金融機構，既未按照合同約定的通訊位址催收，也未準確按照工商登記地址郵寄，又未關注送達情況，未盡力保證位址詳盡準確，其郵寄催收主張權利的意思表示不能認定已到達或應到達相對方。綜上，恒豐銀行未在保證期間內要求鑫天溢裝飾公司承擔保證責任，保證期間已經過，鑫天溢裝飾公司無須對恒豐銀行承擔保證責任。綜上，判決

天宏集團向恒豐銀行償還借款本金19,932,167.81元及相應罰息。

宣判後，恒豐銀行不服一審判決，提起上訴。四川省成都市中級人民法院經審理認為，本案二審爭議的焦點為：恒豐銀行在保證期間內向劉愛國主張擔保責任的效力，是否及於鑫天溢裝飾公司。中院認為：根據最高院對雲南省高院（法釋〔2002〕37號）批覆，對連帶保證責任的共同保證人中的一人主張保證債權，對其他共同保證人具有涉他性。即，鑫天溢裝飾公司、劉愛國分別為案涉借款提供擔保，作為一個整體共同對債權人承擔保證責任。恒豐銀行於2016年2月15日向劉愛國發出《催收通知書》並得到回執確認，即在保證期間內向連帶共同保證人劉愛國主張了保證責任，其效力應及於鑫天溢裝飾公司。恒豐銀行訴請鑫天溢裝飾公司承擔連帶保證責任的上訴請求，應予支持。綜上，改判鑫天溢裝飾公司對天宏集團的債務承擔連帶保證責任。

【法律評析】

本案的爭議焦點為：在連帶共同保證中，債權人在保證期間內向部分保證人主張保證責任的效力，是否及於其他共同保證人；罰息和複利計算的具體範圍；郵寄送達應達到何種標準。

一、債權人在保證期間內向部分連帶共同保證人主張保證責任的效力範圍

《擔保法》第十二條規定：「同一債務有兩個以上保證人的，保證人應當按照保證合同約定的保證份額，承擔保證責任。沒有約定保證份額的，保證人承擔連帶責任，債權人可以要求任何一個保證人承擔全部保證責任，保證人都負有擔保全部債權實現的義務。已經承擔保證責任的保證人，有權向債務人追償，或者要求承擔連帶責任的其他保證人清償其應當承擔的份額。」最高人民法院在對雲南省高級

人民法院《關於已承擔保證責任的保證人向其他保證人行使追償權問題的批覆》（法釋〔2002〕37號）中載明：「根據《擔保法》第十二條規定，承擔連帶責任保證的保證人一人或者數人承擔保證責任後，有權要求其他保證人清償應當承擔的份額，不受債權人是否在保證期間內向未承擔保證責任的保證人主張過保證責任的影響」。

　　綜合分析上述法條和最高院批覆可知，在連帶共同保證中，債權人在保證期間內向部分保證人主張了保證債權的法律效力，應及於其他共同保證人，其他共同保證人應向債權人承擔保證責任。由於債權人可以要求連帶責任擔保中的任何一個保證人承擔全部保證責任，債權人在保證期間內向部分保證人主張保證責任的效力及於其他共同保證人，並不免除未被債權人主張保證責任的其他共同保證人的保證責任，這既有利於保障已經承擔全部保證責任的保證人向其他共同保證人實現債務追償，又符合平等保護各保證人權利的立法精神。

　　台灣地區的《民法典》中第七百四十八條規定，數人保證同一債務者，除契約另有訂定外，應連帶負保證責任。第七百四十九條規定，保證人向債權人為清償後，於其清償之限度內，承受債權人對於主債務人之債權。但不得有害於債權人之利益。由此也可看出，數個保證人有「對內分擔」的義務與責任，而非「一人擔責，他人免責」。

　　結合本案，鑫天溢裝飾公司、劉愛國分別為案涉借款提供最高額連帶責任保證，並未約定保證份額，故雙方對天宏集團的債務提供連帶共同保證。恒豐銀行在保證期間內向連帶共同保證人劉愛國主張了保證責任，其效力自然及於連帶共同保證人鑫天溢裝飾公司，鑫天溢裝飾公司應向恒豐銀行承擔連帶保證責任。

　　根據《最高人民法院關於審理民事案件適用訴訟時效制度若干問題的規定》第十七條第二款的規定：「對於連帶債務人中的一人發生訴訟時效中斷效力的事由，應當認定對其他連帶債務人也發生訴訟

時效中斷的效力。」債權人向部分連帶共同保證人主張保證債務的，即構成對全體連帶共同保證人訴訟時效的中斷。自恒豐銀行向劉愛國催收保證債務的2016年2月15日起，開始計算恒豐銀行對鑫天溢裝飾公司保證債務的訴訟時效，至2017年2月28日本案一審訴訟時，恒豐銀行對鑫天溢裝飾公司的保證債務尚在訴訟時效期間內。故二審法院糾正了一審的錯誤認定，改判鑫天溢裝飾公司對天宏集團債務承擔連帶保證責任。

二、罰息和複利的確定

中國人民銀行《人民幣利率管理規定》第二十條規定：「對貸款期內不能按期支付的利息按貸款合同利率按季或按月計收複利，貸款逾期後改按罰息利率計收複利。」中國人民銀行《關於人民幣貸款利率有關問題的通知》第三條規定：「對逾期或未按合同約定用途使用借款的貸款，從逾期或未按合同約定用途使用貸款之日起，按罰息利率計收利息，直至清償本息為止。對不能按時支付的利息，按罰息利率計收複利。」分析上述規定可知，罰息的計算物件是逾期未還或未按約定用途使用的借款本金；複利的計算物件是借款期內不能按時支付的正常應付利息，不包括逾期後的罰息；罰息和複利的計算標準，均為合同約定的罰息利率。

結合本案，根據案涉借款合同約定，恒豐銀行有權依約對天弘集團的逾期借款按照罰息利率計收罰息、對不能按時支付的期內利息按照罰息利率計收複利。但是，恒豐銀行要求對逾期後的罰息計收複利既無合同依據，又無法律依據，故法院對其該項訴請未予支持。

三、郵寄送達的標準

在主債務訴訟時效期間、擔保期間及擔保債務訴訟時效期間內，債權人可採取多種方式向債務人和相關擔保人主張權利，比如上

門催收、郵寄催收和直接起訴等。而債權人主張權利的意思表示，需要達到準確到達相對人或者應當到達相對人的標準，才能實現向相對人主張權利的法律效果。針對郵寄送達主張權利的催收方式，債權人應填寫詳盡準確的收件人、聯繫電話和收件位址等相關收件資訊，並及時關注查詢郵件送達情況，確保達到相對人實際收悉或應當收悉郵件的法律標準。

結合本案，恒豐銀行向保證人鑫天溢裝飾公司以郵寄送達的方式主張保證權利，前兩次郵寄位址為「金府國際機電城1棟22樓5號」，後兩次郵寄地址為「金府國際機電城」，在後的郵寄反而省去了具體的樓棟號。而且，上述郵寄位址既非合同約定的通訊位址，又非工商註冊地址，也不是在雙方在商事交往中預留的合理信賴地址。恒豐銀行在郵寄過程中未盡到謹慎注意義務，既未保證郵寄地址的準確詳盡，也沒有及時關注郵寄送達情況，其主張保證權利的意思表示不能認定已實際到達或應當到達保證人鑫天溢裝飾公司，故法院認定恒豐銀行在保證期間內未通過郵寄催收方式向鑫天溢裝飾公司主張保證責任。

四、銀行風險啟示

本案對銀行的風險啟示在於：

1. 為了避免因債權人在保證期間內向部分共同保證人主張保證責任的效力是否及於其他共同保證人產生爭議，銀行可採取以下措施：（1）在保證合同中明確約定「債權人在保證期間內向部分共同保證人主張保證責任的法律效力，及於其他共同保證人」條款，實現債權人在保證期間內向全部共同保證人均主張了保證責任的法律效果；（2）在保證期間內，向每一位共同保證人發出主張保證責任的催收通知，並保存保證人確認簽收的回執。

2. 針對逾期罰息是否計收複利的不同約定，司法實務中會有以

下三種判決結果：（1）合同明確約定對逾期罰息計收複利，法院予以支持，主要基於該約定是雙方當事人的真實意思表示，且未違反法律、行政法規的強制性規定；（2）合同未明確約定對逾期罰息計收複利，僅約定對未支付的利息計收複利，在借款人認可或者沒有異議時，法院予以支持，理由同上；（3）合同未明確約定對逾期罰息計收複利，僅約定對未支付的利息計收複利，借款人以銀行對逾期罰息計收複利對自己處罰過重提出抗辯，法院會以複利計算物件為期內應付利息而非逾期罰息為由駁回該項訴請，主要基於維護民法的公平和誠實信用原則。因此，銀行應在合同條款中明確約定有權對逾期罰息計收複利，確保相應訴請有合同依據，以期得到法院支持。

　　3. 銀行採取郵寄送達方式向相對人主張權利的，應嚴格按照合同約定或其他合理信賴的收件人、聯繫電話和收件位址等寄出，確保收件資訊詳盡準確，並及時關注郵件送達情況，保存蓋有郵戳的郵寄單、收件人簽收回執等確認寄出和送達的證據，在郵件未送達或退回時採取進一步催收措施，以實現主張權利的意思表示實際到達或應當到達相對人的法律效果。

附：法律文書

　　恒豐銀行股份有限公司成都分行、四川省鑫天溢裝飾工程有限公司金融借款合同糾紛二審民事判決書

　　四川省成都市中級人民法院民事判決書（2018）川01民終11127號

　　上訴人（原審原告）：恒豐銀行股份有限公司成都分行。

　　　住所地：四川省成都高新區。

　　負責人：冉亨茂，行長。

　　委託訴訟代理人：王蓉，四川法典律師事務所律師。

　　委託訴訟代理人：蔣春光，四川法典律師事務所律師。

　　被上訴人（原審被告）：四川省鑫天溢裝飾工程有限公司。

　　住所地：四川省成都市金牛區。

　　法定代表人：楊大全，執行董事。

　　委託訴訟代理人：吳映兵，四川豪俊律師事務所律師。

　　原審被告：四川天宏實業集團有限公司。

　　住所地：四川省遂寧市船山區。

　　法定代表人：劉愛國，董事長。

　　委託訴訟代理人：尹麗，女，1981年7月29日出生，漢族，住四川省遂
　　　寧市船山區。係公司員工。

　　委託訴訟代理人：王定山，四川明炬（遂寧）律師事務所律師。

　　上訴人恒豐銀行股份有限公司成都分行（以下簡稱恒豐銀行成都分
行）因與被上訴人四川省鑫天溢裝飾工程有限公司（以下簡稱鑫天溢裝飾公
司）、原審被告四川天宏實業集團有限公司（以下簡稱天宏集團公司）金融
借款合同糾紛一案。不服成都高新技術產業開發區人民法院（2017）川0191
民初6558號民事判決，向本院提起上訴。本院於2018年5月17日立案受理
後，依法組成合議庭對本案進行了審理。上訴人恒豐銀行成都分行的委託訴
訟代理人蔣春光，被上訴人鑫天溢裝飾公司的委託訴訟代理人吳映兵，原審
被告天宏集團公司的委託訴訟代理人王定山到庭參加訴訟。本案現已審理終
結。

　　恒豐銀行成都分行上訴請求：1.撤銷一審判決第二項，改判鑫天溢裝飾
公司承擔保證擔保責任，在判決確定的債權額度範圍內承擔連帶清償責任；
2.上訴費出天宏集團公司、鑫天溢裝飾公司負擔。事實和理由：1.「鑫府路
799號」等同於「金府國際」；「金府國際」與「金府機電城」：「金府五
金機電城」毗鄰，作為一個區域商圈，並未進行任何物理隔斷，且從現場及
地圖可知，金府國際與機電城距離約幾十米。可能位址位置、物業形態、物
業管理有一定差異，但從一個區域商圈來看，上述三個位址都相互混同，且
都能指向同一區域商圈，故恒豐銀行成都分行在2016年2月15日、2月25日有
催收郵單上填寫的「成都市交大立交金府路金府國際機電城」指向了與保證
人通訊位址一致的同一區域商圈，同時，在催收上分別記載了屬於鑫天溢裝
飾公司員工以及法定代表人的手機，手機號碼的客觀真實性也彌補了郵單中

位址填寫不完善的小瑕疵；2.《流動資金借款合同》涉及鑫天溢裝飾公司和劉愛國兩個共同保證擔保主體，恒豐銀行成都分行在保證期間內向其中一個保證人劉愛國主張了權利，其效力及於保證人鑫天溢裝飾公司。

　　鑫天溢裝飾公司辯稱：1.恒豐銀行成都分行向鑫天溢裝飾公司主張承擔保證責任期間已過，鑫天溢裝飾公司依法不應當承擔保證責任。鑫天溢裝飾公司自始至終沒有收到恒豐銀行成都分行主張權利的函件，恒豐銀行成都分行在催收郵單上的地址，既不是雙方合同約定的地址，也不是鑫天溢裝飾公司註冊位址，對鑫天溢裝飾公司不能產生已經履行通知義務的法律後果。並且恒豐銀行成都分行提交的郵單上沒有郵政部門的郵戳，不能證明郵件已經實際發出，且郵單中反映的內容與本案具有關聯性。2.不管劉愛國是不是本案的共同連帶擔保人，但劉愛國與鑫天溢裝飾公司是兩個不一樣的法律主體，劉愛國係天宏集團公司法定代表人，與天宏集團公司具有緊密的利益關係，同鑫天溢裝飾公司作為獨立的擔保人是有根本區別的，劉愛國是否實際收到催收單也無法核實，並且劉愛國作為貴州天宏城市建設投資有限公司的實際控制人，在本案中提供實物擔保，當時抵押擔保物根本就不存在，存在恒豐銀行成都分行與天宏集團公司惡意串通損害鑫天溢裝飾公司利益的情形。

　　天宏集團公司述稱，一審判決認定事實清楚，適用法律正確，請求予以維持。

　　恒豐銀行成都分行向一審法院起訴請求，判令：1.天宏集團公司向恒豐銀行成都分行歸還貸款本息合計24,397,786.89元（利息、罰息、複利暫計算至2017年2月28日，此後的利息、罰息、複利按雙方簽訂的《流動資金借款合同》約定計算至款項付清之日止）；2.鑫天溢裝飾公司承擔保證擔保責任，在第一項訴訟請求確定的債權額度範圍內承擔連帶清償責任；3.天宏集團公司、鑫天溢裝飾公司共同承擔本案的受理費、保全費、公告費等費用。

　　一審法院查明事實：2014年1月，恒豐銀行成都分行（授信人，甲方）與天宏集團公司（受信人，乙方）簽訂《綜合授信額度合同》，編號為：2014年恒銀成綜字第120001260002號，約定天宏集團公司在授信額度使用期限內可向恒豐銀行成都分行申請使用的綜合授信額度為3,000萬元；額度使用期限為7個月，自2014年1月26日至2014年8月25日；擔保方式為由四川省鑫

天溢塗飾工程有限公司（以下簡稱鑫天溢塗飾公司）、劉愛國提供最高額保
證擔保，由案外人貴州天宏城市建設投資有限公司提供最高額抵押擔保。

　　2014年1月26日，恒豐銀行成都分行（債權人）與鑫天溢塗飾公司（保
證人）簽訂《最高額保證合同》，合同編號為：2014年恒銀成借高保字第
120001260011號。約定鑫天溢塗飾公司為恒豐銀行成都分行與天宏集團公司
在2014年1月26日至2015年7月26日期間因企業經營發展需要而訂立的全部授
信業務合同（主合同）項下的債權提供最高額保證擔保。保證人擔保的最高
債權本金餘額為3,000萬元。保證方式為連帶責任保證。保證範圍為主合同
項下本金及利息、複利、罰息、違約金、損害賠償金和實現債權的費用。每
一主合同項下的保證期間為：自該主合同約定的債務履行期限屆滿之日（或
債權人墊付款項之日）起，計至全部主合同中最後到期的主合同約定的債務
履行期限屆滿之日（或債權人墊付款項之日）後兩年止。當主合同同時受債
務人或協力廠商提供的物的擔保時，保證人同意債權人有權自行決定行使權
利的順序，債權人有權在不先行使擔保物權的情況下要求保證人立即支付債
務人的全部到期應付款項，債權人放棄或變更擔保物權或其權利順位的，保
證人不免除任何責任，保證人仍按本合同約定承擔保證責任。保證人修改章
程、變更企業名稱、法定代表人、住所、通訊位址或營業範圍等工商登記事
項的，應當在七日內書面通知債權人。該合同首頁，鑫天溢塗飾公司填寫的
「法定（戶籍）地址」為：成都武侯區二環路南四段66號2單元504、505、
506室，「通訊位址」同「法定（戶籍）位址」，聯繫電話8771XXX9。

　　2014年1月28日，恒豐銀行成都分行（貸款人）與天宏集團公司（借
款人）簽訂《流動資金借款合同》，合同編號為：2014年恒銀成借字第
120002070011號。約定借款金額2,000萬元，借款期限自2014年2月7日至
2015年2月6日，借款利率為固定利率年利率7.8%，每月20日為結息日，借款
最後到期時利隨本清。借款人未按期還款且又未就展期事宜與貸款人達成協
議（即構成借款逾期），貸款人有權對逾期的借款按照本合同約定的罰息利
率計收罰息。對不能按時支付的利息，貸款人有權按本合同約定的罰息利率
計收複利。逾期貸款的罰息利率按合同約定利率上浮50%。

　　2014年2月7日，恒豐銀行成都分行向天宏集團公司發放了貸款2,000萬
元。借款到期後，天宏集團公司未按約還本付息。截至2017年2月28日，

恒豐銀行成都分行系統顯示天宏集團公司尚欠借款本金19,932,167.81元、罰息4,359,733.37元、複利105,884.71元。恒豐銀行成都分行陳述，複利105,884.71元係以罰息4,359,733.37元為基數計算而來。

　　一審另查明，2015年2月22日、2015年8月6日，天宏集團公司分別在恒豐銀行成都分行發出的《催收通知書（回執）》上加蓋公章，兩份通知書分別載明「應還總餘額20,163,440.5元」、「應還總餘額20,468,014.98元」，「我公司將儘快組織資金清還」。

　　2015年2月22日、2015年8月6日，恒豐銀行成都分行員工分別填寫郵單，收件人為「孫玉萍」，公司名稱為「四川省鑫天溢裝飾工程有限公司」，收件位址為「金府國際機電城1棟22樓5號」，收件人電話為「138XXXX7994」。該兩份郵單均未加蓋郵戳。

　　2016年2月15日，恒豐銀行成都分行員工向收件人為「孫玉平」，公司名稱為「四川省鑫天溢裝飾工程有限公司」寄出檔資料，收件位址為「成都市交大立交金府路金府國際機電城」，收件人電話為「138XXXX7994」。恒豐銀行成都分行主張郵寄的檔資料為《催收通知書》一份，向鑫天溢裝飾公司催收《綜合授信額度合同》項下的兩筆貸款餘額共計35,326,751.07元。

　　2016年2月25日，恒豐銀行成都分行通過四川省成都市蜀都公證處以特快專遞郵件方式寄出《催收通知書》兩份，收件人為「楊大全」，公司名稱為「四川省鑫天溢裝飾工程有限公司」，收件位址為「成都市交大立交金府路金府國際機電城」，收件人電話為「138XXXX9588」。其中一份《催收通知書》載明：「四川省鑫天溢裝飾工程有限公司：天宏集團公司與我行簽訂編號為2014恒銀成借字第120002070011號的流動資金借款合同協議項下金額為人民幣2,000萬元的授信業務已於2015年2月6日到期，現已逾期383天，逾期本金人民幣19,932,167.81元，欠息4,149,166.62元，該筆授信由貴公司提供擔保，擔保合同號為2014年恒銀成借高保字第120007140011號。請貴公司履行保證責任，積極協助我行催收或籌集資金代為償還，否則我行將採取必要措施。」

　　還查明，鑫天溢裝飾公司於2014年6月13日由鑫天溢塗飾公司更名而來，法定代表人為楊大全。2014年11月11日，鑫天溢裝飾公司的工商登記地址由成都市金牛區XX1棟22樓3號、12號、13號、14號變更為成都市金牛

區XX1幢1單元22層2203號。鑫天溢裝飾公司公示的2014年度報告中的企業通信地址為成都市金牛區XX金府國際1幢1單元22層2203號，企業聯繫電話為028-8333XXXX。2015年度報告中的企業通信地址為成都市金牛區XX1棟2203號，企業聯繫電話為138XXXX7994。楊大全為辦理上述位址變更事項向工商登記部門提交了其於2010年6月簽訂的《商品房買賣合同》，該合同中其聯繫電話為138XXXX9588。孫玉平為鑫天溢裝飾公司在工商登記部門預留的企業信用資訊聯絡員，預留的聯絡員電話為138XXXX7994。

經實地走訪，「金府國際」地處成都市交大立交附近金府路段的金府商圈，該商圈占地面積上萬平方米，商戶眾多。其中「金府國際」與「金府機電城」、「金府五金機電城」毗鄰；「金府國際」門牌號為XX，「金府機電城」門牌號為XX；物業形態上，「金府國際」為高層公寓及寫字樓，由三幢大樓圍合組成，「金府機電城」為低層商業鋪面，分為多個區經營；物業管理上，二者物業管理部門所處位置、管理人員均不同。

一審再查明，除案涉貸款外，恒豐銀行成都分行於《綜合授信額度合同》項下還向天宏集團公司發放了一筆貸款，放款金額1,000萬元。2016年10月27日，經成都鐵路運輸法院做出（2016）川7101執487號《執行裁定書》，載明：「申請執行人恒豐銀行成都分行股份有限公司成都分行於2014年7月14日與天宏集團公司、鑫天溢裝飾公司簽訂了《流動資金借款合同》、《最高額保證合同》，於2014年1月26日分別與貴州天宏城市建設投資有限公司、劉愛國、徐慧簽訂了《最高額抵押合同》、《最高額保證合同》，……上述協議經四川省成都市蜀都公證處公證並賦予強制執行效力，公證書編號為（2014）川成蜀證內經字第189896、189897、189898、189899號。上述借款已於2015年2月7日到期，因被執行人天宏集團公司未按約定履行還款義務，擔保方也未承擔擔保責任，截止2016年3月21日，債務人天宏集團公司尚欠申請執行人恒豐銀行成都分行借款本金人民幣1,000萬元以及利息人民幣884,000元未清償。……裁定如下：一、被執行人天宏集團公司、貴州天宏城市建設投資有限公司、鑫天溢裝飾公司、劉愛國、徐慧向申請執行人恒豐銀行成都分行支付欠款人民幣10,884,000元及遲延履行期間的債務利息……。」

一審法院認為，天宏集團公司、鑫天溢裝飾公司對案涉《綜合授信額度

合同》、《流動資金借款合同》、《最高額保證合同》的真實性，以及借貸事實無異議，本案爭議焦點在於：一、恒豐銀行成都分行對天宏集團公司提起訴訟是否超過訴訟時效；二、恒豐銀行成都分行主張的罰息、複利是否符合合同約定，是否過高；三、《最高額保證合同》的效力如何，是否存在恒豐銀行成都分行故意欺詐的情形；四、恒豐銀行成都分行未在本案中起訴其他擔保人，鑫天溢裝飾公司能否主張免除對應部分的擔保責任；五、恒豐銀行成都分行對鑫天溢裝飾公司主張權利是否超過保證期間，保證責任應否承擔。分別評議如下：

一、訴訟時效的問題。

恒豐銀行成都分行於2014年2月7日向天宏集團公司發放案涉貸款，合同約定借款期限12個月，故借款於2015年2月6日到期。根據《中華人民共和國民法通則》的規定，該筆借款的訴訟時效為兩年，自2015年2月7日開始計算。2015年2月22日、2015年8月6日，恒豐銀行成都分行分別向天宏集團公司進行催收，天宏集團公司雖否認《催收通知書（回執）》上其公章的真實性，但未提出簽訂申請亦未提交相反證據予以否定，故一審法院認定恒豐銀行成都分行通過兩次催收行為引起了訴訟時效的中斷，訴訟時效自2015年8月7日起重新計算，至恒豐銀行成都分行於2017年5月提起本案訴訟並未超過訴訟時效。

二、恒豐銀行成都分行主張的罰息、複利是否符合合同約定，是否過高的問題。

借款逾期後，恒豐銀行成都分行對逾期本金計收罰息，並對罰息計收了複利。根據《流動資金借款合同》的約定，借款利率為固定年利率7.8%，罰息利率上浮50%。對罰息和複利的約定為「……借款人未按期還款且又未就展期事宜與貸款人達成協議（即構成借款逾期），貸款人有權對被挪用的借款或逾期的借款按照本合同約定的罰息利率計收罰息。對不能按時支付的利息，貸款人有權按本合同約定的罰息利率計收複利」。可見，複利計收物件為「不能按時支付的利息」。金融借款合同作為商業銀行為反復使用而事先擬定的格式條款，其對合同文字的描述應當嚴謹和準確，從合同語境來看，明確區分使用了「利息」、「罰息」和「複利」的不同概念。從性質上看，利息是商業銀行將款項借出交付貸款人使用後按照約定應獲得的報酬，屬於

孳息範疇。罰息是貸款人未在商業銀行規定時間內還款造成逾期，商業銀行依據中國人民銀行的規定賦予其的帶有懲罰性質的計息方式，其性質應屬違約金。從本案雙方合同約定來看，複利計收的物件是借款期內的利息，並不包括逾期以後的罰息，故恒豐銀行成都分行針對罰息計收複利與合同約定不符，一審法院對恒豐銀行成都分行主張的複利不予支持。恒豐銀行成都分行主張的罰息計算方式符合合同約定，利率標準並未過高，一審法院予以支持。

三、《最高額保證合同》的效力問題。

鑫天溢裝飾公司提出，恒豐銀行成都分行的工作人員在合同簽訂過程中向其展示的抵押物他項權證書是虛假的，請求法庭核查本案是否存在恒豐銀行成都分行的工作人員故意欺詐或誘導的行為，是否涉及恒豐銀行成都分行連同天宏集團公司共同損害其權益的問題。對此，鑫天溢裝飾公司的上述主張均屬應自行舉證的範圍，其未提交證據證明本案存在合同無效的情形，對其抗辯意見不予採納，《最高額保證合同》有效，合同雙方應按約履行各自義務。

四、恒豐銀行成都分行未起訴其他擔保人，鑫天溢裝飾公司能否主張免除對應部分擔保責任的問題。

首先，恒豐銀行成都分行當庭陳述並未放棄向其他擔保人主張權利。因涉及其他擔保人的相關擔保合同是經依法公證賦予強制執行效力的債權文書，恒豐銀行成都分行有權依據相關法律直接向有管轄權的人民法院申請執行；其次，《最高額保證合同》約定：「當主合同同時受債務人或協力廠商提供的物的擔保時，保證人同意債權人有權自行決定行使權利的順序，債權人有權在不先行使擔保物權的情況下要求保證人立即支付債務人的全部到期應付款項，債權人放棄或變更擔保物權或其權利順位的，保證人不免除任何責任，保證人仍按本合同約定承擔保證責任。」恒豐銀行成都分行依據合同約定享有選擇權；最後，根據《最高人民法院關於適用若干問題的解釋》第二十條第一款，連帶共同保證的債務人在主合同規定的債務履行期屆滿沒有履行債務的，債權人可以要求債務人履行債務，也可以要求任何一個保證人承擔全部保證責任。因此，恒豐銀行成都分行作為債權人有權選擇向全部保證人或保證人之一主張權利。綜上，恒豐銀行成都分行未在本案中起訴其

擔保人，並不影響鑫天溢裝飾公司保證責任的承擔，對其因此免除對應部分擔保責任的抗辯意見不予採納。

五、保證期間是否經過的問題。

《最高額保證合同》對保證期間的約定為：每一主合同項下的保證期間為自該主合同約定的債務履行期限屆滿之日（或債權人墊付款項之日）起，計至全部主合同中最後到期的主合同約定的債務履行期限屆滿之日（或債權人墊付款項之日）後兩年止。《綜合授信額度合同》項下現有兩筆貸款，案涉貸款的借款期限為2014年2月7日到2015年2月6日，另一筆1,000萬元貸款的借款期限為2014年8月8日到2015年2月7日。根據前述合同約定，案涉貸款的保證期間自2015年2月6日計至1,000萬元貸款到期即2015年2月7日後兩年，則為2017年2月6日。該保證期間的約定具體明確，且實際未超過主債務訴訟時效，故一審法院認定保證期間至2017年2月6日屆滿。

恒豐銀行成都分行為證明其在保證期間內向鑫天溢裝飾公司主張過權利，提交了其於2015年2月22日、2015年8月6日、2016年2月15日、2016年2月25日四次郵寄催收的證據。鑫天溢裝飾公司對此抗辯：恒豐銀行成都分行寄出郵件的收件人和收件地址無法證明與鑫天溢裝飾公司有關，其從未收到過恒豐銀行成都分行寄出的任何催收郵件，且在合同明確約定通訊位址的情況下，恒豐銀行成都分行應嚴格按照約定的通訊位址向其郵寄，恒豐銀行成都分行未按約定位址郵寄的行為不能視為有效的送達；2016年2月25日郵寄的《催收通知書》載明的擔保合同編號與本案擔保合同編號不一致，與本案沒有關聯性，不能證明是向其主張本案擔保責任。

對此，一審法院認為，債權人應在保證期間內要求保證人承擔責任。債權人主張權利的方式有多種，比如上門催收、郵寄催收、直接起訴等等，而郵寄催收應保證郵寄資訊的準確性，包括收件人、聯繫電話和郵寄位址。本案中，恒豐銀行成都分行一直具有向鑫天溢裝飾公司主張權利的意思表示，但該意思表示要產生向保證人主張權利的法律效果應準確到達保證人或在法律上符合應當到達的認定標準。

考察恒豐銀行成都分行的郵寄催收行為，可以分為三個層次。第一，鑫天溢裝飾公司是否實際收悉郵件，若存在證據證明鑫天溢裝飾公司實際收悉催收郵件，不論郵寄資訊是否準確，則恒豐銀行成都分行主張權利的行為成

立；第二，恒豐銀行成都分行是否按照約定的通訊方式郵寄，《最高額保證合同》約定了鑫天溢裝飾公司的通訊位址以及通訊位址變更時的告知義務，若恒豐銀行成都分行按照約定的通訊位址郵寄，從合同義務的角度，應產生郵件應當到達的法律效果；第三，恒豐銀行成都分行是否按照其他合理信賴的位址郵寄，比如工商登記位址、商事交往中預留的其他位址等等。此是從保護債權人的角度出發，若債權人對於郵寄位址具有應當收悉的合理信賴，則應肯定其主張權利的法律效果。本案中，恒豐銀行成都分行未提供證據證明鑫天溢裝飾公司實際收悉催收郵件，亦未向合同約定的通訊位址郵寄，故重點應審查其郵寄位址是否產生應當收悉的合理信賴。

　　恒豐銀行成都分行於2015年2月22日、2015年8月6日填寫的郵單上均未加蓋郵戳，不能證明兩份郵件實際寄出。而對於2016年2月15日以及2016年2月25日通過公證方式寄出的兩份郵件，前份郵件的收件人為鑫天溢裝飾公司在工商登記部門預留的企業信用資訊聯絡員孫玉平，聯繫電話為預留的聯絡員電話。後份郵件的收件人為鑫天溢裝飾公司的法定代表人，聯繫電話為該法定代表人於2010年在購房合同中填寫的電話。目前，該兩個聯繫電話均為空號。兩次郵寄的收件地址均為「成都市交大立交金府路金府國際機電城」，恒豐銀行成都分行主張該地址與鑫天溢裝飾公司的工商登記位址為同一位址。經比對鑫天溢裝飾公司的工商登記地址，其地址為「成都市金牛區XX1幢1單元22層2203號」，其中「XX」為「金府國際」所在地。經實地走訪，「金府國際」確實位於成都市交大立交金府路段，但該商圈包含「金府國際」、「金府機電城」、「金府五金機電城」等多個不同項目，占地面積上萬平方米，商戶眾多。恒豐銀行成都分行的郵寄地址「金府國際機電城」實際並不存在，混同了「金府國際」與「金府機電城」。而從「金府國際」與「金府機電城」的地理位置、物業形態、物業管理上看，二者雖毗鄰，但「金府國際」門牌號為XX，「金府機電城」門牌號為XX；「金府國際」為高層公寓及寫字樓，由三幢大樓圍合組成，「金府機電城」為低層商業鋪面，分區經營；二者物業管理部門所處位置、管理人員亦不相同。因此，恒豐銀行成都分行的郵寄位址具有混淆性，且缺少具體的門牌號和樓棟號，從日常生活經驗來看，其與鑫天溢裝飾公司工商登記地址之間的區別已超出一般瑕疵的範疇，難以保證郵件投遞的準確性，不能產生該郵件應當收到的合

理信賴。

並且，從立法宗旨上看，債權人應盡到善意通知的義務。恒豐銀行成都分行作為專業的金融機構，既未按照合同約定的通訊位址催收，又未準確按照工商登記地址郵寄，那麼理應對郵件收悉情況採取更為審慎的注意義務，及時查詢郵件的送達情況，若發現郵件未送達或退回的情況下，可採取進一步措施進行催收。從恒豐銀行成都分行主張的四次郵寄行為來看，前兩次的郵寄地址為「金府國際機電城1棟22樓5號」，後兩次的郵寄地址為「成都市交大立交金府路金府國際機電城」，在後的郵寄行為反而省去了具體樓棟號。郵寄行為的初衷應是告知和催收，應最大限度的保障相對方能夠收悉，恒豐銀行成都分行未關注送達情況，也未盡力保證位址的詳盡準確，其雖有主張權利的意思表示，但該意思表示不能認定已到達或應當到達相對方。

至於鑫天溢裝飾公司提出的《催收通知書》載明的擔保合同編號與本案擔保合同編號不一致，無法確定關聯性的問題。其前提應建立在鑫天溢裝飾公司收悉或應當收悉催收郵件的基礎上，因前提未成立，故對該爭議的認定不影響本案裁判，不再贅述。

綜上，恒豐銀行成都分行雖有郵寄催收的行為，但因郵寄位址並非詳盡準確，不能產生郵件應當收悉的合理信賴，恒豐銀行成都分行未提供其他證據證明已在保證期間內要求鑫天溢裝飾公司承擔責任，鑫天溢裝飾公司的保證期間已經經過，對恒豐銀行成都分行要求其承擔保證責任的訴訟請求不予支援。

據此，一審法院依照《中華人民共和國合同法》第六十條第一款、第一百零七條、第二百零五條、第二百零六條、第二百零七條，《中華人民共和國擔保法》第二十六條第二款，《中華人民共和國民事訴訟法》第六十四條第一款，判決如下：一、天宏集團公司於判決生效之日起十日內向恒豐銀行成都分行償還借款本金19,932,167.81元及罰息（截至2017年2月28日的罰息為4,359,733.37元，2017年3月1日起的罰息，以欠付的借款本金為基數，按照年利率11.7%計算至借款本金償清之日止）；二、駁回恒豐銀行成都分行的其他訴訟請求。一審案件受理費收取163,788元，由天宏集團公司負擔。

本院二審期間，當事人圍繞上訴請求依法提交了證據。本院組織當事人進行了證據交換和質證。恒豐銀行成都分行提交了以下證據：1.編號為2014

年恒銀成借高保字第120001260021號的《最高額保證合同》合同一份，載明
劉愛國為恒豐銀行成都分行與天宏集團公司在2014年1月26日至2015年7月
26日期間因企業經營發展需要而訂立的全部授信業務合同項下的債權提供最
高額保證擔保，擔保金額3,000萬元。該《最高額保證合同》於2014年11月
25日經四川省成都市蜀都公證處公證，並出具編號為（2014）川成蜀證內經
字第189899號的《具有強制執行效力的債權文書公證書》；2.催收通知書。
載明2016年2月15日恒豐銀行成都分行依據編號為2014年恒銀成借高保字第
120001260021號的《最高額保證合同》向劉愛國主張承擔保證責任，金額
35,326,751.07元。同日，劉愛國在《催收通知書》回執上簽字。兩份證據共
同證明恒豐銀行成都分行在保證期間內向連帶保證人之一劉愛國主張了保證
責任。

　　鑫天溢裝飾公司質證認為：對證據1中《最高額保證合同》真實性、合
法性、關聯性均不認可，即使履行了催收義務，也與鑫天溢裝飾公司無關；
對證據2《催收通知書》及回執真實性、關聯性不予認可，是否存在催收及
是否是劉愛國簽字不予認可。

　　天宏集團公司質證認為：恒豐銀行成都分行提交的兩份證據真實性、合
法性、關聯性均予以認可。

　　本院經審查認為，對證據1經四川省成都市蜀都公證處公證，本院對
真實性予以認可；對證據2《催收通知書》及回執，恒豐銀行提交了證據原
件，鑫天溢裝飾公司對證據真實性不予認可，但未提交相反證據予以證明。
結合劉愛國簽訂《最高額保證合同》為天宏集團提供擔保的事實，本院對該
證據真實性予以認可。兩份證據與本案的關聯性，將結合全案證據予以綜合
認定。

　　根據當事人提交的證據及陳述，本院二審認定以下事實：恒豐銀行成都
分行與天宏集團公司《綜合授信額度合同》項下共簽訂兩份流動資金借款合
同，合同編號為2014年恒銀成借字第120002070011號的《流動資金借款合
同》係本案訴爭貸款，借款本金2,000萬元；合同編號為2014年恒銀成借字
第120007140011號的《流動資金借款合同》，借款本金1,000萬元。鑫天溢
裝飾公司與恒豐銀行簽訂編號為2014年恒銀成借高保字第120001260011號、
120007140011號《最高額保證合同》，分別為上述兩筆借款提供擔保。劉愛

國與恒豐銀行成都分行簽訂編號為2014年恒銀成借高保字第120001260021號《最高額保證合同》為上述兩筆借款提供擔保。上述1,000萬元的《流動資金借款合同》、編號為2014年恒銀成借高保字第120007140011號、120001260021號《最高額保證合同》經四川省成都市蜀都公證處公證並出具《具有強制執行效力的債權文書》公證書，恒豐銀行成都分行已向成都鐵路運輸法院申請對天宏集團公司、鑫天溢裝飾公司、劉愛國等申請強制執行。

本院認為，本案二審爭議的焦點為：恒豐銀行成都分行向劉愛國主張擔保責任的效力是否及於鑫天溢裝飾公司。

《中華人民共和國擔保法》第十二條規定「同一債務有兩個以上保證人的，保證人應當按照保證合同約定的保證份額，承擔保證責任。沒有約定保證份額的，保證人承擔連帶責任，債權人可以要求任何一個保證人承擔全部保證責任，保證人都負有擔保全部債權實現的義務。已經承擔保證責任的保證人，有權向債務人追償，或者要求承擔連帶責任的其他保證人清償其應當承擔的份額」。最高人民法院在對雲南省高級人民法院關於已承擔保證責任的保證人向其他保證人行使追償權問題的批覆中（法釋〔2002〕37號）也明確「根據《中華人民共和國擔保法》第十二條的規定，承擔連帶責任保證的保證人一人或者數人承擔保證責任後，有權要求其他保證人清償應當承擔的份額，不受債權人是否在保證期間內向未承擔保證責任的保證人主張過保證責任的影響」，該批覆對連帶保證責任的共同保證人中的一人具有主張保證債權的事項對其他共同保證人具有涉他性進行了規定。由於債權人可以要求連帶責任擔保中的任何一個保證人承擔保證責任，如果將債權人未向其他連帶保證人主張保證權利認定為其他連帶保證人免除了保證責任，將導致已經承擔全部保證責任的保證人無法實現追償，與上述最高人民法院對雲南省高級人民法院的批覆精神相悖，也不符合《中華人民共和國擔保法》第十二條平等保護各保證人權利的立法精神。具體到本案，鑫天溢裝飾公司、劉愛國分別為案涉借款提供擔保，鑫天溢裝飾公司、劉愛國是作為一個整體共同對債權人承擔保證責任。恒豐銀行成都分行在保證期間內向劉愛國主張了承擔保證責任，都是恒豐銀行成都分行要求所有保證人承擔保證責任的行為，其效力自然及於鑫天溢裝飾公司。恒豐銀行成都分行訴請鑫天溢裝飾公司在本案中承擔連帶保證責任，應予以支持。

綜上所述，恒豐銀行成都分行的上訴請求成立，予以支持。一審法院認定事實清楚，因二審出現新證據，本院予以改判。依照《中華人民共和國合同法》第六十條，《中華人民共和國擔保法》第十二條，《中華人民共和國民事訴訟法》第一百七十條第一款第二項規定，判決如下：

一、維持成都高新技術產業開發區人民法院（2017）川0191民初6558號民事判決第一項。

二、撤銷成都高新技術產業開發區人民法院（2017）川0191民初6558號民事判決第二項。

三、四川省鑫天溢裝飾工程有限公司對成都高新技術產業開發區人民法院（2017）川0191民初6558號民事判決第一項確定的四川大宏實業集團有限公司支付義務承擔連帶保證責任。四川省鑫天溢裝飾工程有限公司承擔保證責任後，有權向四川天宏實業集團有限公司追償。

四、駁回恒豐銀行股份有限公司成都分行其他訴訟請求。

一審案件受理費163,788元，二審案件受理費163,260元，合計327,048元，均由天宏集團公司、鑫天溢裝飾公司負擔。

本判決為終審判決。

審判長　龍小麗

審判員　魏雲霞

審判員　馬　雯

二〇一八年九月十四日

書記員　杜俊衡

第二篇

擔保合同

【案例115】分支機構未經法人書面授權對外擔保無效

中國銀行股份有限公司威海分行、
中建八局第一建設有限公司金融借款合同糾紛案評析

案號：山東省威海市中級人民法院（2018）魯10民終1468號

【摘要】

未經法人書面授權，法人分支機構對外提供擔保的擔保合同無效；法人對分支機構對外擔保未盡妥善監管職責，應就擔保合同無效造成的債權人損失承擔過錯責任；銀行在審查分支機構對外擔保是否經法人授權中未盡謹慎審查義務，應對貸款無法收回造成的損失承擔過錯責任。

【基本案情】

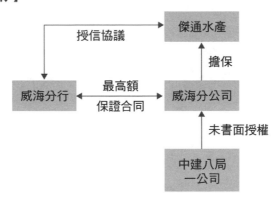

2014年3月10日，中國銀行威海分行（以下簡稱「威海分行」）與榮成市傑通水產食品有限公司（以下簡稱「傑通水產」）簽訂了一份最高額抵押合同，金額為4,699,200元。傑通水產以其自有房產為其辦理了最高額抵押登記手續。

　　2015年12月8日，威海分行與傑通水產簽訂授信額度協議，威海分行向傑通水產提供授信額度640萬元。中建八局第一建設有限公司威海分公司（以下簡稱「威海分公司」）提供最高額保證擔保，並簽訂最高額保證合同。中建八局第一建設有限公司（以下簡稱「中建八局一公司」）原名稱為中國建築第八工程局第一建築公司（以下簡稱「原中建八局一公司」），其法定代表人於2008年1月16日由張作合變更為徐愛傑。威海分公司原名稱為中國建築第八工程局第一建築公司威海分公司（以下簡稱「原威海分公司」），其負責人為邢吉龍，該公司於2016年7月4日被註銷。

　　威海分公司提交2015年12月4日出具的股東會決議：同意威海分公司為傑通水產提供最高額連帶責任保證擔保；同時授權總經理李明全權辦理授信業務的相關事宜。該股東會決議尾部股東會成員簽字處加蓋有「原中建八局一公司」的印章及張作合的私人印章、有邢吉龍及李明的簽字，並加蓋有「威海分公司」的印章，但經查明，股東會決議上兩公章及邢吉龍的簽字均係李明偽造，且李明並非上述公司的職工或股東，僅掛靠在威海分公司名下從事勞務分包工作。

　　2014年9月23日，李明通過蓋有「原中建八局一公司」公章（係其私刻）的補照申請及蓋有「中建八局一公司」公章的（係其私刻）的授權委託書、證明的檔向工商局申請補發威海分公司營業執照正、副本，進而為威海分公司辦理了新的公章，該公章加蓋在2015年12月8日簽訂的最高額保證合同上。

　　上述合同簽訂後，威海分行依約向傑通水產發放貸款，現合同約定的借款期限已經屆滿，但傑通水產並未依約償還威海分行全部貸款本息，截止至2017年3月10日，傑通水產尚欠威海分行貸款本金6,386,127.7元、利息及罰息94,719.69元，且其他保證人均未向威海分行償還任何款項，故威海分行起訴至法院。

【法院判決】

山東省威海市環翠區人民法院經審理認為：1.《貸款協議》項下分公司擔保必須經過總公司的同意，但李明提供的股東會決議上加蓋的「中建八局第一建設有限公司」的公章係其偽造的，不能視為中建八局一公司已經同意，故應認定最高額保證合同為無效合同。2.威海分行在最高額保證合同存在多處漏洞的情況下未盡到審慎審查義務，對於貸款無法收回造成的損失應當承擔一定的責任；同時，中建八局一公司也有相應過錯，在2015年7月發現李明私刻公章時，並未採取相關的措施來規避可能存在的風險，故其對於威海分行貸款無法收回造成的損失理應承擔一定的責任。綜合考慮合同的履行情況、雙方當事人的過錯情況，中建八局一公司應當對傑通水產不能清償部分的債務承擔不超過二分之一的賠償責任，其承擔責任後，有權向傑通水產追償。

判決後，威海分行、中建八局一公司均提起上訴，威海市中級人民法院經審理認為威海分公司公章係合法途徑取得，並使用該公章多次進行經濟活動，使威海分行對該枚公章的真實性形成合理信賴，有理由認為為涉案借款提供保證是威海分公司的真實意思表示。但因中建八局一公司並未授權，故最高額保證合同仍然無效。綜上所述，一審判決認定事實清楚，適用法律正確，應予維持。但中建八局一公司的責任賠償範圍須明確，改判為中建八局一公司就中國銀行威海分行實現抵押權後榮成市傑通水產食品有限公司仍不能清償部分的債務承擔二分之一的賠償責任。

【法律評析】

本案的爭議焦點為：法人分支機構未經法人書面授權對外提供擔保，簽訂的擔保合同無效；法人對分支機構對外擔保未盡監管職責，應對擔保合同無效造成的債權人損失承擔過錯責任；銀行在審查

分支機構對外擔保是否經法人授權（對股東會決議、授權委託書及核保函等）未盡審慎審查義務，應對貸款無法收回造成的損失承擔過錯責任。

一、法人分支機構未經法人書面授權對外提供擔保，簽訂的擔保合同無效

《中華人民共和國擔保法》（以下簡稱《擔保法》）第十條規定：「企業法人的分支機構、職能部門，不得為保證人。企業法人的分支機構有法人書面授權的，可以在授權範圍內提供保證。」第二十九條規定：「企業法人的分支機構未經法人書面授權或者超出授權範圍與債權人訂立保證合同的，該合同無效或者超出授權範圍的部分無效。」分析法條可知，法人分支機構不具備保證人資格，其簽訂保證合同、對外提供擔保須經法人的授權。

結合本案，威海分行與威海分公司簽訂了《最高額保證合同》，該保證合同效力認定的關鍵在於審查威海分公司是否具備保證人資格。保證資格要求保證人具備保證權利能力和保證行為能力。因為保證不同於一般的日常經營活動，具有較大風險，因此立法對分支機構從事擔保活動的民事權利能力進行了限制，其保證主體資格並非絕對禁止，書面授權的意義在於賦予其保證主體資格，從而獲得保證權利能力。

首先，威海分公司並不是該保證合同的適格主體。因為威海分公司並不具備法人資格，亦無自己完全獨立的財產，其民事責任最終由法人承擔。其次，威海分公司並未取得法人的書面授權。本案中，威海分公司提交了一份股東會決議，旨在證明威海分公司對外提供擔保已取得中建八局一公司的授權，具備了簽訂保證合同的資格。後經法院查明，該股東會決議上中建八局一公司的公章係李明偽造，可推知中建八局一公司並無授權威海分公司簽訂該最高額保證合同的意思

表示,保證合同係威海分公司獨立對外提供擔保的意思表示。因此威海分公司並未獲得保證主體資格。

此外,合同主體資格的獲得除法人的明確授權還有其他形式,如表見代理。表見代理是指行為人沒有代理權、超越代理權或者代理權終止後以被代理人名義訂立合同,相對人有理由相信行為人有代理權的,該代理行為有效[1]。表見代理的構成要件之一是代理權的外觀可歸因於被代理人,授權的外觀係由被代理人積極行為所造就[2],例如法人將印鑒、合同書或者介紹信交給分支機構未及時收回等。但就本案而言,中建八局一公司的過錯在於未核實李明偽造公章等事宜,其本身並未授權李明從事任何與公司有關的經濟活動,且李明也並非公司員工。故中建八局一公司的行為可定性為違反注意義務之消極行為造就授權的外觀[3],就表見代理的制度設置而言,表見代理係保護相對人的信賴利益,將違反注意義務的消極行為等同於積極的授權行為,顯然有失偏頗,因此該過錯不符合表見代理的構成要件。此外,表見代理建立在信賴利益保護的基礎之上,要求相對人須為善意且無重大過失。本案中,債權人威海分行並未盡到必要的形式審查義務,因此,其不屬於表見代理所保護的物件。綜上所述,威海分行並無理由相信威海分公司已取得法人授權,故該保證合同因主體不適格而無效。

二、法人對其分支機構對外擔保未盡監管職責,應對擔保合同無效造成的債權人損失承擔過錯責任

---

[1] 《中華人民共和國合同法》第四十九條規定:「表見代理行為人沒有代理權、超越代理權或者代理權終止後以被代理人名義訂立合同,相對人有理由相信行為人有代理權的,該代理行為有效。」

[2] 王澤鑒(2013):債法原理。中國:北京大學出版社,P.303。

[3] 朱慶育(2016):民法總論。中國:北京大學出版社,P.369。

　　最高人民法院關於適用《中華人民共和國擔保法》若干問題的解釋（以下簡稱《擔保法司法解釋》）第十七條規定：「企業法人的分支機構經營管理的財產不足以承擔保證責任的，由企業法人承擔民事責任。企業法人的分支機構提供的保證無效後應當承擔賠償責任的，由分支機構經營管理的財產承擔。企業法人有過錯的，按照擔保法第二十九條的規定處理。」《擔保法》第二十九條規定：對於分支機構訂立的無效保證合同，「債權人和企業法人有過錯的，應當根據其過錯各自承擔相應的民事責任；債權人無過錯的，由企業法人承擔民事責任」。分析法條可知，在法人分支機構簽訂保證合同無效的情況下，法人對因合同無效造成債權人的損失具有過錯。

　　結合本案，在最高額保證合同無效的情況下，需審查中建八局一公司對涉案貸款無法追回是否具有過錯。首先，中建八局一公司並未遵循嚴格的用章管理，李明利用私刻的中建八局一公司公章補辦了威海分公司的營業執照和公章，並使用該枚威海分公司公章多次進行經濟活動，中建八局一公司作為威海分公司的設立主體對此不知情，未盡監督管理職責；其次，中建八局一公司在發現李明補辦了威海分公司的機構代碼證，仍未到相關部門調查核實，致使李明繼續利用該枚威海分公司公章簽訂涉案最高額保證合同，中建八局一公司存在明顯過錯，應對威海分行涉案貸款無法收回造成的經濟損失承擔相應的民事責任。

　　分支機構簽訂保證合同無效的情況下，法人的賠償責任如何確定？第一，明確對「企業法人有過錯」的理解，實務中法院認定「企業法人有過錯」通常考量以下幾個因素：1.對印章的使用管理是否嚴格，程式是否規範；2.在發現冒用盜用行為時，是否盡到必要的調查核實義務等；3.對分公司負責人的選任監督程式是否規範[4]。第二，

4　案號：嘉興市中級人民法院（2015）浙嘉商終字第489號

在企業法人有過錯的情況下，明確對責任分擔的理解。分支機構簽訂
保證合同無效後，先由分支機構承擔賠償責任，法人承擔補充賠償責
任[5]。因為分支機構雖不具備法人資格，但其有經營管理的財產，可
以相對獨立的對外承擔民事責任，但當其經營管理的財產不足以承擔
保證責任或賠償責任時，應由企業法人承擔責任[6]。這樣規定的法理
基礎在於，分支機構未經授權不得做保證人是擔保法的明確規定，分
支機構未經授權對外提供擔保即意味著其存在過錯，分支機構雖沒有
法人資格，但其有自己獨立管理的財產，在此情況下，分支機構應該
以其管理的財產承擔責任。對於法人而言，其過錯意味著未盡到監管
職責，對債權人的損失承擔補充責任。

三、銀行在審查分支機構對外擔保是否經法人授權未盡審慎審 查義務，應對貸款無法收回造成的損失承擔過錯責任

　　《擔保法司法解釋》第七條規定：「主合同有效而擔保合同無
效，債權人無過錯的，擔保人與債務人對主合同債權人的經濟損失，
承擔連帶賠償責任；債權人、擔保人有過錯的，擔保人承擔民事責任
的部分，不應超過債務人不能清償部分的二分之一。」分析法條可
知，法人分支機構對外無效保證時一般與主合同的效力無涉，屬於主
合同有效而保證合同無效的類型[7]。在保證合同無效的情況下，還須
衡量債權人在保證合同簽訂過程中是否具有過錯，而分支機構是否取
得書面授權，是判斷債權人有無過錯的尺規。

5　案號：江蘇省高級人民法院（2016）蘇民再199號。法院認為：「恒通公司在對黃才
　　德的管理上存在明顯疏漏，本院認定恒通公司對於本案擔保無效存在過錯，恒通公
　　司因其過錯要承擔相應的民事責任。因此，在恒通公司蘇州分公司的財產不足以其
　　清償債務時，由恒通公司承擔補充賠償責任。」

6　曹士兵（2001）：中國擔保法諸問題的解決與展望。中國：中國法制出版社，
　　P.101。

7　趙霞（2018）：企業法人分支機構無效保證責任研究。法律適用，3。

　　結合本案，縱然威海分行在二審中提交威海分公司出具的法人代表授權委託書、核保函等新證據，試圖證明威海分行確實對威海分公司簽訂的涉案借款擔保進行了相關形式審查，但並無法證明其盡到了審慎核查的義務。第一，威海分行作為專業的金融機構，主觀上明知或應知威海分公司係不具有法人資格的分支機構，仍接受法律明文禁止的主體作擔保人具有過錯，所受損失應自負；第二，威海分行作為債權人，需要重點審查法人授權行為的合法性，這其中包括審查總公司的名稱與公章是否一致、法定代表人名稱與登記是否一致等，以上均屬於銀行在放貸業務中所進行的必要的形式審查；第二，在審查保證人資格時，法律對銀行設置較高的審查義務。背後的法理仍是為了確保債權人的利益依法得到實現[8]，以保障特定債權人的合法債權為出發點，同時注意平衡保護債權人與擔保人各自的利益。

　　另外，需要明確的是在對外擔保業務中，對於分支機構的審查是比較嚴格的，不僅需要審查分支機構的材料是否完備，還需審查法人授權行為的合法性。常見的分支機構如分公司、職能部門、辦事處等，但不包括子公司。法人的子公司具備獨立的法人主體資格，其可以對外進行民事法律行為並且以自己的財產對外獨立承擔責任，而分支機構沒有獨立的法人人格，它的人格被法人吸收。對於有些分支機構如分公司，其外在表現與子公司並無二致，二者的共同點表現為均有營業執照，但子公司可以從事與母公司經營範圍不同的活動，而分公司只能在法人核准登記的範圍內從事營業活動，在市場交易行為中，其業務開展必然會受到更多的審核限制。

四、銀行風險啟示

　　本案係因法人分支機構未經法人授權對外提供擔保而引發的糾

8　　郭明瑞（1996）：關於保證人保證責任的幾個問題。法制與社會發展，3。

紛。銀行應對當事人提供的資料進行嚴格審查。尤其是在審查分支機構作為保證人時，更應該注重對於企業法人授權行為合法性的審查。在本案中，銀行的審核行為顯然不符合《擔保法》對其設置的注意義務標準。比如：李明提交的相關材料中存在多處明顯漏洞，比如中建八局一公司的更名問題；2014年和2015年兩份股東會決議中邢吉龍的簽字明顯不一致的問題；威海分公司的股東性質問題等等。

本案對銀行的風險啟示在於：銀行在簽訂保證合同時，應注意審核保證人的主體資格。第一，明確區分分支機構與子公司的區別，避免混淆二者的性質，從而導致審核過程中材料的遺漏等；第二，在分支機構作為保證合同一方主體時，更應注意審查法人作為保證人的主體資格是否真實、授權範圍是否明確、授權程式是否規範等，嚴格規範審慎核查，避免因保證合同被認定無效而承擔相應責任；第三，銀行在審核保證人資格的過程中應注意留存證據，例如核實公司法定代表人的電話錄音等證明其已經盡到必要的形式審查義務，降低貸款無法收回的損失。

附：法律文書

中國銀行股份有限公司威海分行、中建八局第一建設有限公司金融借款合同糾紛二審民事判決書

山東省威海市中級人民法院民事判決書（2018）魯10民終1468號

上訴人（原審原告）：中國銀行股份有限公司威海分行。

住所地：山東省威海市青島北路9號。

負責人：王建光，行長。

委託訴訟代理人：馬廣路，山東英良泰業律師事務所律師。

委託訴訟代理人：許露露，山東英良泰業律師事務所律師。

上訴人（原審被告）：中建八局第一建設有限公司。

住所地：山東省濟南市工業南路89號。

　　法定代表人：董文祥，董事長。

　　委託訴訟代理人：徐書澤，山東正原律師事務所律師。

　　委託訴訟代理人：夏麗，山東正原律師事務所律師。

　　原審被告：榮成市傑通水產食品有限公司。

　　　住所地：山東省榮成市寧津街道辦事處構後楊家村。

　　法定代表人：盧筱妮，總經理。

　　原審被告：邢吉龍，男，1962年9月5日出生，漢族，住山東省青島市四方區。

　　原審被告：李明，男，1966年4月8日出生，漢族，住山東省威海火炬高技術產業開發區。

　　原審被告：楊秉傑，男，1958年10月7日出生，漢族，住山東省榮成市。

　　原審被告：盧筱妮，女，1962年12月10日出生，漢族，住山東省榮成市。

　　上訴人中國銀行股份有限公司威海分行（以下簡稱中國銀行威海分行）、中建八局第一建設有限公司（以下簡稱中建八局一公司）因與原審被告榮成市傑通水產食品有限公司、邢吉龍、李明、楊秉傑、盧筱妮金融借款合同糾紛一案，不服山東省威海市環翠區人民法院2017魯1002民初1668號民事判決，向本院提起上訴。本院於2018年7月9日立案後，依法組成合議庭進行了審理。本案現已審理終結。

　　中國銀行威海分行上訴請求：1.撤銷原審判決第五項，依法改判中建八局一公司承擔中國銀行威海分行實現抵押優先受償權後榮成市傑通水產食品有限公司仍不能清償部分的全部賠償責任；2.中建八局一公司承擔本案訴訟費用。事實和理由：1.從中國銀行威海分行提交的李明書寫的聲明可以得知，李明當時以中建八局第一建設有限公司威海分公司（以下簡稱威海分公司）的名義從事非法經營。中建八局一公司是知曉的，但沒有到工商登記機關將補辦的營業執照和公章註銷，而是放縱其發展，對因此造成的後果應當承擔全部法律責任。2.李明掛靠威海分公司經營，私刻公章並被政府相關部門確認，中國銀行威海分行有足夠理由相信補辦營業執照和印章的真實性，

中國銀行威海分行沒有明顯過錯。對此給善意第三人造成的損失,中建八局一公司應當承擔全部賠償責任。

中建八局一公司上訴請求:1.撤銷原審判決第五項,改判駁回中國銀行威海分行對中建八局一公司的訴訟請求;2.中國銀行威海分行承擔上訴費用。事實和理由:1.最高額保證合同加蓋的威海分公司的印章是李明通過虛假手段騙取工商部門為其補辦的,李明無權代表公司與中國銀行威海分行簽訂保證合同,提供保證不是威海分公司的真實意思表示,保證是約定之債,保證合同依法不成立。2.即使最高額保證合同無效,中建八局一公司也無過錯。威海分公司在威海從未實際經營過,中建八局一公司不知道李明私刻了中建八局一公司及威海分公司的公章,得知李明補辦了機構代碼證後已採取措施責令其交回其相關手續,李明也聲明只辦理了機構代碼證,並保證沒有以中建八局一公司的名義進行違法經營活動。中建八局一公司不知道也無法發現李明以威海分公司的名義與中國銀行威海分行等其他合同相對人進行民事違法行為,無法預防,更談不上制止。李明既非中建八局一公司的員工,亦非授權委託人,更不存在李明自稱的掛靠情況。而中國銀行威海分行明知企業分支機構不能擔保,卻未到中建八局一公司核實確認真偽,對李明提供的「股東會決議」中股東名稱及組成,從工商局官網查詢即可得知真假,對明顯違背常識的「股東會決議」不加審核即採信,作為專業金融機構對貸款擔保合同的審核及簽訂嚴重失職。3.從法律依據上即使是中建八局一公司採取措施不適當也不應該承擔擔保責任。《中華人民共和國民法總則》第一百四十條明確規定,沉默只有法律規定、當事人約定或符合當事人之間的交易習慣時,才可以視為意思表示;第一百七十一條規定,行為人沒有代理權,未經被代理人追認的,對被代理人不發生效力。綜上應駁回中國銀行威海分行對中建八局一公司的訴訟請求。

中國銀行威海分行答辯稱:1.中國銀行威海分行在開展涉案業務時,已經盡到了相應的審查義務,查詢了威海分公司在工商部門的登記情況,要求威海分公司出具了股東會決議、法人代表委託授權書、營業執照及機構代碼證、核保函等相關手續和資料,符合銀行貸款審查的形式要件。2.中建八局一公司開辦的威海分公司與李明存在掛靠關係,這一事實在一審中已經查明。3.威海分公司的工商登記註冊變更情況、公章的啟用都在工商登記部

門進行了備案，且在山東《大眾日報》及《威海晚報》進行了公示，對此中建八局一公司應當知道相關情況。4.按照《中華人民共和國民法總則》第六十五條的規定，法人的實際情況與登記事項不一致的，不得對抗善意相對人。綜上，儘管李明有私刻公章的行為，但中建八局一公司已經知曉仍放任其行為的發展，而讓中國銀行威海分行對經過登記備案的公章的真實性履行實質的審查義務過於嚴格，沒有法律依據，也不利於保護交易安全，對此中建八局一公司應當承擔全部賠償責任。

中建八局一公司答辯稱：1.中國銀行威海分行並未盡到相應審查義務，營業執照、機構代碼證及公章登記顯示，2014年中國銀行威海分行與借款人初次貸款時，已不存在中國建設第八工程局第一建築公司及其分公司，且涉案合同中法人單位和威海公司蓋章的首碼不一致，中國銀行威海分行應清楚涉案合同中有關中建八局一公司及威海分公司的公章係私刻。2.中國銀行威海分行稱本案已經查明李明與分公司存在掛靠關係，無事實根據。3.法律規定分公司提供擔保必須有法人單位的授權委託書，中國銀行威海分行無法提供出授權委託書，亦未到中建八局一公司處核保。中國銀行威海分公司稱李明在補辦營業執照及公章時，推定中建八局一公司應知道相關情況，無證據證實。4.中國銀行威海分行疏於基本審查義務，並非善意第三人。綜上，中國銀行威海分行認為中建八局一公司知曉李明私刻公章的行為並且放任其行為發展，無事實根據及法律依據。

榮成市傑通水產食品有限公司、邢吉龍、李明、楊秉傑、盧筱妮未作陳述。

中國銀行威海分行向一審法院起訴請求：1.判令榮成市傑通水產食品有限公司償還中國銀行威海分行借款本金6,386,127.7元；2.判令榮成市傑通水產食品有限公司償還中國銀行威海分行截至2017年3月10日的利息、罰息94,719.69元及自2017年3月11日至實際還款日的利息、罰息（按合同約定計算）；3.判令榮成市傑通水產食品有限公司支付律師費256,825元、財產保全申請費5,000元；4.判令中國銀行威海分行對被告榮成市傑通水產食品有限公司抵押的位於榮成市寧津鎮富甲路188號的房產和土地使用權（土地使用權證號為榮國用〔2002〕字第210376號）拍賣、變賣後所得價款享有相應的優先受償權；5.判令中建八局一公司、邢吉龍、李明、楊秉傑、盧筱妮對榮成

市傑通水產食品有限公司的上述付款義務承擔連帶保證責任。

　　一審法院認定事實：2014年3月10日，中國銀行威海分行與榮成市傑通水產食品有限公司簽訂了一份最高額抵押合同，該合同約定為了擔保中國銀行威海分行與榮成市傑通水產食品有限公司之間自2014年2月8日起至2017年2月7日止簽署的借款、貿易融資、保函、資金業務及其他授信業務合同及其修訂或補充項下債務的履行，榮成市傑通水產食品有限公司自願將其名下的位於榮成市寧津鎮富甲路188號的房產及國有土地使用權（土地使用權證號為榮國用〔2002〕字第210376號）向中國銀行威海分行提供最高額抵押擔保；所擔保債權的最高本金餘額為4,699,200元，擔保範圍包括本金、利息（包括法定利息、約定利息、複利、罰息）、違約金、損害賠償金、實現債權的費用（包括但不限於訴訟費用、律師費用、公證費用、執行費用等）、因債務人違約而給中國銀行威海分行造成的損失和其他所有應付費用等。2014年3月11日，中國銀行威海分行與榮成市傑通水產食品有限公司就上述房產及國有土地使用權辦理了相應的抵押登記手續。

　　2015年12月8日，中國銀行威海分行與榮成市傑通水產食品有限公司簽訂了一份授信額度協定，該協定約定中國銀行威海分行同意向榮成市傑通水產食品有限公司提供授信額度640萬元，使用期限自本協定生效之日起至2016年12月2日止；擔保方式為由威海分公司提供最高額保證並簽訂相應的最高額保證合同、由楊秉傑及其配偶盧筱妮提供最高額保證並簽訂相應的最高額保證合同、由榮成市傑通水產食品有限公司提供最高額抵押並簽訂相應的最高額抵押合同；榮成市傑通水產食品有限公司未按本協定、單項協定的約定履行對中國銀行威海分行的支付和清償義務，中國銀行威海分行有權宣布本協定、單項協定或雙方之間的其他協定項下尚未償還的貸款、貿易融資款項及保函墊款本息和其他應付款項全部或部分立即到期，有權要求榮成市傑通水產食品有限公司賠償因違約而給中國銀行威海分行造成的損失，包括但不限於因實現債權而導致的訴訟費、律師費、公證費、執行費等相關費用損失，有權行使擔保物權，有權要求保證人承擔保證責任。

　　上述協議簽訂後，中國銀行威海分行與榮成市傑通水產食品有限公司分別於2015年12月9日簽訂了一份借款金額為140萬元、借款期限為12個月的流動資金借款合同、於2016年2月22日簽訂了一份借款金額為300萬元、借款

期限為12個月的流動資金借款合同、於2016年3月25日簽訂了一份借款金額為200萬元、借款期限為六個月的流動資金借款合同，上述合同均約定借款利率為浮動利率，按月結息，每月的20日為結息日，21日為付息日；對逾期還款的，從逾期之日起，就逾期部分，按約定的罰息利率計收罰息，直至清償本息為止；對借款人不能按期支付的利息以及罰息，按約定的罰息利率計收複利；逾期貸款的罰息利率在基礎利率水準上加收30%；除雙方另有約定外，借款人須按借款期限屆滿日歸還本合同項下全部借款；借款人未按本合同約定履行對貸款人的支付和清償義務，貸款人有權宣布本合同、借款人與貸款人之間的其他合同項下尚未償還的貸款貿易融資款項本息和其他應付款項全部或部分立即到期，有權要求借款人賠償因其違約而給貸款人造成的損失，包括但不限於因實現債權而導致的訴訟費、律師費、公證費、執行費等相關費用損失，有權行使擔保物權，有權要求保證人承擔保證責任。

2015年12月8日，中國銀行威海分行與楊秉傑、盧筱妮簽訂了一份最高額保證合同，該合同約定為擔保中國銀行威海分行與榮成市傑通水產食品有限公司之間自2015年2月9日至2016年12月2日止簽署的借款、貿易融資、保函、資金業務及其他授信業務合同及其修訂或補充項下債務的履行，楊秉傑、盧筱妮自願向中國銀行威海分行提供最高額保證擔保，所擔保債權之最高本金餘額為640萬元，擔保範圍包括本金、利息（包括法定利息、約定利息、複利、罰息）、違約金、損害賠償金、實現債權的費用（包括但不限於訴訟費用、律師費用、公證費用、執行費用等）、因債務人違約而給中國銀行威海分行造成的損失和其他所有應付費用等；保證方式為連帶責任保證；保證期間為主債權發生期間屆滿之日起兩年；主債務在本合同之外同時存在其他物的擔保或保證的，不影響債權人本合同項下的任何權利及其行使，債權人有權決定各擔保權利的行使順序，保證人應按照本合同的約定承擔擔保責任，不得以存在其他擔保及行使順序等抗辯債權人。

2015年12月8日，中國銀行威海分行與威海分公司簽訂了一份最高額保證合同，約定由威海分公司向中國銀行威海分行提供最高額保證擔保，該合同的內容與上述最高額保證合同的內容一致。該合同的尾部加蓋有威海分公司的公章，並有李明的簽字。庭審中，中國銀行威海分行向法庭提交了一份威海分公司於2015年12月4日出具的股東會決議，其上載明：經股東會研

究，同意威海分公司為榮成市傑通水產食品有限公司在中國銀行威海分行申
請的640萬元授信提供最高額連帶責任保證擔保，期限為一年；在中國銀行
威海分行辦理的每筆業務均以此決議為準，單筆業務不再決議；同時授權李
明全權辦理在你行授信業務的相關事宜，期限自2015年12月4日至2016年12
月4日；李明，職務為總經理。該股東會決議尾部股東會成員簽字處加蓋有
「中國建築第八工程局第一建築公司」的印章及張作合的私人印章、有邢吉
龍及李明的簽字，並加蓋有「中建八局第一建設有限公司威海分公司」的印
章。經質證，中建八局一公司對上述最高額保證合同及股東會決議的真實性
均不予認可，主張其上所加蓋的公章均係李明私刻的，當時中建八局一公司
的法定代表人已經變更為徐愛傑，且邢吉龍的簽字也並非其本人的簽字。庭
審中，李明認可其上述公章均係其私刻的，且其本人並非被告中建八局一公
司或其威海分公司的職工或股東，其只是當時掛靠在威海分公司的名下從事
一些勞務分包工程。

上述合同簽訂後，中國銀行威海分行依約向榮成市傑通水產食品有限
公司發放了貸款，現合同約定的借款期限已經屆滿，但榮成市傑通水產食
品有限公司並未依約償還中國銀行威海分行全部貸款本息，截止至2017年
3月10日，榮成市傑通水產食品有限公司尚欠中國銀行威海分行貸款本金
6,386,127.7元、利息及罰息94,719.69元。此後六被告均未再向中國銀行威
海分行償還任何款項。另，中國銀行威海分行為本案訴訟支出律師代理費
256,825元，該律師代理費係按照山東省律師服務收費辦法計算得出。

另查，李明於2014年9月23日以加蓋有「中國建築八局第一建設有限公
司」公章（係其私刻）的補照申請及加蓋有「中建八局第一建設有限公司」
公章（係其私刻）的授權委託書，證明向威海市工商局申請補發營業執照
正、副本，其稱「中建八局第一建設有限公司威海分公司的營業執照正、副
本及公章、財務章不慎丟失，已於2014年9月24日在《大眾日報》及《威海
晚報》聲明作廢，現申請補發營業執照正、副本」。後威海市工商局為其辦
理了補發手續，之後李明憑藉補發的營業執照正、副本到相關部門為威海分
公司辦理了新的公章，加蓋在中國銀行威海分行與威海分公司簽訂的最高額
保證合同上的公章即為該枚公章。

又查，榮成市傑通水產食品有限公司曾於2014年以授信協議的形式向中

國銀行威海分行申請貸款800萬元，該筆貸款現已經還清。該筆貸款由中國建築第八工程局第一建築公司威海分公司為其提供了最高額保證擔保。庭審中，中國銀行威海分行向法庭提交了中國建築第八工程局第一建築公司威海分公司與其於2014年2月8日簽訂的最高額保證合同一份及中國建築第八工程局第一建築公司威海分公司於2014年1月22日出具的股東會決議一份，在該最高額保證合同的尾部加蓋有「中國建築第八工程局第一建築公司威海分公司」的公章並有李明的簽字，在該股東會決議的尾部加蓋有「中國建築第八工程局第一建築公司」的公章及張作合的私人印章、邢吉龍及李明的簽字、「中國建築第八工程第一建築公司威海分公司」的公章。經質證，中建八局一公司對該最高額保證合同及股東會決議的真實性不予認可，主張該證據均係李明偽造的，中國建築第八工程局第一建築公司已在2006年更名為現名稱，法定代表人也已經由張作合變更為徐愛傑，不可能再使用之前的公章，其上邢吉龍的簽字也並非其本人所簽。庭審中，李明認可上述公章係其私刻。

再查，中建八局一公司的前身為中國建築第八工程局第一建築公司，後於2006年6月27日更名為現名稱，其法定代表人於2008年1月16日由張作合變更為徐愛傑。威海分公司（其前身為中國建築第八工程局第一建築公司威海分公司，成立於2004年）成立於2007年7月25日，其負責人為邢吉龍，該公司係中建八局一公司依法設立的分公司，後於2016年7月4日被註銷。2015年7月24日，李明向被告中建八局一公司出具聲明一份，其上載明：「我當時在2004年往威海分公司抵頂一輛車，需辦理過戶。當時你們還是經理部，我知道是我去幫忙辦理的分公司手續，後來貴公司好像在2007年註冊的。現將補辦的機構代碼證郵寄給你們，給你們工作帶來不便，敬請諒解，其他都已丟失還是交工商。由於我們沒有以貴公司名義進行違法及經營活動，如由於此給你們帶來不便，深表歉意，有什麼事情望及時溝通，工商這邊需要我協助的，通知我。」

一審法院認為，中國銀行威海分行與榮成市傑通水產食品有限公司簽訂的最高額抵押合同、綜合授信協定及流動資金借款合同，中國銀行威海分行與楊秉傑、盧筱妮簽訂的最高額保證合同，均係雙方當事人的真實意思表示，亦未違反法律、法規的相關規定，上述合同均合法有效。各方當事人均

應依約履行合同義務。本案中，中國銀行威海分行依約向榮成市傑通水產食品有限公司發放了貸款共計640萬元，榮成市傑通水產食品有限公司理應依約償還中國銀行威海分行貸款本息，現合同約定的貸款期限已經屆滿，但榮成市傑通水產食品有限公司未能依約償還中國銀行威海分行全部貸款本息，其行為已經構成了違約，現中國銀行威海分行有權要求榮成市傑通水產食品有限公司償還中國銀行威海分行全部貸款本息（包括截止至還款之日的利息、罰息）。至於榮成市傑通水產食品有限公司取得借款後將其交給何人使用，係其自行支配款項的行為，該行為與中國銀行威海分行無關，亦不影響借款合同的相對性及有效性，不能因此否認其以借款人的身分與中國銀行威海分行簽訂借款合同的事實，故對於榮成市傑通水產食品有限公司主張其只負有340萬元還款義務的抗辯主張，一審法院予以採信。又，雙方在合同中約定，榮成市傑通水產食品有限公司未按合同約定履行還款義務的，中國銀行威海分行有權要求榮成市傑通水產食品有限公司支付律師費等相關費用，且中國銀行威海分行主張的律師費並未超過相關標準，故對中國銀行威海分行要求榮成市傑通水產食品有限公司支付律師代理費的訴訟請求，一審法院依法予以支持。中國銀行威海分行與榮成市傑通水產食品有限公司已就上述房產及土地使用權辦理了相應的抵押登記，故中國銀行威海分行對上述房產依法享有優先受償權。根據最高額保證合同的約定，楊秉傑、盧筱妮自願為榮成市傑通水產食品有限公司的上述借款向中國銀行威海分行提供最高額連帶責任保證擔保，現保證期間並未屆滿，且中國銀行威海分行主張的本金餘額並未超過最高額保證合同約定的本金餘額，故中國銀行威海分行有權要求楊秉傑、盧筱妮對榮成市傑通水產食品有限公司的上述付款義務承擔連帶保證責任，其承擔保證責任後，有權向榮成市傑通水產食品有限公司追償。

關於中國銀行威海分行與威海分公司簽訂的最高額保證合同的效力問題。一審法院認為該份合同應認定為無效合同，理由為：第一，李明並非中建八局一公司及其分公司的工作人員，中建八局一公司及其分公司也並未授權被告李明與中國銀行威海分行簽訂合同，李明向中國銀行威海分行提交的授權委託書上加蓋的威海分公司的公司印章係其通過虛假的手段騙取工商部門為其補辦的，李明無權代表公司與中國銀行威海分行簽訂保證合同。第二，我國法律規定，企業法人的分支機構未經法人書面授權或者超出授權範

圍與債權人訂立保證合同的，該合同無效或者超出授權範圍的部分無效，債權人和企業法人有過錯的，應當根據其過錯各自承擔相應的民事責任；債權人無過錯的，由企業法人承擔民事責任。本案中，威海分公司對外提供擔保必須經過中建八局一公司的同意，但實際上並未經中建八局一公司的同意，李明提供的股東會決議上加蓋的「中建八局第一建設有限公司」的公章係其偽造的，故上述最高額保證合同應認定為無效合同。

關於中建八局一公司是否承擔責任的問題。一方面，中國銀行威海分行作為一家專業銀行，有自己的風險防控部門，為了防控資金風險，其應對當事人提供的資料進行嚴格審查，但如果要求銀行對公章的真實性進行核實，明顯對其過於苛刻，但本案中李明提交的相關材料中還存在多種明顯漏洞，比如中建八局一公司的更名問題；2014年和2015年兩份股東會決議中邢吉龍的簽字明顯不一致的問題；威海分公司的股東性質問題等等。對於上述明顯的瑕疵，中國銀行威海分行作為一家專業銀行，完全可以從相關途徑進行資訊核實，但中國銀行威海分行並未盡到審慎審查的義務，中國銀行威海分行對於貸款無法收回造成的損失應當承擔一定的責任。另一方面，中建八局一公司雖然辯稱上述公章均係李明私刻，與其無關，但中建八局一公司在2015年7月份就已經發現了被告李明私刻公章的問題，但中建八局一公司並未第一時間採取相關的措施來規避可能存在的風險，中建八局一公司對於中國銀行威海分行貸款無法收回造成的損失理應承擔一定的責任。綜合考慮合同的履行情況、雙方當事人的過錯情況，中建八局一公司應當對榮成市傑通水產食品有限公司不能清償部分的債務承擔不超過二分之一的賠償責任，其承擔責任後，有權向榮成市傑通水產食品有限公司追償。

李明同意對榮成市傑通水產食品有限公司的上述付款義務在抵押物拍賣或變賣不足以清償的部分承擔連帶清償責任，係其對自身權利的處分，一審法院予以確認。邢吉龍並非威海分公司的股東，且中國銀行威海分行亦未有證據證實邢吉龍存在過錯，故中國銀行威海分行無權要求邢吉龍承擔連帶清償責任。

綜上，中國銀行威海分行訴訟請求之合理部分，一審法院依法予以支持。榮成市傑通水產食品有限公司、楊秉傑、盧筱妮經一審法院合法傳喚無正當理由未到庭參加訴訟，一審法院依法缺席判決。依照《中華人民共和國

合同法》第八條、第六十條、第一百零七條、第二百零五條、第二百零六條、第二百零七條，《中華人民共和國擔保法》第二十九條，《最高人民法院關於適用〈中華人民共和國擔保法〉若干問題的解釋》第七條，《中華人民共和國民事訴訟法》第一百四十四條規定，判決：一、榮成市傑通水產食品有限公司償還中國銀行股份有限公司威海分行貸款本金6,386,127.7元，利息及罰息（計算至2017年3月10日的利息及罰息為94,719.69元，自2017年3月11日至實際履行之日的利息及罰息，按相關合同約定的方式及標準計算），並支付律師代理費256,825元；二、中國銀行股份有限威海分行對榮成市傑通水產食品有限公司名下的位於榮成市寧津鎮富甲路188號房產及其土地使用權（土地使用權證號為榮國用〔2002〕字第210376號）在最高本金餘額4,699,200元、利息及相關費用的範圍內享有優先受償權；三、楊秉傑、盧筱妮對榮成市傑通水產食品有限公司的上述付款義務在最高本金餘額640萬元、利息及相關費用的範圍承擔連帶保證責任，其承擔保證責任後，有權向榮成市傑通水產食品有限公司追償；四、李明就中國銀行股份有限公司威海分行實現上述抵押權後仍不能清償的部分承擔連帶清償責任；五、中建八局第一建設有限公司就中國銀行股份有限公司威海分行實現上述抵押權後榮成市傑通水產食品有限公司仍不能清償部分的債務承擔不超過二分之一的賠償責任，其承擔責任後，有權向榮成市傑通水產食品有限公司追償；六、駁回中國銀行股份有限公司威海分行的其他訴訟請求。上述款項於判決生效後十日內履行完畢。案件受理費58,964元，財產保全申請費5,000元，由榮成市傑通水產食品有限公司、楊秉傑、盧筱妮負擔。

　　本院二審期間，中國銀行威海分行提交了威海分公司出具的法人代表授權委託書、核保函各一份，證明威海分公司授權李明就貸款擔保的有關事宜簽署相關檔，中國銀行威海分行履行了擔保核查義務。

　　中建八局一公司質證認為，該兩份證據可以看出中國銀行威海分行沒有盡到審查義務。威海分公司提供擔保必須有法人單位的授權，而該法人代表授權委託書是威海分公司授權李明辦理擔保相關事宜，而非法人單位授權；核保應該核實法人單位，而該核保函是中國銀行威海分行發給威海分公司的，由李明簽字並加蓋了私刻的公章，不是真正的核保函。

　　本院經審查認為，該兩份證據與本案待證事實具有關聯性，能夠證實中

國銀行威海分行對涉案借款擔保進行了相關形式審查，但對威海分公司是否經法人授權未盡審慎審查義務。

本院二審查明的事實與一審一致，予以確認。

本院認為，威海分公司係經中建八局一公司依法設立的分支機構，2014年9月23日李明私刻中建八局一公司公章到工商部門辦理了威海分公司營業執照及公章補辦手續。涉案最高額保證合同上加蓋的威海分公司的公章雖係李明通過虛假手段取得，但該枚公章是李明在履行法定審批手續後由相關職能部門辦理，且在公安部門進行了登記確認，李明亦曾在其他經濟活動中使用過該枚公章，上述事實足以使中國銀行威海分行對該枚公章的真實性形成合理信賴，有理由認為為涉案借款提供保證是威海分公司的真實意思表示。中建八局一公司主張提供保證不是威海分公司的真實意思表示、保證合同依法不成立，本院不予支持。威海分公司作為分支機構，其提供保證須經法人書面授權，而中建八局一公司並未授權，該最高額保證合同仍應認定為無效。

關於爭議的中建八局一公司與中國銀行威海分行是否存在過錯、應如何承擔責任的問題，本院認為，李明利用私刻的中建八局一公司公章補辦了威海分公司的營業執照和公章，並使用該枚威海分公司公章多次進行經濟活動，中建八局一公司作為威海分公司的設立主體表示對此不知情，顯然未盡監督管理職責，尤其是在發現李明補辦了威海分公司的機構代碼證後，沒有到相關部門調查核實，致使李明繼續利用該枚威海分公司公章簽訂涉案最高額保證合同，中建八局一公司存在明顯過錯，應對中國銀行威海分行涉案貸款無法收回造成的經濟損失承擔相應的民事責任。而中國銀行威海分行作為金融機構，明知威海分公司係不具有法人資格的分支機構，在審查是否經法人授權中對所謂的股東會決議、法人代表授權委託書及核保函中存在的明顯漏洞未盡審慎審查義務，存在明顯過錯，亦應對貸款無法收回造成的損失承擔相應責任。

綜上，中國銀行威海分行、中建八局一公司的上訴請求均不能成立，一審判決認定事實清楚，適用法律正確，但判決中建八局一公司就中國銀行威海分行實現抵押權後榮成市傑通水產食品有限公司仍不能清償部分的債務承擔不超過二分之一的賠償責任，並沒有明確中建八局一公司承擔責任的具

體範圍，顯屬不當，應予糾正。本院依照《中華人民共和國民事訴訟法》第
一百七十條第一款第二項規定，判決如下：

一、維持2017魯1002民初1668號民事判決第一、二、三、四、六項。

二、撤銷2017魯1002民初1668號民事判決第五項。

三、中建八局第一建設有限公司對榮成市傑通水產食品有限公司不能清
償部分的債務承擔二分之一的賠償責任，其承擔責任後，有權向榮成市傑通
水產食品有限公司追償。

二審案件受理費117,928元，中國銀行股份有限公司威海分行負擔58,964
元，中建八局第一建設有限公司負擔58,964元。

本判決為終審判決。

審判長　蘇麗傑

審判員　王玲麗

審判員　劉志敏

二〇一八年十月九日

書記員　劉亞萍

【案例116】夫妻一方擅自以共有財產為他人設定的抵押無效

中信銀行與許少華等抵押合同糾紛案評析

案號：湖北省高級人民法院（2018）鄂民再221號

【摘要】

　　夫妻一方擅自以共有財產為他人設定的抵押無效；債權人無權主張與夫妻一方就該方對共有財產享有的部分份額成立抵押關係。

【基本案情】

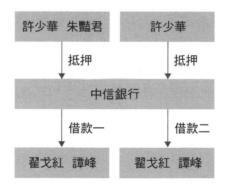

　　2013年11月13日，中信銀行股份有限公司鄂州支行（以下簡稱「中信銀行」）與翟戈紅簽訂《綜合授信合同》，約定中信銀行向翟戈紅提供600萬元授信額度。同日，中信銀行與許少華、朱豔君（許少華配偶）簽訂《最高額抵押合同》，約定以許少華、朱豔君共有的房產為中信銀行與翟戈紅的債權提供抵押擔保，擔保債權金額為600萬元，擔保期限自2013年11月13日至2014年11月13日止。隨後，中

信銀行與翟戈紅簽訂第一份《個人借款合同》，約定貸款金額為600萬元，許少華在合同「抵押人處」簽字按印，朱豔君在合同「抵押物共有人」處簽字按印。中信銀行依法就抵押房產及其國有土地使用權辦理了抵押登記，並向武漢市國土資源局提交了由許少華、朱豔君簽字的擔保協議（未簽署日期）。2013年11月18日，中信銀行向翟戈紅發放貸款600萬元，借款期限自2013年11月18日至2014年11月18日。

2014年10月22日，中信銀行與翟戈紅簽訂第二份《個人借款合同》，約定貸款金額為600萬元，借款日期自2014年11月17日至2015年11月17日止，許少華在合同「抵押人處」簽字。同年11月17日，翟戈紅向中信銀行償還第一筆貸款600萬元。同日，中信銀行向翟戈紅發放第二筆貸款600萬元。

因翟戈紅未依約還第二筆貸款，中信銀行將許少華、朱豔君訴至法院，請求確認對許少華所有的案涉抵押房產享有優先受償權。2016年10月9日，湖北省鄂州市鄂城區人民法院做出判決，判令中信銀行對許少華所有的房產在最高額600萬元內享有優先受償權。許少華、朱豔君不服上述判決，提起上訴。湖北省鄂州市中級人民法院經審理認為，第二份《個人借款合同》的發生時間2014年11月17日，已經超過抵押合同約定的擔保期間2014年11月13日，借款合同中的抵押條款因抵押財產共有人朱豔君未簽字而無效，而且抵押也未辦理登記，故中信銀行不再對許少華、朱豔君共有的房屋在600萬元內享有抵押權，改判駁回中信銀行的訴訟請求。

中信銀行認為其對翟戈紅、譚峰（翟戈紅配偶）的第二筆到期貸款600萬元未獲完全清償，遂又訴至法院，並提交了許少華、朱豔君簽字並向武漢市漢陽區住房保障和房屋管理局出具的《借款抵押擔保書》（未簽署日期），請求判令許少華、朱豔君在其共有房屋及土地使用權價值範圍內，對翟戈紅、譚峰的借款本金5,999,887.10元及

相應利息、罰息承擔連帶清償責任。

【法院判決】

　　湖北省鄂州市鄂城區人民法院經審理認為，本案的爭議焦點為許少華、朱豔君出具的《借款抵押擔保書》，是否能證明雙方抵押合同關係成立；許少華、朱豔君是否應承擔抵押擔保責任。案涉《借款抵押擔保書》未簽署日期，與許少華、朱豔君提供的為翟戈紅第一筆600萬元借款提供抵押擔保的擔保協定內容一致，亦未簽署日期。中信銀行無充分證據證實，該《借款抵押擔保書》係許少華、朱豔君為翟戈紅、譚峰的第二筆600萬元借款出具，《借款抵押擔保書》不能證明雙方抵押合同關係成立。翟戈紅向中信銀行第一筆600萬元借款時所簽署的抵押合同及借款合同，均有朱豔君本人簽名，而第二筆600萬元借款的借款合同因朱豔君未簽字而被鄂州市中級人民法院認定抵押條款無效，故中信銀行的訴請無事實和法律依據。綜上，判決駁回中信銀行的訴訟請求。

　　宣判後，中信銀行不服一審判決，提起上訴。湖北省鄂州市中級人民法院經審理認為，一審關於案涉《借款抵押擔保書》並非為第二筆借款所簽、中信銀行與許少華、朱豔君就案涉房屋不成立抵押合同關係的結論正確，應予確認。但許少華在第二筆借款合同抵押人處和抵押物清單上簽字，表明願意以其所享有的案涉房屋權益提供擔保，中信銀行與許少華成立抵押合同關係，許少華應承擔相應擔保責任。綜上，改判許少華在其對案涉房屋享有的共有份額即一半價值範圍內對翟戈紅、譚峰的第二筆借款本息承擔連帶清償責任。

　　宣判後，當事人均不服二審判決，申請再審。湖北省高級人民法院經審理認為，中信銀行在一審和二審中均提出許少華、朱豔君在案涉房屋價值範圍內，對翟戈紅、譚峰所欠借款本息承擔連帶清償責任的訴求，但許少華與中信銀行簽訂的抵押條款屬於財產擔保，與連

帶責任保證所產生的連帶清償責任在性質上、權利實現方式上均不相同，二審法院未向當事人釋明即逕行判令許少華承擔連帶清償責任，屬適用法律不當。同時，案涉房屋係許少華、朱豔君共有財產，二審法院既未查明許少華、朱豔君是否對案涉房屋分割有明確約定，亦未徵詢許少華、朱豔君對共有財產的分割意見，而是依據公平誠信原則等額將案涉房屋一半價值劃定為許少華責任範圍，屬適用法律錯誤，應予糾正。一審關於中信銀行和許少華、朱豔君為翟戈紅、譚峰第二筆600萬元借款的抵押合同關係不成立的結論正確，應予確認。因二審未判令朱豔君承擔責任，中信銀行在再審申請中亦未要求朱豔君承擔責任，根據權利處分原則，朱豔君是否應當承擔責任不予審理。綜上，許少華、朱豔君再審請求成立，故改判駁回中信銀行的訴訟請求。

【法律評析】

本案的爭議焦點為：在夫妻一方擅自以共有財產為他人設定的抵押無效時，債權人是否能以夫妻一方享有共有財產即抵押物的部分份額，而主張與抵押方的抵押關係存在，從而要求其承擔連帶清償責任；再審判決將產生何種法律效力。

一、夫妻一方擅自以共有財產為他人設定的抵押效力及其法律後果

（一）夫妻一方擅自以共有財產為他人設定的抵押無效

《最高人民法院關於適用〈中華人民共和國擔保法〉若干問題的解釋》第五十四條第二款規定：「共同共有人以其共有財產設定抵押，未經其他共有人的同意，抵押無效。但是，其他共有人知道或者應當知道而未提出異議的視為同意，抵押有效。」分析可知，夫妻一方擅自以其共有財產為他人設定抵押，未經共有人配偶同意且配偶不

知道或者不應當知道的，該抵押無效。

　　結合本案，第一，許少華、朱豔君共同簽字的案涉《借款抵押擔保書》未簽署具體日期，不能證明該《借款抵押擔保書》是許少華、朱豔君共同為翟戈紅、譚峰的第二筆600萬元借款出具；第二，翟戈紅向中信銀行第二筆600萬元借款時所簽署的借款合同中的抵押條款僅有許少華一人簽字，並未經朱豔君簽字確認。因此，朱豔君對配偶許少華以夫妻共同共有的房產，為翟戈紅、譚峰的第二筆600萬元借款提供抵押並不知情。故，許少華未經配偶朱豔君同意，擅自以夫妻共同共有房產為他人設定抵押，該抵押行為無效。

　　（二）夫妻一方擅自以共有財產為他人設定抵押無效的法律效果

　　本案中，許少華擅自以夫妻共同共有房產為他人設定的抵押無效，但是許少華在第二筆借款合同抵押人處和抵押物清單上簽字，是否產生許少華就其對夫妻共同共有房產享有的部分份額與中信銀行成立抵押關係、中信銀行從而有權要求許少華在其享有的共有份額範圍內承擔連帶清償責任的法律效果。

　　《中華人民共和國物權法》第九十五條規定：「共同共有人對共有的不動產或者動產共同享有所有權。」第九十七條規定：「處分共有的不動產或者動產以及對共有的不動產或者動產作重大修繕的，應當經占份額三分之二以上的按份共有人或者全體共同共有人同意，但共有人之間另有約定的除外。」

　　分析可知，在共有物分割前，共同共有人對共有財產享有不分份額的全部所有權；除共有人另有約定外，處分共有的不動產應當經全體共同共有人同意。以夫妻共同共有的房產為他人債務提供抵押擔保，屬於處分共有的不動產，應當經夫妻雙方共同同意。因此，在財產分割前，許少華和配偶朱豔君就案涉共有房產不分份額的享有全部所有權。許少華未經朱豔君同意，擅自以共有房產為他人設定抵押，並不產生許少華就其對共有房產享有的部分份額與中信銀行成立抵押

關係的法律效果。故，再審法院認為二審並未查明許少華和朱豔君就案涉共有房產分割的明確約定和具體意見，即認定許少華等額享有案涉共有房產的一半價值屬於適用法律錯誤，並予以糾正。

二、再審判決的法律效力

《中華人民共和國民事訴訟法》第二百零七條第一款規定：「人民法院按照審判監督程序再審的案件，發生法律效力的判決、裁定是由第一審法院做出的，按照第一審程序審理，所作的判決、裁定，當事人可以上訴；發生法律效力的判決、裁定是由第二審法院做出的，按照第二審程序審理，所作的判決、裁定，是發生法律效力的判決、裁定；上級人民法院按照審判監督程序提審的，按照第二審程序審理，所作的判決、裁定是發生法律效力的判決、裁定。」

分析可知，再審判決的法律效力分為以下情形：

生效判決、裁定做出法院	再審審理程序	再審判決、裁定法律效力
一審法院	一審程序	不生效，可以上訴
二審法院	二審程序	生效，不可以上訴
一審或二審法院	二審程序（上級法院提審）	生效，不可以上訴

結合本案，生效判決的做出法院是二審湖北省鄂州市中級人民法院。因此，再審法院湖北省高級人民法院應按照二審程序審理本案，其做出的「駁回中信銀行訴訟請求」再審判決，是發生法律效力的判決，再審申請人許少華、朱豔君和中信銀行均無權對該生效判決

提起上訴。

三、銀行風險啟示

本案對銀行的風險啟示為：

1. 在與自然人簽訂擔保合同時，銀行應要求夫妻雙方均親自到場對以其夫妻共有財產提供擔保的擔保條款和擔保物清單等進行簽字確認，嚴格按照業務流程規範要求針對每一筆借款均簽訂相應的擔保檔，確保簽約主體、業務內容和簽署日期等擔保資訊準確完善、一一對應，並依法辦理相應的擔保物交付或登記手續，以避免夫妻一方擅自以共有財產為他人設定的抵押無效，導致銀行債權難以順利收回；

2. 對於主合同有效而擔保合同無效事宜，可以依據最高人民法院關於適用《中華人民共和國擔保法》若干問題的解釋第七條「主合同有效而擔保合同無效，債權人無過錯的，擔保人與債務人對主合同債權人的經濟損失，承擔連帶賠償責任；債權人、擔保人有過錯的，擔保人承擔民事責任的部分，不應超過債務人不能清償部分的二分之一」之規定處理。

雖然本案符合債權人、擔保人均有過錯的情形，但再審法院並未支持銀行要求許少華承擔賠償責任，主要原因在於銀行在原審時並未提出該訴訟請求，再審法院對於當事人再審請求超過原審訴請的，可以不予審理。對此，銀行應通過另案訴訟的方式尋求救濟。

附：法律文書

中信銀行股份有限公司鄂州支行、許少華抵押合同糾紛再審民事判決書

湖北省高級人民法院民事判決書（2018）鄂民再221號

再審申請人（一審原告、二審上訴人）：中信銀行股份有限公司鄂州支行。

住所地：湖北省鄂州市鄂城區古城路XX號。

主要負責人：張耿，該行行長。

委託訴訟代理人：楊宏略，湖北維思德律師事務所律師。

委託訴訟代理人：汪鈺龍，湖北維思德律師事務所律師。

再審申請人（一審被告、二審被上訴人）：許少華，男，1958年10月7日出生，漢族，住湖北省武漢市漢陽區。

委託訴訟代理人：周亞平，湖北易斯創律師事務所律師。

再審申請人（一審被告、二審被上訴人）：朱豔君，女，1960年1月5日出生，漢族，住湖北省武漢市漢陽區。

委託訴訟代理人：周亞平，湖北易斯創律師事務所律師。

再審申請人中信銀行股份有限公司鄂州支行（以下簡稱中信銀行鄂州支行）因與再審申請人許少華、朱豔君抵押合同糾紛一案，不服湖北省鄂州市中級人民法院（2018）鄂07民終11號民事判決，向本院申請再審。本院於2018年7月10日做出（2018）鄂民申1665號民事裁定，提審本案。本院依法組成合議庭，開庭審理了本案。再審申請人中信銀行鄂州支行委託訴訟代理人楊宏略、汪鈺龍，再審申請人許少華及其與朱豔君的共同委託訴訟代理人周亞平到庭參加訴訟。本案現已審理終結。

中信銀行鄂州支行申請再審稱，原審判決適用法律錯誤。一、《最高人民法院關於人民法院審理離婚案件處理財產分割問題的若干具體意見》第十三條規定：「對不宜分割使用的夫妻共有的房屋，應根據雙方住房情況和照顧撫養子女方或無過錯方等原則分給一方所有。分得房屋的一方對另一方應給予相當於該房屋一半價值的補償。在雙方條件等同的情況下，應照顧女方。」夫妻間的財產分割應綜合考慮夫妻約定、收入、雙方過錯、子女權益等各方面因素，尤其對於房屋這種不易分割的財產。二審判決認為可以通過析產分割確定許少華對案涉房屋享有權益的具體份額，並基於公平和誠信原則，簡單地「予以等額處理」，判決許少華在案涉房屋一半價值範圍內對債務承擔連帶清償責任，沒有事實和法律依據且並不符合「公平和誠信原則」。二、許少華在第二筆借款合同抵押人處簽名，並在以案涉房屋為抵押物的清單上簽名，表明許少華願意以其所享有的案涉房屋的權益擔保借款的

償還，但只判決在房屋一半價值內承擔清償責任，判決與理由相互矛盾。首先，夫妻財產屬夫妻共同所有，共同所有指共有人對共有物不分份額地共同享有權利並承擔義務，在出現法定的分割事由並確定共有人所享份額前，共有人之間對於共有物享有的權利應不分份額、不分先後的及於共有物的整體。案涉房屋為許少華、朱豔君夫妻共同共有，許少華在第二次借款合同的抵押人處簽名時，房屋並未分割，其對案涉房屋的權益應及於房屋整體。二審法院已認定許少華是願意以其所享有的案涉房屋的權益擔保借款的償還，則應以案涉房屋的整體價值來擔保借款償還。其次，許少華在第二份借款合同的抵押人處簽名時，究其本意也是以房屋整體價值擔保借款償還，否則不會出現並非朱豔君本人的簽名來以夫妻二人共同名義共同提供擔保，這與常理不符。二審判決已確認中信銀行鄂州支行與許少華之間成立抵押合同關係，許少華作為抵押人仍負有為債權擔保的義務，如果不履行該義務，應承擔違約責任。因此，許少華應在案涉房屋整體價值範圍內對第二次借款承擔連帶清償責任。三、許少華對第二份借款合同中朱豔君簽名非本人所簽存在過錯，中信銀行鄂州支行已盡合理審查義務，許少華應對中信銀行鄂州支行承擔相應的損害賠償責任。第一，湖北省鄂州市中級人民法院（2017）鄂07民終6號判決根據司法鑒定已確認第二份借款合同（編號〔2014〕鄂銀個貸字第101188號《中信銀行個人借款合同》）處朱豔君的簽名並非本人親自書寫。在簽訂該借款合同時，中信銀行鄂州支行將該合同交給許少華讓其本人及朱豔君簽名，中信銀行鄂州支行對朱豔君是否簽名無法現場查明且已盡形式審查義務。許少華作為朱豔君配偶，不可能對妻子未親筆簽名之事毫不知情，但其隱瞞這一重要事實，故對抵押權不成立應承擔過錯責任。第二，由於在2013年簽訂的（2013）鄂銀信字第545號《綜合授信合同》、（2013）鄂銀個抵第0078號《最高額抵押合同》及（2013）鄂銀個貸字第101016號《中信銀行個人借款合同》三份合同中，許少華與朱豔君均簽字按印為翟戈紅、譚峰的600萬借款提供抵押擔保，在債務人同為翟戈紅、譚峰，借款金額也為600萬元的（2014）鄂銀個貸字第101188號《中信銀行個人借款合同》的抵押人處出現朱豔君的簽名並不違反常理。第三，案涉房屋的房產證上僅登記許少華一人名字，構成案涉房屋為許少華個人所有的假像。且在第一份借款合同中設立的抵押到期後，朱豔君未到房管局辦理房屋解押手續，

在第二次設立房屋抵押後也一直未提出異議，朱豔君本人對此也存在過錯。中信銀行鄂州支行對第二份借款合同上朱豔君的簽名產生合理信賴，使中信銀行鄂州支行誤以為許少華和朱豔君以案涉房屋的整體權益共同為債權償還進行擔保，這才與翟戈紅、譚峰簽訂第二筆借款合同。中信銀行鄂州支行作為一家金融機構，已盡審慎義務進行形式審查，並無過錯。現由於朱豔君的簽名非本人所簽，湖北省鄂州市中級人民法院（2017）鄂07民終6號判決認定第二份借款合同的抵押條款無效，對此許少華負有過錯責任。若中信銀行鄂州支行因此不能以案涉房屋全部價值為範圍行使抵押權，許少華應當承擔由其過失造成的中信銀行鄂州支行所受信賴利益損失，即在最終就案涉房屋實現抵押權的價值與案涉房屋的整體價值的差價範圍內，補足未能實現抵押權部分價值的金額。因此，許少華即使只在案涉房屋一半價值範圍內承擔擔保責任，剩餘房屋一半價值的差價也應由許少華以個人財產向中信銀行鄂州支行補足以賠償銀行所受損失。許少華也有能力以個人財產在案涉房屋的整體價值範圍內承擔連帶清償責任。中信銀行鄂州支行依據《中華人民共和國民事訴訟法》第二百條第（六）項的規定申請再審。中信銀行鄂州支行請求：1.撤銷湖北省鄂州市中級人民法院（2018）鄂07民終11號民事判決書第二項判決；2.判決許少華在武漢市漢陽區鸚鵡大道410號第1棟房屋全部價值範圍內對債務人翟戈紅、譚峰尚欠中信銀行鄂州支行的借款本息承擔連帶清償責任；3.本案一審和二審訴訟費用均由許少華、朱豔君承擔。

　　許少華、朱豔君辯稱，一、同意中信銀行提出的二審判決許少華在涉案房屋一般價值範圍內對借款承擔連帶清償責任屬適用法律錯誤的結論，但不認同其觀點和理由。第二筆借款合同所涉抵押條款因朱豔君未簽署，應屬無效，並經人民法院在先的生效裁判所認定。涉案房屋屬許少華、朱豔君共同共有，共有人對共有財產無具體份額之分，二審判決認定許少華享有共有財產50%的份額違反法律規定。二、第二份借款合同所涉抵押條款上出現朱豔君的虛假簽名，是中信銀行鄂州支行違規向借款人翟戈紅、譚峰發放貸款而私自偽造的，其貸款不能獲得清償的損失應由其自行承擔。中信銀行鄂州支行聲稱係將擔保文件交由許少華獨自帶回家給朱豔君簽名所發生的假簽名，不符合事實，也與其業務流程和監管要求不符，許少華及朱豔君僅是在第一次訴訟案件發生後向法院閱卷時才知悉該造假行為。許少華簽署第二份借款

合同後，合同由中信銀行鄂州支行收走，其本人未持有合同文本，存在朱豔君虛假簽名的合同文本是中信銀行鄂州支行向法院提交的，是中信銀行鄂州支行持有合同期間實施的造假行為，目的是為了說明借款人翟戈紅違規獲得貸款。中信銀行鄂州支行再審申請以許少華存在過錯要求許少華承擔損害賠償責任，與本案的訴因和訴求不符，屬另一獨立爭議糾紛，與本案無關。綜上，中信銀行鄂州支行的再審申請缺乏事實依據和法律依據，不能成立。

　　許少華、朱豔君申請再審稱：（一）本案為重複訴訟。1.本案所涉抵押擔保條款的法律效力，已經在另一金融借款合同糾紛訴訟中，經二審和再審審查均認定為無效。本案二審法院基於同一事實對同一抵押擔保條款卻認定為有效，與生效民事裁判相矛盾，應當予以糾正、撤銷。2.本案訴訟前，基於案涉抵押擔保條款，中信銀行鄂州支行已對許少華、朱豔君提起過民事訴訟，要求對該條款所涉房產行使優先受償權，二審法院未認定該條款有效，駁回了中信銀行鄂州支行該項訴請。現中信銀行鄂州支行又以發現新證據即《借款抵押擔保書》為由，再次起訴許少華、朱豔君，要求二人承擔抵押擔保責任，導致一審法院未認定本案屬重複訴訟。二審法院否定了《借款抵押擔保書》的證明效力，卻又以案涉抵押擔保條款有效為由，改判許少華承擔責任，造成前後兩案在訴訟當事人相同、訴訟標的相同的情況下，後訴的訴請實質上否定前訴裁判結果，屬於《最高人民法院關於適用〈中華人民共和國民事訴訟法〉的解釋》第二百四十七條第一款規定的重複起訴行為。二審判決支持該重複起訴行為，違反了「一事不再理」民事訴訟基本原則，依法應予撤銷。（二）原審判決適用法律錯誤。1.中信銀行鄂州支行明知案涉房產為許少華和朱豔君夫妻二人共同共有，二人應為案涉抵押擔保條款的共同抵押擔保人，共同簽約、不可分割。二審法院在只有許少華一人參與簽約的情況下，將許少華與朱豔君原本作為共同抵押人應一併參與簽署抵押合同的行為進行拆分，將許少華與朱豔君作為相互獨立、毫無關聯的兩個抵押人認定，將二人的簽約行為認定為係各自代表自己分別與中信銀行鄂州支行簽署抵押合同，分別提供抵押擔保，將原本一份抵押合同、一重擔保關係，強行撕開認定為兩份抵押合同、雙重擔保關係，是歪曲事實，法律適用錯誤。2.中信銀行鄂州支行在第一筆借款發生前就已知曉案涉房產屬許少華及朱豔君夫妻二人共同共有，原審判決對此也已確認。共同共有財產，在未分割析

產前，根據法律規定共同共有人對共有財產享有共同的權利，任何一方未經其他共有人同意均不得擅自處分共同共有的財產。《最高人民法院關於適用〈中華人民共和國擔保法〉若干問題的解釋》第五十四條明確規定：「共同共有人以其共有財產設定抵押，未經其他共有人的同意，抵押無效。」二審判決一方面認為許少華作為共同共有人之一無權處分共同共有財產，另一方面又認為許少華有權處分自己在共同共有財產中的權益且有效，對案涉房產進行共同共有認定，卻以按份共有處理，適用法律錯誤。3.二審判決認定許少華獨立與中信銀行鄂州支行成立了抵押擔保合同關係且有效，在責任範圍的判定上以案涉房產一半的價值即等額處理，既無事實依據，也無法律依據。4.即使抵押擔保合同成立且有效，案涉房產因未辦理抵押登記，中信銀行鄂州支行不能行使抵押擔保權利，只能根據《中華人民共和國合同法》有關民事責任的規定，主張繼續履行、採取補救措施、支付違約金或賠償損失等合同履行責任。該行在本案訴訟中明確要求許少華、朱豔君承擔抵押擔保責任，在未辦理抵押物登記、該行未能取得抵押擔保權利的情況下，二審法院將抵押擔保轉化為保證擔保進而判決許少華承擔連帶責任，適用法律錯誤。案涉抵押擔保條款即使有效，中信銀行鄂州支行要求許少華、朱豔君承擔抵押擔保責任的主張也屬錯誤，應予駁回。許少華、朱豔君依據《中華人民共和國民事訴訟法》第二百條第（六）、（十三）項的規定申請再審。許少華、朱豔君請求：1.依法撤銷湖北省鄂州市中級人民法院做出的（2018）鄂07民終11號民事判決書，改判維持鄂州市鄂城區人民法院（2017）鄂0704民初1864號民事判決，駁回中信銀行鄂州支行的全部訴訟請求；2.本案一審、二審及再審訴訟費用全部由中信銀行鄂州支行承擔。

中信銀行鄂州支行辯稱：1.與本案關聯的前一次訴訟中，法院沒有釋明案涉抵押條款效力問題，直接駁回我方訴請是錯誤的。本次訴訟中，我方訴請許少華在600萬貸款本息範圍內承擔損害賠償責任。2.在案涉綜合授信合同和抵押合同生效期內，我方與翟戈紅、譚峰辦理600萬範圍內續貸手續，雙方簽訂第二份借款合同時間為2014年10月22日，早於抵押擔保貸款合同到期日2014年11月13日，只是放款時間在2014年11月17日。因第二份借款合同屬於諾成合同，合同簽訂即成立生效，實際貸款發放時間不影響合同效力。許少華的簽字真實，可以表明其願意為第二筆600萬元貸款提供擔保，且許

少華、朱豔君在第二筆貸款到期未能歸還之前均未提出過解除抵押申請或其他異議。另許少華名下還有多套房產可提供抵押擔保。3.無論第二份借款合同所涉抵押條款是否有效，均不影響許少華承擔賠償的義務。根據《中華人民共和國合同法》第四十二條、第五十八條、第一百零七條之規定，許少華在案涉第二份借款合同上簽字真實，有為貸款提供抵押物擔保的真實意思表示，許少華應在願意提供的抵押物價值範圍內對翟戈紅的貸款承擔相應責任。

中信銀行鄂州支行向一審法院起訴請求：1.判令許少華、朱豔君在武漢市漢陽區鸚鵡大道410號第1棟房屋及對應土地使用權的價值範圍內，對翟戈紅、譚峰尚欠中信銀行鄂州支行5,999,887.10元借款本金及808,846.50元罰息（暫計算至2017年7月13日，後續利息、罰息按借款合同約定利率繼續計算至借款本息全部清償之日止）承擔連帶清償責任；2.判令許少華、朱豔君承擔本案訴訟費。

一審法院認定事實：2013年11月13日，中信銀行鄂州支行與案外人翟戈紅簽訂（2013）鄂銀信字第545號《綜合授信合同》，合同約定：中信銀行鄂州支行向翟戈紅提供600萬元授信額度，使用期限自2013年11月13日至2014年11月13日止；在綜合授信額度限額內，翟戈紅對中信銀行鄂州支行的債務在上述授信額度使用期限內已清償的部分，翟戈紅可在綜合授信額度使用期限內再次使用；擔保方式為抵押人許少華、朱豔君與中信銀行鄂州支行簽訂（2013）鄂銀個抵第0078號《最高額抵押合同》。同日，中信銀行鄂州支行與許少華、朱豔君簽訂（2013）鄂銀個抵第0078號《最高額抵押合同》，約定以許少華、朱豔君共有的位於湖北省武漢市漢陽區鸚鵡大道410號第1棟房產（房屋產權證號：20XX61）為中信銀行鄂州支行與翟戈紅之間的債權提供抵押擔保，抵押擔保的債權金額為600萬元，擔保期限自2013年11月13日至2014年11月13日止。隨後，中信銀行鄂州支行與翟戈紅簽訂（2013）鄂銀個貸字第101016號《中信銀行個人借款合同》，約定貸款金額為600萬元，許少華在合同「抵押人處」簽字按印，朱豔君在合同「抵押物共有人」處簽字按印。2013年11月15日，許少華與中信銀行鄂州支行在武漢市漢陽區住房保障和房屋管理局辦理了抵押他項權證，同月19日，在武漢市國土資源局辦理了國有土地使用權抵押登記，在辦理土地使用權抵押登記過

程中，向武漢市國土資源局提交了由許少華、朱豔君簽字的擔保協議，承諾土地使用者許少華自願將位於漢陽區鸚鵡大道410號的房地產，土地證號為武國用2009第532號的（分攤）土地面積357.XX平方米，為實際借款方翟戈紅在中信銀行鄂州支行抵押貸款人民幣600萬元整提供擔保。亦承諾如雙方發生糾紛，自行協商解決，與武漢市國土資源管理局無關。該協定未簽署日期。2013年11月18日，中信銀行鄂州支行向翟戈紅發放貸款600萬元，借據記載起息日為2013年11月18日，到期日為2014年11月18日。

2014年10月22日，中信銀行鄂州支行與翟戈紅簽訂（2014）鄂銀個貸字第101188號個人借款合同，約定翟戈紅向中信銀行鄂州支行借款600萬，借款日期自2014年11月17日至2015年11月17日止，許少華在合同「抵押人處」簽字。同年11月17日，翟戈紅向中信銀行鄂州支行償還第一筆貸款600萬元。同日，中信銀行鄂州支行向翟戈紅發放第二筆貸款600萬元。

2016年，因案外人翟戈紅未按合同約定向中信銀行鄂州支行償還第二筆貸款，中信銀行鄂州支行將許少華、朱豔君訴至湖北省鄂州市鄂城區人民法院，請求確認對許少華所有的坐落於武漢市漢陽區鸚鵡大道410號第1棟房產的抵押合法有效，對該抵押物享有優先受償權。2016年10月9日，湖北省鄂州市鄂城區人民法院做出（2016）鄂0704民初953號民事判決書，判決中信銀行鄂州支行對許少華所有的坐落於武漢市漢陽區鸚鵡大道410號第1棟房產（房屋產權證號：20XX61）折價、拍賣或變賣所得價款600萬元內享有優先受償權。許少華、朱豔君不服上述判決，向湖北省鄂州市中級人民法院提起上訴。湖北省鄂州市中級人民法院經審理認為，中信銀行鄂州支行與翟戈紅簽訂（2014）鄂銀個貸字第101188號個人借款合同的發生時間2014年11月17日已經超過抵押合同約定的主債務最後履行時間2014年11月13日。借款合同中的抵押條款，因抵押財產共有人朱豔君未簽字而無效，該抵押行為亦無效，而且抵押也未辦理登記，故抵押權人中信銀行鄂州支行不再對許少華、朱豔君共同所有的房屋在600萬元內享有抵押權。2017年5月30日，湖北省鄂州市中級人民法院做出終審判決，判令撤銷（2016）鄂0704民初953號民事判決書第（二）項即中信銀行鄂州支行對許少華所有的坐落於武漢市漢陽區鸚鵡大道410號第1棟房產（房屋產權證號：20XX61）折價、拍賣或變賣所得價款600萬元內享有優先受償權。

　　一審法院歸納，本案爭議焦點為：1.中信銀行鄂州支行起訴是否屬重複起訴；2.許少華、朱豔君向武漢市漢陽區住房保障和房屋管理局提交的《借款抵押擔保書》是否能證明原、被告雙方抵押合同關係成立？3.許少華、朱豔君是否應承擔抵押擔保責任。

　　1. 中信銀行鄂州支行起訴是否屬重複起訴的問題。《最高人民法院關於適用〈中華人民共和國民事訴訟法〉的解釋》第二百四十七條、第二百四十八條的規定，重複起訴的判斷標準須從當事人是否相同、訴訟標的是否相同及訴訟請求是否相同或者相反等三個方面進行判斷，如裁判發生法律效力後有新的事實發生，則不構成重複起訴。本案中，中信銀行鄂州支行第一次起訴主張在抵押權上享有優先受償權，是對物的處分權，而本次訴訟主張許少華、朱豔君對債務人下欠的借款本息在抵押物的價值範圍內承擔連帶清償責任。兩次訴訟的訴訟請求不同，不符合《最高人民法院關於適用〈中華人民共和國民事訴訟法〉的解釋》第二百四十七條規定的情形，故本案訴訟不屬重複起訴。

　　2. 許少華、朱豔君向武漢市漢陽區住房保障和房屋管理局提交的《借款抵押擔保書》是否可證明原、被告雙方抵押合同關係成立的問題。中信銀行鄂州支行庭審中提交的有許少華、朱豔君簽字的向武漢市漢陽區住房保障和房屋管理局出具的《借款抵押擔保書》未簽署日期，與許少華、朱豔君提供的其為翟戈紅第一筆600萬元借款提供抵押擔保而向武漢市國土資源局提交擔保協定的內容一致，亦未簽署日期。中信銀行鄂州支行認為該《借款抵押擔保書》係第二次借款時在貸中檢查時發現的，其無充分證據證實該《借款抵押擔保書》係許少華、朱豔君為翟戈紅、譚峰的第二筆600萬元借款出具，且該《借款抵押擔保書》是向武漢市漢陽區住房保障和房屋管理局出具，並非向中信銀行鄂州支行出具，不符合合同的法定要件，該《借款抵押擔保書》不能證明原、被告雙方抵押合同關係成立。

　　3. 許少華、朱豔君是否應承擔抵押擔保責任。承擔擔保責任的前提條件是抵押合同具備法律規定的生效要件，只要抵押合同有效，債權人就可以要求抵押人依法承擔抵押合同約定的擔保責任。本案中，中信銀行鄂州支行與許少華、朱豔君一共簽訂了三份合同，其中簽訂時間較早的二份合同即第一筆600萬元借款時所簽署的抵押合同及借款合同均有朱豔君本人簽名，而第

二筆600萬元借款的借款合同因朱豔君未簽字而被鄂州市中級人民法院認定第二份借款合同中抵押條款無效。且中信銀行鄂州支行與許少華、朱豔君並未按照辦理抵押手續的程序及慣例在第二次借款時另行簽訂《抵押合同》，明確抵押擔保責任。中信銀行鄂州支行此次訴訟再次以抵押房屋由許少華一人所有，朱豔君是知道並同意的，許少華作為抵押人的簽字手印是同意抵押擔保的真實意思表示，認為抵押有效的主張，與客觀事實不符，於法無據，不予支援。

一審法院認為，中信銀行鄂州支行與許少華、朱豔君簽訂的第二份借款合同中的抵押條款已經湖北省鄂州市中級人民法院認定無效，而其提供的《借款抵押擔保書》亦無法充分證明係許少華、朱豔君對第二次借款提供抵押擔保的真實意思表示，故中信銀行鄂州支行主張許少華、朱豔君在抵押物的價值範圍內對翟戈紅、譚峰的借款本息承擔連帶清償責任，無事實根據和法律依據，不予支持。

綜上所述，一審法院依照《中華人民共和國民法總則》第一百五十五條、《最高人民法院關於民事訴訟證據的若干規定》第二條、《最高人民法院關於適用〈中華人民共和國擔保法〉若干問題的解釋》第五十四條第二款和《中華人民共和國民事訴訟法》第一百四十二條之規定，判決：駁回中信銀行股份有限公司鄂州支行的訴訟請求。案件受理費59,462元減半收取為29,731元，財產保全費5,000元，共計34,731元，由中信銀行股份有限公司鄂州支行負擔。

中信銀行鄂州支行不服一審判決，上訴請求：依法撤銷一審判決，改判許少華、朱豔君對債務人翟戈紅、譚峰尚欠上訴人的借款本息承擔連帶清償責任。事實和理由：一審判決以鄂州市中級人民法院做出的（2017）鄂07民終6號民事判決認定抵押條款無效為由，認定許少華、朱豔君不對翟戈紅、譚峰的借款本息承擔連帶清償責任，無事實依據和法律依據。一、中信銀行鄂州支行要求許少華、朱豔君承擔連帶清償責任的事實依據有兩份證據，第一份證據為2014年10月22日中信銀行鄂州支行與翟戈紅、譚峰簽署的（2014）鄂銀個貸字第101188號個人借款合同。在該借款合同的抵押人處，許少華親筆簽字並按手印，合同中的抵押清單也十分清楚地列明抵押物為許少華所有的位於武漢市鸚鵡大道410號第1棟的房屋及對應土地使用權，

許少華在一審中當庭予以確認，該證據足以證明許少華自願以其房屋為翟戈紅、譚峰向中信銀行鄂州支行的600萬借款本息承擔擔保責任的客觀事實，且從抵押房產的房產證來看，房屋所有權人僅登記為許少華一人，其配偶朱豔君並沒有作為房產的共有人進行登記。許少華作為房屋產權證上記載的唯一權利人，對外發生的抵押行為並不違反法律禁止規定，其在抵押人處的簽字行為，應認定為自願提供擔保的意思表示，依法應承擔連帶清償責任。第二份證據為《借款抵押擔保書》。雖然《借款抵押擔保書》沒有載明時間，但是中信銀行鄂州支行的客服經理已經證實係對續貸的貸款進行貸中檢查過程中所形成，由於不能確定到房產部門辦理手續的時間，才沒有在《借款抵押擔保書》中載明時間。第一次貸款中，許少華、朱豔君已經配合中信銀行鄂州支行辦理抵押他項權證，無須再向房產部門出具《借款抵押擔保書》，因此，該份《借款抵押擔保書》並不是第一筆貸款中形成。由於在續貸過程中，許少華、朱豔君沒有配合中信銀行鄂州支行辦理抵押他項權證相關手續，在貸中檢查時發現，故而要求許少華、朱豔君完善手續，而完善抵押他項權證手續必須到房產部門辦理，故而針對的物件是房產部門。許少華一審時當庭承認該擔保書上的簽名是許少華和朱豔君本人的簽名。二、一審判決適用法律錯誤。1.即使沒有辦理抵押登記手續，但抵押條款依法成立且有效。雖然許少華和朱豔君沒有就抵押房產辦理抵押登記手續，中信銀行鄂州支行沒有對抵押房屋的優先受償權，但是並不影響合同效力，抵押條款應當是有效的，許少華、朱豔君應當在抵押房產的價值範圍內對主債務承擔連帶清償責任。2.朱豔君由於對許少華願意提供擔保是知道且認可的，即使其在借款合同中抵押人處未簽字，依法也應承擔連帶清償責任。雖然中信銀行鄂州支行在第二筆放貸中工作沒做細，出現了朱豔君在借款合同抵押人處的簽字不是其本人簽署的失誤，但是在貸中檢查中，已採取補救措施，朱豔君本人簽署了《借款抵押擔保書》，更為重要的是朱豔君對許少華願意提供擔保是知道且認可的，一是涉案房屋雖屬夫妻共同財產，但一直登記於許少華名下，且房產一直未註銷，朱豔君一直未提出異議。二是涉案房產的抵押他項權證一直由中信銀行鄂州支行持有，第一筆貸款到期後，一直持續到第二筆貸款到期後，朱豔君也未提出異議。三是依據婚姻法，對夫妻共同財產，夫妻雙方處分是平等的，通常是一人出面，其實是夫妻已經商量，即使事前未

商量也是屬於一方隨機決定，如果機械要求雙方共同實施，或出示另一方授權書，既不合人情事理，也不利於市場交易。本案中，中信銀行鄂州支行也是基於抵押人的抵押意願，才向借款人放貸，中信銀行鄂州支行取得抵押權益或依據抵押條款要求抵押人在抵押財產範圍內承擔連帶責任，也是屬於善意取得。

許少華、朱豔君辯稱，中信銀行鄂州支行曾基於同樣的案件事實提起過對許少華、朱豔君的訴訟，且經司法鑒定，第二筆600萬元的借款合同中朱豔君的簽名並非本人所簽。該案終審判決中依法認定抵押財產屬於許少華和朱豔君夫妻的共有財產，許少華在未經財產共有人朱豔君同意下將共有財產予以抵押，抵押行為無效，第二份借款合同的抵押條款無效。第二筆600萬元貸款與第一筆600萬元貸款所簽署的《綜合授信合同》及《抵押合同》毫無關聯，也不符合善意取得的法定構成要件。中信銀行鄂州支行提交的《借款抵押擔保書》，是第一筆600萬元貸款辦理抵押前，中信銀行預先擬定並要求許少華、朱豔君簽署的，該份文書與土地登記部門收存的《擔保協議》同樣未簽署日期，內容及形式一樣，足以印證為第一次貸款所使用。一審認定中信銀行鄂州支行提交的《借款抵押擔保書》不能作為認定雙方建立抵押合同關係的有效檔是符合事實的。綜上，一審判決認定事實清楚，適用法律正確，請求二審法院依法駁回上訴，維持原判。

二審審理查明：中信銀行鄂州支行提交的一份受文對象為武漢市漢陽區住房保障和房屋管理局的《借款抵押擔保書》，落款有抵押人許少華、朱豔君簽名，抵押權人中信銀行鄂州支行蓋章，借款人翟戈紅簽名，但未註明時間。許少華、朱豔君對該擔保書的真實性無異議。另查明，鄂州中院（2017）鄂07民終6號民事判決書判決翟戈紅、譚峰共同償還中信銀行鄂州支行借款本金5,999,877.1元、罰息184,330.47元（利息算至2016年3月30日，後期利息、罰息按借款合同利率計算至借款本金全部清償之日止）。一審法院認定的事實屬實，二審法院予以確認。

二審法院認為：本案係抵押合同糾紛，一審法院確定金融借款合同糾紛錯誤，予以糾正。當事人主要爭議焦點，一是《借款抵押擔保書》是否第二筆借款所簽；二是案涉房屋所有權人是許少華個人還是許少華、朱豔君夫妻二人；三是第二筆借款時當事人抵押合同關係是否成立；四是許少華、朱豔

君是否應對第二筆借款承擔連帶清償責任。

關於《借款抵押擔保書》是否第二筆借款時所簽的問題。中信銀行鄂州支行稱，該擔保書係第二筆借款貸中檢查時發現後要求許少華、朱豔君補簽以辦理抵押手續。而許少華、朱豔君稱該擔保書係第一筆借款中中信銀行鄂州支行要求填寫但房屋登記部門不需要後由該銀行保存。二審法院認為，《借款抵押擔保書》與第一筆借款時許少華、朱豔君向國土資源局出具的《擔保協議》落款日期均為空白，《借款抵押擔保書》是否為第二筆借款時所簽，中信銀行鄂州支行沒有證據予以證明。從日常生活經驗分析，在第一筆借款辦理抵押時，房屋登記部門不要求申請人提供借款抵押擔保書，中信銀行鄂州支行作為專業貸款機構應熟知這一流程，仕明知這一情況下，其仍然要求許少華、朱豔君在第二筆借款時填寫《借款抵押擔保書》以辦理抵押手續明顯與日常生活經驗不符。故對中信銀行鄂州支行稱《借款抵押擔保書》為第二筆借款時所簽的主張不予支持。

關於案涉房屋所有權人是許少華個人還是許少華、朱豔君夫妻二人的問題。《中華人民共和國物權法》第九條規定，不動產物權的設立、變更、轉讓和消滅，經依法登記，發生效力；未經登記，不發生效力，但法律另有規定的除外。該規定確立了不動產物權登記生效主義的原則，以保障交易的安全和秩序。根據該法第十六條和第十七條規定，不動產登記簿是物權歸屬和內容的根據，不動產權屬證書是權利人享有該不動產物權的證明。從該兩條規定看，不動產登記簿和不動產權屬證書是證明物權的證據，具有權利推定效力，即不動產登記簿和不動產權屬證書登記的權利人是誰，法律就推定誰是權利人，但是，不動產登記簿和不動產權屬證書不具有絕對的證明力，這是由社會生活的複雜性決定的，該簿或證書上記載的物權狀況可能與真實的權利狀況不一致。如果有充分的反證，那麼就應根據相關證據認定真實的權利狀況。本案中，案涉房屋登記人是許少華，法律就推定許少華是該房屋所有人，但是，依據《中華人民共和國婚姻法》第十七條規定，夫妻關係存續期間所得財產為夫妻共同所有。同時，在第一筆借款辦理抵押時，中信銀行鄂州支行與許少華、朱豔君共同確認了案涉房屋的共同所有的屬性。因此，案涉房屋應為許少華、朱豔君共同所有。

關於第二筆借款時當事人抵押合同關係是否成立的問題。第一，中信銀

行鄂州支行與許少華、朱豔君之間抵押合同關係是否成立的問題。《最高人民法院關於適用〈中華人民共和國擔保法〉若干問題的解釋》第五十四條第二款規定：「共同所有人以其共有財產設定抵押，未經其他共有人的同意，抵押無效。但是，其他共有人知道或者應當知道而未提出異議的視為同意，抵押有效。」本案中，案涉抵押房屋為許少華、朱豔君共同所有，第二筆借款合同抵押人雖有「朱豔君」簽字，但非朱豔君本人所簽，沒有證據證明為第二筆借款提供抵押得到了朱豔君的同意。中信銀行鄂州支行稱，抵押登記一直未註銷，抵押他項權證由中信銀行鄂州支行持有，朱豔君一直未提異議，表明朱豔君知道且認可為第二筆借款提供抵押。二審法院認為，朱豔君要求註銷抵押登記是權利，而非義務，未及時要求註銷不表明其知道且認可為第二筆借款繼續提供抵押。因此，第二筆借款時中信銀行鄂州支行與許少華、朱豔君就案涉房屋不成立抵押合同關係。第二，中信銀行鄂州支行與許少華之間抵押合同關係是否成立的問題。許少華在第二筆借款合同抵押人處簽名，並在以案涉房屋為抵押物的清單上簽名，表明願意以案涉房屋對借款提供抵押的意思。案涉房屋為許少華、朱豔君夫妻共同財產，許少華或朱豔君對該房屋的權益，析產前及於全部，析產後及於享有的份額。因朱豔君未簽名確認以案涉房屋抵押，許少華對朱豔君所享有案涉房屋權益無處分權，但是對自己所享有的權益有處分權。許少華表示抵押的意思，應是表明其願意以其所享有的案涉房屋的權益擔保借款的償還，否則有悖於誠信。依據《中華人民共和國合同法》第二十五條「承諾生效時合同成立」的規定，中信銀行鄂州支行與許少華之間成立抵押合同關係。

關於許少華、朱豔君是否應對第二筆借款承擔連帶清償責任的問題。中信銀行鄂州支行請求的連帶清償責任為合同責任。第一，關於朱豔君是否承擔責任。中信銀行鄂州支行與許少華、朱豔君就案涉房屋不成立抵押合同關係，只與許少華成立抵押合同關係，故中信銀行鄂州支行請求朱豔君承擔責任沒有事實和法律依據，不予支持。第二，關於許少華是否承擔責任。《中華人民共和國擔保法》第三十三條規定，抵押是指債務人或第三人不轉移財產占有，將該財產作為債權的擔保；債務人不履行債務時，債權人有權依法以該財產折價或者拍賣、變賣該財產的價款優先受償。該規定表明，抵押人為債權擔保是抵押應有之義。雖然抵押財產因未登記或不能登記不成立抵押

物權，但是抵押人仍負有為債權擔保的義務，如果不履行該義務，應承擔違約責任。本案中，中信銀行鄂州支行與許少華成立抵押合同關係，該合同關係未違反法律規定，受法律保護。許少華願意在案涉房屋所享有權益內擔保借款履行的意思是明確的，因此，許少華應在所享有案涉房屋權益的價值內對第二次借款承擔連帶清償責任。依據《中華人民共和國物權法》第九十九條規定，共同共有人在共有的基礎喪失或有重大理由需要分割時可以請求分割。許少華所享有案涉房屋權益可以通過析產分割方式確定具體份額，並不影響許少華對他人債務的履行。基於公平和誠信原則，應予以等額處理，故許少華應在案涉房屋一半價值範圍內對借款承擔連帶清償責任，即在武漢市漢陽區鸚鵡大道410號第1棟房屋一半價值範圍內對翟戈紅、譚峰共同償還中信銀行鄂州支行借款本金5,999,877.1元、罰息184,330.47元（利息算至2016年3月30日，後期利息、罰息按借款合同利率計算至借款本金全部清償之日止）承擔連帶清償責任。

綜上，對中信銀行鄂州支行上訴請求的合理部分予以支援，一審判決認定事實清楚，但法律適用錯誤。二審法院依照《中華人民共和國合同法》第二條、第二十五條、第四十四條、第六十條、第一百零七條，《中華人民共和國民事訴訟法》第一百七十條第一款第二項之規定，判決：一、撤銷湖北省鄂州市鄂城區人民法院（2017）鄂0704民初1864號民事判決；二、許少華在武漢市漢陽區鸚鵡大道410號第1棟房屋一半價值範圍內對翟戈紅、譚峰共同償還中信銀行鄂州支行借款本金5,999,877.1元、罰息184,330.47元（利息算至2016年3月30日，後期利息、罰息按借款合同利率計算至借款本金全部清償之日止）承擔連帶清償責任。一審案件受理費59,462元，減半收取29,731元，財產保全費5,000元，二審案件受理費59,462元，共計94,193元，由中信銀行股份有限公司鄂州支行負擔49,597元，許少華負擔44,596元。

再審審理過程中，中信銀行鄂州支行、許少華、朱豔君均未提交新證據。

本院審理認為，一、二審法院認定的事實屬實，本院予以確認。本院認為：關於本案與前案是否構成重複訴訟的問題。許少華、朱豔君稱，前案與本案訴訟當事人相同、訴訟標的相同，本案二審判決實質上否定前案裁判結果，本案屬於重複訴訟。本院認為，根據《最高人民法院關於適用〈中華人

民共和國民事訴訟法〉的解釋》第二百四十七條第一款規定：「當事人就已經提起訴訟的事項在訴訟過程中或者裁判生效後再次起訴，同時符合下列條件的，構成重複起訴：（一）後訴與前訴的當事人相同；（二）後訴與前訴的訴訟標的相同；（三）後訴與前訴的訴訟請求相同，或者後訴的訴訟請求實質上否定前訴裁判結果。」本案中信銀行鄂州支行的訴訟請求為「判令許少華、朱艷君在武漢市漢陽區鸚鵡大道410號第1棟房屋及對應土地使用權的價值範圍內，對翟戈紅、譚峰尚欠借款本金罰息承擔連帶清償責任」，屬行使債權請求權。而前案中信銀行鄂州支行的訴訟請求為「確認中信銀行鄂州支行對許少華所有的坐落於武漢市漢陽區鸚鵡大道410號第1棟房屋及對應土地使用權的抵押合法有效，對該抵押物折價或者拍賣、變賣處置所得價款享有優先受償權」，屬行使物權請求權。前案與本案的訴訟請求、訴訟標的均不相同，本案原審判決與前案裁判結果並無衝突，原審法院未認定本案屬重複訴訟並無不當。

關於原審判令許少華在案涉房屋一半價值範圍內對借款承擔連帶清償責任是否適用法律錯誤的問題。中信銀行鄂州支行在原一審、二審中均提出許少華、朱艷君在案涉房屋價值範圍內對翟戈紅、譚峰所欠借款本息承擔連帶清償責任的訴求，但本案中許少華與中信銀行鄂州支行間簽訂的抵押條款，屬於財產擔保，與連帶責任保證所產生的連帶清償責任在性質上、權利實現方式上均不相同，原審法院在未向當事人釋明以上差異的基礎上，逕行判令許少華承擔連帶清償責任屬於適用法律不當。同時，案涉房屋係許少華、朱艷君共同共有財產，原審法院既未查明許少華、朱艷君是否對案涉房屋分割有明確約定，亦未徵詢許少華、朱艷君對共有財產分割的意見，而是依據公平和誠信原則等額將案涉房屋一半價值劃定為許少華責任範圍，係屬適用法律錯誤，本院予以糾正。中信銀行鄂州支行主張許少華在案涉房屋價值範圍內對翟戈紅、譚峰所欠借款本息承擔連帶清償責任的請求缺乏事實和法律依據，本院不予支持。

關於許少華是否應承擔損害賠償責任的問題。根據《最高人民法院關於適用的解釋》第四百零五條第一款規定：「人民法院審理再審案件應當圍繞再審請求進行。當事人的再審請求超出原審訴訟請求的，不予審理；符合另案訴訟條件的，告知當事人可以另行起訴。」中信銀行鄂州支行在再審中

提出要求許少華承擔相應的損害賠償責任的請求，與原審訴訟請求範圍不一致，本院不予審理。

關於朱豔君應否承擔責任的問題。因原審未判令朱豔君承擔責任，中信銀行鄂州支行在再審申請中亦未提出要求朱豔君承擔責任的請求，根據權利處分原則，朱豔君是否應當承擔責任，本院不予審理。

綜上，許少華、朱豔君再審請求成立，本院予以支持。中信銀行鄂州支行的再審請求不成立，本院不予支持。二審法院適用法律不當，本院予以糾正。依照《最高人民法院關於民事訴訟證據的若干規定》第二條，《中華人民共和國擔保法》第十八條、第三十三條，《中華人民共和國民事訴訟法》第二百零七條、第一百七十條第一款第二項規定，判決如下：

一、撤銷湖北省鄂州市中級人民法院（2018）鄂07民終11號民事判決。

二、維持湖北省鄂州市鄂城區人民法院（2017）鄂0704民初1864號民事判決。

一審案件受理費減半收取29,731元，財產保全費5,000元，二審案件受理費59,462元，均由中信銀行股份有限公司鄂州支行負擔。

審判長　王立志

審判員　顧　贇

審判員　王　赫

二〇一八年十月十二日

書記員　楊周琦

【案例117】審查代理許可權必要性分析

建設銀行韶關分行與東方資產廣東分公司
抵押權糾紛案評析

案號：廣東省韶關市中級人民法院（2018）粵02民終486號

【摘要】

　　銀行在與借款人簽訂貸款合同為其發放貸款以及從事其他金融交易活動中，應當按照《合同法》中「表見代理」制度的相關規定，審查代理人是否具有代理許可權，盡合理審慎的職責，從而更好地保護交易中被代理人的合法權益，減少雙方損失。

【基本案情】

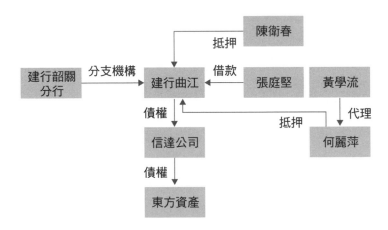

　　1996年2月11日，何麗萍與許財英丈夫黃學流（已故）簽訂《集資建樓樓房買賣合同》，何麗萍以53,000元價格向黃學流購買了坐落韶關市曲江區的房屋，黃學流承諾辦好房屋產權證等給何麗萍。

1996年9月18日，黃學流持署名委託人為何麗萍的委託書（內容為委託張庭堅辦理案涉房產抵押貸款手續）和登記權屬人為何麗萍的該房《房地產權證》，以該房和陳衛春的另一房產共同作抵押擔保，為張庭堅向中國建設銀行股份有限公司韶關市分行（以下簡稱「建行韶關分行」）下屬原中國建設銀行股份有限公司曲江縣支行（以下簡稱「曲江支行」）借款8萬元，借期為三個月，並向房管部門辦理了抵押登記手續。但事後經搖珠選定的廣東華生司法鑒定中心進行司法鑒定，送檢的1996年9月17日《委託書》及涉案的貸款抵押合同、抵押登記申請審批表上「何麗萍」簽名筆跡與委託單位提供的何麗萍樣本筆跡不是同一人所寫。

後，張庭堅並未償還到期借款，曲江支行於1997年5月向韶關市曲江縣人民法院起訴張庭堅、陳衛春、何麗萍三人，黃學流以何麗萍代理人的身分參與訴訟，案件以調解結案，雙方當事人達成了調解協定。調解書發生法律效力後，黃學流並未履行調解書中規定的義務。

2004年6月28日，曲江支行與中國信達資產管理公司廣州辦事處（以下簡稱「信達公司」）簽訂債權轉讓協定，將該借款所形成的債權轉讓給信達公司。同年11月29日，信達公司又將該債權轉讓給中國東方資產管理股份有限公司廣東省分公司（以下簡稱「東方公司」）。

2010年9月，何麗萍以從未用案涉房產抵押等理由，不服韶關市曲江縣人民法院（1997）曲法民初字第41號民事調解書，向廣東省韶關市中級人民法院申請再審被駁回。何麗萍遂於2013年5月23日訴至法院，請求確認黃學流妻子許財英沒有代理權，以何麗萍名義訂立貸款抵押合同對何麗萍不發生效力，建行韶關分行、東方公司、許財英、張庭堅應辦理註銷何麗萍的房產證抵押登記，並將房地產權證返還給何麗萍。

【法院判決】

一審法院認為，本案中，1.何麗萍在本案中主張建行韶關分行、東方公司、許財英、張庭堅辦理涉案房產的註銷抵押登記手續，並返還產權證之請求，屬於物權請求權的一種情形，不適用訴訟時效的法律規定，故建行韶關分行、東方公司、許財英、張庭堅辯稱何麗萍起訴超過訴訟時效，理由不能成立。2.經查明，何麗萍從未將其身分證、授權委託書交予張庭堅辦理房屋抵押手續，並且經司法鑒定機構鑒定，《委託書》及涉案的貸款抵押合同、抵押登記申請審批表上「何麗萍」簽名均不是何麗萍本人簽名，且鑒定程序合法，結論真實可信，故認定張庭堅辦理涉案房屋抵押貸款及抵押登記手續，未獲得何麗萍的授權，張庭堅的代理行為不構成表見代理，其辦理抵押貸款和抵押登記的行為對何麗萍不發生效力。3.由於曲江區不動產登記中心登記的抵押權人為曲江支行，故在本案中，建行韶關分行仍有義務協助何麗萍辦理上述房屋的註銷抵押登記手續。據此，法院判決建行韶關分行、東方公司應協助何麗萍辦理註銷抵押登記手續，並將上述產權證返還給何麗萍；駁回何麗萍其他訴訟請求，訴訟費、鑒定費等由建行韶關分行、東方公司、張庭堅承擔。

建行韶關分行、東方公司不服判決提出上訴。二審中，當事人均未提交新證據。二審法院認為，鑒定意見為上述材料中「何麗萍」的簽名均不是何麗萍本人簽名。何麗萍主張其並未授權張庭堅簽訂涉案貸款抵押合同，應予以採信，黃學流的行為屬於無權處分，在何麗萍未進行追認的情況下應認定涉案貸款抵押合同為無效合同。綜上，法院判決維持一審法院第一項判決（韶關分行、東方公司有義務協助何麗萍辦理涉案房屋的註銷抵押登記手續），並確認涉案貸款抵押合同無效。本判決為終審判決。

【法律評析】

本案的爭議焦點為：何麗萍的權利是否已經超過訴訟時效；黃學流和張庭堅的代理行為是否構成表見代理，以及何麗萍與曲江支行簽訂的案涉貸款抵押合同是否有效；建行韶關分行、東方公司應否協助何麗萍辦理涉案房屋的註銷抵押登記手續並負責將涉案房屋產權證返還給何麗萍。

一、註銷抵押登記並返還他項權證的物權請求權不適用訴訟時效規定

《中華人民共和國民法總則》（以下簡稱《民法總則》）在第九章規定了訴訟時效制度，其中第一百八十八條第一款規定：「向人民法院請求保護民事權利的訴訟時效期間為三年。」明確了訴訟時效適用於請求權。同時在第一百九十六條規定：「下列請求權不適用訴訟時效的規定：……（二）不動產物權和登記的動產物權的權利人請求返還財產……。」規定針對不動產或者已登記的動產，權利人請求返還該財產的行為不適用訴訟時效期間。

台灣地區《民法》第一百二十五條規定：「請求權，因15年間不行使而消滅。」關於《民法》中「請求權」是否也包括物權請求權，台灣地區「司法院」釋字第一百零七解釋則認為：「已登記不動產所有人之恢復請求權，無《民法》第一百二十五條消滅時效規定之適用。」該解釋明確了物權請求權適用訴訟時效，但有例外即依法令登記的不動產物權請求權不適用訴訟時效，關於未依法令登記不動產及動產所產生的物權請求權仍適用訴訟時效。[1]

結合本案，本案中法院的判決遵循了我國針對物權請求權是否適用訴訟時效的主流觀點，也與台灣地區的法律規定相類似。本案

---

[1]　王澤鑒（2017）：民法總則。中國：北京大學出版社，P.497。

中，何麗萍的房屋所辦理的是貸款抵押，是以抵押擔保的方式處分自己不動產的行為，並且該房屋已經向房管部門辦理了抵押權登記。何麗萍主張建行韶關分行、東方公司、許財英、張庭堅為其辦理註銷抵押權登記的手續，並返還《房地產權證》的請求，屬於主張返還不動產的表現形式之一，該請求權屬於物權請求權，根據《民法總則》第一百八十八條、第一百九十六條的規定，不適用訴訟時效。因此，一審二審法院均駁回了建行韶關分行、東方公司、許財英、張庭堅關於「已過訴訟時效」的抗辯。

二、表見代理的表現形式和行為認定

《民法總則》在第七章「代理」中規定了表見代理制度，具體規定在第一百七十二條：「行為人沒有代理權、超越代理權或者代理權終止後，仍然實施代理行為，相對人有理由相信行為人有代理權的，代理行為有效。」《中華人民共和國合同法》（以下簡稱《合同法》）第四十九條規定：「行為人沒有代理權、超越代理權或者代理權終止後以被代理人名義訂立合同，相對人有理由相信行為人有代理權的，該代理行為有效。」

所謂表見代理，本質上屬於無權代理的一種，但因本人的行為形成了足以使善意相對人相信行為人具有代理權的權利外觀，相對人因此信賴行為人有代理權而與之為法律行為，法律為保護善意相對人的交易安全而使本人負授權人之責任。由於表見代理本質屬於無權代理，所以其構成要件首先是要欠缺代理權，此外，表見代理制度的成立要具備兩個要件即本人過失和第三人善意無過失，應當考慮本人的行為與客觀權利的表像是否具有一定關聯性。在《民法總則（草案）》三次審議稿中，立法者曾經規定了偽造他人公章、合同書和授

權委託書不構成表見代理，但在後來的《民法總則》中將其刪除[2]。在台灣地區《民法》中，特創設基於權利表徵而發生的代理權，以保護相對人的信賴和交易安全。其中表見代理的類型和成立要件有二，一是「由自己之行為表示以代理權授予他人」，二是「知他人表示為其代理人而不為反對之表示」，從而體現立法者旨在保護善意無過失的第三人的立法理念[3]。

　　結合本案，張庭堅向建行韶關分行辦理貸款抵押時所持的何麗萍的《授權委託書》及涉案的貸款抵押合同，抵押登記申請審批表上「何麗萍」簽名經鑑定機關鑑定，均不是何麗萍本人簽名，且何麗萍與張庭堅素不相識，從未將其身分證、授權委託書交予張庭堅辦理房屋抵押手續。由此可以認定，該代理行為並未經過何麗萍的授權並且何麗萍無過失，所以張庭堅代理何麗萍辦理涉案房屋抵押貸款及抵押權登記的行為，對何麗萍不發生效力。同時，根據《合同法》中表見代理制度在適用時必須嚴格遵循民法的公正、誠實信用原則，建行韶關分行在為代理人辦理業務時，應當嚴格審查代理人的代理許可權，建行韶關分行並未盡到合理審慎的職責，存在過失，不屬於善意取得涉案房屋的抵押權的情形。本案中，法院的判決也與台灣地區《民法》第一百六十九條的「但書排除」相似，即第三人明知其無代理權或可得而知者，不成立表見代理。若銀行等專業機構並未盡到合理審慎的義務，其行為則出於過失，而非源於「信賴保護原則」之正當信賴，縱有表見代理之外觀存在，也無保護之必要。因此，二審法院判決確認何麗萍與曲江支行簽訂的《貸款抵押合同》無效。

2　章麗（2018）：論表見代理——兼評《民法總則》第172條。湖北工程學院學報，38(04)，P.97- P.102。

3　王澤鑒（2017）：民法總則。中國：北京大學出版社，P.451-P.452。

三、《合同法》第五十八條的適用問題

《合同法》第五十八條規定：「合同無效或者被撤銷後，因該合同取得的財產，應當予以返還；不能返還或者沒有必要返還的，應當折價補償。有過錯的一方應當賠償對方因此所受到的損失，雙方都有過錯的，應當各自承擔相應的責任。」其規定了無效合同的一般法律後果有兩個：一是返還財產，二是賠償損失。返還財產作為無效合同的一個最基本的後果，適用的是恢復原狀原則，旨在將財產恢復到雙方當事人訂立合同前的狀況[4]。返還財產行為並非是當事人違反合同義務後而產生的法律責任，也並非對當事人主觀狀態進行否定性評價，只是當事人為返還財產所應當承擔的義務。

結合本案，由於張庭堅的無權處分行為以及建行韶關分行的過失導致何麗萍辦理了貸款抵押權登記手續，建行韶關分行、東方公司應當承擔相應的法律責任。此外，在曲江區不動產登記中心登記的抵押權人仍為建行曲江支行，所以，建行韶關分行有義務協助何麗萍辦理涉案房屋的註銷抵押權登記手續。因此，二審法院維持了一審法院認為建行韶關分行、東方公司應於判決生效之日起七日內協助何麗萍辦理涉案房屋的註銷抵押權登記手續的決定。

四、銀行風險啟示

首先，在本案中，銀行主要存在的問題是對於代理人辦理相關金融業務時，應當嚴格審查代理人的代理許可權。對於銀行等專業機構，其審查代理人代理許可權的專業性雖然與專業鑒定機構存在差距，但是銀行應當在能力範圍內盡到合理審慎的職責，嚴格遵循民法中的誠實信用原則和公正原則，充分地保護在交易中處於弱勢的被代

4　崔瑩（2006）：無效合同的法律後果——淺談對《合同法》第58、59條的理解。山東審判（山東法官培訓學院學報），06，P.92- P.94。

理人的合法權益。同時，嚴格的審查也會給銀行機構帶來益處，能夠最大限度的減少損失和風險。

其次，銀行依照《合同法》第五十八條，針對違反的合同義務導致的合同無效或被撤銷，應當及時承擔相應的法律責任如返還財產、賠償損失等。返還財產包括返還原物及產生的相應孳息，使所有人儘快恢復對財產的占有，賠償損失包括訂立合同時所產生的費用、履行時所產生的費用以及相應的財產損失。

附：法律文書

中國建設銀行股份有限公司韶關市分行、中國東方資產管理股份有限公司廣東省分公司抵押權糾紛二審民事判決書

廣東省韶關市中級人民法院民事判決書（2018）粵02民終486號

上訴人（原審被告）：中國建設銀行股份有限公司韶關市分行。
　住所地：廣東省韶關市武江區光孝路6號。
負責人：石中心，行長。
委託訴訟代理人：邱東華，男，該行職員。
委託訴訟代理人：林天富，男，該行職員。
上訴人（原審被告）：中國東方資產管理股份有限公司廣東省分公司。
　住所地：廣東省廣州市天河區慶億街1號16、17樓。
負責人：吳穎樺。

上訴人中國建設銀行股份有限公司韶關市分行（以下簡稱建行韶關分行）、中國東方資產管理股份有限公司廣東省分公司（以下簡稱東方資產廣東分公司）與被上訴人何麗萍、許財英、張庭堅抵押權糾紛一案，不服韶關市曲江區人民法院（2016）粵0205民初476號民事判決，向本院提起上訴。本院於2018年2月22日立案受理後，依法組成合議庭審理本案。上訴人建行韶關分行的委託訴訟代理人邱東華，上訴人東方資產廣東分公司的委託訴訟代理人張君鳳，被上訴人何麗萍的委託訴訟代理人鐘蘭丹，被上訴人張庭堅到庭參加訴訟。被上訴人許財英經本院合法傳喚，未到庭參加訴訟。本案現

已審理終結。

建行韶關分行上訴請求：1.撤銷一審判決第一項關於要求建行韶關分行履行協助義務的內容；2.本案一、二審的受理費和鑒定費由東方資產廣東分公司、何麗萍、許財英、張庭堅負擔。

事實及理由：一、建行韶關分行不是本案適格被告。2004年6月28日，建行韶關分行將對張庭堅的貸款債權（截止2003年12月31日，本金52,849.84元，利息25,706.22元）轉讓給中國信達資產管理公司廣州辦事處（以下簡稱信達資產公司），抵押擔保等權利證書也作了交付。2004年11月29日，信達資產公司將該債權又轉讓給東方資產公司，根據相關法律規定，東方資產公司最後依法取得了上述債權，同樣也依法取得和享有對何麗萍所有的位於曲江區馬壩XX房的房屋抵押權。根據最高人民法院《關於金融資產管理公司收購、處置銀行不良資產有關問題的補充通知》〔法釋（2001）12號〕第九條：「金融資產管理公司轉讓、處置已經涉及訴訟、執行或者破產等程序的不良債權時，人民法院應當根據債權轉讓協定和轉讓人或者受讓人的申請，裁定變更訴訟或者執行主體」的規定，何麗萍不能對建行韶關分行提起本案訴訟。

二、建行韶關分行無義務協助何麗萍辦理涉案房屋的註銷抵押登記手續。首先，建行韶關分行不是本案適格被告，也就無義務協助何麗萍辦理涉案房屋的註銷抵押登記手續。其次，建行韶關分行認為，建行曲江支行與何麗萍簽訂的《貸款抵押合同》有效，建行曲江支行依法享有對何麗萍所有的涉案房屋的抵押權。如法院認定上述《貸款抵押合同》依法不成立，對何麗萍沒有法律約束力，無效合同自始沒有法律效力，何麗萍持生效的法律文書，自行到登記部門辦理註銷手續即可，也無需建行韶關分行的協助。

三、一審法院認定事實不清，責任承擔處理不當，應依法予以糾正。1996年9月18日，何麗萍和陳衛春分別出具了委託書，用自己的房產為張庭堅作擔保，與建行曲江支行簽訂了《貸款抵押合同》，並向房管部門辦理了抵押登記手續。1997年6月2日，何麗萍出具了授權委託書，授權黃學流以何麗萍代理人的身分參與（1997）曲法民初字第41號案的民事訴訟，案件以調解結案。（1997）曲法民初字第41號民事調解書已發生法律效力，何麗萍1996年9月18日出具的委託書和1997年6月2日出具的授權委託書的效力，都

得到了曲江縣人民法院的認可。建行韶關分行認為黃學流在簽訂《貸款抵押合同》和辦理涉案房屋的抵押登記手續時，持有並向建行曲江支行和登記部門出示了何麗萍的身分證原件和涉案房屋產權證原件，雖然何麗萍否認該說法，但並不能提供有效的證據材料予以證明，在該事實沒有查實的情況下，一審法院就主觀臆斷地認定黃學流出示的是何麗萍的身分證影本，進而認定建行曲江支行並未盡到合理審慎職責，存在過失行為，屬於認定事實不清。同時，從現有證據材料來看，假使本案涉案房屋的抵押權無效，那麼何麗萍、張庭堅、黃學流、建行曲江支行及曲江登記部門，都存在或多或少的過錯或違規行為，對本案的案件受理費和鑒定費，均應各自承擔一定的責任。但一審法院卻判決建行韶關分行承擔約65%的主要責任，顯然屬於責任承擔處理不當，依法應予以糾正。

　　綜上所述，請求二審法院依法查明事實，支持建行韶關分行的上訴請求。

　　東方資產廣東分公司上訴請求：1.撤銷一審判決，並改判駁回何麗萍的全部訴訟請求；2.本案一審訴訟費、鑒定費及二審訴訟費由何麗萍負擔。

　　事實與理由：一、一審法院已查明是張庭堅持署名為何麗萍的授權委託書和何麗萍名下涉案房屋的房產證辦理抵押貸款及抵押登記手續，但又簡單地以辦理涉案房屋的抵押貸款與抵押登記手續的人為黃學流為由否定了建行韶關分行及東方資產廣東分公司的主張，內容自相矛盾。二、一審法院僅以建行曲江支行確認審核了黃學流提交的自己的居民身分證及何麗萍的居民身分證、房地產權證及授權委託書等材料，就認定建行曲江支行承認辦理抵押貸款及抵押登記手續的人為黃學流而非張庭堅，屬事實認定錯誤。建行曲江支行確認認真審核了黃學流提交的黃學流自己的居民身分證只能說明黃學流參與了抵押貸款及抵押登記手續的辦理，但不能證明辦理抵押貸款及抵押登記手續的人僅為黃學流。三、一審法院在沒有任何證據支撐的情況下，即認定黃學流、張庭堅辦理抵押貸款手續時出示的何麗萍的身分證為影本而非原件，屬事實認定錯誤。建行曲江支行在一審中多次確認，黃學流、張庭堅辦理抵押貸款手續時出示了何麗萍的身分證原件。同時，結合涉案房屋辦理了抵押登記手續的事實，房管部門在無產權人身分證原件的情況下不可能為涉案房屋辦理抵押登記手續。據此可以認定，黃學流、張庭堅在辦理抵押貸款

手續時應當出示了何麗萍的身分證原件。四、綜合本案證據可以確認，應是黃學流、張庭堅共同參與了涉案房屋抵押貸款及抵押登記手續的辦理，建行曲江支行在黃學流、張庭堅二人持有何麗萍署名的委託書、何麗萍的身分證及何麗萍名下涉案房屋的房產證原件等材料的情況下為張庭堅辦理抵押貸款手續善意且無過失，一審法院認定張庭堅的代理行為不構成表見代理屬法律適用錯誤。首先，黃學流、張庭堅出具了何麗萍「簽署」的《委託書》，建行曲江支行作為普通民事主體，不具備鑒別該《委託書》上何麗萍的簽名是否是其本人簽名的專業能力；其次，張庭堅在辦理抵押手續時，出具了何麗萍名下涉案房屋的產權證原件及身分證原件，這足以讓建行曲江支行相信張庭堅獲得了何麗萍的充分授權；然後，張庭堅在貸款時還提供了另一個抵押人陳衛春出具的《委託書》，該《委託書》為陳衛春的真實意思表示，陳衛春在（1997）曲法民初字第41號民事調解書中也同意替張庭堅還款，在另一個抵押人出具的《委託書》真實有效的情況下，建行曲江支行沒有理由懷疑何麗萍出具的《委託書》為偽造的；再次，房管部門依法核發了涉案房屋的他項權證，這說明房管部門在為涉案房屋辦理抵押登記手續時必定是核對了涉案房屋的產權證原件、何麗萍的身分證原件及代理人的授權資料的；最後，曲江縣人民法院在（1997）曲法民初字第41號民事調解書也確認何麗萍用其房產為張庭堅的貸款提供抵押擔保的真實性。五、建行曲江支行與何麗萍的代理人張庭堅簽訂的貸款抵押合同對何麗萍發生法律效力，東方資產廣東分公司合法取得涉案抵押權及其擔保的主債權，在東方資產廣東分公司享有的主債權獲完全清償之前，一審判決判令東方資產廣東分公司塗銷涉案房屋的抵押登記沒有事實和法律依據，侵犯了東方資產廣東分公司合法權益。綜上所述，請求二審法院撤銷一審判決，並改判駁回何麗萍的全部訴訟請求。

　　何麗萍對建行韶關分行、東方資產廣東分公司的上訴辯稱：一、關於張庭堅的代理行為依法不構成表見代理。何麗萍與張庭堅除在本案一審（重審）開庭時見過一面，在此之前素未謀面、素不相識，何麗萍也從來未將自己的身分證原件交予黃學流，何麗萍僅將自己的身分證影本交予黃學流用於辦理涉案房屋產權證登記，更不可能將身分證原件給張庭堅和出具授權委託書給張庭堅辦理房屋貸款抵押手續。建行韶關分行只口頭陳述張庭堅在

辦理抵押時，出具了何麗萍身分證原件，但不能提出其他相關證據證明，其主張是不可採信的。建行韶關分行認為何麗萍在本案中存在過錯是不當的。廣東華生司法鑒定中心做出的鑒定意見足以證實1996年9月17日《委託書》及涉案的貸款抵押合同、抵押登記申請審批表上「何麗萍」的簽名均不是何麗萍本人的簽名。在何麗萍對張庭堅以何麗萍名義訂立抵押貸款合同和辦理房屋抵押登記的行為都不予追認的情況下，建行韶關分行還認為建行曲江支行與何麗萍簽訂的《貸款抵押合同》是有效的明顯與事實不符。抵押合同依法不成立，對何麗萍沒有法律約束力。除此之外，建行韶關分行在何麗萍提起涉及本案標的訴訟時自認黃學流為何麗萍辦理好房地產權證，但何麗萍沒有按約定付清房款，導致在1996年9月18日，黃學流用何麗萍的居民身分證，以何麗萍名義簽訂授權委託書，用房產證作擔保並授權張庭堅向曲江支行借款。從上述陳述可知，張庭堅與黃學流有惡意串通，損害何麗萍的合法權益的嫌疑，故建行曲江支行並非善意取得涉案房屋的抵押權，張庭堅的行為亦不能構成表見代理。二、關於建行韶關分行、東方資產廣東分公司以（1997）曲法民初字第41號一案擬證明黃學流以何麗萍名義出具授權委託書有效的問題，是故意混淆是非。何麗萍因不服已生效的曲江縣人民法院於1997年6月16日做出的（1997）曲法民初字第41號民事調解書，曾向韶關市中級人民法院申請再審。期間，由建行韶關分行提交相關證據，何麗萍才知道黃學流於1996年9月18日在未經得自己同意的情況下，擅自將何麗萍的房地產權證給張庭堅以何麗萍名義與建行曲江支行簽訂抵押貸款合同，並於1996年9月19日在曲江縣房地產管理所辦理抵押登記，張庭堅因逾期未還款，建行曲江支行向曲江縣人民法院提起訴何麗萍等貸款糾紛一案的事實真相。從建行韶關分行提交的《曲江縣人民法院送達回證》這份證據看，於1997年5月29日11時曲江縣人民法院所送達訴訟材料，如起訴書副本、應訴通知書、委託書、答辯狀等，以及開庭傳票，民事裁定書，在收件人簽名蓋章一欄均為黃學流代收，而且是在黃學流沒有取得何麗萍代理權的情況下送達給黃學流，顯然在程序上是不合法的。黃學流向曲江縣人民法院提交的授權委託書落款時間是在代何麗萍收到該案上述訴訟材料之後的1997年6月2日出具的，落款處委託人何麗萍簽名不是何麗萍本人簽名，是由他人假冒何麗萍所簽的。顯然，該案法院沒有依法送達訴訟材料給何麗萍應訴。韶關市

中級人民法院已發生法律效力的（2012）韶中法民申字第9號民事裁定書認定，「雖然何麗萍沒有在調解協定上簽名，但根據（1997）曲法民初第41號民事調解書，建行曲江支行主張何麗萍承擔的還款義務已經全部由黃學流承擔，按調解協議何麗萍是不用履行任何義務的」。因此，何麗萍已無須再證實黃學流代為簽收訴訟材料以及假冒自己簽名出具授權委託書參與訴訟活動等事實，所以收到（2012）韶中法民申字第9號民事裁定書後，何麗萍才提起本案訴訟主張權利的。綜上所述，請求二審法院判決予以維持一審判決並駁回建行韶關分行、東方資產廣東分公司的上訴。

許財英、張庭堅未向本院提交答辯意見。

何麗萍向一審法院起訴請求：1.確認許財英沒有代理權，以何麗萍名義訂立貸款抵押合同對何麗萍不發生效力，責任由許財英承擔。建行韶關分行、東方資產廣東分公司、許財英、張庭堅應辦理註銷何麗萍0029807房產證抵押登記，返還粵房地證字第XX號房地產權證給何麗萍；2.本案訴訟費由建行韶關分行、東方資產廣東分公司、許財英、張庭堅負擔。

一審法院查明：1996年2月11日，何麗萍與許財英丈夫黃學流（已故）簽訂《集資建樓樓房買賣合同》，何麗萍以53,000元價格向黃學流購買了坐落韶關市曲江區（XX）馬壩XX房（以下稱XX房），黃學流承諾辦好房屋產權證等給何麗萍。1996年9月18日，張庭堅持署名委託人為何麗萍的委託書和登記權屬人為何麗萍的該501房《房地產權證》（證號：粵房地證字第XX號），以該501房和陳衛春的另一房產共同作抵押擔保向建行韶關分行下屬原中國建設銀行曲江縣支行借款8萬元，並向房管部門辦理了抵押登記手續。借款期限自1996年9月18日至1996年12月18日為三個月。借款逾期未還，該曲江縣支行於1997年5月向韶關市曲江縣人民法院起訴張庭堅、陳衛春、何麗萍三人，黃學流以何麗萍代理人的身分參與訴訟，案件以調解結案，雙方當事人達成如下協定：「張庭堅、陳衛春、何麗萍拖欠中國建設銀行曲江縣支行貸款8萬元及利息（每月9.24‰計，逾期部分每日按萬分之四計），陳衛春負責償還4萬元及其相應利息，定於1997年6月30日前將利息全部付清，同年7月30日前還1萬元，同年8月30日前還1萬元，同年9月30日前還1萬元，同年10月30日前還清餘下的1萬元；何麗萍的委託代理人黃學流負責償還4萬元及其相應的利息，定於1997年6月20日前還1萬元及全部利

息，同年7月30日前還清餘下的3萬元及利息。」韶關市曲江縣人民法院據此於1997年6月16日做出的（1997）曲法民初字第41號民事調解書。調解書發生法律效力後，黃學流沒有履行調解書規定的義務。2004年6月28日，原中國建設銀行曲江縣支行與中國信達資產管理公司廣州辦事處簽訂債權轉讓協定，將本案訴涉及借款（截止2003年12月31日，本金52,849.84元，利息25,706.22元）轉讓給中國信達資產管理公司廣州辦事處，抵押擔保等權利證書也作了交付。2004年11月29日，中國信達資產管理公司廣州辦事處將該債權又轉讓給東方公司廣州辦事處。2010年4月，何麗萍向韶關市曲江區人民法院起訴建行韶關分行，要求返還抵押擔保的《房地產權證》，同年9月20日撤訴。隨後，何麗萍以從未用房產抵押借款等理出，不服韶關市曲江縣人民法院1997年6月16日做出的（1997）曲法民初字第41號民事調解書，向廣東省韶關市中級人民法院申請再審。廣東省韶關市中級人民法院經審查，於2012年8月22日做出（2012）韶中法民申字第9號民事裁定書，認為：「建行曲江支行、張庭堅、陳衛春及何麗萍的委託代理人黃學流達成的調解協定是各方當事人協商一致，自願達成，其內容沒有違反法律規定。原審法院據此做出（1997）曲法民初字第41號民事調解書予以確認，符合法律規定。雖然何麗萍沒有在調解協定上簽名，但根據（1997）曲法民初字第41號民事調解書，建行曲江支行主張何麗萍承擔的還款義務已經全部由黃學流承擔，按調解協議何麗萍是不用履行任何義務的。在此情況下，何麗萍向本院提出再審申請，沒有法律依據和實際意義。」依法駁回了何麗萍的再審申請。何麗萍遂於2013年5月23日提起本案訴訟。建行韶關分行以曲江支行為其附屬非獨立核算分支機構，該支行的民事權利和義務由其分行享有和承擔為由應訴，何麗萍同意將中國建設銀行曲江支行變更為建行韶關分行。重審訴訟中，東方公司廣州辦事處於2016年11月9日經工商部門核准變更為中國東方資產管理股份有限公司廣東省分公司（簡稱東方資產廣東分公司），故本案被告東方公司廣州辦事處依法變更為東方資產廣東分公司。

　　一審法院另查明，重審訴訟中，何麗萍申請對1996年9月17日《委託書》及涉案的貸款抵押合同、抵押登記申請審批表上「何麗萍」簽名進行筆跡鑒定，經搖珠選定廣東華生司法鑒定中心進行司法鑒定，何麗萍預交司法鑒定費10,800元。該鑒定中心於2017年9月8日做出穗司鑒17010510600305號

《鑒定意見書》，鑒定意見為：送檢的1996年9月17日《委託書》及涉案的貸款抵押合同、抵押登記申請審批表上「何麗萍」簽名筆跡與委託單位提供的何麗萍樣本筆跡不是同一人所寫。何麗萍、許財英、建行韶關分行對該鑒定意見書不持異議，東方資產廣東分公司對該鑒定意見書持有異議，認為不具備證據的客觀性，與案件事實相矛盾，不應作為認定事實的依據，同時，建行韶關分行與東方資產廣東分公司認為張庭堅的代理行為構成表見代理的要件。

一審法院又查明，涉案的韶關市曲江區馬壩鎮XXX房的房地產權證原件（粵房地證字第XX號）存放於韶關市曲江區不動產登記中心。

一審法院認為：本案為抵押權糾紛。雙方爭議的焦點為：一、何麗萍的起訴是否已經超過訴訟時效；二、張庭堅的代理行為是否構成表見代理；三、何麗萍的訴訟請求應否支持。

關於本案訴訟時效的問題。何麗萍在本案中主張建行韶關分行、東方資產廣東分公司、許財英、張庭堅辦理涉案房產的註銷抵押登記手續，並返還產權證之請求，屬於物權請求權的一種情形，不適用訴訟時效的法律規定，故建行韶關分行、東方資產廣東分公司、許財英、張庭堅辯稱何麗萍起訴超過訴訟時效，理由不能成立，該院不予採納。

關於張庭堅的代理行為是否構成表見代理的問題。根據審理查明的事實，何麗萍與張庭堅素不相識，何麗萍從未將其身分證、授權委託書交予張庭堅辦理房屋抵押手續。重審訴訟中，依當事人申請，經該院委託廣東華生司法鑒定中心司法鑒定，鑒定意見為：1996年9月17日《委託書》及涉案的貸款抵押合同、抵押登記申請審批表上「何麗萍」簽名均不是何麗萍本人簽名，該鑒定程序合法，鑒定結論真實可信，東方資產廣東分公司認為該鑒定意見書不具備證據的客觀性，但未提供證據予以反駁，依照《最高人民法院關於民事訴訟證據的若干規定》第七十一條：「人民法院委託鑒定部門做出的鑒定結論，當事人沒有足以反駁的相反證據和理由的，可以認定其證明力」的規定，該院對該鑒定意見書的證據效力予以採信。據此，張庭堅辦理涉案房屋抵押貸款及抵押登記手續，未獲得何麗萍的授權。事後至今，何麗萍對張庭堅代為辦理房屋抵押的行為亦沒有進行追認，且一直通過合法途徑進行維權，依照《中華人民共和國合同法》第四十八條第一款：「行為人沒

有代理權、超越代理權或者代理權終止後經被代理人名義訂立的合同，未經被代理人追認，對被代理人不發生效力，由行為人承擔責任」的規定，張庭堅代理何麗萍辦理涉案房屋抵押貸款及抵押登記的行為，對何麗萍不發生效力，故抵押合同依法不成立，對何麗萍沒有法律約束力。

　　建行韶關分行辯稱該行的抵押權屬於善意取得，有理由相信黃學流有代理權，該抵押權依然合法有效。《中華人民共和國合同法》規定了「表見代理」制度，但在適用時必須嚴格遵循民法的公正、誠實信用原則，以更好地保護在交易中處於弱勢的被代理人的合法權益。表見代理人構成要件還要求相對人須是善意且無過失的，建行曲江支行作為金融部門，在發放貸款時理應嚴格審查行為人是否具有代理許可權。從涉案的1996年9月17日《委託書》來看，該委託書內容為委託張庭堅辦理涉案房屋抵押貸款手續，代理人應為張庭堅，而非黃學流，但建行曲江支行卻僅憑黃學流持有何麗萍的身分證影本及涉案房屋產權證，就相信黃學流有代理權，從而辦理了涉案房屋的抵押貸款與抵押登記手續，該院認為建行曲江支行並未盡到合理審慎職責，存在過失行為，不屬於善意取得涉案房屋的抵押權情形。據此，建行韶關分行該辯解，理由不能成立，該院不予採納。

　　東方資產廣東分公司辯稱依照《中華人民共和國合同法》第四十九條：「行為人沒有代理權、超越代理權或者代理權終止後以被代理人訂立合同，相對人有理由相信行為人有代理權的，該代理行為有效」的規定，張庭堅的行為構成表見代理，但從建行韶關分行確認的事實表明，涉案《委託書》註明的代理人為張庭堅，而建行曲江支行卻與黃學流辦理了涉案房屋的抵押貸款與抵押登記手續，代理人與行為人均非同一人，張庭堅與黃學流有惡意串通，損害何麗萍合法權益的嫌疑，故建行曲江支行並非善意取得涉案房屋的抵押權，張庭堅的行為亦不能構成表見代理情形，東方資產廣東分公司之辯解，理由不成立，不予採納。

　　關於何麗萍的訴訟請求應否支持的問題。因張庭堅無權代理何麗萍辦理涉案房屋抵押登記的行為，亦不構成表見代理，因此該行為對何麗萍不發生法律效力，張庭堅以何麗萍名義與建行曲江支行簽訂的抵押合同依法不成立，對何麗萍沒有法律約束力。據此，建行曲江支行將涉案房屋的抵押權轉讓給信達公司，以及信達公司又將涉案房屋的抵押權轉讓給東方資產廣東分

公司的行為同樣是無效的。根據《中華人民共和國合同法》第五十八條：
「合同無效或者被撤銷後，因該合同取得的財產，應當予以返還……」的規
定，何麗萍主張建行韶關分行、東方資產廣東分公司、許財英、張庭堅辦理
註銷涉案房產抵押登記手續及返還涉案房屋產權證的請求，因涉案債權已經
轉讓給東方資產廣東分公司，涉案房產的他項權證已移交給東方資產廣東分
公司，故應由東方資產廣東分公司協助辦理涉案房產註銷抵押登記手續後負
責返還房產證給何麗萍。同時，根據何麗萍提供的房地產權查檔答覆書，顯
示在曲江區不動產登記中心（原曲江區房地產交易所）登記的抵押權人為建
行曲江支行，故在本案中，建行韶關分行仍有義務協助何麗萍辦理上述房屋
的註銷抵押登記手續。

　　據此，一審法院依照《中華人民共和國合同法》第四十八條、《中華人
民共和國物權法》第二條、第三十九條，《中華人民共和國民事訴訟法》第
一百四十二條，《最高人民法院關於民事訴訟證據的若干規定》第七十一條
的規定，於2017年11月10日做出（2016）粵0205民初476號民事判決：一、
中國建設銀行股份有限公司韶關市分行、中國東方資產管理股份有限公司廣
東省分公司應於判決生效之日起七日內協助何麗萍辦理韶關市曲江區馬壩鎮
XXX房（產權證號：粵房地證字第XX號）的註銷抵押登記手續，並負責將
上述產權證返還給何麗萍。二、駁回何麗萍的其他訴訟請求。本案受理費
500元、鑒定費10,800元，共11,300元，由張庭堅負擔2,000元，中國建設銀
行股份有限公司韶關市分行負擔7,300元，中國東方資產管理股份有限公司廣
東省分公司負擔2,000元。

　　二審中，當事人沒有提交新證據。

　　本案當事人對於是張庭堅還是黃學流持有何麗萍的委託書和登記權屬人
為何麗萍的產權證辦理的貸款抵押擔保存有爭議。東方資產廣東分公司認為
雖然建行韶關分行在其答辯意見及其代理人的補充代理意見中提到建行曲江
支行確認認真審核了黃學流提交的黃學流自己的居民身分證及何麗萍的居民
身分證、房地產權證及授權委託書等材料，但只能說明黃學流參與了抵押貸
款及抵押登記手續的辦理，不能證明辦理抵押貸款及抵押登記手續的人僅為
黃學流。在二審調查詢問中，建行韶關分行主張是黃學流及張庭堅一起辦理
的抵押貸款手續，張庭堅則稱其並未參與涉案貸款抵押合同的審查與簽訂過

程。對於當事人上述爭議的事實，本院認定如下：本案中，是張庭堅以其名義向建行曲江支行借款，並以何麗萍的涉案房產和陳衛春的另一房產共同作抵押擔保。黃學流並非是涉案借款合同及貸款抵押合同的當事人。按照日常經驗法則，如在張庭堅持有何麗萍授權委託的情況下參與簽訂抵押貸款合同及辦理貸款抵押登記手續，建行曲江支行根本無須核實黃學流的身分證件。而現建行曲江支行確認認真審核了黃學流提交的材料及其身分證件，一審法院認為實際是黃學流持相關材料辦理涉案抵押貸款與抵押登記手續，本院予以認同。一審法院查明認定中對於「1996年9月18日，張庭堅持署名委託人為何麗萍的委託書和登記權屬人為何麗萍的該501房《房地產權證》（證號：粵房地證字第XX號），以該501房和陳衛春的另一房產共同作抵押擔保向建行韶關分行下屬原中國建設銀行曲江縣支行借款8萬元，並向房管部門辦理了抵押登記手續」事實的陳述存在瑕疵，本院修正為：「1996年9月18日，黃學流持署名委託人為何麗萍的委託書和登記權屬人為何麗萍的該501房《房地產權證》（證號：粵房地證字第XX號），以該501房和陳衛春的另一房產為張庭堅向建行韶關分行下屬原中國建設銀行曲江縣支行借款8萬元作共同抵押擔保，並向房管部門辦理了抵押登記手續。」對於一審法院查明認定的其餘事實，本院予以確認。

　　本院認為，本案為抵押權糾紛，根據《中華人民共和國民事訴訟法》第一百六十八條：「第二審人民法院應當對上訴請求的有關事實和適用法律進行審查」和《最高人民法院關於適用〈中華人民共和國民事訴訟法〉的解釋》第三百二十三條第一款：「第二審人民法院應當圍繞當事人的上訴請求進行審理」的規定，針對本案雙方當事人在二審中的上訴和答辯，本案爭議焦點是：一、何麗萍與廣東省曲江縣支行簽訂的涉案貸款抵押合同是否有效；二、建行韶關分行、東方資產廣東分公司應否協助何麗萍辦理涉案房屋的註銷抵押登記手續並負責將涉案房屋產權證返還給何麗萍。

　　關於何麗萍與廣東省曲江縣支行簽訂的涉案貸款抵押合同是否有效的問題。本案中，何麗萍主張其並未授權張庭堅簽訂涉案貸款抵押合同，請求法院確認涉案貸款抵押合同對其不發生效力。一審法院依何麗萍的申請，委託廣東華生司法鑑定中心對1996年9月17日《委託書》及涉案貸款抵押合同、抵押登記申請審批表上「何麗萍」的簽名字跡進行鑑定，鑑定意見為上述材

料中「何麗萍」的簽名均不是何麗萍本人簽名。何麗萍主張其並未授權張庭堅簽訂涉案貸款抵押合同，應予以採信。由於何麗萍並未授權張庭堅簽訂涉案貸款抵押合同，黃學流持有署名委託人為何麗萍，內容為委託張庭堅辦理涉案房屋抵押貸款手續的委託書辦理的涉案房屋抵押貸款手續，屬於無權處分。在何麗萍本人未對涉案貸款抵押合同的效力進行追認的情況下，黃學流代何麗萍與廣東省曲江縣支行簽訂的涉案貸款抵押合同為無效合同。雖然一審法院在一審判決論述部分支援了何麗萍的本項主張，但並未做出判項進行確認，本院對此予以糾正。

　　二、建行韶關分行、東方資產廣東分公司應否協助何麗萍辦理涉案房屋的註銷抵押登記手續並負責將涉案房屋產權證返還給何麗萍。建行韶關分行、東方資產廣東分公司認為張庭堅的代理行為構成表見代理，但根據本案查明的事實，實際上是黃學流持有署名委託人為何麗萍，內容為委託張庭堅辦理涉案房屋抵押貸款手續的委託書辦理的涉案房屋抵押貸款手續。即使建行曲江支行不具有分辨委託書真偽的能力，但在辦理涉案房屋抵押貸款手續時也並未嚴格審查黃學流是否具有代理許可權，未盡到合理審慎職責，存在過失行為。顯然，黃學流的代理行為不構成表見代理，建行韶關分行、東方資產廣東分公司也不能以此主張善意取得涉案房屋的抵押權。由於黃學流代何麗萍與廣東省曲江縣支行簽訂的《貸款抵押合同》為無效合同。根據《中華人民共和國合同法》第五十八條：「合同無效或者被撤銷後，因該合同取得的財產，應當予以返還；不能返還或者沒有必要返還的，應當折價補償。有過錯的一方應當賠償對方因此所受到的損失，雙方都有過錯的，應當各自承擔相應的責任」的規定，何麗萍訴請建行韶關分行、東方資產廣東分公司應協助其辦理涉案房屋的註銷抵押登記手續並負責將涉案房屋產權證返還給其的主張，與法有據，一審法院予以支持並無不當。至於建行韶關分行認為其已將涉案房屋的抵押權轉讓，最後依法取得涉案房屋抵押權的是東方資產廣東分公司，建行韶關分行並無義務協助何麗萍辦理涉案房屋的註銷抵押登記手續的主張，因何麗萍與原廣東省曲江縣支行簽訂的《貸款抵押合同》為無效合同，轉讓涉案房屋抵押權的行為也是無效的，且在曲江區不動產登記中心登記的抵押權人仍為建行曲江支行，一審法院認為建行韶關分行仍有義務協助何麗萍辦理涉案房屋的註銷抵押登記手續並無不當，本院予以維持。

　　綜上所述，建行韶關分行、東方資產廣東分公司上訴請求不能成立，本院不予支持。一審法院認定事實清楚，適用法律正確，但遺漏確認當事人訴請不當，本院予以糾正。依照《中華人民共和國民事訴訟法》第一百七十條第一款第一項之規定，判決如下：

　　一、維持韶關市曲江區人民法院（2016）粵0205民初476號民事判決第一項。

　　二、撤銷韶關市曲江區人民法院（2016）粵0205民初476號民事判決第二項。

　　三、確認何麗萍於1996年9月18日與中國建設銀行廣東省曲江縣支行簽訂的《中國建設銀行貸款抵押合同》無效。

　　一審案件受理費500元、鑒定費10,800元，共11,300元，由張庭堅負擔2,000元，中國建設銀行股份有限公司韶關市分行負擔7,300元，中國東方資產管理股份有限公司廣東省分公司負擔2,000元。張庭堅應向一審法院交納2,000元，中國建設銀行股份有限公司韶關市分行應向一審法院交納7,300元，中國東方資產管理股份有限公司廣東省分公司應向一審法院交納2,000元。何麗萍已預交的11,300元，由一審法院負責清退。

　　二審案件受理費1,000元，由中國建設銀行股份有限公司韶關市分行負擔500元，中國東方資產管理股份有限公司廣東省分公司負擔500元。

　　本判決為終審判決。

審判長　陳俊東

審判員　李　罡

審判員　黃穎紅

二〇一八年五月十七日

書記員　陳　燦

第三篇

跨境擔保

【案例118】跨境擔保業務涉及的法律風險

大新銀行與香港金潤公司等融資租賃合同糾紛案評析

案號：四川省重慶市第一中級人民法院（2016）渝01民初1038號

【摘要】

涉外合同未約定排除管轄的，被告住所地或合同履行地人民法院享有管轄權；在約定適用境外法律時，銀行可以委託境外執業律師就當地法律出具法律意見書，作為支持其訴請的法律依據；未向外匯管理局辦理登記或備案手續的跨境擔保合同有效；為切實保障銀行債權、減少訴累，境外銀行應與境內擔保人明確約定，跨境擔保合同應向外管局辦理登記手續。

【基本案情】

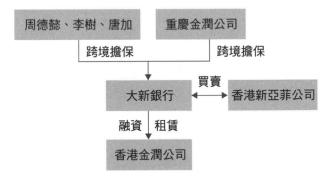

2012年11月26日，重慶金潤印務有限公司（以下簡稱「重慶金潤公司」）、周德懿、李樹和唐加向大新銀行有限公司（以下簡稱「大新銀行」，住所地香港特別行政區，以下簡稱「香港」）出具《擔保及彌償書》，約定其共同為香港金潤印務有限公司（以下簡稱

「香港金潤公司」，住所地香港）在與大新銀行《租賃合同》項下的融資租賃行為承擔連帶擔保責任，本擔保書受香港法律管轄並按其解釋。重慶金潤公司、周德懿、李樹和唐加提供的前述擔保，未到國家外匯管理部門辦理相關登記或備案手續。

2012年11月30日，大新銀行與香港金潤公司簽訂《租賃合同》，約定大新銀行根據香港金潤公司指示，向香港新亞菲印刷機械有限公司（以下簡稱「香港新亞菲公司」）購買一套小森膠印機（以下簡稱「案涉設備」），並以售後返租形式出租給香港金潤公司，實際使用人為重慶金潤公司，租賃物置於重慶金潤公司處；租金分48期每月支付，如不能按期支付，則按每月3%支付逾期利息；本合同須由香港法律管治和解釋，香港金潤公司及大新銀行甘受香港法院司法管轄權管限，但大新銀行可在任何其他有司法管轄權之法院執行本合同。同日，重慶金潤公司與香港金潤公司共同簽署《確認書》，雙方確認香港金潤公司為承租人、重慶金潤公司為使用人，大新銀行為租賃物的唯一法定和收益所有人；若香港金潤公司違約，大新銀行有權重新占有租賃物；因執行或解釋本確認書而發生的爭議應適用香港法律。

上述協議生效後，大新銀行依約交付了案涉設備，但香港金潤公司從第43期開始即拒付租金。大新銀行遂訴至法院，請求判令確認大新銀行對案涉設備的所有權；香港金潤公司、重慶金潤公司向大新銀行返還案涉設備；香港金潤公司向大新銀行支付尚欠租金港幣889,552元及逾期利息（按年利率36%計算逾期利息）；重慶金潤公司、周德懿、李樹和唐加對香港金潤公司的前述債務承擔連帶清償責任。

【法院判決】

重慶市第一中級人民法院經審理認為，本案係涉港合同糾紛，

案涉《租賃合同》、《確認書》和《擔保及彌償書》，均未排除香港之外其他有管轄權的法院對本案爭議行使管轄權。被告重慶金潤公司、周德懿、李樹和唐加的住所地和案涉設備使用地即合同履行地均在本院轄區，故依照《中華人民共和國民事訴訟法》（以下簡稱《民事訴訟法》），本院對本案具有管轄權。案涉《租賃合同》、《確認書》、《擔保及彌償書》均已明確約定適用香港法律，且該約定不違反相關法律的強制性規定及社會公共利益，故本案應適用香港法律。根據大新銀行提交的香港執業律師王偉民出具的《法律意見書》載明，根據香港法律，案涉《租賃合同》、《確認書》和《擔保及彌償書》均為合法有效，香港金潤公司應依約向大新銀行支付全部未付租金及逾期利息，並將案涉設備返還給大新銀行；重慶金潤公司作為實際使用人，應依約向大新銀行返還案涉設備；重慶金潤公司、周德懿、李樹和唐加，應依約對香港金潤公司的案涉債務承擔連帶擔保責任；根據香港放債人條例第三條規定，有關禁止高利息的規定不適用於銀行，故大新銀行將有關逾期利率約定為每月3%合法有效。

案涉《擔保及彌償書》雖根據香港法律係合法有效，但由於重慶金潤公司、周德懿、李樹和唐加所擔保的債權人及債務人均為香港註冊企業，故本案屬於跨境擔保，除合同效力審查外，還應審查其是否違反我國外匯管制的強制性規定。根據《跨境擔保外匯管理規定》，國家外匯管理局對跨境擔保合同的登記或備案，不是效力性規定而是管理性規定，上述擔保人未辦理登記或備案手續不影響擔保合同效力，故案涉《擔保及彌償書》合法有效。

綜上，王偉民律師具備就香港法律出具法律意見書的律師資格，對其上述意見均予採納，故判決確認大新銀行為案涉設備的所有權人；香港金潤公司、重慶金潤公司將案涉設備返還大新銀行；香港金潤公司向大新銀行支付租金港幣889,552元及按年利率36%計算逾期利息；重慶金潤公司、周德懿、李樹、唐加對香港金潤公司的前述

債務承擔連帶清償責任。現一審判決已生效。

【法律評析】

本案的爭議焦點為涉外合同糾紛未約定排除管轄的，內地相關法院是否享有管轄權；逾期月利息3%，是否符合合同約定的香港法律規定；未向國家外匯管理局辦理登記或備案手續，是否影響跨境擔保合同的效力。

一、涉外合同糾紛未約定排除管轄，被告住所地或者合同履行地享有管轄權

《最高人民法院關於適用〈中華人民共和國民事訴訟法〉的解釋》（以下簡稱《民訴法司法解釋》）第五百三十一條第一款規定：「涉外合同或者其他財產權益糾紛的當事人，可以書面協議選擇被告住所地、合同履行地、合同簽訂地、原告住所地、標的物所在地、侵權行為地等與爭議有實際聯繫地點的外國法院管轄。」分析可知，涉外合同糾紛的當事人可以書面協議選擇與爭議有實際聯繫地點的外國法院管轄。但是，如果該管轄約定並未排除外國法院之外的其他有管轄權法院對爭議行使管轄權的，可以根據《民事訴訟法》確定內地相關法院的管轄權。《民事訴訟法》第二十三條規定：「因合同糾紛提起的訴訟，由被告住所地或者合同履行地人民法院管轄。」綜上分析可知，涉外合同糾紛未約定排除管轄的，被告住所地或者合同履行地人民法院享有管轄權。

結合本案，本案係涉港合同糾紛，案涉相關合同均未排除香港法院之外其他有管轄權法院的管轄權，且《租賃合同》約定大新銀行可選擇其他任何有司法管轄權的法院管轄。因此，被告重慶金潤公司、周德懿、李樹和唐加的住所地和案涉設備使用地即合同履行地的法院，均有管轄權。上述被告住所地和合同履行地均在一審法院轄區

內，故一審法院對本案享有管轄權。

二、逾期月利率3%的約定符合香港法律規定

大新銀行提供的香港執業律師王偉民出具的《法律意見書》載明，根據香港放債人條例第三條規定，有關禁止高利息的規定不適用於銀行，故大新銀行將有關逾期利率約定為每月3%符合香港法律。王偉民律師具備就香港法律出具法律意見書的律師資格，故一審法院採納了其上述意見，支持了大新銀行要求香港金潤公司按逾期月利率3%向其支付逾期利息的訴訟請求。

在廣東省深圳前海合作區人民法院做出的（2015）深前法涉外初字第132號案例中，雖然相關合同約定適用香港法律管轄與解釋，但是由於原告南洋商業銀行未能提供香港地區相關法律或者香港執業律師出具的法律意見書，法院最終認定不能查明香港法律、相關合同應適用內地法律。顯然，這不利於切實保障銀行的合法債權。

三、未辦理登記或備案手續的跨境擔保合同有效

《中華人民共和國外匯管理條例》第二十九條第一款規定：「提供對外擔保，應當向外匯管理機關提出申請，由外匯管理機關根據申請人的資產負債等情況做出批准或者不批准的決定……。申請人簽訂對外擔保合同後，應當到外匯管理機關辦理對外擔保登記。」《跨境擔保外匯管理規定》第二十九條規定：「外匯局對跨境擔保合同的核准、登記或備案情況以及本規定明確的其他管理事項與管理要求，不構成跨境擔保合同的生效要件。」分析可知，擔保人提供跨境擔保時，應向國家外匯管理局辦理登記或備案手續。該登記或備案等手續不屬於效力性規定，而是管理性規定。因此，除存在法定的合同無效情形外，擔保人未辦理登記或備案手續的，跨境擔保合同仍然有效。

結合本案，境內主體重慶金潤公司、周德懿、李樹和唐加，為

香港金潤公司向香港大新銀行的融資租賃行為提供擔保，屬於跨境擔保融資模式，應向國家外匯管理局辦理跨境擔保合同的登記或備案手續。但是，在不存在法定的合同無效情形下，上述跨境擔保合同即使未辦理登記或備案手續仍然有效，擔保人重慶金潤公司、周德懿、李樹和唐加，應依約為香港金潤公司的債務向大新銀行承擔擔保責任。

四、銀行風險啟示

綜上所述，對銀行的風險啟示為：

1. 在涉外合同中，銀行可根據具體需要，與相關主體明確約定排除某法院之外的其他有管轄權法院對爭議行使管轄權，以降低自身訴訟成本、提高訴訟效率；

2. 在相關合同明確約定適用港澳台地區或外國法律管轄和解釋的，銀行可以委託國內外相關機構查明並提供當地法律，或者委託當地執業律師就當地法律出具法律意見書，為相關訴訟請求提供充分的法律依據；

3. 作為擔保權人的境外銀行，應與境內擔保人明確約定跨境擔保合同應向國家外匯管理局辦理登記或備案手續，以切實降低銀行債權風險。

4. 從司法實踐來看，法院對境內非銀行擔保人未辦理內保外貸的擔保合同之有效性予以認定，其可作為銀行遇到類似案例時尋求司法救濟時的重要依據。但同時需要關注：2000年《最高人民法院關於適用〈中華人民共和國擔保法〉若干問題的解釋》第六條規定：未經國家有關主管部門批准或者登記對外擔保的，對外擔保合同無效。該司法解釋列明的對外擔保合同無效情形，吸收了1996年《境內機構對外擔保管理辦法》及《境內機構對外擔保管理辦法實施細則》關於對外擔保合同無效的規定。雖然1996年《境內機構對外擔保管理辦法》及《境內機構對外擔保管理辦法實施細則》，已經被2014

年《跨境擔保外匯管理規定》，即29號文廢止。但《擔保法司法解釋》至今仍未被修改，且其效力層級高於外管局跨境擔保29號文。因此，謹慎起見，在《擔保法司法解釋》未修改第六條之前，仍應辦理「內保外貸」登記為妥。

附：法律文書

大新銀行有限公司與香港金潤印務有限公司、重慶金潤印務有限公司等融資租賃合同糾紛一審民事判決書

四川省重慶市第一中級人民法院民事判決書（2016）渝01民初1038號

原告：大新銀行有限公司。

　　住所地：香港特別行政區灣仔告士打道108號大新金融中心36樓，登記證號碼00058841-000-11-15-9。

法定代表人：王伯淩，董事總經理兼行政總裁。

委託訴訟代理人：張硯坤，廣東盛唐律師事務所律師。

委託訴訟代理人：李昭怡，廣東盛唐律師事務所實習律師。

被告：香港金潤印務有限公司。

　　住所地：香港特別行政區中環德輔道中141號中保集團大廈8層802室，登記證號碼60601187-000-11-12-4。

法定代表人：信息不詳。

被告：重慶金潤印務有限公司。

　　住所地：重慶市江北區大石壩八村167號，統一社會信用代碼915001055616144247。

法定代表人：周德懿，公司執行董事。

被告：周德懿，男，漢族，1974年10月23日出生，住重慶市大足區。

被告：李樹，男，漢族，1948年11月4日出生，住重慶市江北區。

被告：唐加，男，漢族，1989年11月3日出生，住重慶市大足區。

原告大新銀行有限公司（以下簡稱大新銀行）與被告香港金潤印務有限

公司（以下簡稱香港金潤公司）、重慶金潤印務有限公司（以下簡稱重慶金潤公司）、周德懿、李樹、唐加融資租賃合同糾紛一案，本院於2016年10月24日立案受理。因香港金潤公司、周德懿、李樹下落不明，其他送達方式均無法送達，本院依法進行了公告送達。2017年12月18日，本院依法組成合議庭，參照適用涉外訴訟程序，公開開庭進行了審理。原告大新銀行的委託訴訟代理人張硯坤到庭參加訴訟。被告香港金潤公司、重慶金潤公司、周德懿、唐加、李樹經本院依法傳喚，無正當理由未到庭。本院依法缺席審理。本案現已審理終結。

　　原告大新銀行向本院提出訴訟請求：1.解除原告與被告香港金潤公司簽訂的編號為LS39970129的《租賃合同》；2.確認原告對租賃合同所涉相關設備的所有權，判令被告香港金潤公司、重慶金潤公司向原告返還前述設備；3.被告香港金潤公司向原告支付尚欠的租金港幣889,552元及逾期利息港幣94,261.92元，共計港幣983,813.92元，折合人民幣846,079.97元（港幣與人民幣匯率按1：0.86計算，利息暫計至2016年10月24日，從2016年10月25日起以港幣889,552元為基數，按年利率36%計算至付清全部款項為止）；4.被告重慶金潤公司、周德懿、唐加、李樹對被告香港金潤公司的前述債務承擔連帶清償責任；5.本案訴訟費由五被告共同負擔。事實和理由：2012年11月30日，香港金潤公司向原告發出《租賃建議表格》，提出進行融資租賃交易的要約；大新銀行根據香港金潤公司的要求向香港金潤公司指定的設備供應商「香港新亞菲印刷機械有限公司」購買了機器設備，並向設備供應商支付了購機款項，取得了設備供應商開具的《發票》。至此，大新銀行已依法取得機器設備的所有權。同日，香港金潤公司與大新銀行簽訂了《租賃合同》（編號為LS39970129），大新銀行同意將前述設備出租給香港金潤公司並置於重慶金潤公司處（重慶市江北區大石壩八村167號），雙方約定香港金潤公司應向大新銀行支付租金共計港幣7,149,216元，租賃期限為48個月，每個月為一期，每期租金港幣148,942元，如不按期支付租金，則按月息3%支付逾期利息。香港金潤公司未能全數支付任何租金的，大新銀行有權即時終止合同。當日，香港金潤公司與大新銀行簽訂了《附加條款》，雙方就設備的選擇購買權做出約定，即香港金潤公司未違反合同條款的情況下，倘若欲取得該等設備的所有權，應在償還所有租金及利息和費用的情況下，再支付認

購款港幣700元。同時，香港金潤公司簽署了《交付及接受確認書》，確認已收到前述租賃設備，並確認設備一切正常，符合其要求設備之用途。香港金潤公司還與重慶金潤公司共同簽署了《確認書》，香港金潤公司同意重慶金潤公司占有和控制設備，大新銀行為設備唯一之法定和實益所有人，重慶金潤公司僅對設備擁有占有權和控制權。另外，重慶金潤公司與周德懿、唐加、李樹共同為香港金潤公司的融資租賃行為向大新銀行出具了《擔保和彌償書》，承諾為香港金潤公司的前述融資租賃行為承擔連帶擔保責任。協議生效後，大新銀行切實履行了融資租賃合同項下的全部義務，香港金潤銀行亦支付了租賃協議項下42期租金。但自第43期開始，香港金潤公司即拒絕支付租金，香港金潤公司與重慶金潤公司無意交還設備，重慶金潤公司、周德懿、唐加、李樹亦拒絕履行連帶擔保責任。各方已構成根本違約，嚴重侵害了大新銀行的合法權益。

本案審理過程中，原告明確，第三項訴訟請求變更為「被告香港金潤公司向原告支付尚欠的租金港幣889,552元及逾期利息（其中，截止2016年9月12日，逾期利息為港幣78,151.7元；自2016年9月13日起，以港幣673,919.7元為基數，按照合同約定的逾期年利率36%計算逾期利息至付清之日止，利隨本清）」。原告進一步表示，前述欠付租金港幣889,552元係按照被告欠付租金總額港幣893,652元（共6期租金）扣除被告於2016年7月18日支付的部分還款數額港幣4,100元計算而來；前述逾期利息計算基數即港幣673,919.7元，係按照被告欠付租金港幣595,768元（只包含逾期未支付的4期租金）加上逾期利息港幣78,151.7元計算而來。

被告香港金潤公司、重慶金潤公司、周德懿、李樹、唐加均未提交書面答辯意見，也未提交證據材料。

本院經審理查明如下案件基本事實：

一、涉案合同簽訂情況。

2012年11月30日，被告香港金潤公司向原告大新銀行發出《租賃建議表格》，提出進行融資租賃交易的邀約。原告大新銀行按照被告香港金潤公司的指示從香港新亞菲印刷機械有限公司處購買了一套小森膠印機（型號為小森麗色龍GL-440），並取得設備供應商開具的發票。

同日，原告大新銀行（合同中為出租人）與被告香港金潤公司（合同中

為承租人）簽訂了編號為LS39970129的《租賃合同》，該合同載明：1.出租人向香港新亞菲印刷機械有限公司購買一套小森膠印機（型號為小森麗色龍GL-440），並以售後返租的融資租賃形式出租給承租人，實際使用人為被告重慶金潤公司，租賃物置於重慶市江北區大石壩八村167號；2.該租賃物購置成本為港幣610萬元，採用「以固定租金計算之租賃」方式，總租金為港幣7,149,216元，每月租金為港幣148,942.00元，租賃期限為48個月，前期租金港幣148,942.00元於租賃合同生效日支付，其後每月（共計47期）租金必須於每月30日前支付；3.如不能按期支付租金，逾期利率按每月3%計算；4.《租賃合同條款》第4.01條約定，設備現為及將繼續為出租人之唯一及獨有之財產。承租人將只以受寄人身分按本合同持有設備，承租人不可做出或准許任何事情發生使承租人可據之被稱為設備之擁有人，出租人為此而做出之任何默示同意茲均予明確排除；5.《租賃合同條款》5.01條約定，承租人須按照附表以每月租金形式於租賃期限內準時支付予出租人租賃設備之總租金；6.《租賃合同條款》第5.05條約定，在不影響出租人之權利、權力下，承租人須在出租人不時要求下，對任何到期日應付未付之租金或按本合同應付之其他款項（包括按本合同在要求下應即時支付之款項）支付利息，該利息按未有付款之日數（包括判決前及後）每日以過期利率，利息以附表之過期利率或其他不時所定之利率計算及每月複利計算；7.《租賃合同條款》第8.01（a）條約定：如果承租人未能全數支付任何租金或本合同下應繳付之其他款項，或未能遵守本合同下之其他條文，出租人有權即時終止租賃本合同下之設備。8.《租賃合同條款》第8.02條約定：在由於承租人的上述行為而導致本合同終止時，承租人須支付出租人：（a）根據第5.05條租賃期限到期至終止之日止任何未繳付之租金數額，連同該款項所累算之利息，（b）本合同下承租人欠付出租人之任何其他款項所累算之利息，（c）出租人為取回、儲存或投保設備及或替設備進行良好及耐用狀況之維修時所付出的費用。9.《租賃合同條款》第9.01條約定，在租賃期限屆滿時或按照本合同任何其他條文下提早終止租賃設備，承租人須即時自費送付設備予出租人指定之地址，或者出租人有所規定，承租人須隨時持有設備讓出租人可在沒有通知下將取回設備。10.《租賃合同條款》第二十三條約定，本合同須由香港特別行政區法律所管治，並在各方面據其解釋，出租人及承租人甘受香港特

別行政區法院之司法管轄權所管限，但出租人可在任何其他有司法管轄權之法院執行本合同。11.《租賃合同條款》第二十五條約定，本合同可以中英書寫，若任何條文之意思有任何不符之外或爭議，須以英文文本為準。

同日，原告與被告香港金潤公司簽署《附加條款》，雙方約定，在被告香港金潤公司未違反《租賃合同》中任何條款的情況下，倘若欲購買該合同內設備，可以通知原告大新銀行，同時償還該合同中餘下租金及相關之利息和費用，並支付認購權費用港幣700元。

同日，被告重慶金潤公司作為實際使用人與被告香港金潤公司共同簽署《確認書》，雙方確認被告香港金潤公司為承租人，被告重慶金潤公司為使用人；確認原告大新銀行為租賃物的唯一之法定和收益所有人；被告重慶金潤公司作為實際使用人僅對設備擁有占有權和控制權；若被告香港金潤公司違約，原告大新銀行有權重新占有租賃物和遷移設備，被告香港金潤公司、重慶金潤公司就原告大新銀行提前終止合同和取回設備而造成的一切損失、費用及開支（包括直接和預期的），共同及個別地承擔連帶賠償責任；因執行或解釋本確認書而發生的爭議，應適用香港特別行政區法律。

另，2012年11月26日，被告重慶金潤公司、周德懿、李樹、唐加共同為被告香港金潤公司的融資租賃行為向原告大新銀行出具了《擔保及彌償書》，承諾為被告香港金潤公司在編號為LS39970129的《租賃合同》項下的租賃行為承擔連帶擔保責任。同時，該《擔保及彌償書》載明，「作為一項分別及獨立之承諾，擔保人現以主要有義務者而非保證人身分，無條件及不可撤回地同意在要求下保障及賠償銀行就有關或由客戶不能償還擔保債務所引致或遭受的一切合理開支、支出、虧損及損失」，且本擔保是持續擔保，保證期間直至承租人欠出租人或對出租人所產生的所有債務已全面繳付或解除為止；「本擔保書受香港特別行政區法律管轄並按其解釋」。庭審中，原告表示，被告重慶金潤公司、周德懿、李樹、唐加為被告香港金潤公司對原告大新銀行的涉案債務提供的前述擔保，未到國家外匯管理部門辦理相關登記或備案手續。

二、涉案合同履行情況。

為證明被告履約事實，原告大新銀行向本院提交了一份還款記錄。該記錄顯示，在涉案設備租賃期間，被告香港金潤公司向原告大新銀行已交納42

期的月租金，還剩6期（2012年11月30日至合同到期日2016年10月30日）未交納，合計欠付的租金數額為港幣893,652元。在已經交納的42期租金中，有33期為逾期交納，逾期的租金利息截止到2016年8月30日為港幣78,151.7元。前述欠付租金港幣893,652元加上逾期利息港幣78,151.7元加上認購權費港幣700元再扣除被告於2016年7月18日支付的部分還款數額港幣4,100元，被告欠付總額為港幣968,403.7元。

三、關於查明香港特別行政區相關法律的事實。

本案審理過程中，原告大新銀行向本院出具了由香港蔣尚義律師行王偉民律師出具的《法律意見書》，該意見書載明以下主要內容：1.香港特別行政區的不成文法大部分是源自英國的普通法。根據普通法，一般來說，合同在平等自願基礎上及符合當事人意思自治原則下所訂立的合同均對合同雙方當事人具有法律約束力。2.除上文所述外，在合同法下，一份合同還須有代價支持或以契據形式訂立，才能構成一份有效的合同。3.根據香港特別行政區法律，本案《租賃合同》、《確認書》、《擔保及彌償書》均屬合法有效，大新銀行在香港金潤公司出現違約情形時，有權依據上述合約主張終止合同、收回租賃物及要求支付拖欠的租金及逾期利息，並有權要求擔保人重慶金潤公司、周德懿、李樹、唐加承擔連帶清償責任。4.根據香港放債人條例（香港法例第一百六十三章）第三條規定，有關禁止高利息的規定不適用於香港銀行業條例（香港法例第一百五十五章）所指的「認可機構」，該「認可機構」是指銀行、有限制牌照銀行及接受存款公司，故大新銀行將有關逾期利率約定為月息三厘或月息四厘是合法有效的，並沒有違反香港法例。

同時，該意見書還載明，蔣尚義律師行是在香港特別行政區律師會註冊登記的法律服務機構，王偉民係該律師行合夥人。王偉民於1989年取得香港律師資格，自該年起在香港執業，其作為香港執業律師，具有資格就香港法律問題出具法律意見書。

四、其他與本案有關的事實。

1.2012年11月26日，被告香港金潤公司召開董事會做出決議，同意與原告簽訂《租賃合同》，並授權被告周德懿代表公司簽署與之相關的所有檔及使用火漆印章。

同日，被告重慶金潤公司召開董事會做出決議，同意與被告香港金潤公

司簽訂《確認書》，並授權被告周德懿代表公司簽署與之相關的所有檔及使用火漆印章。

同日，被告重慶金潤公司分別召開董事會及股東大會做出決議，同意就被告香港金潤公司與原告大新銀行簽訂的租賃合同提供擔保，並授權被告周德懿代表公司簽署與之相關的所有檔及使用火漆印章。

2. 庭審中，鑒於涉案租賃合同約定的租賃期限已屆滿（合同終止日為2016年10月30日），原告表示已沒必要主張解除涉案租賃合同，故放棄第一項訴訟請求。

3. 原告於法庭辯論終結前已支付財產保全費人民幣5,000元、公告費人民幣606元。

上述事實有原告大新銀行提供並經本院審查確認其真實性的《租賃建議表格》、《租賃合同》、《附加條款》、《確認書》、《擔保及彌償書》、香港金潤公司董事會紀錄、重慶金潤公司董事會紀錄及股東大會紀錄、指定帳號付款指示書、貸方通知、貸方憑證、付款憑證、發票、合同生效函、還款紀錄表、《聲明書》、《證明書》、《法律意見書》、財產保全費發票、公告費發票及當事人陳述為證。

本院認為，本案係涉港合同糾紛，涉案《租賃合同》、《確認書》、《擔保及彌償書》均未排除香港特別行政區之外的其他有管轄權的法院對本案爭議行使管轄權。本案中，被告重慶金潤公司、周德懿、李樹、唐加的住所地均在本院轄區，涉案租賃物使用地即合同履行地亦在本院轄區，故依照《中華人民共和國民事訴訟法》第二十三條規定，本院對本案具有管轄權。同時，依照《中華人民共和國涉外民事關係法律適用法》第四十一條規定（即當事人可以協議選擇合同適用的法律。當事人沒有選擇的，適用履行義務最能體現該合同特徵的一方當事人經常居所地法律或者其他與該合同有最密切聯繫的法律），由於涉案《租賃合同》、《確認書》、《擔保及彌償書》均已明確約定適用香港特別行政區法律，且該約定不違反相關法律的強制性規定及社會公共利益，故本案應適用香港特別行政區法律作為解決本案爭議的準據法。

根據本院查明的內容，在香港特別行政區法律下，涉案《租賃合同》、《確認書》均為合法有效，對當事人具有法律約束力。本案中，依據涉案

《租賃合同》及《確認書》約定，涉案租賃物的所有權人為原告大新銀行，且原告大新銀行已依約交付了租賃設備給被告香港金潤公司，被告香港金潤公司理應依約按期足額交納租金。但從原告大新銀行提交的還款紀錄表來看，被告香港金潤公司向原告大新銀行已交納42期的月租金，還剩6期（2012年11月30日至合同到期日2016年10月30日）未交納，合計欠付租金港幣893,652元，扣除被告於2016年7月18日支付的部分還款數額港幣4,100元，被告尚欠港幣889,552元未支付。由於被告未舉示相應的反證，故原告大新銀行依照合同約定要求被告香港金潤公司支付前述租金的主張成立，本院予以支持。因審理期間涉案《租賃合同》期限已屆滿而自行終止，原告大新銀行在庭審中已明確表示不再主張解除合同，故本院不必再判決解除。依照涉案《租賃合同》約定，合同終止後，被告香港金潤公司作為承租人，有義務將涉案設備及時返還原告；而被告重慶金潤公司作為實際使用人，在涉案《確認書》亦確認原告係涉案設備「唯一之法定和實益所有人」，被告重慶金潤公司僅對涉案設備擁有占有權和控制權，故在涉案《租賃合同》已終止的情況下，原告大新銀行要求被告香港金潤公司、重慶金潤公司返還涉案設備的主張成立，本院亦予以支持。

關於逾期利息計算的問題。涉案《租賃合同》約定逾期利率為每月3%。根據香港特別行政區法律，該約定合法有效。故，原告大新銀行要求逾期利息按月3%計算的主張成立，本院予以支持。至於逾期利息計算基數，原告表示，2016年9月12日以前的逾期利息以還款紀錄表為準即為港幣78,151.7元，之後的逾期利息則從2016年9月13日起，以港幣673,919.7元（欠付4期的租金合計港幣595,768元加上前述逾期利息港幣78,151.7元）為基數予以計算。本院認為，該主張未違反法律強制性規定，亦未損害被告利益，本院予以支持。

關於重慶金潤公司、周德懿、李樹、唐加的法律責任問題。涉案《擔保及彌償書》雖約定適用香港特別行政區法律，且根據香港特別行政區法律規定，其係合法有效，但由於重慶金潤公司、周德懿、李樹、唐加所擔保的債權人及債務人均為香港特別行政區註冊的企業，故本案屬於跨境擔保，除合同效力審查外，還應審查其是否違反我國外匯管制的強制性規定。根據國家外匯管理局頒布實施的《跨境擔保外匯管理規定》第二十九條及第三十一

條規定，外匯局對跨境擔保合同的核准、登記或備案情況以及本規定明確的其他管理事項與管理要求，不構成跨境擔保合同的生效要件；對未按本規定及相關規定辦理跨境擔保業務的，外匯局根據《中華人民共和國外匯管理條例》處罰。由此可見，跨境擔保的登記或備案手續不是效力性規定，而是管理性規定，本案當事人未就跨境擔保合同進行登記或備案不影響擔保合同的效力。故，涉案《擔保及彌償書》合法有效。根據該《擔保及彌償書》第三條規定，擔保人對承租人的全部債務承擔連帶保證責任，且本擔保是持續擔保，保證期間直至承租人欠出租人或對出租人所產生的所有債務已全面繳付或解除為止。故，原告大新銀行在被告香港金潤公司違約的情況下，要求被告重慶金潤公司、周德懿、李樹、唐加就涉案債務承擔連帶責任的主張成立，本院予以支持。

綜上，依照《中華人民共和國涉外民事關係法律適用法》第三條、第四條、第四十一條，《中華人民共和國民事訴訟法》第一百四十四條規定，判決如下：

一、確認原告大新銀行有限公司係編號為LS39970129《租賃合同》項下設備（型號為小森麗色龍GL-440膠印機一套）的所有權人，被告香港金潤印務有限公司、重慶金潤印務有限公司於判決生效之日起十日內將前述設備返還原告大新銀行有限公司。

二、被告香港金潤印務有限公司於本判決生效之日起十日內向原告大新銀行有限公司支付租金港幣889,552元及逾期利息（其中，截止2016年9月12日，逾期利息為港幣78,151.7元；自2016年9月13日起，以港幣673,919.7元為基數，按照年利率36%計算逾期利息至付清之日止，利隨本清）。

三、被告重慶金潤印務有限公司、周德懿、李樹、唐加對第二判項中確定的義務承擔連帶清償責任。

如果未按本判決指定的期間履行給付金錢義務的，應當依照《中華人民共和國民事訴訟法》第二百五十三條之規定，加倍支付遲延履行期間的債務利息。

案件受理費人民幣12,261元、財產保全費人民幣5,000元、公告費人民幣606元，合計人民幣17,867元，由被告香港金潤印務有限公司、重慶金潤印務有限公司、周德懿、李樹、唐加共同負擔。

　　如不服本判決，原告大新銀行有限公司、被告香港金潤印務有限公司可在判決書送達之日起三十日內，被告重慶金潤印務有限公司、周德懿、李樹、唐加可在判決書送達之日起十五日內，向本院遞交上訴狀，並按對方當事人的人數提出副本，上訴於重慶市高級人民法院

　　審判長　　　譚　穎
　　審判員　　　張　琰
　　代理審判員　姜　蓓
　　二〇一八年三月一日
　　書記員　盧螢飛

第四篇

票據糾紛

【案例119】空白背書票據糾紛的法律分析

康順公司與晉城銀行太原分行、金龍公司、 巨隆公司票據損害責任糾紛案評析

案號：山西省太原市中級人民法院（2018）晉01民終2123號

【摘要】

空白票據因其交易的便捷性，在實務中被廣泛適用。但由於空白票據在內容的不完整性，導致銀行在貼現審查時難以發現空白票據背後真實的交易過程。銀行應嚴格遵守業務操作流程和規範要求，審查票據基礎關係的真實性，審查票據瑕疵和背書連續性，避免發生票據糾紛。

【基本案情】

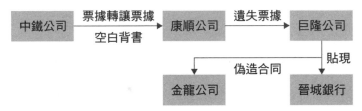

案外人滄州中鐵裝備製造材料有限公司（以下簡稱「中鐵公司」）為履行與黃驊市康順運輸有限公司（以下簡稱「康順公司」）簽訂的《運輸協定》，支付給康順公司銀行承兌匯票一張。康順公司取得匯票時最後背書人為中鐵公司，被背書人一欄空白，康順公司也未在匯票上的被背書人處記載自己的名稱。

康順公司會計李美青對上述匯票保管不善丟失，康順公司向天津市南開區人民法院申請公示催告，公示催告期間，晉城銀行股份有

限公司（以下簡稱「晉城銀行」）就該匯票申報權利，公示催告程序
於2015年11月12日終結。根據該銀行承兌匯票記載，其連續背書人
為：新華聯合冶金控股集團有限公司、滄州中鐵裝備製造材料有限公
司、浙江金龍電機股份有限公司（以下簡稱「金龍公司」）、山西省
平遙縣巨隆福利鑄造有限公司（以下簡稱「巨隆公司」）、晉城銀行
股份有限公司太原分行，後晉城銀行股份有限公司太原分行委託收
款。該匯票的背書時間均為空白。上述匯票票面形式無瑕疵，背書連
續。巨隆公司與晉城銀行於2015年8月5日簽訂《晉城銀行票據貼現
合同》，晉城銀行根據巨隆公司提交的申請、鑄件採購協議及增值稅
發票，將包括本案所涉承兌匯票在內的共計面額700萬元的五張承兌
匯票進行了貼現。晉城銀行於2015年8月5日貼現時向承兌行進行了
查詢，答覆為暫無查詢掛止凍公催。

　　巨隆公司向晉城銀行貼現時提交的16張增值稅發票均為2015年2
月5日同一天開具，且每張價稅合計金額均為441,862.09元，總金額
為7,069,793.44元，經一審法院核實，16張增值稅發票均為偽造。另
外經法院核實，金龍公司於2015年1月1日與巨隆公司所簽鑄件採購
協議、2017年9月30日所出授權委託書、證明及編號為XXX的銀行承
兌匯票全部係偽造檔，檔中所蓋金龍公司公章、法人章、財務章全部
屬於私刻公章，非金龍公司印章，金龍公司無職工史永紅。以上事
件，金龍公司皆不知情。

　　因票據歸屬產生糾紛，康順公司訴至法院，請求法院判令金龍
公司、巨隆公司、晉城銀行共同賠償康順公司匯票損失200萬元並承
擔本案訴訟費用。

【法院判決】

　　山西省太原市中級人民法院經審理認為：1.康順公司提交的其與
案外人中鐵公司之間的《運輸協議》、《運費結算完工證》、《貨物

運輸業增值稅專用票》、滄州中鐵裝備製造材料有限公司出具的《證明》等證據，能夠證明康順公司與中鐵公司具有真實的基礎交易關係，可以認定康順公司曾合法取得該匯票，具有訴訟主體資格。2.康順公司對於票據遺失過程這一重要事實，在一、二審中均未做出具體詳細說明，僅在本案發回重審後由其財務人員向一審法院做出單方陳述。且其在丟失票據後未及時採取補救措施，亦有悖常理。關於康順公司提出的公示催告裁定書足以認定票據遺失事實的主張，法院認為，公示催告程序是票據權利人失票後的一種救濟程序，其本身不具有證明票據遺失的效力。綜上，康順公司主張票據遺失，依據不足。不能排除康順公司或其保管票據的人員將涉案票據交付他人。3.根據票據無因性理論，票據的基礎關係獨立於票據關係，票據基礎關係的效力不影響票據關係的效力。持票人只要能夠證明票據的真實和背書的連續，即可以行使票據權利。本案中，因巨隆公司已支付相應對價，且康順公司不能證明巨隆公司存在《票據法》第十二條規定的不得享有票據權利的情形，其僅憑不存在真實的交易關係要求巨隆公司承擔損害賠償責任，依據不足。4.對於案涉票據貼現過程中的相關材料，康順公司對增值稅發票、發運單提出異議，而該兩項事實屬於票據基礎法律關係範疇，不影響最後持票人晉城銀行依法享有的票據權利。晉城銀行在對涉案匯票貼現時，僅對貼現材料負形式審查義務。因此，在關涉基礎交易關係相關資料的審核中，晉城銀行雖有疏忽，但並不能據此認定晉城銀行在辦理貼現過程中存在《中華人民共和國票據法》第十二條規定的情形。綜上，晉城銀行承擔損害賠償責任，依據不足。

【法律評析】

　　本案的爭議焦點為：空白背書的持票人是否具有訴訟主體資格；巨隆公司、晉城銀行是否應當承擔損害賠償責任；持票人偽造合

同是否影響其票據權利；銀行在貼現時「形式審查」的內容等。

一、空白背書的持票人是否具有訴訟主體資格

空白背書，是指票據持有人在對票據進行轉讓的時候，在票據背書記載中不記載被背書人名稱，僅記載背書人名稱的背書。正如在本案中，康順公司取得匯票時最後背書人為中鐵公司，被背書人一欄空白，康順公司也未在匯票上的被背書人處記載自己的名稱。《中華人民共和國票據法》（以下簡稱《票據法》）對於空白背書的合法性並未做出明確規定，僅在第三十條指出背書轉讓匯票權利時必須記載被背書人名稱[1]。雖然《票據法》沒有明確的規定，但最高人民法院在司法實踐中傾向於承認空白背書的合法性。《最高人民法院關於審理票據糾紛案件若干問題的規定》第四十九條規定了在空白票據中持票人在票據被背書人欄內記載自己的名稱與背書人記載具有同等法律效力[2]，該條規定可理解為最高院在一定程度上承認了空白背書的合法性。這一立場也體現在最高人民法院的裁判觀點中，在（2014）民提字第九十六號判決書中，最高人民法院認為票據法本身對於票據權利的轉讓並未限定在背書行為，未經背書的空白票據的交付仍然可以使持票人獲取合法匯票權利。背書人將空白背書票據交付他人，就包含有授權他人補充被背書人簽章的意思表示，實際持票人所作的記

---

[1]　《中華人民共和國票據法》第三十條：「匯票以背書轉讓或者以背書將一定的匯票權利授予他人行使時，必須記載被背書人名稱。」

[2]　《最高人民法院關於審理票據糾紛案件若干問題的規定》第四十九條：「依照票據法第二十七條和第三十條的規定，背書人未記載被背書人名稱即將票據交付他人的，持票人在票據被背書人欄內記載自己的名稱與背書人記載具有同等法律效力。」
　　《中華人民共和國票據法》第二十七條：「持票人可以將匯票權利轉讓給他人或者將一定的匯票權利授予他人行使。出票人在匯票上記載『不得轉讓』字樣的，匯票不得轉讓。持票人行使第一款規定的權利時，應當背書並交付匯票。背書是指在票據背面或者黏單上記載有關事項並簽章的票據行為。」

載，產生與背書人記載相同的法律效力[3]。因此，空白背書票據的交付可認定為《票據法》第三十一條規定的取得匯票權利的其他合法方式[4]。

本案中，康順公司雖未在匯票上的被背書人處記載自己的名稱，但其提交了充足的證據證明康順公司與中鐵公司具有真實的基礎交易關係，以及存在交付票據的事實。因此，二審法院認可了康順公司曾經合法取得該匯票的事實，並認定康順公司具有訴訟主體資格。

二、巨隆公司是否應當承擔損害賠償責任

《票據法》第十條規定：「票據的簽發、取得和轉讓，應當遵循誠實信用的原則，具有真實的交易關係和債權債務關係。票據的取得，必須給付對價，即應當給付票據雙方當事人認可的相對應的代價。」第十二條規定：「以欺詐、偷盜或者脅迫等手段取得票據的，或者明知有前列情形，出於惡意取得票據的，不得享有票據權利。持票人因重大過失取得不符合本法規定的票據的，也不得享有票據權利。」《最高人民法院關於當前商事審判工作中的若干具體問題》（以下簡稱《商事審判若干具體問題》）第三條規定：「無因性是《票據法》的基本原則。票據行為具有獨立性，不受原因關係的影響。持票人行使票據權利時不負證明給付原因的責任。持票人只要能夠證明票據的真實和背書的連續，即可以對票據債務人行使票據權利。……」

分析可知，《票據法》規定了票據基礎關係真實性原則，但該

---

3   中國裁判文書網：2018年2月14日，取自http://wenshu.court.gov.cn/content/
    content?DocID=32746a60-3dac-4d1f-bdb7-119399504a87

4   《中華人民共和國票據法》第三十一條第一款規定：「以背書轉讓的匯票，背書應
    當連續。持票人以背書的連續，證明其匯票權利；非經背書轉讓，而以其他合法方
    式取得匯票的，依法舉證，證明其匯票權利。」

規定屬於管理性規定，並非效力性規定。同時，《商事審判若干具體問題》明確規定了票據無因性原則，票據關係獨立於票據基礎關係，持票人證明票據真實和背書連續即可行使票據權利。即使不存在真實的交易關係，且持票人並非以欺詐、偷盜或者脅迫等惡意手段或重大過失取得票據的，票據仍因符合《票據法》已支付對價等相關規定應為有效，持票人依法享有票據權利。因此，票據基礎關係欠缺，並不當然導致票據行為無效。

　　結合本案，巨隆公司與金龍公司的基礎交易關係不真實，巨隆公司取得案涉匯票違反了關於票據真實性原則的管理性規定。但是，案涉匯票真實、背書連續，巨隆公司已支付了匯票票款，且現有證據不能證明巨隆公司因惡意手段或重大過失取得案涉匯票。故，二審法院糾正了一審關於「巨隆公司取得案涉匯票違反票據真實性原則，應承擔主要賠償責任」的認定，改判駁回康順公司要求巨隆公司承擔匯票損失賠償責任的訴請。

三、晉城銀行應否承擔損害賠償責任

　　在本案中，二審法院沒有論述晉城銀行是否應當承擔《侵權責任法》上的侵權責任，而是僅以晉城銀行不存在《票據法》第十二條規定的「重大過失」得出晉城銀行無須承擔損害賠償責任的結論[5]。對於類似案例，上海市第一中級人民法院曾在（2013）滬一中民六（商）終字第287號一案中將侵權責任中的「過錯」與《票據法》第十二條的「重大過失」分開進行判斷，適用不同的判斷標準。從侵權賠償的角度，分析晉城銀行應否承擔損害賠償責任。

　　首先，在本案中，康順公司未能提交充足證據證明其票據丟失

---

[5]　《中華人民共和國票據法》第十二條規定：「……持票人因重大過失取得不符合本法規定的票據的，也不得享有票據權利。」

的事實。也就是說，康順公司未能證明其存在財產損失，無法依據
《侵權責任法》的相關規定主張晉城銀行承擔侵權責任。

其次，即使康順公司的票據損失確實存在，其損失的根源也是
在於票據喪失。然而晉城銀行無法從貼現申請材料中獲知該事實，亦
無法阻止該因他人行為而已經發生的損害後果。因此，即便晉城銀行
對貼現申請材料的審查存在疏漏，其貼現行為與康順公司所主張的票
據損害亦不具有直接的因果關係。

綜上，康順公司僅因晉城銀行貼現審查時存在瑕疵為由主張晉
城銀行承擔損失賠償責任的事實和法律依據不足。二審法院雖然對侵
權責任方面的論證不足，但其裁判結果仍然是適當的。

四、銀行在貼現時「形式審查」的內容

《票據法》第十二條規定：「……持票人因重大過失取得不符
合本法規定的票據的，也不得享有票據權利。」結合本案可知，若認
定晉城銀行在票據貼現審查過程中存在重大過失，則晉城銀行不得享
有其票據權利，反之則可合法享有票據權利。

《票據法》及其司法解釋均未對《票據法》第十二條規定的
「重大過失」的標準進行明確界定，同時也沒有明確規定銀行對票據
貼現的審查義務的具體內容。我國司法實務主流的裁判觀點認為，基
於票據無因性的立場，銀行在票據貼現審查中，僅負「形式審查」義
務。此時銀行僅須審查貼現申請人按規定所提交的貼現材料。具體而
言包括：①審查票據是否真實；②審查票據上的絕對應記載事項；③
審查票據背書是否連續；④審查票據是否存在公示催告；⑤審查貼現
申請人本身的資格；⑥貼現申請人提交的交易合同影本以及增值稅發
票影本是否存在問題。對於貼現申請人與其前手事實上是否存在真
實、合法的交易關係，不屬於銀行審查的範疇，銀行也不因未審查該
項構成《票據法》第十二條的「重大過失」。

　　結合本案，康順公司認為，晉城銀行應按照《中國人民銀行關於加強支付結算管理保障銀行和客戶資金安全的通知》第四條的規定，對貼現申請人與其前手事實上是否存在真實、合法的交易關係進行審查[6]。對於該項規定，最高人民法院在其裁判觀點中提出：「根據《票據法》第十條第二款、第三十一條之規定，票據持有人支付了相應對價並能夠以背書的連續證明其票據權利的，即享有請求付款人按期付款的權利。雖然銀行在票據貼現時未按相關規定審查可以證明簽發票據真實貿易背景的書面材料，不影響其票據權利[7]。」從中可知，最高人民法院認為銀行對貼現申請人與其前手事實上是否存在真實、合法的交易關係進行審查時即使存在瑕疵，也不構成「重大過失」。因此，在本案中二審法院認為晉城銀行在審查時雖有疏忽，但已經盡到了其形式審查義務，不能據此認定晉城銀行在辦理貼現過程中存在《票據法》第十二條規定的「重大過失」情形。

　　綜上，二審法院認定，晉城銀行依法享有票據權利，且無須承擔損失賠償責任。

五、銀行風險啟示

　　本案糾紛產生的根源為空白票據帶來的風險。空白票據因其交易的便捷性，在實務中被廣泛適用。但由於空白票據在內容的不完整

---

[6]　《中國人民銀行關於加強支付結算管理保障銀行和客戶資金安全的通知》第四條：「銀行在辦理商業匯票承兌、貼現時，要嚴格審查票據的真偽。辦理承兌時除要審查匯票簽發必須記載的事項外，還要認真審查票據簽發人與收款人是否簽有經濟合同；辦理貼現時除要審查匯票上必須記載的事項是否齊全、背書是否連續外，還要認真審查貼現申請人與匯票簽發人或其前手之間是否簽有經濟合同和有無交易的增值稅發票和發運單據，並將增值稅發票和發運單據複印留存。對不符合規定的，不得辦理匯票的承兌或貼現。」

[7]　參見 （2009）民提字第74號判決書，類似觀點也體現在（2016）最高法民再66號判決書中。上海市一中院在（2013）滬一中民6（商）終字第287號判決書中，以及浙江省高級人民法院在（2009）浙商終字第34號判決書中均表達了類似的裁判觀點。

性，導致空白票據在流通過程中的法律風險大大增加，其真實的交易過程可能難以在背書中體現，導致銀行貼現業務以及付款業務中的審查難度大大增加。本案對銀行的風險啟示在於：

銀行應認真履行其「形式審查義務」，這是預防和消除風險的有效措施。「形式審查義務」包括：直接前手的背書和簽章的真實性；票據上記載事項的完整性和合法性；背書的連續性等。在本案中，法院認定晉城銀行在履行「形式審查義務」的過程中不存在「重大過失」，進而維持了晉城銀行「合法持票人」的地位。因此，銀行認真履行「形式審查義務」，有助於降低風險，避免票據糾紛。

銀行基於貼現申請人提交的貼現申請材料，應注意從中審查貼現申請人與其前手事實上是否存在真實、合法的交易關係。雖然在本案中，二審法院並沒有因晉城銀行在上述審查過程中存在瑕疵而認定晉城銀行存在「重大過失」，但這並不意味著銀行在貼現中就無須審查上述主體之間是否存在真實、合法的交易關係。即使銀行未審查上述內容不影響銀行的「合法持票人」地位，但依然可能導致銀行承擔《侵權責任法》上的損失賠償責任。因此，銀行應注意審查貼現申請人與其前手事實上是否存在真實、合法的交易關係，認真審查貼現申請人與匯票簽發人或其前手之間是否簽有經濟合同和有無交易的增值稅發票和發運單據。

附：法律文書

黃驊市康順運輸有限公司、山西省平遙縣巨隆福利鑄造有限公司與晉城銀行股份有限公司太原分行、浙江金龍電機股份有限公司票據損害責任糾紛案

山西省太原市中級人民法院民事判決書（2018）晉01民終2123號

上訴人（原審原告）：黃驊市康順運輸有限公司。

住所地：河北省滄州市黃驊市羊二莊鎮，統一社會信用代碼XXX。

法定代表人：郝賢明，執行董事。

委託訴訟代理人：楊利軍，北京市華貿矽谷（太原）律師事務所律師。

委託訴訟代理人：秦柯柯，北京市華貿矽谷（太原）律師事務所律師。

上訴人（原審被告）：山西省平遙縣巨隆福利鑄造有限公司。

　住所地：山西省晉中市平遙縣南政鄉南政村，統一社會信用代碼
　XXX。

法定代表人：陳良年，執行董事。

委託訴訟代理人：師光傑，女，1965年3月21日出生，漢族，住山西省
　平遙縣上西關街古城西路32號。

被上訴人（原審被告）：晉城銀行股份有限公司太原分行。

　住所地：太原市迎澤區新建南路127號，統一社會信用代碼XXX。

負責人：陳龍，行長。

委託訴訟代理人：賈媛媛，女，係晉城銀行股份有限公司太原分行處員
　工，住山西省太原市杏花嶺區旱西關街鴻興開發樓1單元10號。

委託訴訟代理人：李丹，女，係晉城銀行股份有限公司太原分行處員
　工，住太原市高新區中輯苑東社區12號樓2單元2020。

原審被告：浙江金龍電機股份有限公司。

　住所地：浙江省台州市路橋區金清鎮西工業區，組織機構代碼
　14815XXXX。

法定代表人：葉錦武，總經理。

　　上訴人黃驊市康順運輸有限公司（以下簡稱康順公司）、上訴人山西省
平遙縣巨隆福利鑄造有限公司（以下簡稱巨隆公司）因與被上訴人晉城銀行
股份有限公司太原分行（以下簡稱晉城銀行）、原審被告浙江金龍電機股份
有限公司（以下簡稱金龍公司）票據損害責任糾紛一案，不服太原市迎澤區
人民法院（2017）晉0106民初3627號民事判決，向本院提起上訴。本院立案
後，依法組成合議庭，對本案進行了審理。上訴人康順公司的委託訴訟代理
人楊利軍、秦柯柯，上訴人巨隆公司的委託訴訟代理人師光傑，被上訴人晉
城銀行的委託訴訟代理人賈媛媛等到庭參加訴訟。原審被告金龍公司經本院
依法傳喚，未到庭參加訴訟。本案現已審理完畢。

康順公司上訴請求：1.撤銷太原市迎澤區人民法院（2017）晉0106民初3627號民事判決，依法改判巨隆公司、晉城銀行共同賠償康順公司匯票損失200萬元；2.訴訟費用由巨隆公司、晉城銀行承擔。事實和理由：一、金龍公司出具的證明已經證實，其與巨隆公司間不存在真實交易關係或債權債務關係。加之根據一審法院調查的證據，巨隆公司提供的擬證明其與金龍公司間存在真實交易關係的共計16張、金額高達7,069,793.44元的增值稅專用發票全部係虛假增值稅發票，巨隆公司對康順公司的損失存在重大過錯。晉城銀行在貼現申請人巨隆公司未能提供完整貼現資料且其提供的稅務發票存在明顯瑕疵的情況下，未進一步審查貼現申請人巨隆公司與直接前手金龍公司間是否存在真實交易關係，未要求其提供商品發運單據影本，亦未通過撥打稅務諮詢電話、登錄國家稅務總局網站等方式對稅務發票的真偽併行查驗，而是將不符合貼現規定的銀行承兌匯票予以貼現。故晉城銀行雖係通過辦理貼現手續以背書轉讓的方式取得了涉案承兌匯票，成為最後持票人，但因其沒有嚴格按照規定辦理貼現業務，沒有盡到審慎的注意義務，違規貼現，導致康順公司喪失票據權利，對康順公司的損失亦存在重大過錯。巨隆公司、晉城銀行以上任一侵權行為，都足以造成匯票的全額損失。根據《侵權責任法》第十一條規定，巨隆公司、晉城銀行依法應當對匯票損失全額承擔共同賠償責任。二、《票據法》第三十條規定是用以規範背書人的票據行為。而康順公司以第二種「其他合法方式」取得涉案匯票後，在未確定被背書人的情況下即喪失了對涉案票據的控制，不存在記載被背書人名稱的法定義務，因此不能依據該條法律規定，康順公司違反上述規定為由，確定康順公司應承擔相應的責任。

巨隆公司辯稱：1.康順公司票據丟失時間和幾張票據不明確。2.康順公司的增值稅發票不真實。運輸車輛都不是康順公司的。康順公司應該提供票流、物流、資金流。康順公司不享有票據權利。其他同意晉城銀行的意見。

晉城銀行辯稱：1.晉城銀行審查了票據背書，經審查承兌匯票真實合法有效，在票據真偽性方面盡到了嚴格審慎義務，不存在任何過錯。2.晉城銀行不存在故意侵權行為，也沒有造成侵權後果，不應適用侵權責任法。3.康順公司不是票據權利人，沒有在承兌匯票上記載名稱，並不是背書人，沒有證據證明康順公司以合法方式取得票據，對康順公司提交的協議真實性存

疑。4.康順公司在票據丟失兩個月後向法院申請票據丟失不符合常理。

　　巨隆公司上訴請求：1.請求依法改判，駁回康順公司的訴訟請求，撤銷一審判決第一項；2.一二審訴訟費均由康順公司承擔。事實與理由：一、康順公司分數次將包括本案匯票在內共700萬元的四張承兌匯票分三次給予太谷農行職工康健（康健與康順公司長期存在票據貼現關係），康健分三次將700萬元承兌匯票給予范某，其中本案涉案票據係太谷計程車司機武敏從康順公司張會計手親自拿上給范某送到平遙，案卷中有武敏證明材料，因范某當時是我公司業務員，故由我公司職工史永紅去往晉城銀行辦理有關貼現業務。康健是2015年9月15日出逃，康順公司發現康健逃跑後於2015年9月17日稱該票據遺失且當時康順公司以康健犯詐騙罪報太谷公安局。二、康順公司非票據所有人，康順公司喪失票據權利，承兌匯票兌現的瑕疵與康順公司無任何關係。本案存在如下疑點：1.康順公司以票據丟失主張權利，應舉證證明誰是拾主，應以不當得利之債起訴票據拾主。2.康順公司將票據借給康健，應以民間借貸起訴康健。3.康順公司丟失的匯票金額、張數不清。4.康健是否與康順公司有業務往來，該公司當時的會計姓張而非李美青，康健逃跑後，張會計曾到康健家詢問康健去向，有康健妻王某的證詞證實，後康順公司為躲避司法部門的調查將張會計開除。三、康順公司虛假訴訟，應駁回訴訟請求，將康順公司的詐騙行為移送公安部門。四、請求法院調查太谷縣公安局有關康順公司的報案紀錄和線索、康順公司與康健的資金往來（康健常用農業銀行卡戶名柳良樂）、康健妻子王某、康順公司張會計、太谷司機武敏等人，查明康順公司的本來面目。

　　康順公司辯稱：1.根據《票據法》第三十一條第一款可知，取得匯票的方式有兩種：背書轉讓方式和其他合法方式。康順公司提供的證據足以證明其與滄州中鐵之間存在真實交易關係，康順公司係通過合法方式取得涉案承兌匯票。本案一審中已查明涉案承兌匯票的丟失過程，也查明康順公司未曾就涉案承兌匯票丟失一事向公安機關報案。巨隆公司提供的證據不足以證明其所自稱的涉案承兌匯票的流轉過程，巨隆公司關於康順公司並非涉案承兌匯票合法權利人，亦不屬於將票據丟失的上訴主張缺乏事實和法律依據。2.一審已查明，巨隆公司提交的增值稅發票均係偽造，且結合金龍公司出具的《證明》，足以證實巨隆公司並非基於真實交易關係和債權債務關係取得

涉案承兌匯票，巨隆公司對康順公司的損失存在重大過錯。

晉城銀行述稱，同意巨隆公司的上訴意見。

金龍公司經本院依法傳喚，未到庭參加訴訟，亦未提交證據材料及書面答辯意見。

康順公司向一審法院起訴請求：1.判令金龍公司、巨隆公司、晉城銀行共同賠償康順公司匯票損失200萬元。2.判令金龍公司、巨隆公司、晉城銀行承擔本案訴訟費用。

一審法院認定事實：案外人滄州中鐵裝備製造材料有限公司為履行與康順公司簽訂的《運輸協定》付給康順公司銀行承兌匯票一張，票據號為31400051／20143426號，出票人為天津市咸通生產資料有限責任公司，收款人為新華聯合冶金控股集團有限公司，票據支付行為天津濱海農村商業銀行股份有限公司海光寺支行，出票日期為2015年5月20日，到期日為2015年11月20日。康順公司取得匯票時最後背書人為滄州中鐵裝備製造材料有限公司，被背書人一欄空白，康順公司也未在匯票上的被背書人處記載自己的名稱。康順公司會計李美青對上述匯票保管不善丟失，康順公司向天津市南開區人民法院申請公示催告，該院於2015年11月1日發出公告，公示催告期間，晉城銀行就該匯票申報權利，公示催告程序於2015年11月12日終結。31400051／20143426號銀行承兌匯票記載的連續背書人為：新華聯合冶金控股集團有限公司、滄州中鐵裝備製造材料有限公司、浙江金龍電機股份有限公司、山西省平遙縣巨隆福利鑄造有限公司、晉城銀行股份有限公司太原分行，後晉城銀行股份有限公司太原分行委託收款。該匯票的背書時間均為空白。上述匯票票面形式無瑕疵，背書連續。巨隆公司與晉城銀行於2015年8月5日簽訂《晉城銀行票據貼現合同》，晉城銀行根據巨隆公司的提交的申請、鑄件採購協議及增值稅發票，將包括本案所涉承兌匯票在內的共計面額700萬元的五張承兌匯票進行了貼現。晉城銀行於2015年8月5日貼現時向承兌行進行了查詢，答覆為暫無查詢掛止凍公催。巨隆公司向晉城銀行貼現時提交的16張增值稅發票均於2015年2月5日開具，且每張價稅合計金額均為441,862.09元，總金額為7,069,793.44元，經一審法院核實，16張增值稅發票均為偽造。金龍公司經一審法院核實，於2017年11月20日出具的證明載明，金龍公司於2015年1月1日與巨隆公司所簽鑄件採購協議、2017年9月30日所

出授權委託書、證明及編號為**XXX**的銀行承兌匯票全部係偽造檔，檔中所蓋金龍公司公章、法人章、財務章全部屬於私刻公章，非金龍公司印章，金龍公司無職工史永紅。以上事件，金龍公司皆不知情。

　　一審法院認為，本案的爭議焦點為：1.康順公司是否為涉案承兌匯票的權利人，是否具有訴訟主體資格；2.金龍公司、巨隆公司、晉城銀行是否應承擔賠償責任。

　　關於第一個爭議焦點，雖涉案承兌匯票中無康順公司的簽章，但根據康順公司提供的其與案外人滄州中鐵裝備製造材料有限公司之間的《運輸協議》、《運費結算完工證》、《貨物運輸業增值稅專用票》、滄州中鐵裝備製造材料有限公司出具的《證明》及證人范某的證言，足以證明康順公司係通過合法方式取得的涉案承兌匯票。依據《中華人民共和國票據法》第三十一條的規定，康順公司為涉案承兌匯票的合法權利人，享有票據權利，故對金龍公司、巨隆公司、晉城銀行辯稱康順公司非涉案承兌匯票的權利人、不具有訴訟主體資格的意見，一審法院不予採納。

　　關於第二個爭議焦點，我國票據法第十條規定：「票據的簽發、取得和轉讓，應當遵循誠實信用的原則，具有真實的交易關係和債權債務關係。」巨隆公司根父的增值稅發票經一審法院核實均為偽造，且根據金龍公司出具的2017年11月20日的證明，巨隆公司提供的鑄件採購協議金龍公司並不知情，史永紅亦非金龍公司職工，協議中加蓋的金龍公司的公章非金龍公司印章。故巨隆公司取得涉案承兌匯票的行為違反了上述規定，應當承擔主要賠償責任。《中國人民銀行關於加強支付結算管理保障銀行和客戶資金安全的通知》第四條規定：「銀行在辦理商業匯票承兌、貼現時，要嚴格審查票據的真偽。辦理承兌時除要審查匯票簽發必須記載的事項外，還要認真審查票據簽發人與收款人是否簽有經濟合同；辦理貼現時除要審查匯票上必須記載的事項是否齊全、背書是否連續外，還要認真審查貼現申請人與匯票簽發人或其前手之間是否簽有經濟合同和有無交易的增值稅發票和發運單據，並將增值稅發票和發運單據複印留存。對不符合規定的，不得辦理匯票的承兌或貼現。」晉城銀行在辦理巨隆公司的貼現時，在對該匯票的真實性查詢以後，應按照辦理貼現業務的相關規定對巨隆公司提交的資料進行審查，只有通過審查足以證明巨隆公司與其接前手金龍公司之間具有真實的商品交易關

係，才能辦理貼現業務，否則，就不得辦理。但晉城銀行提交的辦理貼現時的資料中沒有巨隆公司與其直接前手金龍公司之間的商品交易的商品發運單據，且巨隆公司提交的16張增值稅發票是同一時間所開、每張發票的金額也相同、總額達700餘萬元，16張增值稅發票均為偽造發票。晉城銀行在巨隆公司提交的資料不齊全（沒有商品發運單據）、增值稅發票的真偽亦未進行審核、其他資料存在明顯瑕疵且不足以證明與其直接前手金龍公司具有真實的商品交易的情況下，進行貼現，違反了上述規定，應當承擔賠償責任。《中華人民共和國票據法》第三十條規定：「匯票以背書轉讓或者以背書將一定的匯票權利授予他人行使時，必須記載被背書人名稱。」康順公司在取得涉案承兌匯票時，未記載被背書人名稱，違反上述規定，康順公司亦應承擔一定的責任。依據《中華人民共和國侵權責任法》第二十六條「被侵權人對損害的發生也有過錯的，可以減輕侵權人的責任」的規定，基於本案的實際情況及各自的責任，一審法院確認康順公司對本案所涉200萬元的匯票損失承擔25%的責任，晉城銀行承擔35%的責任，巨隆公司承擔40%的責任。金龍公司在本案票據貼現過程中，亦為受害者，不應承擔賠償責任。

綜上，依照《中華人民共和國票據法》第十條、第一百零六條、《最高人民法院關於審理票據糾紛案件若干問題的規定》第六十三條、《中華人民共和國侵權責任法》第二十六條、《最高人民法院關於適用〈中華人民共和國民事訴訟法〉的解釋》第九十條的規定，判決：一、山西省平遙縣巨隆福利鑄造有限公司於本判決生效之日起十日內賠償黃驊市康順運輸有限公司匯票損失80萬元；二、晉城銀行股份有限公司太原分行本判決生效之日起十日內賠償黃驊市康順運輸有限公司匯票損失70萬元；三、駁回黃驊市康順運輸有限公司的其他訴訟請求。

本院二審期間，巨隆公司向本院提交新的證據，本院依法組織當事人進行質證。巨隆公司提交如下證據：1.康順公司在銀行掛失的承兌匯票影本七張，欲證明是康順公司與康健之間有業務往來，康順公司將票據付給康健，康健借范某的錢所以康健把票據給了范某。2.康健給范某發的微信截圖列印件三張、附銀行承兌匯票影本一張備註（此票受康健委託送平遙范某一張），反映不出本案的200萬元。3.2018年5月1日王某出具的證明，欲證明微信號康樸就是康健本人。4.從晉城銀行調取的康順公司掛失情況，欲證明

一個月之內掛失過四次，康順公司只是靠200萬試水，實際掛失了700萬，范某給了巨隆公司二個200萬，一個100萬，全部來源於康健，一共是三張，剩下的300萬是給了太原在晉商銀行貼現。5.2015年8月5日晉城銀行太原分行清算中心列印件一份，欲證明200萬當時沒有掛失止凍。康順公司質證稱：1.對證據1、2的真實性、合法性、關聯性均不認可。微信截圖不包含本案200萬元，提交的截屏顯示的康樸，真實性、合法性、關聯性均不認可。2.結合范某提供的情況說明，巨隆公司的陳述與范某陳述不一致。3.王某的證言真實性不認可，即便證明是康健的微信號也與本案無關，證據的關聯性不予以認可。4.是巨隆公司單方提供。5.證據5一、二審均提交過，不屬於新證據。晉城銀行質證稱，對證據1、2無異議。王某的證言真實性存疑。康順公司掛失過四次，沒有晉城銀行的蓋章。證據5真實有效，認可。晉城銀行提交如下證據：支付結算辦法、晉城銀行銀行承兌匯票貼現業務操作流程，欲證明晉城銀行貼現操作流程是符合規範要求的。康順公司質證稱，根據上述規定，晉城銀行屬於違規貼現，也沒有留原件，應承擔相應的責任。巨隆公司表示沒有意見。康順公司未提交新的證據。

關於一審法院於2017年12月8日向康順公司財務人員李美青做出的詢問筆錄、金龍公司於2017年11月20日向一審法院出具的書面說明，一審法院未組織各方當事人質證。二審期間，本院依法組織當事人質證，各方當事人發表如下意見：康順公司對此均予以認可。巨隆公司對李美青的詢問筆錄不予認可，對金龍公司的書面說明表示不清楚。晉城銀行表示對李美青的筆錄真實性存疑，認為金龍公司出具的書面說明屬於單方證據，沒有其他證據佐證，均不予認可。

二審期間，當事人對一審法院認定康順公司會計李美青對上述匯票保管不善丟失、金龍公司一審庭審後提交說明所涉事實提出異議，且上述事實均缺乏其他證據佐證，本院不予確認。當事人對一審法院查明的其他事實未提出異議，本院予以確認。結合本案現有證據，本院另查明：晉城銀行於2015年8月5日向巨隆公司支付貼現款1,972,866.67元。巨隆公司於2015年8月24日支付涉案匯票票款1,961,633元。

本院認為，本案爭議焦點為：1.康順公司是否具有訴訟主體資格；2.康順公司是否遺失涉案票據；3.巨隆公司、晉城銀行應否承擔損害賠償責任。

第一，關於康順公司訴訟主體資格的問題。《中華人民共和國票據法》第三十一條第一款規定：「以背書轉讓的匯票，背書應當連續。持票人以背書的連續，證明其匯票權利；非經背書轉讓，而以其他合法方式取得匯票的，依法舉證，證明其匯票權利。」康順公司提交的其與案外人滄州中鐵裝備製造材料有限公司之間的《運輸協議》、《運費結算完工證》、《貨物運輸業增值稅專用票》、滄州中鐵裝備製造材料有限公司出具的《證明》等證據，能夠證明康順公司與滄州中鐵具有真實的基礎交易關係，可以認定康順公司曾合法取得該匯票。巨隆公司、晉城銀行辯稱康順公司非涉案承兌匯票的權利人，不具有訴訟主體資格的意見，本院不予採納。

第二，康順公司是否遺失票據。康順公司主張將票據遺失，但對於票據遺失過程這一重要事實，康順公司在一、二審中均未做出具體詳細說明，僅在本案發回重審後由其財務人員向一審法院做出單方陳述。且其在丟失票據後未及時採取補救措施，亦有悖常理。關於康順公司提出的公示催告裁定書足以認定票據遺失事實的主張，本院認為，公示催告程序是票據權利人失票後的一種救濟程序，其本身不具有證明票據遺失的效力。綜上，康順公司主張票據遺失，依據不足。不能排除康順公司或其保管票據的人員將涉案票據交付他人。

第三，巨隆公司應否承擔損害賠償責任。《中華人民共和國票據法》第十二條規定：「以欺詐、偷盜或者脅迫等手段取得票據的，或者明知有前列情形，出於惡意取得票據的，不得享有票據權利。持票人因重大過失取得不符合本法規定的票據的，也不得享有票據權利。」康順公司未能舉證證明巨隆公司因上述原因取得票據。康順公司認為，巨隆公司與金龍公司間不存在真實交易關係或債權債務關係，巨隆公司對康順公司的損失存在重大過錯。雖然《中華人民共和國票據法》第十條規定：「票據的簽發、取得和轉讓，應當遵循誠實信用原則，具有真實的交易關係和債權債務關係。票據的取得，必須給付對價，即應當給付票據雙方當事人認可的相對應的代價。」但該條規定應屬管理型法條，基礎關係欠缺並不當然導致票據行為無效。根據票據無因性理論，票據的基礎關係獨立於票據關係，票據基礎關係（包括票據原因關係）的效力不影響票據關係的效力。持票人只要能夠證明票據的真實和背書的連續，即可以行使票據權利。本案中，因巨隆公司已支付相應對

價，且康順公司不能證明巨隆公司存在《票據法》第十二條規定的不得享有
票據權利的情形，其僅憑不存在真實的交易關係要求巨隆公司承擔損害賠償
責任，依據不足。

　　第四，晉城銀行應否承擔損害賠償責任。康順公司認為，晉城銀行未
進一步審查貼現申請人巨隆公司與直接前手金龍公司間是否存在真實交易關
係，未要求其提供商品發運單據影本，亦未對巨隆公司提供的稅務發票的真
偽進行查驗，將不符合貼現規定的銀行承兌匯票予以貼現，導致康順公司喪
失票據權利，對康順公司的損失亦存在重大過錯。本院認為，一、票據是無
因證券，票據上權利一經發生，即與作為票據權利發生原因的證券外法律關
係相分離，不再受其影響。二、晉城銀行持有的涉案匯票背書連續，不存在
形式瑕疵，且已完成對該匯票的貼現並支付對價。三、晉城銀行在對涉案匯
票貼現時，僅對貼現材料負形式審查義務，對於案涉票據貼現過程中的相關
材料，康順公司對增值稅發票、發運單提出異議，而該兩項事實屬於票據基
礎法律關係範疇，不影響最後持票人晉城銀行依法享有的票據權利。四、中
國人民銀行印發的《中國人民銀行關於加強支付結算管理保障銀行和客戶資
金安全的通知》等主要是銀行業內管理規範，並非合同法及司法解釋規定的
效力性強制性規定。故，在關涉基礎交易關係相關資料的審核中，晉城銀行
雖有疏忽，但並不能據此認定晉城銀行在辦理貼現過程中存在《中華人民共
和國票據法》第十二條規定的情形。綜上，晉城銀行承擔損害賠償責任，依
據不足。

　　綜上，根據《最高人民法院關於審理票據糾紛案件若干問題的規定》
第九條規定：「票據訴訟的舉證責任由提出主張的一方當事人承擔。」《最
高人民法院關於民事訴訟證據的若干規定》第二條規定：「當事人對自己
提出的訴訟請求所依據的事實或者反駁對方訴訟請求所依據的事實有責任
提供證據加以證明。沒有證據或者證據不足以證明當事人的事實主張的，由
負有舉證責任的當事人承擔不利後果。」根據票據的文義性、無因性，在涉
案匯票票面形式無瑕疵，背書連續，康順公司未背書，康順公司遺失票據證
據欠缺，亦無證據佐證巨隆公司、晉城銀行存在《中華人民共和國票據法》
第十二條規定之情形的情況下，康順公司以不存在真實交易關係為由要求巨
隆公司、晉城銀行共同賠償其損失的請求，依據不足，康順公司應依法承擔

相應的不利後果。金龍公司經本院依法傳喚，無正當理由拒不到庭，係對自身權利所作的處分，本院依法缺席審理。依照《中華人民共和國票據法》第十二條、《最高人民法院〈關於審理票據糾紛案件若干問題的規定〉》第九條第一款、《中華人民共和國民事訴訟法》第一百四十四條、第一百七十條第一款第二項之規定，判決如下：

一、撤銷太原市迎澤區人民法院（2017）晉0106民初3627號民事判決。

二、駁回黃驊市康順運輸有限公司的訴訟請求。

一審案件受理費22,800元（黃驊市康順運輸有限公司已預交），二審案件受理費34,600元（山西省平遙縣巨隆福利鑄造有限公司已預交11,800元，黃驊市康順運輸有限公司已預交22,800元），均由黃驊市康順運輸有限公司負擔。

本判決為終審判決。

審判長　張璟芳

審判員　任　崝

審判員　李　晨

二〇一八年六月十四日

書記員　陳　瓊

【案例120】以承兌匯票背書轉讓方式償還借款行為的法律分析

廣發銀行股份有限公司武漢江岸支行與武漢市濟源眾鑫商貿有限公司金融借款合同糾紛案評析

案號：湖北省武漢市中級人民法院（2018）鄂01民終1337號

【摘要】

債務人通過承兌匯票背書轉讓方式向債權人償還借款的，必須滿足票據背書和交付兩個法定要件；銀行應及時在被背書人欄補記自己的名稱，否則應當自行承擔不利後果。

【基本案情】

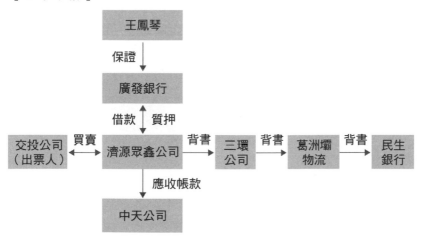

2014年5月29日，廣發銀行股份有限公司武漢江岸支行（以下簡稱「廣發銀行江岸支行」）作為授信人與被授信人武漢市濟源眾鑫商貿有限公司（以下簡稱「濟源眾鑫公司」）簽訂《授信額度合同》，

約定廣發銀行江岸支行給予濟源眾鑫公司授信額度最高額為2,000萬元，授信額度有效期自本合同生效之日起至2014年11月21日止。同日，廣發銀行江岸支行作為質權人與濟源眾鑫公司又簽訂了《最高額應收帳款質押合同》，約定濟源眾鑫公司提供應收帳款質押。同日，廣發銀行江岸支行作為債權人與保證人王鳳琴簽訂《最高額保證合同》，約定王鳳琴為濟源眾鑫公司的借款提供連帶保證。同日，廣發銀行江岸支行向濟源眾鑫公司發放貸款1,000萬元，並於7月24日發放剩餘1,000萬元。

2015年6月29日，廣發銀行武漢分行、廣發銀行江岸支行、濟源眾鑫公司向湖北交投商貿物流有限公司（以下簡稱「交投公司」）出具《支付確認函》，請求交投公司將應付給濟源眾鑫公司的材料款1,000萬元以銀行承兌匯票的形式支付，銀行承兌匯票由廣發銀行江岸支行馬某領取，同時載明貴公司不再承擔該項下的付款義務和其他義務。2015年7月3日，交投公司開具銀行承兌匯票，出票人為交投公司、收款人為濟源眾鑫公司、出票金額1,000萬元、匯票到期日2015年10月3日。同日，濟源眾鑫公司、馬某向交投公司出具《收票證明》，載明濟源眾鑫公司委託廣發銀行江岸支行馬某領取該銀行承兌匯票。馬某領取該銀行承兌匯票後，與盧某、王鳳琴一同前往三環公司打算貼現，因濟源眾鑫公司差欠三環公司貨款，三環公司將該銀行承兌匯票扣留。

嗣後，廣發銀行江岸支行向法院申請公示催告，三環公司等在規定期間內申報權利，故公示催告程序終結。該銀行承兌匯票經濟源眾鑫公司、三環公司等公司的數次背書轉讓，最終由中國民生銀行股份有限公司武漢分行於2015年7月30日貼現。

廣發銀行江岸支行因未獲得相關承兌匯票，遂訴至法院，請求判令濟源眾鑫公司償還貸款本金9,999,957.95元及利息、罰息、複利174,091.91元；濟源眾鑫公司支付律師費15萬元；王鳳琴對濟源眾鑫

公司的債務承擔連帶清償責任；確認廣發銀行江岸支行對濟源眾鑫公司質押的對中天公司的應收帳款享有優先受償權；中天公司對濟源眾鑫公司債務承擔連帶清償責任。

【法院判決】

一審法院認為，首先，根據《支付確認函》中交投公司向收款人濟源眾鑫公司出具了出票金額為1,000萬元的銀行承兌匯票，由廣發銀行江岸支行的工作人員領取，濟源眾鑫公司作為見證方及委託方，以及濟源眾鑫公司在出具的《收票證明》上簽字蓋章，廣發銀行江岸支行工作人員作為受託方簽名的事實可以認定，廣發銀行江岸支行已是該承兌匯票的持票人。其次，在該匯票的連續背書行為中，沒有廣發銀行江岸支行的任何相關記載。作為專門機構，廣發銀行江岸支行根據《支付確認函》取得該承兌匯票後，其工作人員在未對匯票作任何相關記載的情況下，即到三環公司準備兌現匯票，導致匯票被扣並繼續流通，其行為存在過失。三環公司獲取匯票後流通轉讓，廣發銀行江岸支行無法實現票據權利，應屬另一法律關係。最後，關於律師代理費，因濟源眾鑫公司已履行相應償付義務，故對廣發銀行江岸支行要求濟源眾鑫公司支付律師代理費15萬元的訴訟請求，不予支持。據此，一審法院判決濟源眾鑫公司於判決生效之日起十日內向廣發銀行江岸支行償還借款利息118,345.50元，王鳳琴對該債務承擔連帶清償責任；駁回廣發銀行江岸支行的其他訴訟請求。

廣發銀行江岸支行不服判決提出上訴，二審中，各方當事人均未提交新證據。二審法院認為，關於匯票交付，廣發銀行江岸支行、濟源眾鑫公司向交投公司出具的《支付確認函》中已經足以認定廣發銀行江岸支行與濟源眾鑫公司之間達成了以匯票償還借款的合意；關於匯票背書，濟源眾鑫公司向廣發銀行江岸支行交付匯票時，未記載被背書人名稱，但濟源眾鑫公司是第一手背書人，其在背書人處簽章

後將匯票交付給廣發銀行江岸支行，應視為授權廣發銀行江岸支行補記被背書人名稱。廣發銀行江岸支行未作被背書人補記，應承擔由此產生的不利後果。綜上，法院判決駁回上訴，維持原判。本判決為終審判決。

【法律評析】

本案中的爭議焦點為：濟源眾鑫公司向廣發銀行江岸支行轉讓票據權利的行為是否成立，即廣發銀行江岸支行的領票人馬某領取匯票的行為是受託行為還是以持票人的身分領取匯票的行為；廣發銀行江岸支行在經濟源眾鑫公司背書轉讓票據後未記載被背書人名稱，由此造成的不利後果由誰承擔。

一、票據權利轉讓中持票人與受託人的關係問題

《中華人民共和國票據法》（以下簡稱《票據法》）第二十七條規定：「持票人可以將匯票權利轉讓給他人或者將一定的匯票權利授予他人行使……」其規定了匯票權利可以依法轉讓，並且第二十七條第三款規定：「持票人行使第一款規定的權利時，應當背書並交付匯票。」即判斷轉讓票據權利是否成立，應當從交付和背書兩方面考慮。關於委託關係，《中華人民共和國民法總則》（以下簡稱《民法總則》）第一百六十二條規定：「代理人在代理許可權內，以被代理人名義實施的民事法律行為，對被代理人發生效力。」代理人基於其與被代理人之間的關係，經由被代理人的授權行使代理權，從而達到被代理人的意願。此外，在《票據法》中，第三十五條第一款規定：「背書記載『委託收款』字樣的，被背書人有權代背書人行使被委託的票據權利。但是，被背書人不得再背書轉讓匯票權利。」規定了被背書人也有權代背書人行使票據權利，但該被背書人僅僅是一種代理人的地位，因此不發生權利移轉效力。

　　結合本案，廣發銀行江岸支行與濟源眾鑫公司向交投公司出具的《支付確認函》明確載明了「廣發銀行江岸支行與濟源眾鑫公司經協商一致，並請求交投公司將應付給濟源眾鑫公司的材料款1,000萬元以銀行承兌匯票的形式支付，銀行承兌匯票由廣發銀行江岸支行馬某領取」和「濟源眾鑫公司擬將這筆資金支付在廣發銀行1,000萬元貸款」等內容，足以認定廣發銀行江岸支行與濟源眾鑫公司之間達成了以匯票償還借款的合意。並且在其後的《收票證明》中也同時記載了「我濟源眾鑫公司擬將該張銀行承兌匯票支付廣發銀行1,000萬元貸款」，基於廣發銀行江岸支行與濟源眾鑫公司之間達成的合意，此時廣發銀行江岸支行雖然是以受託人的身分領取了匯票，但其效力已不能單純地認定為受託行為，並且該匯票上也並未記載「委任收款」的字樣，所以應當認定持票人以及享有票據權利的人為廣發銀行江岸支行。此外，廣發銀行江岸支行採取了申請公示催告等措施主張對案涉匯票的票據權利，表明了其對濟源眾鑫公司以案涉匯票償還借款的事實予以認可。因此法院駁回了廣發銀行江岸支行提出馬某只是受濟源眾鑫公司委託領取匯票的抗辯。

二、被背書人名稱在承兌匯票貼現中的意義

　　《票據法》第三十條規定：「匯票以背書轉讓或者以背書將一定的匯票權利授予他人行使時，必須記載被背書人名稱[1]。」此外，《最高人民法院關於審理票據糾紛案件若干問題的規定》第49條的規定：「依照票據法第二十七條和第三十條的規定，背書人未記載被背書人名稱即將票據交付他人的，持票人在票據被背書人欄內記載自己的名稱與背書人記載具有同等法律效力。」分析可知，背書是一種要式法律行為，目的在於將票據權利轉讓或授予他人行使。持票人背

---

[1]　范健、王建文（2015）：商法學。中國：法律出版社，P.444。

書轉讓匯票權利時，應當在匯票上進行記名背書，記載被背書人的名稱。同時，根據票據無因性原則，票據關係一經產生即獨立於票據基礎關係，與票據基礎關係相分離。因此，為了保證被背書人名稱與其印章名稱一致無誤，背書人簽章後將匯票交付給被背書人，在被背書人處可不予記載即作空白背書，視為授權被背書人在被背書人欄補記自己的名稱，與背書人記載具有同等的法律效力，發生票據背書轉讓的法律效果，被背書人以連續背書證明自己合法享有的票據權利。

結合本案，首先，未有明確的證據說明濟源眾鑫公司向廣發銀行江岸支行交付匯票時是否做背書，但從當事人的陳述、糾紛發生的過程以及其他間接證據來看，認定廣發銀行江岸支行領取匯票時，濟源眾鑫公司已作空白背書，已經達到了證明標準中的高度蓋然性標準，此時，廣發銀行江岸支行應當在匯票上記載被背書人名稱。其次，廣發銀行江岸支行作為金融機構，其機構專業人員具備票據實務經驗，應當知曉匯票尚未記載被背書人名稱不發生匯票權利轉讓的效力。但是廣發銀行江岸支行工作人員仍持未經濟源眾鑫公司背書的匯票去三環公司申請貼現，最終導致匯票被扣並繼續流通轉讓。持票人廣發銀行因未作被背書人補記的過失行為，使得匯票連續背書中沒有關於自己的任何記載，最終導致自身合法票據權利無法實現，應當自行承擔由此產生的不利後果。因此，二審法院駁回了廣發銀行江岸支行的上訴請求，維持了一審判決。

三、銀行風險啟示

近年來，國內銀行機構連續發生有關票據案件，其主要集中在承兌匯票貼現業務方面。銀行承兌匯票貼現業務是企業為了滿足融資需要，增強銀行業務功能，實現資產多元化的內在需求。對此，銀行機構明確承兌匯票貼現業務存在的風險並且實施相應的防範措施。

在承兌匯票貼現業務中，由於櫃面經辦人員風險意識薄弱、不

遵守行業規範、審核不嚴格等違規現象，導致票據業務審核不嚴，如交付的空白背書票據並未能夠及時發現被背書人名稱處沒有相應記載，從而導致無法獲得轉移的票據權利造成銀行風險的發生和資金的損失。因此，銀行要加強內部工作人員的票據業務知識培訓，提高他們對票據真實性的識別能力，嚴格把控票據審查程序。通過對銀行業務人員的教育、培訓，提高銀行工作人員的風險防範意識[2]。另外，銀行要整合貼現業務資源，實行專業人員、專門機構、專項管理，改變票據貼現業務分散經營、粗放管理、風險多的狀況，努力降低銀行票據貼現業務風險。

　　除此之外，由於票據權利的轉移必須通過背書人背書的方式進行，所以銀行等專門機構的工作人員在取得票據後應當檢查相關記載事項，對於匯票中未記載被背書人名稱的情形，應當要求背書人補記。若是背書人無法知曉被背書人確切名稱，為避免填錯名稱而告知銀行機構的，相關辦理票據貼現業務的人員應當及時補記。空白背書的出現將會導致票據權利未發生轉移，造成銀行財產的損失。

附：法律文書

　　廣發銀行股份有限公司武漢江岸支行、武漢市濟源眾鑫商貿有限公司金融借款合同糾紛二審民事判決書

　　湖北省武漢市中級人民法院民事判決書（2018）鄂01民終1337號

　　上訴人（原審原告）：廣發銀行股份有限公司武漢江岸支行。
　　負責人：李浩，該行行長。
　　委託訴訟代理人：劉虎，湖北華雋律師事務所律師。
　　委託訴訟代理人：張紅兵，湖北瑞通天元律師事務所律師。
　　被上訴人（原審被告）：武漢市濟源眾鑫商貿有限公司。

---

[2]　符宏宇：防範銀行承兌匯票貼現業務風險的思考。經濟師，02，P.179。

法定代表人：王鳳琴，該公司董事長。

被上訴人（原審被告）：王鳳琴。

委託訴訟代理人：姜華，湖北西陵律師事務所律師。

原審被告：中天路橋有限公司。

法定代表人：厲國林，該公司董事長。

委託訴訟代理人：王維，女，該公司職員。

原審第三人：湖北三環成套工業有限公司。

法定代表人：張軍，該公司董事長。

委託訴訟代理人：曾俊峰，湖北民本律師事務所律師。

上訴人廣發銀行股份有限公司武漢江岸支行（廣發銀行江岸支行）因與被上訴人武漢市濟源眾鑫商貿有限公司（以下簡稱濟源眾鑫公司）、被上訴人王鳳琴、原審被告中天路橋有限公司（以下簡稱中天公司）、原審第三人湖北三環成套工業有限公司（以下簡稱三環公司）金融借款合同糾紛一案，不服湖北省武漢市江岸區人民法院（2017）鄂0102民初3478號民事判決，向本院提起上訴。本院於2018年1月22日立案後，依法組成合議庭進行了審理。本案現已審理終結。

廣發銀行江岸支行上訴請求：撤銷一審判決第一、二項，改判濟源眾鑫公司向廣發銀行江岸支行償還借款本金9,999,957.95元及利息、罰息、複利（截至2015年7月21日止為174,091.91元，自2017年7月22日起至借款清償完畢之日止的利息、罰息、複利按合同約定支付），賠償律師代理費1.5萬元，王鳳琴對濟源眾鑫公司的債務承擔連帶責任。事實與理由：1.一審認定濟源眾鑫公司以票據權利償還了借款，屬於認定事實錯誤。《支付確認函》只是廣發銀行江岸支行與濟源眾鑫公司約定擬以匯票資金償還貸款的協議，不能證明廣發銀行江岸支行是匯票的持票人；《收票證明》證明匯票的持票人是濟源眾鑫公司，廣發銀行江岸支行馬某只是濟源眾鑫公司委託領取匯票的受託人；從馬某、盧某與王鳳琴一同前往三環公司準備匯票貼現、三環公司扣留匯票的過程及匯票上記載的當事人看，濟源眾鑫公司是匯票的真正持票人；廣發銀行江岸支行採取報警、申請公示催告、提起票據返還之訴等措施，不能作為認定濟源眾鑫公司已以匯票權利償還貸款的事實。2.一審判決

對三環公司與濟源眾鑫公司的債權債務關係，以及三環公司扣留匯票後，雙方已抵償1,000萬元債務的事實未作認定，遺漏了本案重要事實。3.在整個票據流通過程中，廣發銀行江岸支行從未成為匯票持票人，未享有票據權利；一審將廣發銀行江岸支行受託代理濟源眾鑫公司領取匯票的行為，認定為廣發銀行江岸支行成為持票人，適用法律錯誤。

濟源眾鑫公司辯稱，濟源眾鑫公司已經用銀行承兌匯票償還了廣發銀行江岸支行借款，一審適用法律正確，望二審法院查明事實後，駁回廣發銀行江岸支行的上訴請求。

王鳳琴辯稱，濟源眾鑫已經償還廣發銀行江岸支行借款，王鳳琴保證責任應免除。

三環公司述稱，廣發銀行江岸支行上訴與三環公司無關，不發表意見。

廣發銀行江岸支行向一審法院起訴請求：1.濟源眾鑫公司償還貸款本金9,999,957.95元及利息、罰息、複利174,091.91元（暫計算至2015年7月21日止，此後按合同約定繼續算至本金清償之日）；2.濟源眾鑫公司支付律師費15萬元；3.王鳳琴對濟源眾鑫公司的債務承擔連帶清償責任；4.確認廣發銀行江岸支行對濟源眾鑫公司質押的對中天公司的應收帳款享有優先受償權；5.中天公司對濟源眾鑫公司債務承擔連帶清償責任；6.訴訟費用由濟源眾鑫公司、王鳳琴、中天公司負擔。

一審法院認定事實：2014年5月29日，授信人廣發銀行江岸支行（甲方）與被授信人濟源眾鑫公司（乙方）簽訂《授信額度合同》，約定：乙方保證按時償還貸款本息，按時承擔並支付本合同項下訂立、履行及爭議解決發生的有關費用，包括但不限於律師費以及甲方實現債權的訴訟費、執行費、律師代理費等；乙方未按本合同的約定履行對甲方的支付和清償義務，構成違約，甲方有權宣布本合同、乙方與甲方之間的其他合同項下尚未償還的貸款／貿易融資款項本息和其他應付款項全部或部分立即到期，終止或解除本合同，全部、部分終止或解除乙方與甲方之間的其他合同，要求乙方賠償因其違約而給甲方造成的損失；授信額度最高限額為2,000萬元，可以迴圈使用，即在約定的授信額度項下，乙方在上述授信額度有效期內已經清償的債務，就清償的部分，甲方給予乙方恢復相應的額度，乙方可在授信額度有效期內再次使用；本授信額度有效期自本合同生效之日起至2014年11月21日

止；甲、乙雙方經協商，選擇浮動利率，首期利率以實際放款日適用的中國人民銀行公布施行的相應檔次的貸款基準利率上浮30%計息，合同期內如遇中國人民銀行調整基準利率，本合同項下的人民幣貸款利率從調整當日起，按中國人民銀行公布施行的同期同檔次貸款基準利率上浮30%計息；日利率計算基數為一年360天，換算公式日利率＝年利率／360；若乙方未按約定期限還款，就逾期部分，甲方從逾期之日起按照逾期貸款罰息利率計收利率，直至清償本息為止，逾期貸款罰息利率為貸款利率水準上加收50%；對乙方不能按期支付的利息，從逾期之日起按照罰息利率計收複利；乙方按月結息，每月的20日為結息日，21日為付息日；如付息日為法定節假日，可順延至法定節假日或公休日後第一個銀行工作日歸還本期利息，在法定節假日或公休日後第一個銀行工作日未歸還本期利息的，自付息日起轉為欠息，按本合同約定計算複利。

同日，質權人廣發銀行江岸支行（甲方）與出質人濟源眾鑫公司（乙方）簽訂《最高額應收帳款質押合同》，約定：本合同擔保的主合同為甲方與濟源眾鑫公司於2014年5月29日至2014年11月21日期間所簽訂的一系列合同及其修訂或補充；質押擔保的範圍包括主合同項下的債務本金、利息、罰息、複利、違約金、損害賠償金、保管擔保財產的費用、為實現債權、質權而發生的費用（包括但不限於訴訟費、仲裁費、律師費、差旅費、執行費、保全費、評估費、拍賣或變賣費、過戶費、公告費等）和其他所有應付費用；本合同所擔保債權之最高本金餘額為42,102,766.94元；若在主合同約定的債務人債務履行期屆滿甲方未受清償，或因債務人違約甲方按主合同的約定提前要求債務人履行債務的情形出現時，乙方同意甲方有權直接向應收帳款義務人收取乙方質押的應收帳款以實現債權；質權自辦理出質登記手續後設立，本合同至主合同項下債權人的債權本金、利息、罰息、複利、違約金、賠償金、實現債權的費用和所有其他應付費用全部清償之日終止。該合同附件1《出質應收帳款權利清單》，載明帳面市值42,102,766.94元、評估價值42,102,766.94元、應收帳款義務人為九江專案部，其上還列了增值稅票號。附件2為九江專案部蓋章的《確認函》，載明為確保濟源眾鑫公司與廣發銀行江岸支行之間應收帳款質押擔保業務的順利開展，該公司作為應收帳款義務人確認應收帳款權利人對該公司享有的應收帳款為42,102,766.94元，

具體收款期限為2014年6月30日，該公司確認將按廣發銀行江岸支行的要求按期或提前向廣發銀行江岸支行全額支付上述應收帳款至廣發銀行江岸支行指定的帳戶。附件3為《應收帳款質押登記合同》。濟源眾鑫公司向廣發銀行江岸支行提交了九江項目部蓋章的《應收帳款質押明細清單》，其上記載了2012年3月27日至2013年12月30日共計41份增值稅發票的票號、金額、未付金額、應收帳款到期日，未付金額合計42,102,766.94元。濟源眾鑫公司還向廣發銀行江岸支行提交了上述41份增值稅發票影本。廣發銀行江岸支行就該應收帳款質押在中國人民銀行徵信中心辦理了質押登記。

　　同日，債權人廣發銀行江岸支行（甲方）與保證人王鳳琴（乙方）簽訂《最高額保證合同》，約定：本合同擔保的主合同為甲方與濟源眾鑫公司於2014年5月29日至2014年11月21日期間所簽訂的一系列合同及其修訂或補充（包括但不限於展期合同，如果該合同項下簽有單筆協定，單筆協定也屬於主合同範圍）；本合同所擔保債權之最高本金餘額為2,000萬元；保證方式為連帶責任保證；保證的範圍包括主合同項下的債務本金、利息、罰息、複利、違約金、損害賠償金、為實現債權而發生的費用（包括但不限於訴訟費、仲裁費、律師費、差旅費、執行費、保全費、評估費、拍賣或變賣費、過戶費、公告費等）和其他所有應付費用；保證期間為自主合同債務人履行債務期限屆滿之日起兩年；若被擔保的債權同時存在其他擔保（包括但不限於保證、抵押、質押及其他任何形式的擔保），不論其他擔保是否由債務人自己提供，乙方承擔的擔保責任不受其他擔保的任何影響，不以甲方向其他擔保人提出權利主張為前提，也不因之而免除或減少，當債務人未按主合同約定履行債務或者發生本合同當事人約定的實現擔保權利的情形，甲方有權直接要求乙方承擔本合同項下全部擔保責任，而無須先行使其他擔保權利，乙方將不提出任何異議。

　　同日，廣發銀行江岸支行向濟源眾鑫公司發放貸款1,000萬元。2014年7月24日，廣發銀行江岸支行又向濟源眾鑫公司發放貸款1,000萬元。上述兩筆貸款濟源眾鑫公司均已還清。2014年11月7日，廣發銀行江岸支行再次向濟源眾鑫公司發放貸款1,000萬元，《借款借據》上記載的借款期限自2014年11月7日起至2015年5月6日止。該筆借款發放後，濟源眾鑫公司償還了部分借款本息，截止2015年7月24日，濟源眾鑫公司尚欠本金9,999,957.95元、利

息173,961.02元、複息130.89元。

2015年6月29日，廣發銀行武漢分行、廣發銀行江岸支行、濟源眾鑫公司向湖北交投商貿物流有限公司（以下簡稱交投公司）出具《支付確認函》，載明：鑒於濟源眾鑫公司在交投公司有應收帳款，同時濟源眾鑫公司在廣發銀行江岸支行有到期應當支付的貸款，廣發銀行江岸支行與濟源眾鑫公司經協商一致，並請求交投公司將應付給濟源眾鑫公司的材料款1,000萬元以銀行承兌匯票的形式支付，銀行承兌匯票由廣發銀行江岸支行馬某領取。該《支付確認函》同時載明：濟源眾鑫公司擬將這筆資金支付在廣發銀行江岸支行1,000萬元貸款，此筆款項是否支付以及是否足額支付與貴公司無關；濟源眾鑫公司與廣發銀行江岸支行自貴公司本次支付之日起不再以《買方保理業務應收帳款轉讓協定》（協定號：廣發武分買方保理〔2014〕001號）向貴公司主張任何支付和其他權利，貴公司不再承擔《買方保理業務應收帳款轉讓協議》項下的付款義務和其他義務。

2015年7月3日，交投公司開具銀行承兌匯票，出票人為交投公司、收款人為濟源眾鑫公司、出票金額1,000萬元、匯票到期日2015年10月3日。同日，濟源眾鑫公司、馬某向交投公司出具《收票證明》，載明：收到交投公司開具的銀行承兌匯票一張，濟源眾鑫公司擬將該銀行承兌匯票支付廣發銀行江岸支行1,000萬元貸款，根據《支付確認函》的約定，濟源眾鑫公司委託廣發銀行江岸支行馬某領取該銀行承兌匯票。馬某領取該銀行承兌匯票後，與盧某、王鳳琴一同前往三環公司打算貼現，因濟源眾鑫公司差欠三環公司貨款，三環公司將該銀行承兌匯票扣留。當日，馬某、盧某向武漢市公安局洪山區分局報案，該分局受理報案，但未作刑事案件立案偵查。

嗣後，廣發銀行江岸支行向武漢市武昌區人民法院申請公示催告，三環公司、葛洲壩集團物流有限公司在規定期間內申報權利，故武漢市武昌區人民法院於2015年7月20日裁定終結公示催告程序。該銀行承兌匯票經濟源眾鑫公司、三環公司、葛洲壩集團物流有限公司、湖北三環襄軸裝備技術有限公司數次背書轉讓，最終由中國民生銀行股份有限公司武漢分行於2015年7月30日貼現。

本案審理期間，廣發銀行江岸支行以濟源眾鑫公司、三環公司、葛洲壩集團物流有限公司、湖北三環襄軸裝備技術有限公司、中國民生銀行股份

有限公司武漢分行為被告向武漢市洪山區人民法院提起票據返還之訴，後於2015年11月17日提出撤訴申請，武漢市洪山區人民法院於當日裁定准許廣發銀行江岸支行撤回起訴。

本案審理中，中天公司申請對廣發銀行江岸支行提交的《質押明細清單》、《確認函》、《三方協議》上的「中天路橋有限公司福銀高速九江大橋北引道工程第二合同段專案部」印章以及2013年11月8日《證明》上「中天路橋有限公司」印章真實性進行鑒定。一審法院依法委託湖北三真司法鑒定中心進行鑒定，該中心鑒定意見為：《質押明細清單》、《確認函》、《三方協議》中「中天路橋有限公司福銀高速九江大橋北引道工程第二合同段專案部」印文與提供的「中天路橋有限公司福銀高速儿江大橋北引道工程第二合同段專案部」樣本印文不是同一枚印章所蓋印；落款時間為「2013年11月8日」的《證明》中「中天路橋有限公司」印文與提供的「中天路橋有限公司」樣本印文不是同一枚印章所蓋印。

廣發銀行江岸支行委託湖北凌楓律師事務所代理訴訟，湖北凌楓律師事務所指派李新文作為委託代理人，代理費經雙方協商確定為15萬元。湖北凌楓律師事務所於2015年7月22日向廣發銀行江岸支行開具了金額為15萬元的律師費發票。

一審法院認為，本案的爭議焦點為：濟源眾鑫公司以承兌匯票背書轉讓的方式向廣發銀行江岸支行償還借款是否成立。

廣發銀行江岸支行與濟源眾鑫公司簽訂的《授信額度合同》以及廣發銀行江岸支行與王鳳琴簽訂的《最高額保證合同》均是雙方真實意思表示，不違反法律和行政法規的強制性規定，合法有效。2014年11月7日，廣發銀行江岸支行依約發放借款1,000萬元，借款期限屆滿後，借款人濟源眾鑫公司應當清償所欠全部借款本息。

從查明的事實看，2015年6月29日，廣發銀行武漢分行、廣發銀行江岸支行、濟源眾鑫公司共同向交投公司出具《支付確認函》，要求交投公司以承兌匯票的形式向濟源眾鑫公司支付欠款，並確定承兌匯票由廣發銀行江岸支行工作人員領取。2015年7月3日，交投公司作為出票人，根據上述《支付確認函》向收款人濟源眾鑫公司出具了出票金額為1,000萬元的銀行承兌匯票，該銀行承兌匯票由廣發銀行江岸支行的工作人員領取，濟源眾鑫公司作

為見證方及委託方，在出具的《收票證明》上簽字蓋章，廣發銀行江岸支行工作人員作為受託方在出具的《收票證明》上簽名。至此，廣發銀行江岸支行已是該承兌匯票的持票人。

《最高人民法院關於審理票據糾紛案件若干問題的規定》第四十九條的規定：「依照票據法第二十七條和第三十條的規定，背書人未記載被背書人名稱即將票據交付他人的，持票人在票據被背書人欄內記載自己的名稱與背書人記載具有同等法律效力。」背書是一種附屬票據行為，是一種要式法律行為（或要式證券），是持票人所為的法律行為，背書的目的在於轉讓票據上的權利，持票人背書轉讓匯票權利時，應當按照法律的規定進行有關的記載。票據的無因性決定票據關係一經產生，即與基礎關係相分離。背書人在背書時，為了避免將被背書人的名稱填錯（必須與被背書人的印章名稱一致），被背書人的名稱可由被背書人填寫。如果被背書人不願意將此匯票繼續背書流通下去，可以在匯票的背面記載「不得轉讓」的字樣。

從承兌匯票的背書情況看，交投公司出具的承兌匯票是濟源眾鑫公司用以償還廣發銀行江岸支行的逾期貸款，廣發銀行江岸支行根據《支付確認函》的約定取得匯票，成為該匯票的持票人，但在該匯票的連續背書行為中，沒有廣發銀行江岸支行的任何相關記載。作為專門機構，廣發銀行江岸支行根據《支付確認函》取得該承兌匯票後，其工作人員在未對匯票作任何相關記載的情況下，即到三環公司準備兌現匯票，導致匯票被扣並繼續流通，其行為存在過失。且廣發銀行江岸支行採取了報警、申請公示催告及提起票據返還之訴等措施，以實際行為表示了對濟源眾鑫公司以該票據權利償還借款的認可，該票據權利本應歸屬於廣發銀行江岸支行，濟源眾鑫公司所欠借款本金及部分利息在該1,000萬元範圍內已經償還。三環公司獲取匯票後流通轉讓，廣發銀行江岸支行無法實現票據權利，應屬另一法律關係。

從廣發銀行、濟源眾鑫公司出具的《支付確認函》來看，交投公司向濟源眾鑫公司出具的1,000萬元承兌匯票，係濟源眾鑫公司用以償還廣發銀行江岸支行1,000萬元貸款，雙方並未約定免息。截止到2015年7月3日，廣發銀行江岸支行自認濟源眾鑫公司所欠貸款本金為9,999,957.95元，利息為118,387.55元。因濟源眾鑫公司交付的承兌匯票金額為1,000萬元，所欠利息應為118,345.50元。因此，廣發銀行江岸支行要求濟源眾鑫公司償還借款本

息的訴訟請求，予以部分支援。

　　雖然濟源眾鑫公司向廣發銀行江岸支行提供了九江項目部的應收帳款質押，但經過鑑定，濟源眾鑫公司提供的一系列材料上中天公司及九江項目部的印章均不真實，故對廣發銀行江岸支行要求對濟源眾鑫公司質押的中天公司應收帳款享有優先受償權的訴訟請求不予支持。中天公司並未作為保證人提供保證擔保，故廣發銀行要求中天公司承擔連帶清償責任的訴訟請求無事實和法律依據，不予支持。

　　關於律師代理費，因濟源眾鑫公司已履行相應償付義務，故對廣發銀行江岸支行要求濟源眾鑫公司支付律師代理費15萬元的訴訟請求，不予支持。

　　王鳳琴在《最高額保證合同》上簽字，自願為濟源眾鑫公司的債務提供連帶責任保證，故廣發銀行江岸支行要求王鳳琴對濟源眾鑫公司的債務承擔連帶清償責任的訴訟請求，予以支持。

　　一審法院判決：一、濟源眾鑫公司於判決生效之日起十日內向廣發銀行江岸支行償還借款利息118,345.50元；二、王鳳琴對濟源眾鑫公司的上述第一項債務承擔連帶清償責任；三、駁回廣發銀行江岸支行的其他訴訟請求。如果未按判決指定的期間履行給付金錢義務，應當依照《中華人民共和國民事訴訟法》第二百五十三條的規定，加倍支付遲延履行期間的債務利息。案件受理費83,744元、保全費5,000元、郵寄費80元，共計88,824元，由濟源眾鑫公司、王鳳琴負擔4,174.73元，由廣發銀行江岸支行負擔84,649.27元。

　　二審中，各方當事人均未提交新證據。經審查，一審法院查明事實屬實，本院予以確認。

　　本院另查明：1.一審法院第一次審理中，濟源眾鑫公司於2016年10月27日提交書面答辯狀，該答辯狀所附證據4為廣發銀行江岸支行於2015年9月18日向湖北省武漢市洪山區人民法院遞交的起訴狀，廣發銀行江岸支行在起訴狀中稱：「7月3日下午，原告獲得票據後未及在被背書人處簽章即被三環公司騙取。」2.一審法院重審中，廣發銀行江岸支行向一審法院提交證據目錄載明：證據12.證人馬某、盧某的證言，證明2015年7月3日二證人到交投公司領取票據直至票據被三環公司扣押的過程，並證明該票據在被三環公司扣押前，濟源眾鑫公司加蓋背書印章；證據13.授信批覆，證明廣發銀行江岸支行與三環集團公司存在合作關係，對三環集團公司下屬子公司三環公司授信

4億元，廣發銀行江岸支行員工持承兌匯票去三環公司辦理貼現業務具備合理性。3.一審法院重審庭審中，廣發銀行江岸支行證人馬某作證稱，在交投公司領取票據時，濟源眾鑫公司未作背書；盧某作證稱，在交投公司時，提示過要把背書章蓋了，王鳳琴説等一會兒。廣發銀行江岸支行庭審陳述，收票證明是廣發銀行江岸支行、濟源眾鑫公司共同出具的，都同意由馬某領取匯票，不是濟源眾鑫公司領取；作為匯票，銀行工作人員是不可能再交給濟源眾鑫公司的，參與領票就是怕濟源眾鑫公司將票據挪作他用，因為廣發銀行江岸支行為此免除了交投公司的責任；之所以辦理貼現，是因為三環公司與廣發銀行有合作關係；濟源眾鑫公司沒有證據證明三環公司扣押票據前已經背書轉讓，廣發銀行江岸支行沒有享有票據權利；票據是在三環公司後，濟源公司為了償還債務而背書轉讓。

本院認為，本案爭議的焦點問題為：濟源眾鑫公司以匯票償還廣發銀行江岸支行的借款是否成立，即濟源眾鑫公司向廣發銀行江岸支行轉讓票據權利的行為是否成立。

本案所涉票據為銀行承兌匯票，根據《中華人民共和國票據法》第二十七條的規定，濟源眾鑫公司向廣發銀行江岸支行轉讓票據權利是否成立，須從匯票背書與交付兩個方面進行判斷。

關於匯票交付。廣發銀行江岸支行、濟源眾鑫公司向交投公司出具的《支付確認函》明確載明了「廣發銀行江岸支行與濟源眾鑫公司經協商一致，並請求交投公司將應付給濟源眾鑫公司的材料款1,000萬元以銀行承兌匯票的形式支付，銀行承兌匯票由廣發銀行江岸支行馬某領取」和「濟源眾鑫公司擬將這筆資金支付在廣發銀行1,000萬元貸款」等內容，足以認定廣發銀行江岸支行與濟源眾鑫公司之間達成了以匯票償還借款的合意。濟源眾鑫公司為匯票的收款人，收票手續應由濟源眾鑫公司向出票人交投公司出具。《收票證明》雖載明濟源眾鑫公司為委託方、廣發銀行江岸支行領票人馬某為受託方，但同時也載明了「我濟源眾鑫公司擬將該張銀行承兌匯票支付廣發銀行1,000萬元貸款」，基於廣發銀行江岸支行與濟源眾鑫公司之間以匯票償還借款的合意，馬某領取匯票的行為不能僅僅認定為受託行為。馬某領取匯票後，濟源眾鑫公司完成了匯票的交付。廣發銀行江岸支行在本次上訴中提出馬某只是受濟源眾鑫公司委託領取匯票的主張，與其在一審重審中「收

票證明是廣發銀行江岸支行、濟源眾鑫公司共同出具的，都同意由馬某領取匯票，不是濟源眾鑫公司領取；作為匯票，銀行工作人員是不可能再交給濟源眾鑫公司的」的陳述相矛盾，不能成立。

　　關於匯票背書。濟源眾鑫公司向廣發銀行江岸支行交付匯票時，是否作背書，各方當事人說法不一，均沒有提交直接證據證實。但從糾紛發生過程、當事人陳述及其他間接證據看，認定廣發銀行江岸支行領取匯票時，濟源眾鑫公司已作空白背書，達到了高度蓋然性的證明標準。第一，本案所涉匯票在糾紛發生後已經多次轉讓，並最終獲得承兌，匯票記載有濟源眾鑫公司第一手背書簽章，但沒有任何證據證明，濟源眾鑫公司是在三環公司取得匯票後做出的背書簽章。第二，廣發銀行江岸支行為金融機構，其工作人員具有票據業務方面的專業知識，應當知曉濟源眾鑫公司是匯票上記載的收款人，未經其背書，不發生票據權利轉讓的效力；廣發銀行江岸支行無論是以受讓方式取得票據權利，還是將匯票貼現以取得貼現款，均需濟源眾鑫公司做出背書；廣發銀行江岸支行工作人員持未經濟源眾鑫公司背書的匯票去三環公司，不可能完成貼現。第三，廣發銀行江岸支行在與三環公司就票據發生爭議後，以持票人的身分申請公示催告；因利害關係人申報，人民法院裁定終結公示催告程序後，又提起票據返還之訴；特別是，在票據返還之訴中，廣發銀行江岸支行稱「獲得票據後未及在被背書人處簽章即被三環公司騙取」；廣發銀行江岸支行在本次訴訟前的一系列行為，能夠印證其領取匯票時，濟源眾鑫公司已作背書簽章。本次訴訟中，廣發銀行江岸支行做出的「作為匯票，銀行工作人員是不可能再交給濟源眾鑫公司的」陳述，也進一步印證其取得的應當是濟源眾鑫公司已作背書簽章的匯票。

　　濟源眾鑫公司向廣發銀行江岸支行交付匯票時，未記載被背書人名稱，但濟源眾鑫公司是第一手背書人，其在背書人處簽章後將匯票交付給廣發銀行江岸支行，應視為授權廣發銀行江岸支行補記被背書人名稱。根據《最高人民法院關於審理票據糾紛案件若干問題的規定》第四十九條的規定，背書人未記載被背書人名稱即將票據交付他人的，持票人在票據被背書人欄內記載自己的名稱與背書人記載具有同等法律效力，故濟源眾鑫公司向廣發銀行江岸支行轉讓票據權利，並不受未記載被背書人名稱的影響，其以匯票權利轉讓方式償還借款的行為成立。廣發銀行江岸支行未作被背書人補記，應承

擔由此產生的不利後果。一審中，三環公司稱其是合法取得匯票的，因為濟源眾鑫公司差欠其工程款，但本案並沒有充分證據證明濟源眾鑫公司有以匯票向三環公司清償債務的意願。三環公司明知王鳳琴、馬某、盧某擬將匯票用於貼現，惡意扣留匯票，根據《中華人民共和國票據法》第十二條第一款的規定，三環公司不享有票據權利。廣發銀行江岸支行關於本案所涉匯票已由濟源眾鑫公司抵償所欠三環公司1,000萬元債務的主張，沒有事實和法律依據。

綜上所述，廣發銀行江岸支行的上訴請求不能成立，應予駁回；一審判決認定事實清楚，適用法律正確，應予維持。依照《中華人民共和國民事訴訟法》第一百七十條第一款第一項規定，判決如下：

駁回上訴，維持原判。

二審案件受理費83,744元，由廣發銀行股份有限公司武漢江岸支行負擔。

本判決為終審判決。

審判長　程繼偉

審判員　曹文兵

審判員　王　勇

二○一八年四月十六日

書記員　潘昊星

第五篇

保函糾紛

【案例121】基礎合同對保函效力的影響

中國建行福州城東支行、中國建行福州閩都支行與方正公司買賣合同糾紛案評析

案號：北京市第一中級人民法院（2018）京01民終5772號

【摘要】

銀行出具保函時，應審核基礎合同原件。若無原件以供核對且對方當事人不予認可的情況下，法院將對影本不予認定。

【基本案情】

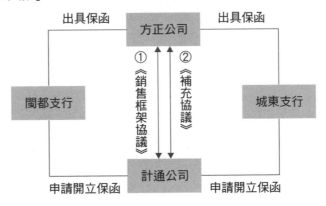

2015年5月20日，北京方正易通科技有限公司（以下簡稱「方正公司」）與福州計通資訊技術有限公司（以下簡稱「計通公司」）簽訂《銷售框架協定》。該協議中，方正公司為供貨方，計通公司為需求方。

同日，方正公司（甲方）與計通公司（乙方）為補充《銷售框架協定》中相關條款而簽訂《補充協定》，其中第二條約定：「由於

供應商為乙方指定的供應商，貨物由供應商直接配送至乙方指定收貨方，且供應商及產品由供應商與乙方協商確定，甲方或甲方關聯公司僅按照乙方的指示向供應商採購，所以乙方同意因交貨、簽收、驗收、退換貨、售後服務、產品品質等環節產生的問題均由乙方供應商協商解決，甲方不承擔責任。」

2015年7月3日，中國工商銀行股份有限公司福州閩都支行（以下簡稱「閩都支行」）出具保函，方正公司為受益人，擔保金額人民幣1,000萬元。此外保函載明：「保函的出具是根據方正公司與計通公司2015年5月20日簽訂的《銷售框架協定》與《補充協定》，方正公司主張保函權利時需要提供《銷售框架協定》與《補充協定》」。

2015年9月24日，中國建設銀行股份有限公司福州城東支行（以下簡稱「城東支行」）出具保函，方正公司為受益人，擔保金額人民幣3,000萬元。此外保函第七條載明「本保函項下的合同或基礎交易不成立、不生效、無效、被撤銷、被解除，本保函無效」。

方正公司依合同供貨後，計通公司未依約付清全部款項，截止起訴日欠款39,690,910.07元。2015年12月3日與4日，方正公司向閩都支行與城東支行出具並發送索賠通知書，要求兩行承擔保函責任。未果後提起訴訟，要求計通公司償還欠款及違約金，閩都、城東兩行在保函金額限度內承擔未付款項與違約金的連帶責任，另行承擔因遲延履行保證義務而給方正公司造成損失的損害賠償責任。

【法院判決】

北京市海澱區人民法院經審理認為：1.方正公司、閩都支行與城東支行所提交的《補充協議》版本不一，方正公司提交的協議為原件，工行閩都支行、建行城東支行提供的均非原件且方正公司不予認可，從證據形式上，方正公司提交的證據占優，符合法律規定，以其版本為準；方正公司所提交的《補充協定》中的約定內容並不與《銷

售框架協議》相悖且不違反法律等規定,並未改變《銷售框架協議》的買賣合同性質,因此閩都支行與城東支行均應依保函約定承擔保證責任。2.《銷售框架協議》中所有權保留的約定是否影響擔保權利的實現涉及取回權的行使,而取回權的行使應建立在合同解除的基礎上。方正公司並未選擇解除合同,而是要求計通公司繼續履行合同,支付貨款,因此,並不涉及取回權的行使問題,不影響擔保權利的實現。3.方正公司並未提供證據證明其實際損失的確切情形及約定高標準違約金的依據,可依法做出調整;保證責任的範圍已經包含了計通公司違約給方正公司造成的損失,即本案中按日計算的違約金,除該違約金損失外,方正公司並未遭受額外損失。閩都支行、城東支行無須另行承擔損害賠償責任。綜上,一審法院判決計通公司向方正公司償還欠款及違約金(調整其計算比率);閩都支行與城東支行在保函金額限度內對欠款與違約金承擔連帶給付責任,不再另行承擔損害賠償責任。

　　一審宣判後,閩都支行與城東支行不服判決,向北京市第一中級人民法院提起上訴。二審中城東支行補交一份僅蓋有計通公司公章、未蓋有方正公司公章的《補充協議》。北京中院經審理認為,方正公司提交的《補充協議》為原件,蓋有方正公司與計通公司的公章,而閩都支行、城東支行提交的《補充協議》均非原件,且未蓋有方正公司的公章,在沒有其他相反證據的情況下,應認定方正公司提供的協議為方正公司與計通公司共同的真實意思表示;作為履約保函的開立人,閩都支行、城東支行應嚴格審查債務人向其提交的《補充協議》,現各方協議版本不一,且閩都支行、城東支行無法提供協議原件,應當承擔由此產生的不利後果;方正公司所提供的《補充協定》內容與《銷售框架協定》的約定並不矛盾,亦未改變其買賣合同的性質,合法有效,且閩都支行、城東支行無法證明方正公司與計通公司並不存在真實交易關。綜上所述,一審判決審理程序合法、認定

事實清楚、適用法律基本正確，應以維持。

【法律評析】

本案的主要爭議焦點為：《履約保函》擔保的主合同項下的《補充協議》版本不一時，是否影響《履約保函》的法律效力。

一、證據規則指引下《補充協定》的版本認定

本案保函屬於從屬保函，其性質為保證合同，適用《中華人民共和國擔保法》及其司法解釋的規定。本案的特殊性在於，當事人所持基礎合同項下的《補充協議》版本不一，法院將以哪份補充協議作為定案證據使用。

《中華人民共和國民事訴訟法》第七十條規定：「書證應當提交原件。物證應當提交原物。提交原件或者原物確有困難的，可以提交複製品、照片、副本、節錄本。」《最高人民法院關於民事訴訟證據的若干規定》第六十九條規定：「下列證據不能單獨作為認定案件事實的依據：（四）無法與原件、原物核對的影本、複製品。[1]」第七十七條規定：「人民法院就數個證據對同一事實的證明力，可以依照下列原則認定：（三）原始證據的證明力一般大於傳來證據[2]。」

---

[1]　《最高人民法院關於民事訴訟證據的若干規定》第六十九條規定：下列證據不能單獨作為認定案件事實的依據：

（一）未成年人所作的與其年齡和智力狀況不相當的證言。

（二）與一方當事人或者其代理人有利害關係的證人出具的證言。

（三）存有疑點的視聽資料。

（四）無法與原件、原物核對的影本、複製品。

（五）無正當理由未出庭作證的證人證言。

[2]　《最高人民法院關於民事訴訟證據的若干規定》第七十七條規定：人民法院就數個證據對同一事實的證明力，可以依照下列原則認定：

（一）國家機關、社會團體依職權製作的公文書證的證明力一般大於其他書證。

（二）物證、檔案、鑒定結論、勘驗筆錄或者經過公證、登記的書證，其證明力一

結合上述法條與實踐以分析，首先，在通常的案件中，合同是作為書證，原則上應提交相應原件，僅在有正當理由的情形下方可以影本、照片等形式予以提交；再者，與合同原件內容相悖的合同影本不能單獨作為案件事實認定的證據；最後，合同原件屬於原始證據，而合同影本原則上屬於傳來證據，由此可知，合同影本的證明力要低於合同原件，即如果合同影本內容與合同原件相衝突，以合同原件為準。

從本案來看，方正公司提供的《補充協議》（以下簡稱《補協1》）為原件，並蓋有協議雙方當事人的公章，閩都支行與城東支行提交的《補充協議》（以下簡稱《補協2》、《補協3》）都是影本，雖然協議上有加蓋計通公司的印章，但方正公司的印章是複印版，且閩都支行與城東支行並未提出有力證據證明為何其持有的協議上無方正公司的原始印章。因此，基於相關法律規定，方正公司提交的協議在證明力上要大於兩行所提供的，更具有可採納性。至於城東支行所主張的「出具的保函的《補充協議》是由計通公司送達的《補充協議》，送達的事實更符合三方協議的形式上的要求，證明力遠遠高於方正公司提供的沒有送達證據支撐的《補充協議》」，筆者認為，「送達」這一行為只能說明《協議3》確實出自計通公司，卻無法證明該協議是計通公司與方正公司所簽訂，沒有簽章是實質性缺陷。

閩都支行和城東支行提交的《補充協議》影本的證明效力，低於方正公司提交的《補充協議》原件，應以方正公司提交的《補充協

般大於其他書證、視聽資料和證人證言。

（三）原始證據的證明力一般大於傳來證據。

（四）直接證據的證明力一般大於間接證據。

（五）證人提供的對與其有親屬或者其他密切關係的當事人有利的證言，其證明力一般小於其他證人證言。

定》約定內容為準。案涉《履約保函》的出具銀行，應自行承擔對《補充協定》具體內容審查不嚴的不利後果。

二、從保函性質看《補充協議》的影響力

《最高人民法院關於審理獨立保函糾紛案件若干問題的規定》（以下簡稱《獨立保函規定》）第一條規定：「本規定所稱的獨立保函，是指銀行或非銀行金融機構作為開立人，以書面形式向受益人出具的，同意在受益人請求付款並提交符合保函要求的單據時，向其支付特定款項或在保函最高金額內付款的承諾。」第三條規定：「保函具有下列情形之一，當事人主張保函性質為獨立保函的，人民法院應予支持，但保函未載明據以付款的單據和最高金額的除外：（一）保函載明見索即付；（二）保函載明適用國際商會《見索即付保函統一規則》等獨立保函交易示範規則；（三）根據保函文本內容，開立人的付款義務獨立於基礎交易關係及保函申請法律關係，其僅承擔相符交單的付款責任。當事人以獨立保函記載了對應的基礎交易為由，主張該保函性質為一般保證或連帶保證的，人民法院不予支持。當事人主張獨立保函適用擔保法關於一般保證或連帶保證規定的，人民法院不予支持。」

在法律實踐中，保函可區分為從屬性保函與獨立保函。從屬性保函法律關係項下，只有當保函的申請人違約，保證人才承擔保函項下的賠償責任。從屬性保函可適用《中華人民共和國擔保法》（以下簡稱《擔保法》）有關規定[3]。由此可知，從屬性保函類似於擔保法上的保證擔保（人保）。獨立性保函不同，其雖依據基礎合同設立，但一經成立便有獨立的效力，擔保人對受益人的索賠要求是否支付，只依據保函本身的條款，獨立於基礎合同，此外，依照《獨立保函規

3　劉暢（2018）：獨立保函與保證擔保的異同。中國外匯，6，P.63。

定》第三條，獨立保函不適用《擔保法》規定。

結合本案而言，根據《獨立保函規定》第三條的規定，閩都支行與城東支行出具的《履約保函》皆是從屬性保函[4]。因此，即便保函中沒有載明「本保函項下的合同或基礎交易不成立、不生效、無效、被撤銷、被解除，本保函無效」等類似條款，其效力也受基礎合同的影響，即如果在保證關係設立後，方正公司與計通公司再行簽訂《補充協定》且協定內容改變了原有的交易模式，保函失效，閩都支行與城東支行無須再承擔保證責任。但如果該保函為獨立保函，根據《獨立保函規定》第六條規定[5]，受益人只須提交保函所規定的單據，滿足「表面相符」原則即可主張開立人承擔付款責任，即保證關係設立後，方正公司與計通公司再行簽訂的《補充協議》無論對基礎關係做出何種變更，皆不影響開立人保證責任的承擔。

三、銀行風險啟示

1. 本案糾紛產生的根源在於對《補充協議》的版本認定，即基礎合同的認定。在從屬性保函下，基礎合同對於保函是否被索賠存在重大影響。由此，銀行須注意，在出具保函前，應注重對保函申請人提交的基礎合同的審查，列如本案的合同簽章問題（真實性問題）；防範惡意串通等風險，為此可以向受益人確認基礎合同並要求其提供

---

[4] 根據規定，獨立保函需要符合以下條件之一：「（一）保函載明見索即付；（二）保函載明適用國際商會《見索即付保函統一規則》等獨立保函交易示範規則；（三）根據保函文本內容，開立人的付款義務獨立於基礎交易關係及保函申請法律關係，其僅承擔相符交單的付款責任。」

[5] 《最高人民法院關於審理獨立保函糾紛案件若干問題的規定》第六條規定：「受益人提交的單據與獨立保函條款之間、單據與單據之間表面相符，受益人請求開立人依據獨立保函承擔付款責任的，人民法院應予支持。開立人以基礎交易關係或獨立保函申請關係對付款義務提出抗辯的，人民法院不予支持，但有本規定第十二條情形的除外。」

證明檔。為避免產生爭議以降低訴訟成本、減少訴累，銀行應嚴格審查基礎交易涉及的合同原件並妥善保管，以最大限度支持自己的合法主張。

2. 本案中，保函申請人計通公司市場信譽與經營狀況良好，2015年因融資鏈斷裂，老闆跑路，致使合同違約。由此，銀行須注意，在開具保函前應做好盡職調查，調查的內容不僅包含申請人的履約能力和履約紀錄，還應關注申請人的資產情況，是否有大金額的融資貸款等。當然，同時也應當關注受益人的信用和資產情況調查。

3. 本案中，計通公司融資鏈斷裂，這就意味著其可能面臨破產風險。在銀行承擔保證責任後，向計通公司追償之時，如其沒有優先受償權，求償之路可謂艱難。因此，銀行須注意，銀行在開具保函時應要求申請人提供反擔保。一般而言，在承保期間，反擔保措施的存在將極大降低申請人違約的可能性，以及在承擔保證責任後追償困難時，反擔保措施能夠極大程度減少銀行的損失。同時，如果申請人企業存在破產的情況，銀行須注意「預先求償權」的行使，即《擔保法》第三十二條所規定的：「人民法院受理債務人破產案件後，債權人未申報債權的，保證人可以參加破產財產分配，預先行使追償權。」

4. 保函性質對保函出具人的權利與義務影響甚大，銀行在出具保函時，應當結合實際情況決定採用獨立保函還是從屬性保函，在出具獨立保函時，應當依照《獨立保函規定》進行審查，是否存在保函格式問題或內容風險；如果是從屬性保函，則應當參照《擔保法》，適當在保函中進行權利的申明（如免責事由，受益人在主張開立人責任時需要遞交的證明檔等）。

附：法律文書

中國建設銀行股份有限公司福州城東支行等與北京方正易通科技有限公

司買賣合同糾紛二審民事判決書

北京市第一中級人民法院民事判決書（2018）京01民終5772號

上訴人（原審被告）：中國建設銀行股份有限公司福州城東支行。

住所地：福建省福州市古田路56號名流大廈。

負責人：林毅，行長。

委託訴訟代理人：陳鐀，福建閩天律師事務所律師。

委託訴訟代理人：王曉程，福建閩天律師事務所律師。

上訴人（原審被告）：中國工商銀行股份有限公司福州閩都支行。

住所地：福建省福州市鼓樓區古田路108號（大樓A區1層）。

負責人：康建英，行長。

委託訴訟代理人：林曦，福建至理律師事務所律師。

被上訴人（原審原告）：北京方正易通科技有限公司。

住所地：北京市海澱區成府路298號方正大廈6層617、618室。

法定代表人：郭維，董事長。

委託訴訟代理人：李文奇，國浩律師（北京）事務所律師。

委託訴訟代理人：劉雪陽，國浩律師（北京）事務所律師。

原審被告：福州計通資訊技術有限公司。

住所地：福建省福州市台江區新港街道群眾東路53號利嘉苑3層03商
場。

法定代表人：江生旺。

　　上訴人中國建設銀行股份有限公司福州城東支行（以下簡稱建行城東支
行）、中國工商銀行股份有限公司福州閩都支行（以下簡稱工行閩都支行）
與被上訴人北京方正易通科技有限公司（以下簡稱方正公司）、原審被告福
州計通資訊技術有限公司（以下簡稱計通公司）買賣合同糾紛一案，不服北
京市海澱區人民法院（2016）京0108民初18086號民事判決（以下簡稱一審
判決），向本院提起上訴。本院於2018年7月3日立案後，依法組成合議庭進
行審理。本案現已審理終結。

　　建行城東支行上訴請求：1.撤銷一審判決並依法改判駁回方正公司一審

訴訟請求；2.一、二審訴訟費用由方正公司承擔。事實和理由：本案不存在真實的基礎貿易關係，建行城東支行無須承擔責任。一審法院刻意迴避了建行城東支行提出的申請調查計通公司與方正公司之間資金流水的請求，導致計通公司與方正公司之間交易的性質無法進一步確定以及具體金額無法查清。一、建行城東支行出具的保函的《補充協議》是由計通公司送達的《補充協議》，並非方正公司提供的《補充協議》，一審法院認定事實錯誤。建行城東支行在一審中提供了一份計通公司與方正公司簽署的《補充協議》，雖然是影本，但另行加蓋計通公司的章；方正公司提供的《補充協議》，雖然是加蓋方正公司和計通公司的公章，但是沒有證據表明方正公司或者計通公司將該份《補充協議》送達了建行城東支行。建行城東支行提供的《補充協議》由於存在計通公司送達的事實更符合三方協議的形式上的要求，證明力遠遠高於方正公司提供的沒有送達證據支撐的《補充協議》；二、方正公司提供的《補充協議》不具備《中華人民共和國合同法》規定的買賣合同最基本的條件，實為單方的借貸還款協議。方正公司舉證該《補充協議》事實上是自認虛假買賣交易的事實。依據《履約保函》約定，建行城東支行無須承擔擔保責任。根據方正公司提供的《補充協議》，買方只與買方指定的供銷商進行交易，而且賣方不對產品的品質、交付、驗收等買賣合同最基本的環節負責。歸納起來，方正公司所謂的交易，只有兩個環節：買方只負責付款，賣方只負責收款。因此從本質上說，這是一個單務的還款協議，根本不是雙務的買賣合同。建行城東支行出具保函的本意是為真實貿易下的買方付款提供擔保，而不是為借貸合同項下還款提供擔保。因此，本案並不存在真實貿易項下的債權債務關係，建行城東支行無須承擔擔保責任。三、方正公司拒絕提供買賣交易所必然涉及的倉儲物流憑證。依據民事訴訟證據規則，可以推定建行城東支行關於本案屬虛假交易的主張成立。四、即使方正公司與主債務人存在買賣行為，由於計通公司及其關聯企業向方正公司支付過大額的款項，且與本案訴爭的債務時間吻合，一審法院無視建行城東支行提出的調查舉證申請，明顯違反訴訟程序，導致相關事實無法查清。

　　工行閩都支行上訴請求：1.撤銷一審判決第三、五項；2.依法改判駁回方正公司對工行閩都支行的全部訴訟請求；3.依法重新調整本案訴訟費用的負擔。事實與理由：一審判決認定事實不清，適用法律錯誤。在事實方面，

工行閩都支行在開立保函前收到計通公司所提供業務申請材料中的《補充協議》的影本上，是再加蓋了計通公司公章的，一審判決遺漏認定。在法律適用方面，工行閩都支行發出《履約保函》，是針對業務申請材料中《銷售框架協定》以及《補充協定》，而不是針對方正公司在本案訴訟中提供的「《銷售框架協定》及《補充協定》」，在意思表示不一致的情況下，不應認定工行閩都支行已與方正公司就針對與「《銷售框架協定》及《補充協定》」提供保函擔保成立保證合同關係，一審判決判令工行閩都支行對其沒有做出擔保意思表示的主債權承擔連帶給付責任，沒有法律依據。

方正公司辯稱：一審判決認定事實清楚，適用法律正確，請求予以維持。一、關於所謂的《補充協議》版本之爭。方正公司認為工行閩都支行和建行城東支行提供的《補充協議》所謂的原件上，方正公司的蓋章是影本，並不能證明其提供的《補充協議》就是據以出具《履約保函》的《補充協議》。而且工行閩都支行和建行城東支行提供的《補充協議》上的日期是2015年9月，但其《履約保函》中所載的內容是根據方正公司與計通公司於2015年5月20日簽訂的《銷售框架協定》和《補充協定》，而方正公司提供的《補充協議》是5月20日，能夠與《履約保函》上的日期相對應。二、即使當時債務人提交給工行閩都支行、建行城東支行的《補充協議》就是工行閩都支行、建行城東支行現在提供的《補充協議》，因為工行閩都支行、建行城東支行是根據債務人的申請出具保函，債務人未如實向其披露方正公司與債務人簽訂的《補充協定》，也是工行閩都支行、建行城東支行審查不嚴所致。三、即使認為《履約保函》中所載的《補充協議》是工行閩都支行、建行城東支行所稱的《補充協議》，也不影響其承擔保證義務，因為《銷售框架協議》第十三條已經明確載明了貨物可以由貨物的供貨廠商直接配送給乙方（計通公司），《補充協議》再次約定貨物由廠商直接配送給計通公司，是正常的貨物交付方式，並沒有增加保證人的保證責任。保證人依據《銷售框架協議》出具《履約保函》是沒有爭議的，應該承擔相關的保證責任。四、建行城東支行所說本案買賣交易是虛假買賣或名為買賣實為借貸，但沒有提供任何證據予以證明，不應予以採信。

計通公司未向本院陳述意見。

方正公司向一審法院提出訴訟請求：1.判令計通公司向方正公司支付貨

款39,690,910.07元；2015年12月31日前，按日千分之五計算，自2016年1月1日起至實際清償之日按日萬分之五計算違約金；2.工行閩都支行對計通公司未付貨款及違約金在1,000萬元範圍內承擔連帶保證責任；3.工行閩都支行賠償因延遲履行保證責任給方正公司造成的損失，算至工行閩都支行實際付清之日，按同期銀行貸款利率計算；4.建行城東支行對計通公司未付貨款及違約金在3,000萬元範圍內承擔連帶責任；5.建行城東支行賠償因遲延履行保證責任給方正公司造成的損失，算至建行城東支行實際付清之日，以上均按照銀行同期貸款利率計算；6.計通公司、工行閩都支行、建行城東支行承擔本案訴訟費。

　　一審法院認定事實：2015年5月20日，方正公司（甲方，供方）與計通公司（乙方，需方）簽訂《銷售框架協定》，協定編號：FZYTSJW00002，約定合作期限內，乙方可與甲方簽訂書面供貨合同或通過甲方設立的商捷網，向甲方提交電子訂單或以雙方書面約定的其他方式向甲方採購商品。通過商捷網採購的，乙方應同意《商捷網服務條款》並加蓋公章或合同專用章。第四章〈商品交付及驗收〉，第七條，收貨時應由乙方在訂單或供貨合同中指定的人員進行，甲方有權先行查明乙方人員身分證件等資訊，確認無誤後，乙方人員應當對商品數量、規格型號、外觀等情況進行查驗，對符合約定的貨物當場進行簽收確認，對與協議約定不符的商品，應及時向甲方回饋並在簽收檔上記載簽收後即視為甲方完成交貨義務。簽收文件應加蓋乙方或收貨方公章、合同章或收貨專用章，如無法蓋章的，應當由乙方指定的簽收人簽字，簽字應工整、清晰。收貨人的行為和意思表示視為乙方的行為和意思表示，乙方應對收貨人的行為及意思表示的法律後果承擔責任。第八條，如到貨時指定簽收人員無法到場，可由乙方其他人員進行簽收，但簽收檔上應當加蓋乙方或收貨方公章、合同章或收貨專用章；如到貨時既無指定簽收人員到場，又無法加蓋有效印章的，甲方可以在等待30分鐘後運回貨物，此種情況下，所有運費及損失由乙方承擔，甲方有權解除當次交易並追究乙方逾期收貨的違約責任。第十二條，貨物損毀、滅失的所有風險自乙方、乙方指定的托運方或協力廠商簽收後轉移至乙方。如相關方無正當理由拒絕簽收的，風險自乙方提貨、貨交乙方承運人或貨物運到指定地點後轉移至乙方。第十三條，責任免除，如貨物由貨物供應廠商直接配送至乙

方或乙方指定收貨方，且供貨方廠商及商品由乙方選擇、指定，乙方同意因交貨、簽收、驗收、退換貨、售後服務、產品品質等環節產生的問題均由乙方與供貨廠商協商解決，甲方不承擔責任。第十四條，乙方申請甲方給予信用（賒銷）支持時，應當遵守甲方制定的授信政策，並按照甲方要求提供資質、資信證明等檔及符合甲方要求的擔保，並根據需要簽署相關協定。第六章〈結算及對帳〉，第十六條，付款方式、付款時間等付款資訊以具體的生效訂單或者供貨合同約定為準。第十七條，甲方給予乙方信用支持的，帳期自訂單確認或供貨合同生效之日起算，但確認訂單或生效供貨合同對帳期的起算時間另有約定的除外。第十八條，在乙方未付清全部款項前，相應貨物的所有權仍屬於甲方，乙方在此特別授權甲方可以派員進入乙方的倉庫、辦公場所、經營場所等地點採取必要手段取回相關商品。乙方承諾不以甲方未支付相關款項、商品品質及其他任何藉口留置所有權仍屬於甲方的商品。第十三章〈違約責任〉，第四十七條，乙方超過甲方授予的帳期或付款期仍未付清貨款的，乙方應按未付金額的每日千分之五的比例支付逾期付款違約金至乙方清償全部貨款之日止，且甲方有權根據乙方延期付款天數相應順延交貨時間。且乙方應承擔甲方實現債權而支出的差旅費、公證費、鑑定費、調查取證費、律師費、訴訟費、仲裁費、送達費、財產保全費、執行費、委託商帳公司的費用、評估費、拍賣費、財產處置費、過戶費等實現債權的費用開支。協定附件為商捷網服務條款。條款載明，為方便乙方與甲方的商務往來，甲方授權乙方使用甲方網站（商捷網）為乙方提供產品交易服務平臺。

同日，雙方簽訂《補充協議》，約定本補充協定旨在確認及變更甲方與乙方於2015年5月20日簽訂的《銷售框架協定》（以下簡稱原合同，合同編號FZYTSJW00002）中的相關條款，並視為該合同的補充協議。1.甲方不負責產品的具體交付，產品由供應商直接發至乙方或乙方指定的收貨方，乙方收貨當日內，應當向甲方出具加蓋乙方公章的簽收單據，逾期或拒絕交付的，視為乙方已經收到全部貨物並驗收合格。2.由於供應商為乙方指定的供應商，貨物由供應商直接配送至乙方指定收貨方，且供應商及產品由供應商與乙方協商確定，甲方或甲方關聯公司僅按照乙方的指示向供應商採購，所以乙方同意因交貨、簽收、驗收、退換貨、售後服務、產品品質等環節產生的問題均由乙方供應商協商解決，甲方不承擔責任。……4.乙方超過甲方授

予的帳期或付款期仍未付清貨款的，乙方應按未付金額的每日千分之五的比例支付逾期付款違約金至乙方清償全部貨款之日止，且甲方有權根據乙方延期付款的天數相應順延交貨時間。且乙方應承擔甲方實現債權而支出的差旅費、公證費、鑑定費、調查取證費、律師費、訴訟費、仲裁費、送達費、財產保全費、執行費、委託商帳公司的費用、評估費、拍賣費、財產處置費、過戶費等實現債權的費用開支。

2015年7月3日，工行閩都支行出具《履約保函》載明，方正公司（受益人）：根據貴方與計通公司於2015年5月20日簽訂的編號為FZYTSJW00002的銷售框架協定及補充協定，應交易對方的申請，我行特開立以貴方為受益人的履約保函：一、保函金額不超過人民幣1,000萬元。二、我行承諾，如果交易對方未按照主合同的約定履行義務，我行將在收到貴方提交的書面索賠通知和交易對方具有違約事實的下述證明材料後，以保證金額為限，向貴方承擔擔保責任：1.《銷售框架協定》及《補充協定》，2.增值稅專用發票，3.銷售合同和發貨簽收單……六、保函有效期按照以下第一種方式確定，即本保函自開立之日起生效，至2016年7月3日止。本保函自開立之日起生效。……八、主合同按期履行完畢、保函超過有效期或我行的擔保義務履行完畢，本保函即行失效，無論本保函是否退回我行註銷。《履約保函》加蓋工行閩都支行的公章，負責人處有陳章鐘的簽名。

2015年9月24日，建行城東支行開具《履約保函》（編號為2015年建閩東房保函-1A字17號），主要內容載明，致受益人方正公司：因計通公司與你方簽訂了編號為FZYTSJW00002的《銷售框架協定》及《補充協定》，我行接受保函申請人的請求，願就保函申請人履行上述合同或協議約定的義務向你方提供如下保證：一、本保函項下我行承擔的保證責任最高限額為（幣種）人民幣3,000萬元整（下稱保證金額）；二、我行在本保函項下提供的保證為連帶責任保證；三、本保函有效期至2016年9月24日止；四、本保函有效期內，如保函申請人違反上述合同或協議約定的義務，我行將在收到你方提交的本保函原件及符合下列全部條件的索賠通知後五個工作日內，以上述保證金額為限支付你方索賠金額。索賠通知必須以書面形式提出，列明索賠金額，並由你方法定代表人（負責人）或授權代理人簽字並加蓋公章，索賠通知必須同時附有聲明索賠款項並未由申請人或其代理人直接或間接支付

給你方的書面聲明、證明保函申請人違反上述合同或協議約定的義務以及有責任支付你方索賠金額的證據。……七、本保函項下的合同或基礎交易不成立、不生效、無效、被撤銷、被解除，本保函無效；保函申請人基於保函項下的合同或基礎交易或其他原因的抗辯，我行均有權主張。

2015年9月25日，方正公司（供方）與計通公司（需方）簽訂供貨合同，商捷網訂單號：2385000109，商捷網客戶訂單PO號：IT0201509250031。合同主要內容載明：一、產品名稱及價格（合同總價含增值稅）包含蘋果筆記本、蘋果電腦、蘋果手機、蘋果IPAD等產品，合計29,994,742元。二、付款：1.付款時間：需方應當於本合同簽訂之日起84日向供方付清全款。三、收貨人林某某……六、違約責任，需方逾期付款的，供方有權拒絕向供應商採購，並要求需方自應付款之日起按未付款總額的千分之五每天向供方支付逾期違約金，如違約金不足以彌補給供方的損失，需方應賠償供方的全部損失。本合同內容與主協定、附件等及生效訂單資訊如存在不一致的，應以主協定及其附件等和生效訂單約定為準。本合同是已簽署且正在履行的銷售框架協定附件，未盡事宜以主協議約定為準。

方正公司發貨簽收單顯示，客戶PO號：IT0201509250031，訂單號：2385000109，訂貨日期：2015年9月25日，計畫發運日期：2015年9月25日，產品名稱及數量與前述供貨合同相同，收貨人：林某某。林某某在簽收人處簽字，計通公司加蓋公章。

2015年10月8日，方正公司（供方）與計通公司（需方）簽訂供貨合同，商捷網訂單號2385000112，商捷網客戶訂單PO號：IT0201510080024。合同主要內容載明：一、產品名稱及價格（合同總價含增值稅）包含蘋果筆記本、蘋果電腦、蘋果手機、蘋果IPAD等產品，合計9,987,851元。二、付款：1.付款時間：需方應當於本合同簽訂之日起74日內向供方付清全款。三、交貨：收貨人：林某某……六、違約責任：需方逾期付款的，供方有權拒絕向供應商採購，並要求需方自應付款之日起按未付款總額的千分之五每天向供方支付逾期違約金，如違約金不足以彌補給供方的損失，需方應賠償供方的全部損失。

方正公司發貨簽收單標明客戶PO號：IT201510080024，訂單號：2385000112，訂貨日期：2015年10月8日，計畫發運日期：2015年10月8日。

該簽收單上列明的商品型號及數量與前述供貨合同相同，林某某在簽收人處簽字，計通公司加蓋公章。

2015年10月27日，計通公司向方正公司付款291,682.93元。

方正公司於2015年9月28日、2015年10月12日分別開具增值稅發票29張、10張，付款方均載明計通公司，貨物名稱及型號與分別對應前述供貨合同，價稅合計39,982,593元。

2015年12月3日，方正公司向工行閩都支行出具並發送索賠通知書，載明2015年9月25日，計通公司依據《銷售框架協定》及《補充協定》與方正公司簽署了供貨合同，合同到期付款日為2015年12月18日，該單貨物總值為29,994,742元，2015年10月8日，計通公司依據《銷售框架協定》及《補充協定》與方正公司簽署了供貨合同，貨物總值9,987,851元。計通公司曾付款291,682.93元，剩餘貨款至今未付。故方正公司向工行閩都支行提出索賠，要求其按《履約保函》履行擔保責任，最晚於2015年12月8日前一次性支付1,000萬元，並履行其他工行閩都支行應承擔的擔保責任。因按照《銷售框架協定》及《補充協定》約定違約金達每日49,939.26元，如工行閩都支行故意或重大過失的行為導致方正公司利益受損，方正公司保留追償的法律權利。

2015年12月4日，方正公司向建行城東支行送達索賠通知書。主要內容與致工行閩都支行索賠通知書大致相同，要求建行城東支行立即一次性支付3,000萬元，並保留因遲延履行保證責任的違約行為追究違約責任的權利。

檔簽收登記表及交接表載明的檔包含：索賠通知及聲明、《履約保函》、《銷售框架協定》及《補充協定》、供貨合同（1）、發貨簽收單（1）、增值稅專用發票（1）、供貨合同（2）、發貨簽收單（2）、增值稅專用發票（2）、銀行回單，以上全部檔於2015年12月4日由建行城東支行簽收。

工行閩都支行提交的《補充協議》載明，方正公司（甲方）與計通公司（乙方）雙方於2015年5月20日訂立編號為FZYTSJW00002的《銷售框架協議》。雙方就該協定中未盡事宜經共同協商，作如下補充：乙方需開立一張期限為十二個月總金額1,000萬元的履約保函作為方正公司《銷售框架協議》的擔保。日期：2015年6月29日。方正公司表示該《補充協議》上加蓋的公章為影本，對該《補充協議》不認可，工行閩都支行未提交加蓋公章原件的

《補充協議》。

工行閩都支行還提交了計通公司出具的非融資類擔保業務申請書載明，擔保用途為向計通公司與方正公司簽訂編號為FZYTSJW00002的《銷售框架協定》項下採購電子產品及配件義務提供擔保，載明時間為2015年6月30日。

建行城東支行提供的《補充協定》影本顯示，方正公司（甲方）與計通公司（乙方）雙方於2015年5月20日訂立編號為FZYTSJW00002的《銷售框架協議》。雙方就該協定中未盡事宜經共同協商，作如下補充：乙方需開立一張期限為一年總金額3,000萬元的履約保函作為主合同的擔保。日期：2015年9月22日。……方正公司表示該《補充協議》為手機照片列印件，建行城東支行未提交加蓋公章原件的《補充協議》。

一審庭審中，工行閩都支行稱，計通公司做蘋果電子產品的銷售，做得很好，2015年老闆突然跑路。工行閩都支行之前也給計通公司出過保函。建行城東支行稱同意工行閩都支行的陳述，計通公司老闆跑路的原因是融資鏈斷裂，而非商品買賣出現問題。

關於日千分之五的違約金計算標準，工行閩都支行稱，其只承擔1,000萬元的責任，對違約金的計算標準沒有異議。建行城東支行稱，千分之五的標準過高，違約金的本質應是融資借貸的利息。

一審法院認為，本案的爭議主要涉及以下幾個問題：一、本案中工行閩都支行、建行城東支行保證責任的範圍，二、主合同中所有權保留的約定是否影響擔保權利的實現，三、方正公司損失的計算是否合理。

就第一個問題，擔保責任的範圍，工行閩都支行、建行城東支行向方正公司出具的保函中均約定，就涉案《銷售框架協定》及《補充協定》的履行承擔保證責任，在計通公司不履行合同義務時，工行閩都支行、建行城東支行在保函金額限度內承擔保證責任。在保函沒有對擔保範圍進一步細化約定的情況下，根據相關法律規定，工行閩都支行、建行城東支行應對全部債務承擔責任，本案中，擔保責任的範圍除依據《銷售框架協定》及《補充協定》產生的貨款外，還應包含違約金等未依約履行產生的損失，擔保責任的承擔，以保函金額為限。

工行閩都支行、建行城東支行對保函的出具及內容並無異議，其主要

抗辯均在於，方正公司出具的《補充協議》與工行閩都支行、建行城東支行持有的《補充協議》並不一致，方正公司《補充協議》中的約定體現融資關係，並非銷售合同中的買賣關係。就此爭議，首先，《履約保函》中的《補充協議》應認定為何種版本。工行閩都支行、建行城東支行提供的《補充協議》均非原件，在方正公司不予認可的情況下，工行閩都支行、建行城東支行也未提供協議原件，而方正公司提交的《補充協議》為原件，從證據形式上，方正公司提交的證據占優，符合法律規定，在版本不一的情況下，應以方正公司提交的《補充協定》約定內容為準；其次，保函係針對《銷售框架協定》及《補充協定》出具，工行閩都支行、建行城東支行作為《履約保函》的出具方，應嚴格審查《補充協議》，對於其所稱的從未見過方正公司所持《補充協議》，目前尚無證據顯示，方正公司弄虛作假、惡意串通，故如若確實存在《補充協定》版本不一的情況，亦應歸咎於工行閩都支行、建行城東支行審查不嚴，其應承擔不利後果；再次，《補充協議》中雖約定乙方指定的供應商直接發貨、甲方不負責售後等，但此約定與各方均持有的、內容相同的《銷售框架協定》內容並不相悖，《銷售框架協議》並未排除貨物由乙方指定供應廠商直接發送，甲方不承擔責任的交易模式。且現實買賣中，此種交易模式也並不鮮見。《銷售框架協定》符合買賣合同的法律特徵，反映了締約雙方真實意思表示，未違反國家法律法規的強制性規定，應確認有效。《補充協議》的約定並未改變《銷售框架協議》的買賣合同性質，其作為買賣法律關係的一部分，亦應確認有效並嚴格履行。工行閩都支行、建行城東支行稱，《補充協議》的約定係融資行為，方正公司與計通公司並非真實交易關係，係虛假交易，但未提交確實充分的證據相佐，一審法院不予採信。現方正公司已提交了保函規定的索賠材料，工行閩都支行、建行城東支行均應依保函約定承擔保證責任。

就第二個問題，主合同中所有權保留的約定是否影響擔保權利的實現。《銷售框架協議》中約定，在乙方未付清全部款項前，相應貨物的所有權仍屬於甲方。此為所有權保留約定，所有權保留不同於物的擔保，不憑藉任何外來的人或物對交易的安全進行保證，而將交易的安全建立在標的物的所有權的效力上，如買受人不履行合同義務，出賣人可優先於買受人的債權人，以所有人的身分將貨物或貨物的價值收回，此為取回權。但取回權的行使，

應建立在合同解除的基礎上。出賣人在買受人不履行付款或其他義務之時，可以有多種權利選擇，可要求買受人繼續履行合同，或依法解除合同。而取回權是出賣人依法行使解除權後所享有的權利。本案中，方正公司並未選擇解除合同，而是要求計通公司繼續履行合同，支付貨款，因此，並不涉及取回權的行使問題，不影響擔保權利的實現。

就第三個問題，方正公司損失的計算，又涉及違約金計算及工行閩都支行、建行城東支行未承擔保證責任造成損失的問題。

計通公司未依約履行付款義務，其應如數支付貨款並依約支付違約金，建行城東支行認為每日千分之五的違約金計算標準過高，而方正公司並未提供證據證明其實際損失的確切情形及約定高標準違約金的依據，故一審法院參照中國人民銀行同期同類貸款基準利率的四倍對違約金計算標準予以調整。

關於工行閩都支行、建行城東支行未依約履行保證責任，是否給方正公司造成損失的問題，一審法院認為，工行閩都支行、建行城東支行係就《銷售框架協定》及《補充協定》的履行承擔約定數額的保證責任，保證責任的範圍已經包含了計通公司違約給方正公司造成的損失，即本案中的按日計算違約金，保證合同係主合同的從合同，工行閩都支行、建行城東支行未依約履行保證責任，除主合同中的違約金涵蓋的損失，並未造成額外損失。至於保函金額是否足夠覆蓋全部損失，與損失是否緣於逾期履行保證責任，是兩個層面的問題，工行閩都支行、建行城東支行以固定數額為限承擔保證責任後，如仍不足以彌補全部損失，係源於保函金額的限制，損失係計通公司違約行為造成，而非工行閩都支行、建行城東支行給付行為造成。方正公司相應訴請，實乃重複計算了損失。

計通公司經一審法院合法傳喚，無正當理由未到庭參加訴訟，不影響一審法院依據查明事實，依法裁判。綜上所述，一審法院依據《中華人民共和國民事訴訟法》第一百四十四條、《中華人民共和國合同法》第八條、第一百一十四條、第一百三十條、第一百三十四條、第一百五十九條、第一百六十一條、《中華人民共和國擔保法》第十八條、第三十一條之規定，判決：一、計通公司於判決生效之日起十日內支付方正公司貨款29,703,059.07元及違約金（其中自2015年12月19日起算至2015年12月31日的

部分，按中國人民銀行同期同類貸款基準利率的四倍計算；自2016年1月1日起算至實際付清之日的部分，按每日萬分之五計算）；二、計通公司於判決生效之日起十日內支付方正公司貨款9,987,851元及違約金（其中自2015年12月22日起算至2015年12月31日的部分，按中國人民銀行同期同類貸款基準利率的四倍計算；自2016年1月1日起算至實際付清之日的部分，按每日萬分之五計算）；三、工行閩都支行在1,000萬元限額內對上述第一、第二判項承擔連帶給付責任；四、建行城東支行在3,000萬元限額內對上述第一、第二判項承擔連帶給付責任；五、工行閩都支行在承擔保證責任的範圍內，有權向計通公司追償；六、建行城東支行在承擔保證責任的範圍內，有權向計通公司追償；七、駁回方正公司其他訴訟請求。

　　在二審審理期間，除建行城東支行外，其他各方當事人均未向本院提交新證據。建行城東支行向本院提交以下新證據：僅蓋有計通公司公章、未蓋有方正公司公章的《補充協議》，用以證明建行城東支行從計通公司處收到的《補充協議》就是該份《補充協議》，該份《補充協定》的內容就是方正公司與計通公司之間真實的買賣交易。經質證，工行閩都支行對上述證據無異議。方正公司認為該《補充協議》上未蓋有方正公司的公章，對該《補充協議》的真實性、合法性、關聯性、證明目的均不認可。本院將在本判決論理部分對該《補充協定》進行具體評述。

　　本院經審理查明的事實與一審法院查明的事實一致。

　　本院認為，根據工行閩都支行、建行城東支行的上訴理由，本案的爭議焦點為：《履約保函》中的《補充協議》應認定為何種版本，即工行閩都支行、建行城東支行出具《履約保函》是針對何種性質的主債權提供擔保。

　　首先，方正公司提交的《補充協議》為原件，蓋有方正公司與計通公司的公章，在沒有其他相反證據的情況下，應認定該協議為方正公司與計通公司共同的真實意思表示。而工行閩都支行、建行城東支行提交的《補充協議》均非原件，僅蓋有計通公司的公章，未蓋有方正公司的公章，在沒有原件予以核實、方正公司亦不予認可的情況下，該《補充協議》的真實性難以認定，不能視為方正公司與計通公司共同的真實意思表示；其次，作為履約保函的出具方，工行閩都支行、建行城東支行應嚴格審查債務人向其提交的《補充協議》，核實其真實性。工行閩都支行、建行城東支行提交的《補充

協議》並非原件,在現今出現了《補充協定》版本不一的情況下,相應的不利法律後果應由工行閩都支行、建行城東支行承擔;再次,《銷售框架協議》第十三條已經規定了「如貨物由貨物供應廠商直接配送至乙方或乙方指定收貨方,且供貨方廠商及商品由乙方選擇、指定,乙方同意因交貨、簽收、驗收、退換貨、售後服務、產品品質等環節產生的問題均由乙方與供貨廠商協商解決,甲方不承擔責任」等相關內容,雖然《補充協定》中約定乙方指定的供應商直接發貨、甲方不負責售後等,但此約定與《銷售框架協議》的上述約定並不矛盾,亦未改變其買賣合同的性質。且該約定係締約雙方真實意思表示,未違反法律、行政法規的強制性規定,應屬合法有效。在此情況下,若工行閩都支行、建行城東支行主張方正公司與計通公司並不存在真實交易關係,應承擔舉證責任,但工行閩都支行、建行城東支行提交的在案證據均不足以證明,因此一審法院對此上述主張不予採信並無不當。

綜上所述,《履約保函》中的《補充協議》應認定為方正公司所提供的《補充協議》。現方正公司已提交了《履約保函》所規定的索賠材料,工行閩都支行、建行城東支行均應依《履約保函》約定承擔保證責任,一審法院的相關認定正確,其審理程序亦無不當之處,本院予以維持。工行閩都支行、建行城東支行的上訴理由均缺乏事實和法律依據,本院均不予支持。

綜上所述,一審判決審理程序合法、認定事實清楚、適用法律基本正確,本院予以維持。依照《中華人民共和國民事訴訟法》第一百七十條第一款第(一)項規定,判決如下:

駁回上訴,維持原判。

二審案件受理費349,432元,由中國建設銀行股份有限公司福州城東支行負擔267,632元、中國工商銀行股份有限公司福州閩都支行負擔81,800元(已交納)。

本判決為終審判決。

審判長　常　潔

審判員　陰　虹

審判員　董　偉

二〇一八年九月十七日

法官助理　習亞偉

書記員　萬　晶

【案例122】獨立性是區分獨立保函與保證擔保的重要依據

中國銀行股份有限公司樂山分行
與汝城縣滿天星水力發電廠合同糾紛案評析

案號：四川省樂山市中級人民法院（2018）川11民終1196號

【摘要】

　　獨立保函與保證是兩種性質不同的擔保方式，銀行在擔保時對於二者選擇意味著將面臨不同程度的風險。若保函文本未記載「見索即付」時，區分該保函為獨立保函或保證擔保的關鍵點在於，保函文本是否為開立人設定了相符交單的情形下的獨立付款義務，若存在該義務，則認定為獨立保函。

【基本案情】

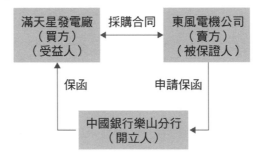

　　2013年11月27日，買方汝城縣滿天星水力發電廠（以下簡稱「滿天星發電廠」）與賣方東方電氣集團東風電機有限公司（以下簡稱「東風電機公司」）簽訂《湖南省滿天星水電站增效擴容改造工程水輪發電機組成套設備採購合同協議書》（以下簡稱《採購合

同》）。合同約定，買方的驗收工作分為初步驗收和最終驗收，初步驗收是指買方對於約定設備經過72小時試運行及30天考核運行合格後的驗收，最終驗收是指買方對約定設備保證期滿後的驗收。合同還約定，賣方應在收到《中標通知書》後14個工作日內並在簽訂合同前向買方提交履約保證函。

2013年12月26日，根據東風電機公司的申請，中國銀行股份有限公司樂山分行（以下簡稱「中國銀行樂山分行」）向滿天星發電廠開具《履約保函》，具體內容具體內容包括：「……我行在此代表被保證人（東風電機公司）向你方承擔CNY791,000.00（大寫：人民幣柒拾玖萬壹仟元整）的責任，被保證人在履行合同中，由於資金、技術、品質或非不可抗力等原因給你方造成經濟損失時，在你方以書面通知提出要求得到上述金額內的任何付款時，我行給予支付，不挑剔、不爭辯、也不要求你方出具證明或說明背景、理由。我行放棄你方應先向被保證人要求賠償上述金額然後再向我行提出要求的權利。我行進一步同意在你方和被保證人之間的合同條件、合同項下的工程或合同發生變化、補充或修改後，我行承擔本保函的責任也不改變，有關上述變化、補充和修改也無須通知我行。木保函自合同生效之口起至賣方最後一次供貨設備最終驗收合格後30天內一直有效。」

在《採購合同》履行過程中，滿天星發電廠分別於收到約定設備的2015年5月4日、2015年5月7日、2016年7月14日進行初步驗收，均無異常。2015年6月18日，其中一批產品出現問題，滿天星發電廠分別於2015年6月25日、2015年9月6日、2015年12月23日、2016年1月19日、2017年8月21日、2018年4月24日、2018年8月6日向東風電機公司函告其提供的設備存在品質問題，希望東風電機公司給予處置。並且至提起訴訟時止，滿天星發電廠未進行最終驗收。

2017年11月27日，滿天星發電廠通過郵寄方式向中國銀行樂山分行發出《關於支付銀行〈履約保函〉保證金的通知》，要求將保函

規定的履約保證金支付到其帳戶。中國銀行樂山支行在接到上述通知後，未將791,000.00元履約保證金支付給滿天星發電廠。滿天星發電廠遂訴至法院，請求判令中國銀行向滿天星發電廠支付履約保證金791,000元。

【法院判決】

本案經一審、二審，最終四川省樂山市中級人民法院經審理認為：1.本案案涉《履約保函》是中國銀行樂山分行作為開立人，以書面形式向受益人滿天星發電廠開具的。保函內容表明在滿天星發電廠以書面通知提出要求付款時，中國銀行樂山分行即應在791,000元金額內支付，且不要求滿天星發電廠出具證明或說明背景、理由，符合《最高人民法院關於審理獨立保函糾紛案件若干問題的規定》第一條第一款：「本規定所稱的獨立保函，是指銀行或非銀行金融機構作為開立人，以書面形式向受益人出具的，同意在受益人請求付款並提交符合保函要求的單據時，向其支付特定款項或在保函最高金額內付款的承諾。」規定的獨立保函的概念和特徵。因此，認定本案案涉《履約保函》為獨立保函。2.案涉保函載明該保函「自合同生效之日起至賣方最後一次供貨設備最終驗收合格後30天內一直有效」，且買賣雙方《採購合同》約定「最終驗收」是指買方對每台機組的合同設備保證期滿後的驗收，滿天星發電廠向中國銀行樂山分行發出《關於支付銀行〈履約保函〉保證金的通知》在保證期內，故中國銀行樂山分行應按照《履約保函》約定履行其義務。判決中國銀行樂山分行向滿天星發電廠支付履約保證金791,000元，案件受理費由中國銀行樂山分行負擔。

【法律評析】

本案的爭議焦點為：在未明確記載「見索即付」的情況下，對

於保函性質是獨立保函或保證擔保的判斷；對合同條款的意思理解發生歧義時，如何針對合同的解釋。

一、獨立保函與保證的區分

　　首先，訂立時二者適用的法律規則不同。實踐中，若銀行作為保證人與被保證人訂立保證擔保合同，則訂立時，合同雙方應當適用我國的《擔保法》及相關的司法解釋。若銀行作為擔保人與申請人訂立獨立保函合同，則訂立時，合同雙方可協商適用《見索即付保函統一規則（URDG758）》、《國際備用證慣例（ISP98）》等獨立保函交易規則。

　　其次，二者的基本屬性不同，這是區分二者的關鍵。保證具有從屬性，而獨立保函具有獨立性。保證的從屬性體現在眾多方面，簡言之，即保證合同是「附著」在基礎法律關係之上的。當基礎法律關係不成立、消滅時，銀行與被保證人之間的保證合同也因此而不成立、消滅；當基礎法律關係或主合同內容發生變更時，若沒有經過開立保函銀行同意，則銀行可不再承擔保函項下保證責任。而獨立保函自開出後，銀行作為擔保人，既獨立於保函申請法律關係又獨立於基礎法律關係，只要規定的付款條件達成，即履行付款義務。案涉中國銀行樂山分行在訂立保函合同時，未在合同中明確擔保的屬性，但是從《履約保函》的文本內容可以看出，當出現約定原因導致受益人造成經濟損失時，只要受益人以書面通知提出，銀行便「不挑剔、不爭辯、也不要求出具證明或說明背景、理由」得予以支付。因此可以認定，中國銀行樂山分行具有「見索即付」的意思表示，即當條件成立時，收到書面通知便履行付款承諾的義務。

　　再次，二者的開立主體不同。根據《擔保法》第七條至第十條的規定，保證人是具有代為清償債務能力的法人、其他組織或者公民，排除國家機關，學校、幼稚園、醫院等以公益為目的的事業單

位、社會團體，企業法人的分支機構、職能機構，但是法律另有規定的除外。根據《最高人民法院關於審理獨立保函糾紛案件若干問題的規定》（以下簡稱為《獨立保函規定》）第一條，開立人的範圍限定為銀行或非銀行金融機構。本案中，涉案保函的開立主體為中國銀行樂山分行，符合《獨立保函規定》中對於保函主體的特殊規定。

複次，二者擔保金額的確定方式不同。根據《擔保法》第二十一條的規定，保證擔保的範圍包括主債權及利息、違約金、損害賠償金和實現債權的費用。如果當事人對保證擔保的範圍沒有約定或者約定不明確的，保證人應對全部債務承擔責任，保證合同另有約定的從約定。由於獨立保函的獨立性，《獨立保函規定》規定，獨立保函應當設置特定款項或最高金額。本案中，案涉保函規定了當條件成就時，中國銀行樂山分行向受益人履行支付特定款項（CNY791,000.00）的義務。

又次，二者有效期的確定方式不同。根據《擔保法》及司法解釋的規定，保證期間可由債權人與保證人自行約定，若未約定，則保證期間為主債務履行期屆滿之日起六個月。而獨立保函若載明了明確的到期日或者到期事件，一旦條件成立，當事人即可主張獨立保函權利義務終止。本案中，案涉保函載明了明確的到期事件，即一系列原因給受益人造成經濟損失時，受益人即可向銀行主張權利。

最後，二者擔保人履行付款義務的前提不同。根據《擔保法》的規定，保證分為一般保證和連帶責任保證。在一般保證中，只有當被擔保人違約且不承擔違約責任時，銀行才承擔賠償責任，而且銀行還享有主債務人的抗辯權。連帶責任保證中，雖然銀行不享有先訴抗辯權，但是可沿用主債務人的抗辯權。如果被擔保人對受益人的索賠提出抗辯，可能還需通過仲裁或訴訟做出判定。但是在獨立保函中，銀行履行付款義務的前提為，受益人請求付款並且符合了保函項下的要求。銀行不享有主債務人的抗辯權或先訴抗辯權，僅在出現保函欺

詐的情形下能提出不履行付款義務的抗辯。

二、合同的解釋

本案中，中國銀行樂山分行認為其出具的保函有效期已過，不應當履行付款義務。理由為，滿天星發電廠已完成的初步驗收按照行業標準已屬於其出具保函文本中的「最終驗收」，而保函有效期截止驗收合格後的30天，在此期間滿天星發電廠並未提出索賠申請，故其認定保函責任已經終結。顯然，中國銀行樂山分行與合同當事人對於《採購合同》中約定的驗收條款存在不同的解釋。

首先，合同具有相對性，指除了另有約定之外，合同僅在合同當事人之間發生效力。本案中，由於獨立保函的獨立性，中國銀行樂山分行獨立於基礎的買賣合同關係之外，故對於爭議條款的解釋，應在合同當事人滿天星發電廠與東方電機公司之間進行解釋。

其次，根據《合同法》第一百二十五條的規定：「當事人對合同條款的理解有爭議的，應當按照合同所使用的詞句、合同的有關條款、合同的目的、交易習慣以及誠實信用原則，確定該條款的真實意思。合同文本採用兩種以上文字訂立並約定具有同等效力的，對各文本使用的詞句推定具有相同含義。各文本使用的詞句不一致的，應當根據合同的目的予以解釋。」合同雙方當事人滿天星發電廠與東方電機公司對於驗收條款的真實意思表示為，驗收包括初步驗收和最終驗收，最終驗收完成後即完成驗收工作。而本案中，滿天星發電廠在完成初步驗收後發現涉案設備存在品質問題，希望東方電機公司予以處理以履行合同項下的交付義務，故尚未最終驗收、完成驗收工作。因此，滿天星發電廠向中國銀行樂山分行發出的《關於支付銀行〈履約保函〉保證金的通知》在保函期限內發出，中國銀行樂山分行應當在審查確認索賠檔書面通知的表面真實後，予以支付履約保證金。

三、銀行風險啟示

首先，保證擔保和獨立保函是現代社會中比較常用的兩種擔保方式，二者具有不同性質和特點。傳統的保證擔保以從屬性為原則，較為偏重保護擔保人即銀行的利益，但是嚴重影響了擔保的效率；獨立保函的出現提高了商事行為的效率，同時「見索即付」的付款條件也使得銀行履行了較重的支付義務。對於二者不同性質擔保的選擇意味著銀行將面臨不同程度的風險，如何擬訂具體的條款也將導致銀行承擔不同輕重的責任。

本案中，雖然涉案保函未記載「見索即付」，卻導致銀行承擔了「見索即付」的獨立保函責任，而非保證擔保責任，主要原因在於合同條款約定不明確，存在歧義。因此，銀行在訂立保函合同時，應當根據《擔保法》或《獨立保函規定》等規範的指引，明確保函的性質，結合實際情況擬訂對雙方都有利的條款，嚴格依照合同履行義務。

其次，由於文字本身就具有不確定性，因此時常出現合同雙方對於某一條款存在不同理解的問題。如果事先在合同中約定爭議解決的條款，說明存在理解歧義時的解決方式以及以某一方的解釋為準，則將大大降低訴訟成本，提高交易效率。故銀行在擬訂合同時，也應當增加爭議解決方式的條款，以雙方友好協商解決為原則，以探尋訂立合同時雙方達成合意的真實意思表示為目的，找到最優的解決方式。

附：法律文書

中國銀行股份有限公司樂山分行、汝城縣滿天星水力發電廠合同糾紛二審民事判決書

四川省樂山市中級人民法院民事判決書（2018）川11民終1196號

上訴人（原審被告）：中國銀行股份有限公司樂山分行。

　住所地：四川省樂山市市中區嘉定北路128號。

主要負責人：高駿康，行長。

委託訴訟代理人：李曉玲，四川高貿律師事務所律師。

委託訴訟代理人：謝波，男，四川高貿律師事務所實習律師。

被上訴人（原審原告）：汝城縣滿天星水力發電廠。

　住所地：湖南省汝城縣馬橋鄉焦坪村。

法定代表人：何為珍，總經理。

委託訴訟代理人：吳良雲，男，該廠員工。

委託訴訟代理人：鄧明康，男，該廠員工。

原審第三人：東方電氣集團東風電機有限公司。

　住所地：四川省樂山市五通橋區橋溝鎮橋溝街，統一社會信用代碼
　915111122069510472。

訴訟代表人：東方電氣集團東風電機有限公司管理人。

委託訴訟代理人：關洪海，男，該公司員工。

　　上訴人中國銀行股份有限公司樂山分行（以下簡稱中國銀行樂山分行）
因與被上訴人汝城縣滿天星水力發電廠（以下簡稱滿天星發電廠）、原審第
三人東方電氣集團東風電機有限公司（以下簡稱東風電機公司）合同糾紛一
案，不服四川省樂山市市中區人民法院做出的（2018）川1102民初2074號
民事判決，向本院提起上訴。本院於2018年9月18日立案後，依法組成合議
庭，於2018年10月9日公開開庭進行了審理。上訴人中國銀行樂山分行的委
託訴訟代理人李曉玲、謝波，被上訴人滿天星發電廠的委託訴訟代理人吳良
雲、鄧明康，原審第三人東風電機公司的委託訴訟代理人關洪海到庭參加訴
訟。本案現已審理終結。

　　中國銀行樂山分行上訴請求：1.判決撤銷四川省樂山市市中區人民法院
（2018）川1102民初2074號判決書，改判駁回滿天星發電廠的全部訴訟請
求；2.一、二審案件訴訟費用由被上訴人承擔。事實與理由：一、一審法院
認為中國銀行樂山分行向滿天星發電廠出具的保函係獨立保函，係認定事實
錯誤。中國銀行樂山分行出具的保函既未載明見索即付，也未載明適用國際

商會《見索即付保函統一規則》等獨立保函交易示範規則，同時，保函明確
是在被保證人在履行合同過程中，由於資金、技術、製造、供貨、服務等原
因給滿天星發電廠造成損失時，中國銀行樂山分行同意在保函載明的金額範
圍內承擔擔保責任。保函的付款義務並未獨立於基礎交易及保函申請法律關
係，中國銀行樂山分行出具的保函不應被認定為獨立保函。二、中國銀行樂
山分行出具的保函有效期已過，依法不應當承擔付款義務。中國銀行樂山分
行出具的保函係履約保函，在東方電機公司按合同約定向滿天星發電廠交付
合同約定的設備後，基於履約保函的責任已終結。保函的有效期為「本保函
自合同生效之日起至賣方最後一次供貨設備最終驗收合格後30天內一直有
效」。滿天星發電廠已在2016年7月14日出具最後一批設備72小時運行正常
的紀錄，按行業規範表明該設備已驗收合格並使用。根據相關法律規定，在
2016年8月14日前，滿天星發電廠未向中國銀行樂山分行提出索賠申請，中
國銀行樂山分行與滿天星發電廠基於保函的權利義務已終止。滿天星發電廠
於2017年11月27日通過郵寄方式和其後通過訴訟方式向中國銀行樂山分行提
出索賠主張享有付款請求權，人民法院依法不予支持。

　　滿天星發電廠答辯稱：一審法院認定事實清楚，適用法律正確，應予
以維持。一、本案涉及的銀行保函完全符合獨立保函所有的構成要件。該保
函是中國銀行樂山分行以銀行作為開立人，獨立向滿天星發電廠作為受益人
開具的，同意在滿天星發電廠提出付款請求單據時，向滿天星發電廠支付保
函最高金額內付款的承諾。該保函還表述了付款完全獨立於基礎關係，中國
銀行樂山分行在保函中承諾，只要滿天星發電廠向其提交書面付款要求得到
保函保證金時，便給予支付，不挑剔、不爭辯、也不要求滿天星發電廠出具
證明或說明背景、理由。從保函涉及的權利義務也可以看出，該保函沒有約
束協力廠商。二、本案涉及的銀行保函至今有效。該保函明確規定：「本保
函自合同生效之日至賣方最後一次供貨設備最終驗收合格後30天內一直有
效。」對於「設備最終驗收」的概念，在滿天星發電廠與東風電機公司的設
備採購合同中有非常明確具體的約定。最終驗收在規定的保證期結束時，
再對設備進行全面檢查，驗收合格再簽發最終驗收證書。正常保證期是從簽
收初步驗收證書後持續24個月；缺陷保證期是在正常保證期間，若發現設備
存在品質問題，從發現問題之日按之前確定的保證期限再重新起算。本案保

函所承諾的兩台設備機組至今為止在品質保證期滿前均先後出現品質問題，至今沒有達到最終驗收的條件。因此，至今保函都是有效的。

原審第三人東風電機公司答辯稱：保函已經過了期限，本案設備機組也是已經做了最終驗收。沒有最終驗收報告他是如何上網發電的，沒有最終驗收是如何向政府申請發電的。滿天星發電廠所說的品質問題不認可，而轉輪的生產基地也是滿天星發電廠指定的生產廠家，東風電機公司不承擔品質問題，應由滿天星發電廠自行承擔。

滿天星發電廠向一審法院起訴請求：1.判決中國銀行樂山分行向滿天星發電廠支付履約保證金791,000元；2.由中國銀行樂山分行承擔本案訴訟相關費用。

一審法院認定事實：2013年11月27日，滿天星發電廠（買方）與東風電機公司（賣方）簽訂《湖南省滿天星水電站增效擴容改造工程水輪發電機組成套設備採購合同協議書》。合同第1.15條款約定：「初步驗收」是指合同設備經過72小時試運行及30天考核運行合格後，買方對每台機組合同設備的驗收。合同第1.16條款約定：「最終驗收」是指買方對每台機組的合同設備保證期滿後的驗收。合同第2.1條款約定：本次採購的貨物為用於湖南省滿天星水電站兩台套立軸混流式水輪發電機組更新改造、自動化元件、備品備件和專用工器具的設計、製造及所需材料和部件的採購、成套、工廠檢驗、包裝、保管、運輸及保險、交貨、工地開箱檢驗、CFD計算設計技術檔、設計聯絡、出廠驗收、駐廠監造和技術培訓與服務等。包括但不限於以下內容：（1）兩台套水輪機更新除座環、蝸殼、尾水管外的全套設備；（2）兩台套發電機整體更新；（3）自動化元件；（4）以上設備所涉及的備品備件、專用工器具和試驗設備等；（5）CFD計算設計；（6）設計聯絡與駐廠監造；（7）技術培訓與服務；（8）現場驗收。合同第2.2條款約定：由賣方為本專案的上述設備提供的設計、製造、保險、試驗、包裝、運輸和交貨；提供備品、備件及安裝、試驗的專用工器具；提交圖線、說明書和其他技術資料；提供安裝和現場試驗的指導；參與現場調試、試運行和驗收；提供對運行人員和維修人員的培訓；完成設計聯絡；接受買方代表參加工廠監造、產品中間組裝的監督和驗收，工廠驗收等，在買方協助下完成水輪機特性試驗，並應完全符合合同要求；完成合同規定的協調和配合工作。提供機組裝

配、所有試驗、正常運行和維修所需的全部技術檔資料。詳細內容見合同相關條款。合同第10.1條款約定：賣方應在收到《中標通知書》後14個工作日內並在簽訂合同前向買方提交履約保證函。履約保證函採用經買方同意的在中國境內註冊的支行以上銀行出具的保額為合同總價10%的銀行保函。履約保證金自合同生效起至賣方最後一次供貨設備最終驗收合格後30天內一直有效，買方應在其有效期結束後14天內將履約保函退還給賣方。合同第10.2條款約定：賣方提供的履約保函應按招標檔規定的格式或買方可接受的其他格式提供，與此有關的一切費用由賣方承擔。合同第14.2.1條款約定：水輪機模型試驗由買方與哈電多能水電公司簽訂模型試驗協定後進行，模型試驗費用由買方承擔，賣方參與配合驗收或試驗資料驗收。合同第21.1條款約定：安裝單位將根據賣方人員（賣方的安裝指導人員須有相關的資格證書）的指導及賣方提交的技術檔對合同設備進行安裝、試驗運行和驗收試驗。賣方應對其監督指導下設備的安裝、調試和驗收試驗的品質負責，使其符合技術規範和有關標準的要求。雙方應通力合作，採取必要措施使設備盡快投入商業運行。合同第21.4條款約定：當機組安裝完成後，安裝方在賣方技術人員的指導下應對機組進行調試和驗收試驗。調試是為了對合同設備進行檢查、起動、初期運行、調整和試驗。機組在調試期間，雙方應選擇適當時機進行驗收試驗。驗收試驗是為了檢查設備是否滿足合同規定的所有技術性能保證值。當全部現場試驗（除技術規範明文規定不在試運行期間所作的試驗外）完成，所有技術性能及保證值均能滿足，機組按照技術規範規定帶滿負荷連續試運行168小時以後，該驗收試驗即認為被接受，買方、安裝單位、監理單位應在七天內聯合簽署機組初步驗收證書，有關責任方各持一份。按照本章第十七條款付給賣方機組的合同款。合同第21.5條款約定：如果一項（或）多項技術性能及（或）保證值不能滿足合同的要求，在第一次驗收試驗時賣方與買方、安裝方、監理方應共同分析原因，並確定應由哪一方承擔責任。如果責任在賣方，買賣雙方應根據具體情況確定第二次驗收試驗的時間，第二次驗收試驗必須在第一次驗收試驗失敗後三個月內完成。在例外的情況下，可在各方同意的期限內完成。賣方應自費採取有效措施使設備在第二次驗收試驗時達到技術性能和（或）保證值的要求，並承擔由此引起的一切費用。如果一項或多項技術性能和（或）保證值，在第二次驗收試驗中，

由於賣方的責任仍然達不到合同規定的要求，賣方應根據本章第四十三條款中的有關規定付給買方違約罰金後的七天之內，雙方應簽署初步驗收證書，一式二份，每方各執一份。在這種情況下，賣方仍有責任使設備滿足合同規定的技術性能及保證值的要求。如果責任在買方，雙方應該根據具體情況確定第二次試驗的日期，第二次驗收試驗應在第一次驗收試驗失敗後三個月內完成。在例外情況下，可在雙方同意的期限內完成。買方應自費採取有效措施使設備在第二次驗收試驗時達到技術性能和（或）保證值的要求，並承擔由此引起的一切費用。在第二次驗收試驗時，如果由於買方的責任，一項或多項的技術性能和（或）保證值。仍然達不到合同規定的要求，該設備將被作為已被買方驗收，雙方應簽署初步驗收試驗證書，一式二份，每方各執一份。在這種情況下，賣方仍有責任協助買方採取各種措施以使設備滿足合同規定的技術性能及保證值的要求。合同第21.6條款約定：如果發現由於賣方責任造成任何設備缺陷和（或）損壞，或不合技術規範要求，和（或）由於賣方技術檔錯誤或由於賣方人員在安裝、試運行和驗收試驗過程中錯誤指導而導致設備損壞，買主有權向賣方提出索賠。合同第21.7條款約定：如果由於買方原因致使有關設備的驗收不能進行，從機組最後一批貨物交貨日期起30個月內，買方應就上述設備向賣方出具初步驗收證書。合同第21.8條款約定：如果由於自然的原因致使有關設備的調試及驗收不能進行，雙方應協商在保證期內確定一個日期完成調試及驗收試驗。合同第21.9條款約定：買方應在驗收試驗前20天，通知賣方對機組進行驗收試驗的預計的時間，並在驗收試驗前五天，通知其確切日期。賣方應派代表參加上述試驗。合同第21.10.1條款約定「初步驗收」為：當本合同規定的工作已經完成，並且已滿足第21.4、21.5、或21.6款的要求則應從簽發初步驗收證明日開始，將為機組頒發初步驗收證書，對於有缺陷的、有損壞了的部件的更換，在安裝、檢查和試驗滿足買方的要求後，也為這些部件頒發初步驗收證書時其保證期開始。合同第21.10.2條款約定「最終驗收」為：在規定的保證期限結束時，買方將對工程作一全面檢查，如認為工程滿意，即簽發最終驗收證書。最終驗收證書是對機組，包括水輪機、發電機及其附屬設備簽發的。最終驗收證書將成為支付的有效檔。合同第22.3條款約定：品質保證期：（1）正常保證期：每台機組的保證期從該機組的初步驗收證書簽發日開始持續24個月，或從該

機組的交貨日起持續36個月，兩者以先到者為準。在正常保證期內，對設備及材料的任何部分因設計或製造不良而出現或發生的損壞，賣方收到書面通知後，應對此承擔責任。（2）潛在缺陷的品質保證期：在正常保證期內一旦設備及材料的任何部分有潛在缺陷，則此部分的保證期從缺陷發現日起重新計算。賣方一收到買方確認潛在缺陷的書面通知，即應有責任履行規定的義務。本條款所提的「潛在缺陷」是指上述的正常保證期滿之前，正常檢驗時未被發現的由於工藝粗糙、設計錯誤或材料缺陷和其他因賣方之過失所造成的缺陷。正常保證期從缺陷修補後驗收合格之日起重新計算。若再次發現潛在缺陷，正常保證期重新計算，如此類推。此外，該合同還對技術規格和標準、專利權、合同履行時間、設計、技術服務與聯絡會議、技術檔、技術資料、設備、材料和工藝的變更、試驗和工廠檢驗、包裝和裝運標記、交貨和單據、付款方式、單價及合價調整、工地驗貨、產權轉移與貨物責任、品質保證、品質擔保計畫、違約責任、售後服務等進行了約定。2016年4月11日，滿天星發電廠（買方）與東風電機公司（賣方）簽訂《滿天星水電站水輪發電機組設備採購補充協定》，就已在改造中的2#號機組所有設備及配件發貨、交貨時間等進行了補充約定。

為保證上述合同的順利履行，根據東風電機公司的申請，中國銀行樂山分行於2013年12月26日向滿天星發電廠開具《履約保函》（GC1547513000196），載明：「受益人：汝城縣滿天星水力發電廠（以下簡稱『你方』）。地址：湖南省汝城縣城關鎮文化路3號電力大廈。鑒於東方電氣集團東風電機有限公司，地址：四川省樂山市五通橋區橋溝鎮（以下簡稱『被保證人』）已與你方簽訂《湖南省滿天星水電站增效擴容改造工程水輪發電機機組成套設備採購》的合同（合同編號：MKR-03）（以下簡稱『合同』），並保證承諾對該專案設備採購的設計、製造、供貨、服務（安裝協助、試運行、驗收、技術協助等）和保修，中國銀行股份有限公司樂山分行，地址：四川省樂山市市中區嘉定北路128號（以下簡稱『我行』）已接受被保證人的請求，願就被保證人履行上述合同約定的義務向你方提供銀行履約保函，作為被保證人履行上述合同約定的義務向你方提供銀行履約保函，作為被保證人履行本合同責任的保證金。我行在此代表被保證人向你方承擔CNY791,000.00（大寫：人民幣柒拾玖萬壹仟元整）的責任，被保證人

在履行合同中，由於資金、技術、品質或非不可抗力等原因給你方造成經濟損失時，在你方以書面通知提出要求得到上述金額內的任何付款時，我行給予支付，不挑剔、不爭辯、也不要求你方出具證明或說明背景、理由。我行放棄你方應先向被保證人要求賠償上述金額然後再向我行提出要求的權利。我行進一步同意在你方和被保證人之間的合同條件、合同項下的工程或合同發生變化、補充或修改後，我行承擔本保函的責任也不改變，有關上述變化、補充和修改也無須通知我行。本保函自合同生效之日起至賣方最後一次供貨設備最終驗收合格後30天內一直有效。」

　　另查明：2013年11月15日，滿天星發電廠（業主方）與東風電機公司（甲方）、案外人哈電多能水電公司（乙方）簽訂《湖南滿天星電站兩套A791b轉輪供貨技術協議》，三方約定：一、雙方責任及技術要求：1.乙方負責設計製造HLA791b-LJ-138（俯視順時針旋轉）混流式水輪機成品轉輪（含泄水錐）兩台。……四、供貨範圍：乙方向甲方按規定時間提供下列部件及圖紙資料。與水輪機設計有關的圖紙資料應在本協定簽字後15日內提供給甲方，提供的正式圖紙資料應由授權代表簽字及加蓋單位公章，並同時提供電子版本。1.成品轉輪兩台。2.轉輪全部質檢資料（包括但不限於化學成分、機械性能試驗報告，機械加工檢查紀錄，無損檢測報告，靜平衡試驗報告）。3.葉片進出水邊型線檢查樣板一套（不少於三個斷面）。4.模型轉輪輪流道圖，活動導葉型線圖，固定導葉與活動導葉相對位置關係圖，葉片軸截面圖。5.A791b轉輪改造滿天星電站的CFD流動分析計算報告（在模型驗收試驗時一併提供）。6.轉輪模型試驗報告（模型驗收試驗結束後30日內提供）。與此同時，滿天星發電廠（甲方）、哈電多能水電公司（乙方）和東風電機公司簽訂《湖南滿天星水電站增效擴容改造工程機組轉輪模型試驗委託驗收合同》，約定委託東風電機公司共同參與模型試驗驗收。

　　還查明：在《湖南省滿天星水電站增效擴容改造工程水輪發電機組成套設備採購合同協議書》履行過程中，滿天星發電廠收到1#號機組後，於2015年5月4日17：30至2015年5月7日17：30期間進行了72小時試運行，隨後滿天星發電廠向東風電機公司出具了《東方電氣集團東風電機有限公司水輪發電機組72小時試運行紀錄表》，備註載明：滿天星電站1#號機組於2015年5月7日順利完成了72小時試運行，在試運行期間，各軸承溫度、振動、擺度均正

常，並且各項指標均滿足設計和國家規範要求，機組停機後檢查各個部套，均無異常。滿天星發電廠收到2#號機組後，於2016年7月14日2：30分至2016年7月17日2：30分期間進行了72小時試運行，並向東風電機公司出具了《東方電氣集團東風電機有限公司水輪發電機組72小時試運行紀錄表》。另，由於1#號機組轉輪葉片出現掉塊和裂紋問題，2015年6月18日，由汝城縣水電有限責任公司副總經理朱小洪主持，召開了湖南省汝城縣滿天星電站增效擴容改造1#號機組轉輪品質事故會議並形成會議紀要，該會議紀要對滿天星電站增效擴容改造1#號機組轉輪葉片掉塊和裂紋作了初步分析，並研究了應急彌補措施。東風電機公司和哈電多能水電公司均派員參加了此次會議，並在會議紀要上簽名。此外，滿天星發電廠還分別於2015年6月25日、2015年9月6日、2015年12月23日、2016年1月19日、2017年8月21日、2018年4月24日、2018年8月6日通過向東風電機公司員工韓敏、王峰發送電子郵件方式向東風電機公司函告其提供的1#號機組和2#號機組存在品質問題，希望東風電機公司給予處置。

再查明：案涉的供貨設備1#號機組、2#號機組至今尚未經滿天星發電廠最終驗收，滿天星發電廠尚未對案涉的供貨設備1#號機組、2#號機組出具最終驗收證書。

又查明，2017年11月27日，滿天星發電廠通過郵寄方式向中國銀行樂山分行發出《關於支付銀行〈履約保函〉保證金的通知》，載明：「2013年11月，東方電氣集團東風電機有限公司與我方簽訂《湖南省滿天星水電站增效擴容改造工程水輪發電機機組成套設備採購合同》（合同編號：MKR-03）。2013年12月26日，貴行為東方電氣集團東風電機有限公司向我方出具了見索即付《履約保函》（GC1547513000196），代表該公司向我方承擔791,000元的履約保證金責任，指定我方為受益人。鑒於東方電氣集團東風電機有限公司向我方提供的水輪發電機機組成套設備存在嚴重品質問題，一直未予解決，導致設備至今無法驗收合格，給我方造成嚴重損失，構成嚴重違約，現根據《履約保函》第二款之規定，特通知貴行將保函規定的791,000.00元履約保證金支付到我方下列帳戶：名稱：汝城縣滿天星水力發電廠，帳號：43XXX73，開戶行：中國建設銀行股份有限公司汝城支行。否則我方將依法追究貴行法律責任。」2017年12月7日，汝城縣人民政府法律

顧問團受滿天星發電廠的委託通過郵寄方式向中國銀行樂山分行發出《律師函》，要求中國銀行樂山分行按約向滿天星發電廠履行支付保證金791,000元的義務。中國銀行樂山分行收到滿天星發電廠發出的前述通知及委託律師發出的《律師函》，認可滿天星發電廠向中國銀行樂山分行主張過前述權利。

　　一審法院認為，基於滿天星發電廠與東風電機公司因《湖南省滿天星水電站增效擴容改造工程水輪發電機組成套設備採購合同協議書》履行需要，受東風電機公司的申請，中國銀行樂山分行開具以滿天星發電廠為受益人的《履約保函》，案涉《履約保函》是各方當事人的真實意思表示，內容不違反法律、行政法規的強制性效力性規定，應屬合法有效。根據當事人各方的訴辯意見和陳述意見，本案的爭議焦點：一、中國銀行樂山分行向滿天星發電廠出具的《履約保函》是否是獨立保函。二、本案《履約保函》是否已過有效期，中國銀行樂山分行的付款義務是否免除。

　　一、關於中國銀行樂山分行開具的《履約保函》是否是獨立保函的問題。《最高人民法院關於審理獨立保函糾紛案件若干問題的規定》第一條規定：「本規定所稱的獨立保函，是指銀行或非銀行金融機構作為開立人，以書面形式向受益人出具的，同意在受益人請求付款並提交符合保函要求的單據時，向其支付特定款項或在保函最高金額內付款的承諾。前款所稱的單據，是指獨立保函載明的受益人應提交的付款請求書、違約聲明、協力廠商簽發的檔、法院判決、仲裁裁決、匯票、發票等表明發生付款到期事件的書面檔。」第三條規定：「保函具有下列情形之一，當事人主張保函性質為獨立保函的，人民法院應予支持，但保函未載明據以付款的單據和最高金額的除外：（一）保函載明見索即付；（二）保函載明適用國際商會《見索即付保函統一規則》等獨立保函交易示範規則；（三）根據保函文本內容，開立人的付款義務獨立於基礎法律關係及保函申請法律關係，其僅承擔相符交單的付款責任。」根據上述規定，案涉《履約保函》的性質應當認定為獨立保函。理由如下：1.案涉《履約保函》是由中國銀行樂山分行作為開立人，以書面形式向滿天星發電廠開具的，同意在滿天星發電廠向中國銀行樂山分行提出書面通知，向滿天星發電廠在保函最高金額內付款的承諾。2.案涉《履約保函》對於中國銀行樂山分行承擔保證責任的單據化條件做出了明確的約定，其載明據以付款的單據即為滿天星發電廠方出具的書面通知，約定的最

高賠償金額為791,000元。3.區分一份保函的性質是獨立保函還是擔保法規定的保證，關鍵在於考察保函文本是否為開立人設定了相符交單的情形下的獨立付款義務。從案涉《履約保函》的文本內容來看，雖然存在「被保證人在履行合同中，由於資金、技術、品質或非不可抗力等原因給你方造成經濟損失時」的表述，但在該保函中，滿天星發電廠同時表述：「在你方以書面通知提出要求得到上述金額內的任何付款時，我行給予支付，不挑剔、不爭辯、也不要求你方出具證明或説明背景、理由。」因此，案涉保函文本的內容體現了作為擔保行的被告憑單付款的意思表示，其作為開立人的付款義務獨立於基礎法律關係及保函申請法律關係，其僅承擔相符交單的付款責任。案涉保函中約定的「被保證人在履行合同中，由於資金、技術、品質或非不可抗力等原因給你方造成經濟損失時」不應當屬於保函中約定的被告承擔保證責任的前提條件，不影響案涉保函為獨立保函的屬性。故滿天星發電廠主張案涉《履約保函》是獨立保函主張成立，該院予以支持。中國銀行樂山分行及東風電機公司關於《履約保函》不是獨立保函的辯稱和述稱意見，該院不予採信。

二、關於案涉保函是否已過有效期，中國銀行樂山分行是否應免除付款義務的問題。涉案保函中對保函的有效期做出了明確的規定，即「本保函自合同生效之日至賣方最後一次供貨設備最終驗收合格後30天內一直有效」。根據滿天星發電廠與東風電機公司在《湖南省滿天星水電站增效擴容改造工程水輪發電機組成套設備採購合同協議書》中的約定，對每台合同設備的驗收，除要經過滿天星發電廠72小時試運行及30天考核運行合格後的初步驗收，還要經原告對每台機組的合同設備保證期滿後的最終驗收。從本案查明的事實來看，滿天星發電廠只是分別於2015年5月7日、2016年7月17對1#號機組、2#號機組進行了72小時試運行測試，但前述作為合同設備的機組並未經原告最終驗收。因此，案涉保函並未超過有效期，至今仍有效。關於中國銀行樂山分行和東風電機公司主張滿天星發電廠接收1#號機組、2#號機組後進行的72小時試運行測試表明滿天星發電廠已驗收合格，案涉保函的有效期已過的辯稱和述稱意見，該本院不予採信。關於東風電機公司主張1#號機組、2#號機組未經最終驗收的責任在於滿天星發電廠而非東方電機公司，本案中，案涉保函係獨立保函，因此，1#號機組、2#號機組未經最終驗收的責

任是滿天星發電廠還是東方電機公司屬於基礎法律關係審理的範圍，不屬於本案審理的範圍。

綜上所述，滿天星發電廠已於2017年11月27日通過郵寄方式向中國銀行樂山分行發出《關於支付銀行〈履約保函〉保證金的通知》，履行了要求中國銀行樂山分行按照《履約保函》支付保證金791,000元的書面通知義務，中國銀行樂山分行在收到滿天星發電廠提交的滿足保函約定的書面通知時，即應向滿天星發電廠支付案涉保函確定的數額款項。滿天星發電廠索賠時無須證明基礎交易項下作為債務人的東方電機公司的違約事實，中國銀行樂山分行僅有義務審核保函項下受益人提交的作為索賠檔的書面通知的表面真實性，不應當審查單據之外基礎交易的實際履行情況。故中國銀行樂山分行理應按照《履約保函》的約定支付保證金791,000元，滿天星發電廠的訴訟請求應予以支持。據此，依照《中華人民共和國合同法》第八條、第四十四條、第六十條、《最高人民法院關於審理獨立保函糾紛案件若干問題的規定》第一條、第三條、第六條，《中華人民共和國民事訴訟法》第六十四條的規定，判決：中國銀行樂山分行在本判決生效後十日內支付滿天星發電廠履約保證金791,000元。案件受理費11,710元，由中國銀行樂山分行負擔。

二審查明的事實與一審查明的事實一致。本院予以確認。

本院認為，本案的爭議焦點為：一、中國銀行樂山分行向滿天星發電廠出具的《履約保函》是否是獨立保函。本案案涉《履約保函》是中國銀行樂山分行作為開立人，以書面形式向受益人滿天星發電廠開具的。從該保函載明的「我行在此代表被保證人向你方承擔CNY791,000.00（大寫：人民幣柒拾玖萬壹仟元整）的責任，被保證人在履行合同中，由於資金、技術、品質或非不可抗力等原因給你方造成經濟損失時，在你方以書面通知提出要求得到上述金額內的任何付款時，我行給予支付，不挑剔、不爭辯、也不要求你方出具證明或說明背景、理由」內容表明，在滿天星發電廠以書面通知提出要求付款時，中國銀行樂山分行即應在791,000元金額內支付，且不要求滿天星發電廠出具證明或說明背景、理由，符合《最高人民法院關於審理獨立保函糾紛案件若干問題的規定》第一條第一款：「本規定所稱的獨立保函，是指銀行或非銀行金融機構作為開立人，以書面形式向受益人出具的，同意在受益人請求付款並提交符合保函要求的單據時，向其支付特定款項或在保函

最高金額內付款的承諾。」規定的獨立保函的概念和特徵。因此，一審法院認定本案案涉《履約保函》為獨立保函符合法律規定，本院予以維持。

　　二、本案案涉《履約保函》是否已過有效期。本案《履約保函》對保函有效期進行了明確約定即「本保函自合同生效之日起至賣方最後一次供貨設備最終驗收合格後30天內一直有效」。根據《履約保函》載明的內容看，本案《履約保函》是基於東方電機公司與滿天星發電廠簽訂的《湖南省滿天星水電站增效擴容改造工程水輪發電機機組成套設備採購合同協議書》而出具的保函，且該保函的有效期也是以《湖南省滿天星水電站增效擴容改造工程水輪發電機機組成套設備採購合同協議書》生效之日開始計算。因此，該保函載明的「最終驗收」應是指《湖南省滿天星水電站增效擴容改造工程水輪發電機機組成套設備採購合同協議書》約定的「最終驗收」。根據《湖南省滿天星水電站增效擴容改造工程水輪發電機機組成套設備採購合同協議書》的約定「最終驗收」是指買方對每台機組的合同設備保證期滿後的驗收。正常保證期：每台機組的保證期，從該機組的初步驗收證書簽發日開始持續24個月，或從該機組的交貨日起持續36個月，兩者以先到者為準。從本案查明的事實來看，滿天星發電廠於2016年7月17日對2#號機組進行了72小時試運行測試。滿天星發電廠於2017年11月27日通過郵寄方式向中國銀行樂山分行發出《關於支付銀行〈履約保函〉保證金的通知》並未超過24個月，屬於在保證期內，並未進行最終驗收。因此，滿天星發電廠以書面形式要求中國銀行樂山分行履行《履約保函》支付791,000元的義務是在《履約保函》有效期內，並未超過有效期。中國銀行樂山分行應按照《履約保函》約定履行其義務。

　　綜上所述，上訴人中國銀行樂山分行的上訴理由不成立，應予駁回；一審法院認定事實清楚，適用法律正確，應予維持。依照《中華人民共和國民事訴訟法》第一百七十條第一款第（一）項的規定，判決如下：

　　駁回上訴，維持原判。

　　本案二審案件受理費11,710元，由上訴人中國銀行股份有限公司樂山分行負擔。

　　本判決為終審判決。

審判長　張圖亮

審判員　趙　霞

審判員　程巧玲

二〇一八年十月十二日

書記員　李　波

第六篇

信用證糾紛

【案例123】票據質權人的票據權利法律分析

有色金屬公司、恒豐銀行信用證開證糾紛案評析

案號：浙江省高級人民法院（2018）浙民終222號

【摘要】

銀行在接受票據質押時，應當嚴格按照法律規定對票據進行質押背書。當銀行的主債權無法實現時，銀行應及時向票據債務人行使票據權利，以實現自己的債權。

【基本案情】

2015年10月21日，恒豐銀行股份有限公司寧波分行（以下簡稱「恒豐銀行」）與寧波港迪貿易有限公司（以下簡稱「港迪公司」）訂立《綜合授信額度合同》一份。2016年11月10日，恒豐銀行與港迪公司訂立《貿易融資主協議》一份，約定港迪公司須支付恒豐銀行為收回與該協議項下融資業務有關款項向有關當事人追索而發生的費用。該協議為上述《綜合授信額度合同》項下子合同。

2016年11月10日、11月15日、11月23日，港迪公司向恒豐銀行申請開立信用證各一份；上述開證申請書中，港迪公司均承諾如違反約定導致恒豐銀行墊款的，自墊款之日起，恒豐銀行有權按照年利率18%計收逾期利息。

另外，恒豐銀行與港迪公司簽訂《最高額質押合同》一份，約定港迪公司以中國有色金屬建設股份有限公司（以下簡稱「有色金屬公司」）出票並承兌的兩張商業承兌匯票為上述《貿易融資主協議》項下發生的主債權進行擔保。上述《最高額質押合同》簽訂後，港迪公司分別將相應的商業承兌匯票質押背書並交付給恒豐銀行，被背書人為恒豐銀行，港迪公司在「背書人」欄加蓋財務專用章，該欄內還注明「質押」字樣。

後因港迪公司明確表示無力清償到期融資款項，扣除保證金後，恒豐銀行仍須於信用證到期日為港迪公司墊款合計79,958,650元，恒豐銀行致函要求有色金屬公司在收函三日內回覆能否兌付上述質押匯票，但其並未回函，視為拒付。恒豐銀行遂訴至法院，訴請港迪公司償還墊款79,958,650元，有色金屬公司兌付匯票6,000萬元及相應利息。

【法院判決】

浙江省高級人民法院經審理認為：1.票據質押權利人具有票據權利，有色金屬公司關於恒豐銀行不擁有票據權利的主張不能成立。2.一審判決並未錯誤適用《中華人民共和國票據法》（以下簡稱《票據法》）第十三條第一款和第三十五條第二款，上訴人的主張缺乏法律依據。

綜上，二審法院維持了原審判決關於「恒豐銀行有權要求有色金屬公司向其支付案涉匯票項下款項合計6,000萬元及相應利息」認定事實清楚，適用法律正確，駁回上訴，維持原判。二審案件受理費由有色金屬公司承擔。

【法律評析】

本案的爭議焦點為：票據質權人是否享有票據權利；票據質權

人能否切斷票據債權人的票據抗辯。

一、票據質權人享有票據權利

《票據法》第三十五條第二款規定：「匯票可以設定質押，質押時應當以背書記載『質押』字樣。被背書人依法實現其質權時，可以行使匯票權利。」從該法條的文義可知，匯票的質權人可通過行使票據權利的方式行使質權。

結合本案，有色金屬公司在二審時認為票據質權人恒豐銀行只是代理出質人港迪公司行使其票據權利，並非獨立的票據權利人，因此有色金屬公司可以對其票據權利進行抗辯。然而，有色金屬公司的主張卻被二審法院駁回，其主要原因如下：

（一）有色金屬公司的主張無視了質權人的獨立地位，質權人的獨立地位體現在質權人行使質權時，其並非是從屬於出質人的附屬主體，其行使的票據權利與出質人享有的權利是獨立的。

（二）有色金屬公司的主張違反了票據無因性和獨立性原則。《最高人民法院關於當前商事審判工作中的若干具體問題》（以下簡稱《商事審判若干具體問題》）第三條規定：「無因性是《票據法》的基本原則。票據行為具有獨立性，不受原因關係的影響。持票人行使票據權利時不負證明給付原因的責任。持票人只要能夠證明票據的真實和背書的連續，即可以對票據債務人行使票據權利。……」出質人與質權人之間的票據質押行為與出質人和票據債務人之間的債權債務關係是相互獨立的。根據票據無因性原則以及獨立性原則的規定，票據質權人享有的票據權利與出質人享有的權利是獨立的。

（三）有色金屬公司主張質權人不享有獨立票據權利的相關論述無法律依據。雖然《票據法》只規定了票據質權人可通過行使票據權利的方式實現質權，並沒有明確規定票據質權人享有獨立的票據權利，但有色金屬公司也不能就此得出票據質權人不享有票據權利的結

論。有色金屬公司的推論與「法無明文禁止皆可為」的原則相悖，依據該原則，對持票人票據權利的限制應由《票據法》明確規定。例如《票據法》第十一條第一、二款規定：「因稅收、繼承、贈與可以依法無償取得票據的，不受給付對價的限制。但是，所享有的票據權利不得優於其前手的權利。」結合本案，《票據法》未明確規定票據質權人不享有獨立的票據權利，故應當認定票據質權人享有獨立的票據權利。

（四）有色金屬公司的主張與司法實踐的一貫立場相悖。法院在處理類似案件時認為票據質權人在行使質權時享有的票據權利與「背書轉讓」類似。例如浙江省高級人民法院在（2013）浙商終字第19號判決書中認為質權人行使質權時享有的票據權利與背書轉讓時的票據權利「並無二致」[1]。因此，司法實踐中，法院認為票據質權人享有的票據權利應參照背書轉讓的規定，與此同時，依據上文中票據獨立性原則的規定，因背書轉讓獲得票據權利的持票人，其享有的票據權利是獨立的。因此，應當認定票據質權人享有的票據權利是獨立的。

綜上，二審法院認定有色金屬公司關於恒豐銀行不享有票據權利的主張不能成立，恒豐銀行作為票據質權人依法享有票據權利。

二、票據質權人可切斷票據債權人的票據抗辯

我國《票據法》第十三條規定：「票據債務人不得以自己與出票人或者與持票人的前手之間的抗辯事由，對抗持票人。但是，持票人明知存在抗辯事由而取得票據的除外。票據債務人可以對不履行約定義務的與自己有直接債權債務關係的持票人，進行抗辯。」分析法

---

[1]　北京市第一中級人民法院在（2015）一中民（商）終字第2215號判決書以及上海市寶山區人民法院在（2014）寶民二（商）初字第1756號判決書中均表達了類似觀點。

條可知，票據債務人只能對與自己有直接債權債務關係的持票人進行抗辯，拒絕向其承擔票據責任。而其他持票人可切斷票據債務人的抗辯，票據債務人不得以對其前手的抗辯事由拒絕向持票人承擔票據責任。

結合本案，恒豐銀行作為獨立的票據權利人，已因質押背書享有相應的票據權利，應認定港迪公司是其質押背書的前手，二者之間相互獨立。正如二審法院所認定的，票據的無因性和獨立性以及票據抗辯權切斷制度，目的都在於保護正當、善意持票人的正當權益。本案中，恒豐銀行作為善意第三人，其接受質押背書時，法律並未要求恒豐銀行承擔審查前手與票據債務人之間是否存在直接的債權債務關係以及是否可能構成票據抗辯。因此，未審查上述情形的不利後果不應由恒豐銀行承擔。基於以上理由，二審法院駁回了有色金屬公司的主張，認定恒豐銀行的票據權利應當可以合法切斷有色金屬公司的票據抗辯權。

三、銀行風險啟示

本案中，法院之所以支持了恒豐銀行的訴求，與銀行享有的質權是分不開的。因此，票據質押作為銀行接受擔保的重要形式之一，銀行應當重視票據質權的取得及行使時可能產生的法律問題及其風險。為避免出現糾紛，節約訴訟成本，銀行在接受票據質押擔保以及行使質權時應當注意以下問題：

（一）銀行在接收質押票據時，應注意審查質押的票據上是否有記載「不得轉讓」字樣。《最高人民法院關於審理票據糾紛案件若干問題的規定》第五十三條規定：「出票人在票據上記載『不得轉讓』字樣，其後手以此票據進行貼現、質押的，通過貼現、質押取得票據的持票人主張票據權利的，人民法院不予支持。」因此，若是票據在出票時即被寫明該票據「不得轉讓」，銀行享有的質權無效。為

避免出現上述情形，銀行在接受質押票據時，應注意審查票據是否「不得轉讓」。

　　（二）銀行與出質人之間設立票據質押時，應要求出質人進行質押背書並簽章。根據《最高人民法院關於審理票據糾紛案件若干問題的規定》第五十五條規定：「以匯票設定質押時，出質人在匯票上只記載了『質押』字樣未在票據上簽章的，或者出質人未在匯票、黏單上記載『質押』字樣而另行簽訂質押合同、質押條款的，均不構成票據質押。」由此可知，若銀行僅與出質人簽訂質押合同，法院不會認定銀行享有質權。因此，為保護銀行自身權利，銀行應要求出質人在質押票據上背書記載「質押」並簽章。

　　（三）當銀行的主債權不能實現時，銀行應及時通知票據付款人請求付款，並從所得款項中優先滿足自己的債權。若付款人拒絕付款，銀行亦可行使票據追索權，向其前手主張票據權利。若上述票據債務人均拒絕履行其票據義務，銀行應及時向法院起訴，積極維護自己的合法權益。

附：法律文書

　　中國有色金屬建設股份有限公司、恒豐銀行股份有限公司寧波分行信用證開證糾紛案

　　浙江省高級人民法院民事判決書（2018）浙民終222號

　　上訴人（一審被告）：中國有色金屬建設股份有限公司。

　　　住所地：北京市豐台區西客站南廣場駐京辦一號樓B座中色建設大廈。

　　法定代表人：武翔，該公司董事長。

　　委託代理人：姜洪明，北京大成（寧波）律師事務所律師。

　　被上訴人（一審原告）：恒豐銀行股份有限公司寧波分行。

　　　住所地：浙江省寧波市鄞州區民安東路280號。

代表人：沈洪輝，該分行行長。

委託代理人：傅丹輝，浙江海泰律師事務所律師。

委託代理人：王淩翔，浙江海泰律師事務所律師。

一審被告：寧波港迪貿易有限公司。

　住所地：浙江省寧波市北侖區梅山鹽場1號辦公樓8號981室。

法定代表人：鮑君君，該公司執行董事。

一審被告：寧波眾仁宏電子有限公司。

　住所地：浙江省餘姚市泗門鎮工業園區。

法定代表人：朱建峰，該公司執行董事。

一審被告：楊邕，男，1978年2月6日出生，漢族，住浙江省餘姚市。

一審被告：王穎，女，1980年12月23日出生，漢族，住浙江省杭州市下
　城區。

一審被告：寧波國海電子有限公司（係港商獨資企業）。

　住所地：浙江省餘姚市泗門鎮小路下村。

法定代表人：許彬冰，該公司執行董事。

一審被告：中外運寧波物產有限公司。

　住所地：浙江省寧波保稅區鴻海商貿樓703-5室。

法定代表人：危歡，該公司執行董事。

一審被告：浙江樂迪電子科技有限公司。

　住所地：浙江省衢州市柯城區東港七路99號。

法定代表人：裴春蕾，該公司執行董事。

委託代理人：張炳生，浙江時光律師事務所律師。

一審被告：衢州滙豐廢舊金屬回收市場服務有限公司。

　住所地：浙江省衢州市柯城區通衢街5號。

法定代表人：楊玲娣，該公司執行董事。

　　上訴人中國有色金屬建設股份有限公司（以下簡稱有色金屬公司）因與
被上訴人恒豐銀行股份有限公司寧波分行（以下簡稱恒豐銀行寧波分行），
一審被告寧波港迪貿易有限公司（以下簡稱港迪公司）、寧波眾仁宏電子有
限公司（以下簡稱眾仁宏公司）、楊邕、王穎、寧波國海電子有限公司（以

下簡稱國海公司）、中外運寧波物產有限公司（以下簡稱中外運公司）、浙江樂迪電子科技有限公司（以下簡稱樂迪公司）、衢州滙豐廢舊金屬回收市場服務有限公司（以下簡稱滙豐公司）信用證開證糾紛一案，不服浙江省寧波市中級人民法院（2017）浙02民初498號民事判決，向本院提起上訴。本院於2018年3月22日立案受理後，依法組成合議庭，並於2018年4月11日進行了質證調查。上訴人有色金屬公司的委託代理人姜洪明、被上訴人恒豐銀行寧波分行的委託代理人傅丹輝與王淩翔、一審被告樂迪公司的委託代理人張炳生參加了質證。本案現已審理終結。

　　恒豐銀行寧波分行一審提出訴訟請求：一、港迪公司立即向恒豐銀行寧波分行償還墊款79,958,650元，並支付自2017年5月10日起至實際清償之日止的逾期利息；二、港迪公司賠償恒豐銀行寧波分行為實現債權而支出的律師費損失90萬元；三、楊邕、王穎、中外運公司、國海公司、樂迪公司、眾仁宏公司對上述第一、二項債務在各自擔保的最高額保證範圍內承擔連帶清償責任；四、如港迪公司未按約履行上述第一、二項義務，恒豐銀行寧波分行有權就對滙豐公司名下位於浙江省衢州市柯城區花園街道通衢街5號6幢的房地產折價、或者以拍賣或變賣後的價款在最高額抵押擔保範圍內優先受償；五、有色金屬公司立即向恒豐銀行寧波分行兌付匯票6,000萬元，並支付自票據到期日起按照中國人民銀行同期同類貸款基準利率計算至付清之日止的利息。庭審中，恒豐銀行寧波分行變更第一項訴請為：港迪公司立即向恒豐銀行寧波分行償還墊款79,958,650元，並支付自實際墊款日起至實際清償日止的逾期利息；後恒豐銀行寧波分行減少第一項訴請為：港迪公司立即向恒豐銀行寧波分行償還墊款79,668,139元，並支付自實際墊款日起至實際清償日止的逾期利息。

　　事實及理由：2015年9月28日，恒豐銀行寧波分行分別與眾仁宏公司、樂迪公司、楊邕、王穎訂立《最高額保證合同》各一份，約定由眾仁宏公司、樂迪公司、楊邕、王穎為恒豐銀行寧波分行與港迪公司在2015年9月28日至2018年9月28日期間因借款等綜合授信業務訂立的全部授信業務合同項下的債權提供最高額保證擔保；2015年12月22日、2016年10月10日，恒豐銀行寧波分行分別與中外運公司、國海公司訂立《最高額保證合同》各一份，約定由中外運公司、國海公司為恒豐銀行寧波分行與港迪公司因借款等綜合

授信業務訂立的全部授信業務合同項下的債權提供最高額保證擔保，擔保期間分別為2015年12月22日至2018年12月22日、2016年10月10日至2019年10月9日。上述《最高額保證合同》擔保的最高額債權本金餘額均為1億元，擔保範圍均為主債權本金及利息、罰息、違約金、損害賠償金和實現債權的費用等。

2015年10月21日，恒豐銀行寧波分行與港迪公司訂立《綜合授信額度合同》一份，約定港迪公司在2015年10月21日至2018年10月21日期間可向恒豐銀行寧波分行申請使用綜合授信敞口額度4,400萬元，用於貸款、票據貼現、銀行承兌匯票、國內信用證、保函或擔保書等其他綜合授信業務；如發生港迪公司出現經營困難或財務困難、未按約辦理結算或提供的授信額度擔保的條件、效力發生變更等情況，恒豐銀行寧波分行有權提前收回所有已經發放的授信資金。同日，恒豐銀行寧波分行與滙豐公司簽訂《最高額抵押合同》一份，以滙豐公司名下位於浙江省衢州市柯城區花園街道通衢街5號6幢的房地產為上述《綜合授信額度合同》項下發生的主債權進行擔保，擔保的最高債權本金餘額為4,400萬元，擔保範圍為主債權本金及利息、罰息、違約金、損害賠償金和實現債權及抵押權的費用等。

2016年11月10日，恒豐銀行寧波分行與港迪公司訂立《貿易融資主協議》一份，約定港迪公司在2016年10月10日至2017年10月9日期間可向恒豐銀行寧波分行申請使用貿易融資額度1億元，並列明了具體的貿易融資業務；如港迪公司違約，恒豐銀行寧波分行有權宣布一切債務提前到期，並要求立即清償；該協議為上述《綜合授信額度合同》項下子合同。恒豐銀行寧波分行另與港迪公司簽訂《最高額質押合同》兩份，約定港迪公司以有色金屬公司出票並承兌的兩張面額均為3,000萬元的商業承兌匯票為上述《貿易融資主協議》項下發生的主債權進行擔保，擔保的最高債權本金餘額分別為42,854,400元、4,292萬元，擔保範圍均為主債權本金及利息、罰息、複利、違約金、損害賠償金和實現債權的費用等。

2016年11月10日，港迪公司向恒豐銀行寧波分行申請開立金額為28,564,250元的信用證，港迪公司交納860萬元保證金後，恒豐銀行寧波分行開立了上述信用證，到期日為2017年5月10日；同年11月15日、11月23日，港迪公司又向恒豐銀行寧波分行申請開立金額為42,854,400元、4,292萬元的

信用證各一份，港迪公司交納1,286萬元、1,292萬元保證金後，恒豐銀行寧波分行開立了上述信用證，到期日為2017年5月15日、5月23日。上述開證申請書中，港迪公司均承諾如違反約定導致恒豐銀行寧波分行墊款的，自墊款之日起，恒豐銀行寧波分行有權按照年利率18%計收逾期利息。

後因港迪公司明確表示無力清償到期融資款項，扣除保證金後，恒豐銀行寧波分行仍須於信用證到期日為港迪公司墊款合計79,958,650元，各擔保人也未能承擔相應的擔保責任，恒豐銀行寧波分行亦致函要求有色金屬公司在收函三日內回覆能否兌付上述質押匯票，但其並未回函，視為拒付。

樂迪公司一審辯稱：一、恒豐銀行寧波分行並未明確各被告應承擔的責任份額及具體組成，訴請不明；二、根據最高額保證合同的約定，樂迪公司保證的額度為1億元，不涉及利息及其他費用等；三、本案涉及的擔保既有物的擔保，又有保證，且抵押合同就抵押物權實現順序作了約定，樂迪公司作為保證人僅在擔保物不足清償部分範圍內承擔保證責任。

有色金屬公司一審辯稱：一、寧波市中級人民法院對本案恒豐銀行寧波分行與有色金屬公司之間的糾紛不具有管轄權。根據民訴法規定，起訴的必要條件之一是受訴法院對糾紛具有管轄權，故恒豐銀行寧波分行對有色金屬公司的起訴應予以駁回。二、涉案權利質押不成立。作為質押標的的票據權利是港迪公司作為持票人對作為出票人和承兌人的有色金屬公司的付款請求權和追索權，即港迪公司的票據權利；因港迪公司未履行票據原因關係中對有色金屬公司的交貨義務，港迪公司不享有票據權利，故以港迪公司對有色金屬公司的票據權利為標的的權利質押依法不能成立。三、恒豐銀行寧波分行主張質權發生的依據不足，其並未提供相應的商業匯票。四、最高額質押涉及的額度不包括利息和費用，質押人承擔的債務金額不應超過本金金額。綜上，恒豐銀行寧波分行與有色金屬公司之間並未簽訂任何合同，恒豐銀行寧波分行也未取得票據權利，雙方之間也不存在其他債權債務關係，故恒豐銀行寧波分行對有色金屬公司的訴請缺乏依據。請求駁回恒豐銀行寧波分行對有色金屬公司的起訴或駁回恒豐銀行寧波分行對有色金屬公司的訴訟請求。

港迪公司、眾仁宏公司、楊邕、王穎、國海公司、中外運公司、滙豐公司均未作答辯。

　　一審判決認定事實如下：2015年10月21日，恒豐銀行寧波分行與港迪公司訂立《綜合授信額度合同》一份，約定港迪公司在2015年10月21日至2018年10月21日期間可向恒豐銀行寧波分行申請使用綜合授信敞口額度4,400萬元，用於貸款、票據貼現、銀行承兌匯票、國內信用證、保函或擔保書等其他綜合授信業務。2016年11月10日，恒豐銀行寧波分行與港迪公司訂立《貿易融資主協議》一份，約定港迪公司在2016年10月10日至2017年10月9日期間可向恒豐銀行寧波分行申請使用貿易融資額度1億元，港迪公司須支付恒豐銀行寧波分行為收回與該協議項下融資業務有關款項向有關當事人追索而發生的費用。該協議為上述《綜合授信額度合同》項下子合同。

　　2016年11月10日、11月15日、11月23日，港迪公司向恒豐銀行寧波分行申請開立金額為28,564,250元、42,854,400元、4,292萬元的信用證各一份，並於申請當日分別交納保證金860萬元、1,286萬元、1,292萬元，後恒豐銀行寧波分行開立了上述信用證，到期日為2017年5月10日、5月15日、5月23日。上述保證金合同中均約定保證金存管期限為六個月，按年利率1.69%計息；上述開證申請書中，港迪公司均承諾如違反約定導致恒豐銀行寧波分行墊款的，自墊款之日起，恒豐銀行寧波分行有權按照年利率18%計收逾期利息。

　　本案涉及的擔保情況如下：

　　一、2015年9月28日，恒豐銀行寧波分行分別與眾仁宏公司、樂迪公司、楊邕、王穎訂立《最高額保證合同》各一份，約定由眾仁宏公司、樂迪公司、楊邕、王穎為恒豐銀行寧波分行與港迪公司在2015年9月28日至2018年9月28日期間因借款等綜合授信業務訂立的全部授信業務合同項下的債權提供最高額保證擔保；2015年12月22日、2016年10月10日，恒豐銀行寧波分行分別與中外運公司、國海公司訂立《最高額保證合同》各一份，約定由中外運公司、國海公司為恒豐銀行寧波分行與港迪公司因借款等綜合授信業務訂立的全部授信業務合同項下的債權提供最高額保證擔保，擔保期間分別為2015年12月22日至2018年12月22日，2016年10月10日至2019年10月9日。上述《最高額保證合同》8.5條均約定：「當主合同同時受債務人或第三人提供的物的擔保時，保證人同意債權人有權自行決定行使權利的順序，債權人有權在不行使擔保物權的情況下要求保證人立即支付債務人的全部到期應付款

項」；擔保的最高額債權本金餘額均為1億元，擔保範圍均為主債權本金及利息、罰息、違約金、損害賠償金和實現債權的費用等；保證方式均為連帶責任保證。

二、2016年11月10日，恒豐銀行寧波分行與滙豐公司簽訂《最高額抵押合同》一份，以滙豐公司名下位於浙江省衢州市柯城區花園街道通衢街5號6幢的房地產為上述《綜合授信額度合同》項下發生的主債權進行擔保，擔保的最高債權本金餘額為4,400萬元，擔保範圍為主債權本金及利息、罰息、違約金、損害賠償金和實現債權及抵押權的費用等，合同第10.3條約定被擔保的債權同時受多個擔保合同擔保的，抵押人同意抵押權人有權自行決定行使權利的順序，抵押權人有權直接行使抵押權而無須先行向其他擔保人主張權利。

三、2016年11月15日、11月23日，恒豐銀行寧波分行與港迪公司簽訂《最高額質押合同》各一份，約定港迪公司以有色金屬公司出票並承兌的編號為0010006121095985、0010006121095987的商業承兌匯票為上述《貿易融資主協議》項下發生的主債權進行擔保，擔保的最高債權本金金額分別為42,854,400元、4,292萬元，擔保範圍均為主債權本金及利息、罰息、複利、違約金、損害賠償金和實現債權的費用等。編號0010006121095985的商業承兌匯票記載：出票日期2016年11月14日，付款人有色金屬公司，收款人港迪公司，金額3,000萬元，到期日2017年5月14日，交易合同號碼NFCP161114002，本匯票已經承兌，到期無條件付票款，「承兌人簽章」處蓋有有色金屬公司財務專用章與王宏前個人印鑒。編號0010006121095987的商業承兌匯票除「出票日期2016年11月21日、到期日2017年5月21日及交易合同號碼NFCP161121001」外，其他內容與編號0010006121095985的商業承兌匯票記載內容一致。上述《最高額質押合同》簽訂後，港迪公司分別將相應的商業承兌匯票質押背書並交付給恒豐銀行寧波分行，被背書人為恒豐銀行寧波分行，港迪公司在「背書人」欄加蓋財務專用章，該欄內還註明「質押」字樣。

2016年11月14日、11月21日，港迪公司與有色金屬公司簽訂編號為NFCP161114002、NFCP161121001的《商票預付款合同》各一份，約定港迪公司向有色金屬公司銷售電解鋁，供貨時間分別為2017年5月4日、5月

11日,有色金屬公司於2016年11月14日、11月21日分別開具金額為3,000萬元、承兌日期為六個月的商業承兌匯票,編號為0010006121095985、0010006121095987。

上述《最高額質押》第6.3條均約定,主合同同時受其他擔保合同擔保的,質權人有權自行決定行使權利的順序,質權人有權直接行使質權而無須向其他擔保人主張權利。

2017年3月15日,恒豐銀行寧波分行向有色金屬公司發函要求其於收函三日內回覆是否如期兌付上述質押的商業承兌匯票,有色金屬公司並未回函。因港迪公司未足額存入涉案信用證項下資金,恒豐銀行寧波分行分別於2017年5月10日、5月15日、5月23日對外發生墊款28,564,250元、42,854,400元、4,292萬元。

2017年5月11日,港迪公司向有色金屬公司發送《關於無法交貨的函》,表明未能按約履行上述兩份《商票預付款合同》項下交貨義務。

另查明:港迪公司向恒豐銀行寧波分行交存的保證金860萬元、1,286萬元、1,292萬元至各筆信用證墊款發生日分別產生利息72,670元、108,667元、109,174元。

一審法院認為:恒豐銀行寧波分行和港迪公司、眾仁宏公司、楊邕、王穎、國海公司、中外運公司、樂迪公司、滙豐公司簽訂的合同均係各方真實意思表示,其內容並不違反法律、行政法規的禁止性規定,應認定合法有效,對各方當事人均有約束力。港迪公司未按約定足額存入本案所涉信用證項下款項,致使恒豐銀行寧波分行為其墊款,扣除各筆保證金及利息後,港迪公司尚欠恒豐銀行寧波分行的墊款本金分別為19,891,580元、29,885,733元、29,890,826元,合計79,668,139元,且恒豐銀行寧波分行為本案支付的律師費係其催收、實現債權的費用,收費標準也未超出《浙江省律師服務收費標準》的規定,現恒豐銀行寧波分行要求其歸還上述墊款本金,按雙方約定支付相應的罰息並賠償律師費損失,於法有據,予以支持。恒豐銀行寧波分行減少訴請,係其處分自身權利,也未損害其他當事人合法權益,依法予以准許。滙豐公司以其提供的房地產為港迪公司的上述債務提供最高額抵押,應在相應的最高債權本金餘額、罰息、律師費範圍內承擔抵押擔保責任。眾仁宏公司、楊邕、王穎、國海公司、中外運公司、樂迪公司與恒豐銀

行寧波分行簽訂了最高額保證合同，自願為港迪公司上述債務提供連帶責任保證擔保，樂迪公司辯稱其須承擔責任的限額應不超過擔保的本金額度，但根據最高額保證合同約定，樂迪公司擔保的「額度」為最高債權本金餘額，擔保的「範圍」包括本金、利息、罰息、違約金、損害賠償金和實現債權的費用等，「額度」從數量上確定主債權本金的金額，「範圍」從內容上明確擔保範疇，兩者共同構成樂迪公司的責任限額，故樂迪公司上述抗辯意見不成立，不予採信；同時，樂迪公司辯稱根據（2016）最高法民終40號案例，恒豐銀行寧波分行應優先實現抵押物權，各保證人僅在抵押物不足以清償範圍內承擔責任，結合《最高額保證合同》第8.5條、《最高額抵押合同》第10.3條及《最高額質押合同》第6.3條的內容，上述條款對實現擔保物權做出了明確約定，與（2016）最高法民終40號的情況不同，根據《物權法》第一百七十六條規定，就本案此種情形應遵循約定優先原則，且相關約定不存在無效情形，樂迪公司上述抗辯意見，於法無據，不予採信。故恒豐銀行寧波分行有權要求上述各保證人在其擔保的最高債權本金餘額及相應的罰息、律師費範圍內對港迪公司上述債務承擔連帶責任。

港迪公司還以有色金屬公司簽發的商業承兌匯票為涉案債務提供質押擔保，有色金屬公司辯稱一審法院對本案中恒豐銀行寧波分行與有色金屬公司間的糾紛不具有管轄權，且港迪公司因未履行供貨義務而未取得匯票權利，導致恒豐銀行寧波分行與港迪公司間的匯票質權不成立，故有色金屬公司不應當承擔匯票付款義務。本案訴訟中，該院已裁定駁回有色金屬公司提出的管轄權異議申請，浙江省高級人民法院亦裁定維持，故對有色金屬公司相關辯稱意見，不予採信。有色金屬公司將涉案匯票背書轉讓給港迪公司，港迪公司依法取得匯票權利，雖然有色金屬公司可以港迪公司未履行匯票原因合同項下供貨義務而對其行使匯票權利進行抗辯，但卻無法據此推出港迪公司不享有匯票權利，退一步講，港迪公司在對涉案匯票進行質押的當時具有匯票的處分權，其與恒豐銀行寧波分行間簽訂質押合同並將匯票質押背書後交付給恒豐銀行寧波分行，相應的匯票質權依法設立，有色金屬公司關於恒豐銀行寧波分行與港迪公司間的匯票質權不成立的辯稱意見，不能成立，不予採信。

有色金屬公司能否以港迪公司未供貨為由對恒豐銀行寧波分行拒絕履

行付款義務，恒豐銀行寧波分行認為根據《票據法》第十三條第一款關於票據抗辯切斷的有關規定，作為持票人的恒豐銀行寧波分行與有色金屬公司間並非直接前後手關係，有色金屬公司不能對其進行抗辯；有色金屬公司則認為恒豐銀行寧波分行並未通過匯票質押取得匯票權利，港迪公司無須對恒豐銀行寧波分行承擔票據責任，雙方間不構成前後手關係，故不能適用《票據法》第十三條第一款的規定。該院認為，涉案匯票質押後，恒豐銀行寧波分行獲得的是該匯票的質權，匯票權利人仍然是港迪公司，相應地，港迪公司也未成為匯票債務人，其與恒豐銀行寧波分行間並非前後手關係，即有色金屬公司與恒豐銀行寧波分行間的關係不能適用《票據法》第十三條第一款的規定進行調整，有色金屬公司與此有關的抗辯意見成立，予以採信。但是，匯票質押具有權利擔保的性質，恒豐銀行寧波分行依據其質權享有的是請求付款以優先受償的權利，該權利不是港迪公司的匯票權利，也不受該匯票權利瑕疵的限制，行使匯票權利僅僅是恒豐銀行寧波分行實現質權的方式；而且有色金屬公司也未證明恒豐銀行寧波分行在質押授信過程中存在惡意，恒豐銀行寧波分行支付了對價，其作為善意第三人的民事權利應當受到保護，故有色金屬公司對港迪公司的抗辯不能及於恒豐銀行寧波分行。關於有色金屬公司與樂迪公司相同的其他抗辯意見，不再重複闡述。涉案匯票的票面記載內容表明有色金屬公司已經承兌，但其並未於到期日付款，故恒豐銀行寧波分行要求有色金屬公司在涉案質押匯票金額範圍內向其承擔清償責任並賠償自匯票到期日起至實際清償日止的利息損失，具有事實和法律依據，予以支援，利息按中國人民銀行規定的企業同期流動資金貸款利率計收。港迪公司、眾仁宏公司、楊邑、王穎、許迪、國海公司、中外運公司、滙豐公司經該院傳票傳喚，無正當理由拒不到庭參加訴訟，一審法院依法缺席判決。

綜上，依照《中華人民共和國合同法》第一百零七條、第二百零六條、第二百零七條，《中華人民共和國擔保法》第十八條、第三十一條，《中華人民共和國物權法》第一百七十六條、第二百零三條第一款、第二百二十三條、第二百二十四條，《中華人民共和國票據法》第十一條第二款、第十三條第一款、第三十五條第二款、第七十條第一款，最高人民法院《關於適用〈中華人民共和國擔保法〉若干問題的解釋》第二十三條，最高人民法院《關於審理票據糾紛案件若干問題的規定》第二十二條，《中華人民共和國

民事訴訟法》第一百四十四條規定，一審法院於2018年1月24日判決：

一、寧波港迪貿易有限公司於判決生效之日起十日內返還恒豐銀行股份有限公司寧波分行信用證墊款本金79,668,139元，並按年利率18%支付相應的罰息（其中19,891,580元、29,885,733元、29,890,826元，分別自2017年5月10日、2017年5月15日、2017年5月23日起計至實際清償之日止）。

二、寧波港迪貿易有限公司於判決生效之日起十日內賠償恒豐銀行股份有限公司寧波分行律師費損失90萬元。

三、寧波眾仁宏電子有限公司、楊邑、王穎、寧波國海電子有限公司、中外運寧波物產有限公司、浙江樂迪電子科技有限公司分別對寧波港迪貿易有限公司上述第一、二項付款義務承擔連帶清償責任，其在承擔保證責任後，有權向寧波港迪貿易有限公司追償。

四、若寧波港迪貿易有限公司未履行上述第一、二項付款義務，則恒豐銀行股份有限公司寧波分行有權以衢州滙豐廢舊金屬回收市場服務有限公司名下位於浙江省衢州市柯城區花園街道通衢街5號6幢的房地產（房屋所有權證號：衢房權證柯城區字第XX號；國有土地使用證號：衢州國用〔2014〕第06510號；房屋他項權證號：衢房他證柯城字第XX號；土地他項權證號：衢市他項2015字第11813號）折價或者以拍賣、變賣該財產所得價款在最高債權本金餘額4,400萬元及相應的罰息、律師費（497,061.94元）範圍內優先受償，衢州滙豐廢舊金屬回收市場服務有限公司在恒豐銀行股份有限公司寧波分行實現抵押權後，有權向寧波港迪貿易有限公司追償。

五、若寧波港迪貿易有限公司未履行上述第一、二項付款義務，則恒豐銀行股份有限公司寧波分行有權要求中國有色金屬建設股份有限公司向其支付0010006121095985、0010006121095987號商業承兌匯票項下款項合計6,000萬元並各支付自2017年5月14日、2017年5月21日起至實際兌付之日止按中國人民銀行規定的企業同期流動資金貸款利率計算的利息，但恒豐銀行股份有限公司寧波分行優先受償的數額應以判決第一、二項確定的數額為限。如果未按判決指定的期間履行給付金錢義務，應當依照《中華人民共和國民事訴訟法》第二百五十三條及相關司法解釋之規定，加倍支付遲延履行期間的債務利息（加倍部分債務利息＝債務人尚未清償的生效法律文書確定的除一般債務利息之外的金錢債務×日萬分之一點七五×遲延履行期間）。

一審案件受理費440,141元，保全費5,000元，合計445,141元，由寧波港迪貿易有限公司、寧波眾仁宏電子有限公司、楊邕、王穎、寧波國海電子有限公司、中外運寧波物產有限公司、浙江樂迪電子科技有限公司連帶負擔，衢州滙豐廢舊金屬回收市場服務有限公司對其中的248,085.93元部分連帶負擔，中國有色金屬建設股份有限公司對其中336,480.82元部分連帶負擔。

有色金屬公司不服一審判決，向本院提起上訴稱：恒豐銀行寧波分行不享有票據權利，無權請求有色金屬公司向其支付票據款；有色金屬公司享有票據抗辯權，且該抗辯權未切斷，有色金屬公司無須對任何人承擔票據責任；一審判決超越訴訟請求；一審判決錯誤適用《票據法》第十三條第一款和第三十五條第二款。綜上，一審判決在票據對價、善意持票人、請求權與抗辯權、判決質權性質等問題認定錯誤。有色金屬公司請求撤銷一審判決第五項，改判駁回恒豐銀行寧波分行對有色金屬公司的訴訟請求。

恒豐銀行寧波分行二審質證中答辯稱：一、根據法律和有關學理解釋，恒豐銀行寧波分行作為票據質權人享有票據權利。二、恒豐銀行寧波分行作為質權人有權對有色金屬公司的票據抗辯權提出切斷的抗辯。三、恒豐銀行寧波分行提起訴訟，目的是為了提起質權，路徑既可以依據《票據法》也可以依據《擔保法》，只是二選一，這兩條路徑都是恒豐銀行寧波分行實現質權的方法，原審中已論述清楚，不存在原審判決超越訴訟範圍的情況。四、原審法律適用是正確的。恒豐銀行寧波分行請求維持原判。

樂迪公司二審質證中答辯稱：對有色金屬公司的上訴請求和理由不持異議。樂迪公司認為在物保中約定了物保優先清償，在人保中又約定人保優先清償的情況下，應當採用物保優先清償的規則，其只能在抵押物清償不足範圍內承擔保證責任，一審判決認為本案涉及的事實與最高人民法院（2016）最高法民終40號判決不一致，但是沒有説明理由。

港迪公司、眾仁宏公司、楊邕、王穎、國海公司、中外運公司、滙豐公司未提供質證意見。

二審期間，各方當事人均未提供新的證據。

經審查，一審判決認定事實，有相應證據支持，本院予以確認。

本院另認定：1.2017年4月10日，恒豐銀行寧波分行為本案訴訟與浙江海泰律師事務所簽訂《聘用律師合同》，並支付本案律師費人民幣90萬元。

2.一審判決書第11頁第二段，2016年11月10日恒豐銀行寧波分行與滙豐公司簽訂了《最高額抵押合同》，該簽訂日期筆誤，實際日期應為2015年10月21日。

　　根據本案各方當事人的上訴請求和理由以及答辯意見，本案二審爭議的焦點為：恒豐銀行寧波分行是否有權依據質押匯票請求有色金屬公司付款。對本院歸納的該爭議焦點，各方當事人無異議。

　　針對爭議焦點，本院分析認定如下：

　　一、關於恒豐銀行寧波分行是否擁有票據權利。

　　有色金屬公司認為，票據權利是屬於持票人的，只有票據權利人才可以主張票據權利。根據《票據法》第二十七條關於背書的規定：持票人可以將票據權利轉讓給他人，或者將一定的票據權利授予他人行使……如果想轉讓或授予他人，必須進行背書。而背書分為兩種，一種是轉讓背書，其法律後果是票據權利由背書轉讓給被背書人；一種是非轉讓背書，包括委託收款背書及質押背書，其法律後果是不轉讓票據權利，背書人仍然是票據權利人。委託背書和質押背書共同點是都不轉讓票據權利，不同點在於委託背書僅僅授予被背書人付款請求權，而質押背書不光賦予被背書人付款請求權，還賦予被背書人追索權。根據《票據法》第三十五條第二款規定，匯票可以設定質押，被背書人依法實現其質權時可以行使匯票權利，但該規定不能得出恒豐銀行寧波分行享有票據權利的結論，行使票據權利並不表明其一定享有票據權利，不享有票據權利的人也可以行使票據權利，實際上是行使出質人享有的權利，但如果出質人享有的權利是有瑕疵的，恒豐銀行寧波分行將因抗辯而不能實現。

　　恒豐銀行寧波分行認為，我國學者及審判實務界認為票據質權人享有與票據轉讓類似的票據權利，相關裁判案例也支持這一主張。

　　本院認為：1.我國《票據法》第三十五條第二款規定：「匯票可以設定質押；質押時應當以背書記載『質押』字樣。被背書人依法實現其質權時，可以行使匯票權利。」此係法律直接規定。根據文義，更應理解為匯票的質押權人擁有票據權利。2.雖然背書從理論上可以區分為轉讓背書及非轉讓背書，轉讓背書的被背書人及非轉讓背書的被背書人在權利上略有不同，但是不應當得出有色金屬公司所主張的恒豐銀行寧波分行作為質押背書的被背書

人，其不具有票據權利，但是可以行使票據權利的結論。有色金屬公司主張實際在於其認為恒豐銀行寧波分行不具有票據權利，但可以代為行使票據權利，代為行使權利的界限自然受制於原權利人。這一主張完全否認了恒豐銀行寧波分行作為質押權利人的獨立地位。這一主張會導致一個根本的悖論，即恒豐銀行寧波分行作為質押權利人，持有質押匯票，在債務人港迪公司履行相應義務時，其沒有必要行使質押權，而在港迪公司不履行相關義務的情況下，由於其權利作為代位權受制於港迪公司，在有色金屬公司行使抗辯權的情況下，其又無法行使質押權利，這就從根本上否定了匯票權利質押制度存在之必要。有色金屬公司該主張不具備合理性。3.目前司法實踐支援票據質押權利人具有票據權利。故有色金屬公司關於恒豐銀行寧波分行不擁有票據權利的主張不能成立。

二、關於票據抗辯切斷。

所謂票據抗辯切斷通常是指票據債務人不得以自己與出票人或持票人的前手之間的抗辯事由，對抗持票人。我國《票據法》第十三條第一、二款規定：票據債務人不得以自己與出票人或者與持票人的前手之間的抗辯事由，對抗持票人。但是，持票人明知存在抗辯事由而取得票據的除外。票據債務人可以對不履行約定義務的與自己有直接債權債務關係的持票人，進行抗辯。

有色金屬公司認為，本案所涉匯票的權利人是港迪公司，恒豐銀行寧波分行不是票據權利人，只是票據的質權人。而港迪公司沒有按照合同的約定履行交貨義務，根據《票據法》第十二條的規定，票據債務人可以對不履行約定義務的與自己有直接債權債務關係的持票人進行抗辯，因此有色金屬公司對港迪公司不承擔票據責任。有色金屬公司對港迪公司所享有的這種抗辯權到目前為止也是存在的，從來沒有被切斷過，因為只有轉讓背書才可以切斷對人的抗辯。

恒豐銀行寧波分行認為，我國學者及審判實務界認為票據質權人享有與票據轉讓類似的票據權利，相關裁判案例也支持這一主張。票據質權人享有與票據轉讓類似的票據權利，可以對有色金屬公司的票據抗辯權提出切斷。恒豐銀行寧波分行作為票據質權人在取得票據質權時善意合法，有色金屬公司沒有證明恒豐銀行寧波分行在質押授信的過程中存在惡意，恒豐銀行寧波

分行也支付了相應對價，作為善意第三人的權益應當受到保護。行使票據權利僅是恒豐銀行寧波分行實現質權的一種方式，故既可以依據《票據法》請求有色金屬公司付款，也可以依據《擔保法》的有關規定請求有色金屬公司付款以優先受償。

本院認為：1.賦予票據以無因性，賦予票據行為以獨立性，票據抗辯權的切斷，目的都在於保護正當、善意持票人。2.本案中恒豐銀行寧波分行作為票據質押權人，已經合法、善意地取得了涉案的匯票。3.作為質押權人所擁有的票據權利，雖然應當受到一定的限制，比如轉質押以及再背書轉讓的權利，但這種限制不能無限放大，對保證其質押權實現的付款請求權及追索權，應當予以保護，由此，恒豐銀行寧波分行之付款請求權及追索權應當可以合法切斷有色金屬公司的票據抗辯權。

三、一審判決超越訴訟請求。

有色金屬公司上訴認為，恒豐銀行寧波分行的訴訟請求是：有色金屬公司立即向恒豐銀行寧波分行兌付匯票6,000萬元及自票據到期之日利息，該項訴請本質上是要求有色金屬公司承擔票據責任，是給付之訴。該訴訟請求未被一審法院支持但也未被駁回。另一方面，恒豐銀行寧波分行並未就票據質押的擔保物權（優先受償權）提出確認之訴。一審判決第五項判決確認其擔保物權，超越了其訴訟請求範圍，違反不告不理的民事訴訟原則。

恒豐銀行寧波分行沒有對此節點答辯。

本院認為：恒豐銀行寧波分行一審中對有色金屬公司提出的確為給付之訴，這一訴請成立的前提自然包含對其權利的確認，如果權利本身不能得到確認，其給付主張將被駁回，但法律並未強制要求當事人在訴請給付時必須先行或另行主張確認。一審判決第五項內容也是在滿足法定條件下，有色金屬公司須支付款項的關於給付的判決。故有色金屬公司關於一審判決第五項判決確認了恒豐銀行寧波分行的擔保物權，超越了其關於給付的訴訟請求範圍的上訴主張，不能成立。

四、一審判決錯誤適用《票據法》第十三條第一款和第三十五條第二款。

有色金屬公司認為，根據《票據法》第十三條第一款，票據債務人不得以自己與出票人或者持票人之間的前手事由對抗持票人。原審判決引用這個

條款錯誤，因為根據《票據法》的規定，對票據上的前後手，《票據法》第十一條和第三十二條第二款明確規定，前手必須是票據債務人，港迪公司將票據質押、背書交給恒豐銀行寧波分行後，是不須承擔票據責任的，因此港迪公司就不是恒豐銀行寧波分行的前手，所以恒豐銀行寧波分行不可以引用《票據法》第十三條第一款來對抗有色金屬公司的抗辯權。有色金屬公司同時認為，根據《票據法》第三十五條第二款規定，匯票可以設定質押，被背書人依法實現其質權時可以行使匯票權利，但該規定不能得出恒豐銀行寧波分行享有票據權利的結論，其理由前文已述，原審判決當中對《票據法》第三十五條的適用屬於對法律理解的錯誤。

恒豐銀行寧波分行認為，一審判決適用法律正確。

本院認為：根據《票據法》第十三條第一款，票據債務人不得以自己與出票人或者持票人之間的前手事由對抗持票人。這是關於票據債務人抗辯能否成立的法律規定。同時《票據法》第十一條第二款規定，前手是指在票據簽章人或者持票人之前簽章的其他票據債務人。港迪公司將票據質押、背書交給恒豐銀行寧波分行，構成其前手。有色金屬公司認為港迪公司將票據質押、背書交給恒豐銀行寧波分行後，不須承擔票據責任，缺乏法律依據。同時有色金屬公司作為本案票據債務人，其認為港迪公司在此處不構成「前手」，而意圖將港迪公司排除於票據關係之外，其法律後果只能是破壞自己的抗辯權，而無法證明一審判決適用法律錯誤。有色金屬公司關於《票據法》第三十五條第二款規定只意味著恒豐銀行寧波分行不享有票據權利但可以行使票據權利的結論，同樣缺乏理由，其依此主張一審判決適用法律錯誤同樣不能成立。

綜上所述，本院認為，本案恒豐銀行寧波分行與港迪公司訂立《綜合授信額度合同》及《貿易融資主協定》，為保證上述貸款的償還，並與眾仁宏公司、楊邕、王穎、國海公司、中外運公司、樂迪公司簽訂保證合同，與滙豐公司簽訂抵押合同，港迪公司並以有色金屬公司簽發的商業承兌匯票為涉案債務提供質押擔保，上述合同均係各方真實意思表示，其內容並不違反法律、行政法規的禁止性規定，應認定合法有效，對各方當事人均有約束力。恒豐銀行寧波分行最終通過信用證發放貸款，港迪公司未按約定足額存入本案所涉信用證項下款項，致使恒豐銀行寧波分行為其墊款，扣除各筆保證

金及利息後，港迪公司尚欠恒豐銀行寧波分行的墊款本金分別為19,891,580元、29,885,733元、29,890,826元，合計79,668,139元。同時且恒豐銀行寧波分行為本案支付律師費90萬元。現恒豐銀行寧波分行要求港迪公司歸還上述墊款本金及利息，雙方約定支付的律師費，各擔保人依照約定承擔擔保責任，於法有據，一審判決予以支持，並無不當。

有色金屬公司上訴主張恒豐銀行寧波分行作為匯票質押權人雖可行使票據權利，但受制於港迪公司的權利而不享有票據權利；有色金屬公司由於港迪公司未履行約定交貨義務而享有票據抗辯權，且該抗辯權未切斷，有色金屬公司無須對任何人承擔票據責任；一審判決超越恒豐銀行寧波分行的訴訟請求；一審判決錯誤適用《票據法》第十三條第一款和第三十五條第二款錯誤。上述主張缺乏依據及理由，不能成立，本院不予支持。原審判決認定事實清楚，適用法律正確，依照《中華人民共和國民事訴訟法》第一百七十條第一款第（一）項之規定，判決如下：

駁回上訴，維持原判。

二審案件受理費人民幣341,800元，由中國有色金屬建設股份有限公司負擔。

本判決為終審判決。

審判長　朱深遠

審判員　苗　青

審判員　裘劍鋒

二○一八年五月四日

書記員　丁　琳

【案例124】第三人明知的隱名代理對受託人 不具有法律約束力

恒豐銀行與藍天公司等信用證開證糾紛案評析

案號：山東省濱州市中級人民法院（2017）魯16民終1567號

【摘要】

貿易融資業務中，銀行對客戶的隱名代理關係若為明知，則銀行與受託人之前簽訂的合同將直接約束委託人和銀行，對受託人不具有法律約束力。

【基本案情】

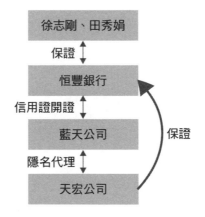

2014年3月18日，山東藍天化工貿易有限公司（以下簡稱「藍天公司」）與山東天宏新能源化工有限公司（以下簡稱「天宏公司」）簽訂《代理協定》，約定天宏公司委託藍天公司代理辦理燃料油轉口貿易，藍天公司可以代其簽訂進口及銷售合同；天宏公司應開證行要求支付開證保證金，所有銀行費用由天宏公司承擔；藍天公司在收到

天宏公司足額保證金後，根據合同要求向外商開立信用證；天宏公司保證於到期付匯日付清信用證全款……。

2014年3月27日，恒豐銀行股份有限公司濟南分行（以下簡稱「恒豐銀行」）與藍天公司簽訂《信用證開證合同》，約定恒豐銀行為藍天公司開具金額為187,501,200元的信用證，恒豐銀行對外付款時有權從藍天公司在恒豐銀行開立的帳戶直接劃付。同日，雙方簽訂《保證金協議》，約定藍天公司提供1,000萬元保證金作為信用證還款擔保。同日，恒豐銀行與天宏公司簽訂《最高額保證合同》，約定天宏公司為藍天公司在《信用證開證合同》等項下債務提供連帶保證，擔保最高債權本金額2億元。恒豐銀行依約為藍天公司開具了信用證，並在信用證到期後墊付了相應款項。

2014年4月17日，轉口貿易境外購買商將信用證項下的相應貨款支付到藍天公司在恒豐銀行開立的帳戶。恒豐銀行未劃扣信用證項下墊款，並向境外購買商交付了貨權，同時准許藍天公司將該筆貨款轉給天宏公司使用。

2014年9月28日，恒豐銀行與藍天公司簽訂《進口押匯合同》，約定藍天公司就履行前述信用證項下對外付款義務向恒豐銀行申請押匯，押匯金額177,398,418.99元，恒豐銀行有權從藍天公司在恒豐銀行開立的帳戶中主動扣收，直至歸還全部押匯本息及相應費用等。同日，恒豐銀行分別與天宏公司、徐志剛、田秀娟簽訂《最高額保證合同》，約定上述保證人為藍天公司在《進口押匯合同》等項下債務提供連帶保證，擔保最高債權本金額1億7,754萬元。恒豐銀行依約向藍天公司發放了押匯款，但藍天公司未依約還款。

2015年8月10日，山東省濱州市博興縣人民法院裁定受理天宏公司重整申請。藍天公司及恒豐銀行就《進口押匯合同》項下的押匯款債權分別向天宏公司管理人申報，均未獲確認。恒豐銀行提交的債權申報書載明：「藍天公司代理天宏公司進口燃料油在我行申請開立了

信用證，由天宏公司提供連帶擔保，辦理業務前提供了雙方簽訂的《代理協定》，業務保證金和所有費用均由天宏公司支付，開證後進口燃料油由天宏公司使用。2014年7月後，天宏公司資金鏈斷裂，無力償還我行到期信用證，我行給予其辦理進口押匯業務。鑒於以上事實，代理人藍天公司在押匯款到期後無力償還，天宏公司使用該筆資金且提供連帶擔保，故我行特申報債權。」

恒豐銀行認為其向藍天公司支付的押匯款到期未獲清償，遂訴至法院，請求判令藍天公司償還押匯款本金177,398,418.99元及相應利息；天宏公司、徐志剛、田秀娟對上述款項承擔連帶清償責任；依法確認恒豐銀行對天宏公司的債權。

【法院判決】

山東省濱州市博興縣人民法院經審理認為，本案係進出口押匯合同糾紛，爭議焦點為：藍天公司是否應償還押匯款本息。案涉《代理協定》只能約束藍天公司與天宏公司，藍天公司代理天宏公司向開證行支付開證保證金等內容屬於內部約定，不能約束協議之外的第三人。且藍天公司以自己名義而非天宏公司代理人的身分，先後與恒豐銀行簽訂相關合同，藍天公司應依約履行還款義務。無論恒豐銀行簽訂《信用證開證合同》前對於案涉《代理協定》是否知情，均不能免除藍天公司的還款責任，恒豐銀行有權要求藍天公司履行還款義務，亦有權要求保證人天宏公司、徐志剛和田秀娟承擔連帶責任。因天宏公司與徐志剛、田秀娟對押匯款債務共同承擔連帶保證，保證人最終向恒豐銀行履行多少款項的義務不確定。且已確定天宏公司所承擔的責任，再無必要確認恒豐銀行對天宏公司享有的債權。綜上，判決藍天公司償還恒豐銀行押匯款本金177,398,418.99元及利息、罰息；天宏公司、徐志剛、田秀娟在各自擔保最高額範圍內對藍天公司的前述債務承擔連帶責任。

　　宣判後，藍天公司不服一審判決，提起上訴。山東省濱州市中級人民法院經審理認為，恒豐銀行簽訂《進口押匯合同》時手中已經沒有貨權，缺乏辦理進口押匯業務的基礎，《進口押匯合同》實際是對天宏公司欠付的信用證墊款的延期償還約定，並不屬於進口押匯業務。本案是開證行按照開證申請人要求對外付款後向開證申請人請求付款產生的信用證開證糾紛，一審認定不當、應予糾正。二審的爭議焦點是：恒豐銀行是否明知案涉《信用證開證合同》和《進口押匯合同》是藍天公司代理天宏公司簽訂；藍天公司應否承擔還款責任。恒豐銀行提交的債權申報書，證明其明知藍天公司代理天宏公司進口燃料油向恒豐銀行申請開立信用證和進口押匯。根據《中華人民共和國合同法》（以下簡稱《合同法》）第四百零二條規定，第三人在與受託人訂立合同時明知代理關係的，該合同直接約束委託人和第三人。因此，恒豐銀行與藍天公司簽訂的《信用證開證合同》《進口押匯合同》直接約束恒豐銀行與天宏公司，天宏公司應承擔相應合同義務，藍天公司不承擔還款責任。案涉信用證項下貨款已轉入藍天公司在恒豐銀行開立的銀行帳戶，恒豐銀行有權依約直接扣劃。但恒豐銀行非但沒有扣劃，而且還准許藍天公司將該款轉給天宏公司，並且向國外進口商交付了貨權，恒豐銀行對信用證墊款不能收回有重大過錯，應自行承擔損失。綜上所述，改判撤銷一審判決、駁回恒豐銀行的訴訟請求。

【法律評析】

　　本案的爭議焦點為：本案的案由應是信用證開證糾紛，還是進口押匯糾紛；隱名代理的約束物件，及對受託人是否具有法律效力；開證行怠於劃扣信用證項下墊款，是否應自行承擔由此造成的損失。

一、信用證開證糾紛與進口押匯糾紛的區別

信用證開證糾紛，是指開證申請人與開證行之間，因申請以及受理並開立信用證等一系列行為而產生的糾紛。具體來講，開證申請人向開證行提出開立信用證的申請，開證行接受該申請，並根據開證申請人的具體要求對外開立信用證。開證行在根據信用證要求對外付款後，向開證申請人請求付款的過程中產生的一系列糾紛，均可以歸為信用證開證糾紛。

進口押匯糾紛，是開證行與開證申請人（進口商）之間形成的借貸與擔保等債的法律關係產生的糾紛。具體來講，在開證行對外開立信用證後，在受益人提交的信用證項下單據與信用證的要求相符時，開證行對外付款，並以單據形式控制信用證項下的貨權。由於開證申請人資金短缺或周轉困難，無力支付信用證項下款項並且贖回貨單，遂向開證行申請敘作進口押匯。開證行同意後，釋放信用證項下單據給開證申請人。開證申請人出售信用證項下單據貨物、完成貨權交易，開證行向開證申請人請求以售貨款償還貸款本息過程中產生的糾紛，都屬於進口押匯糾紛。

結合本案，藍天公司與恒豐銀行簽訂《進口押匯合同》前，恒豐銀行已向境外購買商交付了貨權，不具備辦理進口押匯業務的控制貨權基礎。並且，恒豐銀行提交的債權申報書中載明「2014年7月後，天宏公司資金鏈斷裂，無力償還我行到期信用證，我行給予其辦理進口押匯業務」。顯然，《進口押匯合同》實際上是對天宏公司信用證墊款的延期還款協議，並非基於真實的進口押匯業務而簽訂。本案實質上是開證行恒豐銀行對外付款後，向開證申請人藍天公司請求支付信用證墊款產生的糾紛，應屬於信用證開證糾紛。因此，二審法院糾正了一審關於本案案由為進口押匯糾紛的錯誤認定。

二、隱名代理直接約束委託人和第三人，對受託人不具有法律約束力

《中華人民共和國合同法》第四百零二條規定：「受託人以自己的名義，在委託人的授權範圍內與第三人訂立的合同，第三人在訂立合同時知道受託人與委託人之間的代理關係的，該合同直接約束委託人和第三人，但有確切證據證明該合同只約束受託人和第三人的除外。」分析法條可知，除合同有明確約定或有確切證據外，第三人明知受託人在委託範圍內隱名代理的，受託人與第三人簽訂的合同直接約束委託人和第三人，對受託人不具有法律約束力。

結合本案：恒豐銀行向天宏公司管理人提交的債權申報書載明：「藍天公司代理天宏公司進口燃料油在我行申請開立了信用證，辦理業務前提供了雙方簽訂的《代理協定》，業務保證金和所有費用均由天宏公司支付，開證後進口燃料油由天宏公司使用。天宏公司無力償還我行到期信用證，我行給予其辦理進口押匯業務。……」顯然，藍天公司在以自己的名義與恒豐銀行簽訂《信用證開證合同》和《進口押匯合同》時，向恒豐銀行披露了與委託人天宏公司的代理關係。恒豐銀行明知藍天公司是天宏公司的代理人，且天宏公司是真正的進出口商、案涉信用證項下貨款真正的使用人，並且還以債權申報書的形式向天宏公司主張了破產債權。因此，藍天公司的隱名代理行為，應直接約束委託人天宏公司與恒豐銀行，對代理人藍天公司沒有法律約束力。恒豐銀行應直接向天宏公司主張債權，代理人藍天公司不應承擔還款責任。故，二審法院糾正了一審關於「無論恒豐銀行簽訂《信用證開證合同》前對於案涉《代理協定》是否知情，藍天公司均應承擔還款責任」的錯誤認定，駁回了恒豐銀行要求藍天公司承擔還款責任的訴訟請求。

三、開證行怠於劃扣信用證項下墊款，應自行承擔由此造成的損失

案涉《信用證開證合同》明確約定，恒豐銀行對外付款時有權從藍天公司在恒豐銀行開立的帳戶直接劃付。恒豐銀行在案涉信用證到期後墊付了相應款項，故有權依約從藍天公司帳戶中直接劃扣。但是，在境外購買商支付的貨款已經進入藍天公司帳戶後，恒豐銀行怠於行使劃扣墊款的合同權利，沒有及時劃扣售貨款以優先償付信用證項下墊款，還向境外購買商提前交付了貨權，導致信用項下墊款失去提單這一重要的物權擔保，並且放任該款項流出，導致資金不能及時向銀行回轉。恒豐銀行怠於劃扣的行為明顯增加了自身的經營風險，對信用證墊款不能收回有重大過錯，應自行承擔由此造成的損失。

四、銀行風險啟示

（一）正確的訴訟案由，有利於準確界定糾紛當事人之間的權利義務關係。銀行應根據真實的業務情況確定正確的訴訟案由，切實保障自身的正當合法權益。

（二）銀行知曉受託人隱名代理的，應按照與受託人簽訂的合同約定直接要求委託人履行合同義務，而非要求受託人承擔責任，以減少爭議、降低維權成本。

（三）銀行應嚴格按照信用證業務的操作規範和交易習慣，及時行使直接劃扣信用證項下墊款的合同權利，充分利用對信用證項下貨權或售貨款的控制來擔保墊款完全清償，以切實降低銀行經營風險、保障信用證墊款順利收回。

附：法律文書

山東省濱州市中級人民法院民事判決書（2017）魯16民終1567號

上訴人（原審被告）：山東藍天化工貿易有限公司。

　　住所地：濟南市曆下區經十路XXXXX號。

法定代表人：欒文超，總經理。

委託訴訟代理人：賀寧，山東齊魯律師事務所律師。

委託訴訟代理人：馮天舒，山東齊魯律師事務所律師。

被上訴人（原審原告）：恒豐銀行股份有限公司濟南分行。

　　住所地：濟南市曆下區解放路XX號。

負責人：梁科傑，行長。

委託訴訟代理人：楊曉晨，山東睿揚律師事務所律師。

委託訴訟代理人：劉漢良，山東睿揚律師事務所律師。

原審被告：山東天宏新能源化工有限公司。

　　住所地：博興縣開發區博城五路東首。

法定代表人：徐志剛，總經理。

委託訴訟代理人：高玉裕，北京大成（濟南）律師事務所律師。

原審被告：徐志剛，男，1972年9月23日出生，漢族，住淄博市淄博
　　區。

原審被告：田秀娟，女，1973年4月23日出生，漢族，住淄博市淄博
　　區。

　　上訴人山東藍天化工貿易有限公司因與被上訴人恒豐銀行股份有限公司濟南分公司，原審被告山東天宏新能源化工有限公司、徐志剛、田秀娟信用證開證糾紛一案，不服博興縣人民法院（2016）魯1625民初1195號民事判決，向本院提起上訴。本院於2017年8月16日立案後，依法組成合議庭，於2017年10月18日對本案公開開庭進行了審理。上訴人山東藍天化工貿易有限公司的委託訴訟代理人賀寧，被上訴人恒豐銀行股份有限公司濟南分公司的委託訴訟代理人楊曉晨、劉漢良，原審被告山東天宏新能源化工有限公司的委託訴訟代理人高玉裕到庭參加訴訟。原審被告徐志剛、田秀娟經本院傳票傳喚無正當理由拒不到庭參加訴訟。因案情複雜，本案經本院院長批准延長審限三個月。本案現已審理終結。

　　上訴人山東藍天化工貿易有限公司上訴請求：1.撤銷一審判決，改判駁

回被上訴人對上訴人的訴訟請求或將本案發回重審；2.一審、二審的訴訟費用由被上訴人承擔。事實和理由：原審判決認定事實不清，適用法律錯誤，依法應予糾正。一、本案中上訴人雖然以自己的名義與被上訴人簽訂了信用證開證合同以及進口押匯合同，但是上訴人簽訂上述合同係履行與原審被告山東天宏新能源化工有限公司簽訂的代理協定，上述代理屬於隱名代理，一審法院認為代理協定與上訴人與被上訴人簽訂信用證開證合同和進口押匯合同是兩個獨立的法律關係是事實認定不清。（一）被上訴人明確知曉上訴人與山東天宏新能源化工有限公司簽訂的代理協定。2014年3月18日，上訴人與山東天宏新能源化工有限公司簽訂了代理協定，代理協定對於以上訴人的名義與被上訴人簽訂信用證開證合同並交納保證金等事宜進行了明確約定，庭審中被上訴人曾否認知曉該份代理協定，但是在上訴人質證階段發現被上訴人提交的材料中包含上述代理協定，為此上訴人當庭要求人民法院進行證據調取，被上訴人才不得不承認知曉該份代理協定的存在，該份代理協定所涉及的保證金也是由山東天宏新能源化工有限公司支付給上訴人，轉口貿易的貨款也是由被上訴人和山東天宏新能源化工有限公司支配轉入山東天宏新能源化工有限公司的，上述事實均能證明被上訴人是明知代理協定的。（二）信用證開證合同以及進口押匯合同所涉款項的使用主體均為山東天宏新能源化工有限公司。首先，本案為轉口貿易，涉及兩個對外貿易合同，進口合同（合同號THKMGSINC／14030），購買方（代理）為山東藍天化工貿易有限公司，銷貨方為THKAZMUNALGAZPTE.,LTD.（暫譯哈薩克國家煉油商新加坡公司，以下簡稱新加坡公司）；銷售合同（合同號SDLT-MC14001），購買方MERCURIAENERGYTRADINGPTE.,LTD.（暫譯摩科瑞能源貿易有限公司，以下簡稱摩科公司），銷貨方山東藍天化工貿易有限公司。上述事實已經得到被上訴人的認可，因此在上述合同中涉及的款項包括進口合同的對外款項支付即本案的信用證支付款項以及本案銷售合同中的銷售款項，實際上是對同一筆貨物的買賣，其中信用證項下款項應當由銀行兌付，貨款的收取在交易慣例中應當優先償還銀行信用證兌付款項，因此，如被上訴人事先不知曉山東天宏新能源化工有限公司係本案的款項實際使用人，那麼本案的銷貨款無論怎樣也不能交給山東天宏新能源化工有限公司，而貨款到帳的第一天即轉入山東天宏新能源化工有限公司在被上訴人處開

立的帳戶，因此，被上訴人對於山東天宏新能源化工有限公司是實際銷貨人是明顯明知的。（三）一審法院未能支持上訴人調取被上訴人向山東天宏新能源化工有限公司管理人申報債權的相關資料導致本案對上訴人為代理人這一重要事實未能調查清楚。事實上，被上訴人曾作為債權人向山東天宏新能源化工有限公司管理人申報債權，其申報材料中承認上訴人為山東天宏新能源化工有限公司的代理人，無論是代理協定還是涉案款項的實際使用上均有所涉及，一審法院未能查明上述重要事實，導致本案在代理問題上事實認定錯誤。綜上所述，上訴人簽訂合同的行為係隱名代理，被上訴人對代理的事實是明確清楚的，上訴人不是款項的實際使用人，一審法院將代理協定與上訴人簽訂合同的行為割裂開來屬事實認定錯誤。二、一審法院認定本案符合對外貿易習慣，屬事實認定不清。首先，上訴人雖然具有代理和單獨進出口資質，但是在對外貿易公司中存在生產型對外貿易企業和單純的代理對外貿易企業，特別是在燃料油領域作為生產型對外貿易企業應當具備一定的生產資質和儲備設備，而上述企業一般均為航母型企業，而上訴人是一個既沒有儲油設備也沒有生產燃料油的基本條件、註冊僅幾百萬的貿易公司，根本不具備單獨操作轉口貿易的能力，被上訴人在不認可代理協定的前提下與上訴人從事上述貿易是完全不符合交易習慣的。其次，被上訴人在信用證開證過程中完全沒有按照交易習慣進行操作，庭審中被上訴人稱已經支付了信用證項下款項，但是在未收回信用證項下款項也未及時辦理辦理信託或者進口押匯合同的情況下即放走提貨憑證，完成了轉口貿易中的銷貨貿易是完全不符合交易習慣的。最後，被上訴人於2014年9月28日才簽訂進口押匯合同更是國際交易中的笑話，眾所周知進口押匯合同係基於信用證項下款項未能按時支付的情況下，銀行辦理的短期資金融通專案，其目的在於先完成貨權交易繼而通過售貨款來償付信用證項下款項，而本案中銷貨款早在2014年4月17日就已經進入山東天宏新能源化工有限公司帳戶，被上訴人於2014年9月28日在貨權以及銷貨款均已經喪失的情況下才簽訂進口押匯合同，怎麼能說是符合交易習慣呢？三、本案中被上訴人在整個過程中存在重大過錯，並且上訴人在整個交易過程中存在權利義務不統一的情形，一審法院未能認定上述事實，屬事實認定不清。根據合同法第五條的規定當事人應當遵循公平原則確定各方的權利和義務。這裡講的公平，既表現在訂立合同時的公平，顯失公

平的合同可以撤銷；也表現在發生合同糾紛時公平處理，應當切實保護無過錯方的合法利益。（一）上訴人在涉案整個對外貿易中享有的權益僅僅是代理協定約定的10萬元代理費，庭審中上訴人向法庭提交了在被上訴人開設的帳戶交易明細，該交易明細顯示，不論是保證金的收取，還是收貨結匯款項的流轉，上述資金均是在第一時間流出了上訴人的帳戶，上訴人在上述過程中未獲得絲毫利益。人民法院判決上訴人承擔高達2億元的債務顯然不公。（二）被上訴人在整個對外交易過程中，存在重大的過錯，導致經營風險放大，一審法院判令上訴人為被上訴人的過錯買單，顯然是重大利益失衡，極度不公平。轉口貿易即意味著高風險。被上訴人在整個轉口交易中存在重大的監管以及風險管控過失，導致其經營風險放大。首先，被上訴人在未收取信用證項下款項的情況下提前放單，導致信用項下款項失去提單這一重要的物權擔保，導致經營風險放大。其次，被上訴人未及時對出口合同境外購買商支付的貨款予以劃扣。導致資金不能及時向銀行回轉。根據被上訴人與上訴人簽訂的信用證開證合同第二條第九項明確載明：「對外付款時，乙方有權從甲方在乙方開立的保證金帳戶或其他帳戶直接劃付或從甲方在恒豐銀行系統開立的其他帳戶劃付，如甲方未付清應付款，則乙方有權行使擔保權或採取其他措施實現債權。」被上訴人與上訴人簽訂的進口押匯合同第五條第一項載明：「乙方均有如下權利：從甲方在恒豐銀行開立的任何結算帳戶中主動扣收，直至歸還全部押匯本金、利息、罰息、違約金和賠償金（若有）、乙方為實現債權的費用（以下統稱『押匯債務』）。」從上述條款中能夠看出，轉口貿易境外購買商相關款項於2014年4月17日到達上訴人恒豐銀行帳戶，但是被上訴人在已經支付信用證項下款項的情況下，未進行款項劃扣反而放任該款項流出，均有重大過錯。最後，被上訴人與上訴人簽訂的進口押匯合同明顯不符合交易習慣，其通過延長付款期限亦使經營風險再次擴大。被上訴人與上訴人在2014年9月28日貨權以及銷貨款均已經喪失的情況下簽訂進口押匯合同，人為地對還款期限進行展期，顯然使自身的經營風險加大。綜上所述，被上訴人在整個轉口貿易中存在多處過錯，上述法律後果不應由上訴人來買單，一審法院未能認定上述事實顯然是認定事實不清。四、一審法院未能適用《中華人民共和國合同法》第四百零二條屬於適用法律錯誤。該法條規定受託人以自己的名義，在委託人的授權範圍內與第三人

訂立的合同，第三人在訂立合同時知道受託人與委託人之間的代理關係的，該合同直接約束委託人和第三人，但有確切證據證明該合同只約束受託人和第三人的除外。首先，如前所述，被上訴人已經明確知曉代理協定的存在。其次，本案是轉口貿易，不能單單只考慮信用證開具合同和進口押匯合同，還是看轉口貿易中的最終受益人為何人，繼而證明本案的實際交易主體。最後，根據最新的跟單信用證統一慣例（即UCP600）第二條的規定並參照《國內信用證結算辦法》的規定第九條的規定，申請開具信用證與最終承擔信用證付款義務是兩個概念，上訴人雖然向被上訴人申請開具了信用證，並不意味著要承擔最終支付信用證項下款項的責任。我國對外貿易中存在著對外代理貿易。因此上訴人雖然申請開具了信用證合同，但不應成為付款主體有據可依的。綜上所述，上訴人為山東天宏新能源化工有限公司的代理人，上訴人與被上訴人簽訂相關合同符合《中華人民共和國合同法》第四百零二條的規定，相關的法律後果應當由山東天宏新能源化工有限公司承擔。

二審庭審中，上訴人主張被上訴人沒有履行進口押匯合同約定的付款義務。

被上訴人恒豐銀行股份有限公司濟南分行辯稱：一、本案信用證、進口押匯法律關係中，並不存在上訴人所稱的隱名代理問題，《中華人民共和國合同法》第四百零二條的規定不適用於本案。上訴人提交的《代理協定》，係其與原審被告簽訂的，是燃料油轉口貿易的代理協定，僅能約束協定雙方，不能用以對抗協議之外的第三人。本案中並不存在山東天宏新能源化工有限公司委託上訴人向被上訴人申請授信的事實，就上訴人與被上訴人簽訂的《信用證開證合同》、《進口押匯合同》，山東天宏新能源化工有限公司與上訴人之間不存在委託代理協定及代理事實，也就當然不存在隱名代理的問題。上訴人在訴訟中故意將其與山東天宏新能源化工有限公司簽訂的貿易代理協定混淆成並不存在的申請授信委託代理協定，完全是在偷換概念，歪曲事實。並且，對於即便存在委託代理關係，是否是隱名代理及是否適用《中華人民共和國合同法》第四百零二條的問題，山東省高級人民法院與最高人民法院在審理招商銀行股份有限公司濟南分行訴青島益佳經貿實業進出口有限公司、山東天宏新能源化工有限公司等金融借款合同糾紛一案中，有明確的認定意見（省高院案號：〔2014〕魯商初字第47號；最高院案號：

〔2015〕民二終字第64號）。最高人民法院認為信用證法律關係具有獨立性，信用證與該信用證據以產生或作為該信用證基礎的其他合同、協議和安排相互分離和獨立，委託代理關係屬於獨立於信用證法律關係的基礎關係，不屬於信用證項下債權債務糾紛的審理範圍，即便銀行在開證時知道存在代理關係，亦不影響銀行主張債權。二、上訴人承擔本案押匯款償還責任有明確的合同依據。本案《信用證開證合同》、《進口押匯合同》是由上訴人申請，相關授信合同均是由上訴人與被上訴人簽訂。整個業務辦理過程中，是上訴人提交的其財務報表、徵信資訊等材料，被上訴人考察評估的授信物件就是上訴人，相應的授信款項也為上訴人進行支付。《信用證開證合同》第二條第四款明確約定，上訴人承諾對所負債務向被上訴人履行償付義務，《進口押匯合同》第五條也約定，就被上訴人提供的本押匯合同項下的押匯款，上訴人保證在規定的押匯到期日前歸還被上訴人全部本金、利息及有關費用。上訴人承擔本案押匯款償還責任有明確的合同依據，原審判決上訴人按照合同約定承擔還款責任是正確的。三、從一審中上訴人提供的證據能夠看出，2014年4月17日案涉轉口貿易購買方支付的款項，已經進入了上訴人的帳戶，之所以在信用證付款到期日，上訴人不能提供資金支付應付款，完全係因上訴人自身原因所導致。2014年4月17日，案涉轉口貿易購買方支付的款項已經進入了上訴人的帳戶，該款項完全由上訴人控制和支配，如果上訴人將2014年9月29日到期的信用證合同應付款予以妥善留存，就不會出現本案的糾紛。從上訴人一審中提交的銀行流水、業務委託書、進帳單能夠看出，正是由於上訴人將上述銷貨款提供給了山東天宏新能源化工有限公司，而該公司沒能在信用證付款到期日還給上訴人，才導致上訴人在信用證到期日無資金付款，又向被上訴人申請了押匯款。究其原因，應是上訴人為自身獲取利益的考量，而將此近2億元的資金提供給了山東天宏新能源化工有限公司使用。四、一審法院的審理程序並不存在上訴人所稱的錯誤問題，且判決認定事實清楚，適用法正確，結果公正。被上訴人認為，本案涉及的訴訟標的大，法律關係及事實較為複雜，並結合保全及存在公告送達的特殊情形，一審法院的送達及審理期限並不存在不合理之處。對於上訴人上訴中提出的管轄問題，《中華人民共和國企業破產法》第二十一條規定：「人民法院受理破產申請後，有關債務人的民事訴訟，只能向受理破產申請的人民法

院提起。」本案因債務人山東天宏新能源化工有限公司（保證人）在被上訴人起訴時已進入破產程序，對其提起的民事訴訟依法只能由受理破產申請的人民法院即山東省博興縣人民法院管轄，博興縣人民法院受理本案是完全正確的。並且上訴人在一審中從未對本案管轄問題提出過異議，現在二審過程中提出該主張沒有法律依據，其要求發回重審的目的就是無理糾纏、拖延訴訟。綜上，原審判決認定事實清楚，適用法律正確。上訴人的上訴請求沒有事實和法律依據。請求二審法院查清事實，依法駁回上訴、維持原判。庭審中被上訴人補充以下答辯意見：涉案押匯款已為上訴人支付，事實清楚，一審提交了上訴人加蓋公章的借據，上訴人一審過程中只是講該筆款項是山東天宏新能源化工有限公司實際使用了，由上訴人償還不公平，並且其上訴狀中也明確表述了進口合同所涉主體為山東天宏新能源化工有限公司，現又對款項是否支付提出異議，完全是在混淆視聽。關於上訴人所稱的被上訴人要求確認債權的問題，一審中已經明確陳述並在訴狀中有相應的表述，上訴人要求確認的是對山東天宏新能源化工有限公司的擔保債權。

　　原審被告山東天宏新能源化工有限公司述稱，一審法院認定事實清楚，適用法律正確，應予以維持。

　　原審被告徐志剛、田秀娟未作陳述。

　　恒豐銀行股份有限公司濟南分行向一審法院起訴請求：1.被告山東藍天化工貿易有限公司償還原告本金177,398,418.99元、利息4,174,488.66元及罰息26,875,860.48元（暫計算至2016年6月14日，之後的利息及罰息按合同約定繼續計算至清償之日止）；2.被告山東天宏新能源化工有限公司、徐志剛、田秀娟對上述款項承擔連帶清償責任；3.依法確認原告對被告山東天宏新能源化工有限公司的債權；4.本案訴訟費、財產保全費等實現債權而發生的一切費用由被告承擔。一審法院認定事實：2014年3月27日，被告山東藍天化工貿易有限公司（甲方）與原告恒豐銀行股份有限公司濟南分行（乙方）簽訂《信用證開證合同》一份，約定：根據甲方的申請，乙方為甲方開具金額為187,501,200元，溢裝金額為9,375,060元的不可撤銷跟單信用證，信用證編號為：2014年恒銀濟信字第100003270011號；甲方承諾對所負債務向乙方履行償付義務，所稱債務包括但不限於信用證項下應付貨款、有關行續費、電訊費、因乙方發生信用證項下墊款甲方應付的逾期利息、違約金、

賠償金等；本合同項下債權擔保方式為保證，保證人為山東天宏新能源化工有限公司。當日，雙方又簽訂《保證金協議》一份，約定被告山東藍天化工貿易有限公司提供1,000萬元保證金作為上述《信用證開證合同》還（付）款擔保；本保證金為定期保證金，保證金存管期限為六個月，自2014年3月27日至2014年9月27日；保證金存管期限屆滿，債務人未全部清償主合同項下任何一筆債務的，本保證金轉為活期保證金，保證金存管至主合同項下債務清償完畢為止；保證金存款期間按年利率2.8%計息；到期一次性結息，即在保證金存管期限屆滿時結息。2014年3月27日，原告（債權人）與被告山東天宏新能源化工有限公司（保證人）簽訂《最高額保證合同》一份，約定：保證人為債權人與債務人（被告山東藍天化工貿易有限公司）在2014年3月27日至2014年9月27日期間因綜合授信而訂立的全部授信業務合同項下的債權提供最高額保證擔保；本合同項下保證人擔保的最高債權本金餘額為2億元；保證的範圍為主合同項下本金及利息、複利、罰息、違約金、損害賠償金和實現債權的費用；保證方式為連帶責任保證；保證期間為根據債權人墊付款項之日計息至最後到期的主合同約定的債務履行期限屆滿之日後兩年止。上述合同簽訂後，原告依約為被告山東藍天化工貿易有限公司開具了編號為LCZL600201400423、議付金額為187,538,418.99元、遠期付款到期日為2014年9月29日的信用證。2014年9月28日，被告山東藍天化工貿易有限公司（甲方，押匯申請人）與原告（乙方，押匯行）簽訂《進口押匯合同》一份（編號為2014年恒銀濟借字第100009280241號），約定：鑒於甲方就履行編號為LCZL600201400423的進口信用證項下的對外付款義務，向乙方申請進行押匯；申請進口押匯的押匯金額為177,398,418.99元，押匯期限120天，自2014年9月28日至2015年1月26日；押匯利率為固定利率即年利率7.2%；罰息利率為在約定利率的基礎上加收50%；利息的支付方式為到期付息，利息隨對應的本金一併支付；被告山東天宏新能源化工有限公司、徐志剛、田秀娟提供連帶責任保證，並出具《最高額保證合同》；因被告山東藍天化工貿易有限公司違約導致原告方採取訴訟、仲裁或其他方式實現債權的，山東藍天化工貿易有限公司應當承擔原告方為此支付的全部費用，包括但不限於催收費、訴訟費、保全費、公告費、執行費、律師費、差旅費等。2014年9月28日，原告（債權人）分別與被告山東天宏新能源化工有限公司（保證人）、

徐志剛（保證人）、田秀娟（保證人）簽訂《最高額保證合同》，約定：保證人為債權人與債務人（被告山東藍天化工貿易有限公司）在2014年9月28日至2015年9月27日期間因綜合授信而訂立的全部授信業務合同項下的債權提供最高額保證擔保；本合同項下保證人擔保的最高債權本金餘額為1億7,754萬元；保證的範圍為主合同項下本金及利息、複利、罰息、違約金、損害賠償金和實理債權的費用；保證方式為連帶責任保證；保證期間為根據債權人墊付款項之日計息至最後到期的主合同約定的債務履行期限屆滿之日後兩年止。上述《進口押匯合同》、《最高額保證合同》簽訂後，原告依約向被告山東藍天化工貿易有限公司發放了押匯款177,398,418.99元，被告山東藍天化工貿易有限公司向原告出具借款憑證一份。被告山東藍天化工貿易有限公司在《進口押匯合同》規定的期間內未還款。原告因涉案業務向山東天宏新能源化工有限公司管理人申報債權未被確認。另，庭審中，被告山東藍天化工貿易有限公司提供被告山東天宏新能源化工有限公司（委託方甲方）與其（委託方乙方）簽訂的《代理協定》影本一份，載明：就甲方委託乙方代理辦理燃料油轉口貿易達成協議如下，甲方應開證行要求向開證行支付開證保證金；所有銀行費用由甲方承擔，銀行費用單據平轉；甲方保證於到期付匯日三個工作日前付清全款，不管甲方到期付匯日前是否收到銷售合同的貨款，均不得遲於到期付匯日前三個工作日內付清全款，以保證順利到期付匯，仟何由於甲方未及時付款造成的不能按期付匯產生的損失及責任均有甲方負責；乙方受甲方委託可以代甲方簽訂進口及銷售合同；乙方在收到甲方足額保證金後五個工作日內根據合同要求向外商開立信用證；協助甲方進行貨款的代收代付。另查明，山東省博興縣人民法院於2015年8月10日做出（2015）博商破字第2-1號民事裁定書，裁定受理被告山東天宏新能源化工有限公司的重整申請。再查明，因涉案糾紛，原告支出律師費用20萬元。

一審法院認為，本案係進出口押匯合同糾紛。本案爭議的焦點問題為：一、原告的訴求是否合理合法；二、被告山東藍天化工貿易有限公司是否應當承擔本案押匯款本息的還款責任；三、被告山東天宏新能源化工有限公司、徐志剛、田秀娟是否應當承擔保證責任。

關於原告訴求償還本金及利息、罰息數額的認定。原告依據其與被告山東藍天化工貿易有限公司簽訂的《進口押匯合同》，向該被告發放押匯

款177,398,418.99元；《進口押匯合同》中押匯利率為固定利率即年利率7.2%，罰息利率為在約定利率的基礎上加收50%，相關利率的約定並未超出相關法律規定。故對於原告訴求的償還本金177,398,418.99元及按照《進口押匯合同》約定計算的利息和罰息予以確認。原告陳述押匯期限內劃扣被告利息83,073.4元，被告未提異議，亦予以確認。關於原告訴求實現債權發生的一切費用的認定。原告明確訴求，其確認實現債權發生的一切費用為律師費用20萬元。庭審中原告提交了其與山東睿揚律師事務所簽訂的《委託代理合同》及其向山東睿揚律師事務所轉帳的20萬元銀行憑證及發票，一審法院予以認定。關於被告山東藍天化工貿易有限公司是否應當承擔本案押匯款本息的還款責任的認定。一審法院認為，其一，原告向被告山東藍天化工貿易有限公司主張償還押匯款，有明確的合同依據。2014年3月27日，雙方簽訂《信用證開證合同》、《保證金協議》各一份，約定了被告山東藍天化工貿易有限公司申請原告為其開具金額為187,501,200元、溢裝金額為9,375,060元的不可撤銷跟單信用證的跟單信用證；被告山東藍天化工貿易有限公司向原告交納保證金1,000萬元。後，原告依據約定為該被告開具了信用證。因雙方為履行上述信用證，又於2014年9月28日簽訂了《進口押匯合同》一份，約定被告山東藍天化工貿易有限公司向原告申請進口押匯的押匯金額為177,398,418.99元，押匯期限120天，自2014年9月28日至2015年1月26日；押匯利率為固定利率即年利率7.2%；罰息利率為在約定利率的基礎上加收50%。後，原告依約向該被告發放了押匯款。上述《信用證開證合同》、《保證金協定》、《最高額保證合同》均係雙方當事人的意思表示，原告向被告山東藍天化工貿易有限公司主張償還押匯款有明確的合同依據。其二，被告山東藍天化工貿易有限公司與被告山東天宏新能源化工有限公司簽訂的《代理協定》只能約束協定雙方。被告山東藍天化工貿易有限公司與被告山東天宏新能源化工有限公司簽訂的《代理協定》中，雖含有被告山東藍天化工貿易有限公司代理被告山東天宏新能源化工有限公司向開證行支付開證保證金、開立信用證及付款方式、責任承擔等內容，但該約定屬於被告山東藍天化工貿易有限公司與被告山東天宏新能源化工有限公司之間的內部約定，不能約束協議之外的第三人。且被告山東藍天化工貿易有限公司是以自己名義而非被告山東天宏新能源化工有限公司的代理人的身分先後與原告

簽訂了《信用證開證合同》、《保證金協定》及《進口押匯合同》，被告山東藍天化工貿易有限公司應按照上述與原告簽訂的《進口押匯合同》履行還款義務。其三，庭審中，原告稱事先並不清楚被告山東藍天化工貿易有限公司與被告山東天宏新能源化工有限公司之間簽訂的《代理協定》，一審法院認為，無論原告於《信用證開證合同》之前對於涉案《代理協定》是否知情，均不影響被告山東藍天化工貿易有限公司作為借款人的身分，也不能免除被告山東藍天化工貿易有限公司的還款責任。涉案當事人之間先後簽訂的協定完全符合外貿交易慣例，不能適用《中華人民共和國合同法》第四百零二條的規定。其四，原告依照《進口押匯合同》向被告山東藍天化工貿易有限公司發放押匯款後，與該被告之間形成債權債務關係，原告向其主張償還借款亦是基於上述事實；被告山東藍天化工貿易有限公司與被告山東天宏新能源化工有限公司因簽訂《代理協定》形成委託代埋法律關係。兩種法律關係所基於的事實雖然有一定的連結點，但兩種法律關係卻是相互獨立存在。綜上，原告主張被告山東藍天化工貿易有限公司履行還款義務，於法有據，予以支持。關於被告山東天宏新能源化工有限公司責任的認定。一審法院認為，其一，被告山東天宏新能源化工有限公司與原告於2014年3月27日簽訂《最高額保證合同》，其為被告山東藍天化工貿易有限公司與原告在2014年3月27日至2014年9月27日期間因綜合授信而訂立的全部授信業務合同項下的債權提供最高額保證擔保；被告山東天宏新能源化工有限公司與原告又於2014年9月28日簽訂《最高額保證合同》，其為被告山東藍天化工貿易有限公司與原告在2014年9月28日至2015年9月27日期間因綜合授信而訂立的全部授信業務合同項下的債權提供最高額保證擔保；《進口押匯合同》的產生基礎正是基於被告山東藍天化工貿易有限公司用於履行涉案信用證，且被告山東天宏新能源化工有限公司又與原告重新簽訂《最高額保證合同》，為被告山東藍天化工貿易有限公司向原告提供債權本金額1億7,754萬元的連帶責任保證擔保，保證擔保的範圍包括本金、利息和實現債權的費用等，保證期間為墊付款項日起兩年。現原告基於綜合授信向被告山東藍天化工貿易有限公司發放押匯款177,398,418.99元，而被告山東藍天化工貿易有限公司至今未履行還款義務。故被告山東天宏新能源化工有限公司應在最高額範圍內對本案債務承擔連帶清償責任。其二，被告山東天宏新能源化工有限公司於

2015年8月10日進入重整程序，其於2014年9月28日作為保證人與原告簽訂
《最高額保證合同》，為涉案押匯款提供擔保，是其真實意思表示，並不具
有《破產法》第三十一條所規定的情形，且被告山東天宏新能源化工有限公
司未行使撤銷權，故其擔保責任成立。其三，因被告山東天宏新能源化工有
限公司於2015年8月10日進入重整程序，根據《中華人民共和國破產法》第
四十六條第二款的規定「附利息的債權自破產申請受理時起停止計息」，故
被告山東天宏新能源化工有限公司對押匯款本金177,398,418.99元及截止到
2015年8月10日的利息及律師費用等實現債權的費用承擔連帶清償責任。關
於被告徐志剛、田秀娟責任的認定。被告徐志剛、田秀娟與原告於2014年9
月28日簽訂《最高額保證合同》其為被告山東藍天化工貿易有限公司與原告
在2014年9月28日至2015年9月27日期間因綜合授信而訂立的全部授信業務合
同項下的債權提供最高額保證擔保，為被告山東藍天化工貿易有限公司向原
告提供債權本金1億7,754萬元的連帶責任保證擔保，保證擔保的範圍包括本
金、利息和實現債權的費用等，保證期間為墊付款項日起兩年。現原告基於
綜合授信向被告山東藍天化工貿易有限公司發放押匯款177,398,418.99元，
而被告山東藍天化工貿易有限公司至今未履行還款義務。故被告徐志剛、田
秀娟應在最高額範圍內對本案債務承擔連帶清償責任。關於原告訴請確認其
對被告山東天宏新能源化工有限公司的債權認定。涉案糾紛中，被告山東天
宏新能源化工有限公司對涉案債權承擔連帶責任保證，其保證人的身分不同
於借款人的身分，因被告山東天宏新能源化工有限公司與被告山東藍天化工
貿易有限公司、徐志剛、田秀娟對涉案款項共同承擔連帶責任保證，在以後
的履行過程中，各被告最終向原告履行多少款項的義務是不確定的；且在本
案中已確定被告山東天宏新能源化工有限公司所承擔的責任，再無必要確認
原告對其享有的債權。庭審中，被告山東藍天化工貿易有限公司請求一審法
院調取被告山東天宏新能源化工有限公司破產重整一案中原告提交的債權申報
的相關材料。一審法院認為，原告向被告山東天宏新能源化工有限公司管理
人申報債權的材料是原告履行其權利的一種體現，且原告在庭審中已提交證
據證明涉案債權並未被確認，故該申報債權的材料與本案無關，對被告山東
藍天化工貿易有限公司調取證據的申請不予支持。被告山東天宏新能源化工
有限公司、徐志剛、田秀娟在承擔保證責任後，有權向被告山東藍天化工貿

易有限公司追償。被告徐志剛、田秀娟經傳票傳喚無正當理由拒不到庭，是
對自身訴訟權利的放棄，由此產生的不利後果應由其自行承擔。綜上，一審
法院依照《中華人民共和國合同法》第六十條、第二百零六條、第二百零七
條，《中華人民共和國破產法》第四十六條，《最高人民法院關於人民法院
審理民間借貸案件適用法律若干問題的規定》第二十六條、第二十八條，
《中華人民共和國擔保法》第十二條、第十四條、第十八條、第二十一條，
《中華人民共和國民事訴訟法》第一百四十四條之規定判決：一、被告山
東藍天化工貿易有限公司自本判決生效之日起十日內償還原告恒豐銀行股
份有限公司濟南分行押匯款本金177,398,418.99元及利息、罰息（自2014年
9月28日至2015年1月26日，以177,398,418.99元為基數，按利率7.2%計息，
減去83,073.4元，以4,174,488.66元為限；自2015年1月27日起至2016年6月
14日，以177,398,418.99元為基數，按利率10.8%計息，以36,875,860.48元
為限；自2016年15日起至本判決實際履行之日止，按編號為2014年恒銀濟
借字第100009280241號的《進口押匯合同》確認的方式進行計息）；二、
被告山東藍天化工貿易有限公司自本判決生效之日起十日內償還原告恒豐銀
行股份有限公司濟南分行所支出的律師費用20萬元；三、被告徐志剛、田秀
娟對本判決確定的第一項、第二項債務承擔連帶清償責任；被告徐志剛、田
秀娟在承擔保證責任後，有權向被告山東藍天化工貿易有限公司公司追償；
四、被告山東天宏新能源化工有限公司對本判決確定的第一債務中的押匯款
本金177,398,418.99元及截止到2015年8月10日的利息、罰息（自2014年9月
28日至2015年1月26日，以177,398,418.99元為基數，按利率7.2%計息，減
去83,073.4元，以4,174,488.66元為限；自2015年1月27日起至2015年8月10
日，以177,398,418.99元為基數，按利率10.8%計息）、對本判決確定的第二
項債務承擔連帶清償責任。被告山東天宏新能源化工有限公司在承擔保證責
任後，有權向被告山東藍天化工貿易有限公司。五、駁回原告恒豐銀行股份
有限公司濟南分行的其他訴訟請求。案件受理費1,084,044元，由被告山東藍
天化工貿易有限公司、徐志剛、田秀娟負擔，其中被告山東藍天化工貿易有
限公司、徐志剛、田秀娟與山東天宏新能源化工有限公司共同承擔1,001,553
元；財產保全費5,000元由被告山東藍天化工貿易有限公司、山東天宏新能源
化工有限公司、徐志剛、田秀娟承擔。

　　本院二審期間，被上訴人圍繞上訴請求提交以下證據：傳票資訊憑證一份；恒豐銀行匯兌受理大額憑證一份；信用證來單付匯通知書一份；交通銀行掛銷帳通知書一份；函電一份；交通銀行付款通知書一份。證實：被上訴人依約履行《進口押匯合同》，將押匯款支付給上訴人，信用證匯出款是由信用證代開行交通銀行山東省分行操作。

　　經質證，上訴人認為上訴人是代理山東天宏新能源化工有限公司辦理押匯業務，對此被上訴人是明知的。押匯合同項下的還款責任應當由山東天宏新能源化工有限公司償還。本案貨款2014年4月17日已經到帳，被上訴人操作該資金的流轉系統，被上訴人沒有按照流程操作，將貨款交付給山東天宏新能源化工有限公司有重大過錯。證據2-6可以證明，上訴人將信用證項下的款項是委託交通銀行代付的，本案押匯款是直接支付給交通銀行，本案應當由交通銀行作為原告起訴。

　　原審被告山東天宏新能源化工有限公司對被上訴人主張墊付信用證項下款項沒有異議。

　　本院根據上訴人的申請於2017年10月15日向山東天宏新能源化工有限公司管理人調取了被上訴人債權申報材料一宗，共計156頁，其中申報債權申請書的主要內容為：山東天宏新能源化工有限公司以山東藍天化工貿易有限公司（代理公司）擁有燃料油進口基礎配額資質及山東藍天化工貿易有限公司對山東天宏新能源化工有限公司代理進口原材料在我行獲得的授信敞口為基礎，山東藍天化工貿易有限公司於2014年3月27日開立進口信用證，為山東天宏新能源化工有限公司代理進口燃料油，由山東天宏新能源化工有限公司為山東藍天化工貿易有限公司在我行的授信業務提供連帶責任擔保。辦理業務前，提供了雙方簽訂的代理協定。業務所產生的所有費用、業務保證金均由山東天宏新能源化工有限公司支付，開證後進口的燃料油由山東天宏新能源化工有限公司使用。2014年7月份後，山東天宏新能源化工有限公司因互保等原因造成企業資金鏈斷裂無力償還我行到期信用證，我行於2014年9月28日給予辦理進口押匯業務，由山東天宏新能源化工有限公司及徐志剛夫婦提供連帶責任擔保，2015年1月26日到期，至今未還。鑒於以上業務事實，山東藍天化工貿易有限公司為代理公司，無力償還該筆信貸資金，以及信貸資金由山東天宏新能源化工有限公司使用，並且為該筆業務提供連帶責

任擔保，故我行特申報債權。

上訴人質證稱：1.能夠證明被上訴人事先知道上訴人代理原審被告山東天宏新能源化工有限公司辦理涉案事務及山東天宏新能源化工有限公司是貸款使用人，業務所產生的費用、業務保證金等均由其支付；2.證明山東天宏新能源化工有限公司資金鏈斷裂是導致本案的主要原因，辦理押匯業務係銀行回應當地政府的要求，上訴人係基於代理協定配合完成押匯業務。

被上訴人質證稱，對證據的真實性無異議。債權申報書中表述的代理協定是上訴人為山東天宏新能源化工有限公司代理進口燃料油的協定，申報書最後一句話表述山東天宏新能源化工有限公司為該筆業務提供連帶責任擔保，故被上訴人申報該債權。被上訴人認為債權申報書可能為銀行內部工作人員填寫，用詞上可能存在不專業的地方，但上訴人不能證實他所主張的授信業務代理的存在。並且在一審庭審後上訴人曾多次找被上訴人聯繫，上訴人稱其已就押匯合同項下的款項向山東天宏新能源化工有限公司破產管理人申報了債權，就是說上訴人自己認可是存在兩個債權債務關係，即上訴人與被上訴人之間的授信業務關係和上訴人與山東天宏新能源化工有限公司之間的貿易代理債權債務關係。如果上訴人所講的授信代理關係存在的話，上訴人不會向山東天宏新能源化工有限公司主張債權。

原審被告山東天宏新能源化工有限公司質證稱，對該證據真實性無異議。被上訴人申報債權是基於山東天宏新能源化工有限公司為山東監天化工貿易有限公司的債務所做的保證，並不是以山東天宏新能源化工有限公司為主債務人申報的。

原審被告徐志剛、出秀娟未到庭質證。

二審庭審中，上訴人稱其曾向山東天宏新能源化工有限公司管理人申報本案債權但未被確認。山東天宏新能源化工有限公司對上訴人的該陳述沒有異議。

本院認為，上訴人提交的證據1-6，本院調取的上訴人債權申報材料，當事人各方對其真實性均無異議，本院予以確認。這些證據與本案有關聯性，可以作為本案的定案依據。

本院二審查明，本案提起訴訟前，上訴人及被上訴人均就本案合同項下債權，向山東天宏新能源化工有限公司管理人申報，但均未獲確認。被上

訴人在其向山東天宏新能源化工有限公司管理人提交的債權申報書中載明：「山東天宏新能源化工有限公司以山東藍天化工貿易有限公司擁有燃料油進口基礎配額資質及山東藍天化工貿易有限公司針對山東天宏新能源化工有限公司代理進口原材料在我行獲得的授信敞口為基礎，山東藍天化工貿易有限公司於2014年3月27日開立進口信用證，為山東天宏新能源化工有限公司代理進口原材料：燃料油。由山東天宏新能源化工有限公司為山東藍天化工貿易有限公司在我行的授信業務提供連帶責任擔保，辦理業務前，提供了雙方簽訂的代理協定。業務所產生的所有費用、業務保證金均由山東天宏新能源化工有限公司支付，開證後進口的燃料油由山東天宏新能源化工有限公司使用。2014年7月份後，山東天宏新能源化工有限公司因互保等原因，造成企業資金鏈斷裂無力償還我行到期信用證以及當地政府要求維護當地金融環境穩定，要求債權人不抽貸、壓貸，在該種情況下我行於2014年9月28日給予辦理進口押匯業務。」

　　本院對一審查明的其他事實予以確認。

　　本院認為，進口押匯是開證行給予開證申請人辦理短期融資的一項業務，本案中上訴人與被上訴人簽訂《進口押匯合同》時被上訴人手中已經沒有貨權，失去辦理進口押匯業務的基礎，因此雙方簽訂的《進口押匯合同》實際是對山東天宏新能源化工有限公司欠付的信用證墊付款的延期償還約定，並不屬於進口押匯業務。本案是被上訴人按照開證申請人要求對外付款後向開證申請人請求付款產生的糾紛，應屬信用證開證糾紛，一審確定為進出口押匯糾紛不當，本院予以糾正。

　　雙方爭議的焦點是：一、被上訴人恒豐銀行股份有限公司濟南分行是否已履行進口押匯合同的付款義務；二、上訴人山東藍天化工貿易有限公司與被上訴人之間的《信用證開證合同》、《押匯合同》是不是上訴人代理原審被告山東天宏新能源化工有限公司簽訂的，被上訴人對此是否明知，上訴人應否承擔還款責任；三、一審程序是否存在嚴重違法。

　　關於焦點一，本院認為被上訴人二審中提交的有關押匯款支付路徑的六份證據，當事人對其真實性沒有異議，該部分證據中的傳票資訊、信用證來單付匯通知書、交通銀行付款通知書等載明的信用證號、進口合同編號、借款憑證、交易帳號、金額相互吻合，能夠證明被上訴人已經通過交通銀行為

上訴人墊付了案涉信用證項下貨款。同時，上訴人在一審過程中乃至上訴狀中沒有對被上訴人墊付信用證款提出異議，僅是對信用證墊付款的償債主體提出異議，並且上訴人曾就該筆債權向山東天宏新能源化工有限公司管理人申報債權，該部分事實亦能印證被上訴人為上訴人墊付了信用證項下貨款。被上訴人本案中主張的就是信用證墊付款，雙方簽訂的進口押匯合同，實際是對信用證墊付款延期還款達成的協議，不存在再次向上訴人放款的問題，因此，上訴人主張被上訴人沒有履行進口押匯合同約定的放款義務沒有意義。

　　關於焦點二，本院認為，被上訴人對上訴人代理原審被告山東天宏新能源化工有限公司代理進口原材料向被上訴人申請開立信用證，申請進後押匯是明知的，上訴人不應承擔還款責任。理由是：1.被上訴人對其向山東天宏新能源化工有限公司管理人提交的債權申報書的真實性沒有異議，該債權申報書中明確載明上訴人為山東天宏新能源化工有限公司代理進口原材料向被上訴人申請開立信用證，並在辦理業務前，向被上訴人提供了雙方簽訂的代理協定，該代理協定中，對上訴人代理山東天宏新能源化工有限公司向開證行即被上訴人支付開證保證金、開立信用證及付款方式等內容有明確約定，因此，被上訴人的債權申報書能夠證明上訴人和山東天宏新能源化工有限公司在申請辦理信用證業務時向被上訴人披露了雙方之間的代理關係，被上訴人對上訴人代理山東天宏新能源化工有限公司辦理進出口貿易，向被上訴人申請開具信用證、申請進口押匯是明知的。根據《中華人民共和國合同法》第四百零二條的規定：「受託人以自己的名義在委託人的授權範圍內與第三人訂立的合同，第三人在訂立合同時知道受託人與委託人之間的代理關係的，該合同直接約束委託人和第三人。」本案上訴人與被上訴人簽訂的《信用證開證合同》、《進口押匯合同》直接約束被上訴人與山東天宏新能源化工有限公司。被上訴人就本案債權應當向山東天宏新能源化工有限公司主張權利，上訴人不應承擔還款責任。2.進出口押匯是銀行與進出口商之間借貸與擔保形成的債的法律關係，進口押匯是開證行給予開證申請人（進口商）的一項短期融資，旨在完成貨權交易後通過售貨款來償還信用證項下款項。本案中被上訴人信用證項下貨款已經於2014年4月17日轉入上訴人在被上訴人處開立的銀行帳戶，被上訴人有權按照信用證開證合同約定將該款直接扣

劃，完成信用證業務。但被上訴人非但沒有扣劃，而且還准許上訴人將該款轉給山東天宏新能源化工有限公司，並且向國外進口商交付了貨權，被上訴人對信用證墊付款不能收回有重大過錯。3.被上訴人對山東天宏新能源化工有限公司是真正的進出口商，是本案信用證項下貨款的真正用款人是明知的。根據被上訴人的債權申報書，2014年9月28日簽訂《進口押匯合同》是基於2014年7月份後，山東天宏新能源化工有限公司因互保等原因，造成企業資金鏈斷裂無力償還到期信用證款項以及當地政府要求維護當地金融環境穩定，要求債權人不抽貸、壓貸的情況下簽訂的，說明2014年4月17日到帳的銷貨款是被上訴人同意由山東天宏新能源化工有限公司使用的，同時也說明被上訴人認可信用證墊付款應當由山東天宏新能源化工有限公司。

關於焦點三，上訴人主張一審程序嚴重違法沒有提交證據加以證實，本院不予支持。

綜上所述，上訴人的上訴理由成立，予以支持。一審適用法律錯誤，本院予以糾正。依照《中華人民共和國合同法》第四百零二條，《中華人民共和國民事訴訟法》第一百七十條第一款第二項規定，判決如下：

一、撤銷博興縣人民法院（2016）魯1625民初1195號民事判決。

二、駁回被上訴人的訴訟請求。

如果未按判決書指定的期間履行給付金錢義務，應當依照《中華人民共和國民事訴訟法》第二百五十三條之規定，加倍支付遲延履行期間的債務利息。

一審案件受理費1,084,044元，財產保全費5,000元；二審案件受理費1,084,044元，均由被上訴人恒豐銀行股份有限公司濟南分行負擔。

本判決為終審判決。

審判長　張　雷
審判員　邵佳寧
審判員　魯守芳
二〇一八年一月三十日
書記員　王　哲

第七篇

保理合同

【案例125】基礎合同的真實性對保理合同效力的影響

建設銀行與麟旺公司、中廈公司保理合同糾紛案評析

案號：上海市高級人民法院（2017）滬民終172號

【摘要】

在商業銀行的保理業務中，除存在《合同法》第五十二條規定的無效情形外，基礎合同無效並不必然導致保理合同無效，保理合同的債權人和債務人涉嫌惡意串通時，債權人和債務人不得以銀行未妥善履行審查義務而要求減輕其責任。

【基本案情】

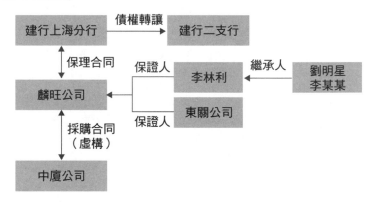

2014年4月30日，中國建設銀行股份有限公司上海市分行（以下簡稱「建行上海分行」）與上海麟旺貿易有限公司（以下簡稱「麟旺公司」）簽訂《有追索權國內保理合同》，約定甲方（麟旺公司）採用賒銷方式銷售貨物，並向乙方（建行上海分行）申請獲得有追索權的保理業務服務，雙方應按照保理合同的約定享有相應的權利並履行

相應的義務。

　　為保障合同的有效履行，建行上海分行與李林利（麟旺公司前法定代表人）、上海東關建築工程有限公司（以下簡稱「東關公司」）分別簽訂了《本金最高額保證合同（保理合同專用）》，保證人均承諾為麟旺公司在主合同項下不超過1億8,000萬元本金餘額及其他全部債務提供連帶責任保證。

　　在申請每筆保理預付款時，麟旺公司均向建行上海分行提交了《付款承諾書》、《鋼材購銷合同》和《已轉讓應收帳款確認通知書及回執》等。案涉保理業務項下應收帳款的債務人中廈建設集團有限公司（以下簡稱「中廈公司」）及其法定代表人張國榮均在上述檔上蓋章，並承諾其無條件、不可撤銷的承擔貨物全額付款義務。在公安機關《詢問筆錄》中，中廈公司法定代表人張國榮、經辦人和麟旺公司經辦人均表示，保理融資所涉貿易背景均為麟旺公司虛構，中廈公司對麟旺公司向銀行申請融資予以長期配合；建行上海分行經辦人表示，每次做保理業務時只抽取麟旺公司提供發票中的幾張，核對真實就會蓋章確認，沒有對發票原件進行一一核查，只是核查發票影本，關鍵是核驗中廈公司公章的真實性，不會去上門核實業務真實性。經公安機關核查，《鋼材購銷合同》中所涉部分施工地點實際並不存在，部分並非中廈公司工地，部分工地並未向麟旺公司採購鋼材。麟旺公司分七次向建行上海分行申請支取保理預付款共計62,999,152.13元。嗣後，上述款項均未獲清償，遂引發本案糾紛。

【法院判決】

　　上海市第二中級人民法院經審理認為，本案是建行二支行從保理商建行上海分行處受讓債權後，同時起訴要求保理融資申請人麟旺公司、基礎合同債務人中廈公司以及保理合同擔保人承擔清償責任的案件。根據當事人提供的證據和公安機關偵查情況可知，系爭保理合

同的基礎債權債務關係均為虛構，實際並不存在真實交易背景。但本案當事人簽訂的保理合同並未違反法律法規的強制性規定，也未損害國家及社會利益，因此合法有效，合同當事人仍應依約履行，故建行二支行要求中廈公司承擔債務沒有法律和合同依據。中廈公司在麟旺公司申請保理融資的過程中，提供真實公章長期予以配合，共同對上海分行造成欺詐，應根據其過錯程度對建行二支行的損失承擔責任。建行上海分行在業務中未盡合理的注意義務，亦應當對其損失承擔部分責任。因此一審法院判決：麟旺公司歸還建行二支行預付款本金及相應利息，並支付律師費；東關公司以及李林利繼承人劉明星、李某某承連帶擔保證責任；中廈公司承擔向建行二支行支付麟旺公司還款義務的70%。

　　宣判後，建行二支行和中廈公司不服一審判決，提起上訴。上海市高級人民法院經審理認為，一審法院關於系爭保理合同合法有效，合同當事均應依約履行的認定，並無不當。 中廈公司對建行二支行的欺詐行為，係造成建行二支行資金損失的重要原因，中廈公司應該按照其對建行二支行的確認和承諾承擔相應的付款責任。商業銀行的審核行為並非確定平等市場主體之間權利義務關係的民事法律規範或合同約定，其目的是為了確保自身經濟利益安全。因此建行二支行的審核瑕疵不應當成為其自擔部分損失，並減輕中廈公司付款的理由。綜上所述，判決維持麟旺公司承擔向建行二支行歸還保理預付款本金、利息及律師費的責任，撤銷中廈公司承擔向建行二支行支付麟旺公司還款義務的70%的判決，中廈公司應於判決生效之日起十日內向建行二支行支付麟旺公司承擔的還款義務。

【法律評析】

　　本案的爭議焦點為：系爭保理業務基礎債權債務關係為虛構時，保理合同的效力如何認定；建行二支行是否因其未盡審核義務而

自擔部分損失。

一、基礎合同不成立或無效對保理合同的影響

　　保理法律關係中的基礎合同是指，應收帳款債權人（保理申請人）與債務人簽訂的有關銷售貨物、提供服務或出租資產等交易合同。保理融資業務是一種以應收帳款債券的轉讓為核心的綜合性金融服務業務。據此可知，保理合同固然應當以真實合法有效的應收帳款為前提，但是基礎合同僅存在於債權人和債務人之間，保理銀行並非基礎合同的當事人。雖然基礎合同與保理合同之間存在一定的關聯性，但從法律關係上來看，產生應收帳款的基礎交易關係和應收帳款轉讓的保理融資關係屬於兩個相對獨立的法律關係，且二者並非主從合同關係，也即保理合同本身具有獨立性。在沒有特別法規定之情況下，保理合同的效力判斷應當遵循合同法的基本規定，也即應當以《合同法》第五十二條[1]為準。只要保理合同不存在五十二條規定的情形，未違反法律的強制性規定，應當認定為有效。因此，基礎債權債務關係不成立或者無效並不當然導致保理合同無效。

　　在本案合同關係中，中廈公司為基礎合同的債務人，麟旺公司為基礎合同關係的債權人，也是保理合同融資申請人，建行上海分行為保理商，建行二支行為債權受讓方。東關公司和李林利為保理合同的保證人，劉明星和李某某為李林利的繼承人。融資申請人麟旺公司故意隱瞞真實情況，虛構基礎交易關係，製作虛假的申請材料，誘使銀行做出錯誤的意思表示，應認定構成對保理商的欺詐行為。根據《民法總則》第一百四十八條、《合同法》第五十四條的規定，一方

---

[1]　《中華人民共和國合同法》第五十二條規定：「有下列情形之一的，合同無效：（一）一方以欺詐、脅迫的手段訂立合同，損害國家利益；（二）惡意串通，損害國家、集體或者第三人利益；（三）以合法形式掩蓋非法目的；（四）損害社會公共利益；（五）違反法律、行政法規的強制性規定。」

欺詐，使另一方在違背真實的意願的情況下所做的行為可向法院請求撤銷。也即，基礎合同以及相對應的應收帳款不真實，在保理商對此不知情的情況下，並不能當然導致保理合同無效，而是屬於可撤銷合同。本案中，建行二支行並未請求法院撤銷涉案保理合同，且根據現有證據不足以證明建行二支行明知基礎合同虛假的事實，因此，本案當事人間簽訂的保理合同為有效合同，不存在認定無效的情形。

二、銀行的審核瑕疵，不能減輕故意欺詐方的責任

《商業銀行保理業務管理暫行辦法》（以下簡稱《管理辦法》）第十三條規定：「……商業銀行不得基於不合法基礎交易合同、寄售合同、未來應收帳款、權屬不清的應收帳款、因票據或其他有價證券而產生的付款請求權等開展保理融資業務。」第十五條規定：「商業銀行應當對客戶和交易等相關情況進行有效的盡職調查，重點對交易對手、交易商品及貿易習慣等內容進行審核，並通過審核單據原件或銀行認可的電子貿易資訊等方式，確認相關交易行為真實合理存在，避免客戶通過虛開發票或偽造貿易合同、物流、回款等手段惡意騙取融資。」據此可知，商業銀行開展保理業務時，應當根據監管部門的規定，對基礎合同及應收帳款的真實性盡到一定的審核義務。但該《管理辦法》屬於屬部門規章，並非確定平等市場主體之間權利義務關係的民事法律規範或合同約定，且商業銀行對基礎合同和應收帳款的真實性進行審核，其目的是為了確保自身的經濟安全，並不構成對基礎合同債權人債務人的合同義務或法定義務，因此，商業銀行的審核瑕疵不應當成為其自擔損失的理由。

結合本案，建行二支行的損失，從本質上來看，是由於中廈公司和麟旺公司的故意欺詐造成的，並非銀行經辦人員未盡到審核義務導致。雖然建行上海分行的經辦人員未能認真核查基礎交易的發票原件；未要求申請人提供能夠反映真實交易情況的運貨單據、交貨憑證

等材料；也未對基礎交易的真實性進行實地核驗，均表明建行上海分行未盡到合理的審核義務，但其違反的只是監管部門為實現規範金融行業市場行為、防範金融風險等目的而制定的行業管理規範，並為達到因審核瑕疵而需要承擔違約責任的地步。而建行二支行審核瑕疵係對自身利益不謹慎的過失行為，從責任分配和利益衡量上來看，建行二支行的審核瑕疵也不應當成為其自擔部分損失的理由。

三、銀行風險提示

近些年中，保理糾紛呈持續增長的態勢，商業銀行在開展保理業務的過程中遇到不少法律問題，對風險防控措施也存在較多的困惑。如何在保理業務中有效的防範風險成為商業銀行維護自身安全和利益的重中之重。

真實的應收帳款是商業銀行作為保理商最終實現經濟利益的重要保障，為確保及時收回資金，銀行應當對基礎交易業務進行審慎的審查。除交易合同和發票以外，銀行還應當審查其他基礎交易的履行合同的檔，如對買賣貨物中的運輸單據、入庫單據、驗收單據等基礎交易可能涉及到的檔都進行審查。尤其應當對發票進行查驗，審查其真偽。雖然基礎合同不成立或無效不會必然導致保理合同無效，但是必要的事先審查能讓銀行減少不必要的糾紛。

銀行工作人員的操作不當也是使得保理業務風險頻發的另一原因。因此，銀行等金融機構應當對相關業務經辦人員加大培訓的力度，使得操作人員對保理相關的操作規程、制度規章、法律法規等有一定深入的瞭解，堅守自己的職業操守，遵守與銀行業務保理相關的規範等，減少不必要的風險

附：法律文書

中國建設銀行股份有限公司上海第二支行、中廈建設集團有限公司其他

合同糾紛二審民事判決書

上海市高級人民法院民事判決書（2017）滬民終172號

上訴人（一審原告）：中國建設銀行股份有限公司上海第二支行，營業場所上海市。

　　主要負責人：房師新，行長。

　　委託訴訟代理人：莫慶斌，上海市萬眾律師事務所律師。

　　上訴人（一審被告）：中廈建設集團有限公司。

　　法定代表人：張國榮，總經理。

　　委託訴訟代理人：孫佩勳，北京市惠誠律師事務所上海分所律師。

　　委託訴訟代理人：范慧慧，浙江寶道律師事務所律師。

　　一審被告：上海麟旺貿易有限公司。

　　法定代表人：李林利。

　　一審被告：劉明星。

　　一審被告：李某某。

　　法定代理人：崔影。

　　一審被告：上海東關建築工程有限公司。

　　法定代表人：黃正壽，經理。

　　委託訴訟代理人：張連生，江蘇華德律師事務所律師。

　　上訴人中國建設銀行股份有限公司上海第二支行（以下簡稱建行二支行）因與上訴人中廈建設集團有限公司（以下簡稱中廈公司）及一審被告上海麟旺貿易有限公司（以下簡稱麟旺公司）、一審被告劉明星、一審被告李某某、一審被告上海東關建築工程有限公司（以下簡稱東關公司）合同糾紛一案，不服上海市第二中級人民法院（2015）滬二中民六（商）初字第142號民事判決，向本院提起上訴。本院於2017年5月18日立案後，依法組成合議庭，開庭進行了審理。上訴人建行二支行委託訴訟代理人莫慶斌，上訴人中廈公司委託訴訟代理人孫佩勳、范慧慧，一審被告東關公司委託訴訟代理人張連生到庭參加訴訟，一審被告麟旺公司、劉明星、李某某經公告送達開庭傳票，未到庭參加訴訟。本案現已審理終結。

　　建行二支行上訴請求：撤銷一審判決主文第五項，改判中廈公司向建行二支行承擔一審被告麟旺公司在一審判決主文第一項中的全部還款義務。二審的全部訴訟費用由中廈公司負擔。事實和理由：1.建行二支行、中廈公司及麟旺公司之間存在長期三方業務關係，形成了穩定的交易習慣和信賴基礎。正是因為中廈公司在麟旺公司申請保理融資過程中不斷為其提供真實公章長期予以配合，導致建行二支行的保理預付款失去了應收帳款的保障。同時，在中廈公司與麟旺公司之間，無論其目的是什麼，自始至終存在真實的購貨供貨的意思表示。建行二支行對基礎合同雙方之間的交易目的不知情，也無法審查和防範。中廈公司在本案保理融資過程中明顯存在嚴重的欺詐和過錯，而建行二支行始終處於不知情且被騙的狀態，不存在主觀上的過錯，不應承擔過錯責任。2.儘管滬銀監訪複（2016）51號《上海市銀監局銀行業舉報事項答覆書》中提到，建行二支行在開展保理業務中，存在貸後跟蹤不到位、對帳不及時等瑕疵，但這僅是貸後管理方面的問題，不能證明建行二支行在貸前審查工作中存在主觀過錯。

　　針對建行二支行的上訴，中廈公司辯稱：1.建行二支行陳述的內容不實。正是因為建行二支行與麟旺公司相互惡意串通，對麟旺公司所提交的資料不作實質性審查，以此騙取中廈公司的信任，才導致中廈公司在相關資料上加蓋公章，故真正存在過錯是建行二支行及麟旺公司，而非中廈公司。2.一審中，建行二支行從未要求中廈公司承擔過錯賠償責任，但在上訴狀中卻要求中廈公司承擔過錯賠償責任，明顯超出了訴訟請求的範圍。

　　針對建行二支行的上訴，東關公司述稱：1.東關公司的擔保責任係基於保理合同產生，而麟旺公司與中廈公司之間的鋼材買賣貿易均為虛構，並未產生保理合同約定的買賣事由，也不產生保理合同項下的交易款項的支付問題，故東關公司產生擔保責任的事由並未發生。2.一審法院判決麟旺公司承擔的是侵權損害賠償責任，超出了擔保合同約定的擔保責任範圍，一審法院判決東關公司對該侵權行為承擔擔保責任，沒有事實和法律依據。3.從保理款的資金流向看，該款項在銀行、麟旺公司及麟旺公司的關聯公司之間帳面流轉，沒有實際轉移，也未超出建行二支行的監控範圍，可見建行二支行對麟旺公司的虛假保理行為是明知且予以配合的。涉案保理合同係以合法保理形式掩蓋違規借貸目的，擾亂金融秩序，應認定無效，東關公司亦無須承擔

擔保責任。

中廈公司上訴請求：撤銷一審判決主文第五項，駁回建行二支行對中廈公司的全部訴訟請求。事實和理由：1.一審法院認定「建行二支行與麟旺公司沒有串通，對交易背景虛假不明知」係事實認定錯誤。在本案保理業務中，建行二支行作為金融機構處於絕對優勢地位，其對於保理法律法規、業務流程及風險等具有更高的認知能力，也應當承擔更高的企業社會責任。在建行二支行工作人員和麟旺公司明確承諾中廈公司不承擔責任的情況下，中廈公司才同意在空白資料處蓋章，其原因是建行二支行為了規避「表內業務規模」的監管。建行二支行的經辦人肖峰在公安機關詢問筆錄中也明確承認其根本未按照保理業務流程操作，這不能簡單認定為不盡職或存在過錯，而應認定建行二支行存在故意或重大過失，進一步推定建行二支行及其經辦人員在簽訂保理合同時與麟旺公司串通，明知交易背景虛假而仍提供保理業務的事實。2.一審法院認定涉案保理合同有效係認定事實錯誤。合法有效的應收帳款是保理業務的前提。建行二支行嚴重違反保理業務有關規定，與麟旺公司惡意串通以虛假的基礎貿易關係辦理保理業務，屬於《中華人民共和國合同法》第五十二條規定的「以合法形式掩蓋非法目的」的情形，故該保理合同應認定為無效。3.一審法院違反「不告不理」的民事訴訟基本原則。建行二支行對中廈公司的訴訟請求是「要求中廈公司償還應收帳款債權本金及滯納金」，該請求權基礎是合同之債，本案案由也是合同糾紛。在查明本案基礎貿易關係虛假的情況下，麟旺公司與中廈公司之間的購銷合同自始不成立不生效，建行二支行受讓的所謂「應收帳款債權」也當然不存在。一審法院曾對「如果認定基礎貿易虛假是否變更訴請」的問題當庭釋明，但建行二支行拒絕變更，故其應承擔相應的法律後果。因此，一審法院不能基於侵權之訴判決中廈公司承擔責任，而應駁回建行二支行對中廈公司的訴訟請求。4.退一步講，即使可以判決中廈公司承擔侵權責任，一審法院判決中廈公司因過錯對保理融資款承擔70%的付款義務也欠缺法律依據。建行二支行違反《商業銀行保理業務管理暫行辦法》、《中國銀行業保理業務規範》等規定，且與麟旺公司惡意串通騙取中廈公司蓋章，明知貿易背景虛假仍辦理保理業務，故在窮盡麟旺公司及其擔保人的法律追索措施之後，建行上海二支行對保理融資款的其餘損失應自行承擔責任。5.保理融資之債與侵權之債不

能平行判決。一審法院判決同時支持保理融資之債和侵權之債，並認為任何一方的清償均導致債務消滅的法律後果，沒有法律依據。在未窮盡對麟旺公司及其擔保人的法律追索措施之前，建行二支行是否有損失及損失金額還處於不確定狀態，不滿足侵權責任的構成要件。即便中廈公司承擔侵權責任也應僅為補充賠償責任，如按一審法院的平行判決履行，則中廈公司承擔侵權責任後將無從追償。6.即使按照一審判決結果，也不應判決中廈公司和其他被告共同承擔同樣金額的訴訟費，而應根據《訴訟費用繳納辦法》，按債務比例判決各被告承擔相應的訴訟費。

　　針對中廈公司的上訴，建行二支行辯稱：1.涉案保理合同不存在《中華人民共和國合同法》第五十二條規定的法定無效情形，在建行二支行未請求撤銷的情況下，應認定為合法有效。2.建行二支行在一審審理過程中，曾以書面意見等形式明確向法院表示，若基礎法律關係不存在，那麼中廈公司也理應承擔過錯賠償責任。另外，建行二支行以合同責任為基礎主張權利，係針對整體案件而言，而非針對中廈公司責任形式的選擇。本案中廈公司及各一審被告承擔的款項金額可以相互抵充，故不存在責任競合或重複受償問題。3.從本案查明的事實看，中廈公司出具付款承諾書、應收帳款轉讓通知書回執等材料的行為，構成對建行二支行的故意欺詐。從相關人員的詢問筆錄可見，建行二支行什保理融資款發放前並不知曉虛假基礎合同，更不可能與麟旺公司惡意串通。

　　針對中廈公司的上訴，東關公司述稱，一審法院認定保理合同有效，並不能證明擔保有效，擔保的有效性還是要看合同的履行情況。

　　建行二支行向一審法院起訴請求：1.判令麟旺公司在中廈公司應承擔的債權本金範圍內（人民幣78,748,940.18元，以下幣種均為人民幣）立即償還建行二支行保理預付款62,999,152.13元；2.判令麟旺公司立即按約償付建行二支行利息、罰息，直至實際清償之日止（暫計算至2015年9月21日，利息、罰息共計936,665.43元）；3.判令麟旺公司立即按約償付建行二支行律師費78,000元；4.判令中廈公司立即償還建行二支行應收帳款債權本金78,748,940.18元；5.判令中廈公司立即償還建行二支行滯納金，直至實際清償之日止（暫計算至2015年9月21日，共計645,121.74元）；6.判令東關公司對麟旺公司的上述第一至三項給付義務承擔連帶清償責任；7.判令劉明星、

李某某在其繼承遺產的範圍內對上述第一至三項給付義務承擔連帶清償責任；8.判令本案訴訟費由中廈公司及各一審被告共同承擔。

　　一審法院認定事實：2014年4月30日，中國建設銀行股份有限公司上海市分行（以下簡稱建行上海分行）與麟旺公司簽訂編號為XXXXXXXXXX的《有追索權國內保理合同》，約定甲方（麟旺公司）採用賒銷方式銷售貨物，並向乙方（建行上海分行）申請獲得有追索權的保理業務服務。保理合同第一條約定，乙方作為保理商，在甲方將商務合同項下應收帳款轉讓給乙方的基礎上，向甲方提供綜合性金融服務，如乙方受讓的應收帳款因任何原因不能按時收回時，乙方均有權向甲方進行追索，甲方應確保買方按時足額向乙方進行支付。無論任何情形，甲方應無條件按時足額償還乙方支付給甲方的保理預付款及相應利息等費用。保理合同第二條約定，乙方為甲方核定的保理預付款最高額度為1億8,000萬元，額度有效期自2014年4月30日起至2015年4月24日，僅在甲方已按商務合同發貨，並按乙方要求具體辦理應收帳款轉讓事宜，並經乙方審查同意後，甲方方可支用上述額度。保理合同第八條約定，無論對於任何種類的有追索權保理，甲方均須根據乙方要求向乙方提交如下單據、檔的原件或影本：（1）商務合同；（2）經核實與原件無誤的發票；（3）貨運證明、質檢證明、有權部門的批准文件、以及其他證明商務合同確已履行的文件證明，如提貨單據副本等；（4）乙方要求的其他單據、檔。保理合同三十條保理預付款利息：乙方向甲方提供保理預付款服務的，乙方自發放保理預付款之日起向甲方收取保理預付款利息，保理預付款利息計至保理預付款到期日。保理預付款利率按日計算，雙方約定利率按以下方式確定：按照每筆保理預付款發放當日中國人民銀行公布的同期限同檔次貸款基準利率基礎上上浮0%。……逾期罰息：在本合同履行過程中，如甲方未能按本合同的約定向乙方償付應付款項的，則甲方均應當自逾期之日起向乙方支付逾期罰息。逾期罰息按日計算，按約收取。逾期罰息按照保理預付款利率上浮50%計算。

　　為保障保理合同的有效履行，建行上海分行與李林利、東關公司分別簽訂了《本金最高額保證合同（保理業務專用）》，保證人均承諾為麟旺公司在主合同項下不超過1億8,000萬元本金餘額及其他全部債務提供連帶責任保證，擔保範圍包括主合同項下全部債務，包括但不限於全部本金、利息、罰

息、複利、違約金、補償金及實現債權的費用（包括但不限於訴訟費、律師費等）和麟旺公司所有其他應付費用。

麟旺公司於2015年2月2日向建行上海分行申請支取保理預付款9,907,633.27元，於2015年2月6日申請支取9,993,963.02元，於2015年2月10日申請支取9,886,591.06元，於2015年2月25日申請支取9,817,768.92元，於2015年2月26日申請支取9,920,168.95元，於2015年3月4日申請支取87,009,346.58元，於2015年3月4日申請支取4,763,680.33元。建行第二支行分別於2015年2月4日、2015年2月13日、2015年3月2日、2015年3月6日向麟旺公司支付上述款項。嗣後，上述款項均未獲清償，產生六個月期內利息分別共計816,502.66元。截至2015年9月21日，按照同期銀行貸款利率上浮50%計算，產生逾期利息共計120,162.77元。

麟旺公司在向建行上海分行申請支用每筆保理預付款時，均向建行上海分行提交了《付款承諾書》、《應收帳款轉讓通知書》、《已轉讓應收帳款確認通知書及回執》、《鋼材購銷合同》及《銷售清單》。中廈公司及其法定代表人張國榮在上述《付款承諾書》、《鋼材購銷合同》及《已轉讓應收帳款確認書回執》上蓋章。經紹興市公安局柯橋分局經偵大隊偵查，《鋼材購銷合同》中所涉部分施工地點實際並不存在，部分並非中廈公司的工地，部分工地並未向麟旺公司採購鋼材。中廈公司法定代表人張國榮、經辦人商友華、楊小平，麟旺公司經辦人莊子明、陳傑等在公安機關的《詢問筆錄》中均表示，保理融資所涉貿易背景均為麟旺公司虛構，中廈公司對麟旺公司向銀行申請融資予以長期配合，中廈公司向銀行的還款均來源於麟旺公司及其關聯企業。麟旺公司前法定代表人李林利在死前寫《遺書》稱：「本人李林利所有的保理事情都是我幹的，和張國榮張總無關，做帳和發票還有報表都是我在外面每月花錢叫人做好給莊子明的，和他無關。」

本案所涉保理業務建行二支行經辦人肖峰在紹興市公安局柯橋分局經偵大隊所作的《詢問筆錄》中稱：「每次做保理業務時麟旺公司提供的發票我未全部去財稅網核查發票號碼的真實性，只是抽幾張去核對一下，確保真實就會蓋章確認。因為麟旺公司與中廈公司之間貿易量比較大，提供的發票很多，兩家公司與我行合作時間長，我也比較信任他們，所以我沒有對麟旺公司與中廈公司的發票原件進行一一查看核實，只是核查發票影本。」肖峰在

筆錄中還稱：「關鍵是核驗（中廈公司）公章真實性，我行不會去上門核實業務的真實性。」

滬銀監訪複（2016）51號《上海市銀監局銀行業舉報事項答覆書》載明：「我局核查認為，建行二支行與上海麟旺貿易有限公司開展保理業務中，存在貸後跟蹤不到位、對帳不及時、授權文書不規範及發票審查方式存在瑕疵等問題。同時抽查部分銀行留檔『上海增值稅普通發票』，未查詢到相關開票紀錄。對銀行存在的相關問題，我局將依法對其採取監管措施。」

2015年9月17日，建行上海分行與建行二支行簽訂《協議書》，約定：由於建行上海分行機構調整原因，與建行二支行達成債權轉讓協議，將以麟旺公司為申請人的保理合同業務及票據貼現業務的全部權利轉讓給建行二支行，由建行二支行行使全部權利。

建行二支行為本案訴訟與上海市萬眾律師事務所簽訂《律師風險代理聘用合同》，雙方約定律師費最高不超過39萬元，建行二支行於2016年1月8日向上海市萬眾律師事務所實際支付78,000元。

一審法院認為，本案是建行二支行從保理商建行上海分行處受讓債權後，同時起訴要求保理融資申請人麟旺公司、基礎合同債務人中廈公司以及保理合同擔保人承擔清償責任的案件。本案爭議的焦點主要有三：1.系爭保理業務是否存在真實的基礎債權債務關係；2.如果認定基礎債權債務為虛構，保理合同的效力如何認定；3.本案中廈公司及各一審被告需要承擔什麼責任。

關於基礎債權債務的真實性，一審法院認為，從本案當事人提供的證據和公安機關偵查情況可知：第一，系爭保理業務的多名經辦人，包括中廈公司法定代表人張國榮、麟旺公司經辦人莊子明等均明確表示鋼材交易的合同及付款通知均為麟旺公司自行製作，中廈公司蓋章確認予以配合，這一獲得保理融資款項的模式已形成多年慣例。麟旺公司前法定代表人李林利的《遺書》也從側面反映了這一點。

第二，從公安機關對所涉建築工地的查訪可得，系爭多份《鋼材購銷合同》中的工地有的並不存在，有的並非中廈公司施工，還有的其鋼材並非從麟旺公司所購，證明了《鋼材購銷合同》及發票等並非源自真實的交易。另外，麟旺公司在申請保理融資時除了本案所列材料外，從未提交過與鋼材貿

易相關的運貨單據、交收憑證等，無法印證鋼材貿易的真實存在。綜合上述事實，一審法院認定系爭保理合同的基礎債權債務均為虛構，實際並不存在真實交易背景。

關於系爭保理合同的效力，一審法院認為，保理合同的核心內容是應收帳款的轉讓。雖然基礎債權的真實、合法、有效是債權轉讓的前提，但基礎債權債務關係不真實並不當然導致保理合同無效。本案當事人間簽訂的保理合同並未違反法律法規強制性規定，也未損害國家及社會公共利益，不存在認定無效的情形。但是，保理合同簽訂過程中，融資申請人麟旺公司故意隱瞞真實情況，虛構基礎交易關係，製作虛假材料，誘使銀行做出錯誤意思表示，應當依據《中華人民共和國合同法》第五十四條「一方以欺詐、脅迫的手段或者乘人之危，使對方在違背真實意思的情況下訂立的合同，受損害方有權請求人民法院或者仲裁機構變更或撤銷」之規定，認定系爭保理合同因融資方欺詐而使銀行方有權撤銷。在建行二支行堅持不請求撤銷合同的情況下，一審法院認定系爭保理合同合法有效，合同當事人仍應依約履行。至於中廈公司、東關公司所稱建行上海分行及其經辦人員在簽訂保理合同時與麟旺公司串通，明知交易背景虛假而仍提供保理業務的主張，沒有相關證據證實，一審法院不予採信。

關於本案中廈公司及各一審被告的責任承擔，一審法院認為，麟旺公司實際支用保理合同項下的融資款項，應按約承擔歸還本息的責任，逾期還款部分，應按合同約定支付逾期利息，逾期利息支付至判決生效之日，隨後按《中華人民共和國民事訴訟法》的相關規定處理。東關公司、李林利在《最高額本金保證合同》上簽字蓋章，依法應對保理合同項下全部債務承擔連帶保證責任。由於李林利已經死亡，應由其繼承人劉明星、李某某在其繼承遺產的範圍之內承擔連帶清償責任。至於本案債務人中廈公司的責任，一審法院認為，首先，本案所涉基礎交易關係均為當事人虛構，麟旺公司實際並不享有對中廈公司的債權，建行二支行要求中廈公司按照《付款承諾書》上載明的債務金額承擔責任，沒有法律和合同依據。其次，中廈公司在麟旺公司向銀行申請保理融資過程中，提供真實公章長期予以配合，共同對建行上海分行構成欺詐，導致建行二支行債權失去了應收帳款作為保障，其行為存在過錯，應根據其過錯程度對建行二支行造成的損失承擔相應責任。再次，建

行上海分行在對系爭保理業務的核查方面亦存在過錯。在如此長期大額的保理業務操作中，銀行經辦人員未根據合同約定和相關規範認真核查基礎交易的發票原件；未要求申請人提供能夠反映真實交易情況的運貨單據、交貨憑證等材料；也從未對基礎交易真實性進行實地核驗，上述情況均反映出建行上海分行在業務中未盡合理注意義務，亦應當對其損失承擔部分責任。就此，一審法院酌情認定中廈公司依其過錯程度承擔保理合同項下本息損失的70%。中廈公司承擔的該部分責任與麟旺公司的還款責任係基於不同的發生原因而產生的同一內容的給付，中廈公司和麟旺公司就該部分款項共同對建行二支行承擔清償責任，任何一方的清償均導致債務消滅的法律後果。本案所涉律師費用的承擔，由保理合同明確約定，建行二支行提供了《律師風險代理聘用合同》、付款憑證和發票予以證明，一審法院支持建行二支行主張，由麟旺公司承擔。

　　一審法院判決：一、麟旺公司應於判決生效之日起十日內歸還建行二支行保理預付款本金62,999,152.13元，支付利息936,665.43元，並支付自2015年9月22日起至判決生效之日止的逾期利息（以62,999,152.13元為基數，按中國人民銀行同期貸款利率上浮50%計付）；二、麟旺公司應於判決生效之日起十日內支付建行二支行律師費用78,000元；三、東關公司對麟旺公司的上述第一、二項還款義務承擔連帶保證責任；東關公司承擔保證責任後，有權向麟旺公司追償；四、劉明星、李某某在其繼承李林利的遺產範圍之內對麟旺公司的上述第一、二項還款義務承擔連帶保證責任；劉明星、李某某承擔保證責任後，有權向麟旺公司追償；五、中廈公司應於判決生效之日起十日內向建行二支行支付麟旺公司的上述第一項還款義務金額的70%，就第一項還款義務金額之70%部分，中廈公司、麟旺公司、東關公司、劉明星、李某某任何一方的清償行為，構成相應債務的消滅，建行二支行不得重複受償；六、駁回建行二支行的其餘訴訟請求。

　　二審中，當事人沒有提交新證據。本院對一審查明的事實予以確認。

　　本院另查明，麟旺公司在向建行上海分行申請支用每筆保理預付款時，其向建行上海分行提交的《應收帳款轉讓通知書》所載轉讓的應收帳款金額及《付款承諾書》上所載承諾付款金額均超過保理預付款金額。由中廈公司及其法定代表人張國榮蓋章的《付款承諾書》載明：「我公司已收到……合

同項下的全部貨物／服務，並已檢驗合格。我公司承諾不可撤銷地承擔上述合同項下上述貨款的到期全額付款義務……不以任何包括上述商務合同執行中的爭議等為理由拒付。若有違反，無論我公司以何種理由遲付或拒付上述款項，則貴行有權就遲付或拒付的金額向我公司收取滯納金，滯納金的計算方式如下：滯納金＝未付貨款金額×天數（從貨款到期日至實際付款日的實際天數）×保理期限同檔次貸款基準年利率上浮50%／360。」

本院認為，本案二審爭議焦點是：1.涉案保理合同的效力如何認定；2.中廈公司應向建行二支行承擔何種責任；3.建行二支行是否因其未盡審核義務而自擔部分損失；4.能否同時支持建行二支行對麟旺公司和中廈公司的訴訟請求。

一、關於涉案保理合同的效力。上訴人中廈公司主張建行二支行與麟旺公司之間存在串通行為，明知不存在真實貿易背景仍以麟旺公司與中廈公司之間的購銷合同為基礎開展保理業務，故該保埋合同係以合法形式掩蓋非法目的而無效。對此，本院認為：1.保理業務是一種以應收帳款轉讓為核心，包含應收帳款催收、管理、融資等在內的綜合性金融服務業務。儘管應收帳款所對應的基礎合同與保理合同之間存在關聯性，但兩者仍係相互獨立的合同關係，故該基礎合同不成立或無效並不必然導致保理合同無效。2.從在案證據看，建行二支行在開展本案保理業務的過程中，基礎合同的債權人麟旺公司向其提交了《付款承諾書》、《應收帳款轉讓通知書》、《已轉讓應收帳款確認通知書及回執》、《鋼材購銷合同》及《銷售清單》等材料。基礎合同的債務人中廈公司及其法定代表人張國榮在上述《付款承諾書》、《鋼材購銷合同》及《已轉讓應收帳款確認書回執》上蓋章確認。對於並非基礎合同當事人的建行二支行而言，上述材料已足以使其對基礎合同真實存在產生合理信賴。3.儘管從建行二支行經辦人肖峰的詢問筆錄以及滬銀監訪複（2016）51號答覆來看，建行二支行在開展本案保理業務過程中，存在未嚴格依照監管要求履行審核義務，尤其是對基礎合同項下發票真實性審核不當的問題，但僅依據該工作瑕疵尚不足以證明建行二支行明知基礎合同虛假的事實。據此，麟旺公司和中廈公司之間的基礎合同雖係虛假，但雙方不得以此對抗作為善意相對方的建行二支行。中廈公司關於建行二支行與麟旺公司之間存在串通，涉案保理合同係以合法形式掩蓋非法目的而無效的主張，缺

乏事實依據，本院不予採信。在建行二支行不行使撤銷權的情況下，一審法院認定系爭保理合同合法有效，合同當事人均應依約履行，並無不當。

二、關於中廈公司應向建行二支行承擔何種責任。對此，本院認為：1.從保理業務實踐來看，無異議承諾已經成為保理融資實務中較為通行的做法，該做法亦符合參與主體各方的經濟目的，有利於提高交易效率，其合法性應予認可，各方亦應按照承諾內容履行各自義務。如果任由當事人以承諾內容與客觀事實不符為由予以反悔，則無疑將違背商業活動中的誠信原則，鼓勵欺詐行為，損害善意相對方利益，阻礙交易活動的順利開展。2.在本案保理業務過程中，中廈公司在《鋼材購銷合同》、《已轉讓應收帳款確認書回執》以及《付款承諾書》上蓋章確認。中廈公司在《付款承諾書》中明確聲明，中廈公司已經收到基礎合同項下全部貨物，並已檢驗合格。中廈公司承諾不可撤銷地承擔上述貨物的全額付款義務，不以任何包括上述商務合同執行中的爭議等為理由拒付。若有違反，無論中廈公司以何種理由遲付或者拒付上述款項，則建行二支行有權就遲付或拒付的金額收取滯納金。根據該承諾內容，中廈公司在本案中不得再就涉案基礎合同不成立或無效等事由向建行二支行提出抗辯。3.真實的應收帳款係保理商最終實現經濟利益的重要保障，中廈公司在基礎交易虛假的情形下，仍向建行二支行做出上述確認和承諾，導致建行二支行基於對真實應收帳款以及中廈公司付款承諾的信賴而向麟旺公司發放款項，最終無法及時收回資金。4.從中廈公司及其法定代表人蓋章的《付款承諾書》載明的內容來看，其承諾付款的範圍涵蓋了麟旺公司應還的保理預付款本金、利息及逾期利息。因此，中廈公司對建行二支行的欺詐行為，係造成建行二支行資金損失的重要原因，中廈公司應按照其對建行二支行的確認和承諾承擔相應的付款責任。據此，中廈公司以基礎合同不成立、中廈公司不存在主觀過錯以及違反「不告不理原則」等為由，拒絕向建行二支行承擔付款義務的抗辯，本院均不予採信。

三、關於建行二支行是否因其未盡審核義務而自擔部分損失。本案中，建行二支行並未嚴格依照《商業銀行保理業務管理暫行辦法》等監管要求，通過審驗發票原件真實性以及實地查驗等手段審核基礎合同的真實性。對於此種審核瑕疵是否導致建行二支行自擔部分損失，並減輕中廈公司付款責任的法律後果，本院認為：1.從審核義務的規範性質看，商業銀行開展保理業

務過程中應盡的對基礎合同真實性的審核義務，來源於監管部門為實現規範金融市場行為、防範金融風險等目的制定的行政管理規範，而非確定平等市場主體之間權利義務關係的民事法律規範或合同約定。因此，以建行二支行違反上述審核義務為由，要求其承擔相應的民事責任，於法無據。2.從審核義務的內容和目的看，商業銀行審核基礎合同及應收帳款的真實性，其目的是為了確保自身經濟利益安全，故該審核行為並不構成商業銀行對於基礎合同債權人及債務人的合同義務或法定義務。本案中，麟旺公司及中廈公司亦無權在建行二支行未完全履行審核義務的情況下要求其承擔違約責任。3.從各方的過錯性質對比及利益平衡來看，本案中，中廈公司與麟旺公司對建行二支行具有明顯的欺詐故意，而建行二支行的審核瑕疵係對自身利益不謹慎的過失行為。如果以建行二支行存在審核瑕疵為由減輕故意欺詐者的民事責任，則無疑將導致責任分配的明顯不公和利益失衡。綜上，建行二支行的審核瑕疵不應成為其自擔部分損失，並減輕中廈公司付款責任的理由，一審法院關於此節的認定不當，本院予以糾正。

　　四、關於能否同時支持建行二支行對麟旺公司和中廈公司的訴訟請求。對此中廈公司主張，中廈公司對建行二支行承擔的僅為補充賠償責任，在未窮盡對麟旺公司及其擔保人的法律追索措施之前，建行二支行是否有損失及損失金額還處於不確定狀態，不滿足其承擔責任的條件。對此，本院認為：1.根據中廈公司出具的付款承諾書，其承諾不可撤銷地對建行二支行承擔付款義務，並不得以任何理由遲付或拒付。該付款承諾並未以建行二支行窮盡對麟旺公司及其擔保人的法律措施為前提條件。中廈公司關於其僅向建行二支行承擔補充賠償責任的主張，欠缺事實依據，本院不予採信。2.一審法院在判決主文第五項中明確，中廈公司、麟旺公司、東關公司、劉明星、李某某任何一方履行還款義務，均構成相應債務的消滅，故此種責任承擔方式不會導致建行二支行重複受償的結果。3.至於中廈公司所稱其能否向麟旺公司追償等問題，不影響麟旺公司、中廈公司對建行二支行承擔付款責任，雙方可另行解決，本院對此不予處理。

　　綜上，建行二支行的上訴請求成立，本院予以支持。中廈公司的上訴請求不成立，本院不予支持。本院依照《中華人民共和國合同法》第六十條、第七十九條、第八十條、第八十二條、第一百零七條、第一百二十四條，

《中華人民共和國民事訴訟法》第一百四十四條、第一百七十條第一款第二項規定，判決如下：

　　一、維持上海市第二中級人民法院（2015）滬二中民六（商）初字第142號民事判決第一項、第二項、第三項、第四項。

　　二、撤銷上海市第二中級人民法院（2015）滬二中民六（商）初字第142號民事判決第五項、第六項。

　　三、上訴人中廈建設集團有限公司應於判決生效之日起十日內向上訴人中國建設銀行股份有限公司上海第二支行支付一審被告上海麟旺貿易有限公司承擔的上海市第二中級人民法院（2015）滬二中民六（商）初字第142號民事判決第一項還款義務。

　　四、上訴人中廈建設集團有限公司、一審被告上海麟旺貿易有限公司、一審被告上海東關建築工程有限公司、一審被告劉明星、一審被告李某某任何一方對上海市第二中級人民法院（2015）滬二中民六（商）初字第142號民事判決第一項還款義務的清償行為，構成相應債務的消滅，上訴人中國建設銀行股份有限公司上海第二支行不得重複受償。

　　五、駁回上訴人中國建設銀行股份有限公司上海第二支行的其餘訴訟請求。

　　如果未按本判決指定的期限履行金錢給付義務，應當按照《中華人民共和國民事訴訟法》第二百五十三條之規定，加倍支付遲延履行期間的債務利息。

　　一審案件受理費人民幣443,913.79元，財產保全費人民幣5,000元，共計人民幣448,913.79元，由上海麟旺貿易有限公司、中廈建設集團有限公司、上海東關建築工程有限公司、劉明星、李某某共同負擔；二審案件受理費人民幣443,913.79元，由中廈建設集團有限公司負擔。

　　本判決為終審判決。

　　審判長　董　庶
　　審判員　黃　海
　　審判員　許曉驍
　　二〇一八年九月三十日
　　書記員　石　琳

【案例126】銀行取得債務人確認應收帳款真實無瑕疵的重要性

建設銀行與阿貝爾公司等合同糾紛案評析

案號：湖北省武漢市中級人民法院（2017）鄂01民終7228號

【摘要】

轉讓未來應收帳款具有合法性，並不必然導致保理合同無效；銀行受讓應收帳款債權時必須通知債務人，並取得債務人對應收帳款債權真實無瑕疵的確認，以避免債務人提出抗辯；保理銀行向債務人主張保理預付款本息的還款責任，應限於應收帳款本息範圍內。

【基本案情】

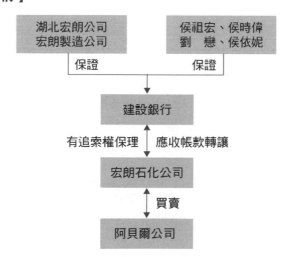

2013年11月20日，建設銀行股份有限公司武漢經濟技術開發區支行（以下簡稱「建設銀行」）與武漢宏朗石化設備製造有限公司

（以下簡稱「宏朗石化公司」）簽訂《有追索權國內保理合同》，約定建設銀行給予宏朗石化公司最高額2,600萬元的保理預付款。2014年3月28日，宏朗石化公司與阿貝爾化學（江蘇）有限公司（以下簡稱「阿貝爾公司」）簽訂《採購合同》，約定阿貝爾公司向宏朗石化公司採購機械設備，總價款3,525.96萬元；合同簽訂後六個月內交貨；宏朗石化公司未依約交付設備，每延遲一周按照合同總價款的0.5%支付違約金。上述合同簽訂後，宏朗石化公司向阿貝爾公司出具金額為2,500.94萬元的增值稅發票，但宏朗石化公司僅交付了價值1,050萬元的貨物。

2014年9月11日，宏朗石化公司向阿貝爾公司發出《應收帳款債權轉讓通知書》（以下簡稱《轉讓通知書》），載明：宏朗石化公司將尚未收到的阿貝爾公司應付帳款共計2,500.94萬元的債權轉讓給建設銀行……。2014年9月12日，阿貝爾公司在上述通知書回執上加蓋公章，載明已收到並知悉理解通知書全部內容。2014年9月22日，建設銀行辦理了動產權屬初始登記。2014年10月15日，宏朗石化公司向建設銀行申請保理預付款2,000萬元，建設銀行依約發放2,000萬元。2014年12月30日，建設銀行向阿貝爾公司發送對帳單，載明：截至2014年12月29日，阿貝爾公司與宏朗石化公司之間的應付款數額為2,500.94萬元……。阿貝爾公司在對帳單上加蓋印鑒予以確認。

2015年4月27日，湖北宏朗石化工程有限公司（以下簡稱「湖北宏朗公司」）、武漢宏朗製造股份有限公司（以下簡稱「宏朗製造公司」）、侯祖宏、侯時偉、劉戀和侯依妮與建設銀行分別簽訂《最高額保證合同》，約定上述保證人各自為宏朗石化公司提供最高額3,000萬元的連帶責任保證。

上述應收帳款和保理預付款到期後，建設銀行未收到阿貝爾公司應付帳款，宏朗石化公司亦未償還保理預付款本金19,979,088.16元及相應利息。經多次催討未果，建設銀行訴至法院，請求判令阿貝

爾公司償還應收帳款本金2,500.94萬元及逾期違約金；宏朗石化公司對上述債務不能履行部分承擔回購責任；湖北宏朗公司、宏朗製造公司、侯祖宏、侯時偉、劉戀和侯依妮對宏朗石化公司所負債務承擔連帶責任。

【法院判決】

　　湖北省武漢經濟技術開發區人民法院經審理認為，阿貝爾公司在《轉讓通知書》和對帳單上蓋章，對採購合同項下的應收帳款債權進行了兩次確認，理應按照依約向建設銀行支付應收帳款。阿貝爾公司以採購合同未完全履行及宏朗石化公司違約為由提出抗辯的，不予支持。宏朗石化公司僅將採購合同項下的部分應收帳款轉讓至建設銀行，建設銀行並未取得採購合同當事人的法律地位，其主張阿貝爾公司應按照採購合同標準向其承擔違約金，應不予支持，但阿貝爾公司應從逾期付款日起按照央行同期一年期貸款利率標準向建設銀行支付利息。在應收帳款因任何原因不能按時足額收回時，建設銀行有權依據《有追索權保理合同》，要求宏朗石化公司承擔回購責任，保證人湖北宏朗公司、宏朗製造公司、侯祖宏、侯時偉、劉戀和侯依妮應依約對宏朗石化公司未清償債務承擔連帶責任。綜上，判決阿貝爾公司償還建設銀行應收帳款債權本金2,500.94萬元及相應利息；宏朗石化公司對上述債務不能履行部分承擔回購責任；宏朗石化公司承擔回購責任後，建設銀行須將應收帳款債權等權利返還至宏朗石化公司；湖北宏朗公司、宏朗製造公司、侯祖宏、侯時偉、劉戀和侯依妮各自對宏朗石化公司的上述債務在3,000萬元範圍內承擔連帶責任。

　　宣判後，阿貝爾公司不服一審判決，提起上訴。湖北省武漢市中級人民法院經審理認為，本案的爭議焦點為阿貝爾公司是否應當承擔責任，以及承擔的具體責任範圍。阿貝爾公司主張案涉應收帳款屬於未來應收帳款、採購合同未能履行完畢，故案涉應收帳款債權轉讓

和保理無效的意見不能成立。理由如下：《商業銀行保理業務管理暫行辦法》規定商業銀行不得基於未來應收帳款開展保理融資業務，但該辦法是行政規章而非法律法規，違反該規定不導致債權轉讓和保理行為無效。阿貝爾公司先後兩次在通知書、對帳單回執上加蓋公章對應收帳款金額予以確認，應足以理解其法律後果，即使宏朗石化公司確實尚未完全履行合同義務，阿貝爾公司也存在重大過錯，應依約向建設銀行支付應收帳款。該應收帳款作為建設銀行向保理物件宏朗石化公司收回保理預付款的擔保，阿貝爾公司只應在應收帳款（包含相關孳息）範圍內，對宏朗石化公司所欠保理預付款承擔付款責任。綜上所述，改判阿貝爾公司向建設銀行支付保理預付款本金19,979,088.16元及相應利息，合計總金額不超過應收帳款本金2,500.94萬元及逾期利息。

【法律評析】

本案的爭議焦點為：以未來應收帳款為轉讓標的，是否導致案涉保理合同無效；債務人是否可以針對已經其確認的應收帳款內容，再以基礎交易合同實際履行瑕疵為由，對保理銀行的付款請求提出抗辯；債務人向保理銀行承擔付款責任的具體範圍。

一、以未來應收帳款為轉讓標的，並不必然導致保理合同無效

約定轉讓未來應收帳款的一攬子協議是保理業務中的常見類型，雙方約定將供應商商務活動過程中發生的應收帳款大批量轉讓給保理銀行，包括已經發生和預期將來可能發生的應收帳款債權，被轉讓的未來應收帳款在簽訂保理合同時並不實際存在。因此，明確約定轉讓未來應收帳款，是否將導致保理合同無效，對保理業務的開展至關重要。

《中華人民共和國合同法》（以下簡稱《合同法》）第七十九

條規定：「債權人可以將合同的權利全部或者部分轉讓給第三人，但有下列情形之一的除外：（一）根據合同性質不得轉讓；（二）按照當事人約定不得轉讓；（三）依照法律規定不得轉讓。」

　　分析可知：第一，《合同法》並未明確禁止轉讓未來應收帳款債權；第二，保理合同中的應收帳款債權一般基於買賣、服務等財產合同產生，不存在依合同性質不得轉讓的情形（比如具有人身屬性的債權不得轉讓）；第三，明確約定轉讓未來應收帳款，也不屬於我國法律規定不得轉讓的債權。中國銀行業監督管理委員會制定的《商業銀行保理業務管理暫行辦法》（以下簡稱《保理業務暫行辦法》）第十三條第一、二款規定：「商業銀行不得基於不合法基礎交易合同、寄售合同、未來應收帳款、權屬不清的應收帳款、因票據或其他有價證券而產生的付款請求權等開展保理融資業務。未來應收帳款是指合同項下賣方義務未履行完畢的預期應收帳款。」《保理業務暫行辦法》明確禁止轉讓未來應收帳款，但該辦法是中國銀行業監督管理委員會制定的行政規章，並非法律、行政法規，約定轉讓未來應收帳款的保理合同並不因違反《保理業務暫行辦法》而無效。綜上所述，除債權人和債務人明確約定禁止轉讓外，約定轉讓未來應收帳款符合《合同法》規定，並不必然導致保理合同無效。除具有《合同法》五十二條規定的無效情形外，以未來應收帳款為轉讓標的的，保理合同有效。

　　結合本案，案涉《有追索權國內保理合同》約定，宏朗石化公司將其對阿貝爾公司的未來應收帳款轉讓給建設銀行，該約定符合法律規定，建設銀行可以依法受讓宏朗石化公司對阿貝爾公司的未來應收帳款。故，一審和二審法院均認定，約定轉讓未來應收帳款的案涉《有追索權國內保理合同》有效。

二、債務人對已確認的應收帳款內容，不得再以實際履行瑕疵提出抗辯

《合同法》第八十條第一款規定：「債權人轉讓權利的，應當通知債務人。未經通知，該轉讓對債務人不發生效力。」第八十二條規定：「債務人接到債權轉讓通知後，債務人對讓與人的抗辯，可以向受讓人主張。」分析可知，債權人將債權轉讓通知債務人後，即對債務人發生法律效力。同時，債務人也有權在接到轉讓通知後以其對讓與人的合法抗辯，對抗受讓人的付款請求。但是，如果債務人已經對債權轉讓通知中的應收帳款內容予以確認，未及時向讓與人和受讓人提出抗辯，那麼基於誠實信用原則，債務人應依約向受讓人履行債務，不得再以基礎交易合同實際履行瑕疵為由對抗受讓人。

結合本案，案涉應收帳款讓與人宏朗石化公司，未依約向債務人阿貝爾公司完全履行採購合同項下的交貨義務。因此，阿貝爾公司有權以其對宏朗石化公司實際履行瑕疵的抗辯理由，對抗受讓人建設銀行。但是，在收到宏朗石化公司的《轉讓通知書》和建設銀行的對帳單時，阿貝爾公司並未及時提出該抗辯，而是在《轉讓通知書》和對帳單上蓋章，對應收帳款債權進行了兩次確認。作為理性的商事主體，阿貝爾公司理應知曉其確認應收帳款債權的法律效果，故無權再以採購合同實際履行瑕疵為由抗辯受讓人建設銀行，而應依約向建設銀行支付應收帳款。

三、債務人僅在應付帳款及相應利息範圍內向銀行承擔保理付款責任

銀行辦理有追索權保理業務，主要目的在於通過向應收帳款債權人提供保理預付款融資而獲取融資利息，受讓應收帳款債權、向債務人追索付款僅是對保理預付款權益的擔保和資金來源。因此，債務

人應向保理銀行承擔保理預付款本息的還款責任，並限於應收帳款本息範圍內。結合本案，一審法院判決阿貝爾公司償還建設銀行應收帳款債權本金2,500.94萬元及相應利息。顯然，一審法院認為阿貝爾公司向建設銀行的主要還款義務是應收帳款債權本息，而非在應收帳款債權本息範圍內償還宏朗石化公司的保理預付款本息。因此，二審法院糾正了一審的錯誤認定，改判阿貝爾公司在總額不超過應收帳款本金2,500.94萬元及逾期利息範圍內，向建設銀行支付保理預付款本金19,979,088.16元及相應利息。

四、銀行風險啟示

本案對銀行的風險啟示為：

1. 儘管轉讓未來應收帳款具有合法性，但是《保理業務暫行辦法》明確禁止商業銀行基於未來應收帳款開展保理業務。因此，從降低風險角度考慮，不建議銀行辦理未來應收帳款保理業務。

2. 為了避免因保理項下的應收帳款債權發生爭議，保理銀行和債權人應共同向債務人發出債權轉讓通知，並要求債務人就基礎交易合同的標的、數量、總金額和實際履行情況等予以確認並出具確認回執，以有效對抗債務人的異議抗辯，保障保理債權順利收回。

3. 債務人向保理銀行承擔保理預付款本息的還款責任，限於應收帳款本息範圍內。因此，在主張保理債權時，銀行應確定合法準確的付款請求數額，提出適當的訴訟請求以降低訴訟成本。

附：法律文書

阿貝爾化學（江蘇）有限公司與中國建設銀行股份有限公司武漢經濟技術開發區支行等合同糾紛上訴案

湖北省武漢市中級人民法院民事判決書 （2017）鄂01民終7228號

上訴人（原審被告）：阿貝爾化學（江蘇）有限公司。

法定代表人：劉峰，該公司執行董事。

委託訴訟代理人：杜昱煜，湖北楚韜律師事務所律師。

被上訴人（原審原告）：中國建設銀行股份有限公司武漢經濟技術開發區支行。

負責人：楊浩，該行行長。

委託訴訟代理人：羅玉章，湖北元申律師事務所律師。

委託訴訟代理人：王志虹，湖北元申律師事務所律師。

被上訴人（原審被告）：武漢宏朗石化設備製造有限公司。

法定代表人：侯祖宏，該公司董事長。

委託訴訟代理人：殷成洪，安陸市法律援助中心律師。

被上訴人（原審被告）：湖北宏朗石化工程有限公司。

法定代表人：侯祖宏，該公司執行董事。

委託訴訟代理人：殷成洪，安陸市法律援助中心律師。

被上訴人（原審被告）：武漢宏朗製造股份有限公司。

法定代表人：侯祖宏，該公司董事長。

委託訴訟代理人：殷成洪，安陸市法律援助中心律師。

被上訴人（原審被告）：侯祖宏。

委託訴訟代理人：殷成洪，安陸市法律援助中心律師。

被上訴人（原審被告）：侯時偉。

委託訴訟代理人：殷成洪，安陸市法律援助中心律師。

被上訴人（原審被告）：劉戀。

委託訴訟代理人：殷成洪，安陸市法律援助中心律師。

被上訴人（原審被告）：侯依妮。

委託訴訟代理人：殷成洪，安陸市法律援助中心律師。

　　上訴人阿貝爾化學（江蘇）有限公司（以下簡稱阿貝爾公司）因與被上訴人中國建設銀行股份有限公司武漢經濟技術開發區支行（以下簡稱建行經開支行）、武漢宏朗石化設備製造有限公司（以下簡稱武漢宏朗石化公司）、湖北宏朗石化工程有限公司（以下簡稱湖北宏朗石化公司）、武

漢宏朗製造股份有限公司（以下簡稱武漢宏朗製造公司）、侯祖宏、侯時偉、劉戀、侯依妮合同糾紛一案，不服湖北省武漢經濟技術開發區人民法院（2015）鄂武經開民初字第02159號民事判決，向本院提起上訴。本院於2017年10月23日立案後，依法組成合議庭，於2017年11月17日公開開庭進行了審理。上訴人阿貝爾公司的委託訴訟代理人杜昱煜，被上訴人建行經開支行的委託訴訟代理人王志虹，及武漢宏朗石化公司、湖北宏朗石化公司、武漢宏朗製造公司、侯祖宏、侯時偉、劉戀、侯依妮的共同委託訴訟代理人殷成洪到庭參加訴訟。本案現已審理終結。

　　阿貝爾公司上訴請求：撤銷原判第一項，並改判駁回建行經開支行對阿貝爾公司的訴訟請求，判令建行經開支行承擔一、二審訴訟費用。事實與理由：一、涉案應收帳款屬於未來應收帳款，並不構成有效的債權轉讓。2014年3月28日，阿貝爾公司與武漢宏朗石化公司簽訂採購合同，約定合同簽訂後六個月內交貨，交貨後70日內完成安裝施工。9月12日，武漢宏朗石化公司尚未履行完交貨義務，便與建行經開支行對合同未履行的權益即未來應收帳款進行保理和債權轉讓，依據《商業銀行保理業務管理暫行辦法》第十三條關於商業銀行不得基於未來應收帳款開展保理融資業務的規定，二者的行為並不構成有效的債權轉讓和保理。二、一審法院未查明本案保理關係所指向的基礎合同的實際履行情況，導致案件審理事實不清。在保理合同關係中，基礎合同的法律效力以及債務人對基礎合同所享有的抗辯權，將直接關係到保理責任的承擔問題。阿貝爾公司、武漢宏朗石化公司採購合同涉的合同總價款為3,525.96萬元，但武漢宏朗石化公司實際僅履行了10,493,105元的合同義務，其餘貨物至今未能交付，基礎合同並未實際履行完畢。阿貝爾公司已向武漢宏朗石化公司支付了450萬元的合同款項，依合同約定，武漢宏朗石化公司交貨之前，阿貝爾公司不再具有付款義務。一審法院未查清上述事實，導致案件審理不清。三、武漢宏朗石化公司未依約履行採購合同，武漢宏朗石化公司不享有對阿貝爾公司的合同債權，建行經開支行與武漢宏朗石化公司之間的債權轉讓無法成立。建行經開支行知道或應當知道基礎合同沒有實際履行完畢，未盡到謹慎審查義務，存在重大過錯。即使武漢宏朗石化公司向阿貝爾公司送達了應收帳款債權轉讓通知書，但因建行經開支行主張的轉讓債權不存在，建行經開支行與武漢宏朗石化公司因債權轉讓

不能,導致債權轉讓關係無法成立。四、武漢宏朗石化公司未依約履行採購合同相關義務,並偽造裝車清單、運單等單據辦理債權轉讓手續構成惡意欺詐,阿貝爾公司有權行使採購合同項下對武漢宏朗石化公司的抗辯權。

建行經開支行辯稱:一審判決認定事實清楚,適用法律正確,請求駁回上訴,維持原判。事實和理由:一、建行經開支行與武漢宏朗石化公司簽訂的保理合同有效,阿貝爾公司在應收帳款債權轉讓通知書上蓋章確認債權轉讓,建行經開支行對武漢宏朗石化公司與阿貝爾公司買賣合同債權轉讓申請對應的發票及印章進行了審查並確定真實,不存在違反相關規定,即便保理業務違反商業銀行保理業務相關規範,也不是違反強制性的法律規定,不會導致保理合同無效。二、建行經開支行於2014年12月30日向阿貝爾公司發送了對帳單,上面載明阿貝爾公司與武漢宏朗石化公司之間的應付貨款數額為25,009,400元,同時載明了發票號及發票總金額,及到期日均為2015年3月10日。阿貝爾公司在對帳回單上加蓋了印章,可見即便到了2014年12月30日,阿貝爾公司也未對應收帳款提出異議,而此時採購合同的履行期限已經屆滿。阿貝爾公司兩次確認,應承擔相應責任。

武漢宏朗石化公司、湖北宏朗石化公司、武漢宏朗製造公司、侯祖宏、侯時偉、劉戀、侯依妮辯稱,武漢宏朗石化公司與阿貝爾公司之間的採購合同沒有履行完畢屬實,武漢宏朗石化公司已經向阿貝爾公司交付了全部貨物,由於多方面原因,雙方沒有進行結算。此外,保理合同涉及的金額是2,000萬元,而一審法院判決金額2,500萬餘元,權利義務不對等。

建行經開支行向一審法院起訴請求:1.判令阿貝爾公司向建行經開支行償還應收帳款本金25,009,400元及逾期付款違約金3,126,175元;2.判令武漢宏朗石化公司對上述債務不能履行部分承擔回購責任,並承擔至付清之日的利息、罰息;3.判令湖北宏朗石化公司、武漢宏朗製造公司、侯祖宏、侯時偉、劉戀、侯依妮對武漢宏朗石化公司所負債務承擔連帶責任;4.判令阿貝爾公司、武漢宏朗石化公司、湖北宏朗石化公司、武漢宏朗製造公司、侯祖宏、侯時偉、劉戀、侯依妮共同承擔本案的訴訟費用、保全費用。

一審法院認定事實:2013年11月20日建行經開支行與武漢宏朗石化公司簽訂保理合同(編號:KFQ-DFZH-YZBL2013031),合同約定保理類型為公開有追索權國內保理合同。在武漢宏朗石化公司將商務合同項下應收帳

款轉讓給建行經開支行的基礎上，向武漢宏朗石化公司提供的綜合性金融服務。所謂有追索權是指，當建行經開支行受讓的應收帳款因任何原因不能按時足額收回時，建行經開支行均有權向武漢宏朗石化公司進行追索。無論任何情形，武漢宏朗石化公司應無條件按時足額償還建行經開支行支付給武漢宏朗石化公司的保理預付款、並支付預付款利息等全部應付款項。建行經開支行給予武漢宏朗石化公司最高額2,600萬元的保理預付款，額度有效期為2013年11月20日起至2014年11月19日止。武漢宏朗石化公司將其銷售貨物的應收帳款轉讓給建行經開支行，並約定在保理預付款到期前，按時足額支付保理預付款本息及全部應付款項。建行經開支行按照應收帳款金額的3‰-20‰向武漢宏朗石化公司收取應收帳款管理費。建行經開支行向武漢宏朗石化公司提供保理預付款服務的，建行經開支行自發放保理預付款之日起向武漢宏朗石化公司收取保理預付款利息。保理預付款利息計至保理預付款到期日。保理預付款利率按日計算，按照每筆保理預付款發放當日中國人民銀行公布的同期同檔次貸款基準利率基礎上上浮2%-20%。利息按月結息，每月20日為結息日。建行經開支行向武漢宏朗石化公司收取每張發票單據處理費200元，在建行經開支行向武漢宏朗石化公司發送應收帳款受讓通知書或應收帳款受讓確認書時分批一次性收取。在本合同履行過程中，如武漢宏朗石化公司未能按照約定向建行經開支行償付應付款的，則武漢宏朗石化公司應當自逾期之日起向建行經開支行支付逾期罰息，逾期罰息按照保理預付款利率上浮50%計算。逾期罰息按日計算，按月收取。對於已轉讓給建行經開支行的任何應收帳款，如買方未付款至建行經開支行指定的保理收款專戶，即發生間接付款。武漢宏朗石化公司在收到用於清償這些應收帳款的任何現金、支票、匯票、本票或者其他支付工具時，武漢宏朗石化公司應當立即通知建行經開支行，並按建行經開支行指示進行操作。若武漢宏朗石化公司違反合同任一約定則構成違約，應承擔償付建行經開支行已受讓的全部或部分應收帳款項下的保理預付款本息及全部應付未付款項的責任。武漢宏朗石化公司保證無條件按本合同約定在每筆保理預付款到期（含提前到期）前按時、足額向建行經開支行支付保理預付款本息及全部應付款項，武漢宏朗石化公司同意在建行經開支行向武漢宏朗石化公司反轉讓應收帳款之前，建行經開支行有權作為應收債權的債權人向買方進行追索，且建行經開支行向買

方追索不影響、削弱建行經開支行向武漢宏朗石化公司追索的權利；在應收帳款轉讓給建行經開支行後，建行經開支行應享有武漢宏朗石化公司在該應收帳款被轉讓前所享有的任何權利，包括但不限於收取全部應收帳款本金、與應收帳款有關的全部利息、罰息、違約金、複利等權利。在公開型有追索權保理中，武漢宏朗石化公司保證將應收帳款已轉讓的事實通知買方，並出具建行經開支行所要求的應收帳款債權轉讓通知書，指示並保證買方付款至建行經開支行指定的保理收款專戶。若合同雙方在合同執行過程中發生爭議，若雙方協商不成向建行經開支行住所地人民法院起訴等內容。同時，在保理合同附件中約定，建行經開支行與武漢宏朗石化公司同意，由建行經開支行通過中國人民銀行徵信中心應收帳款質押登記公示系統辦理合同項下應收帳款的登記手續。

2014年3月28日，武漢宏朗石化公司與阿貝爾公司簽訂採購合同，合同約定阿貝爾公司向武漢宏朗石化公司採購機械設備；合同總價款3,525.96萬元；合同生效後，阿貝爾公司向武漢宏朗石化公司支付合同總價款的10%，作為第一筆預付款；合同簽訂後六個月內交貨；武漢宏朗石化公司未按照合同約定的期限交付合同設備，每遲延一周（不滿一周按一周計），按合同總價款的0.5%向阿貝爾公司支付違約金，但該項違約金總額不得超過合同總價的10%等內容。

上述合同簽訂後，武漢宏朗石化公司向建行經開支行提交應收帳款轉讓申請書。申請書中載明：付款人為阿貝爾公司；發票27份，票面總金額25,009,400元；應收帳款25,009,400元；帳款到期日，2015年3月10日。

在落款時間為2014年9月11日的應收帳款債權轉讓通知書（以下簡稱通知書）中表明：武漢宏朗石化公司通知阿貝爾公司將尚未收到阿貝爾公司應付帳款共計25,009,400元的債權轉讓給建行經開支行。同時該通知書中載明：付款人為阿貝爾公司；發票號、發票金額，票面總金額25,009,400元；未收款25,009,400元；帳款到期日，2015年3月10日；支付開戶行帳號；建行經開支行位址和聯繫方式。2014年9月12日，阿貝爾公司在上述通知書回執上加蓋公章及法人印鑒，該回執載明：阿貝爾公司已收到上述通知書，並知悉、理解該通知書的全部內容。

2014年9月22日，建行經開支行在中國人民銀行徵信中心辦理了動產權

屬初始登記。2014年10月15日，武漢宏朗石化公司向建行經開支行申請保理預付款2,000萬元。建行經開支行審批後向武漢宏朗石化公司發放保理預付款2,000萬元。在加蓋有建行經開支行公司業務部印章的2014年10月15日的預付款支用回單上載明：入帳金額2,000萬元；執行利率6.16%；預付款到期日2015年4月8日。

在落款時間為2014年12月30日，建行經開支行向阿貝爾公司發送的對帳單中載明：截至2014年12月29日，阿貝爾公司與武漢宏朗石化公司之間的應付款數額為25,009,400元，同時還載明發票號，發票總金額25,009,400元，到期日均為2015年3月10日。阿貝爾公司在對帳單上加蓋印鑒予以確認。

2015年3月10日，應收帳款到期後，建行經開支行未收到阿貝爾公司應付帳款。2015年4月8日，合同約定保理預付款到期後，武漢宏朗石化公司亦未償還保理預付款本息。

2015年4月27日，湖北宏朗石化公司、武漢宏朗製造公司、侯祖宏、侯時偉、劉戀、侯依妮與建行經開支行分別簽訂最高額保證合同，合同中約定湖北宏朗石化公司、武漢宏朗製造公司、侯祖宏、侯時偉、劉戀、侯依妮各自為武漢宏朗石化公司2013年10月8日至2015年12月31日期間在建行經開支行連續辦理發放人民幣／外幣貸款、其他授信業務（國內保理）提供最高額連帶責任保證，最高限額為3,000萬元。最高額保證的擔保範圍為主合同項下全部債務，包括但不限於全部本金、利息（包括複利和罰息）、違約金、賠償金及其他應付款項。保證期間為單筆授信業務自主合同簽訂之日起至債務人在主合同項下的債務履行期限屆滿日後兩年。截止2016年3月21日，武漢宏朗石化公司尚欠建行經開支行保理預付款19,979,088.16元，利息、罰息1,431,454.62元。建行經開支行訴至一審法院，請求依照予判。

一審法院另查明，阿貝爾公司主張，阿貝爾公司與武漢宏朗石化公司簽訂採購合同之後，阿貝爾公司向武漢宏朗石化公司出具票面金額為25,009,400元的增值稅發票。而武漢宏朗石化公司僅向其交付採購合同項下的價值1,050萬元的貨物。為此，阿貝爾公司退還票面金額為13,209,400元的增值稅發票。阿貝爾公司在扣除應當由武漢宏朗石化公司承擔的運費、材料款和安裝費用以及已支付的款項450萬元後（其中2013年2月25日支付350萬元；2015年4月18日支付100萬元），針對合同已履行部分，阿貝爾公司尚欠

貨款5,993,105元未支付。對前述阿貝爾公司的主張,武漢宏朗石化公司予以認可,但阿貝爾公司主張武漢宏朗石化公司未按採購合同的約定履行合同義務,其應按照合同總價款的10%向其承擔違約責任,武漢宏朗石化公司對此不予認可。

一、關於本案所涉法律行為的效力和性質。

一審法院認為,建行經開支行與武漢宏朗石化公司之間簽訂保理合同,以及武漢宏朗石化公司與阿貝爾公司簽訂的採購合同以及湖北宏朗石化公司、武漢宏朗製造公司、侯祖宏、侯時偉、劉戀、侯依妮與建行經開支行分別簽訂最高額保證合同,係合同當事人真實意思的表示,未違反國家法律、行政法規強制性規定,屬合法有效,對合同當事人具有法律約束力。

按照《商業銀行保理業務管理暫行辦法》第六條規定:「本辦法所稱保理業務是以債權人轉讓其應收帳款為前提,集應收帳款催收、管理、壞帳擔保及融資於一體的綜合性金融服務……。第十條規定:……有追索權保理是指在應收帳款到期無法從債務人處收回時,商業銀行可以向債權人反轉讓應收帳款、要求債權人回購應收帳款或歸還融資。」按照前述規定,本案中建行經開支行與武漢宏朗石化公司簽訂保理合同,武漢宏朗石化公司將其對外應收帳款轉讓給建行經開支行,建行經開支行向其提供融資服務。合同簽訂後,武漢宏朗石化公司將採購合同項下對阿貝爾公司享有的應收帳款轉讓給建行經開支行,建行經開支行按照保理合同約定向武漢宏朗石化公司提供了融資服務,故建行經開支行與阿貝爾公司、武漢宏朗石化公司之間形成保理合同法律關係。同時,保理合同約定建行經開支行受讓的應收帳款因任何原因不能按時足額收回時,建行經開支行均有權要求武漢宏朗石化公司償付保理預付款本息及全部應付未付款項,故本案所涉及保理法律關係為有追索權保理。

二、建行經開支行主張阿貝爾公司向其支付應收帳款和違約金以及武漢宏朗石化公司對前述債務不能履行部分承擔回購責任,並承擔至付清之日的利息、罰息的訴請是否能予支持。

一審法院認為,建行經開支行對武漢宏朗石化公司提供保理融資之前,武漢宏朗石化公司向阿貝爾公司發出通知書,阿貝爾公司在通知書的回執上加蓋公章和法定代表人簽章,該回執載明其確認已知悉通知書。建行經開支

行已受讓了武漢宏朗石化公司對阿貝爾公司在採購合同項下的應收帳款債權。由於通知書中明確載明轉讓的應收帳款的數額、發票號碼、發票金額、保理收款專戶。同時，採購合同中約定武漢宏朗石化公司向阿貝爾公司交付機械設備在合同簽訂之後六個月內，即在2014年9月28日之前。而2014年12月30日之後，阿貝爾公司在建行經開支行隨後發送對帳單上對前述發票號碼、應收帳款的數額、付款時間再次進行了確認，阿貝爾公司既已向建行經開支行確認欠款，阿貝爾公司理應按通知書、對帳單向建行經開支行履行支付應收帳款的義務，根據誠實信用原則，阿貝爾公司以採購合同未完全履行以及武漢宏朗石化公司違約為由提出抗辯的，應不予支持。由於武漢宏朗石化公司只是將採購合同項下的部分應收帳款轉讓至建行經開支行，建行經開支行並未取得武漢宏朗石化公司在採購合同中合同當事人的法律地位，其向阿貝爾公司主張按照採購合同的標準向其承擔違約金的主張，應不予支持，但阿貝爾公司應從逾期付款之日起至判決生效之日止按照中國人民銀行同期一年期人民幣貸款利率的標準向建行經開支行支付利息，建行經開支行主張超過前述的部分，應不予支援。

　　在債權受讓後，建行經開支行依約向武漢宏朗石化公司支付了保理預付款，按照保理合同的約定，本案所涉保理合同為有追索權的保理合同，當建行經開支行受讓的應收帳款因任何原因不能按時足額收回時，建行經開支行均有權要求武漢宏朗石化公司償付保理預付款本息等全部應付未付款項，並承擔建行經開支行為實現債權而支出的費用，且建行經開支行向阿貝爾公司追索不影響、削弱建行經開支行向武漢宏朗石化公司追索的權利。建行經開支行要求武漢宏朗石化公司承擔回購責任以及支付利息、罰息的訴請，符合約定，應予以支持。

　　三、保證人是否承擔保證責任。

　　一審法院認為，湖北宏朗石化公司、武漢宏朗製造公司、侯祖宏、侯時偉、劉戀、侯依妮在與建行經開支行分別簽訂的最高額保證合同中約定各自為武漢宏朗石化公司2013年10月8日至2015年12月31日期間在建行經開支行處辦理授信業務（國內保理）在最高額3,000萬元的範圍內提供連帶責任保證。由於最高額保證債權發生截止日已屆滿，債務已確定，武漢宏朗石化公司未清償債務，建行經開支行要求湖北宏朗石化公司、武漢宏朗製造公司、

侯祖宏、侯時偉、劉戀、侯依妮各自在最高額3,000萬元範圍內對武漢宏朗石化公司承擔連帶責任,符合合同約定,應予以支持。

綜上,依照《中華人民共和國合同法》第四十二條,第六十條、第一百零七條,《中華人民共和國擔保法》第十二條、第十四條、第十八條,《中華人民共和國民事訴訟法》第一百四十四條的規定,判決:一、阿貝爾公司自判決生效之日起十日內償還建行經開支行應收帳款債權本金25,009,400元,並從2015年3月11日起至判決生效之日止的利息,按照中國人民銀行同期一年期人民幣貸款利率的標準計算(利息總額不得超過3,126,175元);二、武漢宏朗石化公司對上述債務不履行部分承擔回購責任,並承擔截止2016年3月21日利息、罰息1,431,454.62元(從2016年3月22日起至款項付清之日止的利息、罰息按照保理合同的約定標準計算)。武漢宏朗石化公司向建行經開支行承擔回購責任後,建行經開支行應當將應收帳款債權及相應權利返還至武漢宏朗石化公司;三、湖北宏朗石化公司、武漢宏朗製造公司、侯祖宏、侯時偉、劉戀、侯依妮各自對武漢宏朗石化公司的上述債務在3,000萬元的範圍內承擔連帶保證責任;四、駁回建行經開支行的其他訴訟請求。如阿貝爾公司、武漢宏朗石化公司、湖北宏朗石化公司、武漢宏朗製造公司、侯祖宏、侯時偉、劉戀、侯依妮未按判決指定的期間履行給付金錢義務,應當依照《中華人民共和國民事訴訟法》第二百五十三條之規定,支付遲延履行期間的債務利息。案件受理費184,736元,保全費5,000元,共計189,736元,由阿貝爾公司、武漢宏朗石化公司、湖北宏朗石化公司、武漢宏朗製造公司、侯祖宏、侯時偉、劉戀、侯依妮共同負擔。

各方當事人對一審查明的事實均無異議,故本院予以確認。

本院二審期間,阿貝爾公司提交了一組武漢宏朗石化公司的裝車清單,證明目的有二:一是武漢宏朗石化公司提交給建行經開支行的交貨清單係偽造,二是截止2015年7月武漢宏朗石化公司還在向阿貝爾公司送貨。建行經開支行對該證據的真實性不予認可,同時認為阿貝爾公司未在一審期間提交,不屬於新證據。武漢宏朗石化公司、湖北宏朗石化公司、武漢宏朗製造公司、侯祖宏、侯時偉、劉戀、侯依妮對裝車清單的真實性及證明目的均不予認可。對上述證據的認證問題,本院在下文綜合論述。

本院認為,本案係阿貝爾公司不服一審法院判決其承擔責任提起上訴,

故應分析兩個問題：一是阿貝爾公司是否應當承擔責任，二是如果阿貝爾公司應當承擔責任，那麼責任範圍是多少。

一、關於阿貝爾公司是否應當承擔責任的問題。

建行經開支行與武漢宏朗石化公司簽訂有追索權國內保理合同，由建行經開支行作為保理商向武漢宏朗石化公司提供保理業務。該筆保理業務的核心是，武漢宏朗石化公司將其與阿貝爾公司之間因履行貨物採購合同形成的25,009,400元應收帳款轉讓給建行經開支行，建行經開支行在獲得上述應收帳款相關權益的同時，向武漢宏朗石化公司提供保理預付款2,000萬元。武漢宏朗石化公司作為涉案採購合同的債權人，轉讓涉案應收帳款時，通知了債務人阿貝爾公司。上述應收帳款債權的轉讓和保理合同的訂立是各方當事人真實意思表示，未違反國家法律、行政法規強制性規定，應屬合法有效。阿貝爾公司主張涉案應收帳款屬於未來應收帳款、採購合同未能履行完畢、建行經開支行存在重大過錯，故涉案應收帳款債權轉讓和保理無效，不能成立。理由有三：

第一，《商業銀行保理業務管理暫行辦法》規定商業銀行不得基於未來應收帳款開展保理融資業務，但該辦法是行政規章，而非法律、法規，違反該規定不導致債權轉讓和保理行為無效的法律後果。本院對阿貝爾公司關於涉案應收帳款是未來應收帳款，不構成有效的債權轉讓和保理的上訴意見，不予採納。

第二，阿貝爾公司先後於2014年9月12日、2014年12月30日兩次對應收帳款金額進行確認。其中，2014年9月11日轉讓涉案應收帳款時，距採購合同約定的最後交貨日期2014年9月28日只剩下17天，該剩餘期間與合同約定的全部交貨期六個月相比很短，阿貝爾公司此時對應收帳款債權轉讓通知進行確認，建行經開支行有理由相信武漢宏朗石化公司與阿貝爾公司已經完成交貨；2014年12月30日時，合同約定的交貨期已屆滿三個多月，阿貝爾公司再次對應收帳款予以確認。阿貝爾公司作為一家獨立的商事主體，足以理解其在通知書、對帳單回執上加蓋公章和法定代表人簽章進行確認的法律後果，其該兩次確認行為足以對自己產生重大影響。即使武漢宏朗石化公司當時確實尚未完全送貨，阿貝爾公司也存在重大過錯，其確認行為直接影響建行經開支行對保理預付款的審核及發放，阿貝爾公司應對其向建行經開支行

做出有約束力意思表示的行為承擔責任。阿貝爾公司抗辯稱武漢宏朗石化公司未完全履行採購合同的交貨義務，並提交裝車清單予以證明，武漢宏朗石化公司對阿貝爾公司裝車清單的真實性不予認可，上述證據不足以推翻阿貝爾公司兩次對應收帳款進行確認的行為，本院對阿貝爾公司該項抗辯理由不予支持。

第三，建行經開支行在向武漢宏朗石化公司提供保理預付款之前，審查了武漢宏朗石化公司提供的採購合同、發票，以及阿貝爾公司出具的應收帳款確認文件，對應收帳款的真實性已盡到了審慎審查的義務。阿貝爾公司主張建行經開支行存在重大過錯，債權轉讓不成立的意見，本院不予採納。

綜上，在阿貝爾公司未按期向建行經開支行支付應收帳款，武漢宏朗石化公司亦未向建行經開支行償還保理預付款本息的情況下，建行經開支行有權要求阿貝爾公司承擔付款責任。

二、關於阿貝爾公司應承擔責任的範圍問題。

建行經開支行提供的是有追索權保理業務，其主要目的是通過向武漢宏朗石化公司提供保理預付款進行融資而獲取融資利息，而不是獲取應收帳款。建行經開支行與武漢宏朗石化公司之間應收帳款轉讓不是單純的債權轉讓，而是對建行經開支行權益得以實現的保障，是對保理預付款的擔保。建行經開支行本應向保理物件武漢宏朗石化公司要求收回保理預付款相關權益，其按保理合同的約定向基礎交易應收帳款債務人阿貝爾公司追索，是將應收帳款作為武漢宏朗石化公司償還保理預付款權益的資金來源。因此，阿貝爾公司只應當在應收帳款（包含相關孳息）範圍內，對武漢宏朗石化公司所欠建行經開支行保理預付款權益承擔付款責任。建行經開支行對武漢宏朗石化公司享有保理預付款本金19,979,088.16元，利息、罰息至2016年3月21日止為1,431,454.62元，此後的利息、罰息應按保理合同約定標準計算，阿貝爾公司應就此向建行經開支行承擔責任，合計總金額不超過阿貝爾公司按基礎交易關係的應付帳款25,009,400元及逾期利息（逾期利息從2015年3月11日起，按照中國人民銀行公布的同期一年期貸款利率標準計算至債務履行之日止，利息總額不超過3,126,175元）。一審法院判決阿貝爾公司向建行經開支行支付應收帳款全部本息，超過武漢宏朗石化公司應就保理預付款承擔的全部責任，會造成建行經開支行超額受償而不當獲利，對此本院予糾正。

　　在一審判決中，武漢宏朗石化公司的回購責任，以及湖北宏朗石化公司、武漢宏朗製造公司、侯祖宏、侯時偉、劉戀、侯依妮對武漢宏朗石化公司的連帶保證責任，均建立在阿貝爾公司的責任基礎上，因一審法院對阿貝爾公司的責任認定不當，導致其他當事人的責任認定均有不當，故本院一併糾正。

　　綜上所述，阿貝爾公司的上訴請求部分成立。本院依照《中華人民共和國民事訴訟法》第一百七十條第一款第二項規定，判決如下：

　　一、撤銷湖北省武漢經濟技術開發區人民法院（2015）鄂武經開民初字第02159號民事判決。

　　二、阿貝爾化學（江蘇）有限公司自本判決生效之日起十日內向中國建設銀行股份有限公司武漢經濟技術開發區支行支付保理預付款本金19,979,088.16元、利息、罰息1,431,454.62元，2016年3月21日之後的利息、罰息按保理合同約定計算（合計總金額不超過應收帳款及逾期利息〔應收帳款本金25,009,400元，逾期利息從2015年3月11日起按照中國人民銀行公布的同期一年期貸款利率標準計算至債務履行之日止，利息總額不超過3,126,175元〕）。

　　三、武漢宏朗石化設備製造有限公司對上述債務不履行部分承擔回購責任，武漢宏朗石化設備製造有限公司向中國建設銀行股份有限公司武漢經濟技術開發區支行承擔回購責任後，中國建設銀行股份有限公司武漢經濟技術開發區支行應當將應收帳款債權及相應權利返還至武漢宏朗石化設備製造有限公司。

　　四、湖北宏朗石化工程有限公司、武漢宏朗製造股份有限公司、侯祖宏、侯時偉、劉戀、侯依妮各自對武漢宏朗石化設備製造有限公司的上述債務在3,000萬元的範圍內承擔連帶保證責任。

　　五、駁回中國建設銀行股份有限公司武漢經濟技術開發區支行的其他訴訟請求。

　　如果未按本判決指定的期間履行給付金錢義務，應當依照《中華人民共和國民事訴訟法》第二百五十三條規定，加倍支付遲延履行期間的債務利息。

　　一審案件受理費184,736元，保全費5,000元，共計189,736元，由阿貝爾

化學（江蘇）有限公司、武漢宏朗石化設備製造有限公司、湖北宏朗石化工程有限公司、武漢宏朗製造股份有限公司、侯祖宏、侯時偉、劉戀、侯依妮共同負擔162,026元，中國建設銀行股份有限公司武漢經濟技術開發區支行負擔27,710元。

　　二審案件受理費166,847元，由阿貝爾化學（江蘇）有限公司負擔141,820元，中國建設銀行股份有限公司武漢經濟技術開發區支行負擔25,027元。

　　本判決為終審判決。

　　審判長　何義林
　　審判員　褚金麗
　　審判員　蔣勘君
　　二〇一八年一月十七日
　　法官助理　劉　青
　　書記員　　丁　潔

【案例127】債務人向債權人擅自付款，對保理銀行不發生法律效力

廣發銀行與廣淩公司等合同糾紛案評析

案號：廣東省高級人民法院（2017）粵民終2789號

【摘要】

在有追索權保理業務中，銀行有權同時起訴債務人和債權人，但在已得到一方完全清償或一方應履行清償責任的法院生效判決時，不應再起訴要求另一方履行償還義務；保理銀行應與債權人共同向債務人發出債權轉讓通知，要求債務人出具對應收帳款內容的確認回執；一旦債務人確認債權轉讓事實，若單憑債權人通知匯款至其他銀行帳戶，該擅自匯款行為對保理銀行不發生清償效力。

【基本案情】

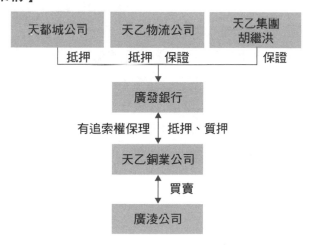

　　中山市天乙銅業有限公司（以下簡稱「天乙銅業公司」）向廣發銀行股份有限公司中山分行（以下簡稱「廣發銀行」），轉讓了其對中山市廣淩燃氣具有限公司（以下簡稱「廣淩公司」）的27筆共計217,833,592.22元的應收帳款債權，廣淩公司確認簽收了廣發銀行發出的《應收帳款債權轉讓通知書》（以下簡稱《轉讓通知書》）。27筆應收帳款到期後，廣淩公司未依約向廣發銀行償還債務。

　　2013年9月30日，廣發銀行與天乙銅業公司簽訂《有追索權國內保理業務合同》（以下簡稱案涉《保理合同》），約定廣發銀行向天乙銅業公司提供有追索權保理融資最高限額1億元；天乙銅業公司逾期還款之日起，按照罰息利率對融資款計收逾期利息、按照罰息利率對逾期利息計收複利……。合同簽訂後，天乙銅業公司將其在《購銷合同書》項下對廣淩公司應收帳款債權共計125,005,844.25元轉讓給廣發銀行，並向廣發銀行申請保理融資款。每筆融資業務辦理後，天乙銅業公司均向廣淩公司發出《轉讓通知書》，載明了廣發銀行的指定收款帳戶，廣淩公司均簽收並承諾向廣發銀行支付貨款，非經廣發銀行書面同意不得採取其他方式付款。廣發銀行審核無誤後，向天乙銅業公司發放了9,993萬元融資款。

　　針對上述天乙銅業公司向廣發銀行的保理融資債務，廣發銀行接受了天乙銅業提供的相關擔保。

　　2013年10月29日，天乙銅業公司向廣淩公司發出《應收帳款債權轉讓通知書》，通知其與廣發銀行中山分行已簽署《保理合同》，將對廣淩公司的應收帳款債權及相關權利轉讓給廣發銀行中山分行，要求廣淩公司在到期日前將相關應收帳款支付至廣發銀行中山分行開設的保理專戶，除非廣發銀行中山分行書面同意，廣淩公司不得採取任何其他的方式付款。廣淩公司收到通知書後，在其《簽收回執》上加蓋公章。廣發銀行中山分行經審核無誤後，向天乙銅業公司發放了融資貸款。

2014年9月29日，廣淩公司收到天乙銅業公司發出的《確認書》，要求廣淩公司於到期日前支付相關應收帳款至天乙銅業公司的六個銀行帳戶（其中五個非廣發銀行指定的收款帳戶）。廣淩公司根據該《確認書》要求，共向天乙銅業公司上述帳戶支付了56筆款項共計158,531,888.04元，其中有五筆共計3,354萬元支付至廣發銀行指定的收款帳戶。

上述應收帳款和保理融資款到期後，廣淩公司和天乙銅業公司均未依約向廣發銀行履行還款義務。廣發銀行遂訴至法院，請求判令廣淩公司償付應收帳款債權本金125,005,844.25元及逾期利息、複利；天乙銅業公司在融資款本金9,993萬元範圍內對廣淩公司的上述債務未履行部分承擔清償責任；廣發銀行就天乙銅業公司的上述債務，對天都城公司名下土地使用權、天乙物流公司名下土地使用權和房產、天乙銅業公司的抵押和質押動產享有優先受償權；天乙集團、胡繼洪、天乙物流公司對天乙銅業公司的上述債務承擔連帶責任。

【法院判決】

廣東省中山市中級人民法院經審理認為，大乙銅業公司未能依約償還融資款本息，根據案涉《保理合同》及擔保合同約定，廣發銀行有權同時向天乙銅業公司與廣淩公司追索，同時要求各擔保人承擔擔保責任。天乙銅業公司應對融資款9,993萬元及利息承擔清償責任，廣淩公司在應收帳款125,005,844.25元範圍內對融資款本息承擔清償責任。廣發銀行請求對融資款按照罰息利率計算逾期利息，實質上是天乙銅業公司逾期還款應付的違約金，有合同依據，應予支持；對逾期利息再計收複利無異於對違約借款人施以雙重處罰，對該訴請不予支持。廣淩公司已簽收《轉讓通知書》並承諾向廣發銀行支付貨款，但仍違背承諾擅自向天乙銅業公司其他非指定收款帳戶清償債務，該還款行為係單方行為，對廣發銀行不發生法律效力。廣淩公司

雖有五筆共計3,354萬元支付至廣發銀行指定收款帳戶，但在本案以前天乙銅業公司還向廣發銀行轉讓了對廣陵公司的217,833,592.22元應收帳款債權，在廣淩公司未證明其已全部清償情況下，廣發銀行主張廣淩公司3,354萬元還款係償還本案以前債務的理據充分，應予支持。綜上所述，判決廣淩公司在應付帳款125,005,844.25元範圍內，向廣發銀行償還天乙銅業公司融資款本金9,993萬元及逾期罰息；天乙銅業公司對廣淩公司的上述債務未履行部分承擔清償責任；廣發銀行就天乙銅業公司的上述債務，對天都城公司抵押物、天乙物流公司抵押物、天乙銅業公司的抵押和質押動產享有優先受償權；天乙集團、胡繼洪、天乙物流公司對天乙銅業公司的上述債務承擔連帶責任。

宣判後，廣發銀行和廣淩公司不服一審判決，提起上訴。廣東省最高人民法院經審理認為，一審認定事實清楚、適用法律正確，故判決駁回上訴、維持原判。

【法律評析】

本案的爭議焦點為：在有追索權的保理中，保理銀行是否有權同時起訴債務人和債權人，同時要求其償還保理融資款；債務人明知應收帳款債權轉讓的，仍擅自向債權人付款，是否對保理銀行發生法律效力；保理合同對罰息計收複利的約定，是否會得到法院的支持。

一、有追索權的保理銀行有權同時起訴債務人和債權人

中國銀行業監督管理委員會制定的《商業銀行保理業務管理暫行辦法》第十條第二款規定：「有追索權保理是指在應收帳款到期無法從債務人處收回時，商業銀行可以向債權人反轉讓應收帳款、要求債權人回購應收帳款或歸還融資。有追索權保理又稱回購型保理。」

分析可知，在有追索權的保理業務中，保理銀行與債權人會明

確約定，如果債務人在到期後不能足額償還保理融資款，債權人承諾向保理銀行無條件回購應收帳款或歸還融資款。保理銀行要求債務人清償欠付的融資款，不影響債權人依約履行應收帳款的回購義務。因此，有追索權的保理銀行有權同時起訴債務人和債權人，要求債務人償付應收帳款債權，要求債權人在保理融資款範圍內對債務人未履行部分向保理銀行支付融資款。債權人依約向保理銀行履行了回購義務後，相應的部分債務因債權人的清償而消滅，保理銀行不能重複受償。故保理銀行應將享有的應收帳款債權權益轉回至債權人，並免除債務人對保理銀行承擔的相應付款義務。最高人民法院（2014）民二終字第271號民事判決書，已確認保理銀行有權同時起訴債務人和債權人。

結合本案，在案涉有追索權保理合同中，廣發銀行有權起訴要求債權人天乙銅業公司承擔應收帳款回購義務，同時起訴請求債務人廣淩公司依約償還保理融資款。因此，兩審法院均支持了廣發銀行要求廣淩公司在應付帳款範圍內，償還天乙銅業公司融資款本息、天乙銅業公司對廣淩公司的上述債務未履行部分承擔清償責任的訴訟請求。

二、債務人明知債權轉讓仍擅自向債權人付款，對保理銀行不發生法律效力

《合同法》第八十條第一款規定：「債權人轉讓權利的，應當通知債務人。未經通知，該轉讓對債務人不發生效力。」第六十條第一款規定：「當事人應當按照約定全面履行自己的義務。」分析可知，債權人將債權轉讓通知債務人後，即對債務人發生法律效力，債務人應依約向債權受讓人全面履行付款義務。

結合本案，天乙銅業公司就每筆轉讓的債權均向廣淩公司發出了《轉讓通知書》，並載明了債權受讓人廣發銀行的指定收款帳戶，

廣淩公司均簽收並承諾依約向廣發銀行付款，非經廣發銀行書面同意不得採取其他方式付款。因此，廣發銀行與天乙銅業公司的債權轉讓關係，對債務人廣淩公司發生法律效力，廣淩公司已明確知悉相關應收帳款債權已轉讓至廣發銀行，應依約向廣發銀行指定收款帳戶付款。但是，廣淩公司在已支付部分貨款至廣發銀行指定帳戶的情況下，未得到廣發銀行書面同意，即擅自向債權人天乙銅業公司非指定收款的其他帳戶支付剩餘貨款，顯然構成違約。廣淩公司的擅自還款行為，不產生向廣發銀行清償了相應貨款的法律效果，對廣發銀行沒有法律約束力，仍應依約在應收帳款範圍內，向廣發銀行清償天乙銅業公司欠付的保理融資款。因此，兩審法院均認定廣淩公司擅自向債權人天乙銅業公司還款的單方行為，對債權受讓人廣發銀行不發生法律效力。

三、法院對罰息計收複利的訴請不予支持

中國人民銀行《人民幣利率管理規定》第二十條規定：「對貸款期內不能按期支付的利息按貸款合同利率按季或按月計收複利，貸款逾期後改按罰息利率計收複利。」中國人民銀行《關於人民幣貸款利率有關問題的通知》第三條規定：「對逾期或未按合同約定用途使用借款的貸款，從逾期或未按合同約定用途使用貸款之日起，按罰息利率計收利息，直至清償本息為止。對不能按時支付的利息，按罰息利率計收複利。」

分析上述規定可知，複利的計算物件是借款期內不能按時支付的正常應付利息，不包括逾期後的罰息。同時，罰息實質上是對債務人逾期還款的懲罰，相當於逾期違約金，如果再對罰息計算複利，是對違約主體的重複處罰，有違公平原則，將導致當事人之間的利益失衡。因此，雖然合同中明確約定了可以對罰息計收複利，但基於公平原則，法院不會支持對罰息計收複利的訴訟請求。結合本案，雖然案

涉《保理合同》明確約定了廣發銀行有權對罰息計算複利，但是兩審法院均駁回了廣發銀行對罰息計收複利的訴訟請求。

四、銀行風險啟示

1. 有追索權保理關係中，保理銀行有權同時起訴債務人和債權人。但是，銀行對債務人和債權人的兩個訴訟請求，實際上是基於不同的發生原因而產生的同一筆應收帳款債權給付，任何一方的清償行為均導致相應債務的消滅，無法同時得到法院的支持。因此，在保理融資款未獲清償時，銀行應同時起訴債務人和債權人，要求其履行還款義務。在已獲得一方全部清償或法院確認一方應履行清償責任的勝訴生效判決時，銀行不應再以訴訟方式要求另一方履行清償義務，以節約司法資源、降低訴訟成本。

2. 為了避免債務人提出基礎交易合同不存在、未實際履行、應收帳款數額不準確、應收帳款已全部清償和已出質轉讓等瑕疵抗辯，在辦理保理業務時，保理銀行應與債權人共同向債務人發出債權轉讓通知，載明基礎交易合同的標的、數量、金額、履行情況、債權到期日、債權人、債務人、受讓人及受讓人指定收款帳戶等應收帳款內容，要求債務人對應收帳款內容予以確認，並出具《債權轉讓通知確認書》或者相應簽收回執，從而對抗債務人對應收帳款債權的異議抗辯，切實保障保理銀行的合法債權得到及時受償。

3. 即使合同中明確約定了對罰息計收複利，但法院基於公平原則，將不會支持對罰息計收複利的訴請。因此，銀行應謹慎提出對罰息計收複利的訴訟請求，以減輕訴累、降低訴訟成本。

附：法律文書

廣發銀行股份有限公司中山分行、中山市廣凌燃氣具有限公司合同糾紛二審民事判決書

廣東省高級人民法院二審民事判決書（2017）粵民終2789號

上訴人（原審原告）：廣發銀行股份有限公司中山分行。

　　住所地：廣東省中山市。

負責人：鄭作群，該分行行長。

委託訴訟代理人：葉思剛，廣東三民律師事務所律師。

委託訴訟代理人：陳篇，廣東三民律師事務所律師。

上訴人（原審被告）：中山市廣凌燃氣具有限公司。

　　住所地：廣東省中山市。

法定代表人：黃凌初，該公司總經理。

委託訴訟代理人：夏漢芝，廣東商融律師事務所律師。

被上訴人（原審被告）：中山市天乙銅業有限公司。

　　住所地：廣東省中山市。

法定代表人：胡繼洪，該公司執行董事。

委託訴訟代理人：葉劍軍，廣東通法正承律師事務所律師。

委託訴訟代理人：王梓豪，廣東通法正承律師事務所律師。

原審被告：廣東天乙集團有限公司。

　　住所地：廣東省中山市。

法定代表人：胡繼洪，該公司執行董事。

委託訴訟代理人：葉劍軍，廣東通法正承律師事務所律師。

委託訴訟代理人：王梓豪，廣東通法正承律師事務所律師。

原審被告：胡繼洪，男，漢族，1966年5月25日出生，住廣東省中山市
　　石岐區。

委託訴訟代理人：葉劍軍，廣東通法正承律師事務所律師。

委託訴訟代理人：王梓豪，廣東通法正承律師事務所律師。

原審被告：中山市天都城房地產開發有限公司。

　　住所地：廣東省中山市。

法定代表人：胡繼洪，該公司執行董事。

委託訴訟代理人：葉劍軍，廣東通法正承律師事務所律師。

委託訴訟代理人：王梓豪，廣東通法正承律師事務所律師。

　　原審被告：中山市天乙物流發展有限公司。

　　　住所地：廣東省中山市。

　　法定代表人：廖偉明。

　　上訴人廣發銀行股份有限公司中山分行（下稱廣發銀行中山分行）、中山市廣凌燃氣具有限公司（下稱廣凌公司）因與被上訴人中山市天乙銅業有限公司（下稱天乙銅業公司）、原審被告廣東天乙集團有限公司（下稱天乙集團）、胡繼洪、中山市天都城房地產開發有限公司（下稱天都城公司）、中山市天乙物流發展有限公司（下稱天乙物流公司）合同糾紛一案，不服中山市中級人民法院（2016）粵20民初24號民事判決，向本院提起上訴。本院立案受理後，依法組成合議庭公開審理了本案。本案現已審理終結。

　　廣發銀行中山分行向本院提起上訴，提出訴訟請求：一、請求在（2016）粵20民初24號民事判決第一項判決中增加廣凌公司償還天乙銅業公司所欠廣發銀行中山分行罰息的複利；二、撤銷（2016）粵20民初24號民事判決第二項判決，並改判為天乙銅業公司在融資款本金人民幣9,993萬元的範圍內對廣凌公司在判決確定的履行期限屆滿後次日起就未償付部分向廣發銀行中山分行支付融資款，並支付自2015年7月13日計至付清融資款之日止的罰息（其中，本金人民幣5,150萬元部分按10.8%／年計罰息；本金人民幣4,843萬元部分按10.584%／年計逾罰息）並按月支付複利。暫計至2017年7月20日，複利為2,613,476.99元；三、上訴費用由廣凌公司、天乙銅業公司負擔。事實與理由如下：（一）根據廣發銀行中山分行與天乙銅業公司簽訂的《授信額度合同》約定，罰息應計算複利，但原審判決明顯違背合同約定，故二審法院應支持廣發銀行中山分行提出罰息計算複利的請求。（二）根據廣發銀行中山分行與天乙銅業公司《有追索權國內保理業務合同》以及有追索權保理的含義，在廣發銀行中山分行未足額收到應收帳款時，天乙銅業公司應向廣發銀行中山分行返還廣發銀行中山分行未收回部分的融資款本金，並另支付利息、罰息、複利，且不存在最高限額。但原審判決第二項判項中，會被解釋為天乙銅業公司返還融資款本金、利息、罰息、複利的全部數額應當在未收未付應收帳款範圍內，這明顯與有追索權保理的含義及雙方簽訂合同不同，故二審法院應予以改判，支持廣發銀行中山分行的訴訟請求。

廣淩公司口頭答辯稱：針對廣發銀行中山分行請求計收罰息的複利的問題，認為罰息的複利本質上是違約金的性質，原審判決已經就罰息予以支持，即支持了違約金的相關約定，不能作雙重懲罰。而且罰息的計算利率是在貸款利率上已經增加50%，已是重罰。故請求二審法院駁回廣發銀行中山分行的請求。

天乙銅業公司口頭答辯稱：同意廣淩公司的答辯意見。

天乙集團、胡繼洪、天都城公司稱：同意廣淩公司的答辯意見。

廣淩公司也向本院提起上訴，提出如下訴訟請求：一、撤銷（2016）粵20民三初24號民事判決第一項判項，依法改判為廣淩公司無須對天乙銅業公司所欠廣發銀行中山分行的借款本金9,993萬元及罰息承擔清償責任；二、由廣發銀行中山分行承擔本案一審、二審案件受理費。事實和理由如下：（一）原審判決認定事實錯誤，具體表現為：1.原審法院認定：「被告天乙銅業公司以其對被告廣淩公司的應收帳款向原告提供質押擔保，故被告廣淩公司應當在應收帳款125,005,844.25元範圍內對涉案保理融資款本息承擔清償責任。」廣發銀行中山分行根本未就涉案應收帳款設定質押擔保，依法不應享有質押擔保權人的權利。根據《物權法》第二百二十八條規定：「以應收帳款出質的，當事人應當訂立書面合同。質權自信貸徵信機構辦理出質登記時設立……。」又根據中國人民銀行制定的《應收帳款質押登記辦法》第二條規定：「徵信中心建立應收帳款質押登記公示系統，辦理應收帳款質押登記，並為社會公眾提供查詢服務。」第七條：「應收帳款質押登記由質權人辦理。」而本案中，廣發銀行中山分行與天乙銅業公司既未簽訂《質押合同》，也未簽訂《應收帳款質押登記協議》，依法不產生質押擔保的法律效力。廣淩公司僅僅只是在原債權人天乙銅業公司向廣淩公司發出的《應收帳款債權轉讓通知書》上蓋章，對質押擔保也未做出任何意思表示。廣淩公司並非（2013）中22銀授合字第82號《授信額度合同》、《有追索權國內保理業務合同》、《國內保理應收帳款轉讓暨融資核准書》、《國內保理應收帳款轉讓暨融資申請書》及其他抵押、保證合同等合同文書的簽署方，完全不清楚廣發銀行中山分行與其他原審被告之間關於保理業務的合同約定、貸款金額（包括本金、利息、罰息）、融資比例、具體操作方式、款項運轉、擔保等情況。廣淩公司僅與天乙銅業公司簽訂的《產品購銷合同》，該合同

也未約定任何融資比例、融資款項、利息及罰息條款。因此，原審法院認定涉案應收帳款的性質為質押擔保錯誤，依此判令廣凌公司履行《有追索權國內保理業務合同》等涉案合同中相關義務，顯屬不當。2.原審法院認定：「被告廣凌公司擅自向被告天乙銅業公司其他銀行帳戶清償涉案債務，其主觀上存在過錯。」其一，廣凌公司僅與天乙銅業公司簽訂《購銷合同》。在簽訂《產品購銷合同》後，廣凌公司與天乙銅業公司唯一的聯絡文件僅有通知書，但究竟天乙銅業公司先後發出的通知書所產生的法律效力、意義後果如何等，廣凌公司完全無從獲知。同時，一般而言，因同一事由所先後出具的兩份文書，按照商業邏輯及實務操作，以最後出具的文書為準。其二，根據合同相對性原則及《產品購銷合同》約定，對於廣凌公司而言，其《購銷合同》相對方為天乙銅業公司，並非其他公司。廣凌公司作為買方，僅對賣方（天乙銅業公司）有貨款支付義務，且先後通知書上的收款銀行帳號均為天乙銅業公司銀行帳號。至於支付至哪些具體帳號，合同也未約定，廣凌公司也無法知曉天乙銅業公司指定銀行帳戶背後的目的及意義。因此，廣凌公司根據天乙銅業公司發來的《通知書》將全部欠款匯入其指定的銀行帳戶，履行完畢全部貸款支付義務，該支付貨款行為本身並未違反法律或協議約定，廣凌公司主觀上也不存在過錯。3.關於應收帳款反轉讓機制，原審判決未做出清晰認定及說明。關於「應收帳款的反轉讓」機制主要約定在《保理合同》第二十一、二十二條中。此約定存在瑕疵，且極不明確的，原審法院也未進行明確認定。具體表現在：何時啟動應收帳款反轉讓機制、啟動的具體條件（是否當條件成就時即無條件啟動、還是是否需要通知程序）、由哪一方通知、通知的效力及後果、如何正式確定反轉讓的完成等重要問題，廣發銀行中山分行需要先向買方追索還是直接向天乙銅業公司同意進行無條件反轉讓，反轉讓的具體金額等。因此，廣發銀行中山分行是否已啟動反轉讓機制、是否已確定將應收帳款反轉讓回天乙銅業公司，具體反轉讓的具體數額是多少等，前述問題均極大影響案件事實，但原審法院並未對此進行查明認定。（二）原審判決適用法律錯誤，未充分考慮「廣凌公司已支付貨款」行為的主客觀要件，錯誤判定其行為性質及主觀過錯。1.原審判決認定：「被告廣凌公司……違背承諾向非指定銀行帳戶還款行為係單方行為，對原告不發生法律效力，故對被告廣凌公司的抗辯意見，本院不予採信。」

前述認定明顯違反《合同法》第八十二條規定。具體理由如下：《合同法》第八十二條規定，「債務人接到債權轉讓通知後，債務人對讓與人的抗辯，可以向受讓人主張」。在一審審理過程中，廣淩公司向原審法院提交的56份中國工商銀行業務回單已證明，廣淩公司已將全部欠款匯至天乙銅業公司指定的銀行帳戶，廣淩公司已履行完畢所有付款義務。根據前述法律規定，廣淩公司對天乙銅業公司關於「已履行完畢所有付款義務」的抗辯意見，同樣也可以向受讓人廣發銀行中山分行主張並發生法律效力。因此，原審判決關於「廣淩公司履行完畢貨款支付義務行為的抗辯意見對原告不發生法律效力」的認定，明顯違反《合議法》第八十二條等法律規定，也將嚴重損害廣淩公司的合法權益。2.原審判決機械、單一割裂認定「廣淩公司已支付貨款的行為」。廣淩公司已支付貨款的行為已為事實行為，若按照原審判決結果執行，勢必造成廣淩公司巨額的雙重損失，這已違背法律維護各方當事人合法權益的原則及目的。（三）原審判決結果存在不確定性，且判決邏輯存在混亂。1.原審判決結果存在不確定性，可能導致實際履行的混亂。原審判決的第一項判決買方（廣淩公司）償還借款本金及利息；第二項判決賣方（天乙銅業公司）承擔付款責任；第三、四、五、六項判決實現抵押擔保權及連帶清償責任。原審判決關於上述判項中並未明確廣淩公司、天乙銅業公司、多個擔保方（天乙銅業公司、天乙集團、胡繼洪、天都城公司、天乙物流公司）向廣發銀行中山分行的償付義務上的具體份額，這存在判決結果的不明確性，也將導致未來執行及實際履行過程中的混亂。2.原審判決邏輯存在混亂。根據本案《有追索權國內保理業務合同》第二十一條約定，在廣發銀行中山分行尚未向買方（廣淩公司）收妥應收款項時（即買方不支付貨款時），廣發銀行中山分行有權將應收帳款轉讓回買方（天乙銅業公司，即賣方具有回購義務）。換而言之，根據前述約定，讓賣方（天乙銅業公司）對廣發銀行中山分行承擔清償責任的前提是，是賣方履行了回購義務。然而，原審判決並末依照上述合同約定進行判決。原審判決在第二項判項中已確認天乙銅業公司需要承擔付款義務，在第三至第六判項中已明確實現抵押擔保權及連帶責任，即前述判決中實際已明確賣方（天乙銅業公司）履行回購義務。然而，原審判決卻在第一判項中重複判決廣淩公司應在其應收帳款範圍內向廣發銀行中山分行承擔清償義務。因此，原審判決將買賣雙方、擔保方

均視為付款義務方，且判決其承擔償還義務及擔保責任，該判決結果看起來似乎可從多個方面保護廣發銀行中山分行的權益，但實際上造成了法律關係不確定與混亂，導致訴訟權利的重疊確認。該判決結果極不合理，且嚴重損害廣凌公司的合法權益。

廣發銀行中山分行口頭答辯稱：（一）廣凌公司上訴認為原審判決認定廣凌公司以債權進行質押是錯誤的。其實原審判決是承認本案存在保理的，只是原審判決認為保理的本質就是質押。雖然我方不贊同此觀點，但同意原審判決認定本案存在保理的規定。（二）廣凌公司認為原審判決認定其擅自向天乙銅業公司的其他帳戶付款有過錯。對此認定不服。我方認為原審判決的上述認定有依據。（三）關於反轉機制的問題。雖然涉案《有追索權國內保理業務合同》對反轉的程式沒有詳細的約定，但該保理合同有原則的約定，在債務人不支付債務的情況下，我方有權要求反轉讓。所以我方在提起訴訟時向原債務人、原債權人提出如果債務人不按時履行債務，我方就有權反轉讓。原審判決按照我方的要求進行判決，是有依據的。（四）廣凌公司引用了合同法第八十二條規定，認為其已經向債權人支付了全部款項，可以對抗受讓人。我方認為廣凌公司是曲解了上述法律。債務人的抗辯權只是對於轉讓前的這種存在的抗辯理由可以對抗受讓人，權利已經轉讓之後，債務人還擅自向原債權人履行義務就應當承擔責任，而不能享有抗辯權。（五）廣凌公司主張已經向債權人支付款項，現原審判決又判令其向廣發銀行中山分行支付款項，導致其重複履行義務。我方認為其主張理由不能成立。債權轉讓後債務人擅自向原債權人支付款項，不能對抗受讓人。（六）廣凌公司認為原審判決存在混亂。我方認為除了廣發銀行中山分行已上訴提出的部分外，其他的判項不存在混亂。

廣發銀行中山分行向原審法院提出如下訴訟請求：1.廣凌公司立即向廣發銀行中山分行償付應收帳款債權本金人民幣125,005,844.25元及逾期付款利息（其中本金人民幣10,596,139.29元部分自2015年1月24日、本金人民幣22,505,034.80元部分自2015年2月6日、本金人民幣4,735,309.46元部分自2015年1月14日、本金人民幣9,224,779.01元部分自2015年1月20日、本金人民幣9,273,650.18元部分自2015年2月3日、本金人民幣8,089,771.00元部分自2015年2月12日、本金人民幣9,267,045.23元部分自2015年3月5日、本金人民

幣9,209,158.42元部分自2015年3月13日、本金人民幣9,599,393.44元部分自
2015年3月20日、本金人民幣4,189,132.60元部分自2015年3月20日、本金人
民幣2,528,922.03元部分自2015年3月20日、本金人民幣7,317,061.00元部分
自2015年3月17日、本金人民幣6,832,185.40元部分自2015年3月24日、本金
人民幣5,625,104.75元和6,013,157.64元部分自2015年3月28日起分別計至實
際清償之日止,按中國人民銀行同期貸款罰息利率計付。暫計至2016年1月
13日本息為人民幣131,661,461.37元);2.天乙銅業公司在融資款本金人民幣
9,993萬元的範圍內對廣淩公司的上述債務在判決確定的履行期限屆滿後次日
起就未履行部分向廣發銀行中山分行支付融資款,並支付自2015年7月13日
計至付清融資款之日止的逾期違約金(即罰息),其中,本金人民幣5,150
萬元部分按10.5%╱年計罰息;本金人民幣4,843萬元部分按10.584%╱年計
罰息,複利標準與罰息的利率標準一致。(詳見《保理款違約金計算表》,
暫計至2016年1月13日本息為人民幣103,944,516.18元);3.廣發銀行中山分
行就上述債權對天都城公司名下房地產證號為中府國用(2005)第030194號
的土地使用權拍賣或變賣所得價款享有優先受償權;4.廣發銀行中山分行就
上述債權對天乙物流公司名下房地產證號為中府國用(2007)第330558號的
土地使用權、粵房地權證中府字第XX號的房產拍賣或變賣所得價款享有優
先受償權;5.廣發銀行中山分行就上述債權對天乙銅業公司的全部動產(詳
見〔2011〕中22動抵字第158號《動產抵押合同》、《動產抵押登記書》、
《動產抵押變更登記書》及〔2013〕中22銀最動質字第82號《最高額動產質
押合同》附件4-1的《押品清單》)拍賣或變賣所得價款享有優先受償權;
6.天乙集團、胡繼洪、天乙物流公司對天乙銅業公司的上述債務承擔連帶償
付責任。事實與理由如下:2013年9月30日,廣發銀行中山分行與天乙銅業
公司簽訂(2013)中22銀授合字第82號《授信額度合同》,約定:廣發銀行
中山分行為天乙銅業公司提供國內保理融資等授信業務,並約定國內保理業
務的具體約定以雙方簽訂的1380221382號《有追索權國內保理業務合同》
為準。同日,廣發銀行中山分行與天乙銅業公司簽訂了1380221382號《有
追索權國內保理業務合同》(下稱涉案《保理合同》)。涉案《保理合同》
第一條約定:有追索權保理,是指廣發銀行中山分行作為保理商,在天乙銅
業公司將基礎商務合同項下應收帳款轉讓給廣發銀行中山分行的基礎上,向

天乙銅業公司提供的綜合性金融服務；基礎商務合同是指天乙銅業公司作為商務合同賣方，與商務合同買方簽訂的、以商品交易／服務提供為目的、以賒銷為銷售方式的商務合同；應收帳款是指天乙銅業公司依據基礎商務合同享有的，請求買方依照合同約定支付價款的合同債權；反轉讓是指廣發銀行中山分行向天乙銅業公司追索貿易融資後，將已受讓的應收帳款重新轉讓給天乙銅業公司的行為。涉案《保理合同》第二條約定：廣發銀行中山分行可受讓應收帳款付款方（基礎商務合同買方）包括廣淩公司，融資限額為1億元；具體的保理融資實際發生日與清償日以國內保理預付款支用轉帳憑證或其他債權債務憑證所載明的起止期限為準；融資比例不超過廣發銀行中山分行受讓合格應收帳款的80%；融資模式為：單（批）筆應收帳款對應單筆保理融資，回款須歸還對應保理融資。涉案《保理合同》第二十一條約定：「發生下列情形之一時，甲方（廣發銀行中山分行）將把所涉及的應收帳款無條件進行反轉讓，與該應收帳款有關的一切權利亦被同時轉讓回乙方（天乙銅業公司）：1.無論任何原因（包括買方提出爭議），在已轉讓的《應收帳款債權轉讓通知書》所通知的應收帳款到期後30天內，甲方尚未收妥全部款項的，甲方有權將未收妥的應收帳款進行反轉讓。如果買方在《應收帳款債權轉讓通知書》所通知的應收帳款到期日前30天內提出爭議，則爭議一經發生甲方均有權進行反轉讓。2.乙方發生本合同第四十條規定的違約事件。3.甲方認為需要進行反轉讓的其他情形。」涉案《保理合同》第二十二條約定：廣發銀行中山分行要求將應收帳款進行反轉讓時，天乙銅業公司有義務立即將廣發銀行中山分行已提供的貿易融資款返還廣發銀行中山分行，廣發銀行中山分行有權採用任何方式向天乙銅業公司追索轉讓款項及相關的費用和利息，天乙銅業公司保證不以任何理由提出抗辯，並承擔廣發銀行中山分行為此支付的全部費用；在天乙銅業公司未能足額退還上述款項前，與該應收帳款有關的一切權利仍屬於廣發銀行中山分行所有。涉案《保理合同》第二十三條約定：利息從融資發放日起算，按實際融資額和融資天數計算，利息計算公式：利息＝融資本金×實際天數×日利率，日利率計算基數為一年360天，換算公式：日利率＝年利率／360；保理融資利息為到期一次性清償貸款本息或按月結息；逾期違約金以保理融資款為本金，廣發銀行中山分行從逾期之日起按照逾期貸款罰息利率計收利息，直至清償本息為止，逾期貸

款罰息利率為貸款利率水準上加收50%。涉案《保理合同》第四十條約定了天乙銅業公司的違約行為包括天乙銅業公司不能履行到期債務、在廣發銀行中山分行其他種類的授信發生違約。涉案《保理合同》第四十一條約定：天乙銅業公司發生違約時，廣發銀行中山分行有權將已轉讓給廣發銀行中山分行但買方尚未付款的應收帳款進行反轉讓；如天乙銅業公司拒絕或遲延履行償還貿易融資義務，則廣發銀行中山分行有權直接從天乙銅業公司開立在廣發銀行中山分行和廣發銀行的其他機構的帳戶中扣收天乙銅業公司應予償還的回購或融資金額本金、利息、罰息、手續費、實現債權的費用及其他費用等。上述合同簽訂後，天乙銅業公司將其產生於TYTC201306003號《中山市天乙銅業有限公司產品購銷合同書》的對廣淩公司的系列應收帳款債權轉讓給廣發銀行中山分行，並以該應收帳款債權轉讓向廣發銀行中山分行申請保理融資款。每筆融資業務的辦理，天乙銅業公司均向廣發銀行中山分行提交了《購銷合同》、相應的《國內保理應收帳款轉讓暨融資申請書》、送貨單、增值稅發票，並向廣淩公司發出《應收帳款債權轉讓通知書》，廣淩公司簽收承諾按約向廣發銀行中山分行支付相應貨款。廣發銀行中山分行審核無誤後，向天乙銅業公司發放了融資貸款。

天乙銅業公司向廣發銀行中山分行轉讓的對廣淩公司的應收帳款債權總額為125,005,844.25元，廣發銀行中山分行向天乙銅業公司提供的融資款總額為9,993萬元。為保證上述債權的實現，各被告提供了擔保，具體為：（1）天都城公司提供房地產證號為中府國用（2005）第030194號的土地使用權作為抵押擔保。2009年9月14日，廣發銀行中山分行與天都城公司簽訂（2009）中22銀最抵字第173號《最高額抵押合同》，約定天都城公司以其名下房地產證號為中府國用（2005）第030194號、中府國用（2007）第030247號、中府國用（2007）第030242號的土地使用權為廣發銀行中山分行於2007年7月15日至2012年9月14日期間與天乙銅業公司簽訂的合同所產生的債權提供最高額抵押擔保，擔保額度為138,630,300元，擔保範圍為債權本金及其利息、罰息、複利、違約金、損害賠償金、保管擔保財產的費用、為實現債權、抵押權而發生的費用（包括但不限於訴訟費、律師費等）。該抵押於2009年9月15日辦理了抵押登記。2010年8月31日，廣發銀行中山分行與天都城公司簽訂《補充協定》，將上述抵押擔保的債權最高本金餘額變

更為177,617,700元，變更擔保期間為2007年7月15日至2013年9月15日。後雙方同意撤銷中府國用（2007）第030247號、中府國用（2007）第030242號的土地使用權的抵押登記，並辦理了註銷抵押登記手續。保留了中府國用（2005）第030194號的土地使用權的抵押登記。2012年9月27日，廣發銀行中山分行與天都城公司簽訂20120926-2號《補充協定》，將原合同所擔保的主合同的簽訂期間由2007年7月15日至2013年9月15日變更為2007年7月15日至2015年9月28日，擔保的債權最高本金餘額變更為142,030,200元。2013年8月21日，廣發銀行中山分行與天都城公司簽訂1380221381-1號《補充協定》，將原合同所擔保的主合同的簽訂期間2007年7月15日至2015年9月28日變更為2007年7月15日至2016年12月31日，擔保的債權最高本金餘額變更為143,118,600元。該變更辦理了抵押變更登記，他項權證號為粵房地他項權證中府字第0113020049號。（2）天乙銅業公司提供浮動動產抵押擔保以及動產質押擔保。2010年8月31日，天乙銅業公司以其現有或將有的銅材為廣發銀行中山分行享有的流動資金貸款、利息等相關費用的債權提供動產抵押擔保，並辦理了動產抵押登記，動產抵押登記編號為076020100831002。2011年9月20日，廣發銀行中山分行與天乙銅業公司簽訂（2011）中22動抵字第158號《動產抵押合同》，約定天乙銅業公司以其現有的以及將有的銅材為其與廣發銀行中山分行於2009年9月14日至2014年9月30日期間簽訂的一系列合同及其修訂或補充合同（包括但不限於展期合同）提供最高額抵押擔保，抵押方式為浮動抵押。擔保最高主債權本金為2億元，擔保範圍為最高主債權本金及其利息、罰息、複利、違約金、損害賠償金、實現擔保權利和債權的費用（包括但不限於處分押品的費用、訴訟費、律師費等）和所有其他合理費用（包括但不限於欠繳監管人的監管費、倉儲保管費等）。押品的確定以雙方共同簽署確認的最新《押品清單》為準，且自動替換之前的《押品清單》。該抵押辦理了登記（在076020100831002號動產抵押登記上辦理了更新登記）。2013年9月30日，廣發銀行中山分行與天乙銅業公司簽訂（2013）中22銀最動質字第82號《最高額動產質押合同》，約定天乙銅業公司以銅材為其與廣發銀行中山分行於2012年9月1日至2014年12月31日期間簽訂的一系列合同及其修訂或補充合同（包括但不限於展期合同）提供最高額質押擔保，擔保最高主債權本金為1億元，擔保範圍為最高主債權本

金及其利息、罰息、複利、違約金、損害賠償金、實現擔保權利和債權的費用（包括但不限於處分押品的費用、訴訟費、律師費等）和所有其他合理費用（包括但不限於欠繳監管人的監管費、倉儲保管費等）。押品須交付給廣發銀行中山分行或指定協力廠商（下稱監管人），由廣發銀行中山分行或監管人對押品實施占有、保管和監管。押品以監管人最新出具或確認的《押品清單》為準。2013年11月28日，廣發銀行中山分行與天乙銅業公司、案外人廣州中遠物流XX公司（下稱中遠公司）簽訂（2013）中22管字第82號《動產監管合同》，約定中遠公司為廣發銀行中山分行與天乙銅業公司提供上述質押合同所涉押品的倉儲及監管服務。《動產監管合同》簽訂後，天乙銅業開始向廣發銀行中山分行及中遠公司交付質押物。中遠公司代廣發銀行中山分行保管質押物並向廣發銀行中山分行出具押品清單。（3）天乙物流公司提供房地產證號為中府字第XX號的土地使用權、粵房地權證中府字第XX號的房產作為最高額抵押擔保。2013年8月21日，廣發銀行中山分行與天乙物流公司簽訂（2013）中22銀最抵字第81號《最高額抵押合同》，約定天乙物流公司以其名下房地產證號為中府字第XX號的土地使用權、粵房地權證中府字第XX號的房產為天乙銅業公司與廣發銀行中山分行於2012年9月1日至2016年12月31日期間簽訂的一系列合同及其修訂或補充合同（包括但不限於展期合同）提供最高額抵押擔保，擔保債權最高本金餘額為8億元，擔保範圍為債權本金及其利息、罰息、複利、違約金、損害賠償金、保管擔保財產的費用、為實現債權、抵押權而發生的費用（包括但不限於訴訟費、律師費等）。該抵押辦理了登記，他項權證號為粵房地他項權證中府字第0113020053號。（4）天乙集團、胡繼洪、天乙物流公司提供連帶責任保證。2013年9月30日，廣發銀行中山分行與天乙集團、胡繼洪簽訂（2013）中22銀最保字第82號《最高額保證合同》，約定天乙集團、胡繼洪為天乙銅業公司與廣發銀行中山分行於2013年9月30日至2014年9月29日期間簽訂的一系列合同及其修訂或補充合同（包括但不限於展期合同）提供最高額保證擔保，擔保方式為連帶責任保證，擔保最高主債權本金為5億元，保證範圍為債權本金、利息、罰息、複利、違約金、損害賠償金、實現債權的費用（包括但不限於訴訟費、律師費等）和其他所有應付費用。保證期間為自主合同債務人履行期限屆滿之日起兩年；如果廣發銀行中山分行要求主合同債

務人提前履行債務的，保證期間自廣發銀行中山分行書面通知主合同債務人提前履行債務之日起兩年。胡繼洪另出現了《保證聲明》，承諾為上述債權提供連帶責任擔保。2014年11月13日，廣發銀行中山分行與天乙物流公司簽訂（2014）中22銀最保字第60A號《最高額保證合同》，約定天乙物流公司為天乙銅業公司與廣發銀行中山分行於2014年11月13日至2015年11月12日期間簽訂的一系列合同及其修訂或補充合同（包括但不限於展期合同）提供最高額保證擔保，擔保方式為連帶責任保證，擔保最高主債權本金為4億3,900萬元，保證範圍為債權本金、利息、罰息、複利、違約金、損害賠償金、實現債權的費用（包括但不限於訴訟費、律師費等）和其他所有應付費用。保證期間為自主合同債務人履行期限屆滿之日起兩年；如果廣發銀行中山分行要求主合同債務人提前履行債務的，保證期間自廣發銀行中山分行書面通知主合同債務人提前履行債務之日起兩年。2014年11月18日，廣發銀行中山分行與天乙物流公司簽訂（2014）中22銀最保字第60A號-1《補充協定》，約定上述擔保的主合同簽訂期間變更為2013年7月1日至2017年11月13日。應收帳款到期後，廣凌公司未按約向廣發銀行中山分行支付貨款，且融資款到期後，天乙銅業公司也未按約向廣發銀行中山分行償付融資款本金及利息。廣發銀行中山分行認為，廣凌公司應向廣發銀行中山分行償付貨款，同時廣發銀行中山分行有權要求將廣凌公司未能償還的應收帳款債權進行反轉讓，要求天乙銅業公司將貿易融資款返還廣發銀行中山分行，支付違約金，並承擔廣發銀行中山分行為此支付的全部費用。為此，廣發銀行中山分行訴至人民法院，提出前述訴訟請求。

　　廣凌公司向原審法院答辯稱：本案性質為金融借款合同糾紛，合同主體是廣發銀行中山分行與天乙銅業公司及相關擔保人，天乙銅業公司是本案的主債務人。在應收帳款到期日之前，廣凌公司已經將涉案應收帳款按照賣方指定的帳戶付清貨款，不存在欠款的事實。廣凌公司不是涉案保理合同的當事人，不受該合同的約束。且根據合同約定，天乙銅業公司不履行償還融資款義務的，廣發銀行中山分行可以把債權反轉讓給天乙銅業公司，反轉後，廣凌公司不是本案的責任方，不應承擔還款責任。廣發銀行中山分行既向廣凌公司主張應收債權，又向天乙銅業公司主張應收債款回收，重複主張權利，因此廣凌公司不應承擔本案債務。

　　天乙銅業公司、天乙集團、天都城公司、胡繼洪向原審法院答辯稱：
（一）廣發銀行中山分行應在廣凌公司與天乙銅業公司二者之間選擇其中一
方行使權利，不應同時向二者主張權利。廣發銀行中山分行的行為構成重複
訴訟。（二）廣發銀行中山分行向廣凌公司主張應收債權，也就是已經放棄
了反轉的權利，因此廣發銀行中山分行不應要求天乙銅業公司等人清償保理
款。

　　原審法院對本案當事人持有爭議的證據和事實認定如下：廣凌公司主張
其簽收了涉案《應收帳款債權轉讓通知書》之後，又於2014年9月29日收到
了天乙銅業公司發出的《確認書》，其根據該《確認書》的要求於2014年9
月29日至2015年2月13日期間共向天乙銅業公司的多個銀行帳戶支付56筆款
項共計158,531,888.04元，其與天乙銅業公司之間的債權債務已結清。本案
廣發銀行中山分行主張的125,005,844.25元應收帳款已全部清償完畢，廣凌
公司不應承擔涉案債務的清償責任。為此，廣凌公司提供56份銀行業務回單
予以佐證。天乙銅業公司確認已收取上述56筆款項，確認廣凌公司已向其清
償了包括涉案應收帳款在內的所有欠款。廣發銀行中山分行則認為，廣凌公
司業已簽收了廣發銀行中山分行發出的《應收帳款債權轉讓通知書》，承諾
向廣發銀行中山分行指定的銀行帳戶支付相應貨款，非經廣發銀行中山分行
書面同意，廣凌公司不得採取其他方式付款。現廣凌公司在明知涉案應收帳
款的債權人已變更為廣發銀行中山分行的情況下仍向廣陵公司的其他銀行帳
戶清償涉案債務，其還款行為對廣發銀行中山分行不發生法律效力。而且，
廣凌公司的上述56筆付款中雖有五筆款項（2014年9月29日分五次支付，金
額共計3,354萬元）支付至廣發銀行中山分行指定的收款帳戶中，但在本案以
前，天乙銅業公司還向廣發銀行中山分行轉讓了對廣凌公司的27筆應收帳款
債權，總金額為217,833,592.22元，廣凌公司亦簽收了廣發銀行中山分行發
出的《應收帳款債權轉讓通知書》，廣凌公司的上述五筆還款（共計3,354萬
元）係用於償還本案以外的債務。為此，廣發銀行中山分行提供了2013年10
月份至2014年6月份的《國內保理應收帳款轉讓暨融資審核書》、《國內保
理業務預付款支付轉帳憑證》、《國內保理應收帳款轉讓暨融資申請書》、
《應收帳款債權轉讓通知書》等證據予以佐證。經質證，廣凌公司承認除本
案應收帳款債權以外，天乙銅業公司還向廣發銀行中山分行轉讓了對廣凌公

司的27筆總金額為217,833,592.22元的應收帳款債權，但認為相關債務其已
清償完畢，但未向原審法院提供其向廣發銀行中山分行指定帳戶付款的付款
憑證。

　　原審法院認為：本案係合同糾紛。廣發銀行中山分行與天乙銅業公司之
間的《授信額度合同》、涉案《保理合同》，及廣發銀行中山分行與天都城
公司、天乙銅業公司、天乙物流公司、天乙集團、胡繼洪之間的《最高額抵
押合同》、《動產抵押合同》、《最高額動產質押合同》、《最高額保證合
同》及相關補充協議均是各方當事人的真實意思表示，其內容並無違反國家
法律及行政法規的強制性規定，應屬合法有效，各方均應全面履行各自的合
同義務。廣發銀行中山分行與天乙銅業公司簽訂的涉案《保理合同》第一條
約定：有追索權保理，是指廣發銀行中山分行作為保理商，在天乙銅業公司
將基礎商務合同項下應收帳款轉讓給廣發銀行中山分行的基礎上，向天乙銅
業公司提供的綜合性金融服務；反轉讓是指廣發銀行中山分行向天乙銅業公
司追索貿易融資後，將已受讓的應收帳款重新轉讓給天乙銅業的行為。涉案
《保理合同》第二條約定：廣發銀行中山分行可受讓應收帳款付款方（基礎
商務合同買方）包括廣凌公司，融資限額為1億元；融資比例不超過廣發銀
行中山分行受讓合格應收帳款的80%。涉案《保理合同》第二十一條約定：
「發生下列情形之一時，甲方（廣發銀行中山分行）將把所涉及的應收帳款
無條件進行反轉讓，與該應收帳款有關的一切權利亦被同時轉讓回乙方（天
乙銅業公司）：1.無論任何原因（包括買方提出爭議），在已轉讓的《應收
帳款債權轉讓通知書》所通知的應收帳款到期後30天內，甲方尚未收妥全
部款項的，甲方有權將未收妥的應收帳款進行反轉讓。如果買方在《應收帳
款債權轉讓通知書》所通知的應收帳款到期日前30天內提出爭議，則爭議
一經發生甲方均有權進行反轉讓。2.乙方發生本合同第四十條規定的違約事
件。3.甲方認為需要進行反轉讓的其他情形。」涉案《保理合同》第二十二
條約定：廣發銀行中山分行要求將應收帳款進行反轉讓時，天乙銅業公司有
義務立即將廣發銀行中山分行已提供的貿易融資款返還廣發銀行中山分行，
廣發銀行中山分行有權採用任何方式向天乙銅業公司追索轉讓款項及相關的
費用和利息，天乙銅業公司保證不以任何理由提出抗辯，並承擔廣發銀行中
山分行為此支付的全部費用；在天乙銅業公司未能足額退還上述款項前，與

該應收帳款有關的一切權利仍屬於廣發銀行中山分行所有。上述合同內容反映，廣發銀行中山分行與天乙銅業公司簽訂的涉案《保理合同》屬於有追索權的保理合同，該筆保理業務辦理的基礎是天乙銅業公司對廣淩公司享有125,005,844.25元的應收帳款債權。廣發銀行中山分行作為保理商，通過債權轉讓的方式，取得上述應收帳款的相關權益，並向天乙銅業公司提供上述應收帳款金額80%的融資貸款。廣發銀行中山分行的主要合同目的是通過發放保理融資貸款獲得利息收入，而不是獲取應收帳款，因此有追索權保理合同的實質是以債權（應收帳款）質押為擔保的借款合同，當借款人不能按約履行還本付息義務時，貸款人有權在質押債權金額範圍內優先受償。也就是說，當天乙銅業公司未能按涉案《保理合同》的約定還本付息時，廣發銀行中山分行有權要求天乙銅業公司承擔借款本息的清償義務，同時有權要求天乙銅業公司的各擔保人在擔保範圍內承擔擔保責任。即廣發銀行中山分行有權同時向天乙銅業公司與廣淩公司進行追索，天乙銅業公司應對涉案保理融資款本息承擔清償責任，廣淩公司則應當在應收帳款125,005,844.25元範圍內對涉案保理融資款本息承擔清償責任。本案中，涉案《保理合同》簽訂後，天乙銅業公司向廣發銀行中山分行申請15筆保理融資貸款（本金合計9,993萬元），並向廣淩公司發出《應收帳款債權轉讓通知書》，廣淩公司在該通知書的回執上蓋章承諾向廣發銀行中山分行指定的收款帳戶支付相應的15筆貨款（金額合計125,005,844.25元）。此後，廣發銀行中山分行依約向天乙銅業公司發放了15筆保理融資貸款（本金合計9,993萬元），但天乙銅業公司僅償還了2015年7月12日及之前的貸款利息，其餘保理融資貸款本金及利息均未能按時償還，其行為已構成違約。

　　涉案《保理合同》第二十三條約定：逾期違約金以保理融資款為本金，廣發銀行中山分行從逾期之日起按照逾期貸款罰息利率計收利息，直至清償本息為止，逾期貸款罰息利率為貸款利率水準上加收50%。因此，廣發銀行中山分行請求天乙銅業公司清償保理融資款本金9,993萬元及從2015年7月13日起至實際清償之日止的罰息（逾期違約金），理據充分，原審法院予以支持。至於廣發銀行中山分行請求計收罰息的複利問題，原審法院認為，天乙銅業公司的罰息實質上作為對借款人逾期歸還貸款所應給予貸款人的違約金，如果再對罰息計算複利，無異於對違約的借款人施以雙重處罰，因此，

廣發銀行中山分行請求天乙銅業公司支付罰息的複利不予支持。

　　至於廣凌公司的責任承擔問題。為保證涉案《保理合同》項下融資款的償付，天乙銅業公司以其對廣凌公司的應收帳款向廣發銀行中山分行提供質押擔保，故廣凌公司應當在應收帳款125,005,844.25元範圍內對涉案保理融資款本息承擔清償責任。至於廣凌公司辯稱其簽收了《應收帳款債權轉讓通知書》之後，又按照天乙銅業公司2014年9月29日發出的《確認書》的要求，向天乙銅業公司的多個銀行帳戶轉帳支付了56筆款項共計158,531,888.04元，本案債權債務已結清的問題。原審法院認為，廣凌公司在涉案《應收帳款債權轉讓通知書》的回執上蓋章時應盡到謹慎注意義務，應當知悉其在回執上加蓋公司公章的法律後果，理應按其承諾向廣發銀行中山分行指定的收款帳戶支付相應的15筆貨款（金額合計125,005,844.25元），非經廣發銀行中山分行書面同意，廣凌公司不得採取其他方式付款。現廣凌公司在明知廣發銀行中山分行與天乙銅業公司之間存在保理合同關係、涉案應收帳款的債權人已變更為廣發銀行中山分行的情況下，仍擅自向廣凌公司的其他銀行帳戶清償涉案債務，其主觀上存在過錯，故其違背承諾向非指定銀行帳戶還款的行為係單方行為，對廣發銀行中山分行不發生法律效力，故對廣凌公司的抗辯意見，原審法院不予採信。此外，廣凌公司雖有五筆款項（共計3,354萬元）支付至廣發銀行中山分行指定的收款帳戶中，但在本案以前，天乙銅業公司還向廣發銀行中山分行轉讓了對廣陵公司的217,833,592.22元應收帳款債權，在廣凌公司未舉證證明其已清償相應款項的情況下，廣發銀行中山分行主張廣凌公司的2014年9月29日的3,354萬元還款係用於償還本案以前的債務，理據充分，原審法院予以支持。因此，廣發銀行中山分行有權請求廣凌公司在應收帳款債權125,005,844.25元範圍內對涉案保理融資款本息承擔清償責任。對於廣發銀行中山分行超出應收帳款債權125,005,844.25元範圍以外的訴訟請求，原審法院不予支持。

　　至於天都城公司、天乙物流公司的抵押擔保責任問題。天都城公司與廣發銀行中山分行簽訂的《最高額抵押合同》及其補充協議明確約定天都城公司同意將其名下中府國用（2005）第030194號的土地使用權為2007年7月15日至2016年12月31日期間天乙銅業公司與廣發銀行中山分行之間簽訂的主合同項下債務提供抵押擔保，擔保的本金金額不超過人民幣143,118,600元，

擔保範圍包括因主合同而產生的債務本金、正常利息、罰息等費用。現廣發銀行中山分行主張的涉案《保理合同》項下債務屬於天乙銅業公司與廣發銀行中山分行2007年7月15日至2016年12月31日期間簽訂合同項下所涉及的債務，因此廣發銀行中山分行對天都城公司提供的抵押物中府國用（2005）第030194號的土地使用權享有優先受償權。同理，天乙物流公司與廣發銀行中山分行簽訂的《最高額抵押合同》明確約定天乙物流公司同意將其名下房地產證號為中府字第XX號的土地使用權、粵房地權證中府字第XX號的房產為2012年9月1日至2016年12月31日期間天乙銅業公司與廣發銀行中山分行之間簽訂的主合同項下債務提供抵押擔保，擔保的本金金額不超過人民幣8億元，擔保範圍包括因主合同而產生的債務本金、正常利息、罰息等費用。現廣發銀行中山分行主張的涉案《保理合同》項下債務屬於天乙銅業公司與廣發銀行中山分行2012年9月1日至2016年12月31日期間簽訂合同項下所涉及的債務，因此廣發銀行中山分行對天乙物流公司提供的抵押物中府字第XX號的土地使用權、粵房地權證中府字第XX號的房產享有優先受償權。至於天乙銅業公司的動產抵押擔保及動產質押擔保責任問題。天乙銅業公司與廣發銀行中山分行簽訂的《動產抵押合同》明確約定天乙銅業公司同意以其現有的以及將有的銅材為2009年9月14日至2014年9月30日期間天乙銅業公司與廣發銀行中山分行之間簽訂的一系列合同及其修訂或補充合同項下債務提供最高額抵押擔保，擔保的最高主債權本金為2億元，擔保範圍包括主債權本金、正常利息、罰息等費用。現廣發銀行中山分行主張的涉案《保理合同》項下債務屬於天乙銅業公司與廣發銀行中山分行2009年9月14日至2014年9月30日期間簽訂合同項下所涉及的債務，因此廣發銀行中山分行對天乙銅業公司提供的編號為076020100831002號的動產抵押登記書及動產抵押變更登記書所記載的抵押物即位於中山市東鳳鎮同安大道西中山市天乙銅業有限公司倉庫內的5,900噸銅材享有優先受償權。同理，天乙銅業公司與廣發銀行中山分行簽訂的《最高額動產質押合同》明確約定天乙銅業公司同意以其銅材為2012年9月1日至2014年12月31日期間天乙銅業公司與廣發銀行中山分行之間簽訂的一系列合同及其修訂或補充合同項下債務提供最高額質押擔保，擔保的最高主債權本金為1億元，擔保範圍包括主債權本金、正常利息、罰息等費用。現廣發銀行中山分行主張的涉案《保理合同》項下債務屬於天乙

銅業公司與廣發銀行中山分行2012年9月1日至2014年12月31日期間簽訂合同項下所涉及的債務，因此廣發銀行中山分行對天乙銅業公司提供的質押物（詳見〔2013〕中22銀最動質字第82號《最高額動產質押合同》附件4-1的《押品清單》中所記載的抵押物即廣州中遠物流XX公司監管的2,539,107.29公斤的電解銅／銅製品、555,910.81公斤的黃銅帶）享有優先受償權。至於天乙集團公司、胡繼洪、天乙物流公司的保證擔保責任問題。天乙集團、胡繼洪與廣發銀行中山分行簽訂的《最高額保證合同》及《保證聲明》約定天乙集團、胡繼洪為天乙銅業公司與廣發銀行中山分行2013年9月30日至2014年9月29日之間簽訂的一系列合同及其修訂或補充合同項下債務提供連帶責任保證，擔保的最高主債權本金為5億元，保證範圍包括主債權本金、正常利息、罰息等費用。保證期間為自主合同債務人履行期限屆滿之日起兩年。現廣發銀行中山分行主張的涉案《保理合同》項下債務屬於天乙銅業公司與廣發銀行中山分行2013年9月30日至2014年9月29日期間簽訂合同項下所涉及的債務，因此天乙集團、胡繼洪對天乙銅業公司的本案債務承擔連帶清償責任。同理，天乙物流公司與廣發銀行中山分行簽訂的《最高額保證合同》及《補充協議》約定天乙物流公司為天乙銅業公司與廣發銀行中山分行2013年7月1日至2017年11月13日之間簽訂的一系列合同及其修訂或補充合同項下債務提供連帶責任保證，擔保的最高主債權本金為4億3,900萬元，保證範圍包括主債權本金、正常利息、罰息等費用。現廣發銀行中山分行主張的涉案《保理合同》項下債務屬於天乙銅業公司與廣發銀行中山分行2013年7月1日至2017年11月13日期間簽訂合同項下所涉及的債務，因此天乙物流公司對天乙銅業公司的本案債務亦應承擔連帶清償責任。綜上所述，廣發銀行中山分行的訴訟請求，有理部分予以支援，無理部分予以駁回。天乙物流公司經合法傳喚，無正當理由拒不到庭，視為其放棄相應的質證及抗辯權，但不影響對本案的處理。

　　2017年6月27日，中山市中級人民法院做出（2016）粵20民初24號民事判決：一、廣凌公司應於本判決發生法律效力之日起五日內，在應付帳款125,005,844.25元範圍內償還天乙銅業公司所欠廣發銀行中山分行的借款本金9,993萬元及罰息（以本金5,150萬元為基數，從2015年7月13日起起計至清償之日止，按年息10.8%的標準計付罰息；以本金4,843萬元為基數，從2015

年7月13日起計至清償之日止，按年息10.58%的標準計付罰息）；二、天乙銅業公司對廣淩公司的上述第一項債務付款義務未履行部分承擔付款責任；三、如天乙銅業公司不能清償上述第二項債務，則廣發銀行中山分行以天都城公司提供的抵押物中府國用（2005）第030194號的土地使用權折價或者以拍賣、變賣該抵押物的價款享有優先受償權；四、如天乙銅業公司不能清償上述第二項債務，則廣發銀行中山分行以天乙物流公司提供的抵押物中府字第XX號的土地使用權、粵房地權證中府字第XX號的房產折價或者以拍賣、變賣該抵押物的價款享有優先受償權；五、如天乙銅業公司不能清償上述第二項債務，則廣發銀行中山分行以天乙銅業公司的動產（位於中山市東鳳鎮同安大道西中山市天乙銅業有限公司倉庫內的5,900噸銅材，以及中遠公司監管的2,539,107.29公斤的電解銅／銅製品、555,910.81公斤的黃銅帶）拍賣或變賣所得價款享有優先受償權；六、天乙集團、胡繼洪、天乙物流公司對上述第二項債務承擔連帶清償責任；七、天都城限公司、天乙物流公司、天乙集團、胡繼洪承擔保責任後，依法有權向天乙銅業公司追償；八、駁回廣發銀行中山分行的其他訴訟請求。

　　本案二審期間，各方當事人均無提交新的證據。

　　本院對原審法院查明的天乙銅業公司於2014年9月29日向廣淩公司發出《確認書》之事實予以糾正，並確認：天乙銅業公司於2014年9月29日向廣淩公司發出《通知書》，要求廣淩公司於到期日前支付相關應收帳款，並支付至六個天乙銅業公司開立的帳戶（交通銀行廣州五羊支行、郵政銀行中山東風支行、工商銀行中山東風支行、工商銀行中山東風同安支行、廣發銀行東風支行、農業銀行中山東風支行）。

　　本院認為：本案存在多個合同關係。根據《中華人民共和國民事訴訟法》第一百六十八條規定：「第二審人民法院應當對上訴請求的有關事實和適用法律進行審查。」本案圍繞當事人的上訴請求進行審理。根據上訴人廣發銀行中山分行、廣淩公司的上訴及各方答辯意見，本案焦點問題有：原審判決不予支援計算罰息的複利是否錯誤；原審判決認定事實是否錯誤；本案是否應當適用《中華人民共和國合同法》第八十二條規定。

　　關於能否在罰息上計算複利的問題。廣發銀行中山分行與天乙銅業公司之間的《授信額度合同》、涉案《保理合同》均合法有效，雙方當事人均應

全面履行各自的合同義務。天乙銅業公司違反上述合同義務，應當依法承擔違約責任，並向廣發銀行中山分行支付逾期違約金。雖然涉案《保理合同》約定在罰息上計算複利，但罰息已經是對逾期還款的懲罰，相當於逾期還款違約金，如對罰息再計算複利，相當於對違約金再承擔違約責任，是對違約責任主體的雙重重罰，有違公平原則。原審判決對廣發銀行中山分行請求天乙銅業公司支付罰息的複利的訴訟請求不予支持，並無不當。廣發銀行中山分行上訴主張原審判決不予支持其請求天乙銅業公司支付罰息的複利錯誤，沒有法律依據，其上訴主張，本院不予採納。

　　關於原審判決認定事實是否錯誤的問題。原審判決認定天乙銅業公司以其對廣淩公司的應收帳款向廣發銀行中山分行提供質押擔保。但經查天乙銅業公司並未將其對廣淩公司的應收帳款向廣發銀行中山分行提供質押擔保，而是將其對廣淩公司的應收帳款債權轉讓給了廣發銀行中山分行。因此，原審判決的上述認定缺乏事實依據。廣淩公司的該項上訴理由成立，本院對原審判決的該項認定予以糾正。另外，原審判決認定廣淩公司擅自向天乙銅業公司其他銀行帳戶清償涉案債務，其主觀上存在過錯。經查，廣發銀行中山分行與天乙銅業公司簽訂涉案《保理合同》後，天乙銅業公司於2013年10月29日向廣淩公司發出《應收帳款債權轉讓通知書》，明確其與廣發銀行中山分行已簽署涉案《保理合同》，將本通知書附件《應收帳款轉讓明細清單》所列廣淩公司的應收帳款債權及相關權利轉讓給廣發銀行中山分行敘做保理業務，要求廣淩公司在到期日前向廣發銀行中山分行開設的保理專戶支付上述應收帳款，除非廣發銀行中山分行書面同意，廣淩公司不得採取除上述以外的任何其他的方式付款。廣淩公司在上述通知書的《簽收回執》上承諾按該通知要求對廣發銀行中山分行履行付款責任。之後，廣發銀行中山分行向天乙銅業公司發放了相關保理融資貸款。可見，天乙銅業公司將應收帳款債權轉讓給廣發銀行中山分行之事告知廣淩公司，作為債務人的廣淩公司也已明確知悉相關應收帳款債權已轉讓至廣發銀行中山分行，也明確知悉除非廣發銀行中山分行書面同意不得採取其他任何方式支付相關款項，而且還承諾按原債權人天乙銅業公司的要求向新債權人廣發銀行中山分行支付相應貨款，並明確了特定的付款帳號。但廣淩公司在未得到廣發銀行中山分行書面同意的情況下向天乙銅業公司其他帳號支付相關的貨款。雖然廣淩公司辯

稱，其是按照天乙銅業公司於2014年9月29日發出的《通知書》的要求向天乙銅業公司支付貨款，但該《通知書》要求廣凌公司向天乙銅業公司支付貨款的帳戶，除了一個帳號是前述《應收帳款債權轉讓通知書》提及的廣發銀行中山東風支行，其他五個帳戶均不屬於天乙銅業公司在廣發銀行開立的帳戶，而廣凌公司後期向天乙銅業公司支付的貨款均付至其他的五個非廣發銀行設立的帳戶上。對此，本院認為，廣凌公司在明知相關應收貨款債權已轉讓至廣發銀行中山分行並已經支付部分貨款至天乙銅業公司在廣發銀行開立的帳戶情況下，對天乙銅業公司要求其將剩餘貨款支付至其他銀行設立的帳戶上，沒有盡到謹慎義務，違反了相關承諾，依法應當承擔相應的責任。原審判決認定廣凌公司屬於擅自將相關貨款支付他人，主觀上存在過錯，依據充分，本院予以支持。廣凌公司上訴主張原審判決認定其擅自支付貨款予他人存在過錯屬於認定事實錯誤，理由不能成立。

再有，廣凌公司上訴認為原審判決對本案所涉「應收帳款的反轉讓」機制未作認定。經查，涉案《保理合同》第二十一條約定：「發生下列情形之一時，甲方（廣發銀行中山分行）將把所涉及的應收帳款無條件進行反轉讓，與該應收帳款有關的一切權利亦被同時轉讓回乙方（天乙銅業公司）：1.無論任何原因（包括買方提出爭議），在已轉讓的《應收帳款債權轉讓通知書》所通知的應收帳款到期後30天內，甲方尚未收妥全部款項的，甲方有權將未收妥的應收帳款進行反轉讓。如果買方在《應收帳款債權轉讓通知書》所通知的應收帳款到期日前30天內提出爭議，則爭議一經發生甲方均有權進行反轉讓。2.乙方發生本合同第四十條規定的違約事件。3.甲方認為需要進行反轉讓的其他情形。」第二十二條約定：「當甲方根據本合同要求將應收帳款進行反轉讓時，乙方有義務立即將甲方已提供的貿易融資款返還甲方。否則，甲方有權直接從乙方在甲方處開立的帳戶中或者從其他收入款中扣款；若屆時乙方帳戶資金不足，甲方有權採用任何方式向乙方追索轉讓款項及相關的費用和利息，乙方保證不以任何理由提出抗辯，並承擔甲方為此支付的全部費用。在乙方未能足額退還上述款項前，甲方有權不將應收帳款反轉讓事宜通知買方，與該應收帳款有關的一切權利仍屬於甲方所有。」本案廣發銀行中山分行並未在約定期限內收妥相關的應收帳款，天乙銅業公司也未能按涉案《保理合同》約定還本付息。因此，依照上述《保理合同》的

約定，廣發銀行中山分行有權把本案所涉的應收帳款進行反轉讓，而且是無條件的。原審判決雖然並未對「應收帳款的反轉讓」機制做出認定，但原審判決根據有追索權保理的本質特點以及涉案《保理合同》的約定，認定廣發銀行中山分行有權要求向天乙銅業公司對廣凌公司的應收帳款承擔補充清償責任，依據充分，並無不當。廣凌公司上訴主張原審判決未對應收帳款反轉讓做出認定及說明屬於認定事實錯誤，缺乏依據，本院不予支援。

　　關於本案是否應當適用《中華人民共和國合同法》第八十二條規定的問題。《中華人民共和國合同法》第八十二條規定：「債務人接到債權轉讓通知後，債務人對讓與人的抗辯，可以向受讓人主張。」本案中，天乙銅業公司於2013年10月29日向廣凌公司發出《應收帳款債權轉讓通知書》，廣凌公司在該通知書的《簽收回執》上承諾按該通知要求對廣發銀行中山分行履行付款責任。根據《中華人民共和國合同法》第八十條「債權人轉讓權利的，應當通知債務人。未經通知，該轉讓對債務人不發生效力」的規定，廣發銀行中山分行與天乙銅業公司之間的債權轉讓關係對廣凌公司發生法律效力，但廣凌公司擅自向天乙銅業公司支付相關貨款，構成違約，依法應當承擔違約責任。因此，本案並不適用《中華人民共和國合同法》第八十二條規定。廣凌公司上訴主張原審判決違反《中華人民共和國合同法》第八十二條規定，沒有法律依據，本院不予支持。

　　綜上，廣發銀行中山分行的上訴請求與廣凌公司的上訴請求，理由均不能成立，應予駁回。原審判決查明的部分事實錯誤，本院依法予以糾正。原審判決適用法律正確，所作處理正確，應予維持。依照《中華人民共和國民法總則》第五條、《中華人民共和國合同法》第八十條、《中華人民共和國民事訴訟法》第一百七十條第一款規定，判決如下：

　　駁回上訴，維持原判。

　　二審案件受理費682,917元，由廣發銀行股份有限公司中山分行負擔27,708元，中山市廣凌燃氣具有限公司負擔655,209元。

　　本判決為終審判決。

　　審判長　費漢定
　　審判員　王　慶

審判員　陳可舒

二〇一八年五月二十五日

書記員　李　翠

第八篇

債權人撤銷權

【案例128】債權人不能對撤銷權要件事實尚未成立 的資產交易行使撤銷權

蘇州銀行股份有限公司張家港支行與張家港市
榮華金屬製品有限公司、張家港市榮飛
金屬製品有限公司債權人撤銷權糾紛案評析

案號：江蘇省蘇州市中級人民法院（2017）蘇05民終7790號

【摘要】

債權人在向法院提起債權人撤銷之訴行使債權人撤銷權時，須以債務人的放棄權利、無償處分以及不合理的有償處分這三類詐害行為導致債權人的債權受到損害為要件。故銀行在行使撤銷權時，應當注意收集債務人停止支付、銀行帳戶餘額不足、其他債權人已經過強制執行不能滿足等相關證據，並及時行使權利，以防除斥期間經過而導致權利無法行使。

【基本案情】

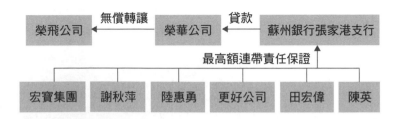

2016年2月，張家港市榮華金屬製品有限公司（以下簡稱「榮華公司」）向蘇州銀行股份有限公司張家港支行（以下簡稱「蘇州銀行張家港支行」）借款1,740萬元，江蘇宏寶集團有限公司（以下簡稱

「宏寶集團」）、謝秋萍、陸惠勇、張家港市更好製衣有限公司（以
下簡稱「更好公司」）、田宏偉、陳英為榮華公司的該借款在各自的
最高額額度內向蘇州銀行張家港支行提供最高額連帶責任保證。因榮
華公司未能按約還款，蘇州銀行張家港支行向一審法院提起訴訟，一
審法院判令榮華公司於判決生效後十日內歸還蘇州銀行張家港支行借
款本金1,090萬元及利息、律師費；謝秋萍、陸惠勇、更好公司、田
宏偉、陳英對榮華公司的債務承擔連帶清償責任。之後，因榮華公司
等未能履行上述給付義務，蘇州銀行張家港支行向一審法院申請執
行，目前該案尚在執行過程中。

　　2015年5月，榮華公司將登記其名下的張家港市大新鎮大新村1
幢、2幢的房屋和大新鎮大新村的土地（以下簡稱「涉案房地」）為
江蘇張家港農村商業銀行股份有限公司（以下簡稱「張家港農商銀
行」）設定抵押，榮華公司於2016年5月5日歸還貸款本息並註銷了
抵押登記。2016年5月12日，涉案房地變更至張家港市榮飛金屬製品
有限公司（以下簡稱「榮飛公司」）名下。榮華公司股東為陸惠勇、
謝秋萍，榮飛公司現股東為謝高峰、謝某　。謝高峰與謝秋萍係兄妹
關係，謝秋萍與陸惠勇係夫妻關係，謝某和謝高峰係父子關係。

　　蘇州銀行張家港支行認為榮華公司與榮飛公司間的涉案房地買
賣係無償轉讓行為，遂訴至一審法院，判令撤銷榮華公司、榮飛公司
就涉案房地的買賣行為。

【法院判決】

　　江蘇省張家港人民法院經審理認為：1.榮華公司提交的證據從形
式上雖可證實涉案房產的買賣行為真實且支付了合理對價，但從相關
的銀行流水看，此種資金流向顯然有悖常理，榮華公司、榮飛公司就
涉案房地的買賣行為係無償轉讓；2.蘇州銀行張家港支行對榮華公司
的債權雖經相關判決確認真實有效，但該些案件均在執行過程中，且

查封了當事人謝秋萍在宏寶集團279.07萬元的股權，在執行案件未結束前，被執行人是否有其他可供執行財產、蘇州銀行張家港支行在執行案中能否得到清償、蘇州銀行張家港支行的債權能否得到實現，尚處於不確定狀態，故榮華公司、榮飛公司買賣房屋的行為是否對蘇州銀行張家港支行造成損害，尚不確定。現蘇州銀行張家港支行認為榮華公司、榮飛公司的無償轉讓行為對其造成損害缺乏事實和法律依據。蘇州銀行張家港支行應待其損失確定後，向侵權人另行主張相應權利。故一審法院判決：蘇州銀行張家港支行的訴訟請求不能成立，不予支持。

　　蘇州銀行張家港支行不服一審判決，向蘇州市中級人民法院提起上訴。二審法院經審理認為，就保證人謝秋萍名下被查封的宏寶集團股權，一審法院正在處置當中，結合謝秋萍係榮華公司法定代表人陸惠勇的配偶，在謝秋萍名下被查封的股權尚未執行完畢情況下，涉及到蘇州銀行張家港支行的債權最終能否實現，以及債權是否存在損害事實均尚無法確定。現蘇州銀行張家港支行在保證人的股權尚未處置情況下，直接主張榮華公司轉讓財產對其債權造成損害，依據不足。本案一審判決認為蘇州銀行張家港支行行使撤銷權的要件事實尚未成立，進而駁回其訴訟請求，處理並無不當。若蘇州銀行張家港支行主張的損害事實確定，可另行主張。一審判決認定事實清楚，適用法律並無不當，應予維持。

　　綜上，判決駁回蘇州銀行張家港支行上訴請求。現二審判決已生效。

【法律評析】

　　本案的爭議焦點有二：一為榮華公司、榮飛公司就涉案房地的買賣行為是否構成無償轉讓；二為榮華公司向榮飛公司轉讓房產，是否已對債權人蘇州銀行張家港支行造成損害。

一、榮華公司、榮飛公司就涉案房地的買賣行為是否構成無償轉讓

（一）可撤銷的詐害債權行為種類

《中華人民共和國合同法》（以下簡稱《合同法》）第七十四條第一款規定：因債務人放棄其到期債權或者無償轉讓財產，對債權人造成損害的，債權人可以請求人民法院撤銷債務人的行為。債務人以明顯不合理的低價轉讓財產，對債權人造成損害，並且受讓人知道該情形的，債權人也可以請求人民法院撤銷債務人的行為。另外，《最高人民法院關於適用〈中華人民共和國合同法〉若干問題的解釋（二）》（以下簡稱《合同法司法解釋二》）第十八條規定：債務人放棄其未到期的債權或者放棄債權擔保，或者惡意延長到期債權的履行期，對債權人造成損害，債權人依照合同法第七十四條的規定提起撤銷權訴訟的，人民法院應當支持。通過對《合同法》第七十四條及《合同法司法解釋二》第十八條進行文義解釋，債權人能夠就債務人實施的三種詐害債權的行為請求法院予以撤銷，即放棄權利、無償處分以及不合理的有償處分。

（二）本案中的涉案房地的買賣行為是否構成無償轉讓

結合本案，榮華公司提交的房屋買賣契約、增值稅專用發票、稅收繳款書等證據從形式上雖可證實涉案房地的買賣行為真實且支付了合理對價，但從榮華公司、榮飛公司間的銀行流水看，榮華公司所陳述的房產轉讓款800萬元資金流轉過程為：榮華公司→陸惠勇→謝高峰→榮飛公司→榮華公司，這個流轉過程中，榮飛公司實際並未支出800萬元。榮華公司解釋稱榮華公司結欠謝高峰550萬元的款項，並提供了一次性結算協議及證人謝某的證人證言，另外的250萬元購房款係榮飛公司向樊琦的借款，該筆借款的資金流向為：樊琦→榮華公司→陸惠勇→謝高峰→榮飛公司→榮華公司→樊琦，但這種借款擔

保模式和資金流向顯然也有悖常理，而證人謝某和榮華公司、榮飛公司的法定代表人存在親屬關係，且是榮飛公司的股東，其所作的證言缺乏證明力。

綜上，一審法院將榮華公司、榮飛公司的房屋買賣行為認定為無償轉讓行為。

二、榮華公司向榮飛公司轉讓房產，是否已對債權人蘇州銀行張家港支行造成損害

（一）債權人撤銷權的行使要件

債權人撤銷權的行使條件有三：1.債務人存在詐害行為，即做出不合理地減少其責任財產的行為；2.該詐害行為有損債務人債務清償能力，有害於債權人實現債權，即對債權人的債權造成了損害；3.若債務人不合理處分其財產權益是以有償的方式進行的，則需要對債務人與受讓人的主觀要件進行審查，即債務人與受讓人須具有惡意。

（二）詐害行為對債權人的債權造成損害的判斷

債權人撤銷權制度突破了合同相對性原則，是對債權人與第三人之間法律關係的一種突破，在一定程度上限制了債務人的經營決策自由，若不當適用則有侵害交易安全之虞。立法者設置債權人撤銷權制度的初衷在於防止債務人不當處分財產的行為對債權人的權利造成損害，因此，只有在債務人的詐害行為實質上影響到債權實現的情況下，才允許債權人介入債務人與第三人之間依據意思自治發生的法律關係中，這是對該制度突破合同相對性原則的必要限制。

通說認為，債權人撤銷權的行使應當以債務人實施的詐害行為使債務人「無資力」為必要，即債務人放棄權利、無償處分以及不合理的有償處分的行為使其責任資產減少，導致其在客觀上沒有足夠的資產清償債權人的債權。而在對「債務人沒有足夠資產清償債權人的債權」這一情形應當如何進行判斷上，學界的通說認為應採「債務超

過說」，即如果債務人處分其財產後其總體債務超過其總體資產時，就認定該行為有害債權。而「債務超過」的標準何時能夠得到滿足，法律並未做出明確規定。審判實踐中，法院通常在債權人已事先要求債務人履行債務，並經過強制執行程序後不能得到清償則可認定為「債務超過」，從而在其他要件也滿足的情況下，債權人可以行使撤銷權。

（三）本案中榮華公司的無償轉讓行為是否已對債權人蘇州銀行張家港支行造成損害

本案中，一審法院與二審法院雖然認定榮華公司將涉案房地轉讓予榮飛公司的行為構成無償處分，但認為在謝秋萍名下被查封的宏寶集團股權尚未執行完畢情況下，涉及到蘇州銀行張家港支行的債權最終能否實現，以及債權是否存在損害事實均尚無法確定為由，認定榮華公司的無償轉讓行為並未對債權人蘇州銀行張家港支行造成損害。

三、銀行風險啟示

1.債權人撤銷權的行使能達到直接消滅債務人與第三人之間的法律關係的效果，為防止債務人與第三人之間的法律關係長期處於不穩定狀態，撤銷權的行使受除斥期間的限制。依據《合同法》第七十五條之規定：撤銷權自債權人知道或者應當知道撤銷事由之日起一年內沒有行使的，或者債務人的行為發生之日起五年內沒有行使的，該撤銷權消滅。該規定係對撤銷權除斥期間的規定，除斥期間不會產生中止或中斷。故銀行應當及時行使權利，防止因除斥期間經過而不能行使權利。

2.審判實踐中，法院對於債務人的詐害行為是否對債權人的債權造成損害的認定標準仍是較為嚴格的，即一般應由債權人已事先要求債務人履行債務，並經過強制執行程序後仍不能得到清償的，法院才

會認定債權人的債權受到了損害。在《最高人民法院關於合同法司法解釋（二）理解與適用》一書中，最高人民法院研究室認為，對債權人的債權造成損害的認定標準不應以實際經過強制執行為必要，即使存在強制執行也難以滿足債權的事實時即可，如存在債務人停止支付、銀行帳戶餘額不足、其他債權人已經過強制執行不能滿足等情形時，亦可認定債權人的債權受到了損害。故銀行在準備提起債權人撤銷之訴時，應當注意收集相關的證據以提高勝訴幾率。

　　3. 銀行提起撤銷權之訴時，還應綜合考慮一旦債務人的處分行為被撤銷後，銀行可能的受償比例，因此有必要瞭解債務人是否還存在其他正在進行的訴訟或者是否存在尚在強制執行中的案件。

附：法律文書

　　蘇州銀行股份有限公司張家港支行與張家港市榮華金屬製品有限公司、張家港市榮飛金屬製品有限公司債權人撤銷權糾紛案

　　江蘇省蘇州市中級人民法院民事判決書（2017）蘇05民終7790號

　　上訴人（原審原告）：蘇州銀行股份有限公司張家港支行。

　　　住所地：張家港市人民東路11號。

　　負責人：陳利紅，該行行長。

　　委託訴訟代理人：王蔚，國浩律師（蘇州）事務所律師。

　　委託訴訟代理人：陶宛詩，國浩律師（蘇州）事務所律師。

　　被上訴人（原審被告）：張家港市榮華金屬製品有限公司。

　　　住所地：張家港市大新鎮大新村（頂海岸）。

　　法定代表人：陸惠勇，該公司董事長。

　　委託訴訟代理人：高磊，江蘇寧盾律師事務所律師。

　　被上訴人（原審被告）：張家港市榮飛金屬製品有限公司。

　　　住所地：張家港市大新鎮大新村。

　　法定代表人：謝高峰，該公司總經理。

委託訴訟代理人：路學寧，江蘇衡鼎律師事務所律師。

原審第三人：江蘇張家港農村商業銀行股份有限公司。

　住所地：張家港市楊舍鎮人民中路66號。

法定代表人：王自忠，董事長。

委託訴訟代理人：楊超，男，該公司員工。

委託訴訟代理人：周源，男，該公司員工。

　　上訴人蘇州銀行股份有限公司張家港支行（下稱蘇州銀行張家港支行）因與被上訴人張家港市榮華金屬製品有限公司（下稱榮華公司）、張家港市榮飛金屬製品有限公司（下稱榮飛公司）、江蘇張家港農村商業銀行股份有限公司（下稱張家港農商銀行）債權人撤銷權糾紛一案，不服江蘇省張家港市人民法院（2017）蘇0582民初228號民事判決，向本院提起上訴。本院於2017年8月15日立案後，依法組成合議庭，並於2017年9月15日公開開庭進行了審理。上訴人蘇州銀行張家港支行委託訴訟代理人王蔚、陶宛詩，被上訴人榮華公司法定代表人陸惠勇及其委託訴訟代理人高磊、榮飛公司委託訴訟代理人路學寧，第三人張家港農商銀行委託訴訟代理人楊超到庭參加訴訟。本案現已審理終結。

　　蘇州銀行張家港支行上訴請求：1.撤銷一審判決；2.改判撤銷榮華公司將房產、土地轉讓給榮飛公司的行為；3.改判榮飛公司在因無償轉讓而受讓的房產價值範圍內對蘇州銀行張家港支行不能受償的部分承擔賠償責任；4.改判榮華公司、榮飛公司承擔蘇州銀行因主張損失而支付的必要費用100,600元。事實和理由：一、一審判決遺漏了蘇州銀行張家港支行的訴訟請求。在一審舉證期間，蘇州銀行張家港支行增加要求判令榮飛公司在無償受讓房產價值的範圍內，對蘇州銀行張家港支行不能受償的部分承擔賠償責任的訴訟請求，但一審法院對該訴訟請求未予理涉不當。二、一審判決依據蘇州銀行張家港支行與榮華公司執行案件未終結為由，認為榮華公司與榮飛公司之間的無償轉讓行為，對蘇州銀行張家港支行存在損害沒有事實和法律依據，認定事實和適用法律均存在錯誤。（一）認定事實錯誤。榮華公司惡意無償向榮飛公司轉讓財產，造成其財產不當減少，蘇州銀行張家港支行本有可能以其名下房產使部分債權得以清償，現蘇州銀行債權無法得以受償，榮

華公司和榮飛公司的行為已經構成對蘇州銀行張家港支行的損害。（二）適用法律錯誤。1.一審法院對於債權人撤銷權的適用範圍。蘇州銀行張家港支行行使撤銷權是保全全部債權認定利益，目前榮華公司經法院確認的債務已經達4,200餘萬元。2.一審法院舉證責任分配錯誤。證明無償轉讓行為未對蘇州銀行張家港支行造成損害的舉證責任在於榮華公司和榮飛公司，其未提供證據證明的，應推定造成損害。3.蘇州銀行張家港支行一審已經舉證榮華公司與榮飛公司的行為給蘇州銀行張家港支行造成了損害。一審判決認為雖然榮華公司及其他保證人無財產可供執行，但尚有保證人謝秋萍279.07萬元股權可供處置，並以此認為蘇州銀行張家港支行的損失尚不確定。首先，按照擔保法的規定，蘇州銀行張家港支行並不必要要求保證人承擔責任，蘇州銀行張家港支行的損失並不應當以謝秋萍的股權處理為前提條件。其次，蘇州銀行張家港支行暸解到謝秋萍的股權價值僅有1,300萬元左右，但涉及到對外債務達4,200萬元，遠不足以清償全部的債務。第三，即便蘇州銀行張家港支行等共同參與分配了謝秋萍的股權，則謝秋萍承擔保證責任後亦可以進行追償，成為可以請求撤銷榮華公司行為的債權人範圍，故並不影響蘇州銀行張家港支行的行使撤銷權。三、一審判決認為，因涉案房屋已由張家港農商銀行善意取得，故不宜被撤銷，存在矛盾。首先，如果認定張家港農商銀行善意取得抵押權，在本案即已確認了買賣行為已撤銷。其次，只有榮華公司和榮飛公司的買賣行為被撤銷，屬於無權處分，才會發生張家港農商銀行的善意取得，但並不會影響張家港農商銀行享有的抵押權，一審法院認為因張家港農商銀行的抵押權問題不宜撤銷買賣行為，沒有事實和法律依據。四、無償受讓涉案房產的榮飛公司，目前已經對設備的其他資產進行處置，如至蘇州銀行張家港支行於榮華公司執行案件終結後再提撤銷權，則會導致蘇州銀行張家港支行及其他債權人的債權因房屋設有抵押無法返還，亦無其他財產可供執行而最終無法受償，利益無法實現。五、蘇州銀行張家港支行主張的律師費，具有事實和法律依據。蘇州銀行張家港支行就本案支付的律師費簽訂了書面合同，律師也參與本案訴訟，並且實際支付了代理費用，應當由榮華公司和榮飛公司承擔。綜上，請求支持蘇州銀行張家港支行的上訴請求。

榮華公司辯稱：一審判決駁回蘇州銀行張家港支行的訴訟請求是正確的，但是榮華公司沒有向榮飛公司無償轉讓房地產。在蘇州銀行張家港支行

起訴榮華公司的案件中，蘇州銀行張家港支行申請法院凍結了保證人謝秋萍在寶宏集團公司的股權，這個股權估值在7,843萬元，足以清償蘇州銀行張家港支行所有的債務。如果因為蘇州銀行張家港支行的原因法院暫時沒有執行該財產，而直接要求撤銷榮華公司正常交易的行為，顯然依據是不充分的。榮華公司與榮飛公司之間的房屋買賣合同合法有效，榮華公司是合法處理財產。綜上，請求駁回上訴，維持原判。

榮飛公司辯稱：同意榮華公司的答辯意見。榮飛公司並不知曉榮華公司與蘇州銀行張家港支行之間的債權債務問題，榮飛公司對於房產買賣支付對價、實際履行，辦理了過戶，是合法有效的。一審法院駁回蘇州銀行張家港支行的訴訟請求是正確的。同時，榮飛公司實際支付了全部對價，希望二審法院予以查明。

張家港農商銀行述稱，張家港農商銀行對案涉房產享有合法有效的抵押權，希望二審法院予以確認。

蘇州銀行張家港支行向一審法院提出訴訟請求：1.判令撤銷榮華公司、榮飛公司就張家港市大新鎮大新村1幢、2幢房屋的買賣行為；2.判令榮華公司承擔蘇州銀行張家港支行就本案支付的律師費損失100,600元；3.訴訟費、保全費由榮華公司、榮飛公司承擔。本案一審審理過程中，蘇州銀行張家港支行向一審法院明確：如果法院認為張家港農商銀行善意取得案涉房屋的抵押權，蘇州銀行張家港支行要求增加訴訟請求，即請求判令榮飛公司在因無償轉讓而受益的房屋市場價值範圍內對蘇州銀行張家港支行不能受償的部分（蘇州銀行張家港支行在〔2017〕蘇0582執5810號、〔2017〕蘇0582執4842號、〔2016〕蘇0582執5810號執行案件中不能受償部分）承擔賠償責任。

一審法院認定的事實：

2016年2月，榮華公司向蘇州銀行張家港支行借款1,740萬元，江蘇宏寶集團有限公司（以下簡稱宏寶集團）、謝秋萍、陸惠勇、張家港市更好製衣有限公司（以下簡稱更好公司）、田宏偉、陳英為榮華公司的該借款在各自的最高額額度內向蘇州銀行張家港支行提供最高額連帶責任保證。因榮華公司未能按約還款，蘇州銀行張家港支行提起訴訟，一審法院於2016年7月27日立案受理，並於2016年8月31日出具（2016）蘇0582民初7693號判決書，判決：榮華公司於判決生效後十日內歸還蘇州銀行張家港支行借款本金1,090萬元及

利息、律師費;謝秋萍、陸惠勇、更好公司、田宏偉、陳英對榮華公司的債務承擔連帶清償責任。之後,因榮華公司等未能履行上述給付義務,蘇州銀行張家港支行向一審法院申請執行,目前該案尚在執行過程中。該案訴訟前,蘇州銀行張家港支行申請訴前保全,凍結了謝秋萍在宏寶集團的279.07萬元的股權(該股權之後還被宏寶集團申請保全,涉案標的約680萬元)。

另,榮華公司、陸惠勇、謝秋萍等人在2014年8月29日、2015年8月26日分別為更好公司在2014年8月29日至2016年8月29日、2015年8月26日至2018年8月25日向蘇州銀行張家港支行的借款提供最高額保證,後更好公司未歸還貸款本息,蘇州銀行張家港支行提起訴訟,我院於2016年6月30日、7月4日分別立案受理,並於2016年7月28日、8月30日出具(2016)蘇0582民初6962號、6963號判決書,分別判決:更好公司於判決生效後十日內歸還蘇州銀行張家港支行借款本金1,100萬元、420萬元及利息、律師費;榮華公司、陸惠勇、謝秋萍等人對更好公司的債務承擔連帶清償責任。之後,因更好公司、榮華公司等未能履行上述給付義務,蘇州銀行張家港支行向一審法院申請執行,目前案件均在執行過程中。

關於訴爭張家港市大新鎮大新村1幢、2幢的房屋和大新鎮大新村的土地,原登記在榮飛公司名下。2015年5月,榮華公司和張家港農商銀行簽訂《最高額流動資金借款合同》,張家港農商銀行同意在2015年5月14日起至2018年5月13日的期間內向榮華公司發放最高額度為550萬元的流動資金借款。雙方同時簽訂《最高額抵押擔保合同》,榮華公司提供訴爭房產土地作為最高額抵押擔保,擔保的主債權本金最高餘額為650萬元,2015年5月18日、5月19日,雙方辦理了相應的抵押登記手續。後張家港農商銀行發放貸款,榮華公司於2016年5月5日歸還貸款本息,並註銷了抵押登記。

2016年5月12日,涉案房地變更至榮飛公司名下(張房權證錦字第XX號、張集用〔2016〕第00700007號),並於2016年6月2日設定抵押,他項權人為張家港農商銀行。該房地在房產管理中心備案的《存量房屋買賣契約》中約定房屋價款6,809,424元,該房地經張家港市地方稅務局耕地占用稅和契稅管理所委託,張家港市價格認證中心認定總價為6,939,717元。榮華公司、榮飛公司陳述兩公司在2016年4月即商定將涉案房產及廠房內的設備、裝潢一併轉讓,商定的轉讓價格為800萬元,榮飛公司於2016年4月18日、4月19

日通過轉帳各支付400萬元，同日，榮華公司出具收款收據，註明是土地房產轉讓款。後榮華公司並向榮飛公司開具了相應的增值稅發票。

根據2016年4月18日、4月19日的榮華公司銀行流水，涉及榮華公司、榮飛公司資金往來情況及資金流向順序如下：樊琦電子匯入250萬元，榮華公司電子轉帳給陸惠勇400萬元，榮華公司轉帳給榮華公司400萬元，榮華公司轉帳給陸惠勇400萬元，榮飛公司轉帳給榮華公司400萬元，榮華公司轉帳給樊琦250萬元。

根據2016年4月18日、4月19日的榮飛公司銀行明細，涉及榮華公司、榮飛公司資金往來情況及資金流向順序如下：謝高峰轉帳存入400萬元，榮飛公司轉帳給榮華公司400萬元，謝高峰轉帳存入40,000,001元，榮飛公司轉帳給榮華公司400萬元。

一審法院另查明，榮華公司成立於2002年3月7日，股東為陸惠勇、謝秋萍。榮飛公司成立於2009年10月29日，現股東為謝高峰、謝某，原住所地登記為張家港市XX朝陽XX村，2016年9月，變更至張家港市大新鎮大新村。謝高峰與謝秋萍係兄妹關係，謝秋萍與陸惠勇係夫妻關係，謝某和謝高峰係父子關係。

本案一審的爭議焦點：一、榮華公司、榮飛公司的房屋買賣行為是否構成無償轉讓。

一審法院認為，榮華公司提交的房屋買賣契約、增值稅專用發票、稅收繳款書等證據從形式上雖可證實涉案房產的買賣行為真實且支付了合理對價，但從2016年4月18日、4月19日的榮華公司、榮飛公司公司的銀行流水看，榮華公司所陳述的房產轉讓款800萬元其實是分兩次從榮華公司→陸惠勇→謝高峰→榮飛公司→榮華公司，這個流轉過程中，榮華公司實際並未支出800萬元，被告對此解釋：因榮華公司另外結欠謝高峰550萬元的款項（有一次性結算協議、證人謝某的證言證實），以及榮華公司向樊琦借款250萬元（有借條證實）用於購買涉案房產，由樊琦直接轉帳給了榮華公司，所以陸惠勇才轉帳給謝高峰800萬元，之後榮飛公司再支付給榮華公司的800萬元確是房屋購買款。關於被告的解釋，首先一次性結算協議係對2003年購買房產的結算，榮華公司、榮飛公司法定代表人在2003年轉讓大筆資產的時候未形成任何書面結算憑證，在13年的時間中榮華公司未支付過任何轉讓款和利

息，謝高峰亦未向榮華公司主張該款項，在13年後榮華公司、榮飛公司法定代表人再形成一次性結算協議，有違常理，而證人謝某和榮華公司、榮飛公司的法定代表人存在親屬關係，且是榮飛公司的股東，其所作的證言缺乏證明力，一審法院不予採納。而樊琦的借款250萬元，根據被告提供的借款協定，借款人榮飛公司，擔保人榮華公司，250萬元的資金流向：樊琦→榮華公司→陸惠勇→謝高峰→榮飛公司→榮華公司→樊琦，這種借款擔保模式和資金流向顯然也有悖常理，且和殷志剛在一審法院調查時陳述的該借款尚未歸還存在矛盾。綜上，一審法院認為榮華公司、榮飛公司的房屋買賣行為係無償轉讓。

二、榮華公司、榮飛公司的無償轉讓行為是否對蘇州銀行張家港支行造成損害。

一審法院認為，蘇州銀行張家港支行對榮華公司的債權（包括借款之債、擔保之債）有（2016）蘇0582民初7693號判決書、（2016）蘇0582民初6962號、（2016）蘇0582民初6963號民事判決書為憑，該些債權真實存在，但該些案件均在執行過程中，且查封了當事人謝秋萍在宏寶集團279.07萬元的股權，在執行案件未結束前，被執行人是否有其他可供執行財產、蘇州銀行張家港支行在執行案中能否得到清償、蘇州銀行張家港支行的債權能否得到實現，尚處於不確定狀態，故榮華公司、榮飛公司買賣房屋的行為是否對蘇州銀行張家港支行造成損害，尚不確定。現蘇州銀行張家港支行認為榮華公司、榮飛公司的無償轉讓行為對其造成損害缺乏事實和法律依據。

《合同法》第七十四條規定：因債務人放棄其到期債權或無償轉讓財產，對債權人造成損害的，債權人可以請求人民法院撤銷債務人的行為。債權人撤銷權制度突破了傳統的合同相對性規則，將債權人債權效力延展到債務人之外的第三人，適用不當將會影響私法自治的基本原則，因此只有當債權人無償轉讓財產的行為導致債權人債權無法得到滿足時，才能認定為對債權人造成損害。現榮華公司和榮飛公司對涉案房屋構成無償轉讓，但該行為是否對蘇州銀行張家港支行造成損害，尚不確定，蘇州銀行張家港支行起訴要求撤銷榮華公司、榮飛公司對涉案房屋的買賣行為，一審法院不予支持，蘇州銀行張家港支行可待條件成就後另行起訴。另外，即使蘇州銀行張家港支行具備行使債權人撤銷權的條件，涉案房屋已抵押給第三人張家港農商銀

行，並辦理了抵押登記，在第三人張家港農商銀行善意取得抵押權的情況下，榮華公司、榮飛公司的房屋買賣行為亦不宜撤銷，蘇州銀行張家港支行應待其損失確定後，向侵權人另行主張相應權利。關於蘇州銀行張家港支行主張的律師費損失，因蘇州銀行張家港支行行使撤銷權條件尚未成就且蘇州銀行張家港支行未提供相應的支付憑證，對該損失一審法院不予支援。

據此，一審法院依照《中華人民共和國合同法》第七十四條之規定，判決：駁回蘇州銀行股份有限公司張家港支行的訴訟請求。案件受理費39,605元、保全費5,000元，由蘇州銀行股份有限公司張家港支行負擔。

二審中，當事人提交了民事判決書、民事調解書、股權轉讓協議書、公司年度審計報告、執行通知書、委託代理合同、律師費發票、說明、執行裁定書等證據，本院組織當事人進行了證據交換和質證。

二審經審理查明，2017年9月18日，一審法院做出（2016）蘇0582執5810號執行裁定書，該執行裁定書查明，在該案執行過程中，被執行人榮華公司、謝秋萍、陸惠勇、更好公司、田宏偉、陳英名下均無銀行存款資訊，被執行人謝秋萍持有的江蘇宏寶集團有限公司的股權，由一審法院另案查封並在處置過程中，被執行人更好公司名下的房地產由法院另案處理，由於案外人提執行異議，拍賣款尚未進行分配。現被執行人名下再無其他財產可供執行。一審法院認為，本案申請執行人享有的債權依法受法律保護，但債權的實現取決於被執行人是否有履行債務的能力。現一審法院依職權對被執行人的財產進行了調查，未發現其他可供執行的財產，申請執行人亦未提供被執行人其他可供執行的財產線索，本次執行程序應予終結。申請執行人享有要求被執行人繼續履行債務及依法向人民法院申請恢復執行的權利，被執行人負有繼續向申請執行人履行債務的義務。遂裁定：終結（2016）蘇0582民初7693號民事判決書的本次執行程序。

以上事實，由（2016）蘇0582執5810號執行裁定書予以證實。

二審經審理查明的其餘事實與一審法院經審理查明的事實一致，本院予以確認。

本院認為，《中華人民共和國合同法》第七十四條規定：「因債務人放棄其到期債權或者無償轉讓財產，對債權人造成損害的，債權人可以請求人民法院撤銷債務人的行為。債務人以明顯不合理的低價轉讓財產，對債權人

造成損害,並且受讓人知道該情形的,債權人也可以請求人民法院撤銷債務人的行為。」上述法律規定明確,債權人行使撤銷需要具備兩個方面要件,即債務人放棄其到期債權或者無償轉讓財產,以及對債權人的債權造成損害。就本案蘇州銀行張家港支行主張的撤銷權而言,二審主要爭議在於榮華公司向榮飛公司轉讓房產,是否已對債權人蘇州銀行張家港支行造成損害。對此,本院認為,為保障蘇州銀行張家港支行對榮華公司債權的實現,謝秋萍、更好公司等作為保證人提供相應的擔保。而在蘇州銀行為實現債權起訴至一審法院之後,一審法院已經查封榮華公司及保證人謝秋萍等名下財產,尤其是謝秋萍持有的宏寶集團的股權。而從生效判決的執行情況來看,雖然一審法院就(2016)蘇0582執5810號執行案件終本執行,但就保證人謝秋萍名下被查封的宏寶集團股權,一審法院正在處置當中,結合謝秋萍係榮華公司法定代表人陸惠勇的配偶,在謝秋萍名下被查封的股權尚未執行完畢情況下,涉及到蘇州銀行張家港支行的債權最終能否實現,以及債權是否存在損害事實均尚無法確定。現蘇州銀行張家港支行在保證人的股權尚未處置情況下,直接主張榮華公司轉讓財產對其債權造成損害,依據不足。本案一審判決認為蘇州銀行張家港支行行使撤銷權的要件事實尚未成立,進而駁回其訴訟請求,處理並無不當。若蘇州銀行張家港支行主張的損害事實確定,可另行主張。

綜上,蘇州銀行張家港支行的上訴請求不能成立,不予支持;一審判決認定事實清楚,適用法律並無不當,應予維持。依照《中華人民共和國民事訴訟法》第一百七十條第一款第一項之規定,判決如下:

駁回上訴,維持原判。

二審案件受理費39,605元,由蘇州銀行股份有限公司張家港支行負擔。

本判決為終審判決。

審判長　高小剛

審判員　謝　堅

審判員　水天慶

二〇一八年五月十六日

書記員　王　佳

第九篇

破產撤銷糾紛

【案例129】《破產法》第三十一條「債務」範圍

進出口銀行與浙船清算工作組破產撤銷權糾紛評析

案號：浙江省寧波市中級人民法院（2017）浙02民終2369號

【摘要】

《破產法》第三十一條規定「對沒有財產擔保的債務提供財產擔保」的「債務」，既包括債務人自身的債務，也包括他人的債務；既包括不存在財產擔保的債務，也包括雖有財產擔保但不足以保障債務清償、債務人另行提供財產擔保的債務；破產撤銷權的行使，不以債務人和擔保權人實施財產處分行為時存在主觀惡意為前提。

【基本案情】

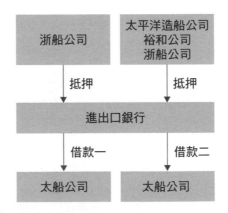

2014年5月28日，中國進出口銀行（以下簡稱「進出口銀行」）與上海太船國際貿易有限公司（以下簡稱「太船公司」）簽訂《951借款合同》，約定進出口銀行向太船公司提供最高不超過2億元的船舶出口賣方信貸。2014年9月19日，進出口銀行與太船公司簽訂

《897借款合同》，約定進出口銀行向太船公司提供最高不超過2億元的船舶出口賣方信貸。2014年11月19日，進出口銀行與太船公司簽訂《452借款合同》，約定進出口銀行向太船公司提供最高不超過2.4億元的船舶出口賣方信貸。

2015年7月13日，進出口銀行與江蘇太平洋造船集團股份有限公司（以下簡稱「太平洋造船公司」）簽訂《房地產抵押合同》，約定太平洋造船公司以其所有的房產為太船公司在《452借款合同》項下債務提供最高額抵押擔保，擔保最高額為2.4億元中的1.02億元。隨後，進出口銀行辦理了抵押登記。2015年7月31日，進出口銀行與揚州裕和資產管理有限公司（以下簡稱「裕和公司」）簽訂《房地產抵押合同》，約定裕和公司以其所有的房產和土地為太船公司《452借款合同》項下債務提供最高額抵押擔保，擔保最高額為2.4億元中的2.3億元。隨後，進出口銀行分別辦理了抵押登記。

2015年12月7日，進出口銀行與浙江造船有限公司（以下簡稱「浙船公司」）簽訂《最高額抵押合同》，約定浙船公司為太船公司在2014年1月1日至2017年12月31日期間與進出口銀行簽訂的所有具體業務合同項下債務，以其所有的房產提供最高額抵押擔保。「具體業務合同」包括《951借款合同》、《897借款合同》和《452借款合同》（含展期協議）項下的3筆船舶出口賣方信貸和編號為SHA2014LG00001等的14筆船舶預付款保函，擔保最高額為4.623894億元。隨後，進出口銀行辦理了抵押登記。

2016年4月14日，經浙船公司申請，法院裁定受理其破產重整申請，並指定浙江造船有限公司清算工作組暨浙江造船有限公司破產管理人（以下簡稱「浙船清算工作組」）為破產管理人。浙船清算工作組訴至法院，請求撤銷浙船公司2015年12月7日為太船公司對進出口銀行債務提供的房地產最高額抵押擔保，並撤銷該抵押登記。

【法院判決】

浙江省寧波市奉化區人民法院經審理認為，本案的爭議焦點為浙船公司為太船公司債務提供抵押擔保的行為，是否屬於《中華人民共和國企業破產法》（以下簡稱《破產法》）第三十一條規定的應予撤銷行為。太平洋造船公司、裕和公司為太船公司債務設定的抵押財產，並未包括案涉《最高額抵押合同》中太船公司的全部債務。在人民法院受理破產申請前一年內的可撤銷期間內，在該兩公司財產擔保已經不足的情況下，浙船公司為太船公司先前已經存在的債務提供財產擔保，自身並未因該債務獲得相應對價，浙船公司將自有財產通過為太船公司債務提供抵押的方式，讓渡予進出口銀行優先受償的行為，侵害了其他普通債權人的公平受償權，符合無償轉讓財產情形，應予撤銷。綜上，判決撤銷案涉《最高額抵押合同》項下以浙船公司房屋設定的最高額抵押擔保，並由進出口銀行辦理註銷抵押登記。

宣判後，進出口銀行不服一審判決，提起上訴。浙江省寧波市中級人民法院經審理認為，二審的爭議焦點與一審相同。《破產法》第三十一條規定，管理人行使破產撤銷權的條件是：一是必須在人民法院受理破產申請前一年內所實施的行為；二是必須有害於債權人利益的行為。同時，《破產法》並未要求以當事人在實施行為時存在主觀惡意為構成條件。在《破產法》三十一條規定的可撤銷行為中，「對沒有財產擔保的債務提供財產擔保的」中的「債務」，在可撤銷期間內對債務人自己的債務和他人的債務提供財產擔保，使債務人用於清償債權的財產不當減少，都將損害債權人的整體利益，均應屬於可撤銷行為範圍。同時，如果原有債務雖存在財產擔保但不足以確保債權完全實現，債務人為此另行提供財產擔保的情形也應屬於該項規制範圍。結合本案，浙船公司提供最高額抵押擔保時所涉及太船公司債務的產生時間（包括3筆貸款及14筆船舶預付款保函）早於最高額抵押設立，即上述債務在設立時與抵押擔保並非互為條件。浙船公司

為太船公司債務提供最高額抵押擔保，發生在法院受理浙船公司破產申請前的一年內（實際為4個多月），在設立抵押時太船公司的部分債務雖有太平洋造船公司、裕和公司設定的抵押擔保，但未包括案涉最高額抵押擔保中太船公司的全部債務。浙船公司事後為太船公司債務提供案涉最高額抵押擔保，將使進出口銀行取得對浙船公司房產的優先受償權，損害浙船公司全體債權人的利益。綜上，浙船公司為太船公司債務提供案涉最高額抵押擔保的行為應予撤銷，故判決駁回上訴、維持原判。

【法律評析】

本案的爭議焦點為：對《破產法》第三十一條規定的債務人「對沒有財產擔保的債務提供財產擔保」中的「債務」，應具體如何界定；破產撤銷權的行使，是否應以債務人處分財產時主觀上存在惡意為前提。

一、「對沒有財產擔保的債務提供財產擔保」的「債務」範圍

《破產法》第三十一條規定：「人民法院受理破產申請前一年內，涉及債務人財產的下列行為，管理人有權請求人民法院予以撤銷：（一）無償轉讓財產的；（二）以明顯不合理的價格進行交易的；（三）對沒有財產擔保的債務提供財產擔保的；（四）對未到期的債務提前清償的；（五）放棄債權的。」

分析可知，《破產法》規定破產撤銷權，主要目的在於確保債務人的責任財產最大化，防止債務人將原本應用於清償全體普通債權人的財產，通過無償、低價等不當處分行為變成財產擔保債權人優先受償的標的，從而減少普通債權人可獲得的清償數額，違背通過破產程序實現普通債權公平受償的破產法立法目的。關於可撤銷情形的第三項「對沒有財產擔保的債務提供財產擔保的」，一般的理解為在破

產程序開始前的法定期間一年內，若債務人以自有財產為原本沒有財產擔保的債務設定物保，破產管理人可向法院主張撤銷。但是，在實務中，如果嚴格按照第三項的字面含義與一般解讀予以適用，基於當事人為規避管理人行使破產撤銷權而可能進行的策略式操作或交易中的各種複雜情形，將會出現立法者意料之外的結果。因此，準確理解和界定「對沒有財產擔保的債務提供財產擔保的」中的「債務」範圍，對於維護《破產法》平等保護普通債權人的立法宗旨具有重要意義。

第一，被擔保的「債務」，是提供擔保前已經存在的債務，並非與擔保物權同時成立的債務。之所以有這種區分，是因為為既存的債務事後提供擔保，不當減少了債務人用於清償債權的責任財產，將會損害普通債權人的平等受償權；而債務與物保同時成立、互為條件，屬於「同時交易」，且該交易給債務人帶來了新的價值或財產利益，應將其排除在破產撤銷情形之外。

第二，被擔保的「債務」，既包括債務人自身的債務，也應包括他人的債務。原因在於，為債務人自己的債務和他人的債務提供財產擔保，均會導致擔保權人的債權優先於其他債權人得到清償，破壞了破產法平等保護全體普通債權人的立法目的，故均應納入破產撤銷權的範圍。

第三，被擔保的「債務」，既包括原先不存在財產擔保的債務，也包括雖有財產擔保但不足以保障債務完全清償、債務人另行提供補充性甚至覆蓋性財產擔保的債務。原因在於，債務人另行提供財產擔保，將使擔保權人原本可能無法獲得清償的債權部分獲得優先受償，侵害了其他普通債權人的公平受償權，故應屬於破產撤銷權規制範圍之內。

基於上述分析，結合本案，第一，浙船公司於2015年12月7日為太船公司債務提供抵押擔保，發生在浙船公司於2016年4月14日破產

申請被受理前的一年內；第二，太船公司的債務成立於浙船公司為其
提供抵押之前，並非與抵押擔保同時成立，亦非互為條件；第三，
浙船公司提供抵押擔保的債務，是他人即太船公司的債務；第四，
太平洋造船公司、裕和公司為太船公司2.4億元債務設定的抵押擔保
最高額分別僅為1.02億元和2.3億元，並未包括浙船公司為太船公司
4.623894億元債務提供抵押擔保的全部債務。顯然，浙船公司為太船
公司雖有財產擔保但不足以保障完全清償的債務，另行提供了覆蓋性
的財產抵押擔保，自身並未因擔保該債務而取得相應對價。綜上，在
可撤銷期間內，浙船公司為他人原先已經存在且擔保不足的債務提供
財產抵押擔保，屬於債務人「對沒有財產擔保的債務提供財產擔保」
的可撤銷情形，浙船清算工作組有權請求法院撤銷浙船公司為太船公
司債務提供的最高額抵押擔保。故，兩審法院均支持了浙船清算工作
組的訴訟請求。

二、破產撤銷權的行使，不以債務人或擔保權人主觀惡意為前提

　　《最高人民法院關於人民法院在審理企業破產和改制案件中切
實防止債務人逃廢債務的緊急通知》（法〔2001〕105號，2001年8
月10日起施行，現行有效）第六條規定：「……債務人有多個普通
債權人的，債務人與其中一個債權人惡意串通，將其全部或者部分財
產抵押給該債權人，因此喪失了履行其他債務的能力，損害了其他債
權人的合法權益，受損害的其他債權人請求人民法院撤銷該抵押行為
的，人民法院應依法予以支持。對於合法有效的抵押，要確保抵押權
人優先受償。」

　　分析可知，最高人民法院的上述通知規定，對債務人為自己沒
有擔保的債務向其他債權人提供財產擔保的行為，債權人有權行使
撤銷權，但應以債務人主觀上存在惡意為前提。但是，《破產法》
2007年6月1日起施行後，及最高人民法院出臺的《破產法》相關司

法解釋，均沒有關於破產管理人行使破產撤銷權應以債務人主觀惡意為前提的規定。根據「新法優於舊法」原則，破產撤銷權的行使，不以債務人或擔保權人主觀惡意為前提。因此，即使擔保權人進出口銀行提出自己在浙船公司為太船公司債務提供抵押擔保時並不存在主觀惡意的抗辯，也不影響浙船清算工作組依法行使破產撤銷權，兩審法院均未採納進出口銀行的該項抗辯。

三、銀行風險啟示

借款合同中通常會通過加速條款的設置確保銀行提前收貸，但提前清收貸款有時也會與破產撤銷權相衝突。因此，銀行在辦理相關業務時，應謹慎審查借款人及擔保人的經營狀況、負債情況、償債能力及擔保能力等，確保銀行享有的擔保物權合法有效、無瑕疵，避免接受借款人及擔保人瀕臨破產時做出的擔保，被管理人依法行使破產撤銷權；即使破產管理人行使撤銷權，銀行也應窮盡所能提出自身善意的抗辯。

附：法律文書

中國進出口銀行、浙江造船有限公司清算工作組暨浙江造船有限公司破產管理人清算責任糾紛、破產撤銷權糾紛二審民事判決書

浙江省寧波市中級人民法院民事判決書（2017）浙02民終2369號

上訴人（原審被告）：中國進出口銀行。

　住所地：北京市西城區復興門內大街30號。

法定代表人：胡曉煉，該行董事長。

委託訴訟代理人：閻聰，男，該行員工。

委託訴訟代理人：丁西瑤，女，該分行員工。

被上訴人（原審原告）：浙江造船有限公司清算工作組暨浙江造船有限公司破產管理人。

住所地：浙江省寧波市奉化區松嶴鎮湖頭渡村。

代表人：盛高亮，該清算工作組組長。

委託訴訟代理人：徐陽恒，浙江素豪律師事務所律師。

上訴人中國進出口銀行因與被上訴人浙江造船有限公司清算工作組暨浙江造船有限公司破產管理人（以下簡稱浙船清算工作組）破產撤銷權糾紛一案，不服浙江省寧波市奉化區人民法院（2016）浙0283民初6952號民事判決，向本院提起上訴。本院於2017年7月19日立案受理後，依法組成合議庭，經閱卷並詢問當事人，決定不開庭審理。本案現已審理終結。

中國進出口銀行上訴請求：撤銷一審判決，依法改判駁回浙船清算工作組的訴訟請求。理由：一、浙江造船有限公司（以下簡稱浙船公司）提供的涉案最高額抵押屬於擔保行為，並非轉讓行為，一審法院依據《中華人民共和國企業破產法》（以下簡稱破產法）第三十一條第一項關於「無償轉讓財產」的規定，判決撤銷涉案抵押權，屬於明顯的法律適用錯誤。浙船公司提供的涉案最高額抵押是取得了相應的對價，並非無償轉讓財產，理由是浙船公司在履行擔保人義務後獲得了追償權，因案外人上海太船國際貿易有限公司（以下簡稱太船公司）對浙船公司享有債權，雙方之間的債權可以相互抵銷。且抵押擔保也是涉案貸款展期的對價，浙船公司也是涉案貸款的實際獲益人。二、浙船公司提供的涉案最高額抵押也不屬於破產法第三十一條第三項所規定的「對沒有財產擔保的債務提供財產擔保」的情形。該第三項規定應理解為債務人為原先沒有財產擔保的「自身」債務提供財產擔保。三、浙船清算工作組起訴時並未以破產法第三十一條第一項規定為起訴理由，一審庭審中也並未就此問題進行調查和辯論，而自行依據新的理由進行判決，實質上剝奪了雙方的訴訟權利，有違訴訟程序。四、為查清浙船公司提供的涉案最高額抵押是否屬於無償轉讓財產，應追加太船公司為本案的第三人。

浙船清算工作組辯稱：一、浙船公司沒有在提供的抵押擔保中獲益，符合無償轉讓的規定，應當予以撤銷。二、根據中國進出口銀行債權申報中的資料可以看出其申報的對債務人太船公司的本金是8億多元，利息1億元，合計9億多元，而案外人江蘇太平洋造船集團股份有限公司（以下簡稱太平洋造船公司）的財產擔保僅為1.02億，案外人揚州裕和資產管理有限公司（以

下簡稱裕和公司）財產擔保僅為1,116萬元，合計1.1316億元，而浙船公司對太船公司沒有抵押擔保覆蓋的近8億元的債務提供財產擔保，也構成破產法第三十一條第三項所規定的「對沒有財產擔保的債務提供財產擔保」的情形，應當予以撤銷。三、對於追加太船公司為本案第三人，沒有法律上的必要。請求二審法院駁回上訴，維持原判。

浙船清算工作組向一審法院起訴請求：撤銷浙船公司為太船公司對中國進出口銀行的債務所設定的房地產最高額抵押擔保，並向登記機關撤銷該抵押登記。

一審判決認定事實：2014年5月28日，中國進出口銀行作為貸款人與太船公司作為借款人簽訂編號為2010001012014110951的《借款合同》（以下簡稱《951借款合同》）一份，約定貸款人向借款人提供最高不超過2億元的船舶出口賣方信貸；貸款期限為22個月等內容。

2014年9月19日，中國進出口銀行作為貸款人與太船公司作為借款人簽訂編號為2010001012014111897的《借款合同》（以下簡稱《897借款合同》）一份，約定貸款人向借款人提供最高不超過2億元的船舶出口賣方信貸；貸款期限為19個月等內容。

2014年11月19日，中國進出口銀行作為貸款人與太船公司作為借款人簽訂編號為2010001012014112452的《借款合同》（以下簡稱《452借款合同》）一份，合同約定：貸款人同意按照合同的約定向借款人提供最高不超過2.4億元的船舶出口賣方信貸，專項用於借款人出口船舶和部分可用於置換借款人前期墊付的自有資金的需要；貸款期限為9個月，自貸款項下首次放款日起算，至最後還款日終止。借款人應在合同規定的貸款期限內嚴格按還款計畫以原幣種償還合同項下的「貸款」本金，還款計畫如下：2015年6月30日還款1.6億元，2015年7月31日還款8,000萬元。合同項下的貸款採用貸款人接受的協力廠商保證人提供信用保證，該保證人與「貸款人」另行簽訂《保證合同》。

2015年7月13日，太平洋造船公司作為抵押人與中國進出口銀行作為抵押權人簽訂《房地產抵押合同》（合同號2010001012014112452DY01），合同約定主合同為抵押權人與太船公司於2014年11月19日簽訂了《452借款合同》等，約定擔保的債權為船舶出口賣方信貸，金額為2.4億元，期限9個

月，自2014年11月19日至2015年7月31日，並特別約定抵押擔保僅擔保2.4億元中的1.02億元。2015年8月24日，太平洋造船公司將其所有的坐落於番禺路390號103室的房產辦理了抵押登記。

2015年7月31日，裕和公司作為抵押人與中國進出口銀行作為抵押權人簽訂《房地產抵押合同》（合同編號為2010001012014112452DY04），合同約定鑒於抵押權人與太船公司於2014年11月19日簽訂了《452借款合同》，抵押權人同意向債務人提供2.4億元的貸款，擔保債權的種類為船舶出口賣方信貸，金額為2.3億元，期限自2014年11月19日至2015年12月15日。2015年8月28日，裕和公司將其所有權證號為2013016727、2013016728、2013016729、2013026730的房產辦理了抵押登記，登記的債權數額合計為2.9624億元。2015年9月2日，裕和公司將其坐落於揚州市廣陵區的土地辦理了抵押登記，抵押數額為1,116萬元。

2015年12月7日，浙船公司（抵押人）與中國進出口銀行（抵押權人）簽訂了房地產《最高額抵押合同》（合同號2010001012014112452DY06），合同約定：鑒於太船公司將向抵押權人申請本外幣貸款、開立信用證、開立保函等業務，抵押權人擬同意按照其將來與債務人簽訂的具體業務合同規定的條款和條件向債務人提供服務。為確保在2014年1月1日至2017年12月31日期間太船公司與抵押權人簽訂的所有具體業務合同項下債務人最高不超過4.623894億元的債務得到支付和償還，作為抵押權人向債務人提供上述服務的先決條件之一。「具體業務合同」包括但不限於抵押權人與債務人簽訂的合同號為2010001012014112452（含展期協定）、2010001012014111897、2010001012014110951的3筆船舶出口賣方信貸和編號為SHA2014LG00001等的14筆船舶預付款保函，上述3筆船舶出口賣方信貸和14筆保函均納入「本合同」的擔保範圍內。本合同項下所擔保的最高債權額為4.623894億元，最高債權的確定時間為2014年1月1日至2017年12月31日。浙船公司將其所有的房屋於2015年12月15日為上述債權辦理了抵押登記，登記的債權數額為4.623894億元。

2016年4月14日，經浙船公司申請，一審法院依法裁定受理了浙船公司的破產重整申請，並指定浙船清算工作組為破產管理人。

一審法院認為：案件爭議的焦點為浙船公司為他人債務提供抵押擔保的

行為是否應予撤銷。中國進出口銀行認為涉案債務為太船公司的債務，係他人債務，且涉案債務係有財產擔保的債務，浙船公司的抵押行為不符合破產法第三十一條的規定，不應予以撤銷。一審法院認為，人民法院受理破產申請前一年內，係法律擬制的債務人喪失清償能力的期間，在該期間內，對涉及債務人財產的不當處分行為，應當予以規制，以此保障債權人公平受償機會，規範公平清理債權債務程序。太平洋造船公司、裕和公司設定的抵押財產並未包括涉案《房地產最高額抵押合同》中太船公司的全部債務，在可撤銷期間內，在該兩公司的財產擔保已經不足的情況下，浙船公司為他人先前已經存在的債務提供財產擔保，自身並未因該債務獲得相應對價，浙船公司將自有財產通過為他人債務提供抵押的方式讓渡於中國進出口銀行優先受償的行為，侵害了其他普通債權人的公平受償權，符合無償轉讓財產的情形，應當予以撤銷。中國進出口銀行辯解為他人的債務提供財產擔保，且債務係有財產擔保的債務，不應予以撤銷，於法無據，不予採納。據此，依照《中華人民共和國企業破產法》第一條、第三十一條第一款第（一）項的規定，判決：撤銷浙船公司與中國進出口銀行於2015年12月7日簽訂的《房地產最高額抵押合同》（合同編號為2010001012014112452DY06）項下以浙船公司房屋設定的最高額抵押，並由中國進出口銀行於判決生效後十日內至登記機關辦理註銷登記。案件受理費80元，由中國進出口銀行負擔。

本院二審期間，浙船清算工作組未提供新證據。中國進出口銀行向本院提供以下證據：

第一組證據：

1.關於債務人財產狀況的報告一份，擬證明浙船公司欠付太船公司帳款679,837,061.53元；2.浙船公司第二次債權人會議材料（含浙船公司債權表）一份，擬證明涉案主債務的其他擔保人和主債務人太船公司均已向浙船清算工作組申報債權且已獲得確認，確認金額分別為：（1）裕和公司的確認金額為409,566.53元；（2）案外人揚州大洋造船有限公司（以下簡稱大洋造船公司）申報571,825,355.21元，臨時金額為254,770,127.72元；3.債務人太船公司、擔保人太平洋造船公司、案外人春和集團有限公司（以下簡稱春和集團）、大洋造船公司的2015年9月和12月的資產負債表各一份，擬證明在涉案抵押擔保合同簽訂前後，債務人和各擔保人的資產均大於負債。

以上證據擬綜合證明浙船公司在提供涉案最高額抵押擔保後，對債務人和保證人享有追償權，且債務人和保證人的資產狀況良好，該擔保行為不屬於無償轉讓財產。

經質證，浙船清算工作組對證據1的真實性、合法性予以認可，但對關聯性及擬證明事項不予認可；對證據2的真實性、合法性予以認可，但對關聯性及擬證明事項不予認可，且僅確定裕和公司債權金額為409,566.53元，其他未予認定；對證據3的真實性、合法性認為無法確定，對關聯性及擬證明事項不予認可。同時認為，能否全額追償不能作為認定財產擔保是否有償、無償的依據。

本院經審查，對中國進出口銀行提供的以上證據的真實性予以認定。

第二組證據：

1.《452借款合同》一份，擬證明該合同項下的貸款用於建造、出口船體號為ZJ4018、ZJ4019、ZJ4020的三艘船舶（以下簡稱案涉三艘船舶）；2.提款申請書、電匯憑證、浙船公司與業務單位的協作合同各一份，擬證明《452借款合同》項下的貸款中的1.72億元直接向浙船公司支付；3.編號為（201000102014112452BC01）的《補充協議》（以下簡稱《452BC01補充協議》、2016年1月13日會談參考內容，擬證明根據《452BC01補充協議》的約定，案涉三艘船舶的收匯款必須直接匯入浙船公司在中國進出口銀行開立的帳戶，並計畫將在建船舶抵押給中國進出口銀行等事實。由此證明浙船公司是案涉三艘船舶的交船款的真正收款人，也是《452借款合同》項下貸款的實際使用人和還款人；4.2011年6月10日簽訂的《造船合同》（含部分翻譯）一份，擬證明案涉三艘船舶的《造船合同》約定，浙船公司作為造船單位，有義務負擔造船費用；5.2011年7月20日簽訂的案涉三艘船舶的《出口船舶代理協定》三份、2014年9月20日的《船舶賣方信貸報告》、2014年11月4日的涉案三艘船舶建造進度情況說明、2014年11月10日代理情況說明各一份，擬證明浙船公司為取得融資，經與太船公司協商，將該三艘船舶交由太船公司代理，明浙船公司緩解融資的壓力，按時完成交付任務。為此，太船公司作為受託人，浙船公司作為委託人，Crown Hera Limited作為買方，三方簽訂《出口船舶代理協定》，根據合同約定，如由太船公司向船東開具保函並遭索賠，委託人浙船公司應無條件償還太船公司墊款。由此可見，浙船

公司是實際造船方，也是《452借款合同》項下貸款的實際使用人。

以上證據擬綜合證明浙船公司是《452借款合同》項下貸款的直接受益人，其擔保行為並非無償轉讓財產。

經質證，浙船清算工作組認為證據1的真實性、合法性認為無法確定，對關聯性及擬證明事項不予認可；證據2中提款申請書的真實性無法確定，電匯憑證的真實性予以認可，浙船公司與業務單位的協作合同無原件，不予認可；證據3中的《452BC01補充協定》真實性無法確定，會談參考內容無原件，真實性不予認可；證據4的真實性、合法性認為無法確定，證據5中的代理情況說明無原件，真實性不予認可，真實性、合法性認為無法確定。

本院經審查認為，除證據2中的協作合同無原件、證據3中的會談參考內容是中國進出口銀行自行製作、證據5中的代理情況無原件而不予認定外，其他證據的真實性本院予以認定。

第三組證據：

1.《貸款到期通知》、《關於貸款催收和落實有關要求的函》、《關於申請調整ZJ4018／4019／4020三艘船還款計畫的報告》、《關於申請ZJ4018／4019／4020三艘船貸款展期的報告》、編號為201000102014112452ZQ01號《展期協議》（以下簡稱《452ZQ01展期協議》）、《關於ZJ4019調整還款計畫和ZJ4020展期申請書》、《關於申請DY4054船出口賣信專案貸款展期的報告》、編號為201000102014111897ZQ02號《展期協議》（以下簡稱《897ZQ02展期協議》）、編號為201000102014110951ZQ01號《展期協議》（以下簡稱《951ZQ01展期協議》）各一份，擬證明浙船公司提供案涉抵押擔保前，太船公司就《452借款合同》項下貸款和《951借款合同》項下貸款已經部分違約，因此中國進出口銀行要求追加浙船公司的抵押擔保作為貸款展期的對價，故浙船公司的抵押擔保是涉案三筆借款合同項下貸款展期的對價；該抵押擔保的發生早於展期後的新債務，不屬於事後對沒有財產擔保的債務追加擔保，並未損害其他債權人的利益，且因貸款的展期，浙船公司和太船公司的造船項目得以繼續進行，浙船公司本身也從中獲益；2.《951借款合同》及《提款申請書》、《897號借款合同》及《提款申請書》各一份，擬證明該兩筆貸款是他人貸款，並非浙船公司自身的貸款，因此不適用破產法第

三十一條；3.《保證合同》、《在建船舶抵押合同》、《房地產抵押合同》數份，擬證明浙船公司提供抵押所擔保的案涉三筆貸款都有其他保證和抵押擔保，浙船公司在承擔擔保責任後，享有對債務人和其他連帶保證人的追償權，因此不屬於破產法第三十一條規定的可撤銷對象。

以上證據擬綜合證明浙船公司為案涉債務提供的抵押擔保不適用破產法第三十一條第三款的有關規定。

經質證，浙船清算工作組認為，除證據3中的浙船公司的《保證合同》及部分《房地產抵押合同》的真實性無異議外，對其他證據的真實性、合法性無法確定，對擬證事項也不予認可。

本院經審查認為，除證據1中的貸款到期通知、關於貸款催收和落實有關要求的函是否送達給了太船公司無法確定外，本院對其他證據的真實性予以認定。

第四組證據：

浙船公司2015年9月和12月的資產負債表影本一份，擬證明浙船公司在提供涉案最高額抵押前後，資產遠大於負債，其承擔該擔保債務不會對其他債權人的權利造成任何影響。

經質證，浙船清算工作組認為，該證據並非原件，對其真實性、關聯性不予認可。本院經審查認為，因該證據係影本，故對其真實性不予認定。

綜合雙方當事人在一、二審提供的有效證據及雙方當事人的陳述，本院認定事實如下：

2011年7月20日，浙船公司作為委託方與太船公司作為受託方、Crown Hera Limited作為購買人簽訂三份《出口船舶進出口代理協定》，約定浙船公司委託太船公司行使代理出口案涉三艘船舶項下的權利，浙船公司履行船舶出口合同有關售方和建造方的全部條款並承擔相應的責任和義務；如確定由受託人開具保函時，受託人負責根據船舶出口合同的要求，按時向船東開具銀行簽發的還款保函，還款保函的費用由受託人按銀行付款憑證向委託人同步收取，雙方建立共管帳戶，用於管理船東支付的預付款。受託人應在收到船東每期付款後，根據委託方提供的用款進度表，在扣除有關費用後三個工作日內將有關款項及時結匯給委託人，用以支付建造船舶的相關款項。為解決委託人實際建造該船舶時生產資金的不足，受託人同意優先向銀行申請

貸款，貸款金額不低於對外合同價的50%。申請貸款的手續費及開具相關票據的費用由委託方承擔，貸款資金僅限於購買人要求建造的船舶生產中使用等內容。

太船公司於2014年9月20日向中國進出口銀行申請2.4億元船舶賣方信貸，用於補充建造案涉三艘船舶所需的流動資金。

2014年11月19日，中國進出口銀行作為貸款人與太船公司作為借款人簽訂《452借款合同》一份，合同約定：貸款人同意按照合同的約定向借款人提供最高不超過2.4億元的船舶出口賣方信貸，專項用於借款人出口船舶和部分可用於置換借款人前期墊付的自有資金的需要；貸款期限為9個月，自貸款項下首次放款日起算，至最後還款日終止。還款計畫為：2015年6月30日還款1.6億元，2015年7月31日還款8,000萬元。同時由太平洋造船公司、浙船公司為上述借款合同提供保證擔保。貸款發放時，其中的1.72億元直接支付至太船公司的指定的浙船公司。

2015年6月23日太船公司向中國進出口銀行提出申請，主要內容是：因《452借款合同》項下的2.4億元貸款原約定於2015年6月30日歸還1.6億元，2015年7月31日歸還8,000萬元。但由於技術修改和船東的要求，案涉三艘船舶的交船期推遲，太船公司無法在2015年6月30日貸款到期之前取得船東支付的交船款。太船公司擬於6月30日歸還1,000萬元，並申請調整其餘貸款的還款計畫，即到7月31日歸還全部2.3億元貸款，同時，太船公司願意為上述貸款提供母公司太平洋造船公司位於的房產，以及提供裕和公司位於揚州市廣陵區的房產作為抵押。

2015年6月30日，《452借款合同》的各方當事人又簽訂《425BC01補充協議》一份，約定調整主債權還款計畫，還款計畫為2015年6月30日還款1,000萬元，2015年7月31日還款2.3億元。並約定案涉三艘船舶的收匯款必須直接匯入浙船公司在中國進出口銀行開立的帳戶，並計畫將在建船舶抵押給中國進出口銀行。

2015年6月30日，太船公司又向中國進出口銀行提出申請，主要內容是：因調整後的方案仍不能匹配新的交船計畫，故再次尋求幫助，將2.3億元貸款展期，申請將ZJ4018的貸款展期至2015年9月30日、ZJ4019的貸款展期至2015年11月30日、ZJ4020的貸款展期至2015年12月15日。同時，太船公司

承諾，願意為上述貸款繼續提供上述房產作為抵押，如上述抵押物按中國進出口銀行的折率折算後不足部分，太船公司願意以浙船公司的資產（已抵押給中國進出口銀行寧波分行）提供第二順位權抵押，或提供春和集團的保證擔保。並稱，為了對應歸還貸款的還款來源，懇請中國進出口銀行批准上述三艘船舶的貸款展期。

　　2015年7月13日，太平洋造船公司作為抵押人與中國進出口銀行作為抵押權人簽訂《房地產抵押合同》（合同號2010001012014112452DY01），合同約定主合同為《452借款合同》等，約定擔保的債權為船舶出口賣方信貸，金額為2.4億元人民幣，期限9個月，自2014年11月19日至2015年7月31日，並特別約定本抵押擔保僅擔保2.4億元中的1.02億元。

　　2015年7月31日，中國進出口銀行與太船公司、太平洋造船公司、裕和公司、浙船公司簽訂《452Z01展期協定》一份，約定：《452借款合同》（包括相關補充協議等）項下貸款中的展期部分2.3億元，還款計畫調整為：2015年9月30日還款8,000萬元，2015年11月30日還款8,000萬元，2015年12月15日還款7,000萬元。該協定第七條約定，對協議項下的展期款，除《借款合同》規定的擔保方式，應增加如下擔保方式：由春和集團提供連帶還款保證；該協議第八條特別約定，除主合同規定的擔保方式及協定第七條增加的擔保方式外，還包括如下擔保方式：太平洋造船公司、裕和公司提供抵押擔保，由浙船公司提供其位於浙江省寧波市松嶴鎮一期區域的房地產抵押擔保；該協定第十三條約定，展期協定自下列條件全部滿足之日生效，即該協議第七條規定擔保合同已生效，相關的登記或交付手續已履行，擔保已有效成立，以及本協議各方簽署並加蓋公章。

　　2015年7月31日，春和集團又為上述借款合同提供保證擔保。

　　2015年7月31日，太平洋造船公司作為抵押人與中國進出口銀行作為抵押權人簽訂房地產抵押合同（合同號2010001012014112452DY03），合同約定太平洋造船公司為《452借款合同》（包括相關補充協定、展期協定）提供抵押擔保，擔保債權為2.3億元，期限為自2014年11月19日至2015年12月15日，並特別約定抵押擔保僅擔保2.4億元中的1.02億元。2015年8月24日，太平洋造船公司將其所有的坐落於番禺路390號103室的房產辦理了抵押登記。

2015年7月31日，裕和公司作為抵押人與中國進出口銀行作為抵押權人簽訂房地產抵押合同（合同編號為201000101201411245DY04），合同約定裕和公司為《452借款合同》（包括相關補充協定、展期協定）提供抵押擔保，擔保債權為2.3億元，期限自2014年11月19日至2015年12月15日。2015年8月28日，裕和公司將其所有權證號為2013016727、2013016728、2013016729、2013026730的房產辦理了抵押登記，登記的債權數額合計為2.9624億元。2015年9月2日，裕和公司將其坐落於揚州市廣陵區的土地辦理了抵押登記，抵押數額為1,116萬元。

2015年11月20日，太船公司又向中國進出口銀行提出《關於ZJ4019調整還款計畫和ZJ4020展期申請書》，稱：經過貴行項目評審委員會審批同意，案涉三艘船舶的貸款到期日展期到2015年9月30日、2015年11月30日、2015年12月15日。關於8,000萬元的ZJ4018的貸款專案已於2015年9月30日結清，關於ZJ4019的貸款項目的8,000萬元，太船公司收到船東款項，因當時太平洋集團資金較緊，就將該款項結匯後直接用於支付工人工資、外包勞務費及材料採購等，故未按照約定匯給中國進出口銀行用於歸還8,000萬元貸款，對此筆貸款，太船公司承諾不晚於2015年12月15日歸還貸款。關於ZJ4020的貸款7,000萬元歸還日期定於2016年3月31日，並稱，對於此次調整還款計畫和展期，太船公司與集團溝通，擬將浙船公司的一期生產經營性資產提供中國進出口銀行，用於抵押作為追加擔保，為此次調整後的還款作為增信和保障。相關資產評估價值4.8284億元，具體包括位於浙江省寧波市松嶴鎮一期區域的房地產。

2015年12月7日，浙船公司（抵押人）與中國進出口銀行（抵押權人）簽訂了房地產最高額抵押合同（合同號201000101201411245DY06），合同約定：鑒於太船公司將向抵押權人申請本外幣貸款、開立信用證、開立保函等業務，抵押權人擬同意按照其將來與債務人簽訂的具體業務合同規定的條款和條件向債務人提供服務。為確保在2014年1月1日至2017年12月31日期間太船公司與抵押權人簽訂的所有具體業務合同項下債務人最高不超過4.623894億元的債務得到支付和償還，作為抵押權人向債務人提供上述服務的先決條件之一。「具體業務合同」包括但不限於抵押權人與債務人簽訂的合同號為201000101201411245（含展期協定）、201000101201411897、

2010001012014110951的3筆船舶出口賣方信貸和編號為SHA2014LG00001等的14筆船舶預付款保函，上述3筆船舶出口賣方信貸和14筆保函均納入「本合同」的擔保範圍內。本合同項下所擔保的最高債權額為4.623894億元，最高債權的確定時間為2014年1月1日至2017年12月31日。浙船公司將其所有的房屋於2015年12月15日為上述債權辦理了抵押登記，登記的債權數額為4.623894億元。

另查明：2014年5月28日，中國進出口銀行作為貸款人與太船公司作為借款人簽訂《951借款合同》一份，約定貸款人向借款人提供最高不超過2億元的船舶出口賣方信貸；貸款期限為22個月，還款計畫為2015年11月30日1億元，2016年2月29日1億元，所涉船舶包括「DY4049」、「DY4054」。並由春和集團、大洋造船公司提供保證擔保。2016年2月29日，各方當事人針對《951借款合同》項下的8,500萬元部分貸款展期簽訂《P51ZQ01展期協定》一份，約定將該部分貸款的原還款日期2016年2月29日調整為2016年11月29日還款8,500萬元。該協議約定，對於展期款，除原擔保方式外，應增加以下擔保方式：1.太平洋造船公司的全額連帶責任保證，2.浙船公司提供位於奉化市的相關房地產抵押擔保，以及裕和公司的房地產抵押擔保和人洋造船公司提供在建船舶抵押擔保等。同日，太平洋造船公司為上述展期款提供了全額連帶責任保證。同年3月31日，大洋造船公司與中國進出口銀行簽訂《在建船舶抵押合同》，依約提供在建船舶抵押擔保。

2014年9月19日，中國進出口銀行作為貸款人與太船公司作為借款人簽訂《897借款合同》一份，約定貸款人向借款人提供最高不超過2億元的船舶出口賣方信貸；貸款期限為19個月，還款計畫為2016年1月21日1億元，2016年3月21日1億元，所涉船舶包括「DY158」、「DY159」。並由太平洋造船公司、大洋造船公司提供保證擔保。2016年1月21日，各方當事人針對《897借款合同》簽訂展期協定，約定展期後的還款計畫變更為：2016年3月21日還款1億元，2016年9月21日1億元，原保證人同意為展期後的貸款繼續提供全額連帶保證擔保。2016年3月21日，各方當事人又簽訂《897ZQ02展期協議》一份，約定展期後的還款計畫變更為：2016年9月21日還款1億元，2016年11月21日1億元。該協議約定，對於展期款，除原擔保方式外，應增加以下擔保方式：1.春和集團的全額連帶責任還款保證，2.浙船公司提供位於奉

化市的相關房地產抵押擔保，3.裕和公司的房地產抵押擔保，4.大洋造船公司提供在建船舶抵押擔保等。同日，春和集團依約定提供了連帶責任保證。同年3月31日，大洋造船公司與中國進出口銀行簽訂《在建船舶抵押合同》二份，依約提供在建船舶抵押擔保。

又查明：2016年4月14日，經浙船公司申請，一審法院依法裁定受理了浙船公司的破產重整申請，並指定浙船清算工作組為破產管理人。根據浙船清算工作組對浙船公司的財產狀況的調查而於2016年7月8日出具的《關於債務人財產狀況的報告》顯示：浙船公司、太船公司均為同一集團公司（春和集團為最終控制方）的下屬子公司，受理破產時，浙船公司對太船公司應付帳款679,837,061.53元，浙船公司對太船公司應收帳款是63,017,165.50元。

本院認為，本案的雙方當事人的主要爭議焦點是浙船公司為太船公司的債務提供涉案最高額抵押擔保是否屬於《破產法》第三十一條所規定的撤銷事由而得以撤銷。此爭議涉及對《破產法》第三十一條相關規定的理解。《破產法》第三十一條規定，人民法院受理破產申請前一年內，涉及債務人財產的下列行為，管理人有權請求人民法院予以撤銷：（一）無償轉讓財產的；（二）以明顯不合理的價格進行交易的；（三）對沒有財產擔保的債務提供財產擔保的；（四）對未到期的債務提前清償的；（五）放棄債權的。破產法規定上述撤銷權的目的主要在於確保債務人財產的最大化，避免債務人通過無償或低價交易等方式突擊轉移財產，或避免債務人基於個人喜好優先清償個別債權人，損害債權人的整體利益。依照上述規定，管理人行使破產撤銷權的條件是：一是必須在人民法院受理破產申請前一年內所實施的行為；二是必須有害於債權人利益的行為，同時，《破產法》並未要求以當事人在實施行為時存在主觀惡意為構成條件。在上述《破產法》所規定的可撤銷行為中，該法第三十一條第三項所規定的「對沒有財產擔保的債務提供財產擔保的」中的「債務」，從字面及上下文的解釋上並不能得出該「債務」僅限於債務人自己的債務，且從《破產法》規定撤銷權的目的看，在可撤銷期間內對債務人自己的債務和他人債務提供財產擔保，如債務人的用於清償債權的財產不當減少，都將損害債權人的整體利益，即均應屬於可以撤銷行為的範圍。同時，應當進一步明確的是，雖然該法第三十一條第三項所規定的「債務」是「沒有財產擔保的債務」，但根據前述破產法規定破產撤銷權

的目的，如果原有債務雖存在財產擔保但不足以確保債權得以完全實現，債務人為此另行提供財產擔保的情形也應屬於該項規制範圍之內。基於上述理解，根據本案查明的事實，浙船公司提供最高額抵押擔保時所涉及的太船公司債務的產生時間（包括3筆貸款及14筆船舶預付款保函）早於最高額抵押設立之前，即上述債務在設立時與抵押擔保並非互為條件。浙船公司為太船公司的債務提供最高額抵押擔保，發生在一審法院受理浙船公司破產申請前的一年內（實際為4個月多），在設立抵押時，太船公司的部分債務雖有太平洋造船公司、裕和公司設定的抵押擔保，但未包括涉案最高額抵押擔保中太船公司的全部債務。如對浙船公司事後為太船公司的債務提供涉案最高額抵押擔保不予撤銷，將使中國進出口銀行在原來交易基礎上另行取得對浙船公司房地產的優先受償權，此將損害浙船公司全體債權人的利益。而對於中國進出口銀行來講，與其有關的涉案貸款及船舶預付款保函均與船舶建造、出口有關，債務的延期使太船公司和浙船公司的造船項目得以繼續進行，亦有利於對中國進出口銀行的債權清償，相比於浙船公司提供最高額抵押擔保前後，中國進出口銀行所承擔的債務風險並無明顯增加。即從利益權衡看，浙船公司的債權人的整體利益也更應得到保護。綜上，根據《破產法》第三十一條第三項的規定，浙船公司為太船公司的債務提供涉案最高額抵押擔保的行為應予以撤銷。中國進出口銀行提出的相關上訴理由難以成立，本院不予採納。在一審中，中國進出口銀行對本案是否應適用《破產法》第三十一條第一項或第三項規定，均發表過辯論意見，故其提出的一審法院剝奪了雙方的訴訟權利、有違訴訟程序的理由不能成立。同時，因本案訴訟涉及直接當事人是浙船公司與中國進出口銀行，本案處理結果與太船公司並不存在法律上的利害關係，故將太船公司追加為本案第三人實無必要。

綜上所述，中國進出口銀行的上訴請求不能成立，一審法院認定基本事實清楚，實體處理並無不當。經本院審判委員會討論決定，依照《中華人民共和國民事訴訟法》第一百七十條第一款第一項規定，判決如下：

駁回上訴，維持原判。

二審案件受理費80元，由上訴人中國進出口銀行負擔。

本判決為終審判決。

審判長　胡曙煒

審判員　葉劍萍

審判員　朱　靜

二〇一八年五月十四日

書記員　湯李燕

【案例130】以「扣款抵債」方式對個別債權人清償的行為可被撤銷

里安市新亞汽配有限公司管理人與中國工商銀行股份有限公司里安支行破產糾紛案評析

案號：浙江省高級人民法院（2018）浙民再70號

【摘要】

　　銀行「扣款抵債」行為關乎債務人的財產權益以及債權人的整體利益，其效力涉及兩個問題：其一是銀行扣款抵債行為如何定性，是否滿足破產抵銷的條件；其二是銀行扣款抵債行為是否屬於《破產法》第三十二條規定的個別清償行為而應予以撤銷。

【基本案情】

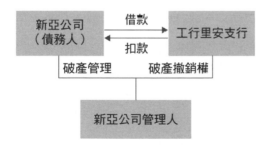

　　工商銀行股份有限公司里安支行（以下簡稱「工行里安支行」）與里安市新亞汽配有限公司（以下簡稱「新亞公司」）分別簽訂兩份《借款合同》，約定新亞公司未依約還本付息的，工行里安支行有權從新亞公司所有帳戶扣收相應款項用以清償（以下簡稱「案涉劃扣清償約定」）。2012年12月，新亞公司已不能清償工商銀行到

期借款，浙江麥高鞋業有限公司（以下簡稱「麥高公司」）代償150萬元，到期後借款本息仍未還清。工行里安支行分四次直接劃扣了新亞公司帳戶合計人民幣372,430.5元。

2013年4月11日，麥高公司向里安市人民法院申請對新亞公司破產清算。2013年11月15日，里安市人民法院裁定受理，並指定浙江玉海律師事務所為破產管理人（以下簡稱「新亞公司管理人」）。2014年7月28日，里安市人民法院裁定新亞公司破產。在清查過程中，新亞公司管理人認為，工商銀行對新亞公司帳戶資金的四次劃扣行為均發生在法院受理其破產申請前六個月內，屬於《中華人民共和國破產法》（以下簡稱《破產法》）第三十二條規定的個別清償行為，應予撤銷。2014年9月16日，新亞公司管理人訴至法院，請求確認工行里安支行四次劃扣行為無效；工行里安支行返還新亞公司劃扣款項合計372,430.5元。

【法院判決】

里安市人民法院一審認為，其一，新亞公司向工行里安支行借款，雙方形成借貸合同關係，工行里安支行向新亞公司發放貸款之時取得新亞公司的債權；新亞公司在工行里安支行處開設銀行帳戶，雙方形成儲蓄合同關係，新亞公司在款項存入帳戶之時取得工行里安支行的債權。工行里安支行扣劃新亞公司帳戶時新亞公司尚未被裁定受理破產，但雙方互負的債務均已到期，債務的標的物種類、品質相同，且不存在依照法律規定或者依照合同性質不得抵銷的情形，故工行里安支行可以依法將自己的債務與新亞公司的債務抵銷。同時，雙方在《流動資金借款合同》中關於「借款人未按照約定償還本合同項下到期債務的，貸款人有權從借款人開立在貸款人或中國工商銀行其他分支機構的所有本外幣帳戶中扣收相應款項用以清償」的約定，應視為雙方對如何行使抵銷權達成一致意見。故工行里安支行扣劃新亞

公司帳戶的行為應認定為民法上的抵銷行為。其二，工行里安支行扣劃新亞公司帳戶的行為也不符合《破產法解釋二》第四十四條之規定。故判決駁回新亞公司管理人的訴訟請求。

　　新亞公司管理人不服一審判決，提起上訴。溫州市中級人民法院二審認為，首先《流動資金借款合同》的約定屬委託代扣條款，工行里安支行的扣劃款項的行為本質上即是新亞公司清償其所負工行里安支行債務的行為，其次，新亞公司的涉案四筆清償行為均發生於里安市人民法院裁定受理麥高公司對新亞公司的破產清算申請之前六個月內，且該些清償行為並未使新亞公司財產受益，而且新亞公司於2012年12月份已具備破產原因。因此，工行里安支行的涉案四筆扣劃款項的行為應予撤銷。

　　工行里安支行不服二審判決，申請再審。浙江省高級人民法院經審理認為：1.《破產法解釋二》第四十四條的規定，排除了在破產申請受理前六個月內行為人行使民法上抵銷權的法律效力。2.《破產法》和《破產法解釋二》的相關規定，對於偏頗性清償行為的規制，都是以債的合法存在為前提，而對於行為人的主觀狀態（惡意或善意），則無特別的要求。3.從《中華人民共和國商業銀行法》保護存款安全的規定、本案《流動資金借款合同》對於扣款還貸的約定內容以及抵銷屬於觀念交付而不是現實交付等規則和法理層面，結合《破產法解釋二》第四十四條對《破產法》第四十條有關抵銷權行使的限縮解釋的意旨，工行里安支行在本案中的扣收款項行為不產生對抗新亞公司管理人破產撤銷權主張的效力。4.工行里安支行在本案中的扣收款項行為在本案《流動資金借款合同》中有相應的約定，新亞公司對工行里安支行扣收款項行為亦有相應的預期，與新亞公司主動實施的個別清償行為對債權人整體的公平清償利益的損害有相同的效果，應認為符合《破產法》第三十二條規定的偏頗性清償行為的構成要件。5.在新亞公司管理人起訴前，新亞公司並未與債權人工行里安支

行以抵銷方式對案涉款項進行清償，且工行里安支行的扣劃行為亦不構成法定的抵銷，因此本案不適用最高人民法院《關於適用〈中華人民共和國企業破產法〉若干問題的規定（二）》第四十四條規定的法定期限。且工行里安支行係在一審訴訟中才提出抵銷的抗辯，被申請人管理人據此提出抵銷無效的訴請。因此，判決維持二審判決。

【法律評析】

本案的爭議焦點為：案涉扣款抵債行為是否屬於抵銷行為，能否構成破產抵銷權、個別清償行為的認定。

一、案涉扣款行為是否屬於抵銷行為

《中華人民共和國合同法》（以下簡稱《合同法》）第九十九條：「當事人互負到期債務，該債務的標的物種類、品質相同的，任何方可以將自己的債務與對方的債務抵銷，但依照法律規定或者按照合同的性質不得抵銷的除外。當事人主張抵銷的，應當通知對方。通知自到達對方時生效。抵銷不得附條件或者期限。」該條是關於法定抵銷權構成要件的規定。此外，第一百條還規定了約定抵銷：「當事人互負債務，標的物種類、品質不相同的，經雙方協商一致，也可以抵銷。」無論是法定抵銷還是約定抵銷，都要求當事人互負債務。結合本案，兩份《流動資金借款合同》中關於「新亞公司未按照約定償還本合同項下到期債務的，工行里安支行有權從借款人開立在貸款人或中國工商銀行其他分支機構的所有本外幣帳戶中扣收相應款項用以清償，直至借款人在本合同項下的所有債務全部清償完畢為止」的約定應屬於委託代扣條款。基於借款合同，工行里安支行對新亞公司享有債權，但新亞公司並不對工行里安支行負有債權。工行里安支行扣劃涉案四筆款項的帳戶是工行里安支行與新亞公司在《流動資金借款合同》中約定的還貸帳戶，新亞公司指令客戶將帳款匯入該些帳戶，

實際上是新亞公司償還其對於工行里安支行的債務的一種方式。因此，銀行依約劃扣債務人帳戶資金，本質上應屬於債務人向銀行就其逾期債務的個別清償行為，不屬於銀行行使約定抵銷權。故二審和再審法院均糾正了一審關於「銀行的扣款行為屬於行使抵銷權」的錯誤認定。

二、破產債務人在瀕臨破產狀態下做出的抵銷行為實質為偏頗性清償行為

《中華人民共和國企業破產法》（以下簡稱《破產法》）第四十條：「債權人在破產申請受理前對債務人負有債務的，可以向管理人主張抵銷。但是，有下列情形之一的，不得抵銷：（一）債務人的債務人在破產申請受理後取得他人對債務人的債權的；（二）債權人已知債務人有不能清償到期債務或者破產申請的事實，對債務人負擔債務的；但是，債權人因為法律規定或者有破產申請一年前所發生的原因而負擔債務的除外；（三）債務人的債務人已知債務人有不能清償到期債務或者破產申請的事實，對債務人取得債權的；但是，債務人因為法律規定或者有破產申請一年前所發生的原因而取得債權的除外。」

分析法條可知，為了規制偏頗性清償給全體債權人利益造成損害，債務人瀕臨破產時抵銷權的行使有別於一般民法上的抵銷權行使，即排除了在破產申請受理前六個月內行為人行使民法上抵銷權的法律效力。《最高人民法院關於適用〈中華人民共和國企業破產法〉若干問題的規定（二）》第四十四條規定：「破產申請受理前六個月內，債務人有企業破產法第二條第一款規定的情形，債務人與個別債權人以抵銷方式對個別債權人清償，其抵銷的債權債務屬於企業破產法第四十條第（二）、（三）項規定的情形之一，管理人在破產申請受理之日起三個月內向人民法院提起訴訟，主張該抵銷無效的，人民

法院應予支持。」該條限制了《破產法》第四十條規定的抵銷權的行使。

結合本案，工行里安支行的扣劃款項行為本質上是新亞公司清償其所負工行里安支行債務的行為，並不是在行使抵銷權。因此，工行里安支行在本案中的扣收款項行為不產生對抗新亞公司管理人破產撤銷權主張的效力。

三、個別清償行為的認定

《破產法》第三十二條規定：「人民法院受理破產申請前六個月內，債務人有本法第二條第一款規定的情形，仍對個別債權人進行清償的，管理人有權請求人民法院予以撤銷。但是，個別清償使債務人財產受益的除外。」分析法條可知，企業法人出現不能清償到期債務，並且資產不足以清償全部債務或者明顯缺乏清償能力的情形時，仍對個別債權人進行清償的，只要清償行為在法律規定的「臨界期」內，且該清償行為不能使債務人受益，則管理人有權請求人民法院撤銷。

（一）債務人是否具有破產原因

根據《破產法》第二條第一款的規定，判斷債務人是否具有破產原因的標準有二：一是債務人不能清償到期債務並且資產不足以清償全部債務。二是債務人不能清償到期債務並且明顯缺乏清償能力。《最高人民法院關於適用〈中華人民共和國企業破產法〉若干問題的規定（一）》第二條明確了債務人不能清償到期債務的情形，即「下列情形同時存在：（一）債權債務關係依法成立；（二）債務履行期限已經屆滿；（三）債務人未完全清償債務」，第三條概括規定了債務人資產不足以清償全部債務的標準，即債務人的資產負債表，或者審計報告、資產評估報告等顯示其全部資產不足以償付全部負債的。第四條採用列舉式的規定，列示了債務人明顯缺乏清償能力的情形：

「（一）因資金嚴重不足或者財產不能變現等原因，無法清償債務；（二）法定代表人下落不明且無其他人員負責管理財產，無法清償債務；（三）經人民法院強制執行，無法清償債務；（四）長期虧損且經營扭虧困難，無法清償債務；（五）導致債務人喪失清償能力的其他情形。」結合本案，新亞公司於2012年12月份已不能清償欠工行里安支行的到期借款，直至里安市人民法院於2013年11月15日受理申請人麥高公司對新亞公司的破產清算申請之時，新亞公司仍不能償還，足以認定新亞公司於2012年12月份即已具備破產原因。

　　（二）案涉清償行為是否發生在法律規定的「臨界期」內

　　臨界期的規定是可撤銷行為的必要構成要件。所謂：「臨界期」是指《破產法》規定的限制破產管理人主張撤銷破產債務人在破產程序開始以前行為的期間。規定「臨界期」的目的是為了限制破產管理人的撤銷行為，即破產管理人不是對債務人在破產之前所進行的所有行為或交易都可以提出異議，而只是對發生在法律規定的臨界期內的有損債權人利益的行為，才可以提出申請撤銷。「臨界期」一般是指破產程序開始前的　段時間。我國《破產法》第三十二條規定的「臨界期」為人民法院受理破產申請前六個月內。結合本案，工行里安支行於2013年6月8日、2013年6月21日、2013年7月2日、2013年9月21日分別扣劃新亞公司人民幣16,900.48元、1.44美元、57,551.96美元、0.88美元的。2013年11月15日，里安市人民法院裁定受理麥高公司對新亞公司的破產清算申請。由此可見，新亞公司的涉案四筆清償行為均發生於里安市人民法院裁定受理麥高公司對新亞公司的破產清算申請之前六個月內。

　　（三）該清償行為是否使債務人受益

　　清償行為是否使債務人受益是《破產法》第三十二條規定的可撤銷的個別清償行為的例外情形。但這一規定過於籠統、模糊。有觀

點認為「任何清償都會造成破產財產的減少而不會使其增益」[1]。從立法目的來說，我國《破產法》之所以規制偏頗性清償行為可撤銷是因為清償使債務人財產減少，從而損害了全體債權人的共同利益。而作為可撤銷的個別清償行為的例外，「使債務人財產受益」應理解為未使債務人財產價值發生減損。但「受益」文義上的意思意味著「財產增加」，排除了「非受益」的等價行為[2]。即當債務人的清償行為使得債務人的財產獲得明顯增益才能滿足「受益」的要求。實踐操作中，如果債務人在進行轉讓行為的同時獲得了與支出的財產等值或超值的財產利益，則該等價清償行為便應被法律所允許。如果個別清償行為能夠使債務人財產在整體上增加，則各個債權人在破產程序中可以得到更多的清償利益，其實質權益並未受到損害，這種情形下所為的個別清償行為可不予以撤銷。結合本案，新亞公司的涉案四筆清償行為並未使新亞公司財產受益。

因此，工行里安支行劃扣款項的個別清償行為，符合撤銷債務人個別清償行為的法定構成要件。二審和再審法院支持了新亞公司管理人破產撤銷權的訴請。

四、銀行風險啟示

為了防止債務人進入破產程序後，破產管理人對銀行提起破產撤銷權訴訟，導致銀行債權難以順利收回，銀行應提前做好以下工作：

1. 建立嚴格完善的貸款風險控制機制。首先，加強貸前審查。應嚴格評估借款人的經營狀況及還款能力，要求還款能力較弱的借款人提供相應擔保。其次，監測貸中風險。嚴格監管貸款用途是否符合

---

[1]　許德風（2013）：論偏頗清償撤銷的例外。政治與法律，2。

[2]　董璐（2018）：我國《破產法》偏頗性清償制度的疏漏與完善——基於比較分析的視角。河南師範大學學報，3。

約定，及時評估貸款風險並採取提前還貸、追加擔保等相應措施；最後，加強貸後管理。嚴密監測企業運行狀況和資金流向，在企業出現經營嚴重困難、大額多筆資金流向異常等可能損害銀行債權情況時，銀行應及時採取訴訟財產保全措施，避免因其直接扣款等措施違反《破產法》規定而被債務人的破產管理人依法撤銷；

2. 《破產法》第三十二條並未規定撤銷債務人的個別清償行為是否需要考慮債權人的主觀狀態，但是部分法院在判決是否撤銷時，實際加入了對債權人主觀的判斷。因此，在管理人對銀行提起破產撤銷訴訟時，銀行應窮盡所能提出抗辯，可以其對債務人的貸款監控及風險評估等資料為證據，提出銀行並不知曉企業存在破產原因、劃扣企業帳戶款項係合理收回到期債務的善意抗辯。

附：法律文書

里安市新亞汽配有限公司管理人與中國工商銀行股份有限公司里安支行破產糾紛案

浙江省高級人民法院民事判決書（2018）浙民再70號

再審申請人（一審被告、二審被上訴人）：中國工商銀行股份有限公司里安支行。

住所地：里安市玉海街道萬松路74號。

訴訟代表人：鄧逢春，該支行行長。

委託代理人：林羅斌，浙江金道律師事務所律師。

委託代理人：哀韜光，浙江金道律師事務所律師。

被申請人（一審原告、二審上訴人）：里安市新亞汽配有限公司管理人。

訴訟代表人：馮蔣華，係里安市新亞汽配有限公司管理人負責人。

委託訴訟代理人：蔡一帆，浙江玉海律師事務所律師。

再審申請人中國工商銀行股份有限公司里安支行（以下簡稱工行里安支行）為與被申請人里安市新亞汽配有限公司管理人（以下簡稱新亞公司管理人）請求撤銷個別清償行為糾紛一案，不服溫州市中級人民法院（2015）浙溫商終字第1588號民事判決，向本院申請再審。本院依法組成合議庭，於2018年2月7日公開開庭審理了本案。申請再審人工行里安支行的委託訴訟代理人哀韜光，被申請人新亞公司管理人的委託訴訟代理人蔡一帆到庭參加訴訟。本案現已審理終結。

工行里安支行申請再審稱：一、工行里安支行的行為屬於行使法定抵銷權。浙江省高級人民法院（2014）浙商終字第27號民事判決認為，破產案件中，債權人行使抵銷權需要滿足以下實體條件：1.雙方存在互負債權債務關係；2.時間上債權人應當是在破產申請受理前對債務人企業負有債務；3.對特定期限內成立的債務，債權人主觀上須無惡意，即非已知債務人有不能清償到期債務或者破產申請的事實而對債務人負擔債務。就本案而言，實體上：首先，雙方互負債權債務。案涉扣款資金是他人匯給新亞公司的貨款，資金匯入新亞公司帳戶後即產生了工行里安支行與新亞公司的儲蓄存款合同關係，工行里安支行向新亞公司負債，且該債務與新亞公司所承擔的債務都是金錢給付債務，雙方互負債務；其次，雙方互負債務發生在破產受理前。本案破產受理發生於2013年11月15日，四筆扣款的款項分別為57,551.96美元（2013）6月3日匯入、0.88美元及1.44美元為產生的利息、169,00.48元人民幣（5,000元人民幣為原先的存款，剩餘11,900.48元人民幣為2013年5月31日貨款匯入），債權債務關係均成立在此之前；再次，工行里安支行主觀上沒有惡意。新亞公司被扣收的帳戶資金係新亞公司的交易對手匯入的交易款項，工行里安支行對債務人的負擔債務是根據《商業銀行法》規定的被動負債，主觀上沒有惡意，不符合《中華人民共和國企業破產法》（以下簡稱《破產法》）第四十條第（二）項所描述的「惡意負債」。同時，工行里安支行主觀上存在惡意的舉證責任在於主張抵銷無效的一方，在案證據無法證明工行里安支行是在已知新亞公司不能清償到期債務或者破產申請的事實而對債務人故意負擔該筆債務。浙江省高級人民法院（2014）浙商終字第27號民事判決認為，破產案件中，抵銷權行使的程序條件是債權人據以主張抵銷的債權在破產程序中必須依法申報並最終經人民法院確認。就本案而言，

程序上：一是本案中，工行里安支行在債權申報期限內向管理人申報債權，審核確認金額為34,403,690.68元，其金額已將被抵銷款項預計扣減，其真實性、合法性和準確性能得到保障且債權數額遠遠大於抵銷債務金額，若程序存在瑕疵也不構成破產抵銷權行使的實質性障礙；二是法律對破產抵銷權主張的提出時間沒有做出明確規定，故只要工行里安支行在破產案件受理後向管理人提出破產抵銷權主張的，就不影響破產抵銷權的行使。二、二審法院認定本案屬於個別清償亦屬於法律適用錯誤。債權人行使破產抵銷權使其受償，本質上屬於個別清償的行為的特殊形式，因此，對於銀行自行扣款行為性質的考慮，首先應考慮是否符合破產抵銷權的要件。而本案符合破產抵銷權的構成要件，不屬於個別清償。此外，工行里安支行受償行為也符合合同法第九十九條法定抵銷權的規定。新亞公司在工行里安支行開立帳戶中存有資金，產生了工行里安支行與新亞公司的儲蓄存款合同關係，新亞公司享有債權，工行里安支行承擔債務，兩種債權給付種類相同。且2012年12月後，新亞公司向工行里安支行的借款陸續到期，故工行里安支行扣收行為符合上述「債權必須已到清償期」的構成要件。同時工行里安支行行使抵銷權也完全依據《流動資金借款合同》的約定進行操作。三、管理人主張抵銷權無效已過法定時效。最高人民法院《關於適用〈中華人民共和國企業破產法〉若干問題的規定（二）》（以下簡稱《破產法解釋二》）第四十四條規定，管理人撤銷抵銷權的訴訟是在2014年9月16日向法院提起，而法院裁定新亞公司破產的日期為2013年11月15日，已經超過了法律規定的除斥期間，二審法院不應支持。四、二審法院認定《流動資金借款合同》中關於扣收的約定屬於委託代扣條款係適用法律錯誤。委託代扣屬於民法上的委託代理關係，而委託代理係受託人在委託人授權範圍內與協力廠商進行的，確立委託人和第三人之間的法律關係的法律行為。而《流動資金借款合同》中對於扣收的約定賦予了工行里安支行扣收的權利，該權利不是新亞公司所授予。係工行里安支行與新亞公司對於合同法第九十九條法定抵銷權的再次確認，並對行使抵銷權的方式進行約定。

再審請求：1.依法撤銷溫州市中級人民法院（2015）浙溫商終字第1588號民事判決；2.依法維持里安市人民法院（2014）溫瑞商初字第3579號民事判決；3.訴訟費用由被申請人承擔。

被申請人新亞公司管理人在再審庭審中辯稱：首先新亞公司在工行里安支行扣款，當時已具備相應的破產原因。根據最高人民法院關於企業破產法若干問題的規定：一、第一條債務人不能清償到期債務，有下列情形之一的，即認為具有破產原因，首先是分別為資產不足以清償到期債務或者是明顯缺乏清償能力。里安市人民法院受理新亞公司破產清算一案的裁定書以及原一、二審法院查明認定的事實，也就是工行里安支行在2012年12月份的到期貸款新亞公司已不能清償，以及破產申請人浙江麥高鞋業有限公司（以下簡稱麥高公司）承擔保證責任而代償的150萬元，新亞公司也無法清償，這足以說明新亞公司在扣款當時已具備破產原因。二、本次再審過程中，新亞公司管理人進一步提供了兩份證據。一份證據是資產負債表節選在審計報告，第二份證據是里安市人民法院關於無爭議債權的一個裁定書。其中資產負債表中所有權者權益顯示，截至2014年2月28日為負的3,000餘萬元，同時無爭議債權的認定經管理人審查後，金額高達2億多，以上兩份資料的出具時間，距離工行里安支行扣款的時間僅為6至8個月。新亞公司無法在以上短時間內付大規模負債，側面也體現了工行里安支行在扣款時新亞公司應是具備一個資不抵債、破產的原因。三、關於申請人工行里安支行所主張的一個扣款行為，屬於個別清償而並非其所主張的抵銷之事實。具體理由如下：第一款項的來源，再審申請人也在其申請理由裡面註明了相應的款項，除了兩部分，一個是0.88美元、1.44美元是利息之外，其餘均是貨款也就是新亞公司應收貨款的客戶。根據新亞公司的指示匯入開立在工行里安支行處的一個銀行帳戶，用於清償其2012年12月份到期的該筆貸款。四、工行里安支行扣款的相應依據是雙方所簽訂的一個資金合同。約定是如借款人未按合同約定償還本合同項下到期債務的貸款人，有權從借款人開立在貸款人或中國工商銀行其他分支機構所有本外幣帳戶中扣收相應款項用於清償的約定，所以涉案款項的扣收是基於該合同條款，也就是原二審法院認定的一個委託代扣的合同條款，而並非工行里安支行所主張的雙方達成抵銷的協定。同時還需要說明一點，工行里安支行扣除上述款項，其認為是一個抵銷的合意，但未根據合同法的相關規定，通知債務人新亞公司。工行里安支行所主張的上述款項，同新亞公司和工行里安支行間形成儲蓄合同關係是錯誤的說法。首先。新亞公司在2012年12月份就已到期債務不能清償的情況，在未約定將上述款

項作為一個儲蓄合同關係，也就是存款進行處置的話，明顯是不利於其清償一個到期債務和一個利息收益，這是極其不平衡。新亞公司將上述款項要求客戶匯入開立在工行的還款帳戶上，就是用於清償到期債務的，不可能是說為了獲得低回報的利息收益要求形成儲蓄合同關係，這也是不現實的。同時工行里安支行在明知新亞公司存在大量到期債務不能清償的情況下，自認為將其扣收之後，事後再進行主張抵銷行為，也是側面說明了他惡意抵銷的事實。最後，關於工行里安支行所主張的破產抵銷權，更是沒有相應的法律依據。因本案中雙方不存在一個互負債務的關係，有的也僅是新亞公司對工行里安支行負有到期債務不能清償，而涉案款項是用於清償到期債務的，也並未形成儲蓄合同關係。所以說從抵銷的角度來講，抵銷的前置條件不存在。退一步來講，即使最終再審法院認定上述涉案金額有工行里安支行與新亞公司形成儲蓄合同關係，工行里安支行要求適用破產抵銷權沒有相應法律依據。工行里安支行在之前扣收的時候，並未就其主張抵銷履行通知義務，債務人所以基於原合同約定，也就是委託代扣的法律關係，扣收了之後，因為新亞公司進入破產清算，導致工行里安支行用另一個法律關係向管理人進行主張。管理人有理由相信就是工行里安支行對於涉案款項成立的債務是存在惡意的。關於再審申請人提到的就是管理人審查認定的債權金額問題。因管理人根據流程只是針對債權人申報的金額在計算方式和法律的依據上，是否有出入進行調整，不可能超出其申報的金額進行審查，也是一個事後發現的過程。而涉案的金額在申請人工行里安支行向管理人申報之前，已經予以扣除之後，管理人方對剩餘的金額進行認定。且管理人提交里安法院的一個無爭議債權金額裡並不包括涉案的金額，該扣劃金額是管理人在事後才發現，故提起訴訟進行追回。

　　2014年9月18日，新亞公司管理人向一審法院里安市人民法院起訴稱，新亞公司於1994年9月22日成立，註冊資本1,028萬元，公司登記在冊股東余安勝、陳月平。2013年4月11日，麥高公司以新亞公司不能清償到期債務，且明顯缺乏清償債務能力為由，向里安市人民法院申請對新亞公司進行破產清算。2013年11月15日，里安市人民法院裁定受理新亞公司破產清算一案，並於2013年12月11日指定浙江玉海律師事務所為新亞公司管理人。2014年7月28日，里安市人民法院認為新亞公司已不能清償到期債務且資產

不足以清償全部債務，裁定宣告新亞公司破產。新亞公司管理人在清查過程中，發現新亞公司在法院受理破產申請之前六個月內即於2013年6月8日、2013年6月21日、2013年7月2日、2013年9月21日分別清償工行里安支行人民幣16,900.48元、1.44美元、57,551.96美元、0.88美元，以上合計人民幣372,430.5元（美元按當日匯率折算）。新亞公司管理人認為，新亞公司的清償行為違反了《破產法》第三十二條「人民法院受理破產申請前六個月內，債務人有本法第二條第一款規定的情形，仍對個別債權人進行清償的，管理人有權請求人民法院予以撤銷」之規定，且該清償行為不會使債務人財產受益，損害了新亞公司其他債權人的共同利益，應予以撤銷。新亞公司管理人為履行管理人職責，訴請判決：一、撤銷新亞公司於2013年6月8日、2013年6月21日、2013年7月2日、2013年9月21日分別清償工行里安支行人民幣16,900.48元、1.44美元、57,551.96美元、0.88美元的個別清償行為；二、工行里安支行立即返還新亞公司上述款項合計人民幣372,430.5元；三、本案訴訟費用由工行里安支行負擔。

工行里安支行一審第一次庭審期間辯稱：一、本案不適用《破產法》第三十二條之規定，個別清償行為是債務人主動發起的，涉案清償並非新亞公司主動發起，而是工行里安支行作為債權人依據合同約定對新亞公司帳戶上的存款予以扣劃。二、工行里安支行有權行使抵銷權。在借款合同法律關係中，工行里安支行是新亞公司的債權人，但因新亞公司在工行里安支行處存款而發生的儲蓄合同的法律關係中，工行里安支行是新亞公司的債務人，工行里安支行有權主張抵銷。新亞公司被法院裁定受理破產申請後，工行里安支行向新亞公司管理人申報債權時已向其提出抵銷主張，即是將訴爭四筆扣款在借款本金中予以抵扣，新亞公司管理人在審核工行里安支行的債權時也同意該抵銷行為並確認了抵銷之後的債權數額。新亞公司管理人在新亞公司第一次債權人會議時已確認工行里安支行扣款抵銷的有效性。若新亞公司管理人有異議，應在此後三個月內提起訴訟，現已逾期。綜上，工行里安支行扣劃新亞公司存款以清償債務的行為，不屬於可撤銷的行為，而是工行里安支行行使抵銷權的行為，故新亞公司管理人的訴請缺乏事實與法律依據。

新亞公司管理人針對工行里安支行在一審第一次庭審期間的答辯意見，補充陳述稱：一、《破產法》第三十二條之規定並未明確債務人的清償行為

必須是主動的才可以撤銷，應理解為只要發生了該條文所規定的清償行為，管理人均有權提出撤銷。涉案四筆款項中只有1.44美元、0.88美元是工行里安支行主動扣劃，另外兩筆款項無法體現。二、若工行里安支行要行使抵銷權，按照《破產法》第四十條的規定，工行里安支行應以書面形式向新亞公司管理人申請抵銷，而工行里安支行除了在申報債權時稱已還部分款項以外，並沒有向新亞公司管理人提出，故工行里安支行的行為不適用《破產法》第四十條的規定和《破產法解釋二》第四十二條之規定。

新亞公司管理人在一審第一次庭審結束後，以本案因工行里安支行提出破產抵銷權的主張導致本案的法律關係發生變化為由，變更第一項訴訟請求為：確認工行里安支行於2013年6月8日、2013年6月21日、2013年7月2日、2013年9月21日分別扣劃新亞公司人民幣16,900.48元、1.44美元、57,551.96美元、0.88美元的抵銷行為無效。

針對新亞公司管理人的補充陳述，工行里安支行補充辯稱：新亞公司管理人的訴訟請求於法無據，理由如下：一、工行里安支行的行為不符合《破產法》第四十條的情形。首先，工行里安支行對新亞公司的債權在該公司被裁定受理破產清算申請之前已到期。其次，新亞公司管理人未能提供證據證明工行里安支行已經明知新亞公司具有不能清償到期債務或者破產申請的事實；工行里安支行對新亞公司的負債是被動的，一旦新亞公司將款項匯入銀行帳戶，並與工行里安支行建立儲蓄合同關係，即形成債權債務關係。最後，新亞公司被扣劃的款項是陸續進來的，工行里安支行的扣劃行為不存在惡意。二、工行里安支行根據《中華人民共和國商業銀行法》的規定不可能拒絕新亞公司把款項存到其在工行里安支行處開設的帳戶上，故工行里安支行具有行使抵銷權的條件。三、工行里安支行主張抵銷權發生在2012年6月13日，該貸款由新亞公司提供抵押擔保。根據《破產法解釋二》的規定，新亞公司可以就自有財產設定抵押物權的債權進行個別清償，工行里安支行對享有優先權的債權行使抵銷權是合法有效的。

針對工行里安支行的補充答辯意見，新亞公司管理人再述稱：一、工行里安支行劃扣的款項多數來源於客戶匯款，當時新亞公司讓客戶匯入帳戶時應明知會被扣劃的；二、新亞公司於2012年11月份時已逾期償還工行里安支行借款，該事實工行里安支行是明知的。綜上，工行里安支行提出的抵銷權

是不符合《破產法》的相關規定。

里安市人民法院一審認為，根據各方當事人的訴辯意見，本案的爭議焦點在於：一是涉案清償行為是否構成民法上的抵銷；二是抵銷行為是否有效。關於爭議焦點一，《中華人民共和國合同法》第九十九條第一款規定，當事人互負到期債務，該債務的標的物種類、品質相同的，任何一方可以將自己的債務與對方的債務抵銷，但依照法律規定或者依照合同性質不得抵銷的除外。本案中，新亞公司向工行里安支行借款，雙方形成借貸合同關係，工行里安支行向新亞公司發放貸款之時取得新亞公司的債權；新亞公司在工行里安支行處開設銀行帳戶，雙方形成儲蓄合同關係，新亞公司在款項存入帳戶之時取得工行里安支行的債權。工行里安支行扣劃新亞公司帳戶時新亞公司尚未被裁定受理破產，但雙方互負的債務均已到期，債務的標的物種類、品質相同，且不存在依照法律規定或者依照合同性質不得抵銷的情形，故工行里安支行可以依法將自己的債務與新亞公司的債務抵銷。同時，雙方在《流動資金借款合同》中關於「借款人未按照約定償還本合同項下到期債務的，貸款人有權從借款人開立在貸款人或中國工商銀行其他分支機構的所有本外幣帳戶中扣收相應款項用以清償」的約定，應視為雙方對如何行使抵銷權達成一致意見。故工行里安支行扣劃新亞公司帳戶的行為應認定為民法上的抵銷行為。關於爭議焦點二，根據《破產法解釋二》第四十四條之規定，破產申請受理前六個月內，債務人有《破產法》第二條第一款規定的情形，債務人與個別債權人以抵銷方式對個別債權人清償，其抵銷的債權債務屬於《破產法》第四十條第（二）項、第（三）項規定的情形之一，管理人在破產申請受理之日起三個月內向人民法院提起訴訟，主張該抵銷無效的，人民法院應予支持。本案中，新亞公司於2012年12月份已不能清償欠工行里安支行的到期借款，故應推定為工行里安支行在新亞公司被裁定受理破產清算前已知新亞公司有不能清償到期債務的事實，但工行里安支行對新亞公司負擔債務是因案外第三人的匯款而產生，其負擔債務是被動的，並非主觀惡意，不符合《破產法》第四十條第（二）項規定的「債權人已知債務人有不能清償到期債務，對債務人負擔債務」即債權人惡意對債務人負擔債務的情形。且新亞公司管理人也未能舉證證明新亞公司在破產申請受理前六個月內已具有《破產法》第二條第一款規定的「資產不足以清償全部債務或者明顯

缺乏清償能力」的情形。故新亞公司管理人訴請要求確認新亞公司破產申請
受理前與工行里安支行以抵銷方式進行個別清償行為無效，於法無據，不予
支持。該院依照《中華人民共和國合同法》第九十九條第一款、《中華人民
共和國企業破產法》第二條第一款、第四十條第（二）項，《最高人民法院
關於適用〈中華人民共和國企業破產法〉若干問題的規定（二）》第四十四
條的規定，於2015年6月3日做出（2014）溫瑞商初字第3579號民事判決：駁
回新亞公司管理人的訴訟請求。

　　新亞公司管理人不服一審法院上述民事判決，向溫州市中級人民法院
提起上訴稱：一、原審法院將工行里安支行扣劃的涉案四筆款項認定為抵銷
行為有誤。1.工行里安支行扣劃的四筆款項應依法是新亞公司的主動清償行
為，不應認定為抵銷行為。工行里安支行扣劃涉案四筆款項的帳戶都是工行
里安支行與新亞公司在《流動資金借款合同》中特別約定的還貸帳戶，新亞
公司指令客戶將帳款匯入該些帳戶，實際上是新亞公司償還其對於工行里安
支行的債務的一種方式。2.一審法院將存款關係認定為普通的債權債務關係
是錯誤的。存款關係是一種綜合的法律關係，存款人將款項存入銀行後，所
取得的是一種證券化的獨立權利形式，存款人對該標的物享有絕對流通支配
權，而不是純粹的債權。3.一審法院認定工行里安支行有權將存款與貸款相
抵銷，並不存在惡意負擔債務的情況，但新亞公司管理人認為，工行里安支
行在負擔債務之後的劃扣行為明顯存在惡意。二、一審法院適用《破產法》
第四十條、《破產法解釋二》第四十四條錯誤。新亞公司管理人認為本案應
適用《破產法》第三十二條之規定，且新亞公司在法院受理破產申請前六個
月內，已具備破產原因。綜上，新亞公司管理人請求二審法院撤銷一審判決
並依法改判支持新亞公司管理人的訴訟請求。

　　工行里安支行二審辯稱：一、一審法院認定事實正確。1.工行里安支行
扣劃涉案四筆款項的兩個帳戶是一般結算帳戶，並非特定帳戶。雖然工行里
安支行與新亞公司在《流動資金借款合同》約定其為還貸帳戶，但上述兩帳
戶並非只有還貸功能，也可以用於支付工資、稅款等。2.案外人將涉案四筆
款項匯入新亞公司在工行里安支行處開設的涉案兩個帳戶後，形成的是儲蓄
合同關係，工行里安支行即是儲蓄合同的債務人。3.無證據證明案外人將涉
案四筆款項匯入涉案兩個帳戶中是接受了新亞公司的指令，且工行里安支行

是根據《流動資金借款合同》的約定扣劃涉案四筆款項，而非新亞公司主動清償了涉案四筆款項。二、一審法院適用法律正確。1.在本案中，工行里安支行與新亞公司同時存在借款合同關係與儲蓄合同關係，兩者債務的標的物種類、品質相同，根據《中華人民共和國合同法》第九十九條第一款之規定，可以相互抵銷。2.新亞公司管理人在2014年3月6日召開債權人會議時，已確認工行里安支行抵銷行為的有效性，但在2014年9月16日又向法院訴請撤銷個別清償行為，根據《破產法解釋二》第四十二條之規定，新亞公司管理人的起訴已經超過了法定的期間。3.《破產法》第三十二條規定僅約束債務人有選擇性的主動清償行為，但不限制債權人對債務人行使相關權利。綜上，工行里安支行請求二審法院駁回上訴，維持原判。

溫州市中級人民法院二審經審理，對一審法院認定的事實予以確認。另查明：涉案編號為2012年里安字第0659號的《流動資金借款合同》項下僅有保證擔保，涉案編號為2012里安字第1348號的《流動資金借款合同》項下僅有針對案外人余安勝、陳月平名下資產設定的抵押擔保。工行里安支行根據上述兩份《流動資金借款合同》中關於「借款人未按照約定償還本合同項下到期債務的，貸款人有權從借款人開立在貸款人或中國工商銀行其他分支機構的所有本外幣帳戶中扣收相應款項用以清償」的約定直接扣劃了新亞公司帳戶上涉案四筆款項，並未通知新亞公司主張抵銷。

新亞公司於2012年12月份已不能清償欠工行里安支行的到期借款，2012年12月25日至2013年1月22日期間，破產清算申請人麥高公司代新亞公司清償工行里安支行到期貸款共計150萬，且直至破產案件受理前六個月內，新亞公司仍無法清償債務。

溫州市中級人民法院二審認為，本案的爭議焦點為工行里安支行於2013年6月8日、2013年6月21日、2013年7月2日、2013年9月21日分別扣劃新亞公司人民幣16,900.48元、1.44美元、57,551.96美元、0.88美元的行為是否應予撤銷。首先，涉案兩份《流動資金借款合同》中關於「新亞公司未按照約定償還本合同項下到期債務的，工行里安支行有權從借款人開立在貸款人或中國工商銀行其他分支機構的所有本外幣帳戶中扣收相應款項用以清償，直至借款人在本合同項下的所有債務全部清償完畢為止」之約定應屬委託代扣條款，而工行里安支行的上述扣劃款項的行為本質上即是新亞公司清償其所

負工行里安支行債務的行為，工行里安支行關於其涉案四筆扣款行為屬行使抵銷權的主張，沒有事實與法律依據，不予支持。其次，新亞公司的涉案四筆清償行為均發生於里安市人民法院裁定受理麥高公司對新亞公司的破產清算申請之前六個月內，且該些清償行為並未使新亞公司財產受益，而新亞公司於2012年12月份已不能清償欠工行里安支行的到期借款，直至里安市人民法院於2013年11月15日受理申請人麥高公司對新亞公司的破產清算申請之時，新亞公司仍不能償還，足以認定新亞公司於2012年12月份即已具備破產原因。同時，新亞公司並未對上述清償行為所涉債務以自有財產設定擔保物權。根據《破產法》第三十二條「人民法院受理破產申請前六個月內，債務人有本法第二條第一款規定的情形，仍對個別債權人進行清償的，管理人有權請求人民法院予以撤銷。但是，個別清償使債務人財產受益的除外」及《破產法解釋二》第十四條第一款「債務人對以自有財產設定擔保物權的債權進行的個別清償，管理人依據《企業破產法》第三十二條的規定請求撤銷的，人民法院不予支持」之規定，一審法院認定工行里安支行的上述四筆扣劃款項的行為不應予以撤銷有誤，依法予以糾正。新亞公司管理人關於涉案工行里安支行的涉案四筆扣劃款項的行為應予撤銷的主張，有事實與法律依據，依法予以支持。綜上，一審法院事實認定基本清楚，但適用法律錯誤。依據《中華人民共和國民事訴訟法》第一百七十條第一款第（二）項之規定，於2015年8月28日做出（2015）浙溫商終字第1588號民事判決：一、撤銷里安市人民法院（2014）溫瑞商初字第3579號民事判決；二、撤銷新亞公司於2013年6月8日、2013年6月21日、2013年7月2日、2013年9月21日分別清償工行里安支行16,900.48元人民幣、1.44美元、57,551.96美元、0.88美元的行為。三、工行里安支行於判決生效之日起十日內一次性支付新亞公司16,900.48元人民幣及57,554.28美元。本案一、二審案件受理費各6,886元，均由工行里安支行負擔。

　　再審期間雙方當事人均沒有新證據提供。

　　再審認定的事實與原判認定的一致。

　　根據工行里安支行的再審理由和新亞公司管理人的答辯，本案爭議的焦點是：一、工行里安支行扣劃新亞公司的四筆款項是否構成破產抵銷權；二、被申請人主張抵銷無效有無超過法定時效。現具體意見分析如下：

一、關於工行里安支行扣劃新亞公司的四筆款項是否構成破產抵銷權。

本案一審係新亞公司管理人提起的破產撤銷權訴訟。縱觀工行里安支行的再審理由，主要是從其劃收（扣款）行為「不屬於新亞公司的個別清償行為」、「符合法定抵銷和約定抵銷的特徵」、「行為發生時新亞公司還不具備破產原因」和「對《破產法》第三十二條規定的個別清償行為是否撤銷應考慮到行為人的主觀惡意」等方面，論證新亞公司管理人的訴訟請求，不符合《破產法》第三十二條有關撤銷權的構成要件。經審理，工行里安支行的相關再審理由不能成立：（一）破產撤銷權制度設立的目的，在於維護債權人的整體利益，實現公平清償的價值。通過對債務人相關行為的撤銷，以保全債務人的責任財產，維護債權人之間的實質平等，實現破產財產在全體債權人之間的公平分配。《破產法》第三十二條規定：「人民法院受理破產申請前六個月內，債務人有本法第二條第一款規定的情形，仍對個別債權人進行清償的，管理人有權請求人民法院予以撤銷。但是，個別清償使債務人財產受益的除外。」該條規定，表明了對債務人特定情況下的個別清償行為（即偏頗性清償行為）應予以依法撤銷的立法意旨。《破產法解釋二》第十二條、第十四條、第十五條、第十六條對《破產法》第三十二條作了總體屬於限縮例外情形傾向的解釋，該司法解釋還強化了管理人怠於行使破產撤銷權主張的民事責任；債務人瀕臨破產狀態下的債務抵銷行為，有可能損害債權人整體的公平清償利益，實質是一種偏頗性清償行為。為此，《破產法》第四十條對債務人瀕臨破產時抵銷權的行使作了有別於一般民法上的抵銷權的規定，旨在落實《破產法》對偏頗性清償的規制。《破產法解釋二》第四十四條規定：「破產申請受理前六個月內，債務人有企業破產法第二條第一款規定的情形，債務人與個別債權人以抵銷方式對個別債權人清償，其抵銷的債權債務屬於企業破產法第四十條第（二）、（三）項規定的情形之一，管理人在破產申請受理之日起三個月內向人民法院提起訴訟，主張該抵銷無效的，人民法院應予支持。」該規定通過對《破產法》第四十條的嚴格解釋，排除了在破產申請受理前六個月內行為人行使民法上抵銷權的法律效力。審判實踐中，應準確把握破產撤銷權制度的價值導向和立法、司法解釋的意旨，嚴格適用。商業銀行在依法維護金融債權過程中，應制定合理合規的風險控制和資產保全措施，充分評估《破產法》有關破產撤銷權、抵銷權

規定對其相關風險控制和資產保全措施的影響，避免相關措施因違反《破產法》的規定而在債務人進入破產程序後被人民法院依法撤銷情形的發生。（二）《破產法》和《破產法解釋二》的相關規定，對於偏頗性清償行為的規制，都是以債的合法存在為前提，而對於行為人的主觀狀態（惡意或善意），則無特別的要求。工行里安支行以其和新亞公司在行為時不存在主觀惡意作為再審理由，沒有法律、司法解釋的依據。（三）《中華人民共和國商業銀行法》保護存款安全的規定、本案《流動資金借款合同》對於扣款還貸的約定內容以及抵銷屬於觀念交付而不是現實交付等規則和法理層面，二審法院闡明了工行里安支行扣款行為不屬於可以對抗破產撤銷權主張的法定或約定抵銷行為的理由，有相應的依據。結合《破產法解釋二》第四十四條對《破產法》第四十條有關抵銷權行使的限縮解釋的意旨，工行里安支行在本案中的扣收款項行為不產生對抗新亞公司管理人破產撤銷權主張的效力。（四）工行里安支行在本案中的扣收款項行為在本案《流動資金借款合同》中有相應的約定，新亞公司對工行里安支行扣收款項行為亦有相應的預期，與新亞公司主動實施的個別清償行為對債權人整體的公平清償利益的損害有相同的效果，應認為符合《破產法》第三十二條規定的偏頗性清償行為的構成要件。因此，若本案對該筆劃收款項行為的撤銷並非否定工行里安支行所享有債權的真實性。

　　二、被申請人主張抵銷無效有無超過法定期限。

　　工行里安支行再審認為，被申請人撤銷抵銷權的訴訟是在2014年9月16日向法院提起，而法院裁定受理新亞公司破產是2013年11月15日，已超過法律規定的除斥期間，法院不應支持。被申請人新亞公司管理人則認為，管理人是在行使管理人職責過程中針對債權人申報的金額在計算方式和法律依據是否有出入進行調整，不可能超過其申報的金額進行審查。工行里安支行申報的債權是已扣除四筆扣劃款項後的金額，管理人在事後才發現扣劃的事實並提起訴訟，未超過法定期限。經查，被申請人管理人一審起訴主張撤銷新亞公司向工行里安支行合計372,430.5元的個別清償行為及工行里安支行立即返還新亞公司合計372,430.5元等訴請。工行里安支行一審中則抗辯，其扣劃四筆款項屬於行使抵銷權。被申請人管理人據此變更訴請為：確認工行里安支行的抵銷行為無效。首先，最高人民法院《破產法解釋二》第四十四

條規定,破產申請受理前六個月內,債務人有企業破產法第二條第一款規定的情形,債務人與個別債權人以抵銷方式對個別債權人清償,其抵銷的債權債務屬於企業破產法第四十條第(二)、(三)項規定的情形之一,管理人在破產申請受理之日起三個月內向人民法院提起訴訟,主張該抵銷無效的,人民法院應予支持。該三個月屬於除斥期間,不發生中止、中斷和延長。但該條款適用的前提須是債務人與債權人以抵銷方式對個別債權人的清償。結合本案,在新亞公司管理人起訴前,新亞公司並未與債權人工行里安支行以抵銷方式對案涉款項進行清償,且工行里安支行的扣劃行為亦不構成法定的抵銷,因此本案不適用最高人民法院《關於適用〈中華人民共和國企業破產法〉若干問題的規定(二)》第四十四條規定的法定期限。其次,工行里安支行係在一審訴訟中才提出抵銷的抗辯,被申請人管理人據此提出抵銷無效的訴請。因此,根據最高人民法院《關於適用〈中華人民共和國企業破產法〉若干問題的規定(二)》第四十二條的規定,被申請人新亞公司管理人提起本案的訴訟未超過三個月的除斥期間。工行里安支行提出的該再審理由不能成立。

綜上,工行里安支行提出的再審請求,無事實和法律依據,不能成立。原判認定事實清楚,實體處理得當。依照《中華人民共和國民事訴訟法》第一百七十條第一款第(一)項、第二百零七條第一款之規定,判決如下:

維持溫州市中級人民法院(2015)浙溫商終字第1588號民事判決。

本判決為終審判決。

審判長　湯玲麗

審判員　樊清正

審判員　樓　穎

二〇一八年三月八日

書記員　陳小青

第十篇

債權轉讓糾紛

【案例131】信託受益權回購屬債權轉讓行為

九江銀行股份有限公司與海南華信國際控股有限公司
金融借款合同糾紛案評析

案號：江西省高級人民法院（2018）贛民初64號

【摘要】

信託委託人（即受益人）是信託委託貸款的實際債權人，依法享有信託計畫受益權；信託計畫受益權在性質上屬於債權，其回購協議本質上為附生效條件的債權轉讓合同，信託受益人在約定條件成就時，有權要求回購人依約支付回購款項。

【基本案情】

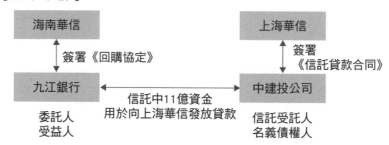

2017年12月21日，九江銀行股份有限公司（以下簡稱「九江銀行」）作為委託人與受益人中建投信託有限責任公司（以下簡稱「中建投公司」、受託人）簽署《中建投信託‧上海華信信託貸款單一資金信託合同》（以下簡稱「《中建投信託合同》」），約定以信託資金設定單一資金信託，由中建投公司以自己的名義，根據九江銀行指令的具體用途對信託財產進行管理、運用、處分，資金總額為11億，九江銀行應在信託合同簽署之日起十日內將信託資金付至信託財產專

戶。九江銀行作為受益人，自本信託成立日起根據合同享有信託受益權，九江銀行的信託受益權可以根據合同的規定依法轉讓和依法繼承。九江銀行可以向協力廠商轉讓受益權，但不得拆分轉讓。

同日，中建投公司即按照原告指令與上海華信國際集團有限公司（以下簡稱「上海華信」）簽署《中建投信託・上海華信信託貸款單一資金信託信託貸款合同》（以下簡稱「《信託貸款合同》」），將《中建投信託合同》中的信託資金用於向上海華信發放貸款，貸款期限24個月，貸款年利率為8%。上海華信應按照《信託貸款合同》約定將貸款本金、利息、違約金及其他費用等支付至中建投公司指定的帳戶。此後，九江銀行作為《中建投信託合同》的受益權人與海南華信國際控股有限公司（以下簡稱「海南華信」）簽署《信託計畫受益權回購協定》（以下簡稱「《回購協議》」）。《回購協議》約定：九江銀行依據《中建投信託合同》享有「中建投信託・上海華信信託貸款單一資金信託」（以下簡稱「標的信託」）項下委託資金對應的信託計畫受益權（以下簡稱「標的信託計畫受益權」）。海南華信不可撤銷無條件同意：若上海華信在標的信託存續期間不能按期足額償還信託貸款利息或到期無法足額償還信託貸款本息，九江銀行有權將其持有的標的信託計畫受益權轉讓給海南華信，海南華信不可撤銷地無條件履行標的信託計畫受益權回購義務，並自接到轉讓通知後五個工作日內辦理完畢信託受益權受讓手續。

2017年12月22日，九江銀行向中建投公司指定帳戶交付信託資金11億人民幣；同日中建投公司向上海華信提供信託資金貸款11億元。2018年3月15日，上海華信未按照《信託貸款合同》的約定在結息日前向信託財產專戶支付當期利息，導致在2018年3月20日標的信託利益核算日時，信託財產專戶內現金形式的信託財產不足支付信託費用及當期應分配受益人的信託利益。根據《回購協定》第一條三款約定，本案標的信託計畫受益權的轉讓條件成立。九江銀行在2018

年6月以書面通知海南華信在2018年6月20日前將標的信託計畫受益權的轉讓價款一次性劃入《回購協議》指定帳戶。海南華信收到九江銀行通知後，並未按照《回購協議》約定履行回購義務。九江銀行遂訴至法院，請求判令海南華信向其支付標的信託計畫受益權的轉讓價款11億元及相應利息、違約金、律師費。

【法院判決】

江西省高級人民法院經審理認為： 1.九江銀行（委託人及受益人）與中建投公司（受託人）簽訂《中建投信託合同》，按照九江銀行指令，中建投公司（甲方、債權人）與上海華信（乙方、借款人）簽訂《信託貸款合同》。九江銀行於2017年12月22日向中建投公司指定帳戶交付信託資金11億元人民幣，中建投公司也於同日向上海華信支付信託貸款11億元。從三者關係看，中建投公司受九江銀行委託和指令，貸款11億元給上海華信，三者之間實際成立信託貸款關係，九江銀行實際是11億元貸款的實際出借人和債權人，案涉標的信託計畫受益權性質上屬於債權。《回購協議》約定在符合一定條件時九江銀行有權將其持有的標的信託計畫受益權轉讓給海南華信，海南華信不可撤銷地無條件履行標的信託計畫受益權回購義務，這實際上是一份債權轉讓協議。本案中，九江銀行訴請海南華信支付標的信託計畫受益權的轉讓價款及違約金，故本案應定性為債權轉讓合同糾紛。

《回購協議》係雙方當事人真實意思表示，內容未違反法律、行政法規的效力性強制性規定，應認定有效。上海華信未按照《信託貸款合同》的約定在結息日前向信託財產專戶支付當期利息，導致在2018年3月20日標的信託利益核算日時，信託財產專戶內現金形式的信託財產不足支付信託費用及當期應分配受益人的信託利益。該情形符合《回購協議》約定的案涉標的信託計畫受益權轉讓的成立條件。為此，九江銀行於2018年6月7日致函海南華信要求海南華信在2018

年6月20日前支付信託計畫受益權轉讓價款。海南華信未支付，該行
為已違反了《回購協議》的約定，應承擔違約責任。九江銀行訴請海
南華信支付案涉標的信託計畫受益權的轉讓價款、違約金及律師代理
費，有事實和法律依據，應予以支持。按《回購協議》的約定，海南
華信應支付的轉讓價款為本金11億元及信託貸款利息。鑒於11億元已
按8.28%／年的標準計算利息，如再按每日萬分之五計付違約金，該
標準明顯過高，應調整為按年利率15.72%計算。鑒於九江銀行為本
案訴訟實際支付了律師代理費60萬元，該60萬元海南華信應支付給
九江銀行，對於九江銀行訴請的另60萬元律師代理費，因未實際發
生，不予支持。現一審判決已生效。

【法律評析】

　　本案的爭議焦點為：案涉《信託貸款合同》項下的債權人是九
江銀行，還是中建投公司；《回購協議》的性質；海南華信是否應當
向九江銀行支付案涉標的款及違約金、律師代理費。

一、信託委託貸款合同的債權人

　　信託委託貸款，是指信託受託人完全根據信託委託人就委託貸
款具體事宜做出的指令，向借款人發放的貸款。具體操作為：在委託
人的指示下，受託人以自己的名義直接與借款人簽訂信託委託合同，
並運用委託人提供的信託資金依約向借款人提供貸款；委託人享有貸
款收益，並承擔虧損風險；受託人有權收取一定的手續費，並負責辦
理貸款的審查發放、監督使用、到期收回和計收利息等事項，但不負
虧損等風險責任。綜上所述，根據委託人指示向借款人提供貸款的信
託受託人，是信託委託貸款合同的名義債權人，信託委託人為合同的
實際債權人，並依法享有貸款利息的信託計畫受益權。

　　結合本案，根據信託委託人九江銀行的指令，受託人中建投公

司與借款人上海華信簽訂《信託貸款合同》，並運用九江銀行提供的信託資金，向上海華信支付了信託委託貸款11億元。中建投公司、九江銀行和上海華信之間成立信託貸款關係，中建投公司是貸款的名義債權人，九江銀行是實際債權人並享有貸款利息收益，上海華信是借款人。

二、《回購協議》性質的確定及本案的定性問題

債權轉讓，是指債權人將其債權全部或者部分轉讓給第三人的行為。債權轉讓必須具備以下條件才能有效：（一）必須有有效存在的債權；（二）債權的轉讓人與受讓人必須就債權讓與達成合意；（三）轉讓的債權必須具有可讓與性；（四）必須有轉讓通知。《中華人民共和國合同法》第七十九條第一款規定：「債權人可以將合同的權利全部或者部分轉讓給第三人，但有下列情形之一的除外：（一）根據合同性質不得轉讓；（二）按照當事人約定不得轉讓；（三）依照法律規定不得轉讓。」分析法條可知，債權在一定條件下是可以進行轉讓的，但除了一些特殊情況除外，比如債權具有人身關係（基於特定的身分關係才可以建立的債權關係，如家庭成員間扶養費、撫養費、贍養費）、當事人事先約定了不能轉讓的情況（但應當在債權轉讓之前進行約定，否則該約定無效，如果債權人違反雙方禁止轉讓的約定，將債權轉讓給不知情的第三人，不知情的第三人可善意取得，即擁有這項債權。）

在本案中，九江銀行（委託人及受益人）與中建投公司（受託人）簽訂《中建投信託合同》，建立一個11億元的信託專案，並成功支付該筆信託款項。九江銀行又指令中建投公司（甲方、債權人）與上海華信（乙方、借款人）簽訂《信託貸款合同》，中建投公司也成功向上海華信支付信託貸款11億元，九江銀行據此取得了案涉標的信託計畫受益權，因此符合第一個條件，存在有效的債權；其次，九

江銀行與海南華信就《回購協定》已達成債權轉讓的合意，符合第二個條件；第三，債權的可讓與性會在下一段詳細贅述，本案中的債權具有可讓與性；最後，當事人幾方對於轉讓的事項也均是明知的。綜上，九江銀行在《中建投信託合同》中的債權是可以轉讓的，即信託計畫受益權可以依法進行轉讓。

　　結合本案，除中建投公司所搭建的信託平台，針對這筆11億元的貸款款項而言，建立信託項目以及貸款是九江銀行作為債權人與上海華信作為債務人的一個借款行為，九江銀行是這筆貸款的實際出借人及債權人，所以基於《中建投信託合同》，九江銀行所取得的案涉標的信託計畫受益權性質上實際上屬於債權。而依據九江銀行與海南華信簽訂的《回購協定》，約定在符合一定條件時九江銀行有權將其持有的標的信託計畫受益權轉讓給海南華信，海南華信具有不可撤銷地無條件履行標的信託計畫受益權回購義務，轉讓信託計畫受益權的行為實際上是一個債權轉讓行為，《回購協議》實際上是一份債權轉讓協議。

　　綜上，信託計畫受益權可以依法進行轉讓的，《回購協議》實質上是一份債權轉讓協議，本案應定性為債權轉讓合同糾紛。

三、海南華信是否應當向九江銀行支付案涉標的款及違約金、律師代理費的問題

　　《中華人民共和國合同法》規定當事人應當按照約定全面履行自己的義務。本案中，上海華信未按照《信託貸款合同》的約定在結息日前向信託財產專戶支付當期利息，導致在2018年3月20日標的信託利益核算日時，信託財產專戶內現金形式的信託財產不足支付信託費用及當期應分配受益人的信託利益。該情形符合《回購協議》約定的案涉標的信託計畫受益權轉讓的成立條件。因此，九江銀行有權要求海南華信無條件強制回購信託計畫收益權。在九江銀行通知海南華

信後，海南華信並沒有進行支付，其行為已違反了《回購協議》的約定，應承擔相應的違約責任。

關於違約金，《中華人民共和國合同法》第一百一十四條規定：「當事人可以約定一方違約時應當根據違約情況向對方支付一定數額的違約金，也可以約定因違約產生的損失賠償額的計算方法。約定的違約金低於造成的損失的，當事人可以請求人民法院或者仲裁機構予以增加；約定的違約金過分高於造成的損失的，當事人可以請求人民法院或者仲裁機構予以適當減少。當事人就遲延履行約定違約金的，違約方支付違約金後，還應當履行債務。」 分析法條可知，對於違約金，約定的數額是參考的一方面，但另一方面還要權衡違約金與損失之間的高低，對於違約金的數額人民法院以及仲裁機構也有一定的自由裁量權。

結合本案，按《回購協議》中的約定，違約時海南華信應當支付以11億元為基數，每日萬分之五的違約金，而鑒於利息已經按11億元為基數，8.28%／年的標準計算，如再按每日萬分之五計付違約金，違約金數額明顯過高，結合實際進行調整，調整為按年利率15.72%計算。

關於律師費，依據合同法原理，違約造成的損失包括直接損失和預期可得利益損失，貸款人為實現債權支出費用會造成貸款人現有財產的減少，貸款人有權要求債務人予以賠償。直接損失的賠償範圍不僅包括實際支付的費用，還包括合理、必要及確定發生但尚未實際支付的費用。

結合本案，《回購協議》約定九江銀行為維護自身權益而產生的相關費用（包括但不限於訴訟費、律師費、差旅費等）也應由海南華信承擔。由於律師費中60萬屬於已經發生的費用，而另外60萬屬於不能確定必然發生的費用，目前不應由海南華信承擔。

四、銀行風險啟示

　　法院對信託受益權的可轉讓性予以認可,銀行也經常會使用本案類似的信託、貸款、回購合同的模式進行交易。這種交易關係實質上來說是一種委託借貸關係,銀行應執行《商業銀行委託貸款管理辦法》的規定。為了降低委託貸款風險、確保債務人依約履行,銀行作為委託人:

　　1. 應謹慎選擇委託貸款的借款人,並對借款人的償還能力、還款方式、貸款專案等進行嚴格審查,確定適當的貸款利率、金額和期限等。

　　2. 應合理審查委託貸款的用途,貸款應有明確用途且符合法律法規、國家宏觀調控和產業政策,不得用於:(1)生產、經營或投資國家禁止的領域和用途;(2)從事債券、期貨、金融衍生品、資產管理產品等投資;(3)作為註冊資本金、註冊驗資;(4)用於股本權益性投資或增資擴股(監管部門另有規定的除外);(5)其他違反監管規定的用途。

　　此外,在簽署《回購協定》時,為保障銀行的合法權益,應對無條件強制回購以及提前支付回購轉讓價款的條件進行詳細的記述,具體條款可參考本案中九江銀行與海南華信的《回購協議》條款。

附:法律文書

九江銀行股份有限公司與海南華信國際控股有限公司金融借款合同糾紛案

江西省高級人民法院民事判決書(2018)贛民初64號

原告:九江銀行股份有限公司。

　住所地:江西省九江市濂溪區長虹大道619號。

法定代表人:劉羨庭,該公司董事長。

委託訴訟代理人:倪連福,北京天馳君泰律師事務所律師。

委託訴訟代理人：徐波萍，北京天馳君泰律師事務所律師。

被告：海南華信國際控股有限公司。

　住所地：海南省洋浦經濟開發區吉浦路凱豐城市廣場商務大廈19樓。

法定代表人：李勇，該公司董事長。

委託訴訟代理人：張潤蕾，該公司員工。

　　原告九江銀行股份有限公司（以下簡稱九江銀行）與海南華信國際控股有限公司（以下簡稱海南華信）債權轉讓合同糾紛一案，本院於2018年6月14日立案後，依法適用普通程序，於2018年9月14日公開開庭進行了審理。原告九江銀行委託訴訟代理人倪連福、徐波萍，被告海南華信委託訴訟代理人張潤蕾到庭參加訴訟。本案現已審理終結。

　　九江銀行訴請：1.判令海南華信向其支付標的信託計畫受益權的轉讓價款（截止2018年6月8日的轉讓價款金額為1,142,671,444.44元；從2018年6月9日起至海南華信實際付清之日止，以11億元為基數，按8.28%／年的標準支付轉讓價款）。2.判令海南華信以1,145,454,444.44元為基數，按照每日萬分之五的標準，向其支付從2018年6月21日起至實際付清之日止的違約金。3.判令海南華信承擔原告因本案產生的律師費120萬元整。4.判令本案訴訟費、保全費由華信公司承擔。事實和理由：2017年12月21日，原告作為委託人與受益人中建投信託有限責任公司（以下簡稱中建投公司、受託人）簽署《中建投信託・上海華信信託貸款單一資金信託合同》（以下簡稱《中建投信託合同》），合同編號為「中建投信（2017）成二單002-04號」。《中建投信託合同》約定：原告基於對中建投公司的信任，以信託資金設定單一資金信託，由中建投公司以自己的名義，根據原告指令的具體用途對信託財產進行管理、運用、處分。本信託項下的信託資金總額為11億，原告應在信託合同簽署之日起十日內將信託資金付至信託財產專戶，信託財產專戶的帳戶名稱：中建投信託有限責任公司，開戶銀行：中國郵政儲蓄銀行杭州市分行營業部，銀行帳號：93XXX93。信託期限為24個月，自信託成立日起開始計算。本信託應當自以下條件均獲得滿足時成立並生效：本合同已經由原告與中建投公司簽署並生效，原告按照本合同約定將全部信託資金劃入信託財產專戶。原告作為受益人，自本信託成立日起根據合同享有信託受益權，原告

的信託受益權可以根據合同的規定依法轉讓和依法繼承。原告可以向協力廠商轉讓受益權，但不得拆分轉讓。原告將信託項下的受益權進行轉讓時，對應委託人的權利義務（包括向中建投公司出具指令的權利）必須附隨轉讓。本信託成立日起受益人取得信託受益權，享有信託利益。中建投公司以信託財產專戶內現金形式的信託財產為限向受益人分配信託利益。受益人信託利益核算日分別為信託期限內每年的3月20日、6月20日、9月20日、12月20日以及信託期限內交易對手提前部分返還信託本金之日（如有）及信託終止日。

　　同日，中建投公司即按照原告指令與上海華信國際集團有限公司（以下簡稱上海華信）簽署《中建投信託·上海華信信託貸款單一資金信託信託貸款合同》（以下簡稱《信託貸款合同》）「中建投信（2017）成二單002-01號」，將《中建投信託合同》中的信託資金用於向上海華信發放貸款，貸款期限24個月，貸款年利率為8%，該貸款年利率不包括增值稅。貸款利息每個結息日核算一次，結息日為：貸款期限內每個自然季度末月15日，或上海華信按照《信託貸款合同》的約定部分或者全部清償貸款本金之日。上海華信應按照《信託貸款合同》約定將貸款本金、利息、違約金及其他費用等支付至中建投公司指定的如下帳戶：帳戶名稱：中建投信託有限責任公司，開戶銀行：中國郵政儲蓄銀行杭州市分行營業部，銀行帳號：93XXX93。此後，原告作為《中建投信託合同》的受益權人與海南華信簽署《信託計畫受益權回購協定》（以下簡稱《回購協議》）。《回購協定》鑒於部分約定：原告依據《中建投信託合同》享有「中建投信託·上海華信信託貸款單一資金信託」（以下簡稱標的信託）項下委託資金對應的信託計畫受益權（以下簡稱標的信託計畫受益權）。海南華信不可撤銷無條件同意：若上海華信在標的信託存續期間不能按期足額償還信託貸款利息或到期無法足額償還信託貸款本息，原告有權將其持有的標的信託計畫受益權轉讓給海南華信，海南華信不可撤銷地無條件履行標的信託計畫受益權回購義務，並自接到轉讓通知後五個工作日內辦理完畢信託受益權受讓手續。《回購協議》第一條一款約定：標的信託計畫受益權對應的初始委託資金為人民幣11億元。第一條二款約定：標的信託計畫受益權的轉讓價款＝初始委託資金＋初始委託資金×【R】%／年×原告持有標的信託計畫受益權的實際天數／360－原

告持有標的信託計畫受益權期間已獲分配的信託利益;甲方持有標的信託計畫受益權的實際天數為自甲方取得標的信託計畫受益權之日(含)起至被告支付轉讓價款之日(不含)止;R:自標的信託成立日(含)至2018年1月1日(不含),R＝8%;自2018年1月1日(含)至信託終止日(不含),R＝8.28%。海南華信不可撤銷地同意在約定的標的信託計畫受益權的轉讓條件成立時,根據原告指定的日期,將標的信託計畫受益權的轉讓價款一次性劃入原告指定銀行帳戶。第一條三款約定:若標的信託發生下述情形,則標的信託計畫受益權的轉讓條件成立:(1)在任一標的信託利益核算日,信託財產專戶內現金形式的信託財產不足支付信託費用及當期應分配受益人的信託利益。第一條四款約定:海南華信支付全部轉讓價款之日為雙方標的信託計畫受益權轉讓日。在按照信託計畫的受託人中建投公司的要求辦理完畢相應的信託受益權轉讓登記手續的前提下,自轉讓日起,海南華信根據本協定和信託合同的規定享有信託計畫委託資金項下的信託計畫受益權。第二條三款約定:海南華信已經詳細閱讀標的信託計畫受益權項下對應所簽訂的相關合同及檔,並瞭解其中可能產生的風險,自轉讓日起,海南華信自行承擔標的信託計畫受益權項下受益人應承擔的全部義務和風險。第三條約定:九江銀行、海南華信任何一方未履行本協議義務,包括違反陳述與保證,均應負責賠償守約方因此而遭受的經濟損失,並向守約方支付有關費用(包括但不限於訴訟費、律師費、差旅費等為實現債權而支付的費用)。若海南華信未按時、足額支付轉讓價款的,自違約之日起,應按照應付未付金額0.05%／日的標準向原告支付違約金。2017年12月22日,原告向中建投公司指定帳戶交付信託資金11億人民幣;同日中建投公司向案外人上海華信提供信託資金貸款11億元。2018年3月15日,案外人上海華信未按照《信託貸款合同》的約定在結息日前向信託財產專戶支付當期利息,導致在2018年3月20日標的信託利益核算日時,信託財產專戶內現金形式的信託財產不足支付信託費用及當期應分配受益人的信託利益。根據《回購協定》第一條三款約定,本案標的信託計畫受益權的轉讓條件成立。原告在2018年6月書面通知海南華信在2018年6月20日前將標的信託計畫受益權的轉讓價款一次性劃入《回購協議》指定帳戶。海南華信收到原告通知後,並未按照《回購協議》約定履行回購義務。原告委託北京天馳君泰律師事務所代理本案訴訟事宜,為此已支

付律師費60萬元整，待本案一審結束後須另行支付60萬元律師代理費。

　　原告認為，其與海南華信簽署的《回購協定》主體合法，內容有效，且不違反法律的強制性規定，應認定合法有效。《回購協議》約定的標的信託計畫受益權的轉讓條件已成立，但海南華信並未按照原告通知回購標的信託計畫受益權並支付受益權的轉讓價款，已構成違約。原告有權要求被告海南華信按照《回購協定》約定支付全部轉讓價款及約定違約金，原告為維護自身權益而產生的相關費用（包括但不限於訴訟費、律師費、差旅費等）也應由海南華信承擔。綜上，為維護自身合法權益，原告依法提起訴訟，請求貴院依法裁判。

　　海南華信答辯稱：1.關於原告提出的第一項訴訟請求，基本事實我方可以確認，對此無異議。關於訴訟金額，按照合同約定計算我方也無異議。2.關於原告提出的第二項訴訟請求，我方認為違約金過高，是重複計算違約金。3.關於律師費，聘請律師是其的訴訟權利，而不是必要成本。本案事實確認很簡單，證據材料也很齊全，律師費讓我方全部承擔不合理。

　　當事人圍繞訴訟請求依法提交了證據。九江銀行提交了以下九組證據（影本）：證據1.九江銀行與海南華信於2017年12月21日簽訂的《回購協議》。證明原告與海南華信達成協議，在條件成立時，原告將《中建投信託合同》中享有的受益權轉讓給海南華信；證據2.九江銀行與中建投公司於2017年12月21日簽訂的《中建投信託合同》。證明九江銀行與中建投公司建立信託法律關係，九江銀行係信託計畫的委託人和受益人，自信託合同成立起享有信託受益權，該信託受益權可以根據合同約定依法轉讓和繼承。中建投公司按照九江銀行指令使用信託資金。本信託資金為11億元，信託期限為24個月；證據3.中建投公司與上海華信與2017年12月21日簽訂的《信託貸款合同》。證明：中建投公司與上海華信簽訂信託貸款合同，向上海華信提供11億元貸款，貸款期限24個月；證據4.《九江銀行單位業務委託書》。證明九江銀行按照《中建投信託合同》約定，於2017年12月22日向中建投公司交付信託資金11億元；證據5.《中建投信託・上海華信信託貸款單一資金信託計畫成立報告》。證明「中建投信託・上海華信信託貸款單一資金信託計畫」在2017年12月22日成立；證據6.《中國郵政儲蓄銀行資金憑證》。證明中建投公司按照《中建投信託合同》和《信託貸款合同》的約定，向上海

華信發放11億元貸款；證據7.信託財產專戶流水。證明上海華信未按照《信託貸款合同》的約定在結息日將當期利息支付至信託財產專戶。信託財產專戶內現金形式的信託財產在約定結息日不足以支付信託費用及當期應分配受益人的信託利益。《回購協議》約定的信託計畫受益權轉讓條件成立；證據8.九江銀行於2018年6月7日致海南華信《關於支付信託計畫受益權轉讓價款的通知》。證明標的信託計畫受益權的轉讓條件成立後，九江銀行按照《回購協議》約定要求海南華信在指定日期一次性支付標的信託計畫受益權的轉讓價款；證據9.《委託代理協定》及律師費發票。證明九江銀行委託北京天馳君泰律師事務所代理本案，已支付60萬元律師費，在本案一審判決下發後將另行支付60萬元律師代理費。海南華信質證對上述證據的真實性、合法性無異議。對於證據9，質證認為律師代理費不是必要的成本。

本院經核對上述證據原件無誤，海南華信對其真實性、合法性均無異議，且上述證據均與本案訴爭標的有關聯，故對上述證據的真實性、合法性、關聯性予以確認。

經審理查明，2017年12月21日，九江銀行（委託人及受益人）與中建投公司（受託人）簽訂《中建投信託合同》。該合同約定：第一條，定義和解釋……；第二條，信託目的：委託人基於對受託人的信任，以信託資金設定單一資金信託，由受託人以自己的名義，根據委託人指定的具體用途對信託財產進行管理、運用、處分，受託人僅承擔執行委託人指令的職責；本委託為事務管理性信託，信託的設立、信託財產的運用物件、信託財產的管理、運用和處分方式等事項，均由委託人自主決定。受託人僅依法履行必須由受託人或者必須以受託人名義履行的管理職責，包括帳戶管理、清算分配及提供或出具必要文件以配合委託人管理信託財產等事務，受託人僅承擔一般信託事務的執行職責，不承擔主動管理職責。受託人依據委託人指令執行即視為已履行了恪盡職守、誠實、信用、謹慎、有效地管理義務，因執行指令所產生的收益歸於信託財產，損失亦由信託財產承擔；第三條，信託資金金額、交付方式：本信託項下的信託本金總額為11億元。委託人應於本合同簽署之日起十個工作日內將信託資金付至信託財產專戶，受託人有權調整信託資金的交付日。信託財產專戶：帳戶名稱：中建投信託有限責任公司，開戶銀行：中國郵政儲蓄銀行杭州市分行營業部，銀行帳號：93XXX93；第

四條，信託的設立與存續期限：本信託應當自以下條件均獲得滿足時成立並生效：（1）本合同已經由委託人與受託人簽署並生效；（2）委託人已按照本合同約定將全部信託資金劃入信託財產專戶。如信託資金金額到帳時間為15：00之前，則信託資金到帳日為信託成立日；如信託資金金額到帳時間為15：00之後，則信託資金到帳日的下一個工作日為信託成立日。信託期限為24個月，自信託成立日起開始計算，信託終止日為自信託成立日起滿24個月之日。信託存續期間，經委託人和受託人書面同意或者發生本合同約定提前終止情形的，受託人有權宣布本信託提前終止，則信託終止日指信託提前終止日；經委託人與受託人書面同意或發生本合同約定信託期限延期期限情形的，受託人有權宣布本信託延期，則信託終止日指信託延期屆滿日；第五條，信託財產的管理方式……；第六條，當事人的權利及義務……；第七條，受益權的轉讓和非交易過戶：1.本合同項下的受益權可依法向第三人轉讓，但不得拆分轉讓。2.受益人將本信託項下的信託受益權進行轉讓時，需要簽訂信託受益權轉讓協定，並且到受託人處辦理轉讓登記手續。未到受託人處辦理轉讓登記手續的，受託人仍向原受益人履行本合同項下義務，受託人不因此承擔任何責任。……；第八條，信託費用及信託財產的分配順序……；第九條，信託利益：（1）自信託成立日起受益人取得信託受益權，享有信託利益。（2）本信託預期基礎收益率為7.95%／年。預期基礎收益率不應視為受託人對受益人預期收益做出任何承諾。特別提示：受託人對於預期基礎收益率的預測暫未考慮以信託財產繳納增值稅的情況。若根據法律法規等規範性檔的規定及本合同的約定，增值稅及其他稅費由信託財產負擔的，受託人有權以扣除該等稅款後以及其他信託費用後的剩餘信託財產為限、按照本合同約定向受益人分配信託利益。因此，受益人實際分配的信託利益會因信託財產繳納增值稅或其他稅費而低於按預期基礎收益率計算所得的信託利益金額。受託人認可並確認若發生該等情況，不視為受託人對於本合同及信託檔的變更，亦不視為受託人的違約；（3）受託人以信託財產專戶內現金形式的信託財產為限向受益人分配信託利益，如分配日信託財產專戶內現金形式的信託財產不足以支付當期應分配受益人信託利益，受託人將於信託財產專戶具備支付能力時優先補足差額部分。（4）受益人信託利益核算日分別為信託期限內每年的3月20日、6月20日、9月20日、12月20日以

及信託期限內交易對手提前返還信託本金之日（如有）及信託終止日。受益人信託利益分配日為自信託利益核算日起十個工作日內任一日。（5）受益人信託利益分配方式為：每期應分配受益人信託利益＝信託本金×預期基礎收益率×當期信託利益核算期實際天數／360＋當期交易對手提前返還信託本金金額（如有）。……；第十條，信託的變更、終止和清算……；第十一條，資訊披露及新受託人的選任……；第十二條，風險揭示與承擔……；第十三條，違約責任……；第十四條，其他約定事項……；第十五條，適用法律及爭議解決……；第十六條，其他……；等等。九江銀行和中建投公司均加蓋了公章。

同日，按照九江銀行指令，中建投公司（甲方、債權人）與上海華信（乙方、借款人）簽訂《信託貸款合同》。該合同約定：乙方擬向甲方申請人民幣信託貸款，甲方同意按照本合同的約定向乙方發放信託貸款。貸款金額11億元。本合同項下的任一期貸款期限均為24個月。自該期貸款實際劃付至借款帳戶之日起至前述貸款期限屆滿之日。本合同項下貸款不得展期。任一期信託貸款在該期貸款放款之日起滿12個月後，乙方可向甲方申請提前還款。本合同項下的貸款年利率為固定利率8%（不包含增值稅）。本合同項下的貸款自放款日起按照本合同約定的利率按日計息。貸款利息每個結息日核算一次，結息日為：貸款期限內每個自然季度末月十五日，或乙方按照本合同的約定部分或者全部清償貸款本金之日。乙方應按照本合同約定將貸款本金、利息、違約金及其他費用等支付至甲方指定的如下帳戶：帳戶名稱：中建投信託有限責任公司，開戶銀行：中國郵政儲蓄銀行杭州市分行營業部，銀行帳號：93XXX93。該合同還約定了其他事項。

同日，九江銀行（甲方、轉讓人）與海南華信（乙方，受讓人、回購義務人）簽訂《回購協議》。《回購協定》鑒於部分約定：甲方依據《中建投信託合同》享有標的信託計畫受益權。海南華信不可撤銷無條件同意：若上海華信在標的信託存續期間不能按期足額償還信託貸款利息或到期無法足額償還信託貸款本息，甲方有權將其持有的標的信託計畫受益權轉讓給海南華信，海南華信不可撤銷地無條件履行標的信託計畫受益權回購義務，並自接到轉讓通知後五個工作日內辦理完畢信託受益權受讓手續。《回購協議》第一條一款約定：標的信託計畫受益權對應的初始委託資金為人民幣11億元。

第一條二款約定：標的信託計畫受益權的轉讓價款＝初始委託資金＋初始委託資金×【R】%／年×甲方持有標的信託計畫受益權的實際天數／360－甲方持有標的信託計畫受益權期間已獲分配的信託利益；甲方持有標的信託計畫受益權的實際天數為自甲方取得標的信託計畫受益權之日（含）起至海南華信支付轉讓價款之日（不含）止；R：自標的信託成立日（含）至2018年1月1日（不含），R＝8%；自2018年1月1日（含）至信託終止日（不含），R＝8.28%。海南華信不可撤銷地同意在約定的標的信託計畫受益權的轉讓條件成立時，根據原告指定的日期，將標的信託計畫受益權的轉讓價款一次性劃入甲方指定銀行帳戶（戶名九江銀行金融市場部，帳號：08XXX39，開戶行：九江銀行股份有限公司）。第一條三款約定：若標的信託發生下述情形，則標的信託計畫受益權的轉讓條件成立：（1）在任一標的信託利益核算日，信託財產專戶內現金形式的信託財產不足支付信託費用及當期應分配受益人的信託利益。（2）在標的信託終止日（含提前終止日），信託財產專戶內現金形式的信託財產不足支付信託費用及當期應分配受益人的信託利益。第一條四款約定：乙方支付全部轉讓價款之日為雙方標的信託計畫受益權轉讓日。在按照信託計畫的受託人中建投公司的要求辦理完畢相應的信託受益權轉讓登記手續的前提下，自轉讓日起，乙方根據本協議和信託合同的規定享有信託計畫委託資金項下的信託計畫受益權。第一條五款約定：自信託計畫受益權轉讓之日起，甲方不再享有信託計畫委託資金項下受益權人的權利，乙方享有信託計畫委託資金項下受益權人的權利，有權獲得相應本金和收益。第一條六款約定：雙方一致確認，若發生以下任一情形，甲方有權要求乙方在發生任一情形後五個工作日內提前受讓標的信託計畫受益權並支付根據第一條二款約定的轉讓價款，乙方不可撤銷地無條件受讓標的信託計畫受益權：（1）信託計畫投資標的價值明顯貶損或信託計畫的交易對手發生交易檔項下的違約情形；（2）管理人、託管人對委託資金進行管理、運用和保管的行為違反信託計畫項下的檔；（3）乙方違反本協議項下的任一約定；（4）乙方或上海華信的財務狀況或經營狀況嚴重惡化，陷入訴訟、仲裁等重大法律糾紛；（5）根據相關法律法規或監管部門的規定或要求，甲方不得繼續持有標的信託計畫受益權；（6）甲方認為影響其在本協議項下利益實現的其他情形；第二條二款約定：甲方是標的信託計畫受益權的合

法所有人,甲方有權轉讓標的信託計畫受益權;甲方已經取得其向乙方轉讓持有的標的信託計畫受益權所需的各項授權和批准;第二條三款約定:乙方保證以合法所有或管理的資金向甲方支付轉讓價款,並保證受讓標的信託計畫受益權的行為不損害其債權人的合法權益。乙方已經詳細閱讀標的信託計畫受益權項下對應所簽訂的相關合同及檔,並瞭解其中可能產生的風險,自轉讓日起,乙方自行承擔標的信託計畫受益權項下委託人(受益人)應承擔的全部義務和風險。第三條約定:甲、乙任何一方未履行本協議義務,包括違反陳述與保證,均應負責賠償守約方因此而遭受的經濟損失,並向守約方支付有關費用(包括但不限於訴訟費、律師費、差旅費等為實現債權而支付的費用)。若乙方未按時、足額支付轉讓價款的,自違約之日起,應按照應付未付金額0.05%╱日的標準向甲方支付違約金。《回購協議》還約定了其他事項。

上述合同(協定)簽訂後,九江銀行於2017年12月22日向中建投公司指定帳戶交付信託資金11億元人民幣;同日,中建投公司向上海華信提供信託資金貸款11億,同時向九江銀行出具《中建投信託‧上海華信信託貸款單一資金信託計畫成立報告》,該報告載明:尊敬的委託人暨受益人,您好:中建投信託‧上海華信信託貸款單一資金信託計畫已於2017年12月22日正式成立。本信託專案本期成立信託規模為人民幣11億元,信託期限自2017年12月22日至2019年12月22日。2018年3月15日,上海華信未按照《信託貸款合同》的約定在結息日前向信託財產專戶支付當期利息。九江銀行遂於2018年6月7日向海南華信發出一份《關於支付信託計畫受益權轉讓價款的通知》。該通知載明:海南華信國際控股有限公司:貴司就受讓我司在《中建投信託‧上海華信信託貸款單一資金信託合同》中受益權的事宜,與我司達成一致意見,並簽署《回購協定》。根據《回購協定》第一條二款約定:貴司不可撤銷地同意於本協議約定的信託計畫受益權的轉讓條件成立時,根據甲方指定的日期,將標的信託計畫受益權的轉讓價款一次性劃入甲方指定的帳戶。第一條三款轉讓條件約定,若標的信託發生下述情形,則標的信託計畫受益權的轉讓條件成立。(1)在任一標的的信託利益核算日,信託財產專戶內現金形式的信託財產不足以支付信託費用及當期應分配受益人的信託利益。2018年3月15日,上海華信未按照《信託貸款合同》的約定在結息日

前向信託財產專戶支付當期利息，導致在2018年3月20日標的信託利益核算日時，信託財產專戶內現金形式的信託財產不足支付信託費用及當期應分配受益人的信託利益。根據《回購協定》第一條三款約定，標的信託計畫受益權的轉讓條件成立。我司要求貴司在2018年6月20日前支付信託計畫受益權轉讓價款，其中截止2018年6月8日的轉讓價款金額為1,142,671,444.44元。從2018年6月9日起至貴司付清之日止，以11億元為基數，按8.28%／年的標準，支付轉讓價款。如貴司逾期履行，我司將按《回購協議》約定及相關法律規定，要求貴司補足轉讓費用差額，支付違約金並承擔相關法律責任。海南華信收到九江銀行通知後，並未按照《回購協議》約定履行回購義務。九江銀行遂委託北京天馳君泰律師事務所代理本案訴訟事宜，雙方簽訂《委託代理協定》，約定代理本案一審的律師代理費用120萬元，並已支付60萬元整。

　　本院認為，根據當事人的訴辯主張，本案爭議焦點為：1.《回購協議》的性質是什麼？本案如何定性？2.海南華信是否應當向九江銀行支付案涉標的款及違約金、律師代理費？對此，本院分析評述如下：

　　本案中，2017年12月21日，九江銀行（委託人及受益人）與中建投公司（受託人）簽訂《中建投信託合同》。同日，按照九江銀行指令，中建投公司（甲方，債權人）與上海華信（乙方，借款人）簽訂《信託貸款合同》。2017年12月22日，九江銀行於2017年12月22日向中建投公司指定帳戶交付信託資金11億元人民幣，中建投公司也於同日向上海華信支付信託貸款11億元。據此，案涉標的信託計畫成立。根據《中建投信託合同》第九條「自信託成立日起受益人取得信託受益權，享有信託利益」的約定，九江銀行自2017年12月22日起即取得了案涉標的信託計畫受益權。從九江銀行、中建投公司、上海華信之間的關係看，中建投公司受九江銀行委託和指令，貸款11億元給上海華信，九江銀行、中建投公司、上海華信之間實際成立信託貸款關係，九江銀行實際是該筆11億元貸款的實際出借人和債權人。故九江銀行基於《中建投信託合同》所取得的案涉標的信託計畫受益權性質上屬於債權。九江銀行與海南華信簽訂《回購協定》，約定在符合一定條件時九江銀行有權將其持有的標的信託計畫受益權轉讓給海南華信，海南華信不可撤銷地無條件履行標的信託計畫受益權回購義務。《回購協議》實際上是一份債

權轉讓協議。本案中，九江銀行基於《回購協議》訴請海南華信支付標的信託計畫受益權的轉讓價款及違約金，故本案應定性為債權轉讓合同糾紛。

　　九江銀行與海南華信之間的《回購協議》係雙方當事人真實意思表示，內容未違反法律、行政法規的效力性強制性規定，應認定有效。九江銀行、海南華信均應按《回購協議》的約定履行。《回購協議》約定：九江銀行依據《中建投信託合同》享有標的信託計畫受益權。海南華信不可撤銷無條件同意：若上海華信在標的信託存續期間不能按期足額償還信託貸款利息或到期無法足額償還信託貸款本息，九江銀行有權將其持有的標的信託計畫受益權轉讓給海南華信，海南華信不可撤銷地無條件履行標的信託計畫受益權回購義務，並自接到轉讓通知後五個工作日內辦理完畢信託受益權受讓手續。雙方一致確認，若標的信託發生下述情形，則標的信託計畫受益權的轉讓條件成立：（1）在任一標的信託利益核算日，信託財產專戶內現金形式的信託財產不足支付信託費用及當期應分配受益人的信託利益。（2）在標的信託終止日（含提前終止日），信託財產專戶內現金形式的信託財產不足支付信託費用及當期應分配受益人的信託利益。若發生以下任一情形，九江銀行有權要求海南華信在發生任一情形後五個工作日內提前受讓標的信託計畫受益權並支付根據第一條第二款約定的轉讓價款，海南華信不可撤銷地無條件受讓標的信託計畫受益權：（1）信託計畫投資標的價值明顯貶損或信託計畫的交易對手發生交易檔項下的違約情形；（2）管理人、託管人對委託資金進行管理、運用和保管的行為違反信託計畫項下的檔；（3）乙方違反本協議項下的任一約定；（4）海南華信或上海華信的財務狀況或經營狀況嚴重惡化，陷入訴訟、仲裁等重大法律糾紛；（5）根據相關法律法規或監管部門的規定或要求，九江銀行不得繼續持有標的信託計畫受益權；（6）九江銀行認為影響其在本協議項下利益實現的其他情形。即九江銀行與海南華信約定了案涉標的信託計畫受益權的轉讓條件，只要具備約定的轉讓條件之一，九江銀行有權在條件成就後要求海南華信受讓標的信託計畫受益權。2018年3月15日，上海華信未按照《信託貸款合同》的約定在結息日前向信託財產專戶支付當期利息，導致在2018年3月20日標的信託利益核算日時，信託財產專戶內現金形式的信託財產不足支付信託費用及當期應分配受益人的信託利益。該情形符合《回購協議》約定的案涉標的信託計畫受益權轉讓

的成立條件。為此，九江銀行於2018年6月7日致函海南華信要求海南華信在2018年6月20日前支付信託計畫受益權轉讓價款。海南華信未予支付。海南華信的行為已違反了《回購協議》的約定，應承擔違約責任。九江銀行訴請海南華信支付案涉標的信託計畫受益權的轉讓價款、違約金及律師代理費，有事實和法律依據，應予以支持。按《回購協議》的約定，海南華信應支付的轉讓價款為本金11億元及信託貸款利息（截止2018年6月8日的利息為4,267.144444萬元。自2018年6月9日起至付清之日止，以11億元為基數，按8.28%／年的標準計算）。鑒於11億元已按8.28%／年的標準計算利息，如再按每日萬分之五計付違約金，該標準明顯過高，應調整為按年利率15.72%計算。鑒於九江銀行為本案訴訟實際支付了律師代理費60萬元，該60萬元海南華信應支付給九江銀行，對於九江銀行訴請的另60萬元律師代理費，因未實際發生，不予支持。

綜上，九江銀行起訴理由成立，對其訴訟請求除部分違約金及律師代理費不予支援外，其他訴訟請求均予以支持。依照《中華人民共和國民法總則》第一百五十八條，《中華人民共和國合同法》第八十八條、第六十條、第一百一十四條第二款，《中華人民共和國民事訴訟法》第一百四十二條的規定，判決如下：

一、海南華信國際控股有限公司於本判決生效後十日內向九江銀行股份有限公司支付案涉標的信託計畫受益權轉讓價款11億元及利息（截止於2018年6月8日的利息為4,267.144444萬元。自2018年6月9日起至付清之日止，以11億元為基數，按8.28%／年的標準計算）。

二、海南華信國際控股有限公司於本判決生效後十日內向九江銀行股份有限公司支付違約金（自2018年6月21日起至實際付清之日止，以11億元為基數，按年利率15.72%計算）。

三、海南華信國際控股有限公司於本判決生效後十日內向九江銀行股份有限公司支付律師代理費60萬元。

四、駁回九江銀行股份有限公司的其他訴訟請求。

如果未按本判決指定的期間履行給付金錢義務，應當依照《中華人民共和國民事訴訟法》第二百五十三條之規定，加倍支付遲延履行期間的債務利息。

案件受理費5,761,157.22元，財產保全費5,000元，共計5,766,157.22元

（九江銀行股份有限公司已預交），由海南華信國際控股有限公司負擔。海南華信國際控股有限公司應於本判決生效後十日內向九江銀行股份有限公司支付。

如不服本判決，可在本判決書送達之日起十五日內，向本院遞交上訴狀，並按對方當事人的人數提交副本，上訴於中華人民共和國最高人民法院。

審判長　胡國運

審判員　郭衛斌

審判員　陶松兵

二〇一八年九月十八日

書記員　張　英

附：本案適用的有關法律條文

《中華人民共和國民法總則》

第一百五十八條：民事法律行為可以附條件，但是按照其性質不得附條件的除外。附生效條件的民事法律行為，自條件成就是生效。附解除條件的民事法律行為，自條件成就時失效。

《中華人民共和國合同法》

第六十條：當事人應當按照約定，全面履行自己的義務。

第八十八條：當事人一方經對方同意，可以將自己在合同中的權利和義務一併轉讓給第三人。

第一百一十四條：約定的違約金低於造成的損失的，當事人可以請求人民法院或者仲裁機構予以增加；約定的違約金過分高於造成的損失的，當事人可以請求人民法院或者仲裁機構予以減少。

《中華人民共和國民事訴訟法》

第一百四十二條：法庭辯論終結，應當依法做出判決。判決前能夠調解

的，還可以進行調解，調解不成的，應當及時判決。

　　第二百五十三條：被執行人未按判決、裁定和其他法律文書指定的期間履行給付金錢義務的，應當加倍支付遲延履行期間的債務利息。被執行人未按判決、裁定和其他法律文書指定的期間履行其他義務的，應當支付遲延履行金。

第十一篇

侵權糾紛

【案例132】擔保責任解除後銀行應及時消除擔保紀錄

建設銀行、進出口銀行等與華財公司
財產損害賠償糾紛案評析

案號：廣東省廣州市中級人民法院（2017）粵01民終21621號

【摘要】

銀行有義務保障其提供的資訊主體徵信資訊的準確性，並及時更新中國人民銀行徵信中心的相關徵信紀錄，避免承擔因資訊錯誤造成資訊主體損失的過錯侵權賠償責任；銀團代理行應妥善、全面的履行代理職責，及時履行附隨義務。

【基本案情】

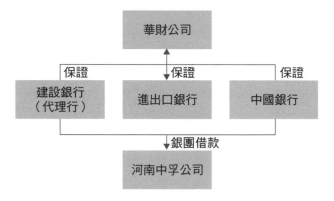

2009年8月28日，華財投資有限公司（以下簡稱「華財公司」）與河南中孚公司簽訂《委託擔保合同》，約定華財公司為河南中孚公司提供最高額6億元保證擔保，擔保費為每年貸款本金6億元的1%。

2009年9月1日，建設銀行股份有限公司鄭州綠城支行（以下簡

稱「建設銀行」）、中國進出口銀行（以下簡稱「進出口銀行」）和中國銀行股份有限公司鄭州高新技術開發區支行（以下簡稱「中國銀行」）與河南中孚實業股份有限公司（以下簡稱「河南中孚公司」）簽訂《銀團貸款保證合同》，約定建設銀行是代理全體銀團成員行行事的代理行，三家銀行分別向河南中孚公司提供貸款1.5億元、4億元和1.5億元，華財公司對河南中孚公司貸款在最高額6億元範圍內承擔連帶保證責任。建設銀行、進出口銀行與中國銀行在中國人民銀行徵信中心（以下簡稱「徵信系統」）的信貸紀錄中，按各自的貸款金額各自錄入華財公司的擔保資訊。

2013年9月2日，建設銀行向華財公司發出《銀團貸款擔保責任解除通知》（以下簡稱《擔保責任解除通知》），通知解除華財公司在《保證合同》項下的連帶保證責任。

華財公司於2014年4月22日、5月16日和10月16日三次查詢其在徵信系統的信貸紀錄，顯示其仍有4.5億元處於為河南中孚公司作擔保狀態。2014年4月22日，建設銀行消除了其登記的華財公司1.5億元擔保紀錄。

2014年10月23日，華財公司向建設銀行發出《賠償通知書》，要求建設銀行賠償因其未及時辦理解除擔保手續給華財公司造成的經濟損失，建設銀行未予答覆。華財公司於2014年11月13日、11月24日分別致電建設銀行、進出口銀行與中國銀行，催促其辦理相應的擔保紀錄變更登記。

2014年11月27日，華財公司再次查詢其信貸紀錄，顯示其為河南中孚公司提供4.5億元擔保的相關紀錄已消除。華財公司認為，建設銀行、進出口銀行與中國銀行未及時消除其擔保紀錄，影響其開展正常的擔保業務、造成了自身財產損失，遂訴至法院，請求判令三家銀行賠償其財產損失。

【法院判決】

廣東省廣州市天河區人民法院經審理認為,本案的爭議焦點為:建設銀行、進出口銀行與中國銀行的行為是否構成侵權。建設銀行於2013年9月2日向華財公司發出《擔保責任解除通知》,即表明華財公司的保證責任消滅,建設銀行、進出口銀行與中國銀行有義務在盡可能短的期限內及時消除徵信系統中華財公司的相關擔保紀錄。但是,三家銀行未能及時履行消除義務,顯屬過錯,致使華財公司仍有4.5億元處於對外擔保狀態從而無法正常開展新的對外擔保業務,勢必造成華財公司在2013年9月2日以後的擔保經營損失,進出口銀行、中國銀行應承擔侵權責任。建設銀行作為全體銀團成員的代理行,未能履行及時通知進出口銀行、中國銀行華財公司擔保責任已解除的義務,亦存在過錯,應對進出口銀行、中國銀行的侵權責任承擔連帶責任。進出口銀行和中國銀行應及時消除華財公司的擔保紀錄,法律未規定更改紀錄的期限,故酌定該期限為十天,即計算賠償金額的起止時間,自2013年9月12日至華財公司查詢擔保紀錄已消除的2014年11月27日(共441天)。華財公司主張按《委託擔保合同》所約定的1%費率,並未超過國家規定的基準擔保費率標準,應予確認。因此,進出口銀行應支付給華財公司的賠償數額為3,624,657.53元〔(441天÷365天)年×1%×3億元〕,中國銀行應支付的賠償數額為1,812,328.77元〔(441天÷365天)年×1%×1.5億元〕,建設銀行對上述賠償數額均承擔連帶責任。綜上,判決進出口銀行賠償華財公司財產損失3,624,657.53元、中國銀行賠償1,812,328.77元;建設銀行對進出口銀行和中國銀行的上述債務承擔連帶責任。

宣判後,建設銀行、進出口銀行和中國銀行不服一審判決,提起上訴。廣東省廣州市中級人民法院經審理認為,本案的爭議焦點為:華財公司因建設銀行、進出口銀行和中國銀行未及時消除其相關擔保紀錄的財產損失數額。作為開展擔保業務的企業,徵信系統登

記的擔保紀錄，會影響華財公司獲得相應業務經營的機會；然而，該經營機會並非消除了上述擔保紀錄後就必然可得。因此，華財公司2014年4月22日查詢其擔保紀錄的行為，可視為其有可能獲得經營機會而為的行為。因此，2014年4月22日可作為華財公司損失的起算時間，計算至2014年11月27日（共220天）。一審參照每年1%的擔保費用標準計算有一定依據，應予維持。據此，進出口銀行對華財公司造成的損失為：1,808,219.18元〔（220大÷365天）年×1%×3億元〕；中國銀行造成的損失為：904,109.59元〔（220天÷365天）年×1%×1.5億元〕，建設銀行對上述賠償數額承擔連帶責任。綜上所述，改判進出口銀行賠償華財公司財產損失1,808,219.18元、中國銀行賠償904,109.59元；建設銀行對進出口銀行和中國銀行的上述債務承擔連帶責任。

【法律評析】

本案的爭議焦點為：擔保責任解除後，建設銀行、進出口銀行和中國銀行沒有及時消除徵信系統中的華財公司相關擔保紀錄，是否應承擔因此造成的華財公司損失，以及損失賠償數額應如何計算；作為全體銀團成員行的代理行，建設銀行的代理行為會產生何種法律效果，並負有何種代理職責。

一、擔保人責任解除後，銀行應賠償因未及時消除其擔保紀錄造成的損失

《徵信業管理條例》第二十三條第一款規定：「徵信機構應當採取合理措施，保障其提供資訊的準確性。」第二十六條第三款規定：「資訊主體認為徵信機構或者資訊提供者、資訊使用者侵害其合法權益的，可以直接向人民法院起訴。」《中華人民共和國侵權責任法》第六條規定：「行為人因過錯侵害他人民事權益，應當承擔侵權

責任。」分析可知，徵信機構、資訊提供者等均有義務保障其提供的徵信資訊的準確性，否則即應就資訊錯誤造成的資訊主體的合法權益損失，承擔相應的過錯侵權責任。

結合本案，在華財公司的擔保責任消滅後，貸款行建設銀行、進出口銀行和中國銀行，理應及時消除徵信系統中華財公司的相關擔保紀錄，確保其提供的華財公司徵信資訊準確無誤。但是，進出口銀行和中國銀行並未及時消除擔保紀錄，致使華財公司無法開展新的對外擔保業務，故應就因此造成的華財公司損失承擔相應的過錯賠償責任。在徵信系統中，華財公司對外擔保錯誤紀錄中的貸款4.5億元，分別由進出口銀行的3億元和中國銀行的1.5億元構成。因此，二審法院以貸款行各自的貸款額度3億元和1.5億元為基數，參考每年1%的擔保費標準，以華財公司第一次查詢發現其徵信紀錄有誤，至最後一次查詢錯誤紀錄消除為起止時間，計算進出口銀行和中國銀行應賠償華財公司的損失數額，法院的思考邏輯是：華財公司在一審起訴前曾多次查詢和催促銀團成員行消除信貸紀錄，表明其有多次經營機會，且該潛在的利益損失與銀團成員行沒有履行附隨義務具有因果關係，銀團成員行應當賠償華財公司在這一期限內的可得利益損失。

二、銀團成員行代理行的代理效果及代理職責

《中華人民共和國民法總則》第一百六十二條規定：「代理人在代理許可權內，以被代理人名義實施的民事法律行為，對被代理人發生效力。」第一百六十四條第一款規定：「代理人不履行或者不完全履行職責，造成被代理人損害的，應當承擔民事責任。」分析可知，代理人在代理許可權範圍的代理行為，對被代理人發生法律效力。代理人的代理職責，主要根據委託代理合同或者代理條款的約定確定。同時，代理人未依約履行代理職責的，應承擔因此造成的損害賠償責任。

　　結合本案，案涉《保證合同》載明了「建設銀行是代理全體銀團成員行行事的代理行」的代理條款，並未明確約定建設銀行的代理職責。從通常意思來理解，就案涉《保證合同》的相關事宜，全體銀團成員行的代理行建設銀行的代理行為，對全體銀團成員行具有法律效力。建設銀行應負有依約通知華財公司其擔保責任已解除、通知進出口銀行和中國銀行及時消除華財公司在徵信系統相關擔保紀錄的代理職責。但是，在華財公司擔保責任解除後，建設銀行並未向銀團成員行履行通知義務，對進出口銀行和中國銀行未及時消除華財公司在徵信系統相關擔保紀錄造成的華財公司損失，存在一定的過錯，應承擔連帶賠償責任。

三、銀行風險啟示

　　1.《合同法》第六十條列舉了合同履行中的「通知、協助、保密」等附隨義務。在擔保人的擔保責任消滅後，貸款行應及時在合理期限內更新、消除徵信系統中擔保人的相關擔保紀錄，確保徵信資訊的準確性、維護資訊主體的合法權益，避免因未及時履行前述附隨義務，而承擔因此造成的資訊主體損失的過錯賠償責任。

　　2. 銀團代理行的代理行為，對銀團成員行均具有法律效力。因此，代理行應嚴格按照委託代理合同的約定，妥善、全面履行代理職責，避免因代理不盡責而承擔賠償被代理人損失的過錯責任。

附：法律文書

　　中國建設銀行股份有限公司鄭州綠城支行、中國進出口銀行財產損害賠償糾紛二審民事判決書

　　廣東省廣州市中級人民法院民事判決書（2017）粵01民終21621號

　　上訴人（原審被告）：中國建設銀行股份有限公司鄭州綠城支行。

住所地：河南省鄭州市二七區大學中路6號。

負責人：朱天舒，該支行行長。

委託代理人：蔡蕊，該支行職員。

委託訴訟代理人：蔣曉輝，河南金學苑律師事務所律師。

上訴人（原審被告）：中國進出口銀行。

住所地：北京市西城區復興門內大街30號。

法定代表人：胡曉煉，該銀行董事長。

委託代理人：姜莎莎、閻聰，均為該銀行職員。

上訴人（原審被告）：中國銀行股份有限公司鄭州高新技術開發區支行。

住所地：河南省鄭州市高新開發區瑞達路87號。

負責人：李自玉，該支行行長。

委託代理人：完慶中，北京華泰（鄭州）律師事務所律師。

委託代理人：鐘偉，廣東科德律師事務所律師。

被上訴人：華財投資有限公司（原華財興業投資擔保有限公司）。

住所地：廣州市天河區林和西路9號2719房。

法定代表人：黃木財，該公司董事長。

委託訴訟代理人：劉智、楊琳，均為廣東廣信君達律師事務所律師。

上訴人中國建設銀行股份有限公司鄭州綠城支行（以下稱建行綠城支行）、中國進出口銀行（以下稱進出口銀行）、中國銀行股份有限公司鄭州高新技術開發區支行（以下稱中行高新支行）因與被上訴人華財投資有限公司（以下稱華財公司）財產損害賠償糾紛一案，不服廣州市天河區人民法院（2017）粵0106民初4473號民事判決，向本院提起上訴。本院依法組成合議庭審理了本案，現已審理終結。

原審法院查明，2009年8月28日，華財公司與河南中孚實業股份有限公司（以下稱河南中孚公司）簽訂了《委託擔保合同》，約定華財公司為河南中孚公司向銀團貸款提供最高額為6億元的保證，擔保費以本金責任限額6億元為基數，按照每年1%計算。該《委託擔保合同》於2009年9月1日由北京市長安公證處辦理公證。

2009年9月1日，河南中孚公司作為借款人、建行綠城支行作為出借人以及銀團成員行的代理行（代理全體銀團成員行行事）、華財公司作為保證人，三方簽訂了《30萬噸高性能鋁合金特種鋁材項目人民幣銀團貸款保證合同》（以下稱《貸款保證合同》）。該《貸款保證合同》約定華財公司對河南中孚公司該貸款在最高額6億元的範圍內承擔連帶保證責任。

2013年9月2日，建行綠城支行向華財公司發出《河南中孚實業股份有限公司為借款人／抵押人的30萬噸高性能鋁合金特種鋁材專案24億元人民幣銀團貸款的擔保責任解除通知》（以下稱《擔保責任解除通知》），通知解除華財公司在《貸款保證合同》項下的連帶保證責任，該保證合同終止。

華財公司於2014年4月22日、5月16日、10月16日三次查詢其在中國人民銀行徵信中心的信貸紀錄，當日的《企業信用報告》顯示「信貸紀錄明細」一欄的對外擔保紀錄以及「對外擔保主業務資訊」一欄載明，華財公司仍有4.5億元人民幣處於為河南中孚公司作擔保的狀態。「對外擔保主業務資訊」一欄下的備註載明：「在對外擔保資訊主業務資訊中，如果對外擔保紀錄對應的主業務不存在時則不展示該筆對外擔保紀錄。」

2014年8月6日，華財公司向河南中孚公司發出《關於立即賠償我司損失的通知書》，要求河南中孚公司賠償因其未及時辦理解除擔保手續給華財公司造成的經濟損失。2014年8月11日，河南中孚公司向華財公司發出《關於貴公司主張損失通知書的回函》，稱其已履行了合同約定的全部義務，其無法變更中國人民銀行徵信系統上的資訊，華財公司應與銀行協調解決。

2014年10月23日，華財公司向建行綠城支行發出《關於立即賠償我司損失的通知書》，要求建行綠城支行賠償因其未及時辦理解除擔保手續給華財公司造成的經濟損失。建行綠城支行未對此進行答覆。華財公司於2014年11月13日、11月24日分別致電建行綠城支行、進出口銀行與中行高新支行，催促辦理相應的變更登記。

華財公司於2014年11月27日再次查詢其在中國人民銀行徵信中心的信貸紀錄，當日的《企業信用報告》所載明的「對外擔保紀錄」未見顯示華財公司為河南中孚公司提供4.5億元擔保的相關紀錄。

原審法院另查明，在本案河南中孚公司向建行綠城支行、進出口銀行與中行高新支行貸款的6億元中，建行綠城支行貸款1.5億元、進出口銀行貸款3

億元、中行高新支行貸款1.5億元。建行綠城支行、進出口銀行與中行高新支行在中國人民銀行徵信中心的信貸紀錄中按各自的貸款金額各自錄入華財公司的擔保資訊。建行綠城支行在華財公司2014年4月22日第一次查詢中國人民銀行徵信中心的信貸紀錄時，已將其登記的1.5億元的資訊進行了消除。

在原審庭審中，進出口銀行陳述：就本案來說，擔保行為的發生、終止都是由代理行代為通知的，代理行有責任通知進出口銀行華財公司的擔保責任已解除；進出口銀行於2017年2月28日接到本案的追加被告的申請書等應訴材料之後，才得知華財公司的擔保責任已解除。

中行高新支行陳述：對貸款人、擔保人等所有的通知，都是通過代理行發出的，代理行有責任通知中行高新支行華財公司的擔保責任已解除；中行高新支行於2014年11月份經代理行打電話通知才得知華財公司的擔保責任已解除。

原審法院另查明，華財公司的工商公示資訊顯示：華財公司成立於1994年12月29日，註冊資本為8.8088億元（2012年10月29日變更登記前為6.2088億元），其經營範圍在2011年11月29日變更登記前包括為個人、中小企業提供商業性融資擔保，即在2009年三方簽訂《貸款保證合同》時，華財公司具備提供融資擔保的資質。

原審法院認為，綜合各方當事人的訴辯意見，原審法院首先認定本案的兩項爭議事實：一、案涉4.5億元的信貸紀錄消除的時間；二、建行綠城支行作為代理行是否有責任通知進出口銀行、中行高新支行，華財公司的擔保責任已解除。

關於爭議事實一，案涉的4.5億元係由進出口銀行的3億元和中行高新支行的1.5億元構成。及時消除華財公司在中國人民銀行徵信中心的信貸紀錄是進出口銀行與中行高新支行應盡的義務，對於何時消除，進出口銀行與中行高新支行應承擔舉證責任，但進出口銀行與中行高新支行未能舉證，應承擔不利後果。華財公司於2014年11月24日仍在催促進出口銀行與中行高新支行履行義務，進出口銀行與中行高新支行未能明確已作消除紀錄，而華財公司在2014年11月27日再次查詢時，發現相關紀錄已消除。故原審法院認定涉案4.5億元的信貸紀錄消除的時間為2014年11月27日。

關於爭議事實二，2009年9月1日的《貸款保證合同》的簽約人為河南中

孚公司、建行綠城支行、華財公司，建行綠城支行是作為代理行代理全體銀團成員行行事，合同並未明確代理行的具體義務，但從「代理全體銀團成員行行事」的約定以及進出口銀行、中行高新支行的陳述中可以理解為建行綠城支行作為代理行，就本次《貸款保證合同》的相關事宜，建行綠城支行應負責通知進出口銀行與中行高新支行，當然包括通知進出口銀行、中行高新支行華財公司的擔保責任已解除。

　　其次，原審法院歸納如下法律適用的爭議焦點：一、本案有無過訴訟時效；二、建行綠城支行、進出口銀行與中行高新支行的行為是否構成侵權，即過錯、損害、因果關係。

　　關於焦點一，依華財公司主張，本案係侵權之訴，華財公司主張的侵權行為是建行綠城支行、進出口銀行與中行高新支行未時消除其在中國人民銀行徵信中心的信貸紀錄。只要建行綠城支行、進出口銀行與中行高新支行未消除華財公司在中國人民銀行徵信中心的信貸紀錄，侵權行為則一直處於持續狀態。據查明的事實，建行綠城支行、進出口銀行與中行高新支行遲至2014年11月27日才消除華財公司在中國人民銀行徵信中心的信貸紀錄，即建行綠城支行、進出口銀行與中行高新支行的侵權行為遲至2014年11月27日才停止。故訴訟時效期間可從2014年11月27日起計算，而華財公司於2015年6月18日提起本案訴訟，顯然未超過兩年訴訟時效。故建行綠城支行、進出口銀行與中行高新支行關於訴訟時效的抗辯，依據不足，原審法院不予採信。

　　關於焦點二，建行綠城支行於2013年9月2日向華財公司發出《擔保責任解除通知》即表明華財公司的保證責任消滅，參照《徵信業管理條例》第二十三條、第二十六條第三款、第二十九條的規定，建行綠城支行、進出口銀行與中行高新支行有義務在盡可能短的期限內及時在中國人民銀行徵信系統中對華財公司的相關資訊、資料進行變更，確保資訊、資料的準確性，以保障資訊主體即華財公司的合法權益。但進出口銀行、中行高新支行未能履行及時消除貸款紀錄的義務，顯屬過錯。進出口銀行、中行高新支行的過錯致使華財公司仍有4.5億元處於對外擔保狀態從而無法正常開展新的對外擔保業務，勢必造成華財公司的經營損失，華財公司本可以在2013年9月2日以後，就此4.5億元向其他客戶提供擔保以獲取收益。由於進出口銀行、中行高新支行沒有及時、準確履行義務，其工作上的過失造成了華財公司可期待利

益的損失，進出口銀行、中行高新支行應承擔侵權責任。建行綠城支行作為代理行，未能履行及時通知進出口銀行、中行高新支行華財公司的擔保責任已解除的義務，亦存在過錯，應對進出口銀行、中行高新支行承擔的侵權責任承擔連帶責任。

關於建行綠城支行、進出口銀行與中行高新支行應承擔的具體賠償數額。《中華人民共和國侵權責任法》第十九條規定：侵害他人財產的，財產損失按照損失發生時的市場價格或者其他方式計算。華財公司未能提供證據證明其直接損失，其主張的損失屬於間接損失範疇，即屬於可得利益損失。我國的理論和司法實踐一直未將可得利益損失的賠償排除在侵權損害賠償之外，結合本案來說，華財公司多次查詢紀錄、多次催促建行綠城支行、進出口銀行、中行高新支行，均可表明其存在多次經營機會，華財公司因建行綠城支行、進出口銀行、中行高新支行的侵權行為錯過了經營收益的機會，要求華財公司對這種機會進行舉證，過於苛責，故華財公司的損失是客觀的、確定存在的，且華財公司的損失與建行綠城支行、進出口銀行、中行高新支行的過錯具有因果關係，華財公司的可得利益損失應當得到賠償。

華財公司主張計算賠償金額的起止時間為2013年9月2日至2014年11月27日。原審法院認為，建行綠城支行於2013年9月2日向華財公司發出《擔保責任解除通知》後，應及時通知進出口銀行、中行高新支行，進出口銀行、中行高新支行應及時消除華財公司的貸款紀錄，法律雖未規定更改紀錄的期限，但原審法院認為十天時間足以完成，故原審法院酌定該期限為十天，即計算賠償金額的起止時間為2013年9月12日至2014年11月27日。至於進出口銀行、中行高新支行辯稱建行綠城支行未及時通知，屬於建行綠城支行、進出口銀行與中行高新支行內部問題，不得對抗華財公司的主張。華財公司主張按《委託擔保合同》所約定的1%的費率並未超過國家規定的基準擔保費率標準，原審法院對該費率予以確認。案涉的4.5億元係由進出口銀行的3億元和中行高新支行的1.5億元構成，進出口銀行應支付給華財公司的賠償金數額，以3億元為基數，按照每年1%的費率，從2013年9月12日至2014年11月27日（共441天），計算為3,624,657.53元〔（441天÷365天）年×1%×3億元〕；中行高新支行以1.5億元為基數，計算為1,812,328.77元〔（441天÷365天）年×1%×1.5億元〕。建行綠城支行對上述賠償金額均應承擔連帶

賠償責任。

　　原審法院依照《中華人民共和國民法通則》第一百三十四條第一款第（七）項、《中華人民共和國侵權責任法》第二條、第六條第一款、第十九條、《中華人民共和國民事訴訟法》第六十四條第一款，參照《徵信業管理條例》第二十三條、第二十六條第三款、第二十九條的規定，判決：一、自判決發生法律效力之日起十日內，中國進出口銀行賠償華財投資有限公司財產損失3,624,657.53元；中國建設銀行股份有限公司鄭州綠城支行對此承擔連帶賠償責任；二、自判決發生法律效力之日起十日內，中國銀行股份有限公司鄭州高新技術開發區支行賠償華財投資有限公司財產損失1,812,328.77元；中國建設銀行股份有限公司鄭州綠城支行對此承擔連帶賠償責任；三、駁回華財投資有限公司的其他訴訟請求。如果未按判決指定的期間履行上述義務，應當依照《中華人民共和國民事訴訟法》第二百五十三條之規定，加倍支付遲延期間的債務利息。一審案件受理費50,720元，由華財投資有限公司負擔861元，中國進出口銀行負擔35,797元，中國銀行股份有限公司鄭州高新技術開發區支行負擔14,062元，中國建設銀行股份有限公司鄭州綠城支行對中國進出口銀行、中國銀行股份有限公司鄭州高新技術開發區支行應負擔的受理費承擔連帶責任。

　　建行綠城支行不服原審判決，向本院提出上訴稱：一、一審判決事實認定錯誤。1.一審判決將《貸款保證合同》約定的代理全體銀團成員行行事理解為建行綠城支行負有華財公司解除擔保的通知義務，沒有任何依據。2.一審認定華財公司的經濟損失無任何證據支持；3.華財公司即使存在所謂損失，也與建行綠城支行之間沒有任何因果關係。

　　二、根據建行綠城支行向華財公司發出《擔保責任解除通知》，雙方的合同關係至少於2013年9月2日已經解除，建行綠城支行按照合同約定履行了通知義務，沒有任何違反合同約定的違約行為，也不存在法律規定的侵權行為，對於雙方合同解除後華財公司可能產生的損失，依法不應當由建行綠城支行承擔。

　　綜上，建行綠城支行上訴請求：撤銷（2017）粵0106民初4473號民事判決所有關於建行綠城支行承擔連帶責任的部分，改判駁回華財公司對建行綠城支行的全部訴訟請求。

進出口銀行亦不服原審判決,向本院上訴稱:一、華財公司損害請求權已經超過訴訟時效。建行綠城支行作為銀團貸款中參加行一方,對進出口銀行貸款份額產生的信貸紀錄無消除義務,故建行綠城支行對華財公司因進出口銀行未消除信貸紀錄而產生的損失不存在過錯,不應與進出口銀行承擔連帶責任。2015年6月18日華財公司單方面對建行綠城支行提起的訴訟,不能對進出口銀行產生訴訟時效中斷的效果。

二、華財公司所主張的侵權行為與可得利益損失缺少直接的因果關係。根據一審法院查明的事實,在未消除4.5億元擔保紀錄的期間,華財公司仍剩餘4.3088億元的擔保額度,如華財公司所述的「投資機會」所需額度並不超過4.3088億元,則剩餘額度足以使其獲得相應的「投資機會」,4.5億元額度並不是獲得「投資機會」的唯一因素,在此情況下無法認定未消除4.5億元擔保紀錄與華財公司可得利益損失有直接的因果關係。

如果華財公司所述的「投資機會」所需額度超過了剩餘4.3088億元額度,需要4.5億元額度才能滿足,則華財公司應當提供其曾有機會接觸此「投資機會」或交易對方要求消除4.5億元擔保紀錄的相關證明材料。在剩餘4.3088億元大額額度情況下而未開展擔保業務,將損失全部認定由進出口銀行與其他銀團成員行承擔,完全不要求華財公司就「投資機會」的真實性進行任何舉證不符合事實邏輯、法律法規的要求以及公平原則。

三、華財公司所主張的可得利益損失缺少可預見性與確定性。假定或可能發生的損失,均不能作為可得利益損失。

華財公司主張的由其開展擔保業務獲得的可得利益損失受很多不確定因素的影響,且某一時期內的擔保業務開展狀況不必然能證明其他時期的預期利益損失是否存在。市場環境,華財公司自身的業務能力,對擔保業務的資金、人力投入等都會影響擔保業務的展開以及後續可得利益的取得。

四、一審法院判決的賠償金額缺乏依據。首先,根據《最高人民法院關於當前形勢下審理民商事合同糾紛案件若干問題的指導意見》(法發〔2009〕40號)第十條,人民法院在計算和認定可得利益損失時,應當綜合運用可預見規則、減損規則、損益相抵規則以及過失相抵規則等,從非違約方主張的可得利益賠償總額中扣除違約方不可預見的損失、非違約方不當擴大的損失、非違約方因違約獲得的利益、非違約方亦有過失所造成的損失以

及必要的交易成本。按照一審法院的計算方法，至少應當扣除相應的交易成本及華財公司不當擴大的損失等；其次，華財公司在2014年4月22日第一次查詢信貸紀錄時即知其4.5億元擔保紀錄未消除，但直到2014年11月13日才採取措施要求建行綠城支行解除擔保，其對於這段時間損失的擴大應承擔全部的責任。

　　據此，一審法院直接判決賠償華財公司所有的擔保費用，與事實不符，違反了法律法規和公平原則。進出口銀行提出上訴，請求：1.撤銷廣東省廣州市天河區人民法院（2017）粵0106民初4473號民事判決，發回重審或依法改判；2.本案一審、二審訴訟費用由華財公司承擔。

　　中行高新支行亦不服原審判決，向本院提出上訴稱：一、本案應為合同糾紛，且華財公司訴訟請求已超過訴訟時效。1.華財公司、建行綠城支行間的法律關係是基於合同而引起的，華財公司的相關請求均是基於合同的約定，屬於違約損失的範疇，在性質上屬於合同債權。沒有證據表明中行高新支行未消除華財公司的擔保額度而使華財公司遭受合同履行本身及可得利益等合同債權之外的損害。因此，華財公司就其合同履行利益損失請求合同相對方承擔侵權責任，沒有法律依據。2.華財公司在2013年9月2日就已經知道其擔保責任已解除，而其在2017年2月9日才將中行高新支行列為被告，已經超過訴訟時效。

　　二、《中華人民共和國侵權責任法》並沒有對可得利益損失的賠償進行規定，即使參照合同法對可得利益損失賠償的規定，華財公司的訴訟請求也不符合法律的規定。

　　三、華財公司的訴訟主張並不符合一般侵權責任的法律規定。1.中行高新支行並不是《銀團貸款保證合同》、《委託擔保合同》的簽約方，對華財公司並不承擔法律義務或約定義務，中行高新支行也並未實施侵害華財公司財產權益的行為。2.華財公司並未提供證據證明存在損害事實。3.可得利益損失須具有確定性，假定或可能發生的損失，不能作為損失賠償的對象。因此，華財公司要求中行高新支行按照因喪失多個投資機會確定的獲取利潤額賠償其損失，缺乏事實及法律依據。4.華財公司的主張本質上屬於合同法規定的可得利益損失範疇，投資機會是否喪失完全屬於華財公司應當自行承擔的商業風險，與中行高新支行是否為其消除擔保額度無因果關係。

四、侵權人對能夠預見的損失應當承擔賠償責任，對受害人擴大的損失，侵權人沒有過錯，所以不應承擔責任。

五、投資機會具有很大的不確定性。1.華財公司沒有開展4.3088億元的擔保業務，可見4.5億元的對外擔保的資訊是否消除與其是否能成功開展業務沒有任何因果聯繫。2.華財公司如果開展擔保業務，在2014年4月22日之前就會查詢徵信報告，因此，即使其喪失多個投資機會，也是2014年4月22日之後的投資機會，一審判決認定的侵權開始日期是錯誤的。3.從華財公司提供的2014年4月22日《企業信用報告》中可以看出，與8.8億的註冊資本相比，仍然有3.8億的擔保額度。從華財公司提供的2014年5月16日、10月16日的《企業信用報告》中「信貸紀錄明細」中可以看出，其仍然有2.8億的擔保額度。由此可見，華財公司除了為其關聯公司提供過擔保業務外，根本就沒有開展過其他業務，華財公司所說的多個投資機會根本不存在。

六、華財公司是否查詢紀錄、是否催促，與其是否存在多次經營機會並沒有必然的關係。從生活常識及商業常識講，華財公司能否順利開展擔保業務，取決於市場中的多種因素，並不能認為只要開辦公司就有業務，就有利潤。

七、一審判決認為本案為一般侵權責任，則華財公司應當對侵權責任的構成負有舉證責任。事實上華財公司並沒有提供任何證據證明喪失多個機資機會與信用額度是否解除的因果關係及損失金額的確定性。華財公司的訴訟請求並不符合《侵權責任法》的規定。

八、即使華財公司舉證證明了其存在確定的損失，其對損害的發生也有過錯，其有義務採取適當措施防止損失的擴大，但其卻沒有採取適當措施致使損失擴大，因此其不得就擴大的損失要求賠償。一審判決未能認定華財公司的相關過錯責任明顯不當。

故中行高新支行上訴請求：1.撤銷（2017）粵0106民初4473號民事判決第二項，駁回華財公司對中行高新支行的訴訟請求；2.華財公司承擔一審、二審訴訟費用。

華財公司針對建行綠城支行、進出口銀行、中行高新支行的上訴答辯稱：一、訴訟時效問題，建行綠城支行、進出口銀行、中行高新支行的侵權行為至2014年11月27日才停止，故華財公司的訴訟請求沒有超過兩年的訴

訟時效。二、侵權事實問題，根據一審法院查明的事實及華財公司提供的證據表明，建行綠城支行、進出口銀行、中行高新支行是知道自己是華財公司信貸紀錄更改的主體的，故義務主體在於建行綠城支行、進出口銀行、中行高新支行。現建行綠城支行作為代理行已經發出解除擔保的通知，代理行發出通知就代表著另外兩家銀行，至於代理行有無通知進出口銀行、中行高新支行，是其自身內部的問題。三、關於損失問題，在華財公司多次催促建行綠城支行、進出口銀行、中行高新支行的情況下，應該看到華財公司是有多次的投資機會，華財公司的舉證有高度蓋然性，在建行綠城支行、進出口銀行、中行高新支行證據無法達到充分證明事實的情況下，應該採納華財公司提交的證據。本案中，華財公司沒有提交直接證據證明華財公司的損失，但華財公司多次查詢資訊，就證明華財公司有多次的投資機會，建行綠城支行、進出口銀行、中行高新支行的侵權行為對華財公司的經營造成巨大的影響，華財公司提出的損失亦沒有超過國家規定的標準，建行綠城支行、進出口銀行、中行高新支行應當賠償相應的損失。故請求維持一審原判，駁回建行綠城支行、進出口銀行、中行高新支行上訴請求。

　　本院經審理查明，原審判決認定事實屬實，本院予以確認。

　　本院二審期間，建行綠城支行提交了以下證據：一、2013年6月13日三家銀行與借款人簽署的《會議紀要》，證明會議的內容是同意解除華財公司的擔保責任並明確華財公司最終完全退出擔保，該會議紀要進出口銀行、中行高新支行都是知道的，所以建行綠城支行沒有再通知，該會議紀要在給華財公司的解除擔保責任的通知中亦有提及。二、2013年8月8日各方確定的銀團貸款補充協議，證明在上述會議紀要中，劉宏彥作為進出口銀行的授權人簽名，同時證明該協議已經對將來置換擔保的措施進行約定，由河南中孚實業股份有限公司負責辦理置換手續，辦好後再通知幾家銀行。三、進出口銀行風險部同意河南中孚公司擔保置換的掃描件，在2013年2月7日進出口銀行已經同意其北京分行對擔保措施進行變更，變更後華財公司不再作為擔保人。四、進出口銀行追加股權質押公證書。五、24億銀團貸款擔保置換房產抵押合同（第19037C號）。六、24億銀團貸款擔保置換設備抵押合同（第19037A號）。七、24億銀團貸款擔保置換土地抵押合同（第19037B號）。八、24億銀團貸款：股票質押合同補充協議。九、動產抵押登記書。十、證

券質押登記證明書。證據二至證據十證明在2013年9月2日之前擔保置換手續已經全部辦理完畢。

華財公司認為，對證據一的真實性、合法性、關聯性均認可，從會議紀要最後可以看出，三家銀行在開會時已經清晰知道解除華財公司擔保的情況，也才出現代理行在華財公司投訴前已經主動解除擔保的事實；對證據二的真實性、關聯性、合法性亦予以認可，補充協議清楚看出三家銀行知道已經解除華財公司擔保，華財公司只接受代理行的通知，代理行的通知代表著三家銀行的通知；證據二至證據十證據如果有原件，可以認可真實性和合法性，對關聯性不認可，華財公司之前不知道這些情況；從證據五抵押合同目錄第二點看，建行綠城支行作為代理行，代理全體銀團成員行行事，在提起本案訴訟前，華財公司並不知道到底三家銀行對華財公司各享有多少的額度，這些證據證明另外兩家銀行對於解除擔保是知悉的，也存在過錯，其未及時消除華財公司的信貸紀錄，導致華財公司不能減輕債務負擔，不能正常開展業務，而華財公司的擔保是有經營利潤的，是實際存在損失的。

進出口銀行認為，證據一、證據二的真實性、合法性、關聯性認可；對證據三，因為進出口銀行內部進行過調整，無法查到這份證據的原件，即使這份證據是真實的，也只是內部檔，沒有效力，故對該證據的真實性、合法性、關聯性不予認可；對證據八，影本模糊不清無法辨認，對其真實性、合法性、關聯性以及證明目的不予認可；對其他證據沒有意見。

中行高新支行認為，對證據一的真實性予以認可，但證明內容不予確認，會議紀要只是關於置換擔保達成一致意見，不能證明已經解除了華財公司的擔保，從紀要的內容可以看出，中行高新支行還需要走內部程序，置換的擔保方式是抵押，在沒有辦理抵押登記前是不能解除擔保的，因此，會議紀要不能作為中行高新支行知道或者應當應當解除華財公司擔保的時間，也不能證明建行綠城支行通知中行高新支行相關的事實；對證據二的真實性認可，對證明內容不認可，該補充協議不能證明用於置換擔保的擔保物已經辦理完登記手續；對證據三至證據十的真實性、關聯性不予以認可，證據三只能證明進出口銀行批准下級行以機械設備、房地產抵押置換之前的擔保，並不能證明置換條件成就，中行高新支行無義務解除華財公司的保證責任；證據四與本案爭議無關，該證據形成於2011年9月2日，而本案爭議的抵押置換

發生於2013年。證據五至證據七，只能證明建行綠城支行與借款人簽署了抵押合同，不能證明所涉抵押房產辦理了抵押登記，更不能證明辦理押登記的時間；證據八只能說明用以置換的股票質押簽署了合同，不能證明辦理了登記；證據九只能說明用以置換的動產辦理了登記，不能證明用以置換的房屋、土地辦理了抵押登記；證據十與本案爭議無關，該證據形成於2011年12月，而本案爭議的抵押置換發生於2013年；建行綠城支行提交的上述證據不能證實用以置換的抵押物在2013年9月2日完成了全部的抵押登記，因此，2013年9月2日中行高新支行沒有義務解除華財公司的保證擔保責任；用以置換的抵押手續由建行綠城支行辦理，但何時辦妥，中行高新支行不知情，故中行高新支行沒有過錯，不構成對華財公司的侵權。

本院認為，《中華人民共和國民法通則》第六十三條規定：「公民、法人可以通過代理人實施民事法律行為。代理人在代理許可權內，以被代理人的名義實施民事法律行為。被代理人對代理人的代理行為，承擔民事責任。」本案中，根據河南中孚公司、華財公司與建行綠城支行簽訂的《貸款保證合同》約定，建行綠城支行作為銀團成員行的代理行，代理全體銀團成員行行事，並獲代理全體銀團成員行簽署和履行本合同。因此，華財公司在2015年6月18日提起本案訴訟，向建行綠城支行主張權利的行為，亦應視為是向進出口銀行以及中行高新支行的代理人主張了權利。故原審法院認定華財公司對進出口銀行及中行高新支行的起訴並未超過法律規定的訴訟時效期間，有事實和法律的依據，本院依法予以維持。

在建行綠城支行於2013年9月2日向華財公司發出《擔保責任解除通知》後，華財公司的擔保責任亦隨之消滅。而在中國人民銀行徵信中心對華財公司相關貸款紀錄進行消除，是建行綠城支行、進出口銀行、中行高新支行在履行上述《貸款保證合同》中附隨的義務。現建行綠城支行、進出口銀行、中行高新支行沒有及時履行上述義務，導致華財公司開展正常擔保業務時受到一定的限制，侵犯了華財公司的權利，建行綠城支行、進出口銀行、中行高新支行對此均存在過錯。故華財公司要求進出口銀行、中行高新支行按照其各自貸款額度造成的損失進行賠償的理由成立，本院予以支持。而進出口銀行、中行高新支行主張，其沒有及時在中國人民銀行徵信中心為華財公司消除了相關貸款紀錄的原因，是建行綠城支行在相關擔保財產置換完成後，

沒有及時告知華財公司擔保責任已經解除的情況，建行綠城支行雖對此不予認可，但建行綠城支行在二審中提供的證據，僅能證明進出口銀行、中行高新支行在擔保物置換過程中參與了協商，不足以證明相關置換擔保的財產在有關部門完成擔保登記手續後，建行綠城支行有及時通知進出口銀行及中行高新支行。因此，對進出口銀行、中行高新支行不能及時消除華財公司在中國人民銀行徵信中心的信貸紀錄，建行綠城支行亦存在一定的過錯，而該過錯與華財公司在本案中的損失存在因果關係，故對華財公司要求建行綠城支行在本案中承擔相應的侵權責任的理由，有事實和法律的依據，本院予以支持。

雖然，華財公司對其主張的可得利益損失沒有提供證據證明，但作為開展擔保業務的企業，中國人民銀行徵信中心中登記的信貸紀錄，確實會影響華財公司獲得相應業務經營的機會；然而該經營的機會亦並非消除了上述信貸紀錄後就會必然可得。因此，華財公司主張，其損失應當從2013年9月2日建行綠城支行向其發出《擔保責任解除通知》時開始計算，缺乏足夠的事實依據。而華財公司於2014年4月22日在中國人民銀行徵信中心查詢其信貸紀錄的行為，可視為是其有可能獲得經營機會而為的行為。則2014年4月22日可作為華財公司損失起算的時間，計算華財公司損失的時間應為2014年4月22日至2014年11月27日（共220天）。至於華財公司損失的數額，原審法院參照《委託擔保合同》中約定由華財公司向河南中孚公司支付擔保費用的標準，即每年按照貸款本金1%的標準計算，有一定依據，本院依法予以維持。據此，在2014年4月22日至2014年11月27日期間，進出口銀行因未及時在人民銀行的徵信系統中，為華財公司消除3億元貸款紀錄造成的損失為：1,808,219.18元〔（220天÷365天）年×1%×3億元〕；中行高新支行因未及時在人民銀行的徵信系統中，為華財公司消除1.5億元貸款紀錄造成的損失為：904,109.59元〔（220天÷365天）年×1%×1.5億元〕，建行綠城支行對上述賠償金額承擔連帶責任。

綜上所述，建行綠城支行、進出口銀行、中行高新支行部分上訴理由成立，對其上訴理由成立的部分，本院予以支援。原審判決認定事實部分不清，適用法律部分不當，本院依法予以糾正。依照《中華人民共和國侵權責任法》第六條、第十五條，《中華人民共和國民法通則》第六十三條，《中

華人民共和國民事訴訟法》第一百七十條第一款第三項的規定，判決如下：

一、維持廣州市天河區人民法院（2017）粵0106民初4473號民事判決第三項。

二、變更廣州市天河區人民法院（2017）粵0106民初4473號民事判決的第一項為：自本判決發生法律效力之日起十日內，中國進出口銀行賠償華財投資有限公司財產損失1,808,219.18元；中國建設銀行股份有限公司鄭州綠城支行對此承擔連帶責任。

三、變更廣州市天河區人民法院（2017）粵0106民初4473號民事判決的第二項為：自本判決發生法律效力之日起十日內，中國銀行股份有限公司鄭州高新技術開發區支行賠償華財投資有限公司財產損失904,109.59元；中國建設銀行股份有限公司鄭州綠城支行對此承擔連帶責任。

如果未按本判決指定的期間履行給付金錢義務，應當依照《中華人民共和國民事訴訟法》第二百五十三條之規定，加倍支付遲延履行期間的債務利息。

一審案件受理費50,720元，由華財投資有限公司負擔25,979元，中國進出口銀行負擔16,494元，中國銀行股份有限公司鄭州高新技術開發區支行負擔8,247元；二審案件受理費49,859元，由華財投資有限公司負擔24,986元，中國進出口銀行負擔16,582元，中國銀行股份有限公司鄭州高新技術開發區支行負擔8,291元；中國建設銀行股份有限公司鄭州綠城支行對中國進出口銀行、中國銀行股份有限公司鄭州高新技術開發區支行應負擔的部分承擔連帶責任。

本判決為終審判決。

審判長　陳瑞暉

審判員　黃小迪

審判員　肖　凱

二〇一八年二月五日

書記員　馮曉雯

第十二篇

訴訟程序

【案例133】第三人撤銷之訴的法定構成要件

工商銀行與園洲公司等第三人撤銷之訴案評析

案號：廣東省惠州市中級人民法院（2018）粵13民終1922號

【摘要】

銀行向法院提起第三人撤銷之訴，應舉證證明已生效的法律文書確有錯誤且損害了自身的合法權益，以期獲得法院支持、減少銀行債權損失。

【基本案情】

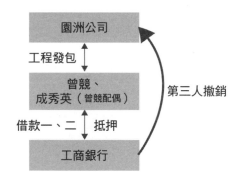

2012年11月20日，曾競與博羅縣園洲建築工程公司（以下簡稱「園洲公司」）簽訂《施工發包合同》，約定曾競將其位於博羅縣XX中XX路的建設工程（以下簡稱「案涉建設工程」）發包給園洲公司承建；總造價為124萬元；工期為園洲公司從進場之日起二年九個月內竣工；工程款支付方式為做好基礎時支付20萬元，工程封頂支付30萬元，完工驗收合格後剩餘款項一年內付清。經核查，博羅縣園洲鎮村鎮建設管理所出具的驗收材料載明，案涉建設工程的竣工日期為

2013年11月20日。

　　2015年9月23日，曾競與園洲公司簽訂《工程竣工驗收表》，確認案涉建設工程於2015年8月30日竣工並驗收合格。同日，雙方簽訂《協議書》，確認案涉建設工程總款為124萬元、曾競已支付57萬元，並約定剩餘工程款67萬元由曾競分兩期支付，第一期於2015年12月31日前支付30萬元，如未按時支付，曾競必須變賣案涉建設工程一次性支付全部工程款67萬元；第二期於2017年9月前支付37萬元。後因曾競未依約支付工程款，園洲公司於2016年2月3日向法院提起訴訟，請求判令曾競支付剩餘工程款67萬元。法院於2016年8月30日做出（2016）粵1322民初710號民事判決書，判決曾競一次性支付園洲公司建築工程價款67萬元及相應利息；園洲公司在建築工程價款67萬元範圍內對案涉建設工程享有優先受償權。

　　2014年2月21日，工商銀行股份有限公司博羅支行（以下簡稱「工商銀行」）與曾競簽訂《個人借款／擔保合同》（以下簡稱《借款合同一》），約定工商銀行向曾競發放個人家居消費貸款98萬元，由曾競提供上述案涉建設工程及國有土地使用權作抵押擔保，並辦理了抵押登記。2014年3月5日，工商銀行與曾競簽訂《個人借款／擔保合同》（以下簡稱《借款合同二》），約定工商銀行向曾競發放個人文化消費貸款98萬元，由曾競提供上述案涉建設工程及國有土地使用權作抵押擔保，並辦理了抵押登記。上述兩筆貸款發放後，曾競均未依約償還本息。工商銀行遂於2016年1月7日向法院提起訴訟，法院於2016年12月14日做出（2016）粵1322民初607號、608號民事判決書，分別判決解除工商銀行與成秀英、曾競簽訂的《借款合同一》、《借款合同二》；成秀英應償還工商銀行借款本金925,270.65元及相應利息、借款本金914,697.73元及相應利息；對於成秀英應償還的前述債務，曾競承擔連帶清償責任，工商銀行對曾競提供抵押的案涉建設工程及國有土地使用權享有優先受償權。

工商銀行認為其作為案涉建設工程的抵押權人，（2016）粵1322民初710號民事判決書侵犯其合法權益，遂訴至法院，請求撤銷（2016）粵1322民初710號民事判決書的第二判項「園洲公司在建築工程價款67萬元範圍內對案涉建設工程享有優先受償權」。

【法院判決】

廣東省惠州市博羅縣人民法院經審理認為，本案為第三人撤銷之訴。本案的爭議焦點為：園洲公司行使工程價款受償權是否超過六個月期限。根據《最高人民法院關於建設工程價款優先受償權問題的批覆》第四條「建設工程承包人行使優先權的期限為六個月，自建設工程竣工之日或者建設工程合同約定的竣工之日起計算」、《最高人民法院關於審理建設工程施工合同糾紛案件適用法律問題的解釋》第十四條「當事人對建設工程實際竣工日期有爭議的，按照以下情形分別處理：（一）建設工程經竣工驗收合格的，以竣工驗收合格之日為竣工日期」，及參照《廣東省高級人民法院關於審理建設工程合同糾紛案件疑難問題的解答》（粵高法〔2017〕151號）》第十六條「建設工程承包人行使優先受償權的期限為六個月，具體起算點按照以下方式確定：（1）工程已竣工的，自建設工程竣工之日或者建設工程合同約定的竣工之日起算，上述日期不一致的，以在後日期作為起算點，但合同約定的付款期限尚未屆滿的，以合同約定的付款期限屆滿之日作為起算點」的規定，案涉建設工程已竣工，雖然博羅縣園洲鎮村鎮建設管理所出具的案涉建設工程驗收材料載明的竣工日期與《施工發包合同》中約定的竣工日期不一致，但園洲公司與曾競簽訂的《協議書》約定了剩餘工程款67萬元的付款期限，曾競未依約在2015年12月31日前支付第一筆30萬元，則必須變賣案涉建設工程一次性支付全部工程款67萬元。因此，園洲公司向曾競行使工程價款優先受償權的起算時間應為2016年1月。園洲公司於2016年2月3日向本

院起訴主張工程價款優先受償權，並未超過法定期限。綜上，判決駁回工商銀行的訴訟請求。

　　宣判後，工商銀行不服一審判決，提起上訴。廣東省惠州市中級人民法院經審理認為，一審判決認定事實清楚、適用法律正確，故判決駁回上訴、維持原判。

【法律評析】

　　本案的爭議焦點為：建設工程承包人園洲公司行使工程價款受償權是否超過六個月期限，即六個月期限應從何時起算；工商銀行是否有權向法院提起第三人撤銷之訴。

一、建設工程承包人行使工程價款優先權的六個月期限起算點

　　2002年《最高人民法院關於建設工程價款優先受償權問題的批覆》第四條規定：「建設工程承包人行使優先權的期限為六個月，自建設工程竣工之日或者建設工程合同約定的竣工之日起計算。」

　　由於實踐中對「竣工」的理解存在分歧，2004年最高院又出台司法解釋，對竣工做出如下解釋：《最高人民法院關於審理建設工程施工合同糾紛案件適用法律問題的解釋》第十四條規定：「當事人對建設工程實際竣工日期有爭議的，按照以下情形分別處理：（一）建設工程經竣工驗收合格的，以竣工驗收合格之日為竣工日期；（二）承包人已經提交竣工驗收報告，發包人拖延驗收的，以承包人提交驗收報告之日為竣工日期；（三）建設工程未經竣工驗收，發包人擅自使用的，以轉移占有建設工程之日為竣工日期。」本案中的涉案房屋在不動產檔案館留檔的驗收材料載明竣工日期為2013年11月20日，但園洲公司與曾競簽訂的《工程竣工驗收表》中確認竣工並驗收合格之日為2015年8月30日，《協議書》約定第一期付款應於2015年12月31日前支付。園洲公司於2016年2月3日起訴，如按檔

案館留檔的竣工驗收材料記載的日期起算，園洲公司已超過六個月的優先受償權主張日期，因此認定「竣工」起算點至關重要。

法院最終參照了《廣東省高級人民法院關於審理建設工程合同糾紛案件疑難問題的解答》（粵高法〔2017〕151號）》第十六條規定：「建設工程承包人行使優先受償權的期限為六個月，具體起算點按照以下方式確定：（1）工程已竣工的，自建設工程竣工之日或者建設工程合同約定的竣工之日起算，上述日期不一致的，以在後日期作為起算點，但合同約定的付款期限尚未屆滿的，以合同約定的付款期限屆滿之日作為起算點⋯⋯」

法院認為，承包人園洲公司向曾競行使工程價款優先受償權六個月的起算點，應為2016年1月1日。2016年2月3日，園洲公司訴至法院，請求對工程價款優先受償的主張未超過六個月的法定期限。因此，兩審法院均認定園洲公司有權對案涉建設工程行使優先受償權。

各省市關於工程價款優先權六個月期限起算點的不同規定，可能最終影響相關案件的裁判結果，導致出現同案不同判的情況。因此，最新出台的《最高人民法院關於審理建設工程施工合同糾紛案件適用法律問題的解釋（二）》（法釋〔2018〕20號，2019年2月1日起施行）第二十二條，對建設工程承包人行使工程價款優先權六個月期限的起算點作了統一規定，即自發包人應當給付建設工程價款之日起算。這將會統一各地法院關於工程價款優先權六個月期限起算點的司法裁判標準，維護當事人的合法權益和公平正義的司法權威。

二、第三人提起撤銷之訴的法定構成要件

《中華人民共和國民事訴訟法》第五十六條規定：「對當事人雙方的訴訟標的，第三人認為有獨立請求權的，有權提起訴訟。對當事人雙方的訴訟標的，第三人雖然沒有獨立請求權，但案件處理結果同他有法律上的利害關係的，可以申請參加訴訟，或者由人民法院通

知他參加訴訟。人民法院判決承擔民事責任的第三人，有當事人的訴訟權利義務。前兩款規定的第三人，因不能歸責於本人的事由未參加訴訟，但有證據證明發生法律效力的判決、裁定、調解書的部分或者全部內容錯誤，損害其民事權益的，可以自知道或者應當知道其民事權益受到損害之日起六個月內，向做出該判決、裁定、調解書的人民法院提起訴訟。人民法院經審理，訴訟請求成立的，應當改變或者撤銷原判決、裁定、調解書；訴訟請求不成立的，駁回訴訟請求。」因此，第三人撤銷之訴是一種特殊的事後救濟，分為有獨立請求權第三人和無獨立請求權第三人。

　　分析可知，第三人提起撤銷之訴，應包括以下法定構成要件：

1	適用主體	對訴訟標的有獨立請求權的第三人，和雖無獨立請求權、但其權利受到生效文書拘束的第三人
2	管轄法院	做出生效判決、裁定、調解書的法院
3	提起時限	自知道或者應當知道其民事權益受到損害之日起六個月內
4	提起事由	（1）程序條件：因不能歸責於第三人本人的事由而未參加訴訟 （2）實體條件：有證據證明發生法律效力的判決、裁定、調解書部分或者全部內容錯誤 （3）結果條件：第三人的民事權益受到損害
5	適用客體	已發生法律效力的判決、裁定、調解書

　　結合本案，工商銀行認為，已生效的（2016）粵1322民初710號民事判決書第二判項「園洲公司在建築工程價款67萬元範圍內對案涉建設工程享有優先受償權」，建設工程承包人優先受償權，將會影響銀行作為抵押權人對案涉建設工程抵押權的行使，工商銀行作為有獨立請求權的第三人隨即向做出法院提起了第三人撤銷之訴，符合適

用主體、管轄法院、提起時限、適用客體及提起事由中的程式條件。但是,結合上文所述,園洲公司對工程價款行使優先受償權,並未超過六個月法定期限,法院據此做出支持園洲公司對案涉建設工程行使優先受償權的第二判項並無不當。即,工商銀行並未能舉證證明(2016)粵1322民初710號民事判決書的第二判項確有錯誤且損害了其合法權益,不符合提起事由的實體條件和結果條件。故兩審法院均駁回了工商銀行提起第三人撤銷之訴的訴訟請求。

三、銀行風險啟示

本案對銀行的風險啟示為:第三人提起撤銷之訴,具有嚴格的法定構成要件。作為債權人和擔保權人,為了保障銀行債權順利收回,銀行可以向法院依法提起第三人撤銷之訴,同時提供符合第三人撤銷之訴全部法定要件的證據,證明已生效的法律文書確有錯誤且損害了自身的合法權益,提出合法合理的抗辯理由,以最大限度支援自己撤銷錯誤法律文書的訴請。

附:法律文書

中國工商銀行股份有限公司博羅支行與博羅縣園洲建築工程公司等第三人撤銷之訴案

廣東省惠州市中級人民法院民事判決書(2018)粵13民終1922號

上訴人(原審原告):中國工商銀行股份有限公司博羅支行。

住所地:博羅縣羅陽鎮北門路13號。

負責人:楊文凱,行長。

委託訴訟代理人:余光蓉,公司員工。

委託訴訟代理人:謝松富,廣東達倫律師事務所律師。

被上訴人(原審被告一):博羅縣園洲建築工程公司。

住所地:博羅縣園洲鎮府內。

法定代表人：李沃鈴。

委託訴訟代理人：黃達權，廣東法村律師事務所律師。

被上訴人（原審被告二）：曾競，男，1976年1月20日出生，漢族，住湖北省鄖西縣。

上訴人中國工商銀行股份有限公司博羅支行因與被上訴人博羅縣園洲建築工程公司、被上訴人曾競第三人撤銷之訴一案，不服廣東省博羅縣人民法院（2017）粵1322民初1758號民事判決，向本院提起上訴。本院於2018年4月13日立案後，依法組成合議庭，開庭進行了審理。本案現已審理終結。

原審原告中國工商銀行股份有限公司博羅支行向一審法院起訴請求：因被告一與被告二建設工程施工合同糾紛一案（案號：2016粵1322民初710號），原告於2016年5月16日向貴院提出申請，請求作為有獨立請求權的第三人參加訴訟。但貴院駁回了原告的該申請。目前該案已判決。現原告對貴院做出的民事判決書提起訴訟，要求撤銷判決書中的第二項判決內容。

一審法院認定事實：2012年11月20日，被告一博羅縣園洲建築工程公司118施工隊（下稱118施工隊）與被告二曾競簽訂《土建工程施工承發包合同》，約定：1.曾競將其位於博羅縣XX中XX路的一幢樓房的建設工程以「包工包料」方式發包給118施工隊承建，承包範圍為基礎工程、主體工程、裝修工程；2.建築總面積為1,080平方米，總造價為124萬元；3.工期為118施工隊從進場之日起二年九個月內竣工；4.工程款支付方式為做好基礎時支付20萬元，工程封頂支付30萬元，完工驗收合格後剩餘款項一年內付清。合同還約定其他事宜。2015年9月23日，被告二與被告一118施工隊簽署《工程竣工驗收表》，確認被告二的房屋於2015年8月30日竣工並驗收合格。同日，被告二與被告一118施工隊的負責人譚淦良簽署《協議書》，確認其位於博羅縣XX中XX路的房屋建設工程總款為124萬元，已支付57萬元，尚欠67萬元未支付，並約定剩餘工程款67萬元由被告二分兩期支付，第一期於2015年12月31日前支付30萬元，如未按時支付，被告二必須變賣案涉樓房一次性支付全部工程款67萬元；第二期於2017年9月前支付37萬元，並從2016年1月1日起按月利率15‰計付利息。後因被告二未支付工程款，被告一於2016年2月3日向本院提起訴訟，請求被告二支付剩餘工程款。本院於2016

年8月30日做出（2016）粵1322民初710號民事判決書，判決：一、曾競於本判決發生法律效力之日起十五日內一次性支付博羅縣園洲建築工程公司建築工程價款67萬元及利息（其中以30萬元為基數，從2016年1月1日起至付清日止，按照中國人民銀行同期同類貸款利率計算；以37萬元為基數，從2016年1月1日起至付清日止，按月利率15‰計算）；二、博羅縣園洲建築工程公司在曾競欠付的建築工程價款67萬元範圍內對曾競所有的位於博羅縣園洲鎮XX中XX路的房屋（證號：粵房地權證字第DJ0XXX01號）的折價或者拍賣價款中享有優先受償權；三、駁回博羅縣園洲建築工程公司的其他訴訟請求。2014年2月21日，原告與被告二簽訂《個人借款／擔保合同》，約定由原告向被告二發放個人家居消費貸款98萬元，由被告二提供上述涉案房屋及國有土地使用權為該借款作抵押擔保，並辦了抵押登記。2014年3月5日，原告與被告二簽訂《個人借款／擔保合同》，約定由原告向被告二發放個人文化消費貸款98萬元，由被告二提供上述涉案房屋及國有土地使用權為該借款作抵押擔保，並辦了抵押登記。上述二筆貸款發放後，被告二均未按約定償還本金和支付利息，原告遂於2016年1月7日向本院提起訴訟。本院於2016年12月14日做出（2016）粵1322民初607號及（2016）粵1322民初608號民事判決書。（2016）粵1322民初607號民事判決書判決內容為：一、解除中國工商銀行股份有限公司博羅支行與成秀英、曾競於2014年3月5日簽訂的《個人借款／擔保合同》。二、成秀英應償還仍欠中國工商銀行股份有限公司博羅支行的借款本金925,270.65元及利息（計算至2015年12月12日止的利息71,641.19元，之後的利息按雙方簽訂的《個人借款／擔保合同》的約定計算，計算至還清借款之日止）。上述借款本息，限成秀英在本判決發生法律效力之日起十日內付清給中國工商銀行股份有限公司博羅支行。三、限成秀英在本判決發生法律效力之日起十日內支付律師費48,876元給中國工商銀行股份有限公司博羅支行。四、對於上述第二、三判項成秀英應負責償還的債務，中國工商銀行股份有限公司博羅支行對曾競提供抵押的位於博羅縣園洲鎮XX中XX路的房產（房地產權證的證號：粵房地權證字第DJ0XX01號）及國有土地使用權（國有土地使用權證號：博府國用〔2013〕第19XX7號）的價款享有優先受償權。五、對於上述第二、三判項成秀英應負責償還的債務，由曾競承擔連帶清償責任。（2016）粵1322民初608號民事判決書判決

內容為：一、解除中國工商銀行股份有限公司博羅支行與成秀英、曾競於2014年2月21日簽訂的《個人借款／擔保合同》。二、成秀英應償還仍欠中國工商銀行股份有限公司博羅支行的借款本金914,697.73元及利息（計算至2015年12月12日止的利息57,200.97元，之後的利息按雙方簽訂的《個人借款／擔保合同》的約定計算，計算至還清借款之日止）。上述借款本息，限成秀英在本判決發生法律效力之日起十日內付清給中國工商銀行股份有限公司博羅支行。三、限成秀英在本判決發生法律效力之日起十日內支付律師費47,875元給中國工商銀行股份有限公司博羅支行。四、對於上述第二、三判項成秀英應負責償還的債務，中國工商銀行股份有限公司博羅支行對曾競提供抵押的位於博羅縣園洲鎮XX中XX路的房產（房地產權證的證號：粵房地權證字第DJ0XX01號）及國有土地使用權（國有土地使用權證號：博府國用〔2013〕第19XX7號）的價款享有優先受償權。五、對於上述第二、三判項成秀英應負責償還的債務，由曾競承擔連帶清償責任。現原告主張其作為涉案房屋的抵押權人，本院做出的（2016）粵1322民初710號民事判決書侵犯其合法權益，遂向本院提起訴訟，請求撤銷（2016）粵1322民初710號民事判決書的第二判項。另查明，根據原告申請，本院依法向博羅縣不動產檔案館調取由博羅縣園洲鎮村鎮建設管理所出具的涉案房屋的驗收材料，該驗收材料載明涉案房屋的竣工日期為2013年11月20日。

　　一審法院認為：本案為第三人撤銷之訴。結合雙方當事人的舉證、質證及訴辯意見，本案爭議焦點為：被告一博羅縣園洲建築工程公司行使工程價款受償權是否超過六個月期限。根據《最高人民法院關於建設工程價款優先受償權問題的批覆》第四條「建設工程承包人行使優先權的期限為六個月，自建設工程竣工之日或者建設工程合同約定的竣工之日起計算」、《最高人民法院關於審理建設工程施工合同糾紛案件適用法律問題的解釋》第十四條「當事人對建設工程實際竣工日期有爭議的，按照以下情形分別處理：（一）建設工程經竣工驗收合格的，以竣工驗收合格之日為竣工日期」，及參照《廣東省高級人民法院關於審理建設工程合同糾紛案件疑難問題的解答》（粵高法〔2017〕151號）》第十六條「建設工程承包人行使優先受償權的期限為六個月，具體起算點按照以下方式確定：（1）工程已竣工的，自建設工程竣工之日或者建設工程合同約定的竣工之日起算，上述日期不一

致的，以在後日期作為起算點，但合同約定的付款期限尚未屆滿的，以合同約定的付款期限屆滿之日作為起算點」的規定，本案涉案房屋已竣工，雖博羅縣園洲鎮村鎮建設管理局出具的涉案房屋的驗收材料載明的竣工日期與被告一、被告二在雙方簽訂的《土建工程施工承發包合同》中約定的竣工日期不一致，但被告一與被告二簽署的《協議書》中約定了剩餘工程款67萬元的付款期限，其中，第一期於2015年12月31日前支付30萬元，如未按時支付，被告二必須變賣案涉樓房一次性支付全部工程款67萬元；第二期於2017年9月前支付37萬元。本案中，被告二未在2015年12月31日前支付30萬元，根據《協議書》的約定，此時被告二必須變賣案涉樓房一次性支付全部工程款67萬元。根據上述法律規定，被告一向被告二行使工程價款優先受償權的起算時間應為2016年1月。被告一於2016年2月3日向本院起訴主張工程價款優先受償權，並未超過法定期限。因此，原告訴請撤銷（2016）粵1322民初710號民事判決書第二判項，缺乏事實和法律依據，本院不予支持。被告二經本院依法傳喚後，無正當理由不到庭參加訴訟，不影響本院對本案的審判。綜上所述，依照《中華人民共和國民事訴訟法》第五十六條、第六十四條、第一百四十四條，《最高人民法院關於審理建設工程施工合同糾紛案件適用法律問題的解釋》第十四條，《最高人民法院關於建設工程價款優先受償權問題的批覆》第四條，及參照《廣東省高級人民法院關於審理建設工程合同糾紛案件疑難問題的解答》第十六條的規定，判決如下：駁回原告中國工商銀行股份有限公司博羅支行的訴訟請求。案件受理費100元（原告已預交），由原告負擔。

　　二審中，上訴人提交規劃合格證作為證據。

　　經庭審質證，被上訴人博羅縣園洲建築工程公司對該證據的真實性沒有異議，對於該證件所記載的竣工日期，以答辯狀意見為準。

　　本院經審理查明，一審法院查明的事實基本屬實，本院予以確認。

　　本院另查明，上訴人申請對《土建工程施工承發包合同》的形成時間進行鑒定，本院指令其在2018年7月30日前提交該鑒定具備可操作性的依據，上訴人無法提交。

　　本院認為：一、上訴人對本案《土建工程施工承發包合同》的形成時間存在質疑，並申請進行鑒定。由於筆跡（印章）形成時間的鑒定存在客觀上

的難以操作性，而上訴人也未能在本院指定的時間內提交該鑒定具備可操作性的依據，因此本院不予採納上訴人的鑒定申請。鑒於以上情況，本院認為上訴人對本案《土建工程施工承發包合同》所提出的存在盜簽嫌疑的意見不予採納。二、本案當中，兩被上訴人於2015年9月23日簽訂《協議書》，約定了剩餘工程款的付款日期，因此一審據此所認定的優先權起算日期正確。上訴人對此提出異議，但缺乏證據支持其主張，本院不予採納。

綜上所述，上訴人中國工商銀行股份有限公司博羅支行的上訴請求不能成立，應予以駁回；一審判決認定事實清楚，適用法律正確，應予維持。依照《中華人民共和國民事訴訟法》第一百七十條第一款第一項的規定，判決如下：

駁回上訴，維持原判。

二審受理費100元，由上訴人中國工商銀行股份有限公司博羅支行負擔。

本判決為終審判決。

審判長　　鄒　　戈

審判員　　曾求凡

審判員　　徐國華

二〇一八年八月十日

法官助理　韋翠玲

書記員　　肖靜雅

第十三篇

執行程序

【案例134】 未繳納出資的股東對公司債務承擔 補充責任

建設銀行淄博分行與徐峰等執行異議之訴糾紛案評析

案號：山東省濱州市中級人民法院（2018）魯16民終69號

【摘要】

股東應在其未出資本息範圍內對企業債務不能清償部分承擔補充責任；基於投資關係產生的繳足出資請求權，司法解釋明確規定其不受訴訟時效期間約束。

【基本案情】

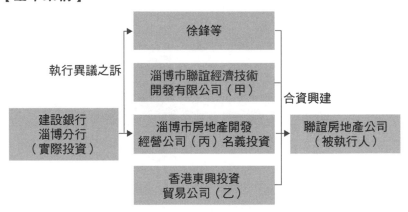

1992年5月23日，淄博市聯誼經濟技術開發公司（甲方）、香港東興投資貿易公司（乙方）、淄博市房地產開發經營公司（丙方）作為發起人簽訂意向書，三方以參股的形式擬建立淄博市聯誼房地產公司。公司總投資為5,000萬元；甲方投資人民幣2,100萬元，占總投資的42%；乙方投資港幣2,790萬元，折人民幣2,000萬元，占總投資的

40%；丙方投資人民幣900萬元，占總投資的18%。淄博市聯誼經濟技術開發公司、香港東興投資貿易公司分別在甲、乙兩處加蓋單位印章，丙方處加蓋了中國建設銀行股份有限公司淄博分行（以下簡稱「建設銀行淄博分行」）的單位印章。

1992年7月三方制定了聯誼房地產公司合同、章程及開發房地產15萬平方米專案可行性研究報告，合同、章程及開發房地產15萬平方米專案可行性研究報告的丙方處均加蓋「建設銀行淄博分行」及「聯誼房地產公司」印章。

1992年8月1日，建設銀行淄博分行向市外經委出具函件，表明甲乙丙中外合資成立聯誼房地產公司，其中丙方出資900萬由建設銀行淄博分行負責解決。1992年8月3日，淄博市政協向市外經委出具淄政協辦（92）第23號檔，同意聯誼房地產公司的合同、章程。1992年8月20日，淄博市外經委向市政協出具淄經貿外資准（1992）136號檔，批准聯誼房地產公司的合同、章程及有關附件，並頒發了外經貿魯府淄字（1992）1948號批准證書。1992年8月21日，聯誼房地產公司向工商行政管理局申請登記註冊，1992年9月3日，聯誼房地產公司取得營業執照。

2002年4月15日，聯誼房地產公司的審計報告顯示各方註冊資本仍未到位。

後聯誼房地產公司與多位債權人發生糾紛。徐峰等債權人在申請執行與聯誼房地產公司在內的債權轉讓合同糾紛一案中，依法提出申請，並經鄒平縣人民法院（2015）鄒執三字第298、299號執行裁定書裁定，追加建設銀行淄博分行作為執行案件的被執行人，在900萬元範圍內向徐峰等承擔清償責任。建設銀行淄博分行不服該裁定並提出異議申請，一審法院做出（2017）魯1626執異2號執行裁定，駁回了建設銀行淄博分行對（2015）鄒執三字第298、299號執行裁定書的異議。

　　建設銀行淄博分行不服該裁定，依法提起執行異議之訴，請求法院判決不得追加建設銀行淄博分行為被執行人，建設銀行淄博分行不承擔涉案債務的清償責任，並提出針對本案的訴訟時效抗辯。經鄒平縣人民法院一審判決，建設銀行淄博分行敗訴，後上訴至濱州市人民法院。

【法院判決】

　　山東省鄒平縣人民法院經審理認為：1.淄博市房地產開發公司具有獨立法人資格，有權依照國務院規定與外商談判並簽訂合同，無須通過主管單位的認可或見證。建設銀行淄博分行自甲乙丙協商建立房地產開發公司開始，就在三方簽訂的意向書丙處單獨加蓋其單位印章，後又在三方簽訂的合同、章程以及可行性報告中丙方處與淄博市房地產開放公司共同加蓋公章，由於其並未提交相應的委託代理手續（以證明其委託人身分）以及淄博市政協的相關檔（以證明其見證人身分），因此否定其委託人以及見證人身分。2.建設銀行淄博分行向淄博市外經委出具函件稱丙方900萬出資由其負責，後者基於該函件，通過了三方簽訂的合同、章程及可行性研究報告，聯誼房地產公司因此依法成立，並取得營業執照。雖然建設銀行淄博分行對其出具的函件解釋為係作為金融機構為企業提供信貸支援，但該解釋與其在三方簽訂的相關檔中加蓋印章行為相矛盾，不予採信。3.淄博市聯誼經濟技術開發公司（甲方）向淄博市土管局報送的報告以及淄博市政協向淄博市外經委呈送報告意見均表明，無論是作為合資方，還是淄博市政協、淄博市外經委，均以建設銀行淄博分行作為成立聯誼房地產公司的丙方。因此，建設銀行淄博分行作為實際投資人，對丙方的投資900萬元負有出資義務。4.根據最高人民法院關於適用《中華人民共和國公司法》若干問題的規定（三）第十三條第二款規定，建設銀行淄博分行作為未履行或未全部履行出資義務的實際投資人，應在

未出資本息範圍內對公司債務不能清償的部分承擔補充賠償責任。

5.關於訴訟時效抗辯，由於建設銀行淄博分行至今未將900萬元投資款投資到位，因此根據執行程式追加其為被執行人，符合法律規定，並未超過訴訟時效。

綜上，判決駁回中國建設銀行股份有限公司淄博分行的訴訟請求。

建設銀行淄博分行不服一審判決提出上訴。山東省濱州市中級人民法院審理認為：1.1992年5月23日，甲乙丙三方簽訂意向書時，淄博市房地產開發公司（丙方）尚未成立，建設銀行淄博分行在丙方處加蓋其單位公章，其後建設銀行淄博分行對其出資義務多次在1992年8月1日函件、合同、章程、可行性調研報告中予以確認，故建設銀行淄博分行應作為實際投資人對丙方投資負有出資義務。2.根據《最高人民法院關於審理民事案件適用訴訟時效制度若干問題的規定》以及《最高人民法院關於適用〈中華人民共和國公司法〉若干問題的規定（三）》，基於投資關係產生的繳付出資義務不受訴訟時效期間的限制，故建設銀行淄博分行的訴訟時效抗辯不成立。

綜上，駁回上訴，維持原判。

【法律評析】

本案的爭議焦點為：建設銀行淄博分行實際投資人身分的認定，及訴訟時效期間的抗辯是否成立。

一、建設銀行淄博分行實際投資人身分的認定

《中華人民共和國合同法》（以下簡稱《合同法》）第三十二條規定：「當事人採用合同書形式訂立合同的，自雙方當事人簽字或者蓋章時合同成立。」第八條第一款規定：「依法成立的合同，對當事人具有法律約束力……」分析法條可知，在書面合同上簽字或者蓋

章的當事人，即為相應法律關係的主體，該合同內容對各主體均具有法律約束力。

結合本案，建設銀行淄博分行自1992年5月23日，甲乙丙簽訂意向書時，即在丙方處加蓋其單位公章，1992年7月又在甲乙丙三方制定的聯誼房地產公司合同、章程及開發房地產15萬平方米專案可行性研究報告的丙方處與淄博市房地產開發公司（丙方）共同簽章，其後8月1日，在其對淄博市外經委提交的函件中再次對其出資義務進行了確認。對此建設銀行淄博分行提出抗辯，主張其在意向書加蓋單位公章的行為為代理行為；在公司合同、章程及開發專案可行性報告加蓋公章的行為為見證行為；其後出具的函件係其作為金融機構提供信貸支援，而非對出資義務的確認。但是，在庭審中建設銀行淄博分行並未提交相應的委託代理手續（以證明其委託人身分）以及淄博市政協的相關檔（以證明其見證人身分），且信貸支持人身分與前述簽章行為相矛盾，一二審法院對上述解釋均不予採信。因此，一二審法院均駁回了建設銀行淄博分行的上述抗辯，認定建設銀行淄博分行與淄博市房地產開發公司應共同承擔丙方出資義務。

《最高人民法院關於適用〈中華人民共和國公司法〉若干問題的規定（三）》第十三條第二款規定「公司債權人請求未履行或者未全面履行出資義務的股東在未出資本息範圍內對公司債務不能清償的部分承擔補充賠償責任的，人民法院應予支持」。《最高人民法院關於民事執行中變更、追加當事人若干問題的規定》第十七條規定：「作為被執行人的企業法人，財產不足以清償生效法律文書確定的債務，申請執行人申請變更、追加未繳納或未足額繳納出資的股東、出資人或依公司法規定對該出資承擔連帶責任的發起人為被執行人，在尚未繳納出資的範圍內依法承擔責任的，人民法院應予支持。」

因此，申請執行人有權向人民法院追加未繳納出資的股東為被執行人，並要求其在未繳納出資本息範圍內對公司債務不能清償的部

分承擔補充責任。結合本案，法院認定依法追加建設銀行淄博分行為
被執行人，對涉案債務承擔補充賠償責任責任，符合法律規定。

二、關於本案的訴訟時效期間抗辯

《最高人民法院關於審理民事案件適用訴訟時效制度若干問題
的規定》第一條第一款第三項規定：「當事人可以對債權請求權提出
訴訟時效抗辯，但對下列債權請求權提出訴訟時效抗辯的，人民法院
不予支付：（三）基於投資關係產生的繳付出資請求權。」《最高人
民法院關於適用〈中華人民共和國公司法〉若干問題的規定（三）》
第十九條第二款規定：「公司債權人的債權未過訴訟時效期間，其依
照本規定第十三條第二款、第十四條第二款的規定請求未履行或者未
全面履行出資義務或者抽逃出資的股東承擔賠償責任，被告股東以出
資義務或者返還出資義務超過訴訟時效期間為由進行抗辯的，人民法
院不予支持。」

分析可知，公司債權人在其債權的訴訟時效期間內，有權基於
投資關係產生的繳足出資請求權，要求未出資股東在其未出資本息範
圍內對公司債務不能清償的部分承擔補充責任，且該請求權不受訴訟
時效約束。

因此，建設銀行請求法院判令不得追加其為被執行人、其不承
擔聯誼房地產公司案涉債務清償責任的執行異議之訴，缺乏事實和法
律依據，兩審法院均駁回了其訴請。

三、銀行風險啟示

本案中，建設銀行淄博分行認為自己僅僅起到委託代理、主管
部門見證以及作為金融機構提供信貸支持的作用，實際出資人為淄博
市房地產開發經營公司，但一二審法院均未支持這一主張。從法律行
為效力來看，建設銀行淄博分行在意向書、合同、章程、可行性調研

報告中簽章的行為以及出具的相關函件中均對其出資義務進行了確認，因此，建設銀行淄博分行與聯誼房地產公司之間的投資關係成立。

本案對銀行的風險啟示在於：為預防和減少銀行作為委託代理人、見證人以及金融機構提供信貸支持主體資格與實際出資人主體資格認定之間發生的爭議，銀行在履行義務，辦理相關手續時，應規範內部操作流程，嚴格依照法律規定履行相應的義務，以節約訴訟成本、切實保障銀行債權。

商業銀行對外投資的，應依法承擔出資人的繳足出資義務，否則即應在其未出資本息範圍內對企業法人的債務不能清償部分承擔補充責任。這將違反安全性、流動性和效益性的銀行經營三原則，極大增加銀行的經營風險，可能損害銀行客戶的合法權益、破壞正常的金融秩序。因此，商業銀行應嚴格遵守《商業銀行法》關於對外投資的規定，除國家另有規定外，在中華人民共和國境內，商業銀行不得向非自用不動產投資或者向非銀行金融機構和企業投資，避免因違規投資受到銀行業監督管理部門的行政處罰，以切實降低銀行風險、保障銀行安全運營。

附：法律文書

中國建設銀行股份有限公司淄博分行、徐峰執行異議之訴糾紛案

山東省濱州市中級人民法院民事判決書（2018）魯16民終69號

上訴人（原審原告）：中國建設銀行股份有限公司淄博分行。

　住所地：山東省淄博市張店區人民西路與西四路交叉口東北側。統一社會信用代碼91370300864114961P。

負責人：白彤文，行長。

委託訴訟代理人：吳曉婉，女，該公司資產保全中心職工。

委託訴訟代理人：陶志超，山東致公律師事務所律師。

被上訴人（原審被告、申請執行人）：徐峰，男，1965年5月13日生，漢族，居民，住鄒平縣。

被上訴人（原審被告、申請執行人）：張公學，男，1964年12月26日生，漢族，居民，住鄒平縣。

被上訴人（原審被告、申請執行人）：張昊，男，1990年11月2日生，漢族，居民，住鄒平縣。

被上訴人（原審被告、申請執行人）：楊軍，男，1969年2月28日生，漢族，居民，住鄒平縣。

被上訴人（原審被告、申請執行人）：周錦，男，1955年12月19日生，漢族，居民，住鄒平縣。

被上訴人（原審被告、申請執行人）：郭東，男，1973年10月15日生，漢族，居民，住鄒平縣。

被上訴人（原審被告、申請執行人）：楊苗，女，1980年7月15日生，漢族，居民，住鄒平縣。

被上訴人（原審被告、申請執行人）：史希東，男，1951年7月14日生，漢族，居民，住桓台縣。

被上訴人（原審被告、申請執行人）：姜國卞，男，1963年10月6日生，漢族，居民，住鄒平縣。

上述九被上訴人推舉訴訟代表人：徐峰，男，1965年5月13日出生，漢族，居民，住鄒平縣黃山三路X號XX號樓X單元XXX號。公民身分號碼3723301965XXXXXXXX（特別授權代理）。

上述九被上訴人推舉訴訟代表人：楊軍，男，1969年2月28日出生，漢族，居民，住鄒平縣黃山三路X號。公民身分號碼3707021969XXXXXXXX。

上述九被上訴人推舉訴訟代表人：楊苗，女，1980年7月15日生，漢族，居民，住鄒平縣。

被上訴人（原審被告、被執行人）：淄博聯誼房地產開發有限公司。

住所地：淄博市張店區美食街XX號。組織機構代碼61329032-X。

法定代表人：張功軍，公司執行董事。

被上訴人（原審被告、被執行人）：張功軍，男，1956年5月28日生，

漢族，居民，住淄博市張店區。

被上訴人（原審被告、被執行人）：劉士棟，男，1969年8月30日生，漢族，居民，住淄博市張店區。

被上訴人（原審被告、被執行人）：張雲祥，男，1955年2月5日生，漢族，居民，住淄博市張店區。

被上訴人（原審被告、被執行人）：淄博中天置業有限公司。

住所地：淄博開發區柳泉路北首。組織機構代碼74655189-6。

法定代表人：王瑞義，公司執行董事。

上訴人中國建設銀行股份有限公司淄博分行（以下簡稱建設銀行淄博分行）因與被上訴人徐峰、張公學、張昊、楊軍、周錦、郭東、楊苗、史希東、姜國玉、淄博聯誼房地產開發有限公司（以下簡稱聯誼公司）、張功軍、劉士棟、張雲祥、淄博中天置業有限公司（以下簡稱中天公司）執行異議之訴糾紛一案，不服鄒平縣人民法院（2017）魯1626民初452號民事判決，向本院提起上訴。本院於2018年1月9日立案後，依法組成合議庭進行了審理。本案現已審理終結。

建設銀行淄博分行上訴請求：1.撤銷原判，改判不得追加建設銀行淄博分行為被執行人，不承擔涉案債務的清償責任。2.一、二審訴訟費由被上訴人承擔。上訴理由：一、原審判決部分認定事實錯誤。1.原審判決認定與外商簽訂合同無需通過主管部門認可或見證完全是錯誤的，與法不符。根據《中華人民共和國中外合資經營企業法實施條例》（1987年12月21日修訂）第九條第一項規定，在設立合營企業時，中國合營者必須取得企業主管部門對項目建議書和初步可行性研究報告審查同意後並轉報審批機構批准後，才能進行可行性研究及合營協議、合同、章程的商簽工作；第九條第二項規定：申請設立合營企業，由中國合營者負責向審批機構報送的正式檔中，包含有「中國合營者主管部門——對設立該合營企業簽署的意見」一項。《中華人民共和國企業法人登記管理條例》（1988年6月3日發布版）第十四條規定，企業法人（含中外合資企業）應當在主管部門批准或者審批機關批准後才能向登記機關申請開業登記；第十五條規定：申請企業法人開業登記，應當提交的檔之一即「主管部門批准或者審批機關的批准檔」。《中共中

央、國務院關於進一步清理整頓公司的決定》（中發〔1989〕8號）第八條
規定，公司由有關主管部門實行行業、業務歸口管理。根據《關於全民所有
制公司財務管理規定》（財政部〔89〕財工503號，1989年12月31日頒布）
第二條、第四條的規定，全民所有制公司財務收支計畫即資產的完整均由上
級主管部門（總公司）監督管理，重大問題及時報告。根據《全民所有制公
司職工管理規定》（勞動部1990年11月10日頒布），全民所有制公司的機構
編制定員方案須經公司主管單位審核後報勞動行政部門批准。上述規定基本
構成了本案所涉及的全民所有制企業的經營管理行為需要遵循的法律框架，
在當時的國有計劃經濟管理體制下，包括淄博市房地產開發公司在內的全民
所有制企業，涉及資產資金、財務收支、人員安排等方面的重大事項必須經
過上級主管部門或單位審查同意才能實施。2.原審法院對上訴人在三方意向
書單獨加蓋印章，並書寫了一個「代」字的認定有誤。該意向書的首部即列
示了簽訂主體，並無上訴人，蓋章處又寫明瞭「代」字，足以表明上訴人並
非該意向書的合同主體，而是作為淄博市房地產開發公司的主管單位代為蓋
章的，表達了對意向書的審查同意的意思表示。上訴人蓋章也符合當時的法
律規定和全民所有制企業的管理背景，無須提交委託代理手續。3.原審判決
認定報送檔的時間存在錯誤。原審判決認定向土管局報送檔時間為1992年8
月6日，明顯是在合營公司成立（1992年9月3日領取營業執照）以前，並非
原審判決認定成立之後。原審判決認定向淄博市對外經濟貿易委員會呈送檔
的時間為1992年10月19日。經上訴人仔細比對及查看前後文對照，發現該
檔落款時間是「一九九二年七月十九日」（影本加印章，數字「七」處不易
分辨），不是1992年10月19日，也是在合營公司成立之前，並非原審判決
認定成立之後。檔內容與附件報告內容和相關證據不一致，存在明顯錯誤上
述兩份檔中雖然有記載與上訴人合資的字樣，但是從檔附送的報告中卻明確
記載合資一方是「淄博市房地產開發公司」，檔內容是所附報告內容的概括
提煉，且是為了報送所附報告而出具的，綜合考量檔報送人的目的和真實意
思，檔內容顯然屬於文字疏忽或筆誤，不是檔報送人的真實意思表示。再
說，本案證據及被上訴人提供的工商登記檔案中大量材料顯示，合資丙方均
記載「淄博市房地產開發公司」，有關合同當事人的真實意思均是一致
的，不會對合資的丙方錯誤認定為是上訴人。原審判決沒有對證據顯示的內

容全面審查，而是挑選對某一方有利的內容選擇性認定，明顯不公，造成事實認定錯誤，應予依法糾正。4.原審判決認定上訴人是「實際投資人」，並「應當共同作為丙方，對丙方的投資900萬元負有投資義務」，缺乏事實根據和法律依據。（1）上訴人在三方意向書、合同、章程上蓋章的行為是履行主管部門的審查、監督職責的行為。具體理由在本條前1至3項已經陳述，不再重複。（2）上訴人出具給淄博市外經委的函件實質是中國合營者的資金信用證明，是設立中外合資企業的必備報批檔之一，不是上訴人對合資公司或丙方的出資承諾，也不能證明上訴人是出資人或實際投資人。①根據《中華人民共和國中外合資經營企業法實施條例》（1987年12月21日修訂）第八條第二款規定，省級政府受託審批中外合資企業的前提條件之一是「中國合營者的資金來源已落實」，而《中華人民共和國企業法人登記管理條例》（1988年6月3日頒布）第七條、第十五條規定，申請企業法人開業登記，必須提交「資金信用證明」。上訴人出具的函件，實際上為所屬企業提供資金信用證明，並不構成出資或出資擔保義務。②從聯誼房地產公司的工商登記檔案中，可以看到山東國際信託公司為另一方中國合營者聯誼經濟技術開發公司也出具了類似的資金信用證明，進一步印證上訴人出具函件的目的和真實意思表示是資信證明，不是出資。③從上訴人出具函件的內容看，只是「負責解決」資金，本意是落實資金解決途徑，本身並沒有上訴人直接投資、直接出資或者承諾投資、承諾出資的意思表示。（3）原審判決認定上訴人是合資一方和實際出資人，與審批機構批准內容和合資公司的工商登記公開展示內容不符，這一認定沒有事實依據和法律依據。①根據《中華人民共和國涉外經濟合同法》（1985年7月1日實施）第七條第二款、《中華人民共和國中外合資經營企業法》（1990年修訂）第三條的規定，中外合資協議、合同、章程屬於經過審批機構批准才能成立並生效的合同。三方簽訂的合同第五十七條、章程第七十九條也均約定本合同（章程）經山東省外經委批准後生效。淄博市外經委對立項報告的批覆（淄經貿業一字〔1992〕第186號，1992年6月30日）、對可行性研究報告的批覆（淄經貿業一字〔1992〕第206號，1992年7月31日）、對合同和章程的批覆（淄經貿外資准字〔1992〕第136號，1992年8月20日）以及省政府頒發的《中外合資經營企業批准證書》（外經貿魯府淄字〔1992〕1948號）中，均記載合資一

方是淄博市房地產開發公司。也就是說，上訴人從法律上和事實上均不可能成為合資一方或投資人。②根據合資公司的工商登記公開展示內容，無論從合資任何一方、中方合營者上級主管部門還是從審批機構出具的檔看，均能清晰判斷合資一方是淄博市房地產開發公司，而絕不可能是上訴人。即便是個別材料存在瑕疵，但綜合各份檔的內容及前後邏輯關係，各方當事人及審批機構的真實意思表示均不會對合資主體產生錯誤認識。原審判決不綜合考量全部證據內容，而是僅僅依據工商登記檔案中個別瑕疵材料來認定事實，認定的事實只能是錯誤的。5.鄒平縣人民法院（2015）鄒執三字第298、299號執行裁定書認定上訴人作為被執行人承擔的責任方式是「在900萬元範圍內向申請執行人承擔清償責任」，原審判決駁回上述人的訴訟請求，等於認定了上訴人的責任是「在900萬元範圍內向申請執行人承擔清償責任」。這一認定錯誤。（1）根據原審判決引用的《最高人民法院關於在民事執行中變更、追加當事人若干問題的規定》第十七條規定，上訴人可能承擔的責任範圍是「在尚未繳納出資的範圍內依法承擔責任」。原審判決已經認定中方合營者繳納了部分出資，並非完全沒有出資。尚未出資的數額肯定少於900萬元。原審認定上訴人責任範圍是900萬元，與事實不符，與原審認定事實也矛盾。（2）根據原審判決引用的《最高人民法院關於適用〈中華人民共和國公司法〉若干問題的規定（三）》第十三條第二款規定，上訴人可能承擔的責任形式是「對公司債務不能清償的部分承擔補充賠償責任」。在案涉債務有債人提供的物的擔保即房地產抵押、且執行法院首封完全具備處置條件的情況下，執行法院未依法首先處置抵押物，而支持徑行追加上訴人為被執行人，違反上述規定，顯屬錯誤。原審判決支持追加上訴人為被執行人實屬違法。6.原審判決認定「截至1997年12月31日聯誼房地產公司實收資本為4,632,262.48元，中方出資173,262.48元」。這一認定與事實不符。1998年度的《聯合年檢報告書》（填報日期為1999年1月15日）記載截至1998年12月31日中方累計出資150萬美元，按照當時的外匯牌價（1：8.3）約折合人民幣1,245萬元。這一事實認定對當事人的責任範圍具有重要意義，請求二審依法核實並查證清楚。二、原審判決不支持上訴人的訴訟時效抗辯，顯屬不當。本案中被上訴人向上訴人提出的權利主張早已超過20年的最長訴訟時效，應當依法不予支持其追加上訴人為被執行人的請求。假設我方需要承擔

責任的話，也因超過法定的20年最長訴訟時效而免除。假設上訴人1992年8月1日向市外經委出具的函件承諾的由「我行負責解決」資金的義務沒有履行從而「侵害」被上訴人的權利的話，也已經超過了20年，被上訴人在本案中對於上訴人提出的權利主張，人民法院應不予保護，其追加上訴人為被執行人的申請應當不予支持。三、原審判決遺漏當事人，程式存在錯誤。1.原審判決遺漏當事人。根據這原審判決認定結果，上訴人即可享有與合資丙方淄博市房地產開發公司同樣的股東權利。這一認定結果在客觀上對淄博市房地產開發公司的權利義務造成重大影響，對聯誼房地產公司的股權結構、內部治理結構以及合資外方加拿大星光傢俱行的權利義務也會產生實際影響。原審判決未通知淄博市房地產開發公司、加拿大星光傢俱行參加本案訴訟，屬於遺漏當事人，剝奪了部分當事人的訴權，本案已經進行的訴訟程式存在錯誤。2.原審存在的程式錯誤，對訴訟參與人的權利義務造成重大影響。根據國家有關政策規定，經政府有關部門批准，淄博市房地產開發公司於2000年由全民所有制企業改制為股份合作制企業，其全部股份由13位元自然人股東持有，建設銀行淄博分行不再是淄博市房地產開發公司的主管部門（單位），也不再對其履行管理監督的職責。淄博市房地產開發公司作為改制後的市場經濟主體，具有獨立的訴訟主體資格，有權利也有義務參加本案訴訟，並對本案各當事人爭議焦點和證據發表辯論質證意見。原審判決未查明上訴人與淄博市房地產開發公司究竟是何關係。

　　徐峰、張公學、張昊、楊軍、周錦、郭東、楊苗、史希東、姜國玉、聯誼公司、張功軍、劉士棟、張雲祥、中天公司辯稱，原審法院認定事實清楚，適用法律正確，應予以維持。一、1.聯誼公司的設立程式符合《中華人民共和國中外合資經營企業法實施條例》第九條、第十五條的規定，該公司的設立審批程式完全符合合資企業的設立程式，無須再由建設銀行淄博分行蓋章審批。建設銀行淄博分行所稱「淄博市房地產開發公司有關主管部門實行行業、業務歸口管理」，屬於公司內部的管理制度和體系，與公司對外獨立經營並不衝突。2.意向書簽訂時，淄博市房地產開發公司尚未成立，建設銀行淄博分行也不可能成為其代理人。聯誼公司三方的合同、章程、可行性報告已經履行了正常的報批、審批手續，無須建設銀行淄博分行再作為主管部門在上述材料上蓋章，故其抗辯理由不能成立。3.聯誼公司在向土管局的

報告中明確載明與建設銀行淄博分行開發民用住宅，市政協向市外經委呈送的可行性報告、工商備案的可行性研究報告等材料及溫家均明確載明建設銀行淄博分行為合資興辦房地產公司的單位，建設銀行淄博分行主張係筆誤無事實依據。4.原審認定建設銀行淄博分行為實際投資人，共同作為丙方對900萬元負有投資義務是結合所有證據後做出的綜合認定。5.依據《山東省高級人民負有關於審理公司糾紛案件若干問題的意見（試行）》第十五條第二款規定，本案的抵押物經執行法院委託房地產部門及評估部門對抵押物進行自稱評估，但因抵押物存在的狀態無法確定，債務人也無法確定抵押物的位置，導致抵押物無法處置，抵押財產無法方便執行，故建設銀行淄博分行該向上訴理由不能成立。6.淄博魯中審計事務所於1998年4月20日出具的情況說明係合營雙方共同委託、經工商部門核准進行的主場資本審計，而聯合年檢報告係企業未經審計部門出具的自報材料，自報材料不能作為認定事實的依據。二、本案未超過訴訟時效。依據民法總則第一百八十八條規定，訴訟時效期間自權利人知道或應當知道權利受到損害之日起計算，被上訴人知道權利被侵害應自追加建設銀行淄博分行履行出資義務之日起算。《最高人民法院關於審理民事案件適用訴訟時效制度若干問題的規定》第一條第一款第三項規定，《最高人民法院關於適用〈中華人民共和國公司法〉若干問題的規定（三）》第十九條第二款規定，均規定基於投資關係產生的繳付出資義務請求權不適用訴訟時效的限制規定。三、建設銀行淄博分行在一審庭審過程中未主張遺漏當事人，其於二審中提出遺漏當事人的請求不屬於二審審理範圍。

　　聯誼公司、張功軍、劉士棟、張雲祥、中天公司未答辯。

　　建設銀行淄博分行一審訴訟請求：1.不得追加建設銀行淄博分行為被執行人，建設銀行淄博分行不承擔涉案債務的清償責任；2.案件受理費由徐峰、張公學、張昊、楊軍、周錦、郭東、楊苗、史希東、姜國玉、淄博聯誼房地產開發有限公司、張功軍、劉士棟、張雲祥、淄博中天置業有限公司承擔。

　　一審法院認定事實：徐峰、張公學、張昊、楊軍、周錦、郭東、楊苗、史希東、姜國玉在申請執行與聯誼房地產公司、張功軍、劉士棟、張雲祥、中天置業公司債權轉讓合同糾紛一案中，依法提出申請，並經本院（2015）

鄒執三字第298、299號執行裁定書裁定，追加淄博建設銀行（變更前名稱為中國人民建設銀行淄博市分行）作為執行案件的被執行人，在900萬元範圍內向徐峰、張公學、張昊、楊軍、周錦、郭東、楊苗、史希東、姜國玉承擔清償責任。建設銀行淄博分行不服該裁定並提出異議申請，一審法院做出（2017）魯1626執異2號執行裁定，駁回了建設銀行淄博分行對（2015）鄒執三字第298、299號執行裁定書的異議。建設銀行淄博分行不服該裁定，依法提起執行異議之訴。

另查明，1992年5月23日，淄博市聯誼經濟技術開發公司（甲方）、香港東興投資貿易公司（乙方）、淄博市房地產開發經營公司（丙方）簽訂意向書，三方以參股的形式擬在淄博市合資建立房地產開發公司。公司總投資為5,000萬元；甲方投資人民幣2,100萬元，占總投資的42%；乙方投資港幣2,790萬元，折人民幣2,000萬元，占總投資的40%；丙方投資人民幣900萬元，占總投資的18%。淄博市聯誼經濟技術開發公司、香港東興投資貿易公司在甲、乙兩處加蓋單位章，丙方處加蓋了「中國人民建設銀行淄博市分行」的單位印章。庭審中，建設銀行淄博分行對建設銀行淄博市分行加蓋印章的解釋是作為淄博市房地產開發公司代理人的身分加蓋印章，但未提交相關的委託代理手續。1992年7月三方制定了聯誼房地產公司合同、章程及開發房地產15萬平方米專案可行性研究報告，合同、章程及開發房地產15萬平方米專案可行性研究報告的丙方處均加蓋「中國人民建設銀行淄博市分行」及「淄博市房地產開發公司」印章。庭審中，建設銀行淄博分行對中國人民建設銀行淄博市分行在合同、章程、可行性研究報告上加蓋印章的解釋為係淄博市政協要求其作為淄博市房地產開發公司的主管單位以見證人身分加蓋印章，但未提交淄博市政協的相關文件。

1992年8月1日，中國人民建設銀行淄博市分行向市外經委出具函件，載明「淄博市聯誼經濟技術開發公司、淄博市房地產開發公司與外方合資共建淄博聯誼房地產開發有限公司。其中方淄博市房地產開發公司的資金900萬元由我行負責解決」。1992年8月3日，淄博市政協向市外經委出具淄政協辦（92）第23號檔，同意淄博市聯誼經濟技術開發公司與香港東興投資貿易公司、淄博市房地產經營公司簽訂的合同、章程。1992年8月20日，淄博市對外經濟貿易委員會向市政協辦公室出具淄經貿外資准（1992）136號

檔，認為淄博市聯誼經濟技術開發公司（甲方）與香港東興投資貿易公司（乙方）、淄博市房地產開發公司（丙方）合資經營「淄博聯誼房地產開發有限公司」的合同、章程及有關附件，符合《中華人民共和國中外合資經營企業法》及有關法律、法規規定，現予批准生效，並頒發了外經貿魯府淄字（1992）1948號批准證書。其中批覆內容中載明合資企業投資總額5,000元人民幣，全額註冊，其中丙方以現金900萬元人民幣出資。1992年8月21日，聯誼房地產公司向淄博市工商行政管理局申請登記註冊，各方認繳出資額期限為合營公司成立後30天內出資20%，90天內全部出齊。1992年9月3日，聯誼房地產公司取得營業執照。1992年8月6日，淄博市聯誼經濟技術開發公司向市土管局出具的淄聯政字（92）第34號檔中，載明是淄博市聯誼經濟技術開發公司與淄博市建行、香港東興投資貿易公司擬創辦聯誼房地產公司，開發民用住宅、商業用房及公用設施。1992年10月19日，淄博市政協向市外經委出具的淄政協辦（92）第21號檔，呈送的是淄博市聯誼經濟技術開發公司與香港東興投資貿易公司、淄博市建行合資興建房地產開發有限公司的可行性報告。

　　聯誼房地產公司成立後，香港東興投資貿易公司於1993年12月31日繳納出資50萬美元。截止1997年12月31日聯誼房地產公司實收資本為4,632,262.48元，中方出資1,732,262.48元（其中貨幣資本出資110萬元、實物資產322,984.36元、無形資產309,278.12元），外方出資50萬美元（折合人民幣290萬元）。2000年4月6日，香港東興投資貿易公司將40%的股權轉讓給加拿大星光傢俱行，2002年4月15日的審計報告顯示各方註冊資本仍未到位。

　　再查明，淄博市房地產開發公司成立於1992年6月30日，註冊資金50萬元，經濟性質為全民所有制企業，其開辦及主管單位為中國人民建設銀行淄博市分行。

　　一審法院認為，本案爭議的焦點為建設銀行淄博分行對淄博市房地產開發公司的投資900萬元是否負有出資義務。淄博市房地產開發公司雖然係建設銀行淄博分行開辦和主管的企業，但是淄博市房地產開發公司作為全民所有制工業企業具備法人資格，依法自主經營、自負盈虧、獨立核算，有權依照國務院規定與外商談判並簽訂合同，無須通過主管單位的認可或見證。

建設銀行淄博分行自淄博市房地產開發公司（丙）與淄博市聯誼經濟技術開發公司（甲）、香港東興投資貿易公司（乙）協商合資建立房地產開發公司開始，就在三方簽訂的意向書丙方處單獨加蓋其印章，雖然庭審中建設銀行淄博分行解釋為加蓋印章係作為代理人身分，但卻未提供相應的委託代理手續，對建設銀行淄博分行的該解釋，不予採信。後中國人民建設銀行淄博市分行又在三方簽訂的合同、章程及可行性研究報告中丙方處與淄博市房地產開發公司共同加蓋單位印章，雖然庭審中建設銀行淄博分行解釋為加蓋印章係淄博市政協要求其作為主管部門以見證人身分加蓋印章，但卻未提供淄博市政協的相關檔，對該解釋本院不予採信。中國人民建設銀行淄博市分行在確定淄博市房地產開發公司（丙）現金投資900萬元後，即向淄博市對外經濟貿易委員會出具函件，對淄博市房地產開發公司的資金900萬元負責解決。在此情況下，淄博市政協及淄博市對外經濟貿易委員會通過了三方簽訂的合同、章程及可行性研究報告，聯誼房地產公司依法成立，並取得營業執照。聯誼房地產公司成立後，淄博市聯誼經濟技術開發公司向淄博市土管局報送的「關於開發我市部分土地的報告」中，明確載明係與淄博市建行、香港東興投資貿易公司創辦聯誼房地產公司。而且淄博市政協向淄博市對外經濟貿易委員會呈送的「關於報批聯誼公司合資興建房地產開發有限公司可行性報告的意見」中，明確載明係淄博市聯誼經濟技術開發公司與香港東興投資貿易公司、淄博市建行合資興建房地產開發有限公司的可行性報告。因此，無論是作為合資一方的淄博市聯誼經濟技術開發公司，還是淄博市政協、淄博市對外經濟貿易委員會，均以淄博市建行作為成立聯誼房地產公司的丙方。這也充分印證了中國人民建設銀行淄博市分行是作為實際投資人的身分在意向書、合同、章程及可行性研究報告中丙方處加蓋印章，並以實際投資人的身分向淄博市對外經濟貿易委員會出具函件負責解決900萬元投資。雖然建設銀行淄博分行對其出具的函件解釋為係作為金融機構為企業提供信貸支援，但是如果中國人民建設銀行淄博市分行僅是作為金融機構提供信貸支援，就無須在三方簽訂的相關檔中加蓋其印章，這與常理不符。因此對建設銀行淄博分行的主張，一審法院不予支持。因此，中國人民建設銀行淄博市分行、淄博市房地產開發公司共同在三方簽訂的合同、章程及可行性研究報告中丙方處加蓋印章，應當共同作為丙方，對丙方的投資900萬元負

有投資義務。

　　建設銀行淄博分行、淄博市房地產開發公司在聯誼房地產公司成立後，至今未將900萬元投資款出資到位。《最高人民法院關於民事執行中變更、追加當事人若干問題的規定》第十七條規定：「作為被執行人的企業法人，財產不足以清償生效法律文書確定的債務，申請執行人申請變更、追加未繳納或未足額繳納出資的股東、出資人或依公司法規定對該出資承擔連帶責任的發起人為被執行人，在尚未繳納出資的範圍內依法承擔責任的，人民法院應予支持。」最高人民法院關於適用《中華人民共和國公司法》若干問題的規定（三）第十三條第二款規定：「公司債權人請求未履行或者未全面履行出資義務的股東在未出資本息範圍內對公司債務不能清償的部分承擔補充賠償責任的，人民法院應予支持。」根據上述規定，一審法院依據徐峰、張公學、張昊、楊軍、周錦、郭東、楊苗、史希東、姜國玉的申請，裁定追加建設銀行淄博分行為執行案件的被執行人，符合法律規定。因此，對建設銀行淄博分行請求判決不得追加其為被執行人，不承擔涉案債務的清償責任的訴訟請求，不予支持。在建設銀行淄博分行至今未將900萬元投資款投資到位的情況下，徐峰、張公學、張昊、楊軍、周錦、郭東、楊苗、史希東、姜國玉在執行程式中追加其作為被執行人，符合法律規定，也未超過訴訟時效。聯誼房地產公司、張功軍、劉士棟、張雲祥、中天置業公司經一審法院公告送達傳票傳喚未到庭參加訴訟，視為對答辯權和質證權的放棄，不影響本案正常審理。據此，依照《中華人民共和國全民所有制工業企業法》第二條、第二十七條，《最高人民法院關於民事訴訟證據的若干規定》第二條，《最高人民法院關於民事執行中變更、追加當事人若干問題的規定》第十七條規定，《最高人民法院關於適用〈中華人民共和國公司法〉若干問題的規定（三）》第十三條第二款，《中華人民共和國民事訴訟法》第六十四條、第一百四十四條之規定，判決如下：駁回中國建設銀行股份有限公司淄博分行的訴訟請求。案件受理費28,762元，由中國建設銀行股份有限公司淄博分行負擔。

　　二審中，建設銀行淄博分行補充提交五組證據。證據1：中國人民建設銀行山東信託投資公司1992年8月1日出具的函件一份（影本加蓋工商局檔案章，原件在工商局檔案中）。來源：聯誼公司工商登記檔案。該檔是設立中

外合資企業的必報檔之一，證明上訴人出具的類似內容函件，是設立中外合資企業時，法律規定應當提供的資金來源或資金信用證明，不是出資擔保。證據2：聯誼公司97年度聯合年檢報告書一份（影本加蓋工商局檔案章，原件存於工商局檔案）。來源：聯誼公司工商登記檔案。證明：截至1997年12月31日，中方累計投資150萬元。證據3：不動產查詢結果一份（附現場照片一份）（原件），來源：淄博市不動產登記中心檔案。證明坐落於淄博市張店區美食街17號的房地產產權產籍情況，設定了抵押，抵押權人為鄒平中鑫典當有限責任公司，且被鄒平縣人民法院在執行本案涉及的債權時查封。證據4：淄博市房地產開發公司的工商登記資料共三頁（影本加蓋工商局檔案章）。證明：該公司目前屬於股份合作制企業，是獨立法人，與上訴人不存在管理關係或產權關係。證據5：美食街17號的登記檔案（影本加蓋不動產登記中心資料蓋，原件存於不動產登記中心）。證明：房產是按規定程式建設確權登記的。該房產由聯誼公司所有。徐峰等九被上訴人經質證，除證據3中的現場照片外，對其他證據的真實性均無異議，但認為無法證實建設銀行淄博分行主張，理由同答辯意見。證據3中的現場照片中的房產無法確認權屬，鄒平縣人民法院已經在執行案件中調查過。本院認為，除證據3中所附照片外，本院對上述證據的真實性予以確認，綜合本案其他證據，上訴證據不能證實建設銀行淄博分行的主張，本院不予採信。

　　本院查明的其他事實與一審法院認定的事實一致。

　　本院認為，關於一審認定事實是否正確的問題。第一，建設銀行淄博分行為淄博市房地產開發公司的開辦及主管單位。三方簽訂1992年5月23日意向書時，淄博市房地產開發公司尚未成立，淄博市房地產開發公司在淄博市房地產開發公司落款處加蓋公章，淄博市房地產開發公司抗辯稱係主管部門審核的抗辯無事實依據。且建設銀行淄博分行對其出資義務多次在1992年8月1日函件、可行性調研報告中予以確認，故建設銀行淄博分行抗辯其係不應承擔出資義務的主張不能成立。第二，建設銀行淄博分行一審訴訟請求為「不得追加建設銀行淄博分行為被執行人，建設銀行淄博分行不承擔涉案債務的清償責任」，其一、二審中均未提交證據證實其出資數額，故其上訴主張一審認定其承擔責任的範圍有誤的抗辯主張無事實依據，亦未於一審提出該主張，不屬於二審審查範圍，建設銀行淄博分行該項上訴理由不能成立。

關於本案是否超過訴訟時效的問題。《最高人民法院關於審理民事案件適用訴訟時效制度若干問題的規定》第一條第一款第三項規定：「當事人可以對債權請求權提出訴訟時效抗辯，但對下列債權請求權提出訴訟時效抗辯的，人民法院不予支付：（三）基於投資關係產生的繳付出資請求權。」《最高人民法院關於適用〈中華人民共和國公司法〉若干問題的規定（三）》第十九條第二款規定：「公司債權人的債權未過訴訟時效期間，其依照本規定第十三條第二款、第十四條第二款的規定請求未履行或者未全面履行出資義務或者抽逃出資的股東承擔賠償責任，被告股東以出資義務或者返還出資義務超過訴訟時效期間為由進行抗辯的，人民法院不予支持。」依照上述規定，基於投資關係產生的繳足出資請求權不受訴訟時效期間的約束，建設銀行淄博分行的該上訴理由不能成立。

關於本案是否遺漏當事人的問題。本案係執行異議之訴糾紛，審理範圍係建設銀行淄博分行一審訴求，建設銀行淄博分行該上訴主張不屬於本案審理範圍。

綜上所述，上訴人建設銀行淄博分行上訴理由不能成立，應予駁回；一審判決認定事實清楚，適用法律正確，應予維持。依照《中華人民共和國民事訴訟法》第一百七十條第一款第一項規定，判決如下：

駁回上訴，維持原判。

二審案件受理28,762元，由中國建設銀行股份有限公司淄博分行負擔。

本判決為終審判決。

審判長　崔詩君

審判員　王正真

審判員　張　珊

二〇一八年四月十日

書記員　張真真

【案例135】實際出資人沒有排除法院強制執行的民事權益

青海百通高純材料開發有限公司、交通銀行股份有限公司青海省分行關於案外人執行異議之訴評析

案號：最高人民法院（2017）最高法民終100號

【摘要】

在商事活動中，依法進行工商登記的股東具有對外公示的效力，而實際出資人對外不具有公示股東的法律地位。如登記股東因未能清償到期債務而成為被執行人，實際出資人不得以委託持股等內部協議對抗登記股東債權人，即無權排除登記股東債權人向法院申請對該股權強制執行。

【基本案情】

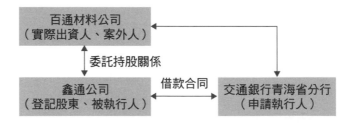

2011年10月，青海百通高純材料開發有限公司（以下簡稱「百通材料公司」）與青海鑫通礦業有限公司（以下簡稱「鑫通公司」）及青海物通（集團）實業有限公司、深圳市興通投資管理有限公司、青海山川矽系合金有限公司共同發起設立西寧百通小額貸款有限公司（以下簡稱「百通小貸公司」）。 同年11月15日，百通材料公司與

鑫通公司達成委託持股協議，約定鑫通公司認繳的2,000萬元出資由百通材料公司實際繳納，百通材料公司為實際股東，鑫通公司為名義股東。

2015年9月24日，青海省高級人民法院（以下簡稱「青海高院」）做出的（2015）青民二初字第71號民事調解生效後，交通銀行股份有限公司青海省分行（以下簡稱「交通銀行青海省分行」）依據該民事調解書，申請對鑫通公司強制執行。2016年2月23日，青海高院在執行中請執行人交通銀行青海省分行與被執行人鑫通公司借款合同糾紛一案中，因被執行人鑫通公司拒不履行生效法律文書確定的義務，故做出（2015）青執字第47號執行裁定，依法對登記在被執行人鑫通公司名下的百通小貸公司20%股權（股權數2,000萬元）凍結。

2016年4月18日，百通材料公司認為該股權雖登記在鑫通公司名下，但其為實際出資人，故向青海高院提出執行異議。2016年4月28日，青海高院做出（2016）青執異字第4號執行裁定書，駁回百通材料公司執行異議。百通材料公司遂向青海高院提出執行異議，認為案涉股權雖登記在鑫通公司名下，係其實際出資認繳，鑫通公司代其持股，不享有股東權利也不承擔股東義務，股權所有權歸其所有，要求法院解除股權凍結，停止執行。本院審查後認為，法律規定案外人對股權權利提出異議的，法院應當按照工商行政管理機關的登記和企業信用資訊公示系統公示的資訊判斷。本案工商行政管理機關和企業信用資訊公示系統的公示，案涉異議股權均登記在鑫通公司名下，遂裁定駁回百通材料公司案外人異議。百通材料公司不服，提起案外人異議之訴，要求撤銷本院駁回其異議的（2016）青執異字第4號執行裁定書，停止執行案涉股權。

另，青海高院凍結對鑫通公司在百通小貸公司20%的股權後，百通材料公司與鑫通公司就凍結股權向西寧市中級人民法院提起確權訴

訟，西寧中院做出（2016）青01民初185號確權判決，判令鑫通公司將持有的百通小貸公司股權變更至百通材料公司名下。

【法院判決】

青海高院經審理後認為：1.原告百通材料公司提供證據材料，擬證明其為百通小貸公司股東，其與第三人之間是委託持股關係。但是依法進行登記的股權具有對外公示的效力，無論對執行異議的審查還是對異議之訴案件的審理，判斷股權的法律依據應當一致。《公司法司法解釋（三）》第二十四條的規定，是對實際出資人與名義股東之間委託持股合同效力及雙方因投資權益的歸屬發生爭議的判斷依據，僅解決實際出資人與名義股東之間的債權糾紛，不能據此對抗善意第三人或排除人民法院的強制執行。2.根據《最高人民法院關於人民法院辦理執行異議和覆議案件若干問題的規定》（以下簡稱《執行異議覆議規定》）第二十五條第二款以及《最高人民法院關於執行權合理配置和科學運行的若干意見》的規定，執行標的被查封、扣押後做出的另案生效法律文書，不能排除對執行標的的執行。根據上述規定，凍結股權後，西寧中院做出的185號民事判決書不能排除對該股權的執行。綜上，百通材料公司以其為案涉股權的實際出資人為由，要求人民法院停止對涉案股權執行的訴訟請求於法無據；依據股權凍結後做出的確權判決，要求排除強制執行的訴訟主張不能成立，百通材料公司不享有排除強制執行的民事權益。

宣判後，百通材料公司不服一審判決提起上訴，最高人民法院審理後認可了一審法院的判決結果，具體理由如下：第一，根據公示公信原則，對股權的強制執行，涉及內部關係的，基於當事人的意思自治來解決。涉及外部關係的，根據工商登記來處理。第二，百通材料公司在上訴時提到，案涉股權資產已經處分，不應當也不可能再成為執行標的。法院認為，該上訴理由與本案所要解決的百通材料公司

能否排除人民法院的強制執行的問題並不一致。第三，執行異議和覆
議程序的目的是解決執行過程中衍生的程序和實體爭議，實際是執行
程序的副程序，其價值取向毫無疑問仍是效率。因此以異議審查方式
處理異議之訴涉及的實體問題並無不當。第四，根據風險與利益相一
致的原則，百通材料公司在獲得利益的同時，也應當承擔相應的風
險。第五，從司法的引導規範功能來看，能防止實際出資人違法讓他
人代持股份或者規避法律。二審法院最終判決駁回上訴、維持原判。

【法律評析】

本案的爭議焦點為：公司股份的實際出資人是否能夠對抗登記
股東的債權人對該股權申請強制執行；執行標的被查封、扣押後做出
的另案生效法律文書能否排除對執行標的的執行；執行異議和執行異
議之訴的區別與聯繫；實際出資人在委託持股關係中獲得利益的同時
是否也應承擔風險。

一、公司股份的實際出資人是否能夠對抗登記股東的債權人對該股權申請強制執行

首先，根據商事外觀主義原則，對股權的強制執行，內外有
別，涉及內部關係的，主要是指實際出資人與登記股東之間的委託持
股協議，是通過當事人的意思自治來達成的，故僅具有內部效力。如
涉及外部關係的，則應當以工商登記為準。理由是對於外部第三人而
言，登記股權具有對外公示的效力，登記股東的債權人可以基於權利
外觀產生合理信賴利益。值得指出的是，此處的外部第三人，並不限
於與登記股東存在股權交易關係的債權人，最高人民法院（2016）
最高法民申3132號判例已經對「第三人」進行了解釋即「登記股東
的非基於股權處分的債權人亦應屬於法律保護的『第三人』範疇」，
其也可申請強制執行其股權。綜上，因實際出資人對外不具有登記股

東的法律地位，故不得以內部委託持股協議有效為由對抗登記股東債權人對登記股東的合法權益，不得以其實際出資為由排除法院強制執行。本案中，百通材料公司與鑫通公司之間的委託持股協議僅具有內部效力，對於交通銀行青海省分行而言，工商登記具有公信力，故百通材料公司不得以內部委託持股協議有效為由對抗交通銀行青海省分行對鑫通公司行使正當權利。

其次，根據《中華人民共和國公司法》（以下簡稱《公司法》）第三十二條第三款規定：「公司應當將股東的姓名或者名稱及其出資額向公司登記機關登記；登記事項發生變更的，應當辦理變更登記。未經登記或者變更登記的，不得對抗第三人。」可以看出，立法者已經承認工商登記在股權歸屬中的作用，所謂的工商登記是對公司股權情況的公示，因此登記股東的債權人有權信賴工商機關登記的股權情況，該合理信賴利益應當得到法律的保護。本案屬於實際出資人與登記股東不一致，作為實際出資人的百通材料公司未向公司登記機關進行登記，在對外關係上就不具有登記股東的法律地位，也就不能對抗登記股東的債權人，也就是說，交通銀行青海省分行可以依據工商登記中記載的股權歸屬，向人民法院申請對該股權的強制執行，而百通材料公司就案涉股權不享有對抗交通銀行青海省分行申請強制執行的權利。

二、執行標的被查封、扣押後做出的另案生效法律文書能否排除對執行標的的執行

2015年5月5日施行的《最高人民法院關於人民法院辦理執行異議和覆議案件若干問題的規定》（以下簡稱《執行異議覆議規定》）第二十六條第二款規定：「金錢債權執行中，案外人依據執行標的被查封、扣押、凍結後做出的另案生效法律文書提出排除執行異議的，人民法院不予支持。」該規定的主要目的是防止被執行人與案外人

惡意串通，製造虛假訴訟來侵害申請執行人的合法權利。《執行異議覆議規定》第二十六條第四款規定：「申請執行人或者案外人不服人民法院依照本條第一、二款規定做出的裁定，可以依照民事訴訟法第二百二十七條規定提起執行異議之訴。」當然，對於案外人的權利的保護也可以直接根據《執行異議覆議規定》第二十八條、二十九條、三十條等規定提出執行異議，這樣不僅能充分利用司法資源、提高效率、節約訴訟成本，也有助於樹立司法權威。本案中，青海高院另查明在執行交通銀行青海省分行與被執行人鑫通公司借款合同糾紛一案中，依法凍結對鑫通公司在百通小貸公司20%的股權後，百通材料公司與鑫通公司就凍結股權向青海省西寧市中級人民法院（以下簡稱「西寧中院」）提起確權訴訟，西寧中院於2016年8月10日做出（2016）青01民初185號確權判決，判決股權變更至百通材料公司名下。但是根據上述法律規定，另案生效的法律文書發生在凍結股權後，故西寧中院做出的185號民事判決書並不能排除對法院該股權的強制執行。

三、執行異議和執行異議之訴的區別與聯繫

（一）執行異議和執行異議之訴的區別

首先，執行異議為執行程序，而執行異議之訴為審判程序。從司法體制改革的角度看，我國越來越強調審執分離，因為實行審執分離是完善司法體制、提高司法公信力的必然要求。執行程序是單一的程序，是由一般規定、執行的開始、執行措施等組成。審判程序由一審、二審、再審程序，也有適用於審理非訟案件的各種特別程序構成。審判程序是訴訟解決糾紛的必經程序，而執行程序則不是糾紛解決的必經程序。審判程序的價值理念為「公平優先，兼顧效率」，而執行程序的價值理念為「效率優先，兼顧公平」。

其次，執行異議及執行異議之訴案件的審理規則也不一樣。

1. 執行異議的審查標準以形式審查為原則，以實質審查為例外，在權利歸屬的判斷上，應當依據《執行異議覆議規定》第二十五條第一款的規定。比如，本案涉及股權權屬的判斷，則按照工商行政管理機關的登記和企業信用資訊公示系統公示的資訊判斷。

2. 案外人、申請執行人提起執行異議之訴的，應按普通程序進行實質性審查，對與執行標的相關的基礎性法律關係——爭議執行標的相關的民事法律行為效力、執行標的的權利性質及其歸屬進行實體審理，判斷案外人是否享有足以排除執行的實體權利，並在此基礎上做出判決。

（二）執行異議和執行異議之訴的聯繫

實際上，雖然執行異議以形式審查為主，執行異議之訴以實質審查為主，宗旨都是盡可能保護相關人的合法利益，執行異議案件及執行異議之訴案件也均衍生於執行程序。

執行異議與執行異議之訴，這兩種法律程序，其聯繫與區別主要如下：

		執行異議	執行異議之訴
聯繫		1. 執行異議是執行異議之訴的法定前置程序 2. 對執行法院的執行異議裁定不服，可提起執行異議之訴	
區別	1. 提起主體	當事人、利害關係人和案外人	案外人、當事人
	2. 異議內容	執行行為或執行標的	執行標的
	3. 異議時間	執行程序終結前	執行異議裁定送達十五日內
	4. 審查方式	多為書面審查	開庭審查

	5. 審查形式	多為形式審查	實質審查
	6. 審查期限	十五日	普通訴訟程序的期限
區別	7. 提起條件	認為執行行為違反法律規定，或認為自己對執行標的享有民事權益	**一般條件：**（1）原告是與本案有直接利害關係的公民、法人和其他組織；（2）有明確的被告；（3）有具體的訴訟請求和事實、理由；（4）屬於法院受理範圍和受訴人民法院管轄 **特殊條件：**案外人（1）執行異議申請已被法院裁定駁回；（2）有明確排除對執行標的的執行的訴訟請求，且與原判決、裁定無關。 申請執行人（1）依案外人執行異議申請，人民法院裁定中止執行；（2）有明確的對執行標的繼續執行的訴訟請求，且與原判決、裁定無關 **實質條件：**應就其對執行標的享有足以排除強制執行的民事權益承擔舉證責任

四、銀行風險提示

在執行程序中，銀行應及時申請查封、扣押或凍結被執行人的相關財產，並提出善意合法的抗辯理由，以對抗被執行人的異議抗辯和案外人的執行異議（之訴）、確保銀行債權順利受償。本案中百通材料公司作為實際出資人，請求法院停止對登記股東鑫通公司所持有的股權予以強制執行，但該訴訟請求沒有得到法院的支援。最高人民法院對該上訴案件的裁定，直接反映了立法者的立法意圖，即法律維

護公示效力，委託持股協議的內部效力無法對抗股權登記的外部效力。銀行應善於和充分利用法律規定進行有效抗辯，維護銀行合法的執行權益。

以抗辯違法執行行為或對執行標的提出合法權利訴求，維護銀行合法的執行權益。

附：法律文書

青海百通高純材料開發有限公司、交通銀行股份有限公司青海省分行二審民事判決書

最高人民法院民事判決書（2017）最高法民終100號

上訴人（一審原告）：青海百通高純材料開發有限公司。

住所地：青海省西寧市經濟技術開發區甘河工業園區。

法定代表人：李明，該公司董事長。

委託訴訟代理人：張雲峰，青海匯元律師事務所律師。

被上訴人（一審被告）：交通銀行股份有限公司青海省分行。

住所地：青海省西寧市城西區五四西路XX號。

負責人：陳軍，該分行行長。

委託訴訟代理人：趙海龍，北京市中盈律師事務所西寧分所律師。

委託訴訟代理人：徐向日，上海市尚法律師事務所律師。

一審第三人：青海鑫通礦業有限公司。

住所地：青海省海西州格爾木市鹽橋南路XX號。

法定代表人：金獻釧，該公司執行董事。

上訴人青海百通高純材料開發有限公司（以下簡稱百通材料公司）因與被上訴人交通銀行股份有限公司青海省分行（以下簡稱交通銀行青海省分行）及一審第三人青海鑫通礦業有限公司（以下簡稱鑫通公司）案外人執行異議之訴一案，不服青海省高級人民法院（以下簡稱青海高院）（2016）青民初91號民事判決，向本院提起上訴。本院於2017年2月21日立案後，依

法組成合議庭公開進行了審理。上訴人百通材料公司的委託訴訟代理人張雲峰，被上訴人交通銀行青海省分行的委託訴訟代理人趙海龍、徐向日到庭參加訴訟，一審第三人鑫通公司經本院合法傳喚未到庭。本案經依法延長審限，現已審理終結。

　　百通材料公司上訴稱：一審法院未能根據已查明的事實做出裁判，顯屬適用法律不當，根據《最高人民法院關於適用〈中華人民共和國民事訴訟法〉的解釋》（以下簡稱《民事訴訟法司法解釋》）第三百一十二條第一款之規定，請求：撤銷青海高院（2016）青民初91號民事判決，改判對上訴人實際持有的西寧百通小額貸款公司（以下簡稱百通小貸公司）2,000萬元股權不得執行。事實和理由：1.一審法院在查明「上訴人與原審第三人之間係委託持股關係，上訴人係案涉股權的實際權利人，且第三人從未行使股東權利，承擔股東義務等」事實後，卻不做認定，屬於認定事實不清；2.一審判決適用的是《民事訴訟法司法解釋》第三百一十二條第一款第二項，而該項與已查明的案件事實不相吻合，屬於適用法律錯誤，本案理應適用該條第一款第一項之規定；3.一審法院認為《最高人民法院關於適用〈中華人民共和國公司法〉若干問題的規定（三）》（以下簡稱《公司法司法解釋（三）》）第二十五條的規定僅解決實際出資人和名義股東之間的債權糾紛，不能據此對抗人民法院的強制執行，但案涉股權資產已經處分，不應當也不可能再成為執行標的。一審法院的認定與事實不符；4.一審判決未能準確區分執行異議審查和執行異議之訴的區別，以異議審查方式處理異議之訴涉及的實體問題，顯為不當。

　　被上訴人交通銀行青海省分行辯稱：原審判決認定事實清楚，適用法律正確，請求駁回上訴，維持原判。事實和理由：即便上訴人確為該20%股權的實際出資人，上訴人所享有的權利也僅是基於與鑫通公司之間的股權代持關係而對鑫通公司形成的普通債權，另案西寧中院185號判決也是判令股權變更過戶而非確權。因此，上訴人所「享有」的權利在效力上並不優先於被上訴人查封在先的債權，不能排除人民法院對該20%股權的執行。在案涉股權未辦理變更登記之前，其權利人仍然是鑫通公司，上訴人與鑫通公司之間及公司其他股東之間的內部約定不能對抗外部善意第三人即被上訴人。

　　百通材料公司向一審法院起訴請求：1.依法撤銷青海高院（2016）青執

異字第4號執行裁定；2.排除對原告享有實際權利而以鑫通公司名義持有的百通小貸公司2,000萬元股權的強制執行。

一審法院認定事實：該院在執行申請執行人交通銀行青海省分行與被執行人鑫通公司借款合同糾紛一案中，因被執行人鑫通公司拒不履行生效法律文書確定的義務，故做出（2015）青執字第47號執行裁定，於2016年2月23日依法對登記在被執行人鑫通公司名下的百通小貸公司20%股權（股權數2,000萬元）凍結。案外人百通材料公司提出執行異議稱，涉案股權雖登記在鑫通公司名下，但係其實際出資認繳，鑫通公司代其持股，不享有股東權利，也不承擔股東義務，股權所有權歸其所有，要求法院解除股權凍結，停止執行。該院審查後認為，法律規定案外人對股權權利提出異議的，人民法院應當按照工商行政管理機關的登記和企業信用資訊公示系統公示的資訊判斷。根據工商行政管理機關和企業信用資訊公示系統的公示顯示，案涉異議股權均登記在鑫通公司名下，遂裁定駁回百通材料公司執行異議。百通材料公司不服，提起案外人執行異議之訴，要求撤銷青海高院駁回其異議的（2016）青執異字第4號執行裁定，停止執行案涉股權。

另查明，青海高院在執行交通銀行青海省分行與被執行人鑫通公司借款合同糾紛一案中，依法凍結對鑫通公司在百通小貸公司20%的股權後，百通材料公司與鑫通公司就凍結股權向青海省西寧市中級人民法院（以下簡稱西寧中院）提起確權訴訟，西寧中院於2016年8月10日做出（2016）青01民初185號確權判決。

一審法院認為，本案爭議的焦點是百通材料公司是否享有足以排除強制執行的民事權益，即百通材料公司對鑫通公司持有的百通小貸公司20%股權是否享有足以排除強制執行的民事權益。一方面，原告百通材料公司提供證據材料，擬證明其為百通小貸公司股東，其與第三人之間是委託持股關係。但是依法進行登記的股權具有對外公示的效力，無論對執行異議的審查還是對異議之訴案件的審理，判斷股權的法律依據應當一致。《公司法司法解釋（三）》第二十四條的規定，是對實際出資人與名義股東之間委託持股合同效力及雙方因投資權益的歸屬發生爭議的判斷依據，僅解決實際出資人與名義股東之間的債權糾紛，不能據此對抗善意第三人或排除人民法院的強制執行。另一方面根據《最高人民法院關於人民法院辦理執行異議和覆議案件若

干問題的規定》（以下簡稱《執行異議覆議規定》）第二十五條第二款以及《最高人民法院關於執行權合理配置和科學運行的若干意見》的規定，執行標的被查封、扣押後做出的另案生效法律文書，不能排除對執行標的的執行。根據上述規定，凍結股權後，西寧中院做出的185號民事判決書不能排除對該股權的執行。

綜上，百通材料公司以其為案涉股權的實際出資人為由，要求人民法院停止對涉案股權執行的訴訟請求於法無據；依據股權凍結後做出的確權判決，要求排除強制執行的訴訟主張不能成立，百通材料公司不享有排除強制執行的民事權益。根據《中華人民共和國民事訴訟法》第二百二十七條、《最高人民法院關於適用〈中華人民共和國民事訴訟法〉的解釋》第三百一十二條之規定，一審法院於2016年11月28日做出（2016）青民初91號民事判決：駁回百通材料公司的訴訟請求。本案案件受理費141,800元，由百通材料公司負擔。

本院二審期間，各方當事人沒有提交新證據。

本院二審查明的事實，與一審查明的一致。

本院經審理認為，本案的爭議焦點是：百通材料公司關於其係案涉股權實際出資人的事實，能否排除人民法院的強制執行。本院認為，百通材料公司就案涉股權不享有足以排除強制執行的民事權益，不能排除人民法院的強制執行，具體理由如下：

第一，根據公示公信原則，對股權的強制執行，涉及內部關係的，基於當事人的意思自治來解決。涉及外部關係的，根據工商登記來處理。《中華人民共和國公司法》（以下簡稱《公司法》）第三十二條第三款規定：「公司應當將股東的姓名或者名稱及其出資額向公司登記機關登記；登記事項發生變更的，應當辦理變更登記。未經登記或者變更登記的，不得對抗第三人。」據此，本院認為，工商登記是對公司股權情況的公示，與登記股東進行交易的善意第三人及登記股東的債權人有權信賴工商機關登記的股權情況，該信賴利益應當得到法律的保護。換言之，根據《公司法》該條款的規定，經過公示體現出來的權利外觀，導致第三人對該權利外觀產生信賴，即使真實狀況與第三人的信賴不符，只要第三人的信賴合理，第三人的信賴利益就應當受到法律的優先保護。這裡所說的優先保護，就本案而言，是指在

案涉股份的實際出資人與公示出來的登記股東不符的情況下，法律優先保護
信賴公示的與登記股東進行交易的善意第三人及登記股東的債權人的權利，
而將實際投資人的權利保護置於這些人之後。據此，由於股權的實際出資人
在對外關係上不具有登記股東的法律地位，所以其不能以其與登記股東之間
的內部約定，來對抗與登記股東進行交易的善意第三人及登記股東的債權
人。因此，當登記股東因其未能清償到期債務而成為被執行人時，該股份的
實際出資人不得以此對抗登記股東的債權人對該股權申請強制執行。也就是
說，登記股東的債權人依據工商登記中記載的股權歸屬，有權申請對該股權
強制執行。本案中，百通材料公司雖然是案涉股權的實際出資人，但是鑫通
公司卻是案涉股權的登記股東，交通銀行青海省分行是鑫通公司的債權人，
基於上述法律規定，百通材料公司就案涉股權不享有對抗交通銀行青海省分
行申請強制執行的權利。

第二，百通材料公司在上訴時提到，案涉股權資產已經處分，不應當也
不可能再成為執行標的。本院認為，不論該主張是否屬實，但是該問題與本
案所要解決的百通材料公司能否排除人民法院的強制執行的問題，不是一回
事。本案所要解決的是能否排除強制執行的問題，而百通材料公司上訴時提
到的該問題是能否實際執行到位的問題。本案所要解決的問題是百通材料公
司上訴時提到的該問題的前提。故該上訴理由不能成立。

第三，百通材料公司在上訴時提到的「一審判決未能準確區分執行異
議審查和執行異議之訴的區別，以異議審查方式處理異議之訴涉及的實體問
題，顯為不當」這一理由也不成立。本院認為，和審判程序不同，執行程序
的主要目的是迅速實現債權人經過生效法律文書確定的債權，效率是其基本
價值取向。執行異議和覆議程序的目的是解決執行過程中衍生的程序和實體
爭議，實際是執行程序的副程序，其價值取向毫無疑問仍是效率。效率主要
體現在三個方面：一是救濟有限。為了防止異議人濫用異議權阻止執行，
《執行異議覆議規定》第六條對異議人提出異議的情形作了明確規定。二是
書面審查。執行行為是公法行為，其合法與否根據卷宗記載即可判明。對案
外人異議，由於定位為異議之訴前的程序審查，根據當事人提交的證據材料
和執行卷宗一般亦可滿足形式審查的要求。所以，為了避免拖延，書面審查
是審查執行異議和覆議案件的主要方式。只有案情複雜、爭議較大的案件，

才開庭聽證。三是形式審查。由於只有十五日的審查期間，且有異議之訴最終裁判，所以原則上根據這些標的的權利外觀表像來判斷權屬，只有無法根據權利外觀判斷或者法律和司法解釋有特殊規定時，才進行實質審查。雖然如此，但並不能據此就得出這樣的結論：執行異議和覆議的審查方法是形式審查，執行異議之訴的審查方法是實質審查。形式審查就是要保護形式上的權利人，就本案而言是要保護登記股東的債權人，實質審查就是要保護實際權利人，就本案而言就是要保護實際出資人的權利。這是上訴人的誤解，這種觀點也沒有法律依據。實際上，形式審查也好，實質審查也罷，法律的精神應該是一致的，二者本應該統一。二者的區別只是在於，因為執行異議和覆議程序強調的是效率，審查的期間只有十五日，所以多用形式審查，但並不排除其也可以進行實質審查。執行異議之訴所要解決的是依法應該優先保護誰，進行實質審查的目的只是在於將爭議事實查得更清楚、更明白，而不是說因為進行了實質審查，所以就要優先保護實際權利人，就本案而言就要優先保護實際出資人。究竟應該保護登記股東的債權人，還是爭議股權的實際出資人，那要看法律如何規定。《公司法》第三十二條第三款對此規定的已經很明確，於此不贅。

第四，實際出資人百通材料公司讓登記股東鑫通公司代持股權，其一定獲得某種利益。根據風險與利益相一致的原則，百通材料公司在獲得利益的同時，也應當承擔相應的風險，該風險就包括登記股東代持的股權被登記股東的債權人申請強制執行，本案就屬於這種情況。當然，該風險還包括登記股東轉讓代持的股權或者將該股權出質。

第五，從司法的引導規範功能來看，案涉股權登記在被執行人鑫通公司名下，依法判決實際出資人百通材料公司不能對抗被執行人鑫通公司的債權人對該股權申請強制執行，還有利於淨化社會關係，防止實際出資人違法讓他人代持股份或者規避法律。

綜上所述，青海百通高純材料開發有限公司的上訴請求不能成立，應予駁回；一審判決認定事實清楚，適用法律正確，應予維持。依照《中華人民共和國民事訴訟法》第一百七十條第一款第一項之規定，判決如下：

駁回上訴，維持原判。

二審案件受理費100元，由青海百通高純材料開發有限公司負擔。

本判決為終審判決。

審判長　張　明
審判員　楊永清
審判員　晏　景
二〇一八年三月二十三日
法官助理　張麗潔
書記員　　陳小雯

【案例136】執行異議之訴中當事人應就其對執行標的享有足以排除強制執行的民事權益承擔舉證責任

天津銀行與物產公司等案外人執行異議之訴糾紛案評析

案號：最高人民法院（2018）最高法民再27號

【摘要】

　　銀行應與擔保人簽訂書面《保證金質押合同》，明確約定專門的保證金帳戶並實際控制該帳戶，以保障銀行對質押保證金的優先受償權；在法院凍結劃扣銀行保證金時，銀行應及時提出執行異議（之訴），並舉證證明其對保證金享有足以排除法院強制執行的優先受償權。

【基本案情】

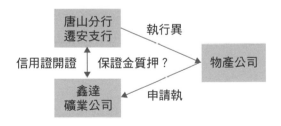

　　2014年7月10日，天津銀行股份有限公司唐山遷安支行（以下簡稱「遷安支行」）與河北鑫達礦業集團有限公司（以下簡稱「鑫達礦業公司」）簽訂《銀行結算帳戶管理協定》，約定鑫達礦業公司在遷安支行開立33XXX1142帳戶（以下簡稱「1142帳戶」）作為專用存款帳戶，遷安支行應及時辦理資金收付業務。2015年7月14

日和7月28日，遷安支行與鑫達礦業公司簽訂兩份《開立國內信用證協定》，約定鑫達礦業公司向遷安支行申請開立金額是2,000萬元、4,000萬元的兩份國內信用證，保證金繳付比例為50%，信用證均由天津銀行股份有限公司唐山分行（以下簡稱「唐山分行」）開具（遷安支行無開立信用證資格）。同日，鑫達礦業公司向1142帳戶內存入資金1,000萬元、2,000萬元。2015年7月15日和7月29日，唐山分行審查單證相符，承兌了案涉兩份信用證，並於信用證到期後依約墊付款項。

2015年8月7日，根據杭州市中級人民法院（以下簡稱「杭州中院」）做出的（2014）浙杭商初字第71號生效民事判決，浙江物產融資租賃有限公司（以下簡稱「物產公司」）申請對被執行人鑫達礦業公司強制執行。執行過程中，杭州中院依法凍結了被執行人鑫達礦業公司1142帳戶內的存款3,000萬元。2016年1月，遷安支行以1142帳戶為鑫達礦業公司就案涉兩份信用證提供的質押保證金帳戶為由，向杭州中院申請解除凍結。杭州中院裁定駁回瞭解凍申請，並扣劃了鑫達礦業公司1142帳戶內3,000萬元。唐山分行和遷安支行提出書面執行異議被駁回，遂向杭州中院提起案外人執行異議之訴，請求判令停止對鑫達礦業公司在遷安支行1142帳戶內存款3,000萬元的執行。

【法院判決】

浙江省杭州市中級人民法院經審理認為，本案的爭議焦點為：鑫達礦業公司在遷安支行開立的1142帳戶，是否屬於案涉國內信用證保證金帳戶。金錢作為特殊質押財產，可以特戶的形式特定化，並移交債權人占有。而特戶即指金融機構為出質金錢所開的專業帳戶，並且對第三人均能顯示出質押外觀。案涉《銀行結算帳戶管理協議》雖約定1142帳戶為專戶，但是辦理資金收付業務的專用存款帳戶。案涉《開立國內信用證協議》亦未明確該帳戶是為開立信用證作質押擔保

的專戶，故仍屬一般帳戶。案涉信用證開證行是唐山分行，但唐山分行並未與鑫達礦業公司簽訂書面質押合同，鑫達礦業公司也未向唐山分行交付過質押保證金。唐山分行與遷安支行內部雖有上下級隸屬關係，但不能視為同一法律主體。即使鑫達礦業公司先後向開立在遷安支行而非唐山分行的一般帳戶1142帳戶內存入資金3,000萬元，也不存在金錢特定化及移交債權人占有，開證行唐山分行的質權未設立。綜上，唐山分行和遷安支行要求停止對案涉1142帳戶內款項3,000萬元執行的訴請缺乏依據，故判決駁回其訴訟請求。

　　宣判後，唐山分行和遷安支行不服一審判決，提起上訴。浙江省高級人民法院經審理認為，一審認定事實清楚、適用法律正確，故判決駁回上訴、維持原判。

　　宣判後，唐山分行和遷安支行不服二審判決，申請再審。最高人民法院經審理認為，再審的爭議焦點為：唐山分行、遷安支行對案涉1142帳戶內的3,000萬元，是否享有足以排除法院強制執行的民事權益。具體為：1142帳戶是否為信用證開證保證金帳戶；唐山分行是否實際占有案涉3,000萬元。分析唐山分行、遷安支行提交的擬證明案涉1142帳戶為信用證開證保證金帳戶的證據：第一，根據《天津銀行會計制度實施細則》（試行）第八十條帳戶管理規定，帳戶首位「3」表示專用存款帳戶。案涉1142帳戶首位為「3」，表明為專用存款帳戶；根據《天津銀行會計科目使用說明》（試行）第二章會計科目使用說明，「25104」為國內信用證保證金。案涉1142帳戶的中間數為「25104」，表明為國內信用證保證金帳戶；根據中國人民銀行天津分行辦公室檔《關於調整天津銀行財政存款和準備金存款交存範圍的通知》，「251」為保證金；案涉《開立國內信用證協議》約定開立的信用證金額分別是2,000萬元、4,000萬元，鑫達礦業公司同日向1142帳戶分別轉款1,000萬元、2,000萬元，轉款金額符合繳付50%保證金的約定；根據1142帳戶資金流水顯示，1142帳戶除用於開

立信用證繳納保證金外，沒有其他任何性質的資金往來；鑫達礦業公司亦一直主張1142帳戶是其向唐山分行申請開立信用證時繳納保證金的帳戶，且其對該帳戶無支配權和使用權。綜合唐山分行、遷安支行提交的證據以及鑫達礦業公司的陳述，足以證明1142帳戶為信用證開證保證金帳戶，帳戶內3,000萬元屬於案涉信用證開證保證金。第二，商業銀行對其分支機構實行全行統一核算、統一調度資金、分級管理的財務制度，商業銀行分支機構經營管理的財產權屬屬於總行。由此，唐山分行、遷安支行所經營管理的財產均屬於其總行天津銀行所有，其依據天津銀行業務規則辦理案涉信用證業務，亦不違反法律規定。唐山分行、遷安分行據此主張1142帳戶中的保證金已經由唐山分行占有，應予支持。綜上，1142帳戶為鑫達礦業公司開立的信用證保證金帳戶，帳戶中的3,000萬元是案涉兩份信用證開證的保證金，並一直由唐山分行、遷安支行控制及占有，且唐山分行、遷安支行已墊付了案涉信用證項下款項。唐山分行、遷安支行有權對上述3,000萬元優先受償，足以排除法院的強制執行。綜上，判決撤銷一審和二審判決，停止執行鑫達礦業公司在遷安支行開立的1142帳戶內的款項3,000萬元。

【法律評析】

本案的爭議焦點為：內部存在上下級隸屬關係的銀行分支機構，是否可視為同一法律主體；金融機構出質金錢所開的帳戶是否為專門帳戶；當事人認為人民法院凍結和扣劃的某項資金屬於信用證開證保證金的，應負舉證證明責任。

一、內部存在上下級隸屬關係的銀行分支機構，不能視為同一法律主體

《中華人民共和國商業銀行法》第二十二條規定：「商業銀行

對其分支機構實行全行統一核算，統一調度資金，分級管理的財務制度。商業銀行分支機構不具有法人資格，在總行授權範圍內依法開展業務，其民事責任由總行承擔。」《中華人民共和國民事訴訟法》第四十八條第一款規定：「公民、法人和其他組織可以作為民事訴訟的當事人。」《最高人民法院關於適用〈中華人民共和國民事訴訟法〉的解釋》第五十二條第六項規定：「民事訴訟法第四十八條規定的其他組織是指合法成立、有一定的組織機構和財產，但又不具備法人資格的組織，包括：（六）依法設立並領取營業執照的商業銀行、政策性銀行和非銀行金融機構的分支機構。」

　　分析可知，雖然商業銀行的分支機構不具有法人資格，其民事責任由總行承擔，但是具有依法以自己的名義從事民事活動和民事訴訟活動的主體資格。因此，不同的銀行分支機構即使在內部存在上下級的隸屬關係，也不能視為同一法律主體。結合本案，唐山分行及其下級行遷安支行均認為，其作為總行天津銀行內部的上下級分支機構，具有民事主體的同一性。顯然，這一觀點缺乏法律依據，故一審和二審法院均認定上級行唐山分行與下級行遷安支行並非同一法律主體。

　　唐山分行和遷安支行雖非同一法律主體，但他們經營管理的財產均屬於其總行天津銀行所有。同時，唐山分行和遷安支行根據總行授權範圍不同，就同一筆信用證業務分別由遷安支行簽訂開證協議、收取信用證保證金，由其上級唐山分行開具信用證，這一業務做法，不違反法律規定。唐山分行通過其與遷安支行之間的上下級隸屬關係掌握和控制案涉1142帳戶中的款項。故再審法院糾正了一審和二審關於「1142帳戶款項並未移交債權人唐山分行占有，開證行唐山分行的質權未設立」的錯誤認定。

二、金融機構出質金錢所開的帳戶是否為專門帳戶

作為具有存款業務的金融機構，銀行將出質人交付的金錢作為質押財產，應當依法將質押金錢放置於專門的帳戶，並且該專門帳戶對任何第三人均能顯示出質押外觀，否則難以區分該金錢是出質人交付的普通存款還是質押財產。為了確保開立的帳戶為專門的質押保證金帳戶，銀行應與出質人明確約定名稱含有「XXX保證金」字樣的保證金專用帳戶，實行專款專用、單獨結算，出質人無權使用和支配保證金專用帳戶，且不得在專用帳戶存放其他日常結算資金、未經銀行同意不得將專用帳戶內的資金挪作他用，銀行有權控制和支配保證金專用帳戶並直接劃扣帳戶內的保證金以清償債務人的到期未付款項等，實現金錢特定化和轉移銀行占有的法律公示效力。

結合本案，唐山分行和遷安支行並未與出質人鑫達礦業公司明確約定，案涉1142帳戶是為出質金錢所開的保證金專門帳戶。但是，結合唐山分行和遷安支行提供的全部證據，分析1142帳戶的全部帳號、帳戶性質等表面形式和天津銀行及中國人民銀行天津分行有關帳戶管理的規定，可以直觀反映出遷安支行與鑫達礦業公司約定的專用存款帳戶1142帳戶，是國內信用證保證金帳戶。故，再審法院糾正了一審和二審關於「1142帳戶是一般帳戶，帳戶內款項並不存在金錢特定化」的錯誤認定。

三、當事人應舉證證明法院凍結扣劃的某項資金屬於信用證開 證保證金

法院對信用證開證保證金可採取凍結措施，但不得劃扣。《中華人民共和國民事訴訟法》第六十四條規定：「當事人對自己提出的主張，有責任提供證據。」因此，當事人認為法院凍結扣劃的某項資金屬於信用證開證保證金的，應負舉證證明責任。

　　結合本案，唐山分行和遷安支行認為杭州中院凍結劃扣的1142帳戶內資金3,000萬元，是鑫達礦業公司就案涉兩份信用證提供的質押保證金。因此，唐山分行和遷安支行應承擔舉證責任。分析唐山分行、遷安支行提交的證據，唐山分行開立的案涉兩份信用證金額為2,000萬元、4,000萬元，鑫達礦業公司同日向1142帳戶轉款1,000萬元、2,000萬元，符合《開立國內信用證協議》約定的信用證金額和繳付50%的保證金金額；1142帳戶內所有款項的進帳時間和具體數額，與唐山分行為鑫達礦業公司開立信用證的時間和繳付相應比例保證金的數額均能夠吻合、一一對應，沒有其他任何性質的資金結算。因此，唐山分行、遷安支行已經舉證證明，1142帳戶內的3,000萬元屬於案涉信用證項下的開證保證金，並由唐山分行、遷安支行支配占有，符合金錢特定化及轉移債權人占有。唐山分行、遷安支行對1142帳戶內保證金3,000萬元的優先受償權，足以排除杭州中院凍結劃扣等強制執行措施。故再審改判撤銷兩審判決，停止執行1142帳戶內款項3,000萬元。

四、銀行風險啟示

　　1. 內部存在上下級隸屬關係的銀行分支機構，不能視為同一法律主體。銀行分支機構應嚴格按照法律法規和操作規範，在總行授權範圍內以自己的名義辦理相應業務，避免上下級分支機構業務混同、引起相對人對合同主體及其享有的合同權利提出抗辯。

　　2. 為保障對質押保證金的優先受償權，銀行應與擔保人簽訂書面《保證金質押合同》，明確約定保證金質押的一般條款，防止擔保人提出保證金質押關係不存在的抗辯；銀行應與擔保人明確約定保證金專門帳戶，使帳戶對第三人均能顯示出質押外觀，並由銀行控制支配該帳戶，實現保證金特定化和移交債權人占有的法律公示效力，以減輕銀行訴累、降低銀行債權風險。

3. 在法院要求凍結劃扣銀行保證金時，銀行應及時提出執行異議（之訴），舉證說明保證金符合金錢特定化和轉移債權人占有的特徵，主張銀行對保證金享有足以排除法院強制執行的優先受償權。

附：法律文書

天津銀行股份有限公司唐山分行、天津銀行股份有限公司唐山遷安支行再審民事判決書

最高人民法院民事判決書（2018）最高法民再27號

再審申請人（一審原告、二審上訴人）：天津銀行股份有限公司唐山分行。

負責人：尹學軍，該分行行長。

委託訴訟代理人：徐洋，國浩律師（北京）事務所律師。

委託訴訟代理人：景寶安，河北品思律師事務所律師。

再審申請人（一審原告、二審上訴人）：天津銀行股份有限公司唐山遷安支行。

負責人：楊華，該支行行長。

委託訴訟代理人：徐洋，國浩律師（北京）事務所律師。

委託訴訟代理人：郭香龍，北京初亭律師事務所律師。

被申請人（一審被告、二審被上訴人）：浙江物產融資租賃有限公司。

法定代表人：王競天，該公司董事長。

委託訴訟代理人：唐國華，上海錦天城（杭州）律師事務所律師。

委託訴訟代理人：崔滿興，上海錦天城（杭州）律師事務所律師。

一審第三人：河北鑫達礦業集團有限公司。

法定代表人：劉曉雲，該公司董事長。

委託訴訟代理人：王玉海，河北王玉海律師事務所律師。

一審第三人：河北鑫達鋼鐵有限公司。

法定代表人：劉鳳國，該公司總經理。

委託訴訟代理人：王玉海，河北王玉海律師事務所律師。

一審第三人：遷安市軍豐工貿有限公司。

法定代表人：王靜，該公司董事長。

委託訴訟代理人：王玉海，河北王玉海律師事務所律師。

一審第三人：劉鳳利。

委託訴訟代理人：王玉海，河北王玉海律師事務所律師。

一審第三人：王淑玲。

委託訴訟代理人：王玉海，河北王玉海律師事務所律師。

一審第三人：王豔麗。

委託訴訟代理人：王玉海，河北王玉海律師事務所律師。

一審第三人：王全。

委託訴訟代理人：王玉海，河北王玉海律師事務所律師。

　　再審申請人天津銀行股份有限公司唐山分行（以下簡稱唐山分行）、天津銀行股份有限公司唐山遷安支行（以下簡稱遷安支行）因與被申請人浙江物產融資租賃有限公司（以下簡稱物產租賃公司）、一審第三人河北鑫達礦業集團有限公司（以下簡稱鑫達礦業公司）、河北鑫達鋼鐵有限公司、遷安市軍豐工貿有限公司、劉鳳利、王淑玲、王豔麗、王全案外人執行異議之訴一案，不服浙江省高級人民法院（2017）浙民終97號民事判決，向本院申請再審。本院於2017年12月22日做出（2017）最高法民申4400號民事裁定，提審本案。本院依法組成合議庭，公開開庭審理了本案。再審申請人唐山分行的委託訴訟代理人景寶安，遷安支行的委託訴訟代理人郭香龍，唐山分行、遷安支行的共同委託訴訟代理人徐洋，被申請人物產租賃公司的委託訴訟代理人唐國華、崔滿興，一審第三人鑫達礦業公司、河北鑫達鋼鐵有限公司、遷安市軍豐工貿有限公司、劉鳳利、王淑玲、王豔麗、王全的共同委託訴訟代理人王玉海到庭參加訴訟，本案現已審理終結。

　　唐山分行、遷安支行的再審請求是：一、撤銷浙江省高級人民法院（2017）浙民終97號民事判決、浙江省杭州市中級人民法院（2016）浙01民初478號民事判決；二、判令停止對鑫達礦業公司在遷安支行開立的33XXX42帳戶（以下簡稱1142帳戶）內存款3,000萬元的執行；三、判令物產租賃公司承擔本案訴訟費用。事實與理由：一、唐山分行、遷安支行有新

證據進一步證明，在辦理案涉信用證業務中，唐山分行與遷安支行是上下級分支機構之間的分工合作關係，該種做法符合當前國內辦理信用證業務的慣例。本案二審判決做出後，河北省銀行業協會經調研並組織行業專家研究討論，在此基礎上形成的《關於天津銀行唐山分行與浙江物產融資租賃有限責任公司、河北鑫達礦業集團有限公司國內信用證保證金執行異議之訴案的報告》，可證明因遷安支行沒有開立信用證的許可權，故由其上級行唐山分行開出案涉信用證。同時，唐山分行通過其與遷安支行之間的上下級關係掌握和控制案涉1142帳戶中的款項。該種做法符合商業銀行分支機構業務與財產一體化的特徵，也是國內商業銀行辦理信用證業務的慣例，且該種做法得到最高人民法院判例的明確認可。二、1142帳戶為信用證保證金專用帳戶，該帳戶內資金已經特定化。（一）從帳號上能夠直觀看出，1142帳戶是國內信用證保證金專用帳戶。1142帳戶的第一位是「3」，第7至11位是「25104」。根據《天津銀行會計制度實施細則》規定，第一位「3」表示專用存款帳戶。根據《天津銀行會計科目使用說明》規定，「251」是保證金科目的編號，而「25104」即是國內信用證保證金的編號。中國人民銀行天津分行辦公室《關於調整天津銀行財政存款和準備金存款交存範圍的通知》，亦確認「251」是天津銀行股份有限公司（以下簡稱天津銀行）的保證金科目。（二）從帳戶性質上能夠看出，1142帳戶屬於專用帳戶。案涉《人民幣單位銀行結算帳戶管理協定》手填部分，載明1142帳戶是專用存款帳戶。開戶通知書上再次確認1142帳戶性質為專用帳戶。（三）從帳戶的實際使用情況也可以看出，各方始終將案涉1142帳戶專門用於存放開證保證金，符合帳戶特定化的形式要件。1142帳戶未作日常結算使用，案涉信用證的開立和承兌與該保證金帳戶資金往來具有一一對應關係。1142帳戶開立以來，鑫達礦業公司與遷安支行曾先後辦理了五筆國內信用證業務，該五筆信用證均是以保證金擔保，而相應保證金均是存放在1142帳戶中。除上述五筆信用證保證金外，1142帳戶內沒有任何其他資金流動，該帳戶內資金的每一次變動，都能與上述五筆信用證業務一一對應。由此可見，不但1142帳戶專用於鑫達礦業公司信用證保證金的存放，而且五筆保證金之間相互獨立、能夠分別特定化。三、1142帳戶除能夠特定化外，唐山分行對於該帳戶還具有控制權，主要表現在當唐山分行對鑫達礦業公司的信用證兌付墊款或鑫達礦

業公司出現違約後，有權直接從1142帳戶內扣款。從實際情況來看，就與鑫達礦業公司五筆信用證業務中的其他三筆，天津銀行在承兌後，已經從案涉1142帳戶中扣劃了相應保證金，進一步證明唐山分行與遷安支行對1142帳戶的實際占有。而案涉兩筆，因信用證到期前1142帳戶已經因物產租賃公司的申請而被法院凍結，天津銀行未能扣劃對應的保證金3,000萬元。四、唐山分行、遷安支行與鑫達礦業公司已經建立了事實上的質押合同，唐山分行依法享有質權。原審判決已查明，唐山分行根據鑫達礦業公司的開證申請，開立了國內跟單信用證，並對案涉兩筆信用證進行了承兌。鑫達礦業公司為擔保對唐山分行的上述債務，通過簽署《人民幣單位銀行結算帳戶管理協定》、《減免保證金開立國內信用證協議》、《開立國內跟單信用證申請書》等檔，對所擔保債權的種類和數量、債務履行期限等進行了約定，符合法律關於質押合同構成要件的規定。在案涉3,000萬元劃入1142帳戶後，唐山分行對該筆款項即享有質權，足以排除物產租賃公司的執行。五、原審判決以遷安支行具有民事主體資格為由，割斷遷安支行與唐山分行在案涉信用證業務中的關係，確屬錯誤。（一）在辦理案涉信用證業務中，唐山分行與遷安支行具有主體同一性，是上下級業務部門之間的分工合作關係，民事權利義務由天津銀行承擔。在辦理案涉信用證業務過程中，鑫達礦業公司在同一日與遷安支行簽訂《減免保證金開立國內信用證協議》，向唐山分行做出《開立國內跟單信用證申請書》，又直接向天津銀行做出《國內跟單信用證開證申請人承諾書》，能夠證明天津銀行及其下屬分支機構在辦理信用證業務中具有民事主體的同一性。（二）遷安支行以自己的名義與鑫達礦業公司簽署《減免保證金開立國內信用證協定》，係代理唐山分行對外訂立合同的行為。故依法唐山分行與鑫達礦業公司存在保證金質押關係。（三）1142帳戶雖設立於遷安支行，但實際為其上級開證行唐山分行控制、占有。在唐山分行的要求和批准下，遷安支行負責與鑫達礦業公司辦理與帳戶有關的手續，而唐山分行則自行辦理信用證審批、開出等手續，上述整個流程都是由唐山分行主導和控制，唐山分行利用下屬機構持有案涉1142帳戶，本身就是控制該帳戶及其存款的一種具體方式。綜上，唐山分行與鑫達礦業公司成立保證金質押合同關係，唐山分行享有質權，足以排除物產租賃公司的執行。原審判決認定事實和適用法律均有錯誤，請求予以糾正。

物產租賃公司辯稱：一、唐山分行、遷安支行對標的款項不享有質權，無權排除人民法院的強制執行。（一）唐山分行與遷安支行不是同一民事主體，唐山分行、遷安支行主張其主體同一性，於法無據。（二）唐山分行開立信用證與遷安支行收取標的款項是分別進行的獨立的民事行為，唐山分行並未實際占有標的款項，其基於上下級的管理控制亦不能代替質權移交占有的法定要件，不為質權。1.唐山分行開證與遷安支行收款是分別獨立進行的民事行為。唐山分行根據鑫達礦業公司的開證申請，開立了國內信用證，信用證法律關係存在於鑫達礦業公司與唐山分行之間。而案涉《人民幣單位銀行結算帳戶管理協定》及《減免保證金開立國內信用證協議》係遷安支行與鑫達礦業公司簽訂，1142帳戶亦係在遷安支行開立。因此，遷安支行收取標的款項與唐山分行開證是分別獨立進行的民事行為。2.唐山分行、遷安支行主張遷安支行簽訂減免保證金協定的行為是代理行為，與事實不符，亦缺乏依據。本案中無論是開戶協定，還是減免保證金協定，遷安支行均係以其自身名義簽訂，同時亦無證據顯示，遷安支行係受唐山分行的委託實施案涉民事法律行為。即便存在所謂的唐山分行通過分工合作，控制遷安支行收取的標的款項，也只構成債權關係，不構成物權擔保所要求的占有。3.唐山分行、遷安支行一審當庭明確表示不主張質權，無保證金質押合意，該意思表示與其提交的《國內信用證開證審核表》記載的擔保情況一致，現其主張已經建立了事實上的質押合同，既缺乏依據，亦違反「禁反言」的法律原則。4.1142帳戶內資金並未特定化，不符合質權特定化的法定要件。《人民幣單位銀行結算帳戶管理協定》及《減免保證金開立國內信用證協議》中均未明確1142帳戶是為開立信用證作質押擔保的保證金帳戶；同時，該帳戶內資金存在同時進出滾動的情形，故該帳戶不符合法律規定的關於特戶、封金等特定化的要求，僅是辦理資金收付業務的一般結算帳戶，並非唐山分行、遷安支行主張的信用證保證金專用帳戶。而天津銀行會計制度及會計科目僅是銀行內部的規定，《保證金備註》、《放款通知書》雖記載1142帳戶為保證金帳戶，但係銀行內部傳遞的文書，在1142帳戶對外未顯示質押、凍結等外觀表像時，第三人無從知曉，不能產生物權的法律效力，不能對抗第三人和人民法院的強制執行。5.標的款項亦未移交開證行即唐山分行占有，唐山分行基於對遷安支行的上下級控制不能代替質權移交占有的法定要件。同時，

1142帳戶開設在遷安支行，而非唐山分行，鑫達礦業公司向1142帳戶存入款項後，遷安支行並未移交唐山分行占有。另外，根據《天津銀行特種轉帳借方傳票》顯示，實際扣劃帳戶內款項的銀行亦是遷安支行，而非唐山分行。雖然唐山分行對遷安支行的業務有一定的指導管理權，但該指導管理權僅是基於銀行內部上下級關係及銀行內部流程設置需要而進行的一定管理，而非法律意義上的控制和占有，何況遷安支行亦是以其自身名義對外開展業務，實施款項扣劃等，而非以唐山分行代理人的名義。因此，唐山分行主張其對1142帳戶內的款項具有控制權，符合質權移交占有的法定要件，缺乏依據。

6.河北省銀行業協會的報告既不是再審新證據，亦與標的款項是否構成金錢質押無關。本案所謂新證據之一為《關於天津銀行唐山分行與浙江物產融資租賃有限責任公司、河北鑫達礦業集團有限公司國內信用證保證金執行異議之訴案的報告》，該報告係河北省銀行業協會對本案發表的觀點，不是與本案相關的事實材料，不屬於《中華人民共和國民事訴訟法》第六十三條規定的證據範疇，不構成本案再審新證據。同時，即使有觀點稱本案有關做法符合當前國內辦理信用證業務的慣例，也只能屬於不規範的慣例，以某種實際存在的即使是具有一定普遍性的情形作為前提倒推其合法性，並無法律依據。7.唐山分行、遷安支行再審中提交的《關於調整天津銀行財政存款和準備金存款交存範圍的通知》，與本案沒有關聯性。二、案涉信用證項下義務已經結清，唐山分行已將遷安支行從鑫達礦業公司帳戶內扣劃的款項用於對外付款，唐山分行信用證項下對外付款責任已消滅，因而不再享有對案涉款項的權利，亦無權排除人民法院的強制執行。根據《天津銀行特種轉帳借方傳票》顯示和再審審查聽證可得，案涉信用證項下對外付款的款項並非是唐山分行的自有資金，而是遷安支行從鑫達礦業公司93XXX09和93XXX11的銀行帳戶內扣劃的款項，按照銀行存款以金融機構登記的帳戶名稱判斷權利人的規定，案涉信用證項下對外付款的款項應視為鑫達礦業公司償還，本案並不屬於唐山分行以自有資金完成對案涉信用證的墊款行為。至於上述兩個銀行帳戶是遷安支行依職權臨時開設，還是依鑫達礦業公司申請開設，並不影響鑫達礦業公司作為上述兩銀行帳戶權利人的本質，何況唐山分行亦無證據證明該款項係其自有資金。本案中，唐山分行以遷安支行從鑫達礦業公司帳戶內扣劃的款項完成對外支付案涉信用證項下款項後，唐山分行與鑫達礦

業公司的信用證法律關係消滅,唐山分行的信用證項下對外付款責任消滅。因此,退一步講,即使唐山分行對案涉標的款項享有質權,根據主債權消滅,擔保物權消滅的規定,該質權亦已消滅,唐山分行對標的款項不享有優先受償的權利,無權排除人民法院的強制執行。綜上,唐山分行、遷安支行的再審主張和理由缺乏事實和法律依據,請求駁回其再審請求,維持原判。

一審第三人述稱:第一,案涉1142帳戶為信用證開證保證金帳戶,帳戶內的3,000萬元為保證金。本案中鑫達礦業公司是向唐山分行申請開立的信用證,鑫達礦業公司按照唐山分行的要求與遷安支行簽訂開戶協議並交納保證金,該保證金即交入1142保證金帳戶,該保證金專門用於信用證到期兌付,鑫達礦業公司對1142帳戶及帳戶內的資金無控制權。第二,案涉3,000萬元保證金由唐山分行占有。鑑於支行與分行的上下級關係,在本案業務具體辦理中遷安支行確實有參與,但無論兩者是否為同一主體,本案業務確屬同一業務,也確實存在上下級銀行共同辦理的事實。第三,鑫達礦業公司並沒有結清信用證項下的債務。案涉款項由天津銀行一方墊付是事實,唐山分行、遷安支行提交的證據中明確載明款項用途是信用證墊款。唐山分行、遷安支行與鑫達礦業公司共發生五筆信用證業務,在案涉兩筆交易之外,都是銀行直接在該帳戶中予以扣劃。1142帳戶為保證金帳戶已經特定化,專門用於兌付到期信用證項下款項,鑫達礦業公司沒有占有、控制權,而是由唐山分行實際控制。

唐山分行、遷安支行於2016年4月25日向一審法院浙江省杭州市中級人民法院提起本案訴訟,請求判令:停止對鑫達礦業公司在遷安支行1142帳戶內3,000萬元存款的執行;由物產租賃公司承擔本案訴訟費用。

一審法院認定事實:2014年7月10日,遷安支行與鑫達礦業公司簽訂《人民幣單位銀行結算帳戶管理協定》,約定鑫達礦業公司在遷安支行開立1142帳戶作為專用存款帳戶,同時明確鑫達礦業公司須按規定使用銀行結算帳戶及遷安支行須及時辦理資金收付業務等各自的相關責任。2015年7月14日,遷安支行與鑫達礦業公司簽訂《減免保證金開立國內信用證協定》,鑫達礦業公司向遷安支行申請開立國內證,同時向1142帳戶內存入資金1,000萬元,但信用證係由唐山分行開具。2015年7月15日,唐山分行審查單證相符,通過SWIFT系統發出承兌電文,構成信用證項下承兌;2015年7月28

日，遷安支行與鑫達礦業公司簽訂《減免保證金開立國內信用證協定》，鑫達礦業公司向遷安支行申請開立國內證，同時向1142帳戶內存入資金2,000萬元，信用證仍由唐山分行開具。2015年7月29日，唐山分行審查單證相符，通過SWIFT系統發出承兌電文，構成信用證項下承兌。另查明：遷安支行無開立信用證的資格，唐山分行與鑫達礦業公司之間未曾簽訂過保證金質押協定。再查明：2015年8月7日，物產租賃公司據該院（2014）浙杭商初字第71號生效民事判決，申請強制執行。該院依法立案執行，執行標的為126,098,507元及債務利息、執行費193,499元，執行過程中，該院於2015年8月25日凍結被執行人鑫達礦業公司在遷安支行的案涉1142帳戶內存款1億元（實有資金3,000萬元）。遷安支行於2016年1月以上述帳戶為保證金帳戶為由，向該院提出申請，要求解除上述凍結款項。該院於2016年1月18日做出（2015）浙杭執民字第430-2號執行裁定書，駁回遷安支行解凍申請，扣劃鑫達礦業公司在遷安支行1142帳戶內的3,000萬元至該院執行款帳戶。遷安支行、唐山分行向該院提出書面異議。該院審查後駁回了唐山分行、遷安支行的執行異議。遷安支行、唐山分行不服，向該院提起案外人執行異議之訴。

　　一審法院認為：本案爭議的焦點是鑫達礦業公司在遷安支行開立的1142帳戶是否屬於國內信用證保證金帳戶，唐山分行和遷安支行是否對執行標的享有足以阻止其轉讓、交付的實體權利並由此可以排除法院的強制執行。根據《最高人民法院關於適用〈中華人民共和國擔保法〉若干問題的解釋》第八十五條「債務人或者第三人將其金錢以特戶、封金、保證金等形式特定化後，移交債權人占有作為債權的擔保，債務人不履行債務時，債權人可以以該金錢優先受償」的規定，金錢作為特殊的質押財產，必須特定化，並移交債權人占有。而特戶即指金融機構為出質金錢所開的專業帳戶，該帳戶必須區別於普通存款戶，並且有能讓第三人區分出質人交付的是普通存款還是質押財產的外觀表像。本案中，遷安支行與鑫達礦業公司簽訂的《人民幣單位銀行結算帳戶管理協定》雖約定1142帳戶為專戶，但約定的是辦理資金收付業務的專用存款帳戶，且遷安支行與鑫達礦業公司簽訂的《減免保證金開立國內信用證協定》亦未明確該帳戶是為開立信用證作質押擔保的專戶，故仍然屬於一般帳戶的性質。根據本案查明的事實，案涉信用證的開證行是唐山分行，但唐山分行並未與鑫達礦業公司簽訂過書面質權合同，鑫達礦業公司

先後向1142帳戶內存入資金3,000萬元係事實，首先因該帳戶不屬專門的保證金帳戶，其次該帳戶也是開立在遷安支行，也就是說申請開證人鑫達礦業公司既未與唐山分行訂立質權合同，也未曾向唐山分行交付過質押財產即保證金，不存在金錢特定化及移交債權人占有等事實，因此作為開證行的唐山分行的質權未設立，不能對抗第三人。況且唐山分行與遷安支行內部雖有上下級隸屬關係，但亦不能視為同一法律主體。綜上，唐山分行和遷安支行要求停止對涉案款項執行的訴訟請求缺乏事實和法律依據，該院不予支持。依照《中華人民共和國物權法》第二百一十條第一款、第二百一十二條、《最高人民法院關於適用若干問題的解釋》第八十五條及《中華人民共和國民事訴訟法》第二百二十七條、《最高人民法院關於適用的解釋》第三百一十二條之規定，判決如下：駁回唐山分行和遷安支行的訴訟請求。案件受理費191,800元，由唐山分行、遷安支行負擔。

唐山分行、遷安支行不服一審判決，向二審法院浙江省高級人民法院提起上訴，請求：撤銷原判，改判停止對鑫達礦業公司1142帳戶內國內信用證保證金3,000萬元的執行。

二審法院查明的事實與一審法院查明的一致。

二審法院認為：本案的爭議焦點在於唐山分行、遷安支行對鑫達礦業公司在遷安支行開立的1142帳戶內的3,000萬元款項，是否享有足以排除人民法院強制執行的民事權益。各方當事人對上述爭議焦點在二審庭審中均予以確認。根據《最高人民法院關於適用若干問題的解釋》第八十五條「債務人或者第三人將其金錢以特戶、封金、保證金等形式特定化後，移交債權人占有作為債權的擔保，債務人不履行債務時，債權人可以以該金錢優先受償」的規定，1142帳戶的性質問題為本案的首要問題。如果該帳戶為信用證開證保證金帳戶，則該帳戶內的資金可認定為已經以保證金的形式被特定化，信用證開證行為開證申請人墊付了信用證項下的款項後，則對該保證金享有優先受償權。但根據本案現有證據，認定上述帳戶為信用證保證金帳戶，依據不足。首先，銀行作為具有存款業務的金融機構，將出質人交付的金錢作為質押財產，應當依法將質押金錢放置於專門的帳戶，並且對任何第三人均能顯示出質押的外觀，否則難以區分該金錢是出質人交付的普通存款還是質押財產。雙方當事人雖然將帳戶約定為專戶，但約定的是作為貸款發

放和支付的專戶，仍然屬於一般帳戶的性質。本案中，鑫達礦業公司與遷安支行於2014年7月10日訂立的《人民幣單位銀行結算帳戶管理協定》，雖約定1142帳戶為專用存款帳戶，但約定的內容為：鑫達礦業公司按規定使用銀行結算帳戶、按規定使用支付結算工具；遷安支行及時辦理資金收付業務等，可見，該帳戶並非為保證金帳戶，只是辦理資金收付業務和銀行結算的一般帳戶，第三人也無法將之區別於一般存款帳戶。其次，遷安支行與鑫達礦業公司分別於2015年7月14日和28日簽訂的《減免保證金開立國內信用證協議》，亦未明確該帳戶是為開立信用證作質押擔保的保證金帳戶。唐山分行、遷安支行一審期間提交的證據中，只有放款通知書中有1142為保證金帳號的記載，但沒有信用證號的記載。二審期間提交的保證金聯繫單和保證金備註有1142為保證金帳號和信用證號的記載。但上述證據均為天津銀行內部傳遞的文書，第三人無從知曉。再次，金錢質押應當依法將質押金錢放置於專門的帳戶，並且對任何第三人均能顯示出質押的外觀。本案中，1142帳戶內的3,000萬元款項在一審法院凍結時，並未顯示出質的外觀或已經被採取凍結措施。最後，唐山分行、遷安支行二審提交的國內信用證開證增額審核表載明，鑫達礦業公司開證的擔保情況為保證擔保，而未載明還有質押擔保。因此，一審法院認定1142帳戶為一般存款帳戶，而不是保證金帳戶，並無不當。關於1142帳戶內的款項是否已移交由唐山分行占有的問題。根據《最高人民法院關於適用若干問題的解釋》第八十五條的規定，金錢作為特殊的質押財產，必須達到特定化，並移交債權人占有。前已有述，1142帳戶為一般存款帳戶，而並非保證金帳戶，即使該帳戶內的款項已移交唐山分行占有，但由於金錢作為質押財產未特定化，也不能認定唐山分行的質權設立，而且，根據本案查明的事實，也難以認定1142帳戶內的款項已移交唐山分行占有。首先，該帳戶為鑫達礦業公司在遷安支行設立，並非在唐山分行，而本案信用證的開證行為唐山分行，而不是遷安支行。其次，唐山分行、遷安支行認為，其同屬於天津銀行這一法人內部的分支機構，具有民事主體的同一性。鑫達礦業公司存入1142帳戶的國內信用證保證金應當認定為已經移交唐山分行，符合移交占有這一要件。但根據《中華人民共和國民事訴訟法》第四十八條及其司法解釋第五十二條的規定，商業銀行的分支機構具有民事訴訟主體的資格。根據《中華人民共和國合同法》第二條規定，商業銀行分

支機構作為其他組織具有民事主體資格。再次，唐山分行與鑫達礦業公司未簽訂保證金質押合同，將1142帳戶約定為唐山分行開具的兩份信用證項下的保證金帳戶。因此，一審法院認定涉案1142帳戶內的款項未移交唐山分行占有，有相應的事實和法律依據。綜上，唐山分行、遷安支行的上訴請求不能成立，應予駁回；一審判決認定事實清楚，適用法律正確，應予維持。二審法院依照《中華人民共和國民事訴訟法》第一百七十條第一款第一項規定，判決如下：駁回上訴，維持原判。二審案件受理費191,800元，由唐山分行、遷安支行共同負擔。

　　本院再審中，對於原審判決查明的事實，雙方當事人對以下事實提出異議：一、唐山分行、遷安支行主張原審判決認定「鑫達礦業公司向遷安支行申請開立國內信用證」錯誤，應當是鑫達礦業公司向唐山分行申請開證。二、物產租賃公司主張原審判決對於案涉信用證項下債務已經清償的事實未予查明認定。對於原審判決認定的其他事實，各方當事人予以認可，本院予以確認。

　　唐山分行和遷安支行提交了兩份新證據，一是《關於調整天津銀行財政存款和準備金存款交存範圍的通知》，二是河北省銀行業協會出具的《關於天津銀行唐山分行與浙江物產融資租賃有限公司、河北鑫達礦業集團有限公司國內信用證保證金執行異議之訴案的報告》，擬證明1142帳戶為信用證保證金帳戶，以及唐山分行和遷安支行在本案中操作開立信用證合法合規。物產租賃公司對上述證據的真實性無異議，對證明力不予認可。一審第三人對上述證據無異議。

　　根據唐山分行、遷安分行的再審請求，圍繞本案再審中爭議的事實，本院補充查明：一、2014年7月15日、2015年1月13日、1月27日，鑫達礦業公司與遷安支行分別簽訂三份《減免保證金開立國內信用證協定》，上述日期，鑫達礦業公司亦向唐山分行分別提交了三份《開立國內跟單信用證申請書》，唐山分行向鑫達礦業公司分別開立了三份國內信用證。信用證受益人均為天津恒利萬通金屬貿易有限公司，信用證金額分別為2,000萬元、2,000萬元、4,000萬元。鑫達礦業公司同時還向天津銀行出具了《國內跟單信用證開證申請人承諾書》，承諾其保證在單證表面相符的條件下，天津銀行有權主動辦理付款，並從鑫達礦業公司帳戶中扣款。後鑫達礦業公司分別向1142

帳戶存入了上述信用證項下保證金各1,000萬元、1,000萬元、2,000萬元。上述三份信用證到期後，天津銀行已分別扣劃了上述保證金。二、2015年7月14日、7月28日，鑫達礦業公司分別向唐山分行提交了《開立國內跟單信用證申請書》，申請開立案涉信用證。三、原審中，唐山分行、遷安支行提交了日期為2016年1月11日、1月25日的兩份《非標準帳戶申請表》及《天津銀行特種轉帳借方傳票》，用於證明其對外墊付了案涉兩筆信用證項下的款項合計6,000萬元。其中，兩份《非標準帳戶申請表》中的申請機構為遷安支行，開立會計科目為13603，開立帳戶名稱為鑫達礦業公司，帳號分別為93XXX09、93XXX11，業務使用範圍為用於核算國內信用證墊款款項，該申請表上未加蓋鑫達礦業公司公章；兩份《天津銀行特種轉帳借方傳票》上的付款人為鑫達礦業公司、開戶銀行遷安支行，收款人為其他應付款項、開戶銀行唐山分行，轉帳原因為信用證墊款。四、《天津銀行會計科目使用說明》（試行）第二章會計科目使用說明規定，136科目為墊款，13603科目為信用證墊款（具體為本科目核算該行辦理開出信用證業務而形成的墊付款項）；251科目為保證金，25103科目為國際信用證保證金，25104科目為國內信用證保證金（具體為本科目核算該行辦理國內信用證業務而收取的保證金）。《天津銀行會計制度實施細則》（試行）第八十條帳戶管理規定，客戶帳號長度為18位元數字，首位表示帳戶的性質：「1」表示基本存款帳戶，「2」表示一般存款帳戶，「3」表示專用存款帳戶……。五、唐山分行、遷安支行提交的中國人民銀行天津分行辦公室文件《關於調整天津銀行財政存款和準備金存款交存範圍的通知》中，顯示251為保證金。

　　本院再審認為，本案再審中的爭議焦點為唐山分行、遷安支行對案涉1142帳戶內的3,000萬元是否享有足以排除人民法院強制執行的民事權益。具體爭議的問題有三項，一是1142帳戶是否為信用證開證保證金帳戶，帳戶內的3,000萬元是否為開證保證金；二是唐山分行是否實際占有了案涉3,000萬元；三是案涉信用證項下的債務是否已由鑫達礦業公司結清。

　　一、唐山分行、遷安支行在原審中及再審中提交的證據，能夠形成證據鏈證明1142帳戶為信用證開證保證金帳戶。（一）根據1142帳戶的表面形式、天津銀行及中國人民銀行天津分行有關帳戶管理規定，可以認定1142帳戶為信用證保證金帳戶。1.根據《天津銀行會計制度實施細則》（試行）第

八十條帳戶管理規定，客戶帳號長度為18位元數字，首位表示帳戶的性質，「1」表示基本存款帳戶，「2」表示一般存款帳戶，「3」表示專用存款帳戶。本案中，爭議帳戶首位為「3」，即表明該爭議帳戶性質為專用存款帳戶。2.根據《天津銀行會計科目使用說明》（試行）（2015版）第二章會計科目使用說明，「25103」為國際信用證保證金，「25104」為國內信用證保證金，「25105」為人民幣保函保證金。案涉帳號的中間數為「25104」，根據上述說明，1142帳戶屬於國內信用證保證金帳戶。3.唐山分行、遷安支行再審中提交的中國人民銀行天津分行辦公室文件《關於調整天津銀行財政存款和準備金存款交存範圍的通知》中也規定251為保證金。由此，唐山分行、遷安支行主張從案涉1142帳戶的表面形式上可以直觀地反映出該帳戶為信用證開證保證金帳戶，有事實依據。（二）根據鑫達礦業公司與遷安支行開戶時對1142帳戶性質的約定，以及該公司開立案涉信用證及履行所涉合同的情況，亦足以證明該帳戶為信用證開證保證金帳戶，其內的3,000萬元為開證保證金。1.《人民幣銀行結算帳戶管理辦法》第三條規定，單位銀行結算帳戶按用途分為基本存款帳戶、一般存款帳戶、專用存款帳戶、臨時存款帳戶。本案中，鑫達礦業公司與遷安支行簽訂的《人民幣單位銀行結算帳戶管理協定》中約定鑫達礦業公司在遷安支行開立專用存款帳戶，帳號為1142號，表明該帳戶就是專用存款帳戶，而非一般存款帳戶。2.案涉兩份《開立國內跟單信用證申請書》項下的金額分別是2,000萬元、4,000萬元，兩份對應的《減免保證金開立國內信用證協議》第一條開證金額及保證金繳付中均約定「開立信用證前繳付等值於開證金額50%的保證金」。同一日，鑫達礦業公司向1142帳戶分別轉款1,000萬元、2,000萬元，均符合《減免保證金開立國內信用證協議》約定的保證金金額。3.唐山分行國際業務部向該行風險管理部提交的《專業審查意見書》中就案涉信用證開證資訊，表述保證金比例50%。4.遷安支行就案涉信用證項下放款，向該行會計部門提交的《放款通知書》中明確保證金帳號為1142號。5.唐山分行、遷安支行在原審中提交的證據顯示，1142帳戶發生的款項均為其與鑫達礦業公司之間因開立信用證而發生的款項。鑫達礦業公司與遷安公司簽訂《人民幣單位銀行結算帳戶管理協定》約定開立1142帳戶的時間是2014年7月10日，該帳戶資金流水明細顯示，2014年7月15日，帳戶進入資金1,000萬元，與該日唐山分行向鑫達礦

業公司開立信用證的時間為同一日。2015年1月13日、1月27日，該帳戶分別進帳1,000萬元、2,000萬元，與唐山分行向鑫達礦業公司開立的另外兩份信用證的時間也為同一日。該帳戶另有兩筆交易即是本案所涉兩份信用證項下款項。上述事實表明，1142帳戶除雙方當事人之間用於開立信用證繳納保證金外，未有其他性質的資金往來。唐山分行、遷安支行主張該帳戶為鑫達礦業公司因開立信用證而設立的保證金專用存款帳戶，有事實依據。6.本案訴訟中，鑫達礦業公司一直主張1142帳戶是其向唐山分行申請開立信用證時繳納保證金的帳戶，且其對該帳戶無支配權和使用權。在無相反證據證明情形下，鑫達礦業公司的陳述亦可以作為有效證據採信。由此，綜合唐山分行、遷安支行提交的證據以及當事人的陳述，足以證明1142帳戶為信用證開證保證金帳戶，該帳戶內的3,000萬元屬於案涉信用證項下保證金。原審判決以唐山分行、遷安支行在原審中提交的證據為其內部檔，第三人無從知曉不能顯示出質押外觀為由，認定該帳戶為一般存款帳戶，認定事實錯誤，適用法律不當，本院予以糾正。

二、關於唐山分行是否占有1142帳戶內保證金的問題。雖然從民事訴訟主體資格而言，原審判決根據民事訴訟法律規定，認定商業銀行分支機構具有民事訴訟主體資格，並無不當。但是，就商業銀行分支機構經營管理的財產而言，根據《中華人民共和國商業銀行法》第二十二條規定，商業銀行對其分支機構實行全行統一核算，統一調度資金，分級管理的財務制度；商業銀行分支機構不具有法人資格，在總行授權範圍內依法開展業務，其民事責任由總行承擔。可見，商業銀行分支機構經營管理的財產權屬於總行。由此本案中唐山分行、遷安支行所經營管理的財產均屬於其總行天津銀行所有。同時，根據上述法律規定，唐山分行、遷安支行依據天津銀行業務規則辦理案涉信用證業務亦不違反法律規定。唐山分行、遷安分行據此主張1142帳戶中的保證金已經由唐山分行占有，理由成立，本院予以支持。原審判決認定1142帳戶內的款項未移交唐山分行占有，適用法律不當，本院予以糾正。

三、關於案涉信用證項下的債務是否已由鑫達礦業公司清償的問題。物產租賃公司主張案涉信用證項下債務已由鑫達礦業公司清償的依據，是原審中唐山分行、遷安支行提交的日期為2016年1月11日、25日的兩份《天津

銀行特種轉帳借方傳票》。原審中，唐山分行、遷安支行提交上述《天津銀行特種轉帳借方傳票》及日期相同的兩份《非標準帳戶申請表》等證據，用以證明其已對外墊付了案涉信用證項下的款項6,000萬元。首先，根據兩份《非標準帳戶申請表》，單從該開戶申請表名稱看，開立的該帳戶是非標準帳戶，表明該帳戶的開立並不屬於一般普通結算帳戶，而是具有特定用途的帳戶；其次，根據《天津銀行會計科目使用說明》，《非標準帳戶申請表》中開立會計科目13603為信用證墊款；第三，《非標準帳戶申請表》中開立帳戶名稱雖為鑫達礦業公司，但申請人為遷安支行，鑫達礦業公司在該申請表中未加蓋公章，未有意思表示，表明鑫達礦業公司並沒有向遷安支行申請開立所涉帳戶。第四，上述《非標準帳戶申請表》及《天津銀行特種轉帳借方傳票》中的業務範圍及轉帳原因均記載為信用證墊款，而非信用證付款；表明上述借方傳票項下的款項並非由鑫達礦業公司實際支付，否則，所涉款項用途應記載為信用證付款，而不是墊款；所謂墊款，只能理解為由開證銀行為開證申請人墊付。另外，就案涉信用證項下款項是否已經付清，經本院庭審中詢問，鑫達礦業公司陳述其因資金困難，一直未予支付。由此，結合上述帳戶開立、轉款憑證記載內容以及當事人陳述情況，本院認為，唐山分行、遷安支行關於上述帳戶僅是天津銀行為了完成案涉信用證墊款手續而設立的專用內部帳戶，該帳戶內資金流動與鑫達礦業公司無關的主張有事實依據，本院予以支持。而物產租賃公司僅依據上述《天津銀行特種轉帳借方傳票》中的付款人記載為鑫達礦業公司，而主張遷安支行與鑫達礦業公司之間形成新的借貸關係，鑫達礦業公司已經支付了案涉信用證項下的款項等，缺乏證據證明，本院不予支持。

綜上，根據本案證據，1142帳戶為鑫達礦業公司開立的信用證保證金帳戶，帳戶中的3,000萬元為與案涉兩份信用證一一對應的其項下的保證金；該帳戶自開立以來，帳戶中的保證金一直由唐山分行、遷安支行控制及占有；唐山分行、遷安支行已經墊付了案涉信用證項下的款項。根據《最高人民法院關於適用若干問題的解釋》第八十五條「債務人或者第三人將其金錢以特戶、封金、保證金等形式特定化後，移交債權人占有作為債權的擔保，債務人不履行債務時，債權人可以以該金錢優先受償」的規定，唐山分行、遷安支行有權對上述3,000萬元優先受償。《最高人民法院關於人民法院能否對信

用證開證保證金採取凍結和扣劃措施問題的規定》第一條規定：「人民法院在審理或執行案件時，依法可以對信用證開證保證金採取凍結措施，但不得扣劃。如果當事人認為人民法院凍結和扣劃的某項資金屬於信用證開證保證金的，應當提供有關證據予以證明。人民法院審查後，可按以下原則處理：對於確係信用證開證保證金的，不得採取扣劃措施；如果開證銀行履行了對外支付義務，根據該銀行的申請，人民法院應當立即解除對信用證開證保證金相應部分的凍結措施；如果申請開證人提供的開證保證金是外匯，當事人又舉證證明信用證的受益人提供的單據與信用證條款相符時，人民法院應當立即解除凍結措施。」據此，唐山分行、遷安支行對1142帳戶內的3,000萬元保證金享有足以排除人民法院強制執行的民事權益，唐山分行、遷安支行訴請人民法院停止對該3,000萬元的執行，有事實與法律依據，本院予以支持；原審判決認定唐山分行、遷安支行對該款不享有足以排除強制執行的民事權益並據此駁回唐山分行、遷安支行的訴請不當，本院予以糾正。依照《中華人民共和國民事訴訟法》第二百零七條第一款、第一百七十條第一款第二項以及《最高人民法院關於適用的解釋》第三百一十二條第一款第一項規定，判決如下：

一、撤銷浙江省高級人民法院（2017）浙民終97號民事判決、浙江省杭州市中級人民法院（2016）浙01民初478號民事判決。

二、不得對河北鑫達礦業集團有限公司在天津銀行股份有限公司唐山遷安支行開立的33XXX42帳戶內存款3,000萬元執行。

本案一審案件受理費191,800元，二審案件受理費191,800元，合計383,600元，由浙江物產融資租賃有限公司負擔。

本判決為終審判決。

審判長　虞政平

審判員　張愛珍

審判員　汪　軍

二〇一八年二月二十七日

書記員　陳新雨

第十四篇

銀行卡糾紛

【案例137】信用卡逾期還款滯納金與違約金

廣州農村商業銀行股份有限公司
與劉燕信用卡糾紛案評析

案號：廣東省廣州市中級人民法院（2017）粵01民終21223號

【摘要】

自2017年1月1日起，中國人民銀行取消了信用卡逾期還款滯納金，商業銀行和持卡人應以協定方式約定信用卡逾期還款違約金。對於存量客戶，以違約金替代信用卡滯納金進行收取時應當將違約金條款明確告知合同相對方並取得其認可。

【基本案情】

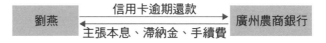

2012年8月8日，劉燕向廣州農村商業銀行股份有限公司（以下簡稱「廣州農商銀行」）申領信用卡，並簽訂了《廣州農村商業銀行股份有限公司信用卡領用合約》（以下簡稱《領用合約》）。在《領用合約》中，雙方對利息、逾期還款滯納金以及手續費等進行了約定，其中，滯納金的約定為按照最低還款未還部分的5%進行計算。

2013年4月10日，劉燕填寫《信用卡大額分期付款申請表》，廣州農商銀行接到申請後，核發了卡號為62XXX93太陽信用卡給劉燕使用，分期金額為30萬元，分期期數為12期。劉燕使用上述信用卡進行消費，產生的消費款項未向廣州農商銀行清償。廣州農商銀行根據對帳單向劉燕主張其用申領的信用卡進行消費所產生消費本金、利

息、滯納金、分期付款手續費。

　　該案經一審和二審，一、二審法院均支持了銀行向逾期還款人劉燕主張的償付欠款本金、利息、分期付款手續費的請求，對於信用卡滯納金，二審法院僅支持了2017年1月1日之前產生的滯納金，計付標準適用《領用合約》約定的按照最低還款未還部分的5%。

【法院判決】

　　一審法院認為，《領用合約》是雙方的真實意思表示，未違反法律、行政法規的強制性規定，故屬有效，雙方均應依約行使權利、履行義務。劉燕使用廣州農商銀行核發的太陽信用卡進行消費，但未如期歸還消費欠款，已構成違約，故銀行可以按照《領用合約》的約定主張欠款本金及利息、分期付款手續費。但由於《中國人民銀行關於信用卡業務有關事項的通知》（以下簡稱《通知》）（2017年1月1日施行）中已取消關於信用卡滯納金的規定，故一審法院不支持廣州農商銀行要求劉燕支付涉案信用卡滯納金的訴求。

　　宣判後，廣州農商銀行不服一審判決關於滯納金的認定，提起上訴。二審法院認為雙方約定按最低還款未還部分的5%計算滯納金，該約定符合《中國人民銀行銀行卡業務管理辦法》（以下簡稱《辦法》）的規定，應屬合法有效。而根據《通知》第三條關於「取消信用卡滯納金」的規定，自2017年1月1日起，廣州農商銀行不得再向劉燕計收信用卡滯納金。同時，雙方原合同中並未約定廣州農商銀行可計收違約金，故廣州農行採用公告方式向劉燕送達自2017年1月1日起計收違約金的通知不符合契約訂立形式從而無效。綜上，法院支持廣州農商銀行主張的依照雙方約定，計收從2016年6月18日起計至2016年12月31日止的滯納金，但駁回了向逾期還款人劉燕計收取2017年1月1日後發生的違約金之訴請。

【法律評析】

本案主要爭議焦點為：銀行能否收取信用卡滯納金及違約金。

一、銀行自2017年1月1日起，無權向客戶收取信用卡滯納金

信用卡滯納金最初明確提出是在《辦法》之中，《辦法》第二十二條規定：「發卡銀行對貸記卡持卡人未償還最低還款額和超信用額度用卡的行為，應當分別按最低還款額未還部分、超過信用額度部分的5%收取滯納金和超限費。」該規定由中國人民銀行於1999年出台之後，即成為各大商業銀行與信用卡申領人簽訂信用卡領用合約的直接法律依據，一直沿用至2017年1月1日《通知》的出台，但在長達十幾年的適用過程當中，該銀行收取滯納金的規則卻一直飽受爭議，主要的爭議焦點集中在對信用卡滯納金法律屬性的界定上。

對信用卡滯納金法律屬性的界定以對滯納金法律屬性的判斷為前提。學界對滯納金法律屬性的認定有三個主流學說，即執行罰說、懲罰性賠償金說、違約金說。執行罰說將滯納金的性質認定為本該屬於行政強制執行措施之一的執行罰，執行罰的目的是為了防止違法行為的發生或者促使當事人履行義務，其歸屬於作為公法的行政法框架，然而，無論從作為民事主體的商業銀行和申領人出發，還是從信用卡滯納金的以事後懲罰為主的目的出發，都與執行罰說相衝突。這種理論的提出於信用卡滯納金條款出台背景息息相關，即大部分商業銀行未完成股份制改革，仍然承擔部分行政管理職能，商業銀行處於市場經濟體制推行初期的產物，仍然帶有計劃經濟向市場經濟過渡的性質。另外，信用卡滯納金的概念來源於美國的late payment fee，是一個私法概念[1]。懲罰性賠償金說是將信用卡滯納金界定為懲罰性賠償的一種，「全稱為懲罰性損害賠償，是一個相對於補償性損害賠償

---

[1] 周穎（2015）：論信用卡逾期還款的違約責任及其限度。法律科學，5。

的私法概念」[2]，但其制定目的是為了傾斜保護弱者，同時彌補賠償額不足的情況。顯然，銀行相對於持卡人並不是應當傾斜保護的弱者，同時，《辦法》只對信用卡滯納金設定了最低還款額未還部分5%的下限，賠償額足以彌補銀行的期限利益。違約金說占有最主流地位，即認為商業銀行與持卡人形成借貸合同關係，當持卡人逾期未還款，構成違約事由，應當依據該借貸合同承擔違約責任，賦予了持卡人與銀行平等自願協商違約金條款的權利。

　　基於對滯納金法律屬性的明晰，中國人民銀行發布的《通知》第三條規定「取消信用卡滯納金。」《通知》自2017年1月1日施行，故自該時間節點起，法院判決不再支持信用卡滯納金，即商業銀行自2017年1月1日之後不得收取逾期還款人滯納金。

　　本案中，劉燕於2012年申領信用卡，並簽訂了《領用合約》，約定了按最低還款未還部分的5%的信用卡滯納金，在未取消信用卡滯納金之前，該條款合法有效，故應按照最低還款未還部分的5%收取滯納金至2016年12月31日。

二、將滯納金直接改為要求持卡人支付違約金的訴請不能得到法院支持

　　《通知》第三條規定：「取消信用卡滯納金。對於持卡人違約逾期未還款的行為，髮卡機構應與持卡人通過協議約定是否收取違約金，以及相關收取方式和標準。」即2017年1月1日以後，銀行增加了違約金條款應明確告知合同相對方，否則將滯納金直接改為要求持卡人支付違約金的訴請無法得到法院支持。

　　這一制度設計的理論基礎是違約金說，即持卡人可以和商業銀行協議約定違約金數額等條款，同時違約金等產生的費用不再複利計

2　朱廣新（2014）：懲罰性賠償制度的演進與適用。中國社會科學，3。

息。既然滯納金改為通過協議收取違約金的形式，那麼其也應當受制於違約金的適用規則。《中華人民共和國合同法》第一百一十四條規定：「當事人可以約定一方違約時應當根據違約情況向對方支付一定數額的違約金，也可以約定因違約產生的損失賠償額的計算方法。」由此可知，違約金條款的擬定需要當事人雙方就違約金的給付情形、金額等進行事先擬定，若無實現擬定，則當事人雙方不受制於違約金條款。另外，信用卡滯納金和違約金分屬兩個不同的法律性質，信用卡滯納金更多地帶有行政強制色彩，而違約金則應當經過雙方平等自願協商一致，方可對雙方產生約束力，故信用卡滯納金和違約金法律性質不同，這也是不得直接將滯納金轉換為違約金向持卡人主張的原因。

本案中，原合同雙方並未在訂立合同時約定違約金條款，事後，銀行單方以公告方式說明將《信用卡領用合約》中滯納金條款調整為違約金條款，該行為不符合契約的訂立形式，銀行公告送達行為對當事人劉燕不產生法律約束力。

三、銀行風險啟示

1. 銀行在進行信用卡業務時，應提前與持卡人就逾期還款時的違約金條款達成一致，具體包括是否收取違約金，以及相關收取方式和標準等，具體標準可以參照按照最低還款額未還部分5%或者其他比例，此時銀行擁有更大的自主權。

2. 銀行在進行滯納金或違約金的計算時，應將2017年1月1日作為時間節點，分開計算，對於節點之前的滯納金的計算仍然可以按照約定計算滯納金，對於該節點之後的應與持卡人充分協商，達成協定。

3. 《中華人民共和國合同法》並未規定合同訂立包括公告形式。銀行在實務操作中須注意：以公告形式告知客戶相關變更條款，

不符合合同的訂立形式，對合同相對方不產生法律約束力。

附：法律文書

廣州農村商業銀行股份有限公司與劉燕信用卡糾紛上訴案

廣東省廣州市中級人民法院民事判決書 （2017）粵01民終21223號

上訴人（原審原告）：廣州農村商業銀行股份有限公司。
法定代表人：王繼康。
委託訴訟代理人：黃少國，廣東安華理達律師事務所律師。
委託訴訟代理人：陳寶珊，廣東安華理達律師事務所律師助理。
被上訴人（原審被告）：劉燕。

上訴人廣州農村商業銀行股份有限公司（以下簡稱廣州農商銀行）與被上訴人劉燕信用卡糾紛一案，上訴人廣州農商銀行不服廣東省廣州市天河區人民法院（2016）粵0106民初19012號民事判決，向本院提起上訴。本院立案後，依法組成合議庭進行審理。被上訴人劉燕經本院合法傳喚無正當理由拒不到庭，本院依法進行缺席審理。現本案已審理終結。

廣州農商銀行上訴請求：1.撤銷一審判決第三項，依法改判為支持廣州農商銀行一審的滯納金請求，判令劉燕支付滯納金，暫計至2016年6月17日為534,180.8元，從2016年6月18日起按照《廣州農商銀行太陽信用卡領用合約》約定標準計付至清償之日止。事實與理由：一、一審判決對於滯納金（違約金）不予支持屬於適用法律（參照規章）錯誤。一審法院根據《中國人民銀行關於信用卡業務有關事項的通知》中關於取消信用卡滯納金的規定，認為廣州農商銀行要求劉燕支付案涉滯納金的訴求缺乏理據而不予支持，廣州農商銀行認為該做法是錯誤的。《中國人民銀行關於信用卡業務有關事項的通知》的實施日期為2017年1月1日。根據法不溯及既往的法理，本案不應適用上述通知。二、本案的滯納金計算表述符合合約以及法規的要求，理應得到支援。廣州農商銀行所提交的案涉卡片的交易明細，詳細記錄了每一筆滯納金的情況，每一筆的滯納金均是符合《廣州農商銀行太陽信用

卡領用合約》約定以及中國人民銀行發布的《銀行卡業務管理辦法》（銀髮
〔1999〕17號）、中國銀行業監督管理委員會頒布的《商業銀行信用卡業
務監督管理辦法》的規定，合法合理，具體如下：（1）滯納金的計收標準
按照《廣州農商銀行太陽信用卡領用合約》第三條第（四）項：「乙方（即
劉燕，下同）於到期還款日前償還金額未達到最低還款額，應按不足最低還
款額部分的規定比例支付滯納金」，以及《廣州農商銀行太陽信用卡收費標
準》，滯納金按照最低還款未還款部分的5％收取，最低收取10元；《銀行
卡業務管理辦法》第二十二條發卡銀行對貸記卡持卡人未償還最低還款額和
超信用額度用卡的行為，應當分別按最低還款額未還部分、超過信用額度部
分的5％收取滯納金和超限費。（2）最低還款額的概念按照《廣州農商銀行
太陽信用卡領用合約》第二條第（十三）項：「持卡人可選擇最低還款額。
乙方當期最低還款額為下述金額總和：信用額度內本期累計未還消費金額的
10％與預借現金金額的10％，超過信用額度的全部消費金額和預借現金金
額、分期付款每期應繳金額的100％，前期所有最低還款額未還部分，當期
全部費用和利息。如有變動，以銀行最新規定為準。」（3）還款抵扣順序
按照《廣州農商銀行太陽信用卡領用合約》第二條第（十二）項：「乙方償
還的款項不足以清償其全部到期應還款項時，還款順序依次為上期欠款和本
期欠款。在同期欠款中，同一帳戶還款分配順序為利息、費用、預借現金本
金、消費透支款等。甲方有權視情況就某一筆或多筆還款變更上述順序。」
中國銀行業監督管理委員會頒布的《商業銀行信用卡業務監督管理辦法》第
五十七條規定如下：「發卡銀行應當在信用卡領用合同（協議）中明確規定
以持卡人相關資產償還信用卡貸款的具體操作流程，在未獲得持卡人授權的
情況下，不得以持卡人資產直接抵償信用卡應收帳款。國家法律法規另有規
定的除外。發卡銀行收到持卡人還款時，按照以下順序對其信用卡帳戶的各
項欠款進行沖還：逾期1至90天（含）的，按照先應收利息或各項費用、後
本金的順序進行沖還；逾期91天以上的，按照先本金、後應收利息或各項費
用的順序進行沖還。」（4）《中國人民銀行關於信用卡業務有關事項的通
知》實施日期是在2017年1月1日，對於2016年12月31日之前滯納金並沒有規
定，只是從2017年1月1日起將滯納金改為協議計收違約金，並沒有否定之前
銀行計收滯納金的標準。（5）根據廣州農商銀行的瞭解，國內大部分銀行

信用卡關於滯納金的收取標準以及計算標準都是大致相同的。廣州農商銀行採用的是銀聯資料服務有限公司的信用卡管理系統，其計算標準均是符合合約以及法規的要求的。三、導致產生滯納金的過錯不在於廣州農商銀行，是由於劉燕長期拖欠導致，故其須對自身的違約行為承擔相應的法律後果。

劉燕二審未作答辯。

廣州農商銀行向一審法院起訴請求：劉燕向廣州農商銀行償還信用卡透支欠款本金316,118.36元及利息、滯納金、分期付款手續費（截止至2016年6月17日的利息95,828.34元、滯納金534,180.8元、分期付款手續費37,329.95元；自2016年6月18日起至清償之日止，以欠款本金316,118.36元為基數，利息按每日萬分之五計算，滯納金按每月最低還款額未還部分的5%計算）。

一審法院認定事實：2012年8月8日，劉燕（乙方，下同）向廣州農商銀行（甲方，下同）申領信用卡，並填寫了《太陽信用卡申請表》一份，該申請表附《廣州農村商業銀行股份有限公司信用卡領用合約》，劉燕在申請表中簽名確認瞭解並遵守《廣州農村商業銀行股份有限公司信用卡領用合約》。該領用合約載明：劉燕超過信用額度進行信用卡交易，應按規定支付超限費；劉燕於到期還款日前償還金額未達到最低還款額，應按不足最低還款額部分的規定比例支付滯納金；劉燕簽署本合約即表明接受申請表所載全部收費專案和條件，須按廣州農商銀行確定的費率和利率支付因持有和使用信用卡產生的全部費用和利息，包括但不限於透支利息、年費、掛失費、超限費、滯納金、預借現金手續費、換卡手續費等。太陽信用卡收費標準訂明：利息按日利率萬分之五計算；滯納金按最低還款未還部分的5%計算；每期手續費按申請分期付款總金額的一定比例收取，其中，6、12期每期費率為0.6%，18、24期每期費率為0.65%。

2013年4月10日，劉燕填寫《信用卡大額分期付款申請表》，廣州農商銀行接到劉燕申請後，核發了卡號為62XXX93太陽信用卡給劉燕使用，分期金額為30萬元，分期期數為12期。劉燕使用上述信用卡進行消費，產生的消費款項未向廣州農商銀行清償。廣州農商銀行提供的對帳單顯示：劉燕用申領的信用卡進行消費，截止至2016年6月17日，產生消費本金316,118.36元、利息95,828.34元、滯納金534,180.8元、分期付款手續費37,329.95元。

一審法院認為：劉燕向廣州農商銀行申領太陽信用卡時已明確表示接受

《廣州農村商業銀行股份有限公司信用卡領用合約》的規定，因此，該領用合約是雙方的真實意思表示，未違反法律、行政法規的強制性規定，雙方均應依約行使權利、履行義務。劉燕使用廣州農商銀行核發的太陽信用卡進行消費，但未如期歸還消費欠款，已構成違約，現廣州農商銀行要求劉燕清償欠款本金316,118.36元及利息、分期付款手續費（截止至2016年6月17日的利息95,828.34元、分期付款手續費37,329.95元；自2016年6月18日起至清償之日止，以欠款本金316,118.36元為基數，利息按每日萬分之五計算）有理，一審法院依法予以支持。關於廣州農商銀行訴請劉燕支付滯納金534,180.8元的問題，《中國人民銀行關於信用卡業務有關事項的通知》中已取消關於信用卡滯納金的規定，現廣州農商銀行要求劉燕支付涉案信用卡滯納金的訴求缺乏理據，對此本院不予支持。劉燕經一審法院合法傳喚，逾期未到庭應訴，一審法院依法作缺席判決。

綜上所述，一審法院依照《中華人民共和國合同法》第一百零七條、第一百一十四條、第二百零五條、第二百零七條，《中華人民共和國民事訴訟法》第六十四條第一款、第九十二條、第一百四十四條，最高人民法院《關於民事訴訟證據的若干規定》第二條的規定，判決如下：

一、劉燕於本判決發生法律效力之日起五日內，向廣州農商銀行支付消費本金316,118.36元及利息（截止至2016年6月17日利息為95,828.34元；自2016年6月18日起至清償之日止，以欠款本金316,118.36元為基數，按每日萬分之五計算）。二、劉燕於本判決發生法律效力之日起五日內，向廣州農商銀行分期付款手續費37,329.95元。三、駁回廣州農商銀行的其他訴訟請求。如果未按本判決所指定的期間履行給付金錢義務，應當依照《中華人民共和國民事訴訟法》第二百五十三條之規定，加倍支付遲延履行期間的債務利息。一審案件受理費13,640元、財產保全費5,000元，合共18,640元，由廣州農商銀行負擔9,140元，由劉燕負擔9,500元。

經二審查明，一審判決查明的事實有相應證據佐證，本院予以確認。

另查明，本案二審庭詢中，廣州農商銀行向本院提交了收費標準調整的公告，擬證明從2017年1月1日起取消滯納金，改為收取違約金，違約金的標準與原滯納金的標準一致，沒有加重持卡人的負擔。

本院認為，本案二審的爭議焦點為：廣州農商銀行能否向劉燕計收滯納

金及違約金。對此，中國人民銀行頒布的《中國人民銀行銀行卡業務管理辦法》第二十二條規定：「發卡銀行對貸記卡持卡人未償還最低還款額和超信用額度用卡的行為，應當分別按最低還款額未還部分、超過信用額度部分的5%收取滯納金和超限費。」本案中，劉燕於2012年向廣州農商銀行申領太陽信用卡，雙方約定按最低還款未還部分的5%計算滯納金，該約定符合中國人民銀行的前述規定，應屬合法有效。而根據《中國人民銀行關於信用卡業務有關事項的通知》第三條關於「取消信用卡滯納金」的規定，自2017年1月1日起，廣州農商銀行不得再向劉燕計收信用卡滯納金。至於廣州農商銀行主張其已採用公告方式向劉燕送達自2017年1月1日起計收違約金的通知，本院認為，雙方原合同中並未約定廣州農商銀行可計收違約金，現廣州農商銀行在未徵得劉燕同意的情況下單方設立新的收費專案，並以公告的形式向劉燕送達，不符合契約的訂立形式，其新的約定無效，本院對其向劉燕計收違約金的主張不予支援。綜上，2016年12月31日前，廣州農商銀行在劉燕未依約還款時向劉燕計收滯納金合法合約，並無不當。一審法院對廣州農商銀行的該部分訴訟請求不予支援有誤，本院予以糾正。2017年1月1日起，廣州農商銀行向劉燕計收違約金缺乏事實與法律依據，一審法院駁回其該部分訴訟請求正確，本院予以維持。

綜上所述，廣州農商銀行的上訴請求部分成立。本院依照《中華人民共和國民事訴訟法》第一百七十條第一款第一項、第二項，《中國人民銀行銀行卡業務管理辦法》第二十二條，《中國人民銀行關於信用卡業務有關事項的通知》第三條的規定，判決如下：

變更一審判決為：劉燕於本判決發生法律效力之日起十日內，向廣州農村商業銀行股份有限公司償還截止至2016年6月17日的信用卡透支款本金316,118.36元及利息95,828.34元、滯納金534,180.8元、分期付款手續費37,329.95元及之後的利息、滯納金（利息從2016年6月18日起計至劉燕實際清償之日止，按每日萬分之五的標準計付；滯納金從2016年6月18日起計至2016年12月31日止，按每月最低還款額未還部分的5%計付）。

二審案件受理費9,140元，由上訴人廣州農村商業銀行股份有限公司、被上訴人劉燕各負擔4,570元。

本判決為終審判決。

審判長　吳曉煒

審判員　吳　湛

審判員　馬　莉

二〇一八年三月二十六日

書記員　鄺俊能　黃思華

第十五篇

其他糾紛

【案例138】債權人代位權與不安抗辯權的法定要件

浦發村鎮銀行與許墾等債權人代位權糾紛案評析

案號：江蘇省無錫市中級人民法院（2017）蘇02民終2553號

【摘要】

債權人銀行應根據債務人不當處分其財產的具體情況，及時依法向法院提出行使債權人代位權、撤銷權的適當訴訟請求，以實現保全銀行合法債權的目的。

【基本案情】

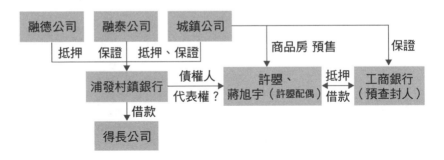

訴訟一：江陰浦發村鎮銀行股份有限公司（以下簡稱「浦發村鎮銀行」）因與江陰市得長貿易有限公司（以下簡稱「得長公司」）、江蘇融泰石油股份有限公司（以下簡稱「融泰公司」）、江陰市城鎮建設綜合開發有限公司（以下簡稱「城鎮公司」）和江陰市融德經貿有限公司（以下簡稱「融德公司」）金融借款合同糾紛一案，於2013年5月27日起訴至江陰市人民法院（以下簡稱「江陰法院」），經調解達成如下協定：得長公司歸還浦發村鎮銀行借款本金2,200萬元及相應利息；融泰公司、城鎮公司對得長公司的上述債務

承擔連帶責任；浦發村鎮銀行對城鎮公司名下的房產（以下簡稱「案涉房屋」）、土地和融德公司名下的房產拍賣價款所得享有優先受償權。後該案經執行，浦發村鎮銀行尚餘借款本息若干未獲清償。

訴訟二：2010年12月18日，城鎮公司與許壆簽訂《商品房買賣合同》，並通過網上系統備案，約定許壆向城鎮公司購買預售商品房即案涉房屋，總價款7,080萬元，許壆於2010年12月18日前支付房款5,580萬元，並於2010年12月25日前辦理完畢1,500萬元商業貸款；許壆逾期付款超過30日，城鎮公司有權解除合同；城鎮公司應當在2012年6月30日前將驗收合格的案涉房屋交付給許壆。合同簽訂後，許壆向工商銀行股份有限公司江陰支行（以下簡稱「工商銀行」）以案涉房屋提供抵押，貸款1,500萬元支付給了城鎮公司，約定城鎮公司在房屋他項權證辦妥前為許壆貸款本息承擔連帶保證，並辦理了抵押權預告登記。許壆未依約向城鎮公司支付房款5,580萬元。後因許壆未按約歸還貸款，工商銀行將許壆、蔣旭宇和城鎮公司訴至無錫市南長區人民法院，經調解達成如下協定：城鎮公司、許壆和蔣旭宇共同歸還工商銀行借款本金11,256,161.3元及相應利息。案件審理中，工商銀行申請法院預查封了案涉房屋。2016年8月24日，城鎮公司與許壆達成解除房屋買賣合同協議。

浦發村鎮銀行認為，債務人城鎮公司與許壆解除商品房買賣合同是無效行為，城鎮公司怠於行使向許壆的案涉房屋到期房款債權，遂訴至法院，請求判令許壆直接代城鎮公司向其支付訴訟一中應償還的借款本金4,519,468.33元及利息等。

【法院判決】

江蘇省無錫市江陰市人民法院經審理認為，本案的爭議焦點為：城鎮公司對許壆是否擁有明確到期債權；許壆應否支付購房款。根據《商品房買賣合同》約定，許壆違約在先未能交付全額房款，僅

貸款支付了1,500萬元，但城鎮公司亦未履行交付房屋義務，且案涉房屋已被法院查封，不具備過戶條件。城鎮公司有可能喪失履行債務的能力而不能向許墾依約交付房產，許墾可行使不安抗辯權中止向城鎮公司履行付款義務。而且，城鎮公司、許墾已協議解除商品房買賣合同，雙方間債權債務關係處於不確定狀態。因此，城鎮公司對許墾享有到期債權的事實尚不能確認，浦發村鎮銀行相應不能對許墾行使債權人代位權。綜上，判決駁回浦發村鎮銀行的訴訟請求。

宣判後，浦發村鎮銀行不服一審判決，提起上訴。江蘇省無錫市中級人民法院經審理認為，根據《最高人民法院關於人民法院民事執行中查封、扣押、凍結財產的規定》第二十六條，查封不得對抗申請執行人，但可以對抗被執行人與執行債權人。預查封的效力等同於正式查封，故預查封的對抗性也僅限於被執行人和執行債權人。工商銀行對案涉房屋享有預抵押權，也是預查封人享有阻止城鎮公司和許墾解除商品房買賣合同的權利。而浦發村鎮銀行是被執行人城鎮公司的債權人，無權對抗城鎮公司和許墾的合同解除權。而且，僅在城鎮公司實施了減少財產行為且危及債權人債權實現時，債權人浦發村鎮銀行才有權請求法院撤銷城鎮公司的處分行為。但浦發村鎮銀行並未提起撤銷之訴，無權主張城鎮公司與許墾解除合同的行為無效。綜上，許墾與城鎮公司係基於案涉房屋被查封、購房款沒有支付等根本違約行為，導致無法繼續履行而解除合同，預抵押權人和預查封人工商銀行並未主張解除合同的行為無效，且浦發村鎮銀行亦未提起撤銷之訴，故城鎮公司和許墾的商品房買賣合同依法解除。浦發村鎮銀行無證據證明城鎮公司仍對許墾享有到期債權，故無權向許墾行使代位求償權。故判決駁回上訴、維持原判。

【法律評析】

本案的爭議焦點為：許墾是否有權行使雙務合同中的不安抗辯

權，中止向城鎮公司履行支付全部房款7,080萬元的先付款義務；浦發村鎮銀行作為城鎮公司的債權人，是否可以向次債務人許墾行使代位求償權。

一、雙務合同中不安抗辯權的行使要件

《中華人民共和國合同法》（以下簡稱《合同法》）第六十八條規定：「應當先履行債務的當事人，有確切證據證明對方有下列情形之一的，可以中止履行：（一）經營狀況嚴重惡化；（二）轉移財產、抽逃資金，以逃避債務；（三）喪失商業信譽；（四）有喪失或者可能喪失履行債務能力的其他情形。當事人沒有確切證據中止履行的，應當承擔違約責任。」第六十九條規定：「當事人依照本法第六十八條的規定中止履行的，應當及時通知對方。對方提供適當擔保時，應當恢復履行。中止履行後，對方在合理期限內未恢復履行能力並且未提供適當擔保的，中止履行的一方可以解除合同。」

分析可知，行使雙務合同中的不安抗辯權，應同時符合以下法定要件：（一）權利主體：負有先履行義務的一方；（二）具體情形：有證據證明後履行義務的對方有喪失或者可能喪失履行債務能力的情形：如經營狀況嚴重惡化，或轉移財產、抽逃資金以逃避債務，或喪失商業信譽等；（三）通知義務：中止履行後及時通知對方。

結合本案，案涉《商品房買賣合同》約定，許墾應先向城鎮公司履行支付全部房款7,080萬元的義務，城鎮公司再向許墾履行交付案涉房屋的義務。實際上許墾僅貸款支付了1,500萬元，違反了支付全部房款的先履行義務，城鎮公司亦違反了向許墾交付案涉房屋的後履行義務。而且，案涉房屋在許墾的先履行義務之前已被法院查封。負有後履行義務的城鎮公司有可能喪失履行債務的能力，而不能向許墾依約交付案涉房屋並辦理過戶手續。因此，負有先履行義務的許墾有權行使雙務合同中的不安抗辯權，中止向城鎮公司履行支付全部房

款的行為具有合理性。

二、債權人代位權的法定要件

《合同法》第七十三條第一款規定：「因債務人怠於行使其到期債權，對債權人造成損害的，債權人可以向人民法院請求以自己的名義代位行使債務人的債權，但該債權專屬於債務人自身的除外。」分析可知，債權人向次債務人行使代位權求償權，應符合以下四個法定要件：（一）債權人對債務人的債權合法；（二）債務人怠於行使其到期債權，對債權人造成損害；（三）債務人的債權已經到期；（四）非專屬於債務人自身的債權。其中「債務人怠於行使其到期債權，對債權人造成損害」的理解，最高人民法院關於適用《中華人民共和國合同法》若干問題的解釋（一）第十三條界定為「債務人不履行其對債權人的到期債務，又不以訴訟方式或者仲裁方式向其債務人主張其享有的具有金錢給付內容的到期債權，致使債權人的到期債權未能實現」。

結合本案，債權人浦發村鎮銀行並不享有對抗城鎮公司和許壆合同解除權的權利，案涉《商品房買賣合同》已經依法協議解除，城鎮公司和許壆之間的債權債務關係處於不確定狀態。浦發村鎮銀行的債務人城鎮公司，是否對次債務人許壆享有到期債權尚無法確定，顯然不符合上述分析中「債務人的債權已經到期」的法定要件。故，債權人浦發村鎮銀行無權對次債務人許壆行使債權人代位權。因此，兩審法院均駁回了浦發村鎮銀行的訴訟請求。然而，債權人浦發村鎮銀行雖無權對抗城鎮公司和許壆的合同解除權，亦無權對許壆行使債權人代位權，但是，如果浦發村鎮銀行認為城鎮公司與許壆協議解除《商品房買賣合同》減少了城鎮公司的財產且損害了其合法債權，也可以行使債權人撤銷權，請求法院判令撤銷債務人城鎮公司的合同解除行為，以保障銀行債權順利實現。

三、銀行風險啟示

　　債權人依法享有的撤銷權和代位權，均具有嚴格的法定構成要件。作為債權人，銀行應根據債務人不當處分其財產的具體情況，及時依法向法院提出對債務人或次債務人行使債權人撤銷權、代位權的適當訴訟請求，避免債務人提出雙務合同中的同時履行抗辯權、不安抗辯權和順序履行抗辯權等合法抗辯，以最大限度保全銀行的合法債權。

附：法律文書

　　浦發村鎮銀行與許塋等債權人代位權糾紛案

　　江蘇省無錫市中級人民法院民事判決書（2017）蘇02民終2553號

　　上訴人（原審原告）：江陰浦發村鎮銀行股份有限公司。

　　　住所地：江陰市朝陽路178號。

　　法定代表人：張炳泉，該公司董事長。

　　委託訴訟代理人：傅小明，江蘇普悅律師事務所律師。

　　委託訴訟代理人：黃渝晴，江蘇普悅律師事務所實習律師。

　　被上訴人（原審被告）：許塋，女，1982年9月20日生，漢族。

　　委託訴訟代理人：金曹鑫，江蘇濱江律師事務所律師。

　　原審第三人：江陰市城鎮建設綜合開發有限公司。

　　　住所地：江陰市暨陽路2號。

　　法定代表人：許才良，該公司總經理。

　　上訴人江陰浦發村鎮銀行股份有限公司（以下簡稱浦發村鎮銀行）因與被上訴人許塋及原審第三人江陰市城鎮建設綜合開發有限公司（以下簡稱城鎮公司）債權人代位權糾紛一案，不服江陰市人民法院（2016）蘇0281民初6512號民事判決，向本院提起上訴。本院於2017年6月23日立案後，依法組成合議庭進行了審理。本案現已審理終結。

浦發村鎮銀行上訴請求：撤銷一審判決，依法改判。事實和理由：
1.許塱與城鎮公司之間的商品房買賣合同合法有效，許塱僅向城鎮公司支付購房款1,500萬元，尚有5,580萬元未支付，而且1,500萬元的房款中，城鎮公司代許塱支付了本金3,743,838.70元，因此，許塱結欠的購房款高達59,543,838.70元。2.一審法院認定城鎮公司未履行交付房屋的義務，但這是由於許塱違約在先造成的，並且許塱是惡意違約，即使城鎮公司有違約行為，在與許塱違約責任相抵後，許塱仍應結欠城鎮公司數千萬元債務。不論許塱與城鎮公司之間的合同狀態處於何種情況，許塱結欠城鎮公司的債務在其訴訟請求範圍內非常明確的。3.在一審審理過程中，許塱與城鎮公司解除合同是無效的行為，不應得到法律的支持，許塱與城鎮公司的債權債務已經（2014）南商初字第405號民事調解書予以明確，雙方解除合同與司法權確認的行為相悖。

許塱辯稱，一審法院認定事實清楚，適用法律正確。請求二審駁回上訴，維持原判。

城鎮公司未作答辯。

浦發村鎮銀行向一審法院起訴請求：許塱向其支付本金4,519,468.33元及該款自2016年5月10日起至實際歸還之日止按年利率24%計算的利息，律師費及訴訟費用351,575元，暫合計為4,871,043.33元，並承擔本案訴訟費用。

一審法院認定事實：

浦發村鎮銀行因與江陰市得長貿易有限公司（以下簡稱得長公司）、江蘇融泰石油股份有限公司（以下簡稱融泰公司）、城鎮公司、江陰市融德經貿有限公司（以下簡稱融德公司）金融借款合同糾紛一案，於2013年5月27日起訴至江陰市人民法院，案號（2013）澄商初字第0658號，審理中經該院調解，雙方達成如下協定：一、得長公司於2013年5月30日前歸還浦發村鎮銀行借款本金2,200萬元，並承擔該款本金2,200萬元自2013年4月21日至實際歸還之日止按年息24%計算的利息；二、由得長公司於2013年5月30日前賠償浦發村鎮銀行的律師費27萬元；三、融泰公司、城鎮公司對上述第一、二項得長公司應歸還款項承擔連帶清償責任；四、浦發村鎮銀行對城鎮公司位於江陰市長江路175-4號房產、土地和融德公司位於江陰市長江路152-5號房

產拍賣價款所得依次享有優先受償的權利；五、案件受理費減半收取76,575
元、保全費5,000元，合計81,575元，由得長公司負擔，融泰公司、城鎮公
司、融德公司對此款承擔連帶清償責任。後該案經執行，截至2016年5月9
日，浦發村鎮銀行尚餘借款本金3,846,042.65元、利息451,269元及律師費27
萬元、訴訟費用81,575元未得清償。該案執行過程中，一審法院於2016年3
月4日對涉案房屋進行了查封。

　　2010年12月18日，城鎮公司作為出賣人、許墾作為買受人簽訂商品房
買賣合同一份，並通過江陰市商品房買賣合同網上備案系統備案。合同中
約定：第一條，城鎮公司以出讓方式取得位於的地塊的土地使用權，城鎮
公司經批准，在上述地塊上建設商品房，暫定名：新中心商務大廈（匯富
廣場）。第二條，許墾購買的商品房為預售商品房，預售商品房批准機關
為江陰市住房保障和房產管理局，商品房預售許可證號為澄房預售准字第
（2010）054號。第三條，許墾購買的商品房為本合同第一條規定的項目中
第／幢／單元2層8號房。該商品房的用途為商業，屬鋼筋混凝土結構，建
築層數為地上26層，地下2層。該商品房合同約定建築面積共2,213.98平方
米，其中套內建築面積為2,087.83平方米，公共部位與公用房屋分攤建築面
積126.15平方米。第四條，雙方約定按套（單元）計算，該商品房總價款
為人民幣7,080萬元整。第六條，許墾於2010年12月18日前支付房款人民幣
5,580萬元整，並於2010年12月25日前辦理完畢1,500萬元整的商業貸款。第
七條，許墾如未按本合同規定的時間付款，按逾期時間，分別處理（不作累
加）：（1）逾期在30日之內，自本合同規定的應付款期限之第二天起至實
際全額支付應付款之日止，買受人按日向出賣人支付逾期應付款萬分之一的
違約金，合同繼續履行；（2）逾期超過30日後，出賣人有權解除合同，出
賣人解除合同的，買受人按累計應付款的1%向出賣人支付違約金，買受人願
意繼續履行合同的，經出賣人同意，合同繼續履行，自本合同規定的應付款
期限之第二天起至實際全額支付應付款之日止，買受人按日向出賣人支付逾
期應付款萬分之一的違約金。第八條，城鎮公司應當在2012年6月30日前，
依照國家和地方人民政府的有關規定，將經驗收合格並符合本合同約定的商
品房交付買受人使用。商品房買賣合同簽訂後，許墾於當月向中國工商銀行
股份有限公司江陰支行（以下簡稱工行江陰支行）貸款1,500萬元，並辦理了

抵押權預告登記。

　　後因許塱未按約歸還貸款，工行江陰支行於2014年3月19日將許塱、蔣旭宇、城鎮公司起訴至無錫市南長區人民法院，案號（2014）南商初字第0405號。該案經審理查明：2010年9月8日，工行江陰支行的上級單位中國工商銀行股份有限公司無錫分行（以下簡稱工行無錫分行）與城鎮公司簽訂按揭貸款業務合作協定一份，約定：根據城鎮公司的申請，工行無錫分行及其分支機構同意作為城鎮公司銷售匯富廣場（新中心商務大廈）專案的按揭貸款銀行，在房屋他項權證未辦妥之前，城鎮公司同意為借款人提供償還貸款本息的連帶責任保證。2010年12月，許塱、蔣旭宇為城鎮公司向工行江陰支行借款，與工行江陰支行簽訂個人購房借款擔保合同一份，約定：許塱、蔣旭宇向工行江陰支行借款1,500萬元，用於購置江陰市新中心商務大廈（匯富廣場）二層8號房產，貸款期限為10年，貸款利率以中國人民銀行同期同檔次貸款利率上浮10%，並自每次基準利率調整之日的次年1月1日開始調整利率，按該次調整後的基準利率及上述約定的利率浮動比例確定並執行新的利率；罰息利率按在約定的利率上加收50%確定；還款為按月等額本息還款法；貸款人為實現債權而產生的律師費、評估費等所有費用由借款人承擔；許塱、蔣旭宇以江陰市新中心商務大廈（匯富廣場）2層8號房產提供抵押擔保。合同訂立後，工行江陰支行劃付了借款，許塱、蔣旭宇辦理了房產抵押權預告登記。城鎮公司歸還了部分借款本金及利息。後該案經調解，雙方當事人自願達成如下協定：一、城鎮公司、許塱、蔣旭宇於2014年9月10日前共同歸還工行江陰支行借款本金人民幣11,256,161.3元，及相應利息（計算至2014年7月21日為206,954.2元，並自2014年7月22日起按合同約定利率上浮50%計算），息隨本清；二、城鎮公司、許塱、蔣旭宇於2014年9月10日前支付工行江陰支行律師費12萬元，此款清結；三、案件受理費91,840元，減半收取45,920元，保全費5,000元，公告費260元，共計51,180元，由城鎮公司、許塱、蔣旭宇共同負擔，並於2014年9月10日前直接支付給工行江陰支行；四、本協議由雙方當事人或特別授權的委託代理人簽字即生效。該案審理過程中，無錫市南長區法院於2014年3月24日對涉案房屋進行了查封。本案庭審結束後，城鎮公司與許塱於2016年8月24日達成解除房屋買賣合同協定，雙方同意解除商品房買賣合同，終止該協定的履行，並互免追責。

　　上述事實，由（2013）澄商初字第20658號民事調解書、（2013）澄執字第01511-7號民事裁定書、（2014）南商初字第0405號民事調解書、商品房買賣合同、調查筆錄、還款明細表、解除房屋買賣合同協議、一審法院調取的合同備案資訊及當事人陳述等在卷予以佐證。

　　一審法院認為，《中華人民共和國合同法》第七十三條第一款規定：「因債務人怠於行使其到期債權，對債權人造成損害的，債權人可以向人民法院請求以自己的名義代位行使債務人的債權，但該債權專屬於債務人自身的除外。」債權人代位權成立，應符合以下四個條件：（一）債權人對債務人的債權合法；（二）債務人怠於行使其到期債權，對債權人造成損害；（三）債務人的債權已經到期；（四）債務人的債權不是專屬於債務人自身的債權。本案爭議焦點為城鎮公司對許塈是否擁有明確的到期債權，許塈應否支付購房款。城鎮公司與許塈之間的房屋買賣合同，不違反法律、行政法規的強制性規定，應屬合法有效。按照合同約定，許塈應於2010年12月25日前向城鎮公司支付全部房款7,080萬元，城鎮公司應於2012年6月30日前向許塈交付涉案房屋。合同履行過程中，雖許塈違約在先未能交付全額房款，僅貸款支付了1,500萬元，但城鎮公司亦未履行交付房屋的義務，且涉案房屋已被人民法院查封，不具備過戶條件。《中華人民共和國合同法》第六十八條第一款規定：「應當先履行債務的當事人，有確切證據證明對方有下列情形之一的，可以中止履行：（一）經營狀況嚴重惡化；（二）轉移財產、抽逃資金，以逃避債務；（三）喪失商業信譽；（四）有喪失或者可能喪失履行債務能力的其他情形。」故城鎮公司有可能喪失履行債務的能力而不能向許塈適當交付合同約定之房產，許塈可行使不安抗辯權中止向城鎮公司履行支付房款的義務，同時現城鎮公司、許塈向一審法院提交了解除商品房買賣合同協定，雙方間的債權債務關係處於不確定狀態。因此，城鎮公司對許塈享有到期債權的事實尚不能確認，浦發村鎮銀行相應不能對許塈行使債權人代位權。綜上，一審法院依據《中華人民共和國合同法》第六十八條、第七十三條第一款，《最高人民法院關於適用〈中華人民共和國合同法〉若干問題的解釋（一）》第十一條，《中華人民共和國民事訴訟法》第六十四條第一款之規定，判決：駁回江陰浦發村鎮銀行股份有限公司的訴訟請求。案件受理費減半收取22,884元、保全費5,000元，合計27,884元，由江陰浦發村

鎮銀行股份有限公司負擔。

二審經審理，對一審查明的事實予以確認。

本院認為，城鎮公司對許塱不享有明確的到期債權，浦發村鎮銀行無權代位行使債權。主要理由如下：

首先，許塱向城鎮公司購買涉案房產，並辦理了合同登記備案手續，依照《最高人民法院、國土資源部、建設部關於依法規範人民法院執行和國土資源房地產管理部門協助執行若干問題的通知》第十五條第（三）項的規定，法院有權對該房產進行預查封。因涉案房產未進行房屋所有權登記，許塱尚未取得涉案房產所有權，僅享有合同債權，預查封時該房產的權屬並不確定，許塱是否能夠成為完全的或真正的權利主體，尚處於不確定狀態，存在不同情況的變化。在預查封期間雙方按約履行合同，房地產開發企業將房屋交付給購房者時，購房者應及時辦理產權登記，預查封轉為正式查封，法院執行的物件就是被執行人所有的房產；當雙方或者一方出現根本違約，房屋買賣合同可能被解除，購房者向房地產開發企業主張返還的購房款或違約金、損失等就成為法院的執行對象。預查封的目的在於保持標的物的現狀及價值，限制債務人對於預查封標的物的處分權，藉以實現債權人的債權。因此，基於商品房買賣合同的法律性質及預查封的目的，執行此類預查封房產的執行物件應是被執行人在履行商品房買賣合同過程中取得的可供執行的財產權益，因此預查封並不必然限制房屋買賣合同關係解除，房屋買賣合同當事人仍享有法定解除權。

其次，《最高人民法院關於人民法院民事執行中查封、扣押、凍結財產的規定》第二十六條第一款規定：「被執行人就已經查封、扣押、凍結的財產所作的移轉、設定權利負擔或者其他有礙執行的行為，不得對抗申請執行人。」該規定沒有否認處分行為的效力，同時又承認查封效力的優先性，被認為確立了查封的相對效力，即查封僅使被執行人在查封目的之內喪失處分權，所以被執行人對查封物的處分，僅對執行債權人不產生效力，對於被執行人與第三人，仍屬於有效；當債權人撤回申請或查封被撤銷時，處分行為變為完全有效。法律規定預查封等同於查封，故預查封的對抗性也僅限於被執行人與執行債權人。本案中，案外人工行江陰支行對涉案房屋享有預抵押權，其享有阻止城鎮公司和許塱協議解除商品房買賣合同的權利。而浦發村

鎮銀行是城鎮公司的債權人，並非涉案房屋的預抵押人或預查封人，其不能對抗城鎮公司和許璺雙方的合同解除權。

再次，《中華人民共和國合同法》第七十四條規定，因債務人放棄其到期債權或者無償轉讓財產，對債權人造成損害的，債權人可以請求人民法院撤銷債務人的行為。債務人以明顯不合理的低價轉讓財產，對債權人造成損害，並且受讓人知道該情形的，債權人也可以請求人民法院撤銷債務人的行為。本案中，浦發村鎮銀行作為城鎮公司的債權人，僅在城鎮公司實施了減少財產行為，危及債權人債權實現時，浦發村鎮銀行才有權請求人民法院撤銷城鎮公司處分行為的權利。而浦發村鎮銀行並未提起撤銷之訴，無權直接在本案中主張城鎮公司與許璺解除合同行為無效。

綜上，許璺與城鎮公司係基於涉案房屋被查封、購房款沒有支付等根本違約行為導致房屋買賣合同無法繼續履行而解除合同，預抵押權人、預查封人工行江陰支行未主張解除合同行為不產生效力，且浦發村鎮銀行亦未提起撤銷之訴，故城鎮公司和許璺的商品房買賣合同關係依法解除，浦發村鎮銀行無證據證明城鎮公司仍對許璺享有到期債權，故浦發村鎮銀行向許璺行使代位求償權的訴訟請求無事實依據，一審法院不予支持並無不當。

綜上所述，浦發村鎮銀行的上訴請求不能成立，應予駁回。一審判決認定事實清楚，適用法律正確，應予維持。依照《中華人民共和國民事訴訟法》第一百七十條第一款第一項的規定，判決如下：

駁回上訴，維持原判。

二審案件受理費45,768元，由江陰浦發村鎮銀行股份有限公司負擔。

本判決為終審判決。

審判長　徐　冰

審判員　賈建中

審判員　龔　甜

二〇一八年六月二十二日

書記員　王晴雯

【案例139】中標人應承擔競標違約責任

紹興銀行股份有限公司台州溫嶺小微企業專營支行、溫嶺市國有資產經營有限公司合同糾紛案評析

案號：浙江省台州市中級人民法院（2018）浙10民終595號

【摘要】

銀行在中標後應及時按照規定簽訂有關合法協定，如遇特殊情況無法簽訂而須放棄中標，應立即與招標人進行溝通協商，盡可能避免承擔違約責任，爭取最大程度減少因此帶來的損失。

【基本案情】

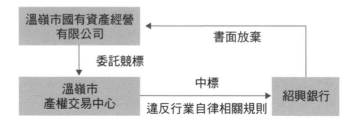

2017年3月31日，溫嶺市國有資產經營有限公司將單位的公款存放委託溫嶺市產權交易中心進行公開競價並發布公告。標的物為溫嶺市國有資產經營有限公司單位的公款5,000萬元，年收益率起始價為1.5%，存款期限1年（即2017年5月8日起至2018年5月7日）。提交最高有效報價的競價人即為競得人，競得本次競價標的後，若違約，願承擔由此產生的違約責任和經濟損失。

2017年5月4日，在公開競價會中，紹興銀行股份有限公司台州溫嶺小微企業專營支行（以下簡稱為紹興銀行）以存款年利率2.16%

中標。但在當日，其他投標人即向中國人民銀行溫嶺市支行舉報，認為紹興銀行的行為違反了浙江省市場利率定價自律機制會議紀要的有關規定，即在存款招投標中，利率報價不得超過自律機制約定的最高利率水準（即定期存款利率較基準利率浮動幅度上限為35%）。

2017年8月29日，紹興銀行以書面形式向原告放棄中標資格。2017年10月25日，溫嶺市國有資產經營有限公司委託溫嶺市產權交易中心重新對本單位的公款存放進行招標，該5,000萬元分二個標段（每個標段各為2,500萬元），分別被中國郵政儲蓄銀行股份有限公司溫嶺市支行、溫州銀行股份有限公司台州溫嶺小微企業專營支行中標，年資金收益率均為2.025%，存款期限均為2017年11月1日至2018年10月31日。

國有資產公司認為紹興銀行中標後未依約與其簽訂合同，造成了其單位公款自2017年5月8日至2017年11月1日的經濟損失，遂訴至法院，請求判令紹興銀行賠償經濟損失485,753.42元，及以同期貸款利率標準計算的自2017年11月1日起止實際償付之日止的利息。

【法院判決】

浙江省溫嶺市人民法院經審理認為，本案的爭議焦點為：紹興銀行競標並中標是否有效；紹興銀行與國有資產公司未簽訂合同的責任在何方；紹興公司違約後，國有資產公司有無及時採取適當措施防止損失擴大。紹興銀行以年利率2.16%競得標的，雖然該利率違反了《浙江省市場利率定價自律機制〈會議紀要〉》的規定，但該規定並非法律強制性規定，僅是行業自律機制，故紹興銀行投標並競得該標的的行為確認有效。紹興銀行向國有資產公司出具放棄中標資格申請書，係自願放棄該筆存款的中標資格，雙方未簽訂合同的責任在紹興銀行。根據紹興銀行授權代表簽署的《競價成交確認書》等約定，紹興銀行競得標的後應在當日2017年5月4日簽訂合同，逾期未簽訂應

承擔違約責任。然而，紹興銀行直至2017年8月29日才出具放棄中標資格申請書，而國有資產公司重新開機招投標需要合理時間。紹興銀行投標並中標後自願放棄中標資格，應承擔由此給國有資產公司造成的損失485,753.42元。但國有資產公司要求紹興銀行支付自2017年11月1日起的利息缺乏依據，不予支持。綜上，判決紹興銀行賠償給國有資產公司損失485,753.42元。

　　宣判後，紹興銀行不服一審判決，提起上訴。浙江省台州市中級人民法院經審理認為，本案的爭議焦點為：雙方未能簽訂合同的違約責任究竟在哪方；如紹興銀行違約，則應承擔的違約責任如何界定。紹興銀行在競標時違反了浙江省市場利率定價自律機制會議紀要的有關規定在先，2017年8月29日出具放棄中標申請書在後，故認定合同違約方係紹興銀行。根據《競價成交確認書》約定，紹興銀行競得標的後，未在當日與國有資產公司簽訂《國有企業公款定期存款協定》視為毀約，應承擔由此產生的違約責任和經濟賠償。但是，紹興銀行於2017年8月29日出具放棄中標申請書後，國有資產公司直至2017年10月25日才啟動重新招投標程序。一審法院認為國有資產公司不存在故意拖延的事實，但重新委託並啟動招投標程序顯然不需要接近兩個月的時間。顯然，國有資產公司未能及時採取措施防止損失擴大。綜合各方面事實，酌情給予國有資產公司十天合理時間來重新開機招投標程序。據此，紹興銀行應就國有資產公司自2017年5月8日至2017年9月8日之間的損失承擔違約責任。一審法院認為國有資產公司要求紹興銀行支付自2017年11月1日起的利息缺乏依據，應予確認。經計算，國有資產公司的合理經濟損失為31萬元，應由紹興銀行承擔。綜上，改判紹興銀行賠償國有資產公司經濟損失31萬元。

【法律評析】

　　本案的爭議焦點為：雙方未能簽訂合同的違約責任究竟在何

方；如果是競標人違約，應如何界定其違約責任。

一、違反行業自律規則的競標行為，只要不違反法律、行政法規的效力性強制性規定，該中標行為有效

　　根據《中華人民共和國招標投標法》（以下簡稱「《招投標法》」）第八條的規定：「招標人是按照本法規定提出招標專案、進行招標的法人或其他組織。」根據《招投標法》第二十五條的規定：「投標人是響應招標、參加投標競爭的法人或其他組織。」符合以上條件的主體均可參加招標投標，一般由若干法人或其他組織作為投標人來進行競標，最終由招標單位擇優選取。

　　《招投標法》明確規定招標方式有公開招標和邀請招標兩種，本案的招標方式屬於公開招標，且招標過程符合法律規定程序，雙方也均無異議。但在紹興銀行中標後，因其利率報價超過了自律機制約定的最高利率水準，違反了《浙江省市場利率定價自律機制（會議紀要）》（以下簡稱《會議紀要》）的規定，紹興銀行遭到了其他投標人的舉報。《會議紀要》的規定並非法律強制性規定，《招投標法》第五章規定的中標無效情形中也沒有「違反行業自律規則」這一情形。因此，紹興銀行的中標行為雖違反了行業自律規定，但也應被認定為有效。

二、投標人競標成功後向招標人表示放棄中標，逾期未簽訂合同構成違約，需要承擔違約責任和經濟賠償

　　雖然投標人紹興銀行的中標違反了《會議紀要》的規定，但行為仍是有效的。因此應根據《招標投標法》第四十六條規定：「雙方應當自中標通知書發出之日起三十日內，按照招標檔和中標人的投標檔訂立書面合同。」而在《競價成交確認書》第二條中規定：「投標人競得標的後，須在當日與招標人簽訂《溫嶺市國有企業公款定期存

款協定》，逾期未簽訂視為毀約。」因此，投標人紹興銀行應在中標後及時簽訂有關協議或與招標人達成協議放棄中標，否則需承擔違約責任。

根據《招標投標法》第四十五條明確規定：「中標人放棄中標專案的，應當依法承擔法律責任。」本案中，紹興銀行自願放棄中標資格，對遲遲未簽訂成交確認書等協定導致合同未訂立存在過錯，構成違約，應承擔相應的違約責任；招標人溫嶺市國有資產經營有限公司的損失應由投標人紹興銀行給予其經濟賠償。

本案中，紹興銀行於5月中標，但直至同年8月才放棄中標，未能及時通知招標人而導致損失不斷增加，應承擔主要責任。

三、招標人未及時採取措施防止損失擴大，應承擔相應責任

投標人紹興銀行於2017年5月中標，同年8月出具放棄中標資格申請書，招標人為防止損失擴大，應盡快重新開機投標程序，但直至同年10月才重新啟動，接近兩個月的準備時間已明顯超出了合理的準備期限。招標人未採取合理有效的措施及時阻止損失進一步擴大，應承擔合理準備期限外直到重新開機投標程序這段期間的相應責任與損失。

在中標人表明放棄中標後，招標人應妥善處理盡可能減少損失，保障其自身權益，可採取如下措施：

1. 選擇第二中標人或及時重新招標。中標人在放棄中標專案後，招標人可根據實際情況選擇第二招標人或重新招標來解決相關事宜。如此能盡可能減少損失並及時處理該招標專案。

2. 追究棄標的中標人的法律責任。在中標通知書發出後，中標人放棄中標項目的，無正當理由不與招標人簽訂合同屬於違約行為，招標人可以沒收中標人的招標保證金；若未交招標保證金或招標保證金不足賠償的，招標人可要求中標人賠償實際損失；若協商不成的，

招標人可以通過訴訟的方式進行追償。

四、銀行風險啟示

隨著我國市場經濟的迅速發展，作為活躍市場經濟的一個重要部分，招標投標活動也愈來愈多，許多銀行也紛紛加入投標「大隊」中來。招投標活動在為其帶來收益的同時，也伴隨著無處不在的風險。結合本案，對於銀行風險的啟示主要有以下幾點：

1. 銀行作為投標人，除了要對技術、市場、管理風險負責外，也應結合自身現階段實際經營狀況和本行業自律規則的操作要求，約束規範自身的競標行為。

2. 銀行作為投標人，若中標行為違反了行業自律規定，但並未違反法律及行政法規的效力性強制性規定，中標行為依然有效。此時，應及時與招標人按照規定簽訂有關合法協定，否則若因銀行方面原因未能及時簽訂協定，須根據《招標投標法》及相關規定承擔相應的違約責任。

附：法律文書

紹興銀行股份有限公司台州溫嶺小微企業專營支行、溫嶺市國有資產經營有限公司合同糾紛

浙江省台州市中級人民法院民事判決書（2018）浙10民終595號

上訴人（一審被告）：紹興銀行股份有限公司台州溫嶺小微企業專營支行。
　住所地：溫嶺市城東街道萬昌中路586、588、590號。
負責人：阮加明，該支行行長。
委託訴訟代理人：周顯根，浙江利群律師事務所律師。
被上訴人（一審原告）：溫嶺市國有資產經營有限公司。
　住所地：溫嶺市太平街道中華路29號。

法定代表人：樊仙峰，該公司執行董事。

委託訴訟代理人：柳正晞，浙江台溫律師事務所律師。

上訴人紹興銀行股份有限公司台州溫嶺小微企業專營支行（以下簡稱紹興銀行）為與被上訴人溫嶺市國有資產經營有限公司（以下簡稱國有資產公司）合同糾紛一案，不服浙江省溫嶺市人民法院（2017）浙1081民初16001號民事判決，向本院提起上訴。本院於2018年2月26日受理後，依法組成合議庭對本案進行了審理。現已審理終結。

紹興銀行上訴請求：撤銷原判，改判駁回被上訴人向上訴人提出的訴訟請求。事實和理由：一、上訴人在本案中不存在任何過錯，其理由：1.原判已認定上訴人的投標行為有效，據此，根據《競價須知及規則》，被上訴人在與上訴人簽訂《競價成交確認書》後，應及時與上訴人簽訂《溫嶺市國有企業公款定期存款協定》。事實上，被上訴人在與上訴人簽訂《競價成交確認書》後，以他人向中國人民銀行溫嶺支行舉報上訴人競價利率違反浙江省市場利率定價自律機制相關會議紀要為由，拒不與上訴人簽訂。對此事實，被上訴人在訴狀中已自認未簽合同的原因。據此，原判以上訴人出具放棄中標資格申請書為據認定本案不存在被上訴人不與上訴人簽訂合同的事由，顯屬不合本案事實。同時，在本案中，上訴人中標後與被上訴人簽訂合同，同樣對上訴人利益有利，不存在簽訂合同僅對被上訴人有利的情形，故原判以上訴人中標價對被上訴人有利為由做出不簽合同原因在於上訴人缺乏相應的依據予以證實。2.本案未簽合同原因及責任在於被上訴人，其表現：（1）在《競價成交確認書》簽署後，被上訴人以他人提出舉報為由一直未要求或通知上訴人簽署《溫嶺市國有企業公款定期存款協定》；據此上訴人認為，當天不能簽訂協定者應是被上訴人，而非上訴人。（2）《招標投標法》第四十六條規定：招標人和中標人應當自中標通知書發出之日起三十日內，按照招標檔和中標人的投標檔訂立書面合同。可被上訴人此時間未內向上訴人發出簽訂合同通知書。同時其實施條例第六十一條規定：行政監督部門應當自收到投訴之日起三個工作日內決定是否受理投訴，並自受理投訴之日起30個工作日內做出書面處理決定。被上訴人在開標後當場已知他人對上訴人的投標行為提出投訴，在此情況下，在法律規定的處理期限屆滿後，被上訴人

也應及時向上訴人發出簽訂合同通知書。但被上訴人均未在前述規定時間內向上訴人發出簽訂合同通知書，據此，本案不簽合同者應是被上訴人，而非上訴人。3.上訴人於2017年8月29日出具的放棄中標申請書，不能作為上訴人過錯認定依據，其理由：（1）該放棄中標申請書係被上訴人要求上訴人出具，並非是上訴人真實意思表示。（2）該放棄中標通知書已超過了雙方簽訂合同的法定期限及被上訴人發布的《競價須知及規則》規定時間，對招投標人已不產生法律約束力。二、上訴人認為，若本案存在損失，應由被上訴人自行承擔，與上訴人無關。其理由：1.根據被上訴人訴狀自認情況，被上訴人在當天就知合同不能簽訂的事實。在此情況下，被上訴人應立即重新開展招標工作，故對被上訴人怠於行使重新招標工作產生的損失應由被上訴人自行承擔。同時，依據法律規定，在中標通知書發出30天後，若雙方未能簽訂合同的，被上訴人也應及時發布重新招標工作。原判把超過30天後的損失，全部作為本案損失要求上訴人承擔，缺乏依據。2.原判認為重新招標工作需要合理的時間，可對此合理時間的起算點，原判完全按被上訴人所載的時間予以確認，沒有相應的法律規定予以證實。但原判在被上訴人未提供充分證據情況下，把第一次開標時間至第二次重新招標後簽訂合同時間，均作為損失時間予以確認，既缺乏事實依據，也缺乏相應的法律依據。3.《合同法》第一百十九條已規定因當事人沒有採取相應措施防止損失擴大的，不得就擴大損失部分要求賠償；就本案而言，若存在上訴人不簽合同情況下，在此情況下，被上訴人也應採取相應措施防止損失的擴大，但被上訴人沒有提供此方面的證據。據此。原判要求上訴人賠償全部損失，同樣缺乏事實和法律依據。三、若本案存在存款利息損失，被上訴人提供的損失計算依據不足依法也不應予以支持，其理由：1.本案中，第一次招標標的物為5,000萬元存款，第二次招標標的物為二個2,500萬元存款，據此，第一次招標的標的物與第二次招標的標的物是否屬同一專案缺乏依據予以證實。2.在第一次招標中，並未明確招標標的物資金來源於何處，在此情況下，原判以被上訴人提供的利息計算依據作為本案損失計算依據，同樣缺乏依據予以證實。

　　國有資產公司辯稱：一、原審法院認定上訴人在本案中存在過錯是正確的。1.上訴人認為是被上訴人拒絕簽訂協定，這個說法與事實不符。被上訴人從來沒有拒絕過簽訂合同，相反的是上訴人不敢也不願意在當時與上訴人

簽訂合同。在中標並簽訂成交確認書後，參加投標的人提出要舉報上訴人，所以上訴人當時不敢簽訂合同。被上訴人進行招投標的主要目的是為了充分利用國有資金，因此被上訴人不可能拒絕簽訂這協議。2.上訴人認為沒有簽訂合同的原因與責任在被上訴人，顛倒了事實。競價規則明確規定中標後雙方應當在當日簽訂合同，而沒有簽訂合同是上訴人的原因。上訴狀提到按照《招標投標法》應當發出中標通知書，30日內要訂立書面合同，但因為在競價規則中明確講明中標後要簽訂成交確認書且要當場簽訂存款協定，所以不存在30日內發中標通知書。3.由於上訴人不敢簽合同，所以被上訴人一直在與對方溝通要求簽訂合同，最後上訴人在2017年8月29日出具了放棄中標的申請書，明確放棄中標且要求以後也不再參加下一輪的競標，因此原審法院認為放棄中標申請書是沒有簽訂協定的過錯理由之一也是正確的。二、本案利息損失是存在的，應當由上訴人承擔。當時上訴人投標時的利率是高的，因為上訴人放棄中標後，被上訴人重新招投標利率是低，這利率差就此形成，這利息損失是合法合理的，應當由上訴人承擔。按照競價規則約定，上訴人放棄中標資格就應當承擔賠償的責任。上訴狀提到雙方沒有簽訂合同，要馬上及時發布招投標公告，這個說法不成立，首先被上訴人是希望與上訴人簽訂合同，因此對方沒有簽訂協定時被上訴人可以要求繼續履約，不一定要馬上招投標。而招投標也需要時間，要提前一個月招投標，因此這時間段的利率損失也是合法合理的。上訴人認為第一次招標的5,000萬元與第二次招標的5,000萬元不是同一專案，但被上訴人的錢是國有資產，原來都是存在民泰銀行，來源很清楚，就是同一項目。至於利息損失的計算方式，被上訴人在一審已提供計算表格。按照上訴人的中標從2017年5月8日至2018年5月8日按2.16%利率來計算利息，現在上訴人放棄中標，被上訴人的定期存款從2017年11月1日開始，這裡還有一個臨時存款利率差。且因為對方放棄中標，那麼被上訴人的預期利率高於實際利率，這裡也有一個利率差。綜上，請求駁回上訴，維持原判。

原告國有資產公司向一審法院起訴請求判令：1.依法判令被告賠償給原告473,630.14元並支付自2017年11月1日起至實際償付之日止的利息（按照中國人民銀行規定的同期同檔次貸款利率標準計算）；2.本案訴訟費由被告承擔。訴訟過程中，原告變更第一項訴訟請求為：依法判令被告賠償給原告

485,753.42元並支付自2017年11月1日起至實際償付之日止的利息（按照中國人民銀行規定的同期同檔次貸款利率標準計算）。

　　一審法院認定事實：2017年3月31日，原告將單位的公款存放委託溫嶺市產權交易中心進行公開競價並發布公告。標的物為原告單位的公款5,000萬元，年收益率起始價為1.5%，存款期限1年（即2017年5月8日起至2018年5月7日）。提交最高有效報價的競價人即為競得人，競得本次競價標的後，若違約，願承擔由此產生的違約責任和經濟損失。2017年5月4日，在公開競價會中，被告以存款年利率2.16%中標。但在當日，其他投標人即向中國人民銀行溫嶺市支行舉報，認為被告的行為違反了浙江省市場利率定價自律機制會議紀要的有關規定，即在存款招投標中，利率報價不得超過自律機制約定的最高利率水準（即定期存款利率較基準利率浮動幅度上限為35%）。2017年8月29日，被告以書面形式向原告放棄中標資格。2017年10月25日，原告委託溫嶺市產權交易中心重新對原告單位的公款存放進行招標，該5,000萬元分二個標段（每個標段各為2,500萬元），分別被中國郵政儲蓄銀行股份有限公司溫嶺市支行、溫州銀行股份有限公司台州溫嶺小微企業專營支行中標，年資金收益率均為2.025%，存款期限均為2017年11月1日至2018年10月31日。

　　一審法院認為：本案的爭議焦點主要有以下幾點：一、被告競標並中標是否有效；二、原、被告雙方未簽訂合同的責任在何方；三、被告違約後，原告有無及時採取適當措施防止損失擴大。關於第一個焦點，該院認為，被告以年利率2.16%競得標的，雖然該利率違反了《浙江省市場利率定價自律機制〈會議紀要〉》的規定，但該規定並非法律強制性規定，僅是行業自律機制，故被告投標並競得該標的的行為未違反法律規定、未違反相關競價通知等有關規定，確認有效。關於第二個焦點，該院認為，從被告出具的放棄中標資格申請書來看，係被告自願放棄該筆存款的中標資格，另外，被告的中標價對原告有利，原告不存在不與被告簽訂合同的理由，故被告抗辯是原告的原因未與其簽訂合同缺乏依據，不予採信，該院認定雙方未簽訂合同的責任在被告方。關於第三個焦點，該院認為，被告授權的代表簽署的《競價申請及承諾》、《競價須知及規則》、《標的物說明及特別約定》、《溫嶺市產權交易中心競價成交確認書》等均約定，競價人競得標的後，須在當日

簽訂合同，逾期未簽訂應承擔由此產生的違約責任等。本案中被告直至2017年8月29日才出具放棄中標資格申請書，而原告重新開機招投標需要合理的時間，故本案原告不存在在被告違約後故意拖延重新啟動招投標行為的事實，對被告的抗辯不予採納。綜上，該院認為，被告投標並中標後自願放棄了中標資格，由此給原告造成的損失應當由被告承擔。經計算，原告的合理損失為485,753.42元，被告應當予以賠償。但原告要求被告支付自2017年11月1日起的利息缺乏依據，不予支持。判決：一、被告紹興銀行股份有限公司台州溫嶺小微企業專營支行在本判決生效之日起十日內支付給原告溫嶺市國有資產經營有限公司485,753.42元；二、駁回原告溫嶺市國有資產經營有限公司的其他訴訟請求。如果未按本判決指定的期間履行給付金錢義務，應當依照《中華人民共和國民事訴訟法》第二百五十三條之規定，加倍支付遲延履行期間的債務利息。一審案件受理費8,404元，減半收取4,202元，由被告紹興銀行股份有限公司台州溫嶺小微企業專營支行負擔。

二審中，雙方當事人均未向本院提交新的證據。

本院審理認定的事實與原審法院審理認定的一致。

本院認為：雙方當事人對本案基本事實沒有爭議。本案爭議焦點有二：一是雙方未能簽訂合同的違約責任究竟在何方；二是如上訴人違約，則應承擔的違約責任如何界定。對此，本院做如下分析。

對於爭議焦點一，上訴人認為被上訴人拒不與其簽訂合同，應承擔最後的違約責任。對此，本院認為，上訴人在競標時違反了《浙江省市場利率定價自律機制〈會議紀要〉》的有關規定在先，2017年8月29日出具放棄中標申請書在後，現上訴人認為係被上訴人拒不簽訂合同，顯與事實不符。故本院認定本案合同的違約方係上訴人。

對於爭議焦點二，上訴人應承擔的違約責任如何界定。根據《競價成交確認書》第二條，上訴人競得標的後，須在當日與被上訴人簽訂《溫嶺市國有企業公款定期存款協定》，逾期未簽訂的視為毀約，應承擔由此產生的違約責任和經濟賠償等。現因上訴人違約，雙方未能簽訂合同，應由上訴人承擔由此產生的違約責任和經濟賠償。但上訴人於2017年8月29日出具放棄中標申請書後，被上訴人並未馬上啟動重新招投標程序，直至2017年10月25日才啟動重新招投標程序。原審法院認為被上訴人不存在故意拖延的事實，但

重新委託並啟動招投標程序顯然不需要接近兩個月的時間。顯然，被上訴人未能及時採取措施防止損失擴大。綜合各方面事實，本院酌情給予被上訴人十天的合理時間來重新開機招投標程序。據此，上訴人應就被上訴人自2017年5月8日至2017年9月8日之間的損失承擔違約責任。原審法院認為被上訴人要求上訴人支付自2017年11月1日起的利息缺乏依據，本院予以確認。經計算，被上訴人的合理經濟損失為31萬元，應由上訴人承擔。至於上訴人認為重新招投標的5,000萬元與其中標的5,000萬元並非同一標的，顯然，該上訴理由不能成立，本院予以支持。原判認定事實清楚，證據充分，程序合法，但判決不當，本院予以糾正。依照《中華人民共和國民事訴訟法》第一百七十條第一款第（二）項，《中華人民共和國招標投標法》第四十五條第二款的規定，判決如下：

一、撤銷浙江省溫嶺市人民法院（2017）浙1081民初16001號民事判決。

二、上訴人紹興銀行股份有限公司台州溫嶺小微企業專營支行在本判決生效之日起十日內支付給被上訴人溫嶺市國有資產經營有限公司31萬元。

三、駁回被上訴人溫嶺市國有資產經營有限公司的原審其他訴訟請求。

如果未按本判決指定的期間履行給付金錢義務，應當依照《中華人民共和國民事訴訟法》第二百五十三條之規定，加倍支付遲延履行期間的債務利息。

一審案件受理費8,404元，減半收取4,202元，由被上訴人溫嶺市國有資產經營有限公司負擔1,227元，由上訴人紹興銀行股份有限公司台州溫嶺小微企業專營支行負擔2,975元；二審案件受理費人民幣8,404元，由上訴人紹興銀行股份有限公司台州溫嶺小微企業專營支行負擔5,950元，由被上訴人溫嶺市國有資產經營有限公司負擔2,454元。

本判決為終審判決。

審判長　許戰平

審判員　陳　傑

審判員　何敏軍

二〇一八年五月四日

書記員　項海英

【案例140】商業交易習慣對交易雙方均有法律約束力

農業銀行與金田公司金融衍生品種交易糾紛案評析

案號：廣東省珠海市中級人民法院（2018）粵04民終159號

【摘要】

銀行應嚴格按照金融監管規定和操作規範以及合同約定辦理具體業務，及時取得客戶對變更了原有約定的商業交易習慣的認可，並明確約定強制平盤損失應由客戶自行承擔等雙方的具體權利義務，以避免客戶提出抗辯、降低銀行操作風險、減輕銀行訴累。

【基本案情】

金田公司

委託交易 ↕

農業銀行

2012年9月13日，農業銀行股份有限公司珠海分行（以下簡稱「農業銀行」）與廣東金田電熱製品有限公司（以下簡稱「金田公司」，與農業銀行距離較遠）簽訂《人民幣對外匯衍生交易主協定》（以下簡稱「主協議」），約定金田公司委託農業銀行進行遠期外匯等外匯衍生品交易，具體程序如下：1.交易的申請：金田公司通過傳真或者專人遞送向農業銀行提交各類交易的《申請書》；2.交易的執行：農業銀行有權決定是否按照收到的《申請書》約定執行交易，農業銀行執行交易的，交易於執行時生效；3.交易的確認：交易執行後，農業銀行通過傳真發出《確認書》或《通知書》，並將原件以專

人遞送等方式交給金田公司；4.如金田公司在農業銀行送達《保證金追加通知書》後未足額繳納保證金，農業銀行有權對涉及金田公司的所有交易強制平盤，由此造成的一切損失由金田公司承擔。該協議約定金田公司的連絡人為熊紹皇。

2015年7月9日，熊紹皇向農業銀行工作人員發送郵件，內容如下：「吳小姐，你好。請按以下日期和美元金額確定遠期結匯……」農業銀行按照金田公司的郵件申請，分別於2015年7月9日和8月4日達成案涉26筆交易，金額合計640萬美元，並將交易情況以《通知書》形式郵寄給金田公司。熊紹皇在收到《通知書》後同意後補書面申請，但稱金田公司法人不在、無法如期提交《申請書》。2015年12月30日，農業銀行向金田公司發出《保證金追加通知書》，要求其為案涉26筆交易分別追加保證金1,155,551.69元和95,197.67元。金田公司並未追加上述交易保證金。2016年1月7日和1月8日，農業銀行對案涉26筆交易選擇強制平盤，並向金田公司發出了《強制平盤通知書》、《遠期結匯違約通知書》。金田公司收到上述通知書後，向農業銀行回覆：根據雙方此前的交易程序，在農業銀行報價後，需要金田公司確定匯率及提交由金田公司蓋章並加蓋法定代表人簽字的《遠期結售匯申請書》才能確認金田公司正式下單，而金田公司從未確認過該通知書中列示的案涉26筆遠期結匯交易，不存在違約行為，故拒絕承擔農業銀行強制平盤的損失。農業銀行遂訴至法院，請求判令金田公司承擔農業銀行強制平盤的損失1,996,325元。

【法院判決】

廣東省珠海市金灣區人民法院經審理認為，農業銀行提供了郵件截屏、錄音資料和證人證言等證據，擬證明在實際交易過程中與金田公司變更了交易模式，形成了以電話、郵件鎖定價格並下單，事後再補簽《申請書》的商業慣例。首先，在經營過程中，農業銀行制定

了《遠期結售匯及人民幣與外幣業務管理辦法》、《遠期結售匯及人民幣與外幣掉期業務操作規程》、《遠期結售匯及人民幣與外幣掉期業務實施細則》，前述規範均明確要求在與客戶交易的過程中，需要客戶出具書面申請以及有效憑證，雙方才能達成交易；其次，根據主協定，雙方對遠期外匯交易約定了嚴格程序，農業銀行並未提供相應證據表明雙方已通過書面協定方式變更了交易模式，也未提供證據表明農業銀行已經放鬆監管要求，可以逾越上級機構制定的管理規範及操作規程。農業銀行違反主協議約定，在未與金田公司以約定形式達成書面合約的情況下擅自展開交易，理應知悉相應法律後果。且金田公司並未在案涉26筆交易達成後的2015年8月9日前補交正式書面申請，農業銀行應依約及時強制平盤。農業銀行遲滯於2016年1月份才強制平盤，造成損失擴大。金田公司並未出具書面承諾同意承擔該損失，農業銀行遲滯強制平盤造成的損失理應自行承擔。綜上，判決駁回農業銀行的訴訟請求。

宣判後，農業銀行不服一審判決，提起上訴。廣東省珠海市中級人民法院經審理認為，主協議約定了農業銀行與金田公司進行遠期外匯交易的程序，並以金田公司傳真或專人遞送書面申請作為交易的執行前提條件。但從實踐操作來看，雙方較少用傳真，而兩家公司相距甚遠，而外匯市場變化不斷、匯率也瞬息萬變，如果需金田公司先出具法定代表人簽章書面申請，再執行專人交易，基本無法鎖定即時匯率，無法達到客戶追求利益最大化的交易目的。雙方的郵件往來顯示，雙方在多次交易操作中採取郵件、電話即時性方式詢價—下單鎖價—事後補簽書面申請書的交易模式，這一方式可以避開專人遞交書面申請引發的滯後弊端，也形成了雙方的交易習慣，同時也表明雙方以行為將先行書面簽章申請的約定，改變為先提出口頭或郵件申請執行交易再補簽書面申請的操作模式。但是，該交易模式仍需金田公司提出申請方能啟動。案涉26筆交易依照金田公司以郵件發出的意思

表示執行，並不違反雙方當事人真實意思表示，也不能得出違反中央金融管理規定合同不成立的結論。因書面補簽時間在具體交易後且金田公司控制補簽書面申請的進度，金田公司可能基於虧損原因不願補簽，但不能就此推斷案涉交易非金田公司真實意思表示。故案涉26筆委託交易有效成立。上述交易中第一筆交易結匯交割到期後，金田公司並未履行交割義務和按照通知追加保證金，構成違約。農業銀行採取強制平盤措施符合合同約定，由此造成的損失應由金田公司承擔。綜上，改判金田公司向農業銀行支付強制平盤損失1,996,325元。

【法律評析】

本案的爭議焦點為：農業銀行和金田公司是否在交易實踐中變更了主協定約定，就交易模式形成了商業交易習慣；在遠期結售匯業務中，強制平盤的損失應如何承擔。

一、商業交易習慣對交易雙方均有法律約束力

《最高人民法院關於適用〈中華人民共和國合同法〉若干問題的解釋（二）》第七條規定：「下列情形，不違反法律、行政法規強制性規定的，人民法院可以認定為合同法所稱『交易習慣』：（一）在交易行為當地或者某一領域、某一行業通常採用並為交易對方訂立合同時所知道或者應當知道的做法；（二）當事人雙方經常使用的習慣做法。對於交易習慣，由提出主張的一方當事人承擔舉證責任。」《中華人民共和國合同法》（以下簡稱《合同法》）第六條規定：「當事人行使權利、履行義務應當遵循誠實信用原則。」

分析可知，認定《合同法》所稱的交易習慣，應具備以下條件：1.前提條件：交易習慣必須合法。法律、行政法規的強制性規定目的在於控制和限制當事人的行為，當事人不能通過協定或者交易習慣等規避強制性規定的適用；2.具體規則：（1）交易習慣，應具備

地域或行業的通用性且交易對方訂立合同時知道或者應當知道的特點。通用性的習慣做法才能約束知曉該做法的交易雙方，體現了尊重當事人的意思表示和私法自治要求。或者（2）交易習慣，應是當事人經常使用的習慣做法。當事人通過實際的履行行為直接表明了他們的真實意思，可以公平地認為該種習慣做法構成了理解和解釋當事人意思及行為的共同基礎，應當認定為交易習慣。3.舉證責任：主張交易習慣的一方，應承擔舉證責任，符合「誰主張誰舉證」的舉證原則。同時，根據誠實信用原則，交易習慣應對交易當事人具有法律約束力，雙方應根據交易習慣合法行使權利、全面履行義務。

結合本案，農業銀行與金田公司在主協議中明確約定了遠期外匯交易的「申請—確認—執行—變更—終止」嚴格程序，以金田公司提交傳真或專人遞送的書面申請作為農業銀行執行交易的前提。但是，從農業銀行提供的郵件截屏、錄音資料和證人證言等證據來看，在長期且多次的實際交易操作中，雙方較少使用傳真與專人遞送的方式提交申請，而是形成了電話、郵件鎖定即時價格—下單執行交易—事後補簽書面申請書的交易模式。這一方式表明，雙方以實際的履行行為將主協議約定的先行書面申請，更改為先行電話或郵件申請、執行交易後再補簽書面申請的操作模式。這一操作模式不違反法律、行政法規的強制性規定，是雙方經常使用的習慣做法，且該習慣做法並非僅能通過書面方式變更原先約定的交易模式才能形成，故應認定為商業交易習慣，對交易雙方均具有法律約束力。因此，二審法院糾正了一審關於「雙方並未變更主協定約定的交易模式、農業銀行違反約定擅自展開交易」的錯誤認定。

二、遠期結售匯業務中強制平盤的損失承擔主體

國家外匯管理局制定的《銀行辦理結售匯業務管理辦法實施細則》第三十三條規定：「遠期業務應遵守以下規定：（一）遠期合約

到期時，銀行應比照即期結售匯管理規定為客戶辦理交割，交割方式為全額結算，不允許辦理差額結算。（二）遠期合約到期前或到期時，如果客戶因真實需求背景發生變更而無法履約，銀行在獲取由客戶提供的聲明、確認函等能夠予以證明的書面材料後，可以為客戶辦理對應金額的平倉或按照客戶實際需要進行展期，產生的損益按照商業原則處理，並以人民幣結算。」分析可知，遠期結售匯合約到期後，客戶應依約履行交割義務。出現客戶無法交割等違約情形時，銀行取得客戶相應書面材料後，可以強行平倉或者展期，由此產生的損益按照商業原則結算處理。

結合本案，農業銀行根據金田公司的郵件指示執行了案涉26筆交易，委託交易有效成立。上述第一筆交易交割到期後，金田公司並未履行交割義務，亦未按照農業銀行《保證金追加通知書》要求足額繳納交易保證金，顯然構成違約，故農業銀行有權對案涉26筆交易採取強制平盤措施。依照主協議約定，金田公司應自行承擔農業銀行依約採取強制平盤措施後產生的損失。因此，二審法院改判金田公司向農業銀行支付強制平盤損失1,996,325元。

三、銀行風險啟示

在辦理遠期結售匯等金融衍生品交易業務時，銀行須注意：

1. 嚴格按照相關部門和機構制定的金融監管規定和操作規範辦理具體業務，避免客戶提出銀行違反監管規定操作導致合同無效的抗辯。

2. 與客戶在合同中明確約定，為維護客戶利益最大化，銀行在實踐操作中採取的交易習慣做法屬於商業交易習慣、對雙方均具有法律約束力，或與客戶在事後以書面形式變更原先約定的操作模式，防止客戶提出銀行實際操作不符合合同約定、對其不發生法律效力的抗辯，以減輕銀行舉證責任、降低銀行業務風險。

3. 合同的明確約定是銀行主張權利的前提和基礎，銀行應與客戶在合同中明確約定，因客戶違約交割造成的銀行強制平盤損失及費用等應由客戶自行承擔，以最大限度保障銀行的合法權益。

附：法律文書

農業銀行與金田公司金融衍生品種交易糾紛案

廣東省珠海市中級人民法院民事判決書（2018）粵04民終159號

上訴人（原審原告）：中國農業銀行股份有限公司珠海分行。

　住所地：珠海市吉大九洲大道中1002號。統一社會信用代碼91440400G18497736W。

負責人：羅濤，行長。

委託訴訟代理人：李力華，北京德恒（珠海）律師事務所律師。

委託訴訟代理人：曲紅，北京德恒（珠海）律師事務所律師。

被上訴人（原審被告）：廣東金田電熱製品有限公司。

　住所地：珠海市金灣區聯港工業區雙林片區創業北路18號。統一社會信用代碼91440400738506848。

法定代表人：李冠達，董事長。

委託訴訟代理人：高衛軍，廣東七星律師事務所律師。

上訴人中國農業銀行股份有限公司珠海分行（以下簡稱農行珠海分行）因與被上訴人廣東金田電熱製品有限公司（以下簡稱金田公司）金融衍生品種交易糾紛一案，不服廣東省珠海市金灣區人民法院（2017）粵0404民初807號民事判決，向本院提起上訴。本院於2018年1月12日立案後，依法組成合議庭進行了審理。本案現已審理終結。

　農行珠海分行上訴請求：1.依法撤銷一審判決，改判被上訴人向上訴人支付因強制平盤造成的損失1,996,325元；2.判令二審訴訟費用由被上訴人承擔。事實和理由如下：

　一、一審判決認定「原告違背主協議的約定，在未與被告以約定形式達

成合約的情況下，擅自展開交易」是不符合事實的。

　　1.上訴人並未違反主協議的約定，也沒有擅自開展交易。事實上，該26筆遠期結售匯業務，是被上訴人通過電話與電子郵件鎖價，指令上訴人執行交易的。上訴人已提交雙方郵件截屏、錄音資料、證人證言加以證明。

　　2.自2012年雙方簽訂主協議至2015年，雙方以「電話，電子郵件提起申請」的模式達成的交易有數十筆之多，已變更主協議中約定的「書面申請」模式。因被上訴人法定代表人長期不在境內，無法及時獲得其簽章而出具書面申請，才主動提出通過電子郵件、電話等形式詢價、鎖價來執行交易，後補申請書的交易模式。上訴人認為，此種交易模式已構成最高人民法院關於適用《中華人民共和國合同法》若干問題的解釋（二）（法釋〔2009〕5號）第七條規定的「交易習慣」，在此種「交易習慣」下達成的案涉26筆遠期結匯業務，被上訴人應積極履行。這種變更係一種事實上的變更，上訴人無須提交雙方變更交易模式的書面協定。

　　3.上訴人並未放鬆監管要求，也沒有逾越上級機構制定的管理規範及操作規範。法律具有滯後性，規定亦然。外匯市場變化不斷，匯率也瞬息萬變，如按照主協定及相關操作規範的要求，需客戶先出具書面申請，再執行交易，實操時根本無法鎖定即時匯率，也無法達到客戶的交易目的，使其利益最大化。因此，上訴人與被上訴人變更了交易模式，構成對主協定及操作規範的變更與補充，而與上訴人採取此種交易模式的客戶還有十幾家。

　　二、一審法院以上訴人未建立嚴格的風險管控意識、未及時強制平盤導致損失擴大，由此判定被上訴人不承擔由此造成的損失，有違公平原則。

　　作為四大國有銀行之一，上訴人始終遵守法律法規和業務操作規程開展金融衍生品業務，時刻注重風險防控。如前所述，案涉的遠期結售匯業務，考慮到交易的特殊性與客戶的實際需要，上訴人與被上訴人才在實操中變更了交易模式，此前一直合作良好，在此種模式下，雙方共達成了數十筆交易。但是，2015年8月11日匯改後，人民幣一路貶值，被上訴人眼見案涉的26筆交易是無利可圖，才拒絕認可。退一步講，即便上訴人沒有充足證據證明案涉26筆交易已達成，但被上訴人出爾反爾，違背誠信原則，具有一定過錯，對由此造成的強制平盤損失，也應承擔賠償責任。

　　綜上所述，懇請二審法院撤銷原判，依法維護上訴人的合法權益。

被上訴人金田公司答辯如下：一、金田公司從未與上訴人變更雙方此前簽訂的《中國農業銀行股份有限公司人民幣對外匯衍生交易主協定》約定的交易模式，且該交易模式實際上是中央金融主管部門以及上訴人總行規定的交易模式，是法定交易模式，也不由得下面分行私自與客戶變更。原審判決認定事實清楚，適用法律正確，請求二審法院維持原判。

上訴人所稱的交易習慣並不存在，也無證據證實。上訴人所稱的採取此種交易模式的其客戶還有十幾家，無證據證實。即使上訴人與所謂的十幾家客戶存在的此種交易模式，也因違反中央金融規定而不應受法律保護，不符合交易習慣的內涵和定義，否則勢必造成金融動盪，最終危害國家利益和社會公共利益。

二、上訴人爭議的26筆遠期結匯業務，從未締約合同也從未成立。上訴人的所謂1,996,325元的強制平盤損失，僅有電腦截圖，並無權威機構的客觀性證據證實。

三、雙方此前交易模式一直未違反主協定約定和上級規定。

四、被上訴人作為在珠海成立的外商獨資企業，一直合法經營，依法納稅。被上訴人從未要求上訴人違反外匯管理規定進行交易操作。而上訴人作為專業金融機構，其外匯交易操盤人員也應是經過專業培訓、考核、持證上崗的專業人士，其應該比其他人更清楚違規操作可能產生的後果和風險。因此如果其違規操作其導致的後果應由其自行承擔，不應該將其管理不善的企業經營風險轉嫁到他人。

綜上所述，請求二審法院駁回上訴，維持原判。

農行珠海分行一審起訴請求：一、判決由金田公司承擔農行珠海分行強制平盤造成的虧損共計人民幣1,996,325元；二、判決由金田公司承擔本案受理費、保全費等訴訟費用。

經原審法院查明：2012年9月13日，農行珠海分行與金田公司簽訂《中國農業銀行股份有限公司人民幣對外匯衍生交易主協定》（以下簡稱主協定），主協定第一條對「人民幣對外匯衍生品」、「遠期（結售匯）」、「掉期」、「人民幣外匯貨幣掉期」等用語進行了定義，其中對「人民幣對外匯衍生產品」定義為：「一種金融合約，其價值取決於一種或多種舉出資產或指數，合約的基本種類包括遠期、掉期（互換）和期權等。衍生產品

還包括具有遠期、掉期（互換）和期權中一種或多種特徵的結構化金融工具。」第四條交易程序4.1交易的申請：金田公司根據其具體要求，通過傳真或者專人遞送的方式向農行珠海分行提交各類申請書，如果通過傳真方式發出，金田公司應當於傳真發出之日起五個工作日內以專人遞送、掛號平信郵寄或者特快專遞的方式發出申請書原件；金田公司在提交交易申請時，應對申請書中針對人民幣對外匯衍生交易風險的提示簽署確認。4.2.交易的執行：農行珠海分行收悉申請書傳真或者原件，即有權決定是否按照申請書約定的交易條件執行交易，農行珠海分行執行交易的，交易於執行時生效，對雙方具有約束力；4.3.交易的撤銷：如金田公司在申請書發出後要求撤銷交易，應填寫撤銷申請書，並通過傳真或者專人遞送的方式向農行珠海分行發出。4.4.交易的確認：交易執行後，農行珠海分行通過傳真方式向金田公司發出各類確認書或通知書。確認書或者通知書是對已執行交易的證明；農行珠海分行向金田公司通過傳真方式發出各類《確認書》或《通知書》的同時，可通過電話方式就交易成交事項通知金田公司。金田公司如在接到農行珠海分行電話通知後的二個工作日內仍未收到《確認書》或《通知書》傳真件，應當主動向農行珠海分行查詢。農行珠海分行應當在上述傳真發出之日起五個工作日內根據主協定第九條「通知和送達」的約定將《確認書》或《通知書》原件以專人遞送、掛號平信郵寄或特快專遞的方式向金田公司發出；如金田公司認為《確認書》或《通知書》約定的交易要素與《申請書》存在明顯不一致，並且影響到交易的實質內容，金田公司應當在收到該《確認書》或《通知書》後立即電話通知農行珠海分行，並在收到該《確認書》或《通知書》後一個工作日內以傳真或專人遞送方式向農行珠海分行提出異談，同時說明理由，否則視同金田公司接受《確認書》或《通知書》的全部內容。4.8.交易的提前終止：如果發生主協議約定的「違約事件」，「違約事件」包括：（1）任何一方為了能遵守中國法律、法規、規章、監管制度的規定或者履行主協議約定的其應該遵守或者履行的責任或者義務，並且在對方發出通知後的五個工作日內該違約狀態仍然未得以糾正；（2）任何一方違反協定文本的約定……守約方有權以書面形式通知違約方該違約事件的發生，並指定交易的提前終止日，協定項下的所有交易於該提前終止日終止。如金田公司要求提前終止本協定項下的交易，須獲得農行珠海分行的同

意，且應當承擔提前終止引起的相應責任。主協議第五條擔保條款約定：如金田公司在農行珠海分行送達《保證金追加通知書》五個工作日內未足額繳納保證金或追加經農行珠海分行認可的擔保措施，農行珠海分行有權對該《保證金追加通知書》涉及的金田公司所有交易強制平盤，由此造成的一切損失和費用由金田公司承擔，並且農行珠海分行有權從金田公司在農行珠海分行處開立的保證金帳戶或者在中國農業銀行開立的其他帳戶中扣除相應損失金額，將剩餘的資金退回金田公司指定的帳戶。該協議約定金田公司的連絡人為熊紹皇。該協議有農行珠海分行與金田公司蓋章及授權委託人簽字予以確認。

農行珠海分行主張，上述主協定簽訂後，農行珠海分行與金田公司開始交易。農行珠海分行與金田公司在交易過程中形成了以電話、郵件鎖定價格並下單，事後再補簽《申請書》的慣例。案涉的26筆交易，是農行珠海分行與金田公司通過電話、郵件的方式達成，農行珠海分行提供了雙方之間的郵件往來截屏予以佐證，其中時間為2015年7月9日的郵件有如下內容：「吳小姐，你好。請按以下日期和美元金額確定遠期結匯……」農行珠海分行按照金田公司電話申請，分別於2015年7月9日達成了24筆遠期結匯交易，於2015年8月4日達成了2筆交易，共計26筆交易，交易金額合計640萬美元。前述26筆交易達成後，農行珠海分行主張有將交易情況以《遠／擇期結售匯簽約通知書》的方式發送給了金田公司，金田公司員工「郭清華」予以簽收。金田公司員工熊紹皇在交易達成後同意後補資料。農行珠海分行一直有與金田公司經辦人熊紹皇聯繫，熊紹皇稱金田公司法人不在，無法如期提交申請書。

農行珠海分行於2015年12月30日向金田公司發出了《人民幣與外匯衍生交易保證金追加通知書》，要求金田公司為2015年7月9日的24筆交易追加交易保證金1,155,551.69元，為2015年8月4日的交易追加交易保證金95,197.67元，農行珠海分行於2015年12月31日將上述《人民幣與外匯衍生交易保證金追加通知書》寄給了金田公司約定的業務連絡人熊紹皇，農行珠海分行提供的郵單顯示簽收人為保安。

2016年1月7日、1月8日，農行珠海分行對訴爭的26筆交易選擇強制平盤，並向金田公司發出了《人民幣與外匯衍生交易強制平盤通知書》、《中國農業銀行遠期結匯違約通知書》，金田公司收到農行珠海分行發出的《人

民幣與外匯衍生交易強制平盤通知書》、《中國農業銀行遠期結匯違約通知書》後，於2016年1月14日向農行珠海分行進行了回覆，金田公司在回函中主張，根據雙方此前的交易程序，在農行珠海分行報價後，仍需要金田公司確定匯率及向農行珠海分行提交由金田公司蓋章並加蓋法定代表人簽字的《遠期結售匯申請書》才能確認金田公司正式下單，而金田公司從未確認過該通知書中列示的遠期結匯交易合約，這些合約並未生效，金田公司方不存在通知書所述的違約行為，因此要求金田公司方承擔平盤損失的要求沒有事實和法律依據。

　　金田公司否認與農行珠海分行存在案涉的26筆遠期外匯交易，其向原審法院提供了《遠期結售匯申請書》、《中國農業銀行遠期結售匯及人民幣與外幣業務管理辦法》、《中國農業銀行遠期結售匯及人民幣與外幣掉期業務操作規程》、《中國農業銀行廣東省分行遠期結售匯及人民幣與外幣掉期業務實施細則》等多份材料。其中《遠期結售匯申請書》載明，雙方在交易細節中須約定買入賣出幣種、金額、匯率、交割日期、履約保障方式，風險負擔、損益負擔等進行約定，如賣出外匯，還需要金田公司出具《賣出外匯申請書》；《中國農業銀行遠期結售匯及人民幣與外幣業務管理辦法》規定：「客戶辦理遠期結售匯／人民幣與外幣掉期業務應與我行簽訂書面協定，並由客戶的有權簽字人簽署」、「我行與客戶辦理遠期結售匯／人民幣與外幣掉期業務一般須向客戶按合約金額的5%收取保證金，各分行可根據客戶的授信情況自行調整收取比例和方式」。《中國農業銀行遠期結售匯及人民幣與外幣掉期業務操作規程》載明，客戶在向農業銀行辦理遠期結售匯業務時，應當與農行簽訂《遠期結售匯／人民幣與外幣掉期業務總協議書》；客戶每次委託農行辦理遠期結售匯或人民幣與外幣掉期業務時，應提交《遠期結匯／售匯申請書》或《人民幣與外幣掉期申請書》以及相應的有效商業單據或憑證；客戶敘做人民幣與外幣掉期業務需符合國家外匯管理制度和總行的相關規定。《中國農業銀行廣東省分行遠期結售匯及人民幣與外幣掉期業務實施細則》亦載明，客戶委託農行辦理遠期結售匯／人民幣與外幣掉期交割業務時，應提交《購買外匯申請書》或《賣出外匯申請書》，並在備註欄中註明「遠期結售匯（或人民幣與外幣掉期）業務項下的實際交割」，並約定，與客戶敘做遠期結售匯／人民幣與外幣掉期業務，應向客戶收取保證金。金

田公司主張，上述檔規定明確要求，遠期外匯交易應當遵循嚴格的交易程序，均須簽署書面的檔對交易予以確認，而本案農行珠海分行無法提供相應的書面材料，也違背了相應的操作規程，要求金田公司承擔損失無事實及法律依據。

就案涉的26筆交易，農行珠海分行與金田公司進行了多次溝通，農行珠海分行向原審法院提交了多份錄音。其中，2015年12月16日，農行珠海分行工作人員到金田公司處與金田公司工作人員進行了談判，雙方未能達成一致；2016年1月6日，農行珠海分行與金田公司工作人員再次進行了溝通，金田公司否認與農行珠海分行存在案涉的26筆交易，並拒絕承擔該26筆交易產生的損失。

一審庭審過程中，農行珠海分行確認，法定代表人簽名蓋章辦理有關申請手續是農業銀行的硬性要求。因此在交易達成後，一直有要求金田公司補辦相關手續，而金田公司法定代表人一直不在國內，因此無法補辦，並且，2015年8月11日我國的外匯政策發生了很大變化，導致人民幣一路貶值，金田公司遂拖延遞交正式申請書，直至後來拒絕提交。至於雙方之間的交易模式從書面申請的方式變更為郵件、電話方式，一是基於交易的特性，外匯市場變化不斷；二是金田公司的法定代表人經常不在國內，農行珠海分行基於信任及交易特性，變更了交易模式。農行珠海分行採取此種交易模式的客戶還有另外十幾家。案涉的26筆交易，2015年7月9日的交易有雙方之間的郵件為證，2015年8月4日的2筆交易，農行珠海分行無法提供電話申請的證據。

原審法院另查明，農行珠海分行向原審法院出示了中國人民銀行、農業銀行廣東省分行等機關出具的批覆，農業銀行珠海分行於2003年獲得了開展遠期結售匯業務資格，金田公司對農行珠海分行具備開展遠期結售匯業務資格不持異議。

農行珠海分行一審中申請了四名員工出庭作證。

證人吳某一證言如下：我是農行珠海分行國際業務部交易員，農行珠海分行與金田公司於2012年就開始有交易，遠期外匯交易價格波動很大，而且很快，所以在實際操作中，對大部分客戶採用先向客戶報價，再簽約，再後補資料的方式進行。案涉的26筆交易，是先通過金田公司的熊紹皇電話報價，然後我通過郵件回覆他，再通過電話鎖定價格的方式進行的。在交易

達成後，金田公司的經辦人熊紹皇同意向農行珠海分行補交資料，但當時其一直稱法人不在，後來因811國家匯率改革出現虧損，金田公司拒不補充資料，並拒絕承認有上述交易。

證人吳某二證言如下：我是農行珠海分行國際業務部交易員，我具有從業的相應資質及資格。我認為金融衍生品交易需要專業知識，但是不屬於高風險交易。遠期外匯業務具有特殊性，有的時候從方便客戶出發，允許通過電話、郵件的方式提出申請，後補資料的方式交易。

證人吳某三證言如下：我不是從事國際業務的，我只是瞭解一些情況。

證人楊某證言如下：我之前在農行珠海分行國際業務部任職，職務是產品經理，主要負責對客戶產品行銷及日常維護。我們與金田公司發生遠期外匯交易，主要是通過電話、郵件的方式發起申請，我方與金田公司的業務往來一直是通過金田公司的熊紹皇來進行，熊紹皇向我們表示公司法人經常在外地，如果通過書面形式遞交資料，沒有辦法做業務，因此雙方在實際交易過程中已經變更了交易模式。

以上事實有《中國農業銀行股份有限公司人民幣對外匯衍生交易主協定》、26筆人民幣與外匯衍生交易保證金通知書、EMS郵單及妥投簽收證明、26筆人民幣與外匯衍生交易強制平盤通知書、26筆遠期結匯違約通知書、覆函及順豐快遞回單、錄音材料、26筆交易《遠／擇期結售匯簽約通知書》、郵件截圖、證人證言、《遠期結售匯申請書》、《外匯賣出申請書》、《中國農業銀行遠期結售匯及人民幣與外幣業務管理辦法》、《中國農業銀行遠期結售匯及人民幣與外幣掉期業務操作規程》、《中國農業銀行廣東省分行遠期結售匯及人民幣與外幣掉期業務實施細則》以及本案一審開庭筆錄等在卷佐證。

原審法院認為，農行珠海分行與金田公司簽訂的主協定是雙方當事人的真實意思表示，內容未違反法律、行政法規的強制性規定，雙方當事人應當按照協議的約定，履行各自的義務。根據《金融機構衍生產品交易業務管理暫行辦法》、《銀行辦理結售匯業務管理辦法》、《銀行辦理結售匯業務管理辦法實施細則》等法律法規的規定，遠期結售匯屬於金融衍生產品業務，是一種金融合約。因此，案涉糾紛屬《民事案件案由規定》規定的金融衍生品種交易糾紛，應當適用有關金融衍生品種交易的相關法律法規的規定。本

案的爭議焦點是雙方當事人之間是否形成金融衍生品交易關係。結合全案證據及原審法院查明的事實評判如下：

農行珠海分行主張雙方形成金融衍生品交易關係，訴爭的26筆交易造成的損失應當由金田公司承擔。依照《中華人民共和國合同法》第六十四條第一款規定：「當事人對自己提出的主張，有責任提供證據。」農行珠海分行向原審法院提供了郵件截屏、錄音資料、證人證言等，以此證明在實際交易的過程中變更了交易模式，申請方式從書面申請變更為通過電話、郵件的方式進行。原審法院認為，首先，農行珠海分行在經營的過程中，制定了《中國農業銀行遠期結售匯及人民幣與外幣業務管理辦法》、《中國農業銀行遠期結售匯及人民幣與外幣掉期業務操作規程》、《中國農業銀行廣東省分行遠期結售匯及人民幣與外幣掉期業務實施細則》，前述規範均明確要求，在與客戶交易的過程中，需要客戶出具書面的申請以及有效的憑證，雙方才能達成交易；其次，根據雙方簽訂的主協定，雙方對遠期外匯交易約定了嚴格的程序，可以總結為申請—確認—執行—變更—終止這樣幾個步驟。在申請階段，雙方約定金田公司應根據其具體要求，通過傳真或者專人遞送的方式向農行珠海分行提交各類申請書，如果通過傳真方式發出，金田公司應當於傳真發出之日起五個工作日內以專人遞送、掛號平信郵寄或者特快專遞的方式發出申請書原件，金田公司在提交交易申請時，還應對申請書中針對人民幣對外匯衍生交易風險的提示簽署確認。農行珠海分行收悉申請書傳真或者原件，即有權決定是否按照申請書約定的交易條件執行交易。本案中，農行珠海分行並未提供相應的證據表明雙方有通過書面協定的方式，變更交易模式；也未提供證據表明，農行珠海分行已經放鬆監管要求，可以逾越上級機構制定的管理規範及操作規程。而訴爭的遠期結售匯業務，屬於金融衍生品種交易，屬於一種金融合約，合約當事人的權利義務應當嚴格遵守合約條款的約定。農行珠海分行違背主協定的約定，在未與金田公司以約定形式達成合約的情況下，擅自展開交易，理應知悉相應的法律後果。即便農行珠海分行基於對金田公司的信任，相信金田公司可以在日後補交相應的書面申請確認交易，但主協定明確約定，金田公司應在交易達成後的五個工作日內補交申請書。而訴爭的26筆交易分別於2015年7月9日、8月4日達成，金田公司應當在2015年8月9日之前提交正式的書面申請。金田公司並未提交，農行珠海

分行基於主協議的約定以及風險管理的要求，應當及時強制平盤。農行珠海分行遲滯於2016年1月份才強制平盤，造成損失擴大。該種損失，金田公司並未出具書面的承諾同意承擔，農行珠海分行要求金田公司承擔由此造成的損失，不符合主協議的約定，也於法無據。同時，原審法院認為，農行珠海分行作為專業的金融機構，理應恪守相應的管理、操作規程，遵守相應的金融衍生品交易法律法規，防止造成操作風險以及法律合規風險，但農行珠海分行並未建立嚴格的風險管控意識，由此造成的損失，理應由農行珠海分行自行承擔，農行珠海分行要求金田公司金田公司承擔因強制平盤造成的損失1,996,325元的訴求，原審法院不予支持。

至於農行珠海分行提出的金田公司的員工熊紹皇代理金田公司與農行珠海分行進行外匯交易問題，在農行珠海分行與金田公司簽訂的主協定第九條中明確寫明，熊紹皇只是農行珠海分行與金田公司進行外匯交易時金田公司的連絡人，並非金田公司的代理人，在農行珠海分行提出雙方的以往外匯交易中，農行珠海分行也確認金田公司均有書面申請，金田公司法定代表人也在申請書上簽名及加蓋金田公司公章，即使在農行珠海分行與金田公司以往外匯交易中，存在熊紹皇在未經金田公司書面申請和金田公司法定代表人在申請書上簽名及加蓋金田公司公章即向農行珠海分行發出交易指令，但事後也需金田公司法定代表人在申請書上簽名及加蓋金田公司公章，也即農行珠海分行清楚知道熊紹皇在金田公司的外匯交易中沒有代理權，金田公司追認方有效。因此，農行珠海分行認為熊紹皇是金田公司進行外匯交易時的代理人或熊紹皇向農行珠海分行發出交易指令的行為構成表見代理的意見，證據不充分，理由不成立，原審法院不予採納。

綜上，依照《中華人民共和國合同法》第八條、第四十八條第一款、第六十條、第一百零七條，《中華人民共和國民事訴訟法》第六十四條第一款，《最高人民法院關於適用〈中華人民共和國民事訴訟法〉的解釋》第九十條之規定，原審法院判決如下：

駁回中國農業銀行股份有限公司珠海分行的訴訟請求。

一審案件受理費22,766元，由中國農業銀行股份有限公司珠海分行負擔。

二審期間，雙方當事人均沒有提交新證據。

經核，本院對原審查明事實予以確認。

二審補充查明，金田公司位於珠海市XX區，而農行珠海分行位於珠海市XXXX區，雙方距離較遠。

本院認為，本案爭議的焦點在於訴爭的26筆交易是否成立以及金田公司是否應承擔涉案交易的損失問題。

雙方在《人民幣對外匯衍生交易主協定》中約定遠期外匯交易程序，並以對方傳真或專人遞送書面申請為前提作為各類交易的執行操作條件。但從實踐操作來看，雙方比較少用傳真，而兩家公司相距甚遠，而外匯市場變化不斷，匯率也瞬息萬變，如果需金田公司先出具法定代表人簽章書面申請，再執行專人交易，基本上無法鎖定即時匯率，也就無法達到客戶追求利益最大化的交易目的。雙方存在多年交易，而雙方的郵件往來顯示雙方在多次交易操作中採取郵件、電話即時性方式詢價─下單鎖價─事後補簽書面申請書的交易模式，這一方式可以避開專人遞交書面申請引發的滯後弊端，也形成了雙方的交易習慣，同時也表明雙方以自己的行為將先行書面簽章申請的約定改變為先提出口頭或郵件申請執行交易再補簽書面申請的操作模式。該交易模式仍然需要當事人提出申請方能啟動，交易是依照金田公司的意思表示執行的，並不違反雙方當事人真實意思表示，也不能得出違反中央金融管理規定合同不成立的結論。

在雙方長期交易中，金田公司熊紹皇作為經辦人員負責具體交易。金田公司主張涉案26筆交易係上訴人單方擅自交易，但是其無法合理解釋其工作人員詢價索價下單的郵件往來行為，也未見其在事後雙方多次協商過程中立即提出銀行擅自交易的異議。因書面補簽時間在具體交易後且金田公司控制補簽書面申請的進度，金田公司可能基於虧損原因不願意補簽，但不能就此推斷出涉案交易非金田公司真實意思表示。故本院對金田公司以自己未後續補簽書面申請為由否認交易的辯解不予採納，涉案26筆委託交易有效成立。

上述交易中第一筆交易結匯交割到期日後，金田公司沒有履行交割義務，且未按照通知追加保證金構成違約，上訴人採取強制平盤措施符合合同約定。由此造成的損失也自應由金田公司承擔。上訴人提交的損失金額明確且有計算依據，金田公司僅是認為不應該承擔，但對損失金額是否計算錯誤並未提出具體異議，本院對該虧損金額1,996,325元予以採納。

綜上所述，原審法院實體處理不當，本院予以改判。依照《中華人民共和國民事訴訟法》第一百七十條第一款第（二）項之規定，判決如下：

一、撤銷廣東省珠海市金灣區人民法院（2017）粵0404民初807號民事判決。

二、廣東金田電熱製品有限公司於本判決生效之日起十五日內向中國農業銀行股份有限公司珠海分行償還墊付的損失1,996,325元。

如未按照本判決指定的期限履行金錢給付義務，應當按照《中華人民共和國民事訴訟法》第二百五十三條的規定，加倍支付遲延履行期間的債務利息。

本案一審案件受理費22,766元和二審案件受理費22,766元，由廣東金田電熱製品有限公司負擔。

本判決為終審判決。

審判長　馬翠平

審判員　陳永成

審判員　張榕華

二〇一八年三月二十三日

書記員　肖奕徽

富拉凱

台資銀行中國大陸債權確保實務 法院判例111-140

2019年6月初版　　　　　　　　　　　　　　　　　定價：新臺幣600元
有著作權・翻印必究
Printed in Taiwan.

著　　　者	台 資 銀 行 大 陸
	從業人員交流協會
編　　　者	富 拉 凱 資 本
	股 份 有 限 公 司
特約編輯	李　　偉　　涵
內文排版	陳　　玫　　稜
編輯主任	陳　　逸　　華

出　　版　　者	聯經出版事業股份有限公司	總 編 輯	胡　金　倫
地　　　　址	新北市汐止區大同路一段369號1樓	總 經 理	陳　芝　宇
編輯部地址	新北市汐止區大同路一段369號1樓	社　　長	羅　國　俊
叢書主編電話	(0 2) 8 6 9 2 5 5 8 8 轉 5 3 1 5	發 行 人	林　載　爵
台北聯經書房	台 北 市 新 生 南 路 三 段 9 4 號
電　　　　話	(0 2) 2 3 6 2 0 3 0 8
台 中 分 公 司	台 中 市 北 區 崇 德 路 一 段 1 9 8 號
暨 門 市 電 話	(0 4) 2 2 3 1 2 0 2 3
台中電子信箱	e - m a i l：l i n k i n g 2＠m s 4 2 . h i n e t . n e t
郵 政 劃 撥 帳 戶	第 0 1 0 0 5 5 9 - 3 號
郵 撥 電 話	(0 2) 2 3 6 2 0 3 0 8
印　　刷　　者	世 和 印 製 企 業 有 限 公 司
總　經　銷	聯 合 發 行 股 份 有 限 公 司
發　行　所	新北市新店區寶橋路235巷6弄6號2樓
電　　　　話	(0 2) 2 9 1 7 8 0 2 2

行政院新聞局出版事業登記證局版臺業字第0130號

本書如有缺頁，破損，倒裝請寄回台北聯經書房更換。　　ISBN　978-957-08-5321-6 (精裝)
聯經網址：www.linkingbooks.com.tw
電子信箱：linking@udngroup.com

國家圖書館出版品預行編目資料

台資銀行中國大陸債權確保實務 法院判例
111-140/台資銀行大陸從業人員交流協會著 . 富拉凱資本
股份有限公司編 . 初版 . 新北市 . 聯經 . 2019年6月 .
608面 . 14.8×21公分（富拉凱）
ISBN   978-957-08-5321-6（精裝）

1.銀行法規   2.放款   3.授信   4.判例解釋例

562.12   108007800